기독교문서선교회(Christian Literature Center: 약칭 CLC)는 1941년 영국 콜체스터에서 켄 아담스에 의해 시작되었으며 국제 본부는 미국 필라델피아에 있습니다.

국제 CLC는 59개 나라에서 180개의 본부를 두고, 약 650여 명의 선교사들이 이동 도서차량 40대를 이용하여 문서 보급에 힘쓰고 있으며 이메일 주문을 통해 130여 국으로 책을 공급하고 있습니다. 한국 CLC는 청교도적 복음주의 신학과 신앙 서적을 출판하는 문서선교기관으로서, 한 영혼이라도 구원되길 소망하면서 주님이 오시는 그날까지 최선을 다할 것입니다.

추천사

여 인 석 박사
연세대학교 의과대학 의사학과 교수, 대한의사학회 회장

학문 영역에서 학제적 연구, 혹은 융합 연구의 필요성을 말하는 목소리는 높으나 정작 이를 실현한 의미 있는 학문적 성과를 찾아보기는 어렵다. 이런 가운데 출간된 남성현 교수의 『병원의 탄생과 발전, 그리고 기독교 영성의 역할』은 '병원'이란 주제를 통해 역사학, 신학, 의학을 학제적으로 연구한 모범적 역작이다.
이 책은 첨단 의학의 최전선이 된 병원의 역사적·신학적 기원을 추적함으로써 오늘날의 병원이 되찾아야 할 사회적 의미와 정신적 가치를 돌아보게 한다.

김 옥 주 박사
서울대학교 의과대학 인문의학교실 교수

한국인으로서 고대와 비잔틴 중세와 근세 초기의 병원사를 통사적 차원에서 연구하는 일은 거의 불가능에 가깝다. 섭렵해야 할 문헌들도 광범위할 뿐 아니라 그 문헌들이 쓰인 언어도 다양하기 때문이다. 이 어려운 과제를 성공적으로 해낸 이 책은 한국 의학사 학계의 입장에서 보면 참으로 놀라운 성취이다.
초기 병원의 역사가 기독교 영성과 불가분의 관계에 있음을 보인 이 책은 현대 의료 제도와 병원이 계승한 것과 잃은 것이 무엇인지 깨닫게 해 준다. 몸과 영혼의 치유자들인 의료인들과 성직자들뿐 아니라, 영혼과 육체의 온전한 치유를 희구하는 사람들에게 일독을 추천한다.

병원의 탄생과 발전, 그리고 기독교 영성의 역할

4세기에서 19세기까지 기독교 사회 복지의 역사에 대한 연구

이 저서는 2012년 정부(교육부)의 재원으로
한국연구재단의 지원을 받아 수행된 연구임(NRF-2012S1A6A4016975)

The Birth and Development of Hospitals, and the Role of Christian Spirituality : A History of Christian Welfare from the Fourth to the Nineteenth-Century
Written by Sung-Hyun Nam
All rights reserved.
Korean Edition Copyright ⓒ 2020 by Christian Literature Center, Seoul, Korea

This work was supported by the National Research Foundation of Korea Grant funded by the Korean Government (NRF-2012S1A6A4016975)

병원의 탄생과 발전, 그리고 기독교 영성의 역할

2020년 2월 20일 초판 발행

지은이	남성현
편집	고윤석
디자인	박하영, 전지혜
펴낸곳	(사)기독교문서선교회
등록	제16-25호(1980.1.18.)
주소	서울특별시 서초구 방배로 68
전화	02-586-8761~3(본사) 031-942-8761(영업부)
팩스	02-523-0131(본사) 031-942-8763(영업부)
이메일	clckor@gmail.com
홈페이지	www.clcbook.com
송금계좌	기업은행 073-000308-04-020 (사)기독교문서선교회

ISBN 978-89-341-2082-7(93230)

이 도서의 국립중앙도서관 출판예정도서목록(CIP)은 서지정보유통지원시스템 홈페이지 (http://seoji.nl.go.kr)와 국가자료공동목록시스템(http://www.nl.go.kr/kolisnet)에서 이용하실 수 있습니다. (CIP제어번호: 2020001730)

이 책의 저작권은 저자와 (사)기독교문서선교회가 소유합니다. 신저작권법에 의하여 한국 내에서 보호받는 저작물이므로 무단 전재와 무단 복제를 금합니다.

병원의 탄생과 발전
그리고 기독교 영성의 역할

4세기에서 19세기까지
기독교 사회 복지의 역사에 대한 연구

남성현 지음

CLC

병원은 어떤 민족이 문명화된 척도다
Jean Imbert, *Les hôpitaux en France*, PUF, 1958, 3쪽.

목차

추천사   1
여 인 석 박사(연세대학교 의과대학 의사학과 교수, 대한의사학회 회장)
김 옥 주 박사(서울대학교 의과대학 인문의학교실 교수)

서문   11

제1장   아스클레피오스 성소(Asclepieion)의 몽중 환상(incubation)   23
1. 의학의 신(神) 아스클레피오스(Asclepios)   24
2. 아스클레피오스 성소(Asclepieion)의 기능과 역할   32
3. 아스클레피에이온의 '꿈 신탁' 혹은 '몽중 환상'(incubation)   40
4. 아엘리우스 아리스티데스(Aelius Aristides)의 아스클레피오스 숭배   43
5. 기독교 시대 순교 기념당의 신유(神癒)와 몽중 환상(incubatio)   50

제2장   로마제국의 군인병원(valetudinaria)   55
1. 군인병원(valetudinaria)   56
2. 빈도닛사(Vindonissa)의 로마군단병원   57
3. 인추틸(Inchtuthil)의 로마군단병원과 그 외의 군단병원   59
4. 천인 보병대(千人步兵隊, cohors)의 군병원   61
5. 로마 군사 의학   65
6. 로마제국에 민간병원이 존재했는가   69

제3장	기독교적 병원의 정신사적 탄생 배경	72
	1. 구약성경에 나타난 자선	72
	2. 70인역(LXX)에 나타난 '구속적 자선'	79
	3. 그리스·로마의 기부 전통	83
	4. 폴 벤이 설명한 그리스적 자선(euergesia)	85
	5. 폴 벤이 설명한 로마적 선행(beneficium)	92
	6. 1-3세기 기독교인들의 다양한 자선 활동	102

제4장	수도주의 영성과 자본의 이동	115
	1. 병원의 탄생과 수도자들의 역할	115
	2. 재물의 악마화: 안토니오스적 영성의 재물관(觀)	120
	3. 가난한 선행가(善行家, euergetes)	124
	4. 성육신의 역설: '거지가 된 만유의 왕'	134
	5. 병원의 경제적 토대와 국가의 입법 방향	141
	6. 보화를 하늘나라에 쌓고(마 19:21): 기독교 신앙과 경제의 관계	146
	7. "하나님과 재물을 겸하여 섬기지 못하느니라"(마 6:24): 돈의 흐름을 바꾸는 영성	157

제5장	"내가 병들었을 때에 너희가 돌보았고"(마 25:36): 4-5세기 구빈병원과 호스텔병원의 탄생	163
	1. 4세기 중반 호스텔병원(xenodocheion)의 탄생	163
	2. 372년 카이사레아에 세워진 구빈병원(πτωχοτροφεῖον)	169
	3. 4세기 후반에서 5세기 중반까지의 기타 기독교적 병원들	182
	4. 5세기 기독교적 병원의 분화	203
	5. 법률에 모습을 드러낸 기독교병원	207

제6장 중세 비잔틴병원의 발전과 쇠퇴 — 213

1. 6세기 기독교병원의 분화 — 213
2. 파피루스 자료에 나타난 병원 — 223
3. 기독교 기관들이 소유한 부동산에 대한 로마 정부의 정책 — 226
4. 콘스탄티노플의 삼손병원(ξενών) — 235
5. 6세기의 기타 비잔틴병원 — 244
6. 7-11세기의 비잔틴병원 — 248
7. 판토크라토르병원(Pantocrator xenon) — 249
8. 13-15세기 중세 말기의 비잔틴병원 — 263

제7장 중세 프랑스병원의 탄생과 발전 — 266

1. 메로빙거 왕조 시대의 기독교적 병원 — 266
2. 카롤링거 왕조 시대의 기독교 보호 시설 — 273
3. 성(聖) 갈렌(Gallen)수도원 복합 건물과 병원 — 284
4. 클리니(Cluny)수도원 복합 건물과 병원 — 290
5. 12세기 프랑스병원(Hôtel-Dieu)의 부흥 — 294
6. 나병원(leprosarium)의 설립 — 304
7. 『아미앙 나병원 헌장』(1305년 7월 21일) — 307
8. 의료화를 향한 첫걸음 — 316

제8장 중세 순례자들의 병원: 예루살렘의 성 요한병원 — 320

1. 예루살렘 성 요한병원의 기원 — 321
2. 『예루살렘 성 요한병원 헌장』(1125-1153) — 324
3. 두 번째 『예루살렘 성 요한병원 헌장』(1182년 3월 14일) — 339
4. 1182년을 전후한 때의 예루살렘 성 요한병원 — 346
5. 예루살렘 성 요한병원이 이룬 혁신 — 360
6. '예루살렘 성 요한병원수도회'의 탄생 — 366
7. 예루살렘 함락 이후의 '성 요한병원수도회' — 368

제9장 중세 영국병원의 시작과 발전 ... 371
1. 성 갈렌수도원의 평면도에 대한 논쟁 ... 371
2. 중세 영국병원의 양상 ... 373
3. 의사 없는 중세 영국병원 ... 382
4. 중세 영국병원의 쇠퇴 ... 388

제10장 종교개혁과 병원의 개혁 ... 400
1. 종교개혁이 야기한 변화의 물결 ... 400
2. 시의회와 기독교 인문주의자들의 선구적 역할 ... 409
3. 부겐하겐의 보건 증진 정책(Health Care Provision) ... 412
4. 16세기 덴마크 개신교의 극빈자 정책 및 병원 정책 ... 420
5. 16-17세기 스웨덴과 핀란드의 빈자 보호 정책 ... 425
6. 16-18세기 개신교 한자동맹 도시(Hanseatic towns)의 빈민 보호 정책의 발전 ... 435
7. 16-18세기 개신교 한자동맹 도시(Hanseatic towns)의 병원 정책 ... 445

결론 ... 451

미주 ... 464
약어표 및 참고 도서 ... 516
색인 ... 542

서문

　병원의 탄생이 4세기 수도주의 영성에 직접적으로 빚지고 있다는 것을 처음으로 알게 된 때는 지금부터 약 20여 년 전 박사 학위 논문에 한창 몰입할 때였다. 372년 바실리오스가 카이사레아 근교에 설립한 기독교적 병원인 '바실레이아스'는 여러 유럽 학자들의 연구 대상이었다.

　또, 그의 스승 세바스테의 에우스타티오스가 세운 병원과 파코미오스수도원의 의무(醫務)시설 등도 수도원을 연구하는 학자라면 빼놓지 않고 언급하는 단골 소재 중의 하나였다. 현대 문명의 첨단에 속하는 병원이 단순히 의학, 화학, 생물학 등의 자연 과학에 기원을 둔 것이 아니라, 기독교 영성과 직접적인 연관이 있다는 것은 당시 내게는 참으로 놀라운 발견이었으며, 가슴 벅찬 감격이기도 했다.

　그런데, 이때 나의 박사 논문 주제는 수도원의 태동에 관한 것이었지 병원의 탄생과는 무관했다. 참으로 인상적인 자료를 하나 눈여겨보긴 했다. 당시 나를 지도했던 선생님 중 한 분인 장 가스쿠(Jean Gascou) 박사가 출판한 파피루스 연구서였다.

　장 가스쿠 박사의 연구서는 6세기 로마 이집트의 세금 납부 대장을 분석한 것이었는데, 모두 14개의 이집트병원 목록이 실려 있었다. 훗날 병원의 영성을 손대 보려는 요량으로 이 자료를 정성껏 보관해 뒀다.

학위를 마치고 2004년 귀국한 후에 병원의 역사에 대해 연구하고 싶은 의욕이 다시금 솟아난 건 2008년 한국연구재단의 후원으로 공동 연구를 진행하던 때였다. 당시 연구 책임자는 장로회신학대학교의 서원모 교수였고 나는 공동 연구자로 파리 소르본의 파피루스 연구소를 방문할 기회를 갖게 됐다.

본래 스트라스부르그대학교의 교수였던 가스쿠 박사는 당시 '소르본대학의 파피루스 연구소'(Institut de Papyrologie de la Sorbonne) 소장으로 부임한 지 얼마 되지 않던 때였다.

약 1만 권의 파피루스 관련 전문 연구서를 소장한 도서관에서 풍겨 나오는 종이 냄새며, 독특한 먼지 내음은 몇 년 동안 내 속에서 잠들어 있던 열망을 일깨워 주기에 충분했다. 하지만, 이때의 공동 연구는 병원사(史)가 아니라 4-6세기 수도주의 영성과 파피루스 관련 종교 경제사 연구였다.

확실히 공동 연구의 기회는 내겐 병원사로 넘어갈 수 있는 촉매 역할을 했던 것 같다. 서원모 교수도 이쪽 분야에 관심이 있어서 4-6세기 병원 관련 파피루스 자료를 내게 소개해 줬다.

국내의 공동 연구는 알렌(Pauline Allen) 박사가 이끄는 호주 학자들과의 교류 속에서 진행됐는데, 이상하게도 호주 학자들은 파피루스 쪽의 실증사(史)에는 별다른 관심이 없었다. 어찌 됐든 자료를 조금씩 쌓아가면서 연구의 방향을 모색하기 시작했다. 그런데, 파피루스 자료만으로 병원의 역사를 연구하는 것에 큰 진전이 없었고 답보 상태였다.

그러던 어느 날, 아현동의 동방정교회 성당에서 한 권의 책을 만나면서, 새롭게 도약할 기회를 얻었다. 그날은 한국정교회 암브로시우스 대주교의 특별 강연이 예정됐다. 국내의 여러 교부학자들도 함께 강연에 참석했지만, 주된 청중은 장로회신학대학교 학생들이었다. 놀랍게도 당시 장로회신학대학교 학생들은 한 학기에 한 번 정교회의 성 니콜라스대성당에서 예배드리고 강연에도 참여했다. 암브로시우스 대주교는 서원모 교수와 프린스턴신학교에서 함께 공부하던 벗이기도 했지만, 장로회신학대학교 출신으로 정교회 사제가 된 분들도 있으니 어쩌면 그런 만남과 연결은 자연스런 것이었으리라.

그날 암브로시우스 대주교는 초기 수도주의를 주제로 강연했고 난 그 강연을 통해 밀러(Timothy S. Miller)의 역작 *The Birth of the Hospital in the Byzantine Empire*의 존재를 알게 됐다. 그런데, 이 책은 내겐 또 다른 도전이었다. 병원이 탄생하고 발전하는 4-6세기뿐 아니라 중세를 거쳐 현대적 병원이 설립되는 19세기까지 병원의 통사(通史)를 써야겠다는 생각이 떠올랐기 때문이다.

2011년 필자는 병원의 역사를 다룰 수 있는 좋은 기회를 얻게 됐다. 한국연구재단의 후원을 받아 1년간 캐나다 몬트리올대학교에서 연구할 수 있게 됐다. 2011년 겨울부터 본격적으로 병원의 탄생과 발전을 주제로 연구 계획서 작성을 시작했다.

몬트리올대학교(University of Montreal) 인문대, 의대, 약대, 그리고 맥길대학교(University of McGill) 인문대, 의대 도서관을 다니면서 놀라고 또 놀랐다. 분명, 의대 도서관인데 서고 한쪽에는 수도원 연구서들이 가지런히 꽂혀 당당히 제목을 드러내고 있었기 때문이다.

인문 도서관에 있을 법한 책들을 의대 도서관에서 발견한 것은 좀 충격적이었다. 저술 계획서를 작성하기 위해 자료를 훑어보면서도 계속 놀라지 않을 수 없었다. 의대 소속 교수들이 수도원 관련 문헌들을 읽고 분석하며, 글을 쓰고 있었기 때문이다. 의사학(醫史學) 분야의 학자들은 의학사(史)와 병원사를 넘어 수도주의 영성의 역사에도 많은 관심을 기울였다.

2012년 봄부터 한국연구재단의 후원으로 본격적으로 병원의 역사를 탐험할 시간을 할애할 수 있었다. 다른 연구 및 집필 활동으로 몇 차례 중단되기도 했지만 2015년 말경 지금의 모습을 대략 갖추게 됐다. 이후로는 여러 가지 측면에서 한계에 부딪혔고, 지엽적인 측면에서 내용을 보강하면서 몇 년의 시간이 흘러, 이제는 더 이상 출판을 미룰 수 없게 됐다.

＊　　＊　　＊　　＊　　＊　　＊

이 책은 총 10개의 장으로 구성됐다. 제1-2장은 병원의 전사(前史)에 해당한다. 각각 그리스의 아스클레피오스 성소의 꿈 치료와 로마군인병원을 다룬다. 아스클레피오스 신전의 몽중 환상(夢中幻像, incubation)은 근본적으로 종교적 치료였지만 몇 가지 측면에서 기독교적 병원과 비교해 볼 만하다. 로마의 군인병원(valetudinaria)은 중정형(中庭形) 건축 구조를 바탕으로 한 현대식 개념의 병원이었지만 일반에게 개방된 병원이 아니었기에 기독교적 병원의 영성과는 현격한 차이가 난다.

제3-5장은 기독교적 병원의 탄생 과정을 종합적으로 정리했다.

먼저 제3장에서는 기독교적 병원의 정신사적 배경을 다뤘다. '고아와 과부의 하나님'이란 구약성경의 표어가 상징하듯 헤브라이즘은 가난한 자들을 보호해야 한다는 정신을 깊이 간직하고 있었다. 이에 반해 그리스·로마 문화는 도시의 번영과 가문의 영예를 위해 기부(euergesia)하는 정신이 체질화됐다. 이 두 문화는 마치 물과 기름 같아 유대교에는 기부 문화가 결여됐고 헬레니즘에는 가난한 자들에 대한 배려가 빈약했다. 기독교 영성은 서로 다른 이 두 정신을 융화해 '가난한 자들을 위한 기부'라는 시대정신을 창조하고 민심 저변으로 확산시켜 나가면서, 기어코 사회적 약자를 위한 병원을 '발명'하고 확산시키기에 이른다.

제4장에서는 병원 탄생의 산파역을 담당했던 수도주의 영성과 자본의 이동 문제를 다뤘다. 4세기에 이르러 '가난한 선행가'(euergetes)라고 부를 수 있는 새로운 지도력이 탄생한다. '가난한 선행가'는 그리스도의 말씀을 따라 '복음적 가난'(마 19:21)을 택한 후에 교회의 지도자가 돼 빈자들을 정성껏 돌보는(마 25:40) 기독교적 영웅들을 일컫는다.

'가난한 선행가'의 출현은 '거지가 되신 만유의 주'라는 성육신의 역설에 빚진다(고후 8:9). 성육신의 역설이 후광을 내뿜고 '가난한 선행가들'이 시대정신을 이끌어 가면서 헤브라이즘의 가난한 자에 대한 사랑과 헬레니즘적인 기부 정신이 비로소 화학적으로 결합된다.

아울러 이 시기에 영적 치료의 개념이 엄청난 파급력을 갖고 등장하면서, 근대 의학이 발전하기 이전까지 기독교 세계의 치유 체계 중심에 자리잡게 된다. 영적 질병은 무엇보다 세상적인 탐욕에서 똬리를 트는 이상, 그에 대한 치료는 탐욕의 절제와 불가분의 관계를 맺을 수밖에 없었다. 따라서 자발적인 가난이야말로 가장 이상적인 삶의 형태였다.

나아가 로마 정부는 기독교 기관이 가난한 자들을 도울 수 있도록 자본의 이동을 촉진한다. 콘스탄티누스는 321년 기독교 기관에 상속과 증여를 허용하는 법을 공포해 교회가 부를 축적할 수 있는 기반을 마련했다. 4-6세기 유언장은 교회와 수도원 외에도 순교자, 그리스도, 대천사 등에게 재산을 상속하던 비잔틴 사람들의 신앙을 증언한다.

5세기 후반부터 기독교 황제들은 '토지와 건물 등의 부동산을 양도하거나 판매할 수 없도록 하는 특별법'(prohibito alienandi)을 공포해 각종 병원을 포함한 기독교적 기관들이 빈민 보호를 위한 자금원을 확보하도록 조치했다.

6세기가 되면, 교회, 수도원, 병원 등 기독교적 기관들은 황실, 귀족과 함께 비잔틴 사회의 3대 경제 주체 중의 하나로 부상한다. 파피루스 자료상의 통계적 한계가 있음에도 불구하고 수도적 영성이 돈의 흐름을 바꾸면서 병원이 탄생하고 발전하게 됐다는 것이 제4장의 주제이다.

제5장은 호스텔병원 혹은 구빈병원 등 기독교적 병원의 탄생과 분화를 다룬다. 기독교적 병원은 기존에 존재하던 호스텔 기능에 의료 기능이 접목되면서 탄생한다. 이 당시의 병원은 빈민 보호, 간호, 치료 등이 복합된 형태로 설립됐다. 372년 그 위용을 드러낸 카이사레아의 호스텔병원도 구호 기능, 의료 기능, 나그네를 위한 호스텔 기능 등을 겸했다.

4세기 후반이 되면, 병원은 콘스탄티노플, 알렉산드리아, 로마, 예루살렘, 시리아 등 주요 지역에서 우후죽순으로 그 모습을 드러낸다. 5세기 후반에는 기독교적 병원이 법률에 언급될 정도로 사회 속에 깊이 뿌리 내린다. 472년 법률에는 호스텔병원(xenodochium), 구빈병원(ptochotrophium), 보육원(orphanotrophium) 등이 언급된다.

4-5세기의 기독교적 병원이 일궈낸 혁신은 의료적 치료에 있지 않았다. 이 시대의 혁신은 지중해 세계에서 가난한 자들을 위해 인적 조직과 물적 조직을 갖춘 대규모 시설이 사상 처음으로 '발명'됐다는 사실이다.

제6-9장까지는 중세 시대의 비잔틴, 프랑스, 예루살렘 성 요한병원, 영국의 병원 등을 다뤘다. 4-5세기 초대 교회에서 기독교적 기관으로 탄생한 병원은 6세기 비잔틴 사회에서 폭발적으로 분화한다. 로마 정부가 공포한 법률에는 호스텔병원, 구빈병원, 보육원 외에도 병원(nosocomium), 영아원(brephotrophium), 노인병원(gerontocomium) 등이 등장하며, 여러 문헌에 나병원, 조산원, 봉사관(diakoniai), 다양한 종류의 호스피스 등이 언급된다.

아울러 현대적 병원의 존재도 문헌상으로 분명하게 확인된다. 7세기 삼손병원을 언급한 자료에서는 외래 진료와 수술 등의 의료 행위를 확인할 수 있다. 12세기 '판토크라토르 크세논'은 왕실이 설립한 초현대식 병원이었다. 이 병원의 헌장에 따르면, 외과, 안과, 여성 전용과 등 다섯 개 분과에 총 61개의 병상과 65명의 의료 인력, 103명의 관리 직원을 갖추도록 돼 있다.

프랑스병원의 초기 역사는 6-7세기 메로빙거 왕조 치하에서 교회 지도자들의 주도로 시작되며, 8-9세기 카롤링거 왕조까지 이어진다. 카롤링거 왕조의 시대에 베네딕트수도원이 확산되면서, 수도원 내에 수도자들을 위한 의무시설과 부유한 자들을 위한 호스피스 등이 운영된다. 교회와 수도원은 가난한 자들을 위한 병원(hospitale)을 운영했지만, 이 시기의 프랑스병원은 가난하고 헐벗은 자들을 돌보아 주는 구빈원 성격에 불과했다.

12세기에 예루살렘에서 창립된 성 요한병원은 최초의 '병원수도원'이었다는 측면에서 의의가 깊다. 성 요한병원의 모든 간호자는 수도 서언을 한 수도자들이었고 병원의 규칙도 수도원 규칙에 간호가 결합된 형태였다.

성 요한병원수도원은 곧 여러 개의 병원을 갖춘 병원수도회로 탈바꿈하고, 12세기 프랑스병원에 영향을 줘 많은 도시에서 병원수도원이 탄생하게 된다. 12세기에 십자군 운동의 영향으로 나병이 확산되는데 프랑스의 나병원은 일반적으로 병원수도원의 형태를 갖게 된다.

보통 중세 병원에는 의사가 없었지만 13세기 이후 프랑스병원들은 점차로 의사를 갖게 되며, 14세기 이후 침대보 세탁 등 환자들의 위생을 중시하면서 의료화를 위한 첫걸음을 내딛게 된다.

기독교화가 상대적으로 늦게 시작된 영국에서는 10세기에 이르러서야 구빈원이 설립되며, 12세기에 나병원의 확산과 함께 본격적으로 병원이 설립된다. 12-15세기까지 확인되는 1,103개의 병원 중에서 구빈원의 수치가 압도적이며, 나병원이 그 뒤를 잇고 호스텔과 일반 환자를 받던 전문병원이 비슷한 숫자였다.

그런데, 14세기 말에서 15세기 초반이 되면, 설립자들과 그 후손들이 저지른 남용과 병원 내부의 부패 등 내적 원인과, 백년전쟁과 흑사병 등 외적 요인으로 많은 병원들이 쇠퇴해 버려지거나 다른 용도로 개조된다. 이런 흐름에 결정타를 가한 것이 종교개혁이었다.

헨리 8세는 1530년대에 두 차례에 걸친 수도원 해산법(解散法)을 공포함으로써 수도원이 운영하던 병원들은 대부분 폐쇄되거나 용도 변경 됐고, 이후 왕립 병원의 형태로 병원들이 재탄생하게 된다.

마지막 제10장에서는 독일 종교개혁이 몰고 온 병원의 개혁과 그 이후 역사를 다뤘다. 루터는 탁발수도회를 비판하면서 도움 받아 마땅한 가난한 자들과 그렇지 않은 자들을 구분했고, 이러한 관점으로 인해 병원으로 통칭되던 중세적 빈민 구제 기관들은 전면적인 개혁의 소용돌이로 이끌려 들어갔다.

루터의 신학은 자발적 가난과 공로로서의 자선 등 중세적 기독교 덕목을 폐기하면서, 도움을 필요로 하는 가난한 자들에 대한 돌봄을 기독교 공동체의 시민적 덕목으로 변화시켰다.

그리하여 각 도시는 공동 기금(common chest)을 마련해 가난한 자들을 자체적으로 돕도록 했으며, 이런 과정을 통해 가난의 문제는 개인의 자선이 아니라 사회적 차원의 돌봄으로 승화됐다. 개인적 자선과 시민적 덕목이란 관점의 변화를 통해 빈민 구제는 루터 이전과 루터 이후로 구분할 수 있다.

부겐하겐은 루터의 동료로서 독일 병원 개혁의 선구자가 됐다. 부겐하겐은 루터의 관점을 바탕으로 출발했지만 루터와는 다르게 세례, 조산, 간호, 병원 등 네 가지 요소를 개신교 보건 정책의 핵심 사항으로 삼았고 독일의 여러 도시에서 개신교 보건 개혁의 선봉에 섰다. 부겐하겐은 전염병 전용병원(혹은 병동)과 천연두 전문병원 등 특수병원이나 격리 병동의 설립을 주도하면서 병원사(史)에 위대한 발자취를 남긴다.

덴마크, 스웨덴, 핀란드 등의 북유럽 국가들은 독일 종교개혁에 커다란 영향을 받았고 루터와 부겐하겐의 프로그램을 다소 느슨한 상태로나마 각국의 상황에 맞게 적용해 나갔다. 17-18세기 한자동맹 도시들(Hanseatic towns)은 기독교적 빈민 보호를 시민적 공공선으로 승화시킨 루터적 빈민 보호와 의학적 치료에 초점을 둔 부겐하겐의 유산을 더욱 발전시켜 나갔다.

한자동맹 도시들은 가난과 질병의 상관관계를 단순히 기독교적 공동선의 관점이 아니라 보다 폭넓게 사회와 국가의 차원에서 접근하면서 빈민 보호 정책과 의료적 치료를 병행하는 정책을 실행했다는 점에서 의료 보건 역사에 새로운 장을 열어 줬다.

* * * * * *

2012년에 시작된 연구가 제법 긴 기간 동안 끝을 맺지 못하면서, 소논문으로 작은 결실들을 먼저 출판해야 할 필요성을 느꼈다. 그리하여 2015년 『의사학』(醫史學)에 「기독교적 빈민 보호 시설의 발전과 병원의 탄생」이란 제목의 연구를 출판했다. 이 연구는 본서 제5-6장의 여러 곳에 모자이크식으로 그대로 편입됐고 때에 따라서는 약간의 수정이나 보다 세밀하게 고쳐 쓰기도 했다.

이 외에도 여러 편의 경제사 및 영성 연구 논문을 본서에 종합했다. 대표적으로 「파피루스에 나타난 초기 비잔틴 시대」(『서양고대사연구』 26집, 2010), 「초기 비잔틴 제국과 기독교의 빈민을 위한 협력 모델 연구」(『서양사론』 118호, 2013), 몬트리올대학교의 크리스쳔 라슐레(Christian Raschle) 교수와의 공동 연구인 "La fonction de prélèvement public sur les biens fonciers des institutions ecclésiastiques"(*Korea Presbyterian Journal of Theology* 49-3, 2017) 등이다.

2013년에 출판된 『콘스탄티누스 가문의 기독교적 입법정책(313-361년)』도 부분적으로 사용했다. 박사 논문의 주제이자 내 모든 연구를 관통하는 수도주의 영성은 이 책의 기초에 해당한다. 나로서는 박사 논문 이후 약 15년간 씨름했던 영성사와 경제사 연구가 이 책을 통해 병원사라는 제도의 역사로 통합되는 것 같아 감사할 따름이다.

이 책의 마침표를 찍으면서도 큰 아쉬움이 남는다. 본래 이 책은 19세기까지 병원의 역사를 기독교 영성과 관련해 다루는 것이 목적이었지만, 17세기 이후는 제한적으로 접근할 수밖에 없었다. 근대 유럽의 병원사와 기독교 영성의 관계를 개관하는 조감도는 여러 학자들이 머리를 맞대고 씨름할 때라야 의미 있는 결실을 맺을 것이라고 본다.

바라기는 새로운 공동 연구를 통해 우리나라 병원을 포함해 20세기까지의 보건 의료사(史)를 기독교 영성의 관점에서 통사로써 제시할 수 있기를 기도할 따름이다. 아울러 이 책에서 다루지 못하거나 부족한 부분들은 후속 연구자들의 손끝을 통해서 수정과 보완되기를 기대한다.

이 책을 출판하면서 여러 분들에게 감사의 마음을 전하고 싶다. 무엇보다 몬트리올대학교의 크리스첸 라슐레 교수에게 뜨거운 감사의 뜻을 전한다. 2011년 몬트리올대학교의 초청 연구원으로 나를 맞아준 이가 그였고, 수고를 마다하지 않고 손수 도서관 안내와 연구에 필요한 기타 여러 가지 도움을 선뜻 제공해 줬다.

내 아내에게도 감사의 뜻을 전하지 않을 수 없다. 몬트리올대학교의 혹독한 겨울 추위를 경험하면서 자료를 수집하고 분석할 때 아내가 준 격려와 대화와 기도는 나에게 없어서는 안 될 더없는 힘이 됐다.

2008년 「고대 후기의 가난과 부」라는 제목의 연구를 이끈 서원모 교수와 여러 공동 연구원들에게도 감사드린다. 그때의 진지한 학문적 토론과 호주, 일본 등에서 열린 국제 학술 대회의 참여는 신학을 넘어 인문학과 문명사의 영역으로 학문의 눈을 더욱 넓힐 수 있는 소중한 기회가 됐다.

세계성령은사종합병원의 김기완 목사님께도 감사의 마음을 전한다. 김기완 목사님은 내가 직면한 엄중하고 힘에 부치는 영적 전투 속에서 사막 교부가 제자를 가르치듯 그리스도의 은혜와 성령의 임재를 깊이 누리도록 나에게 더없는 길잡이요 안내자가 돼 줬다.

또한, 김기완 목사님을 통해 성령께서 주시는 다양한 은사(고전 12:4-11)를 접했고, 이 때문에 기회가 된다면, 병원의 역사와는 별도로 성령론과 은사론을 신학적 차원에서 조명해야 할 필요성을 절감하게 됐다.

비전교회 천선미 목사님께도 감사드린다. 천선미 목사님의 배려와 기도는 이 책이 출판되는 데에 커다란 도움이 됐다.

마지막으로, CLC에 감사의 마음을 전한다. CLC 박영호 사장님은 흔쾌히 출판을 결정해 줬고, 편집을 맡아 수고하신 고윤석 목사님과 편집진은 노고를 수확할 수 있도록 열심과 성의를 다해 줬다.

마음과 뜻과 정성을 다해 하나님을 사랑하고 보잘 것 없는 자들을 사랑했던 사람들의 발자취를 되새겨 보는 것은 하나님을 사랑하고 그리스도를 전하며, 성령의 감화를 증언하는 또 다른 방편이라고 생각한다. 모든 영광을 하나님께 돌려 드린다.

2019년 10월 초
학산에서

제1장

아스클레피오스 성소(Asclepieion)의 몽중 환상(incubation)

일반적으로 서구 병원의 역사를 언급할 때에 가장 먼저 아스클레피오스 성소를 떠올리곤 한다. 현대인의 시각에서 보면, 병원의 역사와 신전이 무슨 연관이 있느냐고 반문할 수 있지만, 질병의 돌봄과 치유는 지중해 세계에서는 오랜 동안 종교와 깊은 연관이 있었고, 이 점은 4세기 이후 기독교 시대에서도 재차 확인된다.

물론, 아스클레피오스의 성소에서 일어나는 치유는 아스클레피오스의 신적 계시가 치유의 주된 통로라는 점에서 기독교적 병원의 기능과는 확연하게 차이가 난다. 신적 계시는 의술이나 간호와는 전혀 다른 차원의 종교 행위이기 때문이다. 그럼에도 아스클레피오스 성소의 치유 관습을 살펴보는 것이 고대 후기 기독교병원의 독창성과 그 정신사적 의의를 이해하는 데에 도움이 될 것으로 생각한다.

1. 의학의 신(神) 아스클레피오스(Asclepios)

<도판 1. 아스클레피오스>

호메로스는 자신의 서사시 『일리아스』에서 아스클레피오스를 "비할 바 없는 의사"로 묘사한다(도판 1).[1] 하지만, 그리스 신화에 등장하는 아스클레피오스의 이미지는 혼란스럽다. 때로는 영웅으로 때로는 신으로 등장하기도 하고, 가족 관계가 모호할 뿐 아니라 여러 이름으로 불리기도 한다. 그는 'Asclepios'란 이름 외에도 'Aischlabios,' 'Askalapios,' 'Askalapichos,' 'Askalapi(a)das' 등 다양한 이름으로 호칭됐다.[2]

그런데, 아스클레피오스의 주요 숭배 장소이던 에피다우로스(Epidauros)의 전통에 따르면, 아스클레피오스는 실제로 활동했던 의사였다. 이 전통을 따르면, 아스클레피오스의 본래 이름은 '에피오스'(Epios)로서 '치료자'라는 뜻이었다.

에피다우로스에 심각한 눈병을 앓던 '아스클레스'(Ascles)란 이름의 왕이 있었는데, 에피오스가 아스클레스의 눈병을 치료했고, 그 이후 '아스클레스를 치료한 자'라는 뜻에서 아스클레피오스라고 불렸다.[3] 이런 전설은 에피다우로스가 아스클레피오스의 주된 숭배지가 된 이유를 뒷받침하기 위해 만들어졌을 것이다.

한편, 마크로비우스(Macrobius)와 같은 고대 저자는 아스클레피오스라는 이름이 질병을 앓은 후에 건강을 되찾았을 때의 '편안함'이나 '은혜'를 뜻하는 에피오테스(epiotēs)와 '빛나는 햇빛'을 뜻하는 아이글레(aïglē)라는 두 단어가 합성된 것이라고 본다.[4]

이런 설명을 통해 마크로비우스는 치료의 신 아스클레피오스가 태양으로부터 치유 능력을 힘입은 것이라는 속설을 뒷받침한다. 아스클레피오스 숭배는 에피다우로스에서는 언제나 태양신 아폴론 숭배와 결합돼 나타나고, 순례자들의 기도나 감사의 글에서도 아스클레피오스와 아폴론의 이름은 거의 언제나 함께 등장한다.

아마도, 아스클레피오스가 아폴론과 동급으로 숭배되던 정황을 뒷받침해 주려는 목적에서 아스클레피오스의 이름을 햇빛(aïglē)과 관련시키는 전통이 생성됐을 것이다.[5] 아스클레피오스가 아폴론의 아들이라는 전설도 이런 전통 선상에서 생겨났을 것이다. 하지만, 초기에 아스클레피오스는 영웅으로 간주됐을 뿐이고 숭배 지역도 그리스의 일부에 국한됐다.

2세기가 되면, 아스클레피오스는 자주 태양신에 비유되며,[6] 그의 딸 히기에이아(Hygieia)는 달에 비유된다. 2세기의 소피스트 아엘리우스 아리스티데스(Aelius Aristides)는 아스클레피오스를 실질적인 최고신으로 고백했다. 3세기의 신플라톤주의자들은 아스클레피오스를 세상의 균형을 잡아주는 우주의 영혼으로 지칭한다.

페르가몬에서는 아스클레피오스를 제우스-아스클레피오스라고 부르면서 여러 신들 중에서 으뜸으로 숭배했다. 4세기 초반의 라틴 교부 락탄티우스는 아폴론과 아스클레피오스를 나란히 언급한다.[7] 이런 여러 가지 정황으로 미뤄 보면, 고대 후기로 갈수록 아스클레피오스의 명성이 높아졌다는 것을 알 수 있다. 의사들은 자신들을 '아스클레피오스의 아들'(asclepiades)이라고 칭하며, 의학의 신 아스클레피오스를 숭배했다.

아테네와 로마 등의 도시에 아스클레피오스 숭배가 도입된 것은 전염병과 관련있다.[8] 기원전 4-5세기에 전염병이 그리스 지역을 자주 휩쓸곤 했다. 기원전 5세기에 발생한 전염병은 아테네 보병 중 1/4의 목숨을 앗아갔다.

기원전 429년에 전염병이 창궐한 지 몇 년 지나지 않은 기원전 420년에 이르러 아테네에 아스클레피오스 숭배가 도입됐다. 그리스 극작가들의 작품과 아스클레피오스 숭배를 연구한 결과에 따르면, 전염병으로 인한 인구 감소와 의학의 신 아스클레피오스의 성소 건축은 서로 깊은 관련이 있다.[9]

420년에 아테네에 건축된 아스클레피오스 신전은 아스클레피오스 숭배의 주요 거점도시인 에피다우로스의 아스클레피오스 성소를 견본으로 삼아 만들어졌다.[10] 아스클레피오스 신전의 위치는 아크로폴리스 언덕의 남쪽 경사면으로, 아테나에게 바쳐진 파르테논과 디오니소스에게 바쳐진 계단식 극장 사이에 자리 잡았다.

로마 역시 비슷한 과정을 거쳐 아스클레피오스 숭배가 도입됐다. 기원전 293-292년 로마에 전염병이 돌았다.[11] 로마인들은 그리스에 사절단을 보내어 델포이의 신탁을 얻은 뒤 아스클레피오스 숭배의 중심지인 에피다우로스로 갔다. 사절단은 뱀이 휘감아 오르는 지팡이를 든 아스클레피오스 신상을 로마로 가져왔고 전염병은 수그러들었다.

로마인들은 아스클레피오스에 대한 보답으로 그의 신전을 로마에 세우려고 했는데, 에피다우로스의 사제들은 성벽 밖에서 병자들을 돌보는 것이 위생적이라는 견해를 피력했다. 이렇게 하여 기원전 291년 1월 1일 티베르(Tiber) 강의 섬에 아스클레피오스 성소가 세워졌고 도시 로마에서 아스클레피오스 숭배가 시작됐다.

로마의 아스클레피오스 신전은 후에 '노예들의 병원'이 됐다.[12] 주인들이 병든 노예를 이곳에 버리고 다시 되찾아가지 않는 경우가 많았기 때문이다. 수에토니우스(Suetonius)의 설명을 따르면, 클라우디우스 황제는 병에서 회복됐음에도 주인이 되찾아 가지 않는 노예들을 해방시켰다.

아스클레피오스 숭배의 중심지는 에피다우로스와 아테네 외에도 페르가몬(Pergamon), 코스(Cos), 고린도(Corinth) 등의 지역이었다.[13] 이런 곳의 아스클레피오스 성소에 대해서는 고고학적인 연구가 많이 진행됐다. 이외에도 타소스(Thasos), 델로스(Delos), 파로스(Paros) 등의 지역에 이미 기원전 4세기 이후 얼마 지나지 않은 시기에 아스클레피오스의 성소가 세워졌다.

아스클레피오스 숭배는 기원 후 2세기 경 로마 제국 전역으로 확장됐다. 미트로풀루(E. Mitropoulou)의 고고학적 연구를 따르면, 그리스의 아르카디아(Arkadia) 지역에만 77개의 아스클레피오스 신전이 있었다.[14]

아르카디아 지역이 그리스 내에서 아스클레피오스 숭배의 중심지가 아니었음에도 이렇게 많은 신전이 있었다는 것은 아스클레피오스 숭배가 대중적으로 크게 인기였음을 가늠할 수 있게 해 준다. 아울러 아르카디아 지역에서 발굴된 아스클레피오스의 조각상 대부분은 전통적인 신의 모습을 표현한 것으로 긴 머리에 덥수룩한 수염을 한 철학자의 모양이다.

아스클레피오스의 조각상은 대개 전형적인 두 개의 요소로 구성됐다. 아스클레피오스 자신은 흔히 관대함과 상냥함을 상징하는 제우스 유형의 덥수룩한 수염에 무성한 곱슬머리를 한 철학자의 모습으로 묘사된다. 수염 없는 '청년 아스클레피오스'의 조각상도 없지는 않으나 전형적인 것은 아니다.

아스클레피오스와 함께 등장하는 조연은 뱀이다. 의학의 신은 입상(立像)의 경우 거의 언제나 오른손에 지팡이를 들고 나타난다. 이 지팡이에는 뱀 한 마리가 몸을 감으면서 올라간다.

신화에 따르면, 아스클레피오스는 자신의 방에 들어온 뱀을 지팡이로 죽였는데, 다른 뱀이 약초를 물고 와 죽은 뱀 위에 놓자 그 뱀이 살아났다고 한다. 아스클레피오스는 뱀이 했던 대로 약초를 올려놓아 죽었던 글라우코스를 살려 냈고, 이후 지팡이를 휘감은 뱀은 그의 상징이 됐다고 한다.[15]

뱀은 고대 그리스 로마 사람들에게 애완동물이자 건강의 상징이기도 했다. 로마의 상류층 부인들은 파충류의 차가운 피가 고열에 효과가 있다고 믿었으며 고열에 시달릴 경우 뱀을 목 주위에 감아 열을 식히곤 했다.[16] 고대인들은 아스클레피오스가 들고 있는 지팡이의 뱀이 날카로운 통찰력을 상징하며, 또 허물을 벗고 새롭게 되는 생명과 건강의 은유라고 봤다.[17]

질병은 육체를 괴롭혀 몸뿐 아니라 마음까지도 지치게 만든다. 질병을 제거하는 것은 마치 새로운 사람으로 태어나는 것과 같다. 이런 뜻에서 그리스인들은 건강의 회복을 허물을 벗고 새롭게 성장하는 뱀과 관련시켰다. 아울러 막대기는 능력과 다산의 상징이었다. 홍해를 가르는 기적을 일으킨 모세의 지팡이도 이런 문화적 경향과 무관하지 않다.[18]

아스클레피오스는 가난한 자들을 돌보는 데에 열심이었고 이 때문에 더욱 존경받고 명성이 높아졌다고 한다. 콘스탄티누스 가문의 마지막 황제였던 율리아누스(361-363)는 아스클레피오스를 이렇게 칭송했다.

"아스클레피오스는 보상받기를 바라는 마음으로 사람들을 치료한 것이 아니라 가는 곳마다 인류를 사랑하는 마음으로 자신을 채웠을 뿐이다."[19]

4세기에 이르러 아스클레피오스는 올림포스 산의 다른 어떤 신들보다 기독교의 신에 위협적이었던 것 같다.[20] 특히 초기 기독교가 가장 왕성했던 지역 중 하나인 에페수스(에베소)에서 아스클레피오스 숭배가 성행했던 것 같다. 에페수스의 공공장소뿐 아니라 가정집에서도 아스클레피오스의 조각상이 많이 발견된 것이 이를 뒷받침해 준다.[21] 에페수스에서 아스클레피오스는 기독교의 주된 경쟁자였을 것이다.

기독교 교사들은 아스클레피오스가 대중의 인기를 끌었음을 지적하면서 그의 무능과 허구성을 단언한다.[22] 4세기 초반의 기독교 교사 락탄티우스는 아스클레피오스에 대해 이렇게 언급한다.

> 어떤 자가 마귀의 충동으로 정신이 나가서 헛소리를 하게 되면 미친 것이다. 사람들은 그런 자를 뛰어나고 권능 있는 유피테르의 신전으로 데리고 갈 것이다. 그런데, 유피테르가 그 자를 치료하는 법을 모른다면, 아스클레피오스나 아폴론의 신전으로 데리고 갈 것이다. 이런 신들의 사제들은 자기가 받드는 신의 이름으로 사악한 영이 그 사람으로부터 나오도록 명령할 것이다. 그러나, 그런 일은 결코 실제로 일어날 수 없다.[23]

락탄티우스는 동시대의 사람들이 정신병의 치료를 위해 유피테르, 아폴론 등 올림포스 산의 대표적인 신들 외에도 아스클레피오스에게 의존했음을 설명하지만, 전통 종교의 신들에게 축귀(逐鬼)의 능력이 없다고 강조한다.

아우구스티누스 역시 『신국론』에서 로마를 덮쳤던 여러 가지 재앙을 언급하면서 의학의 신 아스클레피오스가 누리던 인기를 암시한 바 있다.[24] 기원전 293-292년 공화정기 로마에 커다란 전염병이 돌 때 로마인들은 에피다우로스(Epidauros)의 아스클레피오스 신전으로 사절단을 보내어 그 이유를 물었다.

임신부들이 출산 전에 죽고 가축 떼가 몰살하는 전염병이 로마에 돌았을 때에도 아스클레피오스 신전에서 만든 약을 사용했다. 아스클레피오스가 처방한 약에도 불구하고 역병은 줄어들지 않고 더 창궐했다. 그 다음 해에 전염병이 더욱 확산되자 시빌라(Sibylla)의 예언서에 의존해서 신탁을 받게 됐다.

신탁의 내용은 많은 신전들이 사유 재산처럼 사용되고 있기에 전염병이 돌고 있다는 것이었다. 이 신탁에 근거해 로마인들은 아스클레피오스의 무능을 탓하기보다 전염병과 자신들의 종교적 잘못을 연결시킨다. 아우구스티누스는 이렇게 역사를 들춰내면서 아스클레피오스는 무능하고 헛된 신에 불과하다고 고발한다.

4세기 초반 시카(Sicca)의 아르노비우스(Arnobius)는 건강을 수호하며, 질병을 파괴하는 신으로 추앙받는 아스클레피오스가 뱀 모양이라는 사실을 혹독하게 비판한다.

> 진흙에서 생겨난 벌레처럼 뱀은 배로 땅을 기어 다닌다. 똬리를 틀고 몸을 질질 끌고 다니면서 턱과 가슴으로 바닥을 문지르며 다닌다 … 신(神)이 하늘의 별들을 비밀스럽게 통과하는 것처럼 뱀은 그런 식으로 이동할 수 없다 … 아스클레피오스가 자신을 보여주길 원하지 않았다 해도 뱀의 형체로 나타나지 말았어야 했다.
> 만약 자신을 보여줄 의도가 있었다면, 신성의 능력을 가진 모습 그대로 자신을 드러냈어야 했다. 야수로 변하고 끔찍한 동물로 변해 진정한 신인지

아닌지 하는 의심의 여지를 남기는 것보다 이것이 그의 고귀한 존엄에 훨씬 더 적절하지 않았을까?[25]

그런데, 기독교 신학이 피조물에 신성을 부여하는 자연 신학의 관점을 비판하는 것은 당연하지만, 신구약의 전통이 뱀을 항상 부정적으로 본 것만은 아니었다. 이스라엘 백성이 불뱀 떼에 물렸을 때에 모세는 구리뱀을 만들어 뱀의 독을 치료했고(민 21:4-9), 히스기야 시대의 사람들은 구리뱀의 신비한 능력을 숭배하기도 했다(왕하 18:4).

이런 이야기에서 뱀은 치료의 상징으로 등장한다. 예수는 "모세가 광야에서 뱀을 든 것 같이 인자도 들려야 한다"(요 3:14)고 말씀하며, 모세가 높은 장대에 구리뱀을 매달아 사람들을 치료한 것을 그리스도가 십자가에 매달려 고난 받는 것에 비유했다.

그럼에도 불구하고 아담과 하와의 원죄 이야기에서 시작되듯 기독교 전통은 뱀을 악의 화신이자 마귀로 봤다. 그리스도는 죄와 사망의 권세를 가진 마귀-뱀을 이기시고 부활하신 것으로 시각화된다. 로마의 루키나의 카타콤에서 발굴된 4세기 중반의 석관 부조에 뱀의 모습이 선명하게 돋을새김으로 처리됐다(도판 2).[26]

아담과 하와가 벗은 몸을 가리며, 나란히 서 있고 그 중간에 선악의 나무가 있다. 뱀은 선악의 나무를 감고 올라가면서 오른손에 금단의 열매를 들고 있는 하와 쪽으로 머리를 돌려 열매를 먹으라고 속삭인다. 337-338년 콘스탄티노플의 주화청에서 발행된 지름 1.5cm 정도의 동화(銅貨)에는 십자가의 승리를 상징하는 콘스탄티누스의 라바룸이 악의 상징인 뱀을 관통해 제압하는 모습이 묘사됐다.[27]

<도판 2. 로마의 루키나의 카타콤에서 나온 석관(石棺), 330-360년, 피오 크리스티아노 박물관>

6세기경 북 아프리카에서 생산돼 그리스의 아나비소스(Anavyssos)로 운반됐던 점토 접시에는 십자가를 들고 있는 그리스도가 뱀의 머리를 밟고 있는 장면이 새겨졌다.[28] 초기 기독교 문명이 형성되던 4-6세기에 뱀의 모습은 죄와 죽음의 선명한 상징으로 사용됐다. 4세기 말 테오도시우스 시대에 기독교와 로마 제국이 놀라운 속도로 융합될 즈음, 인기가 많았던 치유와 건강의 신 아스클레피오스의 모습이 다른 신들의 형상과 함께 사라지는 것은 시간문제였을 따름이다.

2. 아스클레피오스 성소(Asclepieion)의 기능과 역할[29]

아스클레피오스 성소는 순례자들뿐 아니라 환자들에게 인기가 있던 신전이었다. 병원의 역사에서 아스클레피오스 성소가 특별한 주목을 받는 이유는 신탁(神託)을 바탕으로 한 육체적 질병의 치유가 신전의 주요 기능 중 하나였고, 이 때문에 침대를 갖춘 환자용 공간과 치료용 공간이 별도로 존재했기 때문이다. 여러 곳의 아스클레피오스 성소에서 외과 기구들과

<도판 3. 2세기 페르가몬(Pergamon)에 있던 아스클레피오스 성소의 모형>

그런 기구들이 묘사된 비석이 발견됐는데, 이는 이곳에서 외과 수술이 터부시 된 것이 아님을 반증한다.[30]

하지만, 성소에서 행해지는 치료요법으로는 환자의 꿈과 꿈속에서 아스클레피오스가 환자에게 지시하는 신탁이 절대적이었다. 꿈속에서 신탁을 받는 행위를 '꿈 신탁'(incubatio, enkoimesis) 혹은 '몽중 환상'이라고 한다.[31] 아스클레피오스 성소에서 행해지는 꿈 신탁 혹은 몽중 환상의 과정에 대해서는 마이어(C. A. Meier)가 자세하게 연구한 바 있다.[32]

슐리프(H. Schlief)는 2세기 아스클레피오스 숭배의 중심 지역 중의 하나였던 페르가몬(Pergamon)의 아스클레피오스 성소(Asclepieion, 아스클레피에이온)의 모형을 제시한 바 있다(도판 3).[33] 아스클레피에이온의 모형은 치료방식을 이해하는 데에 도움이 된다. 아스클레피에이온의 중정(中庭)에는 직사각형으로 된 꿈 신탁을 위한 건물(A)이 자리하는데, 환자들은 이곳에 장기간 투숙하면서 잠을 자고 꿈을 꿨다.

페르가몬에는 여섯 개의 후진을 갖춘 원형 구조의 치료실도 있었는데, 각각의 후진에는 원형 목욕장이 있었다(F). 환자들은 치료를 목적으로 목욕탕에 입욕했다. 이 외에도 아스클레피오스를 예배하던 신전(C), 황제의 숙소(D)도 있었으며, 회랑 바깥쪽으로는 화장실(B1과 B2)과 계단식 극장(E)도 자리하고 있었다. 아스클레피오스 신전의 사제 의사들은 꿈 신탁을 해석해 약물이나 식이 요법, 운동, 목욕 등의 처방을 줬다.

아스클레피오스 성소는 본질상 병원도 아니고 호스피스도 아니었으며, 의학의 신인 아스클레피오스를 섬기는 신전이었지만, 환자들이 치료를 목적으로 찾았다는 점과 그런 환자들을 위한 숙소를 갖추고 있었다는 점을 주목할 만하다. 4세기 이후 기독교 시대가 펼쳐지면서 순교자 숭배가 유행하게 될 때 순교자 묘지를 중심으로 꿈 신탁이 행해지기도 한다. 순교자들에게 의지하는 기독교적 꿈 신탁은 외적 양상에 있어서 아스클레피오스 성소의 꿈 신탁의 전통에 빚지고 있다.

에피다우로스(Epidauros)는 아스클레피오스 숭배의 중심 지역 중의 하나였다. 에피다우로스가 아스클레피오스의 고향이라는 전승이 있지만 이런 전승조차도 아스클레피오스 숭배가 시작되고 난 이후의 것이기 때문에 역사적인 사실로 선뜻 받아들이기는 쉽지 않다. 기원전 4세기에 세워졌던 에피다우로스의 아스클레피에이온에 대해서는 이미 1895년 프랑스 학자들에 의해 고고학적 연구가 이미 진행된 바 있다(도판 4).[34] 에피다우로스의 아스클레피오스 신전(hieron)은 총 32개의 원주(圓柱)로 됐다(도판 5).[35]

건축학적으로 보다 중요한 것은 '거룩한 우물'(tholos)이었다(도판 6).[36] 이 우물은 총 40개의 원주로 지어진 원형 건물이었다.[37] 원형 목욕장이 신전보다 더 큰 규모인데, 에피다우로스 역시 마찬가지다. 이런 사실은 아스

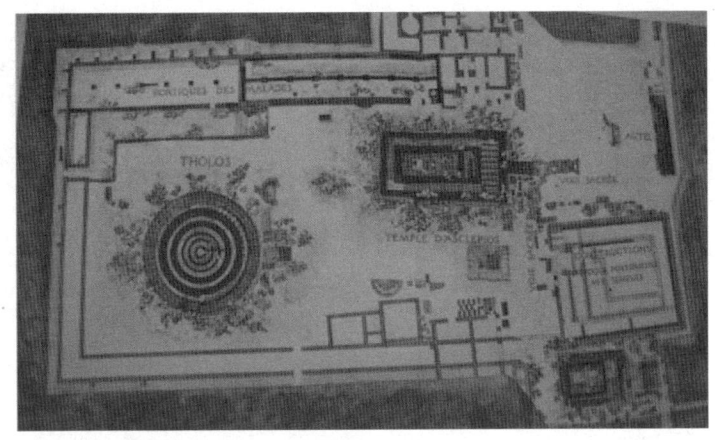

<도판 4. 기원전 4세기에 지어진 에피다우로스(Epidauros)의 아스클레피에이온>

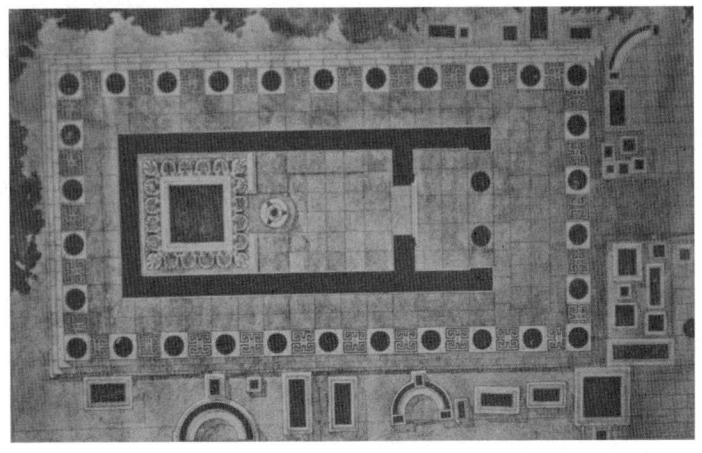

<도판 5. 에피다우로스의 아스클레피오스 신전>

클레피오스에게 기도하고 희생 제사를 바치는 예전만큼이나 정결 의식도 중요한 것이었음을 반증한다.

2세기에 파우사니아스(Pausanias)는 "아스클레피오스의 신전에서 멀지 않은 곳에 신(아스클레피오스)에게 탄원하러 온 자들이 잠자는 장소가 있다"고 쓴다.[38] 파우사니아스가 언급하는 잠자는 장소는 단순한 숙박 시설이 아니라 아스클레피오스가 나타나 환자들에게 처방을 내리는 꿈 신탁 혹은 몽중 환상의 장소였다.

페르가몬의 아스클레피오스 성소에도 꿈 신탁(A)의 장소가 있었고 이는 지중해 세계에 있던 모든 아스클레피에이온이 필수적으로 갖췄던 거룩한 공간이

<도판 6. 에피다우로스의 '거룩한 우물'(tholos)>

었다. 몽중 환상은 아스클레피에이온에만 특별한 것은 아니었고 세라피스나 이시스(Isis) 등의 신전에서도 행해지던 일반적인 신탁의 방식이었다. 꿈 신탁의 장소는 아바톤(abaton)이라고 불렸다.

꿈 신탁의 장소 중에서도 에피다우로스 성소는 큰 규모를 자랑했다. 에피다우로스의 아바톤은 가운데가 거의 막힌 두 개의 기다란 공간으로 돼 있었다(도판 7).[39] 세 개의 면은 막혀 있고 신전 쪽을 향하는 한 면만이 개방된 구조였다. 두 개의 방은 동일하게 폭이 8미터였다. 방 하나는 회랑의 길이가 32미터였고, 다른 방은 36미터였으며, 두 개의 방을 합하면 길이는 100미터에 가까웠다.

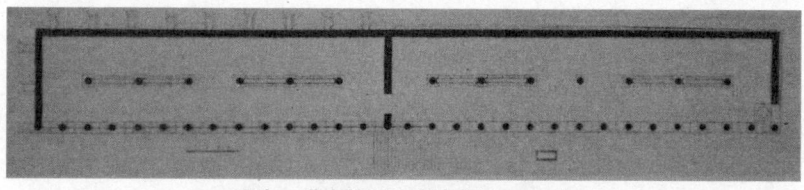

<도판 7. 에피다우로스의 아바톤(abaton)>

꿈 신탁의 방에 들어가기 위해서는 거룩한 우물에서 행하는 정결 의식과 신전에서 드리는 희생 제의, 기도 등 일정한 의식을 거쳐야 했다.[40] 그리스는 다신 사회였기 때문에 신전에서 아스클레피오스만 숭배된 건 아니었다. 아스클레피오스와 연결됐던 여러 신들, 아스클레피오스의 아버지인 아폴론, 부인 에피오네(Epione), 딸 히기에이아(Hygieia), 아들 마카온(Machaon) 등이 공경받던 신들이었다.[41]

외적인 의식 외에도 내적으로 정결한 마음이 요청됐다. 3세기의 신플라톤주의자 포르피리우스(Porpyrius)는 당시 에피다우로스의 비문에 다음과 같은 글이 적혀 있었다고 쓴다. "향을 피우는 신전에 들어가는 모든 자는 정결해야 한다. 마음에 거룩한 생각을 품은 자만이 정결하다고 불릴 것이다."[42]

낮 동안에 필요한 예전이 끝나 저녁이 되면, 아바톤에 자리를 잡아야 한다.[43] 아바톤(abaton) 혹은 아디톤(adyton)은 본래 "명령 받지 않은 자는 들어올 수 없다"는 의미를 갖고 있다. 파우사니아스의 보도를 따르면, 그리스에서 가장 큰 이시스 숭배의 장소였던 티토레아(Tithorea)의 성소에서는 이시스 여신이 꿈에 초청한 자들만이 신전에 들어갈 수 있었다고 한다.[44]

고대의 여러 저자가 비슷한 내용을 보도하는 것을 바탕으로 한다면, 꿈 신탁의 본래 의미는 성소에 들어가서 꿈을 꾸는 것이 아니라 성소로 들어가라는 명령을 꿈을 통해 받은 것을 뜻했을 것이다. 후에 그 의미가 전환돼 아바톤에 들어가 잠을 자면서 꿈속에서 받았던 신탁을 지칭하게 됐을 것이다.

아바톤에 자리를 잡은 자들은 피곤이 찾아오기 전까지 밤 기도를 드린다. 밤 기도를 통해 신들에게 탄원하고 잠을 자는 동안 꿈에서 자신에게 필요한 처방을 받기 위함이었다. 기도가 끝나고 횃불이 꺼지면, 외부 방문객은 성소에서 나갔고 환자들은 꿈 신탁의 방으로 들어가 잠을 청한다. 뒤이어 거룩한 꿈이 찾아온다.

아스클레피에이온의 부속 호스텔은 기독교병원의 선구자적인 측면이 있다.[45] 아스클레피에이온의 꿈 신탁의 장소가 좁은 경우 흔히 부속 건물을 지어 호스텔로 쓰는 경우가 많았다. 아스클레피에이온의 부속 호스텔은 가난한 자나 부유한 자 모두에게 무료로 제공됐다. 부속 호스텔은 아스클레피오스의 신탁을 기다리는 장소도 아니고 특별한 치료 요법을 행하는 곳도 아닌 단순한 숙박 시설이었다.

이 점에 주목해야 하는 이유는 무료 부속 호스텔이 기독교병원과 유사한 측면이 있기 때문이다. 초기 기독교의 병원은 질병 치료만을 위한 배타적 공간이 아니라 가난하고 병든 자들을 위한 구빈 시설이나 순례객과 여행자들을 위한 숙소 등 복합적인 성격으로 출발했다. 이런 의미에서 초기 기독교의 병원을 교회적 기관으로 봐야지 현대적 의미의 의료 기관으로 보는 것은 타당하지 않다.

4세기 말 이후 기독교 교회들이 이교 신전들을 인수해 교회로 개조할 때, 부속 호스텔도 인수해 계속해서 무료 숙소로 사용하곤 했다. 이런 이유에서 핸즈(R. A. Hands)는 아스클레피에이온의 부속 호스텔을 기독교병원의 선구자로 간주한다.[46]

초기 기독교병원이 가난하고 병든 자들을 위한 공간이었던 것처럼 아스클레피에이온 역시 그런 자들의 공간이었다. 아스클레피에이온에서는 가난과 부가 아무런 차이를 만들어 내지 못했다. 돈을 많이 지불하면, 예정된 것보다 빨리 아스클레피에이온으로 들어갈 수 있었겠지만 일단 아스클레피오스의 성소로 들어가면, 부자나 가난한 자는 모두 아스클레피오스

앞에서 평등한 존재였다.

아엘리우스 아리스티데스의 글에서 보는 것처럼 깨끗한 마음과 정결한 손으로 신 앞에 나아가야 신탁을 얻을 수 있었다. 두 여인이 코스(Cos)에 있는 아스클레피오스의 신전에 왔는데, 닭 한 마리를 희생 제의로 드리고 난 후, 겨우 닭다리 한 개를 아스클레피오스의 사제에게 줬다는 연극의 내용도 있다.[47] 초기 기독교병원은 치료와 돌봄의 대가로 아무 것도 지불하지 않아도 되는 무료병원이었는데, 아스클레피에이온도 유사한 방식으로 운영됐던 것 같다.

4세기 후반 이후 기독교 공동체는 아스클레피에이온을 파괴하거나 교회적 용도로 개조해서 사용했다. 콘스탄티누스는 황제는 가장 널리 알려진 아스클레피오스 성소 중의 하나인 킬리키아의 아이가이(Aigai)를 허물었고 성소가 있던 자리에 곧 순교자들의 성소가 건축됐다.[48]

고린도의 아스클레피에이온은 370년 기독교인들에 의해 파괴된 이후 7세기에 이르러 세례당으로 개조됐다.[49] 로마의 아스클레피에이온도 성 바돌로매오병원으로 이름을 바꿔 환자들과 순례자들을 맞아들였다. 에피다우로스의 아스클레피에이온에 있던 신상들은 목이 잘려 나갔다. 아스클레피오스에게 바쳐진 성소들은 4-5세기에 유사한 운명을 겪어야 했다.

아테네의 아크로폴리스의 남쪽 경사면에 세워졌던 아스클레피에이온은 485년 경 파괴됐고 아스클레피오스의 성소와 아바톤은 교회로 개조됐다.[50] 로마의 티베르 강에 세워졌던 아스클레피오스 성소의 자리에는 현재 로마교회에서 운영하는 현대식 병원이 위치하고 있다.[51]

3. 아스클레피에이온의 '꿈 신탁' 혹은 '몽중 환상'(incubation)

아스클레피에이온에서 치료받은 사람들은 아스클레피오스가 준 은혜를 돌판에 구체적으로 기록하곤 했다. 2세기에 파우사니아스는 에피다우로스의 아스클레피오스 성소에 남녀 환자들의 이름이 여섯 개의 돌판에 도리아식 방언으로 적혀있는 것을 보았다고 한다. 스트라보(Strabo)에 따르면, 유사한 돌판이 코스(Cos)나 트리카(Tricca)에도 존재했다.[52]

파우사니아스가 여섯 개의 돌판을 봤다고 했는데, 세 개가 온전한 상태로 발굴됐고, 한 개는 일부가 훼손된 채로 발굴됐다. 여기에는 총 70개의 기적이 명시됐다.[53] 이 중 몇 가지를 소개하는 것이 이해에 도움이 될 것이다.[54]

이트모니카(Ithmonica)라는 여인은 아이를 갖지 못했기에 에피다우로스의 아스클레피에이온에 왔다. 이 여인은 아바톤에서 잠을 자면서 꿈속에서 나타난 아스클레피오스에게 임신하게 해 달라고 간청했다. 아스클레피오스는 그녀에게 곧 임신하게 될 것이라고 말하면서 다른 무엇을 원하는지를 질문했다. 여인은 다른 무엇도 원하지 않는다고 했다. 얼마 뒤 이트모니카는 임신하게 됐다.

하지만, 삼 년이 지나도 출산할 수가 없었기에 그녀는 다시금 아스클레피에이온으로 돌아와서 신에게 출산하게 해 달라고 탄원했다. 아스클레피오스는 다시금 꿈에 나타나 그녀에게 말했다.

"내가 그대에게 다른 원하는 것이 있느냐고 물었을 때에 그대는 (임신 이외에) 아무것도 원하지 않는다고 했다. 하지만, 지금 그대가 나에게 와서 간구하니 나는 그대가 원하는 것을 줄 것이다."

그녀는 성소를 나가자마자 딸을 출산했다.

다소 코믹한 이야기도 있다. 판다로스(Pandaros)란 남자는 이마에 커다란 점이 여러 개 있었다. 그가 아바톤에 와서 잠을 자는 중, 신이 나타나서 이마의 점들을 두건으로 싸는 것이었다. 아스클레피오스는 판다로스에게 아바톤을 나가는 즉시로 두건을 풀어서 신전에 바치라고 했다. 날이 밝자 그는 두건을 풀었는데, 이마의 점들이 깨끗하게 사라졌고, 놀랍게도 두건에 찍혀 있었다.

그는 두건을 신전에 바쳤다. 후에 판다로스는 에케도로스(Echedoros)에게 돈을 주면서 에피다우로스의 아스클레피오스 신전에 자신의 이름으로 헌금해 달라고 했다. 에케도로스 역시 이마에 커다란 점이 있었다. 하지만, 에케도로스는 판다로스에게서 받은 돈을 성소에 바치지 않았다. 그러자, 아스클레피오스가 에케도로스의 꿈에 나타나서 판다로스가 맡긴 돈을 갖고 있는지를 물었다.

에케도로스는 그의 돈을 갖고 있지 않다고 대답했고 자신의 이마에 있는 점을 없애주면, 비문과 함께 그림을 바치겠다고 했다. 신은 그의 이마에 두건을 둘러 주면서 아바톤을 나간 뒤에 두건을 벗고 우물에서 얼굴을 씻은 다음, 물에 얼굴을 비쳐 보라고 했다. 다음 날 그는 아바톤을 나가서 두건을 벗고 물에 얼굴을 비쳐 본 후 깜짝 놀랐다.

자신의 얼굴에 있던 점은 그대로였는데, 판다로스에게 있던 점이 그의 얼굴에 박혀 있기 때문이었다. 헤라이에우스(Heraieus)의 이야기도 흥미롭다. 헤라이에우스는 수염은 덥수룩했지만 머리카락이 한 올도 없었기에 놀림을 받곤 했는데, 꿈에 아스클레피오스가 나타나 머리에 약을 발라 주자 머리카락이 수북하게 자라났다.

손가락이 마비됐던 한 남자의 이야기도 있다. 이 남자는 단 한 개의 손가락을 제외하고 모든 손가락이 오그라들어 마비됐다. 그는 아스클레피에이온을 순례하면서 기적적으로 치유 받은 예를 읽게 됐다. 하지만, 아스클레피오스의 신유(神癒)를 의심하고 비웃기까지 했다. 그런데, 그가 아바톤에서 잠들었을 때에 환상이 나타났다.

그는 아스클레피오스의 신전에서 작은 뼛조각들을 주사위처럼 던지며 게임을 하고 있었다. 그가 던질 차례가 되자 아스클레피오스가 나타나 갑자기 자신의 손을 잡더니 손가락을 펴는 것이었다. 손가락이 모두 펴지자 아스클레피오스가 나타나서 그에게 말했다. "그대가 이런 기적들을 믿지 못한다면, 그대는 그대 자신의 치료도 믿지 못하는 것이다." 꿈을 꾼 후 그는 오그라들어 있던 자신의 손가락이 하나씩 펴지는 걸 느꼈다.

비문의 대부분은 기적적인 치유를 짧게 설명한 것이다. 어떤 사람은 엄지발가락에 종양이 나서 고생했는데, 꿈에 뱀이 나타나 혀로 종양을 핥아주자 나았다는 이야기도 있다. 뱀은 조각상에서 아스클레피오스와 자주 결합돼 나타나는 치료의 상징이다. 대부분의 이야기에서 '잠을 자고 꿈을 꿨다'라는 표현이 기계적으로 반복된다.

다리를 저는 니카노르(Nicanor)란 사람의 치유 이야기에는 예외적으로 꿈 이야기가 나오지 않는다. 한 어린아이가 장난삼아 니카노르가 갖고 있던 지팡이를 빼앗아서 도망쳤다. 니카노르는 벌떡 일어나서 그 아이를 뒤쫓았다. 바로 그 순간 그는 치유됐다.

맹인이 치유 받는 장면은 복음서에 나오는 예수의 치유와 외형상 비견될 만하다. 어떤 맹인이 아바톤에서 꿈을 꿨다. 아스클레피오스가 나타나서 그에게 다가오더니 앞을 못 보는 눈을 손가락으로 어루만져 줬다. 곧 성소의 나무들이 보이기 시작했고 날이 밝자 완전히 치유됐다. 개의 혀조차 치료제로 등장한다. 튀손(Thyson)이란 어린아이는 앞을 보지 못했는데, 성소의 개 한 마리가 그의 눈을 핥아 주자 치료됐다. 이 치유 이야기에는 꿈 요법이 등장하지 않는다.

비문에 소개된 치유 이야기의 대부분은 꿈에 아스클레피오스가 등장한다. 피곤과 질병 등으로 심신이 지쳐있던 순례자들이 꿈을 꾸거나 환상을 보는 것은 그리 어렵지 않은 일이었을 것이다. 어떤 경우에는 아스클레피오스가 환상 중에 나타나 외과적인 수술을 가해 치료하기도 한다. 아스클레피오스가 모든 사람들에게 친절한 것은 아니었다. 에케도로스에 얽힌 이야기의 경우 아스클레피오스는 그의 거짓과 탐욕을 꿰뚫어 보며, 없던 점을 얼굴에 만들어 놓는다.

이트모니카의 이야기에서 아스클레피오스는 처음 삼 년 동안 잉태를 시켜주지만 출산을 막는 심술궂은 신으로 등장한다. 손가락이 마비된 남자의 경우 아스클레피오스에 대한 믿음을 갖지 못하자 아스클레피오스는 먼저 치료한 이후에 자신에 대한 믿음을 요구하기도 한다. 고대 그리스의 신들 중 아스클레피오스가 유일한 치료의 신은 아니었지만 아스클레피오스만큼 다양하고 많은 신유로 채색된 신은 없다.

4. 아엘리우스 아리스티데스(Aelius Aristides)의 아스클레피오스 숭배

아리스티데스는 117년 소아시아의 미시아(Mysia)에서 태어났다.[55] 가족은 부유한 스미르나(Smyrna)의 시민이었고 123년 로마 시민권을 받는다. 아버지 에우다이몬(Eudaemon)은 스미르나의 제우스(Zeus) 신의 사제였으며, 아리스티데스의 교육에 심혈을 기울인다. 아리스티데스가 12살 되던 해에 애우다이몬은 아리스티데스를 프리기아(Phrygia)로 보내 마르쿠스 아우렐리우스의 가정 교사이기도 했던 알렉산더(Alexander)의 유명한 학교에 입학시킨다.

아리스티데스는 수사학에서 두각을 나타냈고 20세 즈음부터 소피스트로 활동을 시작해 당대 최고의 소피스트 반열에 올랐으며, 181-187년경 세상을 떠난다. 아리스티데스는 신약성경을 수사학적인 측면에서 예리하게 관찰했던 것 같다. 판 데어 홀스트(Vand Der Horst)가 1980년 출판한 연구에 따르면, 그의 작품은 문학적, 수사학적, 역사적, 윤리적 측면에서 신약성경과 아주 많은 병행 본문을 갖고 있다.[56]

아리스티데스는 142년 이집트를 여행하면서 병을 얻었고 이후 세상을 떠날 때까지 줄곧 병마와 씨름해야 했다. 병에 걸린 후 그는 이집트 기원의 사라피스(Sarapis) 신에게 의지했으나 아무런 효과를 보지 못하던 차에 144년 12월에 이르러 처음으로 아스클레피오스의 계시를 받는다. 아리스티데스는 꿈속에서 아스클레피오스의 명령을 처음으로 접한 때를 일기 형식의 생생한 기록으로 남겼다.

나는 트라스와 마케도니아를 여행하면서 여러 가지 고초와 폭풍을 견뎌야 했다. 이 때문에 갖가지 종류의 병을 몸에 짊어진 채로 이탈리아로부터 되돌아가야 했다. 의사들은 당황했다. 그들은 어떤 것도 내게 도움이 되지 않는다고 생각했을 뿐 아니라 내가 무엇 때문에 잘못됐는지 알 수조차 없었다. … 그들은 열탕에서 목욕하면 증상이 호전되지 않을까 생각했다. 나로서는 기후가 보다 온화한 지역을 찾을 수도 있었다. 하지만, 때는 이미 겨울이었다. 온천은 도시에서 멀지 않았다. 그런데, 바로 그 때에 구주(Soter) 아스클레피오스가 처음으로 나에게 계시를 주기 시작했다. 그는 나에게 맨발로 걸으라고 명령했다. 나는 마치 깨어있는 것처럼 꿈속에서 소리쳤다. '아스클레피오스는 위대하다, 신의 명령이 이뤄졌다!' 나는 (겨울에 맨발로) 걸으면서 꿈꾼 내용을 소리쳤다. 이 일이 있고 나서 신은 나의 행복을 위해 내가 스미르나를 떠나서 페르가몬으로 가도록 했다.[57]

이후 치료의 신 아스클레피오스는 아리스티데스의 삶에서 점점 더 큰 자리를 차지한다. 그는 제우스, 아폴론, 아테나 등 고대 올림포스산의 신들을 여전히 믿었으나 아스클레피오스의 환자로서 여생을 살았다고 해도 과언이 아닐 정도로 의학의 신에게 헌신했다. 145-148년에 걸친 약 3년간 페르가몬의 아스클레피오스 성소에 머물면서 신탁을 받는다.

치유에 대한 아스클레피오스의 꿈 처방은 오늘날의 의학상식으로는 이해되지 않는 것들도 있다. 예를 들면, 일부러 피를 흘리게 한다거나, 토하게 하거나, 추운 겨울에 발가벗고 강물에서 목욕하는 것 등이다. 아리스티데스는 144년 이후부터 경험한 종교적 체험과 꿈 요법을 엮어서 출판했는데, 이 작품은 『거룩한 이야기』(Hieroi logoi, Sacred Discourses)라는 제목으로 전해내려 왔다.

『거룩한 이야기』는 자신의 병 이야기와, 치유를 위해 꿈속에서 아스클레피오스가 내린 명령, 그리고 자신이 어떤 방식으로 아스클레피오스의 명령을 실행에 옮겼는가를 주요 내용으로 한다. 총 130여 개의 꿈이 서술돼 있는데, 이해를 돕기 위해 147-148년에 경험했던 '꿈 요법'을 살펴보겠다.

147년 10월에서 148년 1월 사이 … 눈에 띄는 이유도 없는데 종양이 커져 갔다. 처음에는 누구에게나 생길 수 있는 정도였다가 엄청난 크기로 자라 났고 넓적다리 사이가 벌어졌다. 온통 부풀어 올랐고 지독한 통증이 뒤따 랐으며 열은 며칠간이나 계속됐다. 이즈음에 의사들은 온갖 종류의 치료 법을 소리 높여 외쳤다. 어떤 의사는 수술을 주장했고 어떤 의사는 약초로 종양을 태워야 한다고 주장했다. 감염이 되면 내가 죽을 것이라고 말하는 자도 있었다. 그러나, 신의 견해는 정반대였다. 신은 나에게 커가는 종양 을 견디고 오히려 돌보라고 말했다. 의사들의 말을 따르는 것과 신의 말을 따르는 것 사이에 선택이란 있을 수 없다. 하지만, 종양은 훨씬 더 커져갔 고 나는 많이 낙심했다. 일부 친구들은 내가 인내하는 것에 놀랐지만 일부 는 내가 (아스클레피오스의) 꿈에 지나치게 의지한다고 비판했다. 또 다른 친 구들은 내가 수술도 않고 소작용(燒灼用) 약도 사용하지 않는다고 나를 겁 쟁이라고 비난했다. 그러나, 신은 나를 든든하게 붙들어 줬고 현재의 상황 을 견뎌 내라고 나에게 명령했다 … 결국 주님은 나와 나의 양부(養父)에게 같은 날 밤에 나타나 동일한 내용을 일러줬다. 양부인 조시무스(Zosimus)는 그 당시 아직 살아 있었다. 나는 양부에게 사람을 보내어 신이 그에게 무 얼 말했는지 알려 달라고 했다. 그는 나를 보러 와서 신으로부터 들은 것 을 말해 줬다. 어떤 약이 있었는데 그 속에 소금 성분이 들어 있다는 것 외 에 다른 특별한 것은 지금 잘 기억나지 않는다. 우리가 이것을 바르자 대 부분의 종양은 빠르게 사라졌다. 동틀 녘에 친구들이 와서 즐거워하면서 도 믿을 수 없다는 눈치였다. 이 순간부터 의사들은 비판을 멈췄고 각 사 람을 향한 신의 섭리에 찬사를 보냈으며, 신이 비밀리에 심각한 질병을 치 료해 줬다고 말했다.[58]

아리스티데스가 그리스의 여러 신들 사이에서 아스클레피오스에게 부여하는 독특한 위치를 살펴볼 필요가 있다.[59] 이론적으로 제우스는 세상의 주인이요 가장 위대한 신이다. 아스클레피오스, 사라피스, 이시스 같은 신들은 통상적으로 제우스보다는 낮은 신으로 이 시대의 사람들이 흔히 다이몬(Daemon)이라고 부르는 신들이다. 다이몬들은 인간을 사랑하고 인간에게 기꺼이 자신을 계시한다.

그런데, 아리스티데스에게 있어서 아스클레피오스는 다른 어떤 신들과 비교되지 않는 최고신이다. "(아스클레피오스는) 우리가 어떤 경우에나 부를 수 있는 유일한 신"(XLVII, 4)이고 "커다란 기적을 행하는 신이다"(XXXIX, 14). 과거 펠로폰네소스의 에피다우로스에 나타난 아스클레피오스는 단번에 맹인을 치료하고 사지가 마비된 병자를 치료하기도 했다.

그러나, 아스클레피오스는 아리스티데스에게 다른 모습으로 나타난다. 의학의 신은 매일 밤 환자를 찾아와 처방을 제시하고 식이 요법을 알려준다. 이 때문에 아리스티데스는 아스클레피오스를 "신들 중에서 가장 은혜로운 신으로서 인간을 가장 사랑하는 신"(XXXIX, 5)이요 가난한 자들의 친구라고 선언한다.

아리스티데스는 매일 밤 자신에게 나타나는 구원자 아스클레피오스에게 "인사"를 한다. 아스클레피오스는 대개 페르가몬의 아스클레피오스 성소에 있던 조각상의 모습처럼 나타난다. 기다란 수염이 있는 얼굴에 덥수룩한 머리를 하고 엄숙하고 근엄한 옷차림이다. 아스클레피오스는 이런 모습으로 나타나서 환자에게 처방을 내린다.

초자연적 꿈 처방의 진정성을 위해 아스클레피오스는 때로 환자 자신과 환자 주변에 있는 자들에게 똑같은 환상을 보여주기도 한다. 이따금 꿈

속에서 이승과 저승을 연결하는 계단을 보여주기도 한다. 아스클레피오스는 세상 모든 자 중에서 아리스티데스를 선택했다고 하며 그에게 명령한다. 아스클레피오스의 현현을 경험하고 명령을 접하는 아리스티데스에게는 기쁨과 감사가 넘쳐난다.

> 오, 주님 아스클레피오스여, 당신의 말씀은 나에게 인간의 삶 전체보다 더 소중합니다. 당신의 말씀은 단지 병에 관한 것만은 아닙니다. 당신의 말씀은 병을 대가로 하여 얻는 기쁨 정도도 아닙니다. 오히려 그 말씀은 나에게 삶의 힘과 의지를 주는 말씀입니다 … 내 모든 존재는 신(아스클레피오스)의 선물입니다(L, 53).

아리스티데스는 "매일 매일 그에게 생명을 주는" 구원자의 은혜를 통해서만 살아간다고 고백한다. 아스클레피오스의 은혜를 노래하는 아리스티데스의 태도는 신약성경를 희미하게 떠오르게 하는데, 앞서 언급한 판 데어 홀스트의 연구는 이런 점에서 의의가 있다. 아스클레피오스는 고대 세계의 사람들에게 있어서 치료자였으며, 개인의 삶을 인도하는 안내자였지만,[60] 아엘리우스 아리스티데스에게 있어서 아스클레피오스는 무엇보다 '구원자'였다.[61]

아스클레피오스가 아리스티데스에게 주는 처방이 어떤 것일까?

첫째, 약학적인 처방이 있다.

약학적인 처방은 당대의 의학적 상식과도 연결됐다. 땀과 꿀을 혼합한 것, 발삼나무 수액, 건포도를 달인 물, 약쑥 등 "수천 가지의 처방"이 있다. 입수(入水) 요법은 아스클레피오스의 처방에서 아주 중요한 자리를 차지한다. "물은 신의 하녀이고 조력자"(XXXIX, 11)이기 때문이다. 열탕, 해수욕, 강에서의 냉수욕(浴), 특히 중요한 것은 아스클레피오스 성소에 마련된 탕에서의 목욕 등이 있고, 이 외에도 눈(雪)욕, 진흙욕도 있다.

둘째, 맨발로 달리기, 승마, 사나운 파도가 치는 바다에서의 항해 등의 격렬한 스포츠 요법도 있다.

악기를 연주하는 음악 요법이나 글을 읽는 문학 요법도 눈에 띈다. 이 외에도 특별한 음식을 완전히 금하거나 아예 단식하는 식이 요법도 있다. 약물을 사용하는 마술에 대해서는 밝히지 않는 것이 낫다고 생각하며 침묵을 지킨다.

셋째, 아리스티데스는 종기를 치료하기 위해서 당시 사제들이 하던 것처럼 이집트 산(産) 신발을 신기도 했다.

보다 열등한 신들이나 아스클레피오스에게 드리는 희생 제의, 제우스에게 바치는 탄원 등 제의적 요법이 치료에 효과적이라고 믿기도 했다. 이런 치료법들은 새로운 것은 아니고 아리스티데스 이전부터 존재하던 것이었다.

아리스티데스가 행했던 극단적인 치료 요법은 오히려 그의 건강을 악화시켰을 가능성이 있지만, 아리스티데스는 인간의 학문에 의존하기보다 신의 명령에 순종하는 것이 더 가치 있다고 생각했다. 아리스티데스의 예는 고대 후기 아스클레피오스 숭배를 이해하는 데에 가장 중요한 열쇠로 남아 있다.

5. 기독교 시대 순교 기념당의 신유(神癒)와 몽중 환상(incubatio)

아스클레피오스에 얽힌 거룩한 치료 혹은 종교적인 치료는 4세기 이후 기독교 시대에 기독교적인 방식으로 변형된 채로 계속 이어진다. 기독교 시대에는 더 이상 아스클레피오스가 숭배의 대상이 아니었다. 이교의 여러 신과 영웅들을 숭배하던 종교적 관습은 순교자나 수도자들을 공경하는 성인(聖人) 숭배의 경향으로 대체된다.[62]

본래 죽은 자들의 묘지는 도시에서 떨어진 곳에 자리 잡는 것이 그리스·로마 문화의 장례 풍습이었으나, 4세기 말 이후 성인 숭배의 경향 때문에 성인들의 묘는 가능한 한 도시 가까운 곳으로 옮겨졌다. 이 당시의 신심(信心)은 묘 안에 안치된 성인들의 시신이 썩어간다고 생각하기보다 묘에 성인들이 현존한다고 생각했다.

6세기 말 프랑스 남부의 성인 마르티누스의 무덤에는 이런 비문에 있었다.

"신성하게 기념해야 할 주교인 마르티누스가 여기에 누워 있다. 그의 영혼은 하나님 곁에 있지만, 그는 여전히 여기에 임하시어 모든 종류의 기적을 행하신다."[63]

거룩한 자들의 묘 부근에는 순교 기념당이 있는 경우도 많았고 순교 기념당에서는 아스클레피오스 성소에서 행해지던 꿈을 통한 기적적인 치료가 계속됐다. 교회의 지도자들 중 이런 이교적 풍습에 반대하는 자가 없지는 않았으나 순교자들의 믿음의 공로에 의지해 기적적인 치유를 바라는 관습은 계속됐다.

순교자들이 베푸는 신유의 이야기는 기독교 시대의 지중해 곳곳에서 문서화 됐다. 대표적인 것이 4세기 초반의 순교자인 키르(Cyr)와 요안네스(Ioannes)가 일으키는 기적 이야기다. 예루살렘의 소프로니오스(Sophronios)는 순교자 키르와 요안네스가 일으키는 치유 이야기 칠십여 개를 편집해 7세기 초반에 출판했다. 소프로니오스가 보도하는 기적적인 종교적 치유는 아스클레피에이온에서 일어나던 치유의 기적과 상당히 유사하다.

4세기의 교부들 중에서 나지안주스의 그레고리오스나 카이사레아의 바실리오스 등 지도적인 인물들은 주저하지 않고 의학을 수용했지만, 예루살렘의 소프로니오스는 의학이나 의술을 정죄하며, 신적인 개입을 통해 일어나는 초자연적 치유를 선호했다. 소프로니오스가 저술한 『기적』(Thaumata) 중에서 몇 가지만이라도 소개하는 것이 이해에 도움이 될 것이다.

메나스(Menas)라는 이름의 여덟 살 난 아이는 혀가 입 밖으로 길게 늘어지는 기이한 병을 앓고 있었다.[64] 많은 의사들이 메나스를 진찰했지만 메나스의 증상은 개선되지 않았다. 어느 날 메나스는 또래 아이들과 함께 키르와 요안네스의 무덤에서 놀고 있었는데 아이들이 메나스를 밀쳤고 메나스가 넘어지면서 혀가 무덤의 대리석에 닿았다.

그러자, 입 밖으로 길쭉하게 나와 있던 혀가 정상적인 위치로 되돌아갔다. 트리보노스(Tribonos)라는 이름의 어떤 남자는 위아래 눈꺼풀이 달라붙어 있었다.[65] 그는 소경의 눈을 뜨게 해 주신 그리스도의 기적을 믿는 마음으로 키르와 요안네스의 순교 기념당으로 갔다.

아스클레피에이온의 아바톤에서 환자들이 자면서 꿈과 환상을 통해 신탁을 얻은 것처럼 트리보노스는 키르와 요안네스의 순교 기념당에서 잠을 청하다가 순교자들의 음성을 듣는다.

"실로암(요 9:7)에 가면 그대는 다시 보게 될 것이다."

거룩한 자들이 꿈에 나타나서 명령한 대로 트리보노스는 실로암으로 가서 물로 눈을 닦아냈고 그 즉시로 시력이 회복됐다. 이 후 세상을 떠날 때까지 그는 키르와 요안네스의 순교 기념당에서 살았다.

게시오스(Gesios)라는 사람은 의학교수였고 순교자들에 힘입은 거룩한 치료를 전혀 믿지 않았다.[66] 그는 이교신자로서 학생들에게 의술을 가르치며, 교회의 세례를 비웃었을 뿐 아니라 성인 키르와 요안네스까지도 비웃곤 했다. 그는 환자들을 치료할 때 언제나 의술에 입각해서 처방을 내렸다.

그런데, 어느 날 게시오스는 허리에 심한 통증이 생겼고 어깨와 목까지도 움직일 수 없을 정도로 근육이 경직됐다. 그는 다른 사람들에게 처방하던 방식으로 스스로를 고칠 수 있을 것이라고 믿었다. 갈리아누스와 히포크라테스가 가르친 모든 방법이 동원됐고 다른 의사들의 도움까지 받았다. 그럼에도 통증은 조금도 개선되지 않았다.

사람들은 키르와 요안네스의 순교 기념당을 방문하라고 권유했지만 그는 완고하게 거절했다. 통증은 더욱 격렬해졌고 게시오스는 더 이상 견딜 수가 없어 키르와 요안네스의 성소로 가서 치유를 탄원했다. 그가 잠을 자는 동안 거룩한 자들이 꿈속에서 세 번이나 나타났지만 그는 헛것이 보인다고 생각했다.

거룩한 자들은 네 번째로 나타나서 게시오스에게 이렇게 말했다.

그대가 환자들에게 처방하는 약은 오래 전에 죽은 의사들이 만든 것이라고 그대 스스로가 주장했다. 그런데, 그대의 히포크라테스가 그대의 통증에 대해서 무슨 치료법을 제시했는지 우리에게 말해 보라. 그대가 이런 고대의 의사들의 처방에서 치료법을 찾는다면, 그대가 우리에 대해서 비방하는 것이 옳다.

그러나, 그들이 그대의 증상에 대해서 아무 말도 하지 않았다면, 그들은 나머지 것에 대해서도 거짓을 말하고 있는 것이다.

게시오스는 거룩한 자들에게 아무런 반박을 하지 못한 채 침묵을 지켰다. 그는 꿈에서 깨어난 후 키르와 요안네스가 하나님의 심부름꾼으로서 환자들을 치료한다는 것을 인정했다.

소프로니오스가 이야기하는 치유는 의학의 신 아스클레피오스의 기적과 몇 가지 유사점이 있다.

첫째, 무엇보다 꿈과 환상을 통한 거룩한 명령(incubation)이 공통적 요소이다.

아스클레피오스의 성소에서는 환자들이 아바톤에서 잠을 청하면서 꿈을 꿨지만 기독교 시대에 이르러 꿈 신탁의 장소는 순교자들의 기념당으로 기독교화됐다. 트리보노스와 게시오스는 성인들의 순교 기념당에 와서 잠을 청하다가 꿈과 환상 속에서 성인들을 만나 거룩한 처방을 받는다.

키르와 요안네스의 성소 외에도 동방의 여러 지역에서 전통 종교의 몽중 환상 관습이 기독교화됐다. 콘스탄티노플에서는 코스메(Cosme)와 다미아노스(Damianos)의 성소에서 꿈 신탁이 계속됐고, 세례자 요한의 교회에서는 성(聖) 테라폰(Therapon)이 몽중 환상을 줬다.[67]

꿈 신탁을 위한 특별한 숙소인 아바톤은 더 이상 언급되지 않지만 바실리카 예배당이나 순교자들을 위한 성소에서 잠을 청하고 꿈을 꾸는 관습이 계속됐다. "아스클레피오스가 기독교적인 신이나 기독교적 성인으로 발전돼 갔다"라는 마이어(C. A. Meier)의 진술은 과장됐으나 신유의 형식적인 측면에서 유사성이 있음을 부인할 수 없다.

둘째, 치료의 초자연적 성격이다.

아스클레피오스 성소에서 일어나는 치유가 당대의 의학적 상식과 아무런 관련이 없듯, 소프로니오스가 소개하는 치유의 기적도 의학적 상식과 무관하다. 게시오스에게서 보는 바와 같이 세속적 의술은 무용한 것이다.

키르와 요안네스의 성소에서 일어난 기적뿐 아니라 고대 후기의 기독교 성인전(聖人傳, hagiography) 문학 자체는 거룩한 자가 베푸는 신유(神癒)라는 믿음의 메시지를 공통적으로 담고 있다.[68] 아타나시오스가 쓴 안토니오스의 생애 이후로 거룩한 자들이 베푸는 신유는 성인전(聖人傳) 문학의 전형적인 요소이다.

셋째, 키르와 요안네스의 순교 기념당이 병원이 아닌 것처럼 아스클레피에이온도 병원이 아니라는 사실이다. 소프로니오스가 『기적』을 쓰던 7세기 초반의 지중해 세계에는 병원이 이미 광범위하게 확산됐다.

소프로니오스는 도처에 산재했던 기독교병원에 대해서 한마디도 언급하지 않는다. 순교 기념당이나 성인들에게 바쳐진 바실리카 예배당에서 일어났던 치유의 기적은 기독교적 병원의 돌봄과 치유와는 분명 다른 것이었다.

제2장

로마제국의 군인병원(valetudinaria)

아스클레피오스 성소는 질병의 치료가 주된 목적이었다. 하지만, 이곳에서 이뤄지는 치료법은 기적에 의존하는 종교적인 요법이었고 인간의 의술은 부차적이었다. 이런 측면에서 아스클레피오스의 성소는 종교 시설이었지 의료 시설은 아니었다. 치료에서 가장 중요한 과정은 신전에서 행해지는 정결 예식과 아바톤에서 경험되는 몽중 환상 등 종교 행위였기 때문이다.

반면, 부속 호스텔은 순례자들을 무료로 수용한다는 점에서 초기 기독교의 병원과 유사한 측면이 있다. 4세기에 탄생하는 기독교적 병원은 여행객과 순례자들을 무료로 맞아들여 돌봄을 제공하는 기능을 갖고 있었다.

그런데, 로마군인병원은 진정한 의미의 병원으로서 오늘날의 시각으로 보아도 훌륭한 건축 구조와 간호의 개념을 갖고 있던 의료 시설이었다. 이번 장(章)에서는 로마군인병원의 역사와 고고학적 증거들을 살펴볼 것이다. 이런 과정을 통해 군인병원의 실용적 목적과 대조를 이루는 기독교적 병원의 정신사적 의의를 좀 더 명확하게 할 수 있을 것이다.

1. 군인병원(valetudinaria)

　로마제국이 확장됨에 따라 부상당하거나 질병에 걸린 군인들을 집으로 돌려보내는 것이 더 이상 가능하지 않게 됐다. 이에 대한 해결책으로 로마제국은 군인병원을 설립하게 된다. 군인병원(valetudinaria)은 국경을 따라 주둔하던 로마군의 주둔지 요새 안에 건설됐다.

　'발레투디나리움'(valetudinarium)이란 용어는 고고학적으로 179년에 제작된 비문에서 확인된다. 발레투디나리움은 '병든 자를 위한 곳'이라는 뜻으로 '건강'을 뜻하던 'valetudo'에서 파생된 단어다. 'valetudinaria'는 'valetudinarium'의 복수형이다.

　군인병원은 로마군의 요새 건축에 있어서 중요한 부분을 차지했고 통상 요새 내부에서 가장 조용한 곳에 설치됐다. 부상병 등의 회복을 위한 군인병원이 존재했다는 것은 로마인들의 실용적인 기질을 반영한다. 병들고 가난하며, 의지할 데 없는 자는 로마 사회에서 대개 버림받았기 때문이다. 요새 안에 만들어진 로마군인병원은 영국과 독일의 로마군 주둔지에서 고고학 발굴을 통해 여러 차례 확인됐다.[2]

　최초의 로마군인병원(valetudinarium)은 기원전 1세기경 다뉴브 강 국경의 카르눈툼(Carnumtum, 오늘날의 Vienna)에 세워진 것으로 보인다.[3] 카르눈툼의 병원은 군단 요새(legionary fortress)에 세워진 병원이었을 것이다.[4] 여러 시기가 중첩돼 있는 이유로 카르눈툼 군단병원의 모습을 고고학적으로 규명하는 것은 어려운 과제이다.[5]

　요새 주둔지에 설치한 군인병원 외에도, 로마군은 전장(戰場)에 임시방편으로 텐트로 된 야전병원을 설치해 운영했다. 로마의 저술가인 히기누스(Hyginus)는 로마군의 캠프를 설명하면서 야전병원을 설명한 바 있다.[6] 야전병원의 책임자는 주둔 캠프의 부사령관이었지만 실제적인 운영은 군인병원의 부원장(optio valetudinarii)이었다.[7] 야전병원은 그 속성상 고고학적인 자료가 남아 있지 않다.

2. 빈도닛사(Vindonissa)의 로마군단병원

빈도닛사(Vindonissa, 스위스의 Windisch)에는 70년부터 로마 제11군단(Legio XI)이 주둔했다(도판 8).[8] 이는 빈도닛사에서 발굴된 테라코타 유물을 통해서 확인할 수 있다. 군단 요새 배치도를 보면, 제11군단의 병원은 요새 한 가운데에 자리 잡고 있다. 이는 로마군 진지의 설계에 있어

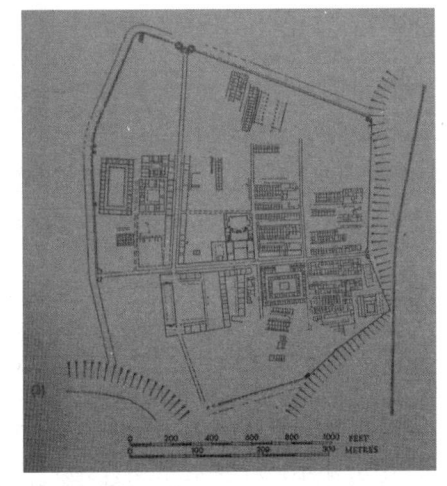

<도판 8. 빈도닛사의 제11군단(Legio XI)요새 배치도>

서 군병원이 건축학적으로 세심하게 고려됐다는 것을 뜻한다.

70년경 건설된 빈도닛사 군단병원의 평면도 및 조감도 역시 이 병원이 환자를 돌보기 위해 아주 세심하게 설계됐음을 보여준다(도판 9).[9] 군 간호사들과 행정 요원을 위한 방과 창고 용도의 방은 제일 앞쪽에 마련됐다(C). 식당이나 기타 목적의 넓은 홀도 두 개가 있다(A와 B). 작은 홀(B) 주변은 아마

도 정원으로 사용됐을 것이다.

정원은 부상당한 군인들의 안정과 회복은 물론 약초 재배를 위해 사용됐을 것이다. 중세 수도원의 경우 수도원 내부의 중정(中庭)에 약초를 재배했는데, 이런 중세의 관습은 로마 군병원의 전통을 계승한 것이라고 할 수 있다. 라인강 서안(西岸)의 네우스(Neuss)에 있던 로마군병원에서는 여러 종류의 약초가 발견된 바 있다.[10] 네우스의 로마군 캠프 이름은 노베지움(Novaesium)이었다. 네우스

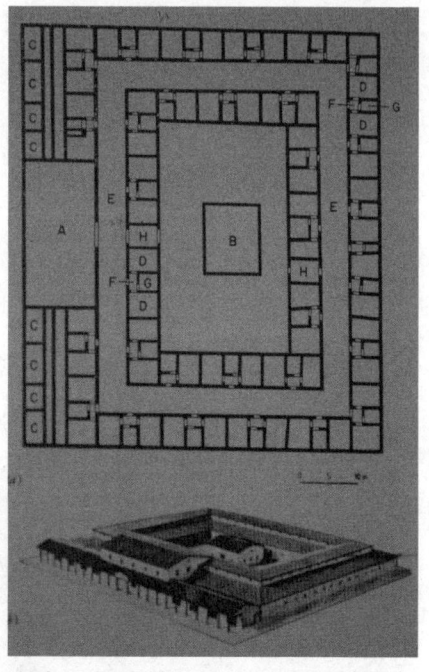

<도판 9. 빈도닛사(Vindonissa)의 제11군단병원 평면도 및 복원도>

와 베테라(Vetera)의 로마군병원도 빈도닛사처럼 입구에 큰 홀이 있었다.[11]

복도(E) 양쪽으로 환자들의 방(D)이 줄지어 있었으며, 병실 전체의 구조는 큰 직사각형 안에 작은 직사각형이 들어가는 구조였다. 중정을 둘러싼 작은 직사각형 구조의 병동은 총 24개의 방으로 됐고, 가운데 복도를 둘러싼 보다 큰 직사각형 구조의 병동은 총 36개의 방으로 됐다.

이렇게 60개의 병실을 갖춘 빈도닛사의 병원은 한 방에 3-5명의 환자가 입원할 경우 180-300명 내외를 수용할 수 있었을 것이다. 비상시에 복도에도 환자를 수용했다면, 수용 인원은 약 2배 가까이 늘어날 수도 있었을 것이다.

로마군병원의 규모를 고고학적으로 분석해 보면, 보통 주둔지 병사의 3-5% 정도가 병실에 입원할 수 있는 규모였고 비상시에는 이런 비율의 두 배까지 늘어날 수 있었다.[12] 이런 비율로 계산해 본다면, 빈도닛사 로마군병원의 경우 약 4천 명 내외의 병력이 주둔한 군단급병원이었을 것이다.

빈도닛사 로마군병원의 설계상의 특징은 복도에서 병실로 직접 통하는 문이 없다는 것이다. 복도에서 자그마한 현관(F)을 들어서면, 양쪽에 있는 문을 통해 좌우에 있는 각각의 병실로 들어갈 수 있다. 병실(D) 사이에 있는 작은 방(G)의 용도는 확실치 않다.

현관을 통해서 병실로 들어가도록 설계한 것은 환자의 안정과 휴식을 고려해 복도에서 들리는 소음을 효과적으로 차단하기 위한 목적이었을 것이다. 중앙 복도(E)에서 중정(中庭)에 있는 작은 홀로 들어가는 통로(H)는 두 개 밖에 없었다.

3. 인추틸(Inchtuthil)의 로마군단병원과 그 외의 군단병원

영국에서 제대로 발굴된 유일한 군단병원은 인추틸의 병원이다.[13] 인추틸에는 아그리콜라(Agricola) 시대에 로마 제 20군단(Legio XX)이 주둔했고 군단 요새가 건설됐다.[14] 군단 요새 내부에는 사령부(principia), 사령관 거처(praetorium), 천인 대장(千人隊長)들의 거처, 병사들의 막사, 병원, 목욕장 등의 건물이 있었다.

요새 외부에는 일반적으로 군단 전체를 수용할 수 있는 규모의 계단식 극장이 건설됐다.[15] 인추틸 군단 요새는 가로 세로가 각각 약 500m에 이

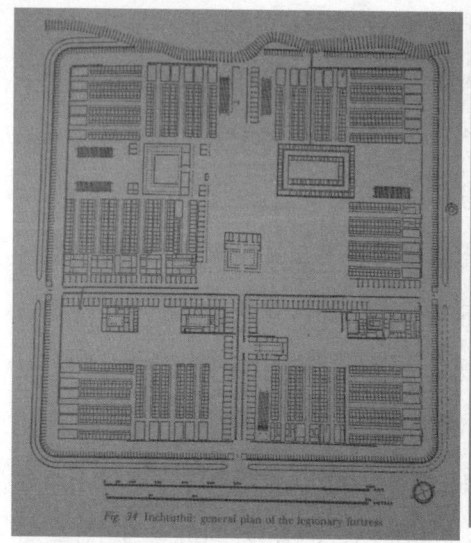 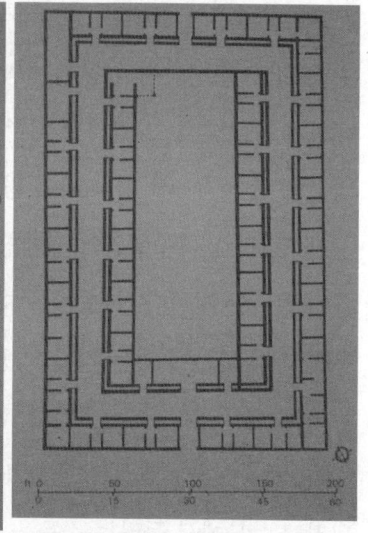

<도판 10. 인추틸(Inchtuthil)에 주둔한 제 20군단 (Legio XX)요새 배치도>

<도판 11. 인추틸(Inchtuthil)의 제 20 군단병원 평면도>

르는 규모였다(도판 10).[16] 군단 요새의 동북쪽에 위치한 군단병원은 가로 91m X 세로 59m의 크기로 60개의 병실을 갖추고 있었다(도판 11).[17] 군단병원은 여러 천인대(千人隊)의 안쪽에 자리 잡고 있다.

병원의 전체 구조는 직사각형이며, 빈도닛사의 군단병원처럼 비어있는 가운데 직사각형의 공간은 정원으로 사용됐을 것이다. 병실은 복도의 양쪽에 서로 마주보는 형태로 배치됐고 빈도닛사의 군단병원처럼 복도에서 병실로 곧바로 들어갈 수 없는 구조였다. 각각의 병실 면적은 $4,5m^2$.이다. 영국에서 발굴된 인추틸 군단병원의 구조는 독일 네우스(Neuss)에서 발굴된 군단병원과 거의 유사한 구조이다.

반면, 구조상의 차이점도 존재하는데, 네우스의 군병원은 입구에 커다란 홀이 있으나 인추틸 군단병원의 경우 대형 홀이 없다는 것이다. 웹스터(G. Webster)는 인추틸 군단병원의 병실 하나당 다섯 개의 환자용 침대를 구비하고 있었을 것으로 추측한다.

인추틸의 로마군단병원 외에도 1964년 영국의 칼레온(Caerleon)에서 군단병원이 확인됐다.[18] 라인강 하류 지역의 로마 군단 주둔지인 베테라(Vetera, 오늘날의 Xanten)에도 석재로 지어진 군단병원이 존재했다.[19] 베테라의 로마군병원의 건축 구조는 스위스 빈도닛사의 로마군병원과 상당히 유사하다.

베테라의 로마군병원에는 목욕탕과 화장실 부엌이 마련됐는데, 이런 편의 시설은 군병원이 요새 내부의 로마군과 비교적 격리됐다는 사실을 반영한다.[20] 베테라의 군병원에는 의사의 수술실, 약국, 영안실 등이 구비됐다. 뒤셀도르프의 라인강 맞은편인 네우스(Neuss)에도 로마군단병원이 발굴된 바 있다.[21]

4. 천인 보병대(千人步兵隊, cohors)의 군병원

로마군병원은 주력 부대인 군단 주둔지에만 존재한 것이 아니었다. 보다 작은 규모의 조력 부대인 천인 보병대(千人步兵隊, cohors)에도 병원이 만들어졌다. 모든 천인대(cohors)가 자체 병원을 갖고 있었는지는 확실하지 않다. 천인대의 군병원은 군단병원을 모델로 만들어졌고 아마도 군단병원의 하부 조직으로 편제됐을 것이다.

아그리콜라(Agricola) 시대에 스코틀랜드의 펜도크(Fendoch)의 요새에도 로마군병원이 세워졌다(도판 12).[22] 펜도크 요새의 로마군병원은 천인대의 한가운데에 자리 잡았다(도판 13).[23] 군단병원이 군단 요새의 가운데 부분

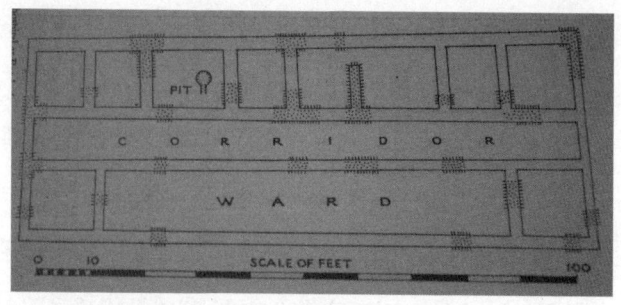

<도판 12. 펜도크(Fendoch)에 주둔하던 천인 보병대(cohors)의 로마 군병원 평면도>

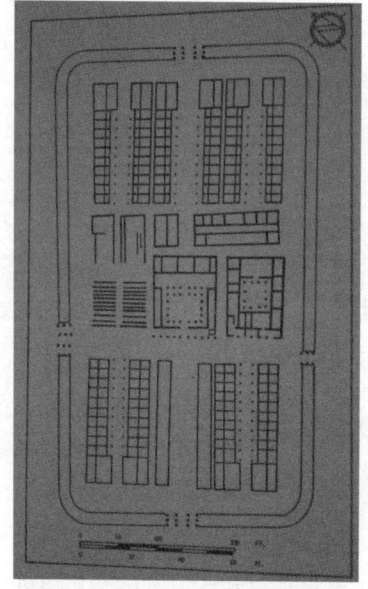

<도판 13. 펜도크(Fendoch)에 주둔하던 천인 보병대(cohors) 배치도>

에 배치된 것과 같은 방식이다. 펜도크 로마군병원의 규모는 12.2m x 32m로 인추틸 군단병원의 짧은 복도 한쪽의 절반 정도 규모에 지나지 않는다.

중앙 복도를 중심으로 양 옆에 우물을 갖춘 방과 화장실, 출입구 홀 외에도 약 5-6개의 병실이 있었다. 한쪽 열에 있는 큰 병실은 아마도 수술실이었을 것이다. 펜도크 요새는 10개의 백인대(百人隊) 막사를 갖췄다(도판 13). 백인대 막사 한 개당 방이 20개이고 방 한 개당 3명 내외의 병사가 있었다면, 펜도크에 주둔한 중무장 보병은 약 500-600명 정도의 규모였을 것이다.[24]

하드리아누스의 장벽을 따라서 하우스테드(Houseteads)에 주둔하던 천인

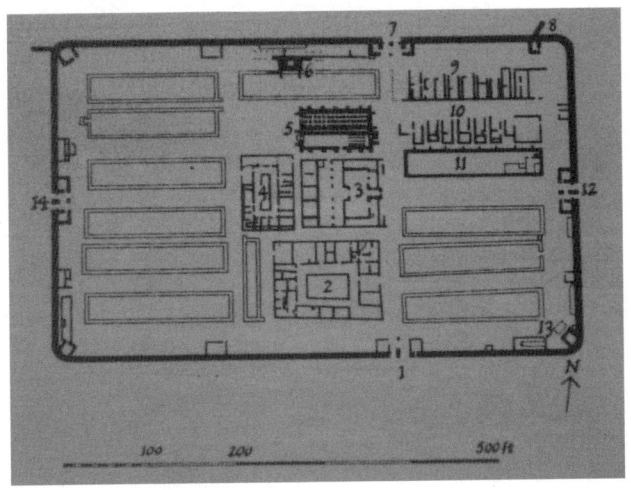

<도판 14. 하우스테드(Housesteads)의 로마군 천인 보병대 (cohors) 요새 배치도>

대(千人隊, cohors)도 발굴됐다. 하우스테드의 로마식 이름은 베르코비키움(Vercovicium, 혹은 Borcovicus)이다(도판 14).[25]

하우스테드는 스코틀랜드로 들어가는 상업의 중요 요충지였고, 197년, 296년, 367년 등 세 차례에 걸쳐 파괴됐다고 한다.[26] 하우스테드 요새는 절벽 위의 한쪽 모서리에 자리 잡았고, 3세기경 약 1천 명 가량의 중무장 보병(cohors)이 주둔했다.[27]

병사들은 벨기움(Belgium) 출신의 퉁구리우스족으로 구성됐다. 요새에는 1, 7, 12, 14번 등 네 개의 출입구가 있었고 주된 출입문은 남쪽문(1번)이었다. 남쪽 출입문을 들어서자마자 요새 내부의 주도로(via principalis) 왼쪽에 처음으로 보이는 건물이 천인대 사령관의 숙소이다(2번). 천인대의 사령부는 그 다음 건물이다(3번).

군병원은 사령부 건물의 바로 뒤쪽에 자리 잡았다(4번). 사령부와 군병원이 요새의 중심부에 나란히 자리하고 있는 것이 인상적이다. 사령부 건물과 병원 위쪽에는 식량 창고가 자리한다(5번). 천인 보병대의 병원이나 군단병원을 막론하고 군병원이 한결같이 요새의 안쪽 부분에 위치한다는 사실은 로마군이 부상당하거나 질병에 걸린 병사들의 간호를 중시했음을 보여주는 설계상의 증거가 된다.

하우스테드의 로마군병원이 발굴될 당시 아니키우스 인게누우스(Anicius Ingenuus)라는 군의관(medicus ordinarius)의 이름이 적힌 비문(碑文)이 발굴됐다.[28] 이 군의관은 하우스테드의 요새병원에서 복무하던 중 25세의 꽃다운 나이에 세상을 떠났다.

하우스테드의 병원은 서쪽에 출입구가 있었다(도판 15).[29] 북쪽 익(翼) 전체를 차지하는 넓은 방은 수술실이었다. 수술실은 출입문이 두 개였다. 펜도크 요새의 병원은 5개의 병실을 구비했지만, 하우스테드의 동남쪽 익(翼)에는 총 10개의 병실이 구비됐다.[30]

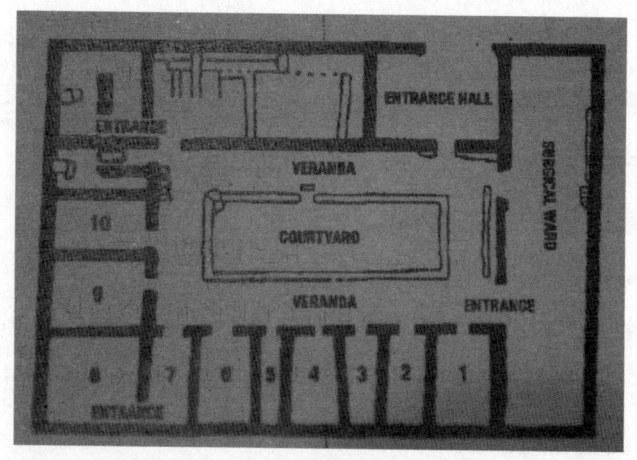

<도판 15. 하우스테드(Housesteads)의 천인 보병대(cohors) 군병원 평면도>

병실 한 개당 다섯 개의 병상을 계산하면, 하우스테드의 병원은 총 50여 명의 병사를 돌볼 수 있는 규모이다. 병원의 규모는 전체 주둔 병력인 1천 명의 5%로 로마군인병원의 통상적인 규모에 해당한다.

빈도닛사나 인추틸의 군단병원들이 별도의 복도로 병실이 격리됐던 것과는 달리, 보조 부대였던 하우스테드의 천인대(千人隊)군인병원은 별도의 복도가 마련돼 있지 않았다. 대신 병실 앞에 베란다 공간이 있었고 병원의 중앙에는 정원이 자리했다. 출입구 홀 아래쪽에는 부엌, 화장실 등이 위치했다. 영국의 경우 펜도크와 하우스테드 외에 펜 릴스틴(Pen Llystyn), 벤웰(Benwell) 등에도 천인대군병원이 있었다.[31]

5. 로마 군사 의학

로마군은 군단과 보조적인 보병대(cohors) 외에도 다양한 편제로 구성됐지만 군 편제의 모든 단위에는 군의관이 배속됐다.[32] 군의관은 통상 '메디쿠스'(medicus)로 호칭됐는데, 이 용어는 의사를 가리키는 일반 명사였다. 군의관들(medici) 중에는 일반 병사들도 있었으나 고위직의 군인들도 존재했다.

북아프리카의 비문이 밝혀 주는 일반 군의관(medicus ordinarius)으로는 카이우스 파피리우스 아엘리아누스(Caius Papirius Aelianus) 등의 인물이 있다. 'medici ordinarii'라는 용어는 백부장의 직위에 해당하는 군인 의사들을 지칭했을 가능성도 있다.

이탈리아에 주둔하던 제4백인대 프라에토리아(Cohors IV Praetoria)에는 외과 의사(medicus chirurgus) 카이우스 테렌티우스 심포루스(Caius Terentius Symphorus)와 내과 의사(medicus clinicus) 티베리우스 클라우디우스 율리아누스(Tiberius Claudius Iulianus)가 있었다.[33]

로마에서 발견된 한 비문에는 도시 로마 수비대(vigiles) 소속의 제5보병대(cohors)에 배속된 의사(medici) 네 명의 이름이 기록됐다. 백부장의 이름 후에 군의관들이 호칭되고 그 다음 일반 병사들의 이름이 나열된다. 메디쿠스라는 용어 외에도 'optio valetudinarii'와 'capsarius' 같은 용어도 사용된다.

'optio valetudinarii'는 군병원의 부원장으로 전장에 설치된 야전병원의 실질적인 책임자였던 것 같다. 'capsa'는 붕대와 약을 넣어 다니던 약상자를 뜻하므로 'capsarius'는 부상 부위를 붕대로 싸매어 주던 보조 요원을 뜻할 수도 있다. 군인 의사를 뜻하는 용어는 자료의 부족으로 확실한 의미를 파악하기가 쉽지 않다.

전장에서 군의관이 하던 역할은 환자를 돌보고 부상자를 치료하는 것이었다. 부상자를 치료하는 방법은 1세기 초반 티베리우스(Tiberius) 시대에 켈수스(Aulus Cornelius Celsus)가 쓴 『의학』(De Medicina)이란 책 덕분에 보다 자세하게 알 수 있다.[34] 켈수스는 그리스 의학에 근거해 책을 저술했는데, 자신의 책에서 질병, 약 제조법, 치료 요법, 수술 등에 대해서 기술한다.

로마 군사 의학이 전염과 환자 격리의 효과에 대해서 확실하게 인식하고 있었는지에 대해서는 그의 책을 토대로 분명하게 결론지을 수 없다. 켈수스 자신은 아우구스투스의 치세 기간 동안 게르만 전선에서 벌어진 전쟁에 참여했던 것 같으나 군의관은 아니었을 것이다. 전쟁터에서 보고 배운 치료 요법과 타인에게서 얻은 지식을 통해서 자신의 저서 『의학』(De

Medicina)을 백과사전식으로 서술한다.

켈수스는 신체에 박힌 다양한 종류의 활공 무기를 제거하는 방법에 대해서 자세하게 설명한다.[35] 화살 같은 것이 몸에 깊숙하게 박히지 않았을 때에는 들어간 구멍을 통해 거꾸로 빼내는 것이 좋다. 그러나, 무기가 너무 깊숙하게 박혔을 때에는 박힌 반대쪽을 칼로 절개해 무기를 똑바로 빼내도록 조언한다. 그러나, 몸에 박힌 무기가 넓은 면을 차지하고 있을 경우 이런 방법 대신 키아티스쿠스(cyathiscus)라고 불리는 도구를 추천한다.

키아티스쿠스는 끝이 휘어 있으며, 구멍이 달려 있는 도구로 화살촉 같은 것을 제거하는 데에 사용됐다. 키아티스쿠스를 무기가 박힌 쪽으로 삽입해 그 끝에 달린 구멍에 몸에 박힌 무기의 끝 부분을 넣어 잡아당김으로 무기를 빼낼 수 있다.[36] 켈수스는 지나친 출혈과 부종이 가져올 수 있는 위험에 대해서 서술한다. 여러 가지 방법으로도 되지 않을 경우 남은 방법은 절단인데 사지를 절단하는 방법에 대해서도 설명한다.[37]

투석된 동그란 납이 몸속에 박혔을 경우의 수술법도 소개한다.[38] 단순히 살에 박혔을 경우는 수술칼로 제거할 수 있다. 뼈나 관절에 박혔을 경우는 수술법이 다른데, 뼈의 경우 V자로 잘라내면서 납덩어리를 꺼내야 하고 관절 사이에 들어간 경우 유일한 제거 방법은 관절을 약간 벌리면서 제거하는 것이다. 라인 강변의 네우스의 군병원의 방에서 약 일백여 점의 의료 기구가 발견됐다. 네우스의 군병원 수술실에서 발견된 수술 도구 중에는 소작(燒灼)용 기구들도 있다.

로마군병원의 제약은 주로 약초에 의존했다. 네우스의 로마군인병원에서는 다섯 가지 약초가 발견됐다. 네우스의 로마군 캠프가 파괴됐을 때에 군병원의 약초로 많은 사람을 살렸다고 전해진다.[39] 일반적으로 군인병원은 약초를 재배하는 정원도 갖췄다. 로마 국경 지대의 로마군병원은 의학의 발전에 적지 않은 도움이 됐던 것으로 보인다.

지혈에 효과가 있는 것으로 알려진 약초 'barbarum'이나 비타민 C의 부족으로 생기는 괴혈병에 효과가 있는 'radix britanica' 같은 약초는 모두 최전방 로마군의 원정 때에 발견된 것이다.[40] 로마군병원은 그리스 로마 의학을 발전시키고 유포하는 데에 커다란 역할을 했던 기관이었다.

군병원은 청결한 위생 상태를 유지하기 위해 많은 노력을 기울였다. 전염이나 감염의 원인에 대해 정확하게 알았던 것 같지는 않지만 적어도 청결이 건강의 유지에 필수적이라는 사실은 분명히 알고 있었다. 인추틸(Inchtuthil), 스코틀랜드(Scotland) 등의 로마군병원에는 처음으로 소변을 방출하는 돌로 된 배수로를 사용했고 이후 이런 위생 시설은 일반화 됐다.

특별히, 각 요새나 군사 거점에는 정교한 목욕 시설이 설치됐다. 체스터(Chester)의 로마군병원에서는 아스클레피오스와 휘기에이아, 그리고 여타 신들에게 바친 제단이 발견됐다. 파피루스 자료가 보여주는 바에 의하면, 이집트에 주둔하던 로마 22군단 소속(Legio XXII Deiotariana)의 병사들은 회복을 위해 바닷가에서 온천욕을 하기도 했다.[41]

술리스 미네르바(Sulis Minerva)의 온천욕의 효과가 널리 알려져 있었는데, 이곳에는 민간인뿐 아니라 군인들도 출입했다. 238년 트라스의 스캅토파라(Scaptopara, 오늘날의 불가리아 지역)의 주민들은 부근에 주둔하던 병사들이 온천욕을 위해 일부러 마을로 들어와서 숙박과 음식을 요구한 후 값을 지불하지도 않고 떠났다고 황제에게 청원하기도 했다.

6. 로마제국에 민간병원이 존재했는가

공공 의료 서비스가 순전히 현대적인 개념인 것은 아니다. 고대 그리스와 헬레니즘 시기의 그리스 사회에는 '공익(公益) 의사'(demosios iatros, public doctor)가 존재했고 이는 오늘날의 공공 의료와 유사한 점이 있다. 공익 의사들은 시민들의 선거로 뽑혔고 공공의 비용으로부터 진료비를 받았으며, 대신 환자들을 무료로 돌봤다.

우드헤드(A. G. Woodhead)에 의하면, 고대 그리스 저술 전체를 통틀어 공익 의사의 이름이 언급되는 경우는 단 한 번에 불과하고 그 이름은 피탈루스(Pittalus)라고 한다.[42] 그러나, 그리스의 경우 공익 의사의 존재에도 불구하고 병원은 존재하지 않았다.

로마제국의 경우 군인병원(valetudinaria)이 발달했지만 민간병원이 고고학적으로 확인된 예가 없다. 대토지(latifundia)를 경영하는 부유한 귀족들이나 황실 직영 대토지의 경우 땅을 경작하는 노예들을 위한 병원이 존재했고 검투사들을 위한 병원도 존재했다.[43] 대토지의 경우 수천에서 수만 명의 노예들과 피해방인이 농지와 함께 묶여 있었기 때문에 양질의 노동력을 유지하기 위해서 병원을 운영할 필요가 있었을 것이다.[44]

이런 곳에는 때로 지주의 지인이 소유하던 노예가 수용되는 경우도 있었다. 그러나, 이런 시설은 일반에게 개방된 것이 아니라 농장 인력을 보존하기 위해서 설립된 농장 부속 시설에 불과했다. 그 목적이 노동력 보존에 있었던 것이지 치료 자체가 목적이 아니었던 것이다. 사도 바울과 동시대의 인물인 콜루멜라(Columella)는 농사에 관한 책을 쓰면서 노예들을 위한 병원(valetudinaria)에 대해서 언급한다.[45]

세네카(Seneca)도 노예들을 위한 병원에 대해서 언급하며, 켈수스(Celsus)는 커다란 병원을 책임지고 있는 의사들에 대해서 언급한다.[46] 그러나, 노예들을 위한 대형 농장 부속병원이 어떻게 설치되고 유지됐는가에 대한 구체적 정보는 없다.

이와 아울러 상류층이나 속주에서 근무하는 황실 관료들을 치료하기 위한 기관이 존재했던 것 같다. 하지만, 로마제국에 민간병원이 존재했다는 증거는 존재하지 않는다. 의사들의 진료소(iatreion)가 소규모의 가정병원(nosocomia) 형태로 발전했다고 주장하기도 하지만, 폼페이에서 발굴된 '의사의 집'은 아주 작은 규모에 불과해 병원이라고 할 수 없다.[47]

의사들은 야트레이온(iatreion)에서 수술을 행하기도 했는데, 마이어-슈타인네그(Meyer-Steineg)는 이런 사실을 바탕으로, 해야트레이온(iatreion)이 4세기에 생겨나는 기독교병원(xenon)의 모체가 됐을 것이라고 주장했다.[48] 또, 그는 야트레이온의 환자 회복실이 'xenon'이라고 불리다가 후에 야트레이온 전체를 가리키는 용어로 사용됐고, 4세기의 기독교병원의 모체가 됐을 것이라고 생각한다.

하지만, 이 당시 의사들은 주로 왕진으로 환자를 돌봤고 야트레이온에는 환자에게 숙식을 제공하는 기능이 없었기 때문에 야트레이온에서 기독교병원의 전신을 확인하려는 입장은 설득력이 약하다.[49] 기독교병원에는 분명 의술이 사용됐지만 환자에게 제공하는 숙식은 의술 이상으로 중요한 자선 행위였다.

이 점에서 야트레이온과 기독교병원의 성격은 전혀 다르다고 할 수 있다. 로마군인병원이나 대농장 부속병원이 민간병원으로 발전하는 데에 별다른 도움을 주지 못했다고 결론짓는 것이 타당할 것이다.

로마군인병원과 4세기에 태어나고 발전하기 시작한 기독교병원의 관계를 생각해 볼 필요가 있다. 기독교 시대의 병원은 로마군인병원을 지칭하던 'valetudinarium'이란 용어를 차용하지 않는다. 'valetudinarium' 용어에는 '건강을 회복한다'는 의미가 담겨 있는데, 기독교가 이 용어를 채택하지 않은 것은 초기 병원이 단순히 육체적 건강의 회복만을 목표로 한 의료기관이 아니었기 때문이다.

4세기에 처음 설립되기 시작한 기독교적 병원은 빈민 구호소, 고아원, 여행객을 위한 호스텔, 몸이 아픈 자들을 위한 병원의 기능 등 빈민 보호시설의 차원과 하나님의 말씀으로 영혼을 치료한다는 영적 치료의 기능이 통합돼 있던 교회적 기관이었다.

뒤에서 논하겠지만, 예수 그리스도는 주린 자, 목마른 자, 헐벗은 자, 나그네 된 자, 병든 자, 옥에 갇힌 자를 도울 것을 명령하는데(마 25.31이하), 그리스도의 이 명령은 기독교적 병원의 종합적인 성격을 이해하는 데에 결정적인 빛을 던져준다. 다소 거칠게 말하자면, 그리스도께서 주신 이 말씀을 따라서 사회적 약자를 돌보는 과정에서 기독교적 병원이 탄생하고 발전해 갔다고 말할 수 있다.

반면, 로마군인병원은 전투력 보존의 차원에서 부상병과 병든 병사들을 돌보는 순수한 의미의 병원이었다. 이처럼, 기독교적 병원은 로마군인병원과는 다른 설립 목적을 갖고 있었기 때문에 'valetudinarium'이란 용어와는 거리를 두게 된다.

제3장

기독교적 병원의 정신사적 탄생 배경

1. 구약성경에 나타난 자선

 구약의 종교는 '고아와 과부의 하나님', '사회적 약자의 하나님'이란 사상을 깊이 간직하고 있었다. 그러나, 구약성경에 깊게 녹아 있는 가난하고 헐벗은 사회적 약자에 대한 배려와 돌봄은 부분적으로만 제도적 차원으로 승화됐다. 아래에서 살펴보겠지만, 유대교는 기원전 1세기에서 3세기 사이에 회당을 중심으로 가난한 여행객을 위한 호스텔을 만드는 데에서 그쳤던 것이다.
 구약성경에서 시작되고 부분적으로 제도화된 박애와 자선은 4세기 이후 기독교 시대에 보다 조직적이고 제도적인 차원의 자선 사업이 잉태되는 밑거름이 됐다. 기독교는 가난한 자에 대한 돌봄과 배려라는 히브리적 영성의 개념을 그 시작부터 기독교화했고 결국에는 확고한 제도로 만드는 데에 성공했다. 따라서 사회적 약자에 대한 돌봄과 배려라는 구약종교의 개념을 살펴볼 필요가 있다.
 기원전 10세기를 전후한 시기부터 팔레스티나에는 히브리인들이 정착하기 시작했고, 기원전 9세기 초 아합 시대부터는 도시들이 생겨나기 시작한다.[1] 도시의 탄생으로 도시 지배 계층이 형성되며, 여로보암과 웃시야 시대에는 정복 전쟁을 통해 상류층은 더욱 부유하게 됐다.

반면, 도시화와 정복 전쟁은 대다수의 백성을 궁핍과 가난으로 몰아넣었다. 이즈음에 북(北)이스라엘의 아모스 선지자와 남(南)유다의 이사야 선지자가 등장한다. 이들 두 선지자의 고발은 당시 히브리 공동체에 편만하던 사회적 불의와 약자의 불행을 드러내 준다. 사회적 불의는 도시 내부의 문제만은 아니었다. 시골 지역에서는 지주 계층이 소작농을 착취했다.

아모스는 여름 별장과 겨울 별장을 소유하고 상아로 된 집을 갖고 있는 지주들을 비판하며(암 3:15; 8:7), 되는 줄이고 추는 늘이면서 가짜 저울로 속이고 찌꺼기 밀까지도 팔아먹는 악행을 고발한다(암 8:5-6). 동시에 도시 프롤레타리아의 허름한 집과 시골 농노들이 사는 헛간 비슷한 집들을 대조하기도 한다.

선지자들의 비판은 이후 4세기 동안 히브리적 박애 정신의 뿌리가 됐다. 아모스나 이사야 선지자는 빈곤의 문제가 근본적으로 약자에 대한 강자의 경제적 착취와 사회적 억압에서 비롯되는 것이라고 보았다.[2] 선지자들은 히브리 백성이 한 분 하나님에게서 난 자녀이며 형제라는 신학적 관점으로부터 사회적 불의를 공격한다(말 2:10). 아모스는 '신 한 켤레 값에 가난한 자들을 파는' 부자들을 공격한다(암 2:6-8).

이사야는 부동산을 독점하던 부자들의 탐욕에 대해 비판한다(사 3:14). 미가 선지자도 사회의 '늑대'들을 비난한다. 그들은 "선을 미워하고 악을 기뻐하며 내 백성의 가죽을 벗기고 그 뼈에서 살을 뜯어 그들의 살을 먹으며 그 가죽을 벗기며 그 뼈를 꺾어 다지기를 냄비와 솥 가운데에 담을 고

기처럼 한다"(미 3:1-3). 히브리 선지자들의 박애는 이처럼 사회 정의 개념과 연결돼 태동한다. 제2이사야도 이점에서 동일하다(사 58:6-7).

기원전 621년 요시야 왕에 의해 공포된 신명기 법전은 동시대 예레미야 선지자의 가르침뿐 아니라 그보다 약간 시대적으로 앞선 선구자들의 가르침을 드러내준다. 신명기 15:7-11에는 "가난한 형제에게 네 마음을 완악하게 하지 말며 네 손을 움켜쥐지 말고 반드시 네 손을 그에게 펴서 그에게 필요한 대로 쓸 것을 넉넉히 꾸어주라 … 너는 반드시 네 땅 안에 네 형제 중 곤란한 자와 궁핍한 자에게 네 손을 펼지니라"고 됐다.

이와 유사한 가르침은 모세 오경의 다른 책에도 자주 등장한다. 이런 가르침은 한결같이 사회 구성원 중 궁핍하고 가난한 자를 도울 것을 명령한다. 근거는 신명기 14:1이다. 부유하든 가난하든 모두 '같은 하나님의 자녀'이기 때문이다. 신적 기원에 근거를 둔 인간 존재의 평등은 구약의 선지자들과 모세 오경을 통해 면면히 이어져 내려오는 관점이다.

이런 관점에 기초해 가난한 자를 배려하도록 여러 가지 법률이 제정됐다. 안식년 동안에 결실된 것은 가난한 자들을 위해 남겨 둬야 한다(출 23:11). 유월절, 장막절, 초막절 등 세 절기 동안에는(신 16:14-15) 낯선 자, 과부, 고아 등 사회적 보호 계층에게 생필품을 나눠 줘야 한다. 나그네를 억압하지 말아야 하고 고아와 과부도 학대하지 말아야 한다(출 22:20-23).

모세 오경, 특히 신명기는 사회적 약자에 대한 박애와 자선의 '요시야'적 정신이 강하게 드러난 책이라고 할 수 있다. 요시야 시대의 입법은 모세오경이 완성되던 기원전 450년경까지 계속 확장됐을 것이다. 박애와 자선에 대한 유사한 관점은 지혜 문학에도 나타난다(잠 17:5; 욥 34:28, 36:6 등).

구약의 정경이 완성된 이후에 생성된 유대 문학서 중 벤시라(Ben Sira)서

(書) 같은 지혜 문학에도 유대교적 자선과 박애는 계속 이어진다.[3]

> 너에 대한 축복이 완전해지도록 가난한 자들에게도 손을 뻗으라. 네가 받은 것을 살아 있는 자에게 거저 베풀고 죽은 자에게도 거절하지 말라. 우는 자들이 부족하지 않도록 하며, 고통 받는 자들과 함께 고통을 나누라. 병자 방문하기를 소홀히 하지 말 것은 그런 행동으로 인해 그대가 사랑받을 것이기 때문이다(벤시라書, 7.32-35).[4]

토빗(Tobit) 서(書)에서도 같은 관점을 발견할 수 있다.

> 정의를 행하는 모든 자에게 그대의 재물로 자선을 행하라. 그리고 그대가 자선을 행할 때에 그대의 눈이 탐욕을 갖지 않도록 하라. 그대의 얼굴을 어떤 가난한 자에게서도 돌리지 말라. 그러면 하나님께서 그대로부터 얼굴을 돌리지 않을 것이다. 그대가 갖고 있는 양에 맞게 자선을 행하라. 그대가 조금 갖고 있다면 그대가 조금 갖고 있는 것에 맞게 자선을 행하기를 두려워하지 말라. 왜냐하면 그대는 불행의 날을 위해 좋은 보물을 그대에게 쌓아 두는 것이기 때문이다. 자선은 죽음으로부터 지켜 주고 어둠 속에 빠지지 않도록 해 주기 때문이다(토빗書 4.7-10).[5]

가난한 자에 대한 착취와 억압은 아주 선명한 이미지로 고발된다.

> 궁핍한 자의 빵은 가난한 자의 생명이다. 그것을 가져가는 자는 피 흘리기를 좋아하는 사람이다. 이웃에게서 살아갈 수단을 강탈하는 자는 이웃을 죽이

는 자다. 일꾼의 품삯을 강탈하는 자는 피를 뿌리는 자다(토빗서 34.21-22).[6]

그런데, 이 시기까지 사회적 약자에 대한 배려라는 구약의 전통이 역사 속에서 구체적인 조직이나 기관으로 실체화 됐다는 증거가 존재하지 않는다. 선지자들과 지혜 문학 저자들의 경고가 히브리 백성의 정신을 개조하는 데에 이르지 못했던 것이다. 기원전 2세기 중반 경에 회당(synagogue)이 유대교 예배와 지역 사회 교육의 중심 장소로 부상하면서 회당을 기반해 조직적인 자선 사업이 가능했을 것이다.[7]

하지만, 회당 중심의 자선 사업을 증언하는 자료는 드물고 그나마도 단편적인 수준에 그친다. 유대교의 한 자료에 따르면, 예루살렘 성전 안에 '침묵의 방'이라고 불리는 방이 있었고 사람들이 이곳에 가난한 자들을 위해 무명으로 기부금이나 생필품을 헌납하면, 가난한 자들이 이곳에서 익명으로 필요한 것을 가져갔다는 전통이 있다. '침묵의 방'을 통한 자선 행위에 대해서는 더 구체적인 정보가 없다.

성전과 회당의 구제 사업은 아마도 유대교 신자들만을 대상으로 했을 것이다. 그런데, 유대교가 회당 중심으로 변화되면서 회당의 자선 사업 중 나그네를 맞아들이는 호스텔 기능이 보다 강화되는 것 같다. 오래된 한 회당이 여행객을 위해 숙소와 음식을 제공했다는 기록이 남아 있다.[8] 이 기록에 따르면, 회당에서 먹고 마시고 잠을 잔 나그네들에게 유대의 종교적 의무를 면제해 줘야 한다고 돼 있다.

만약, 각 지역의 회당마다 '침묵의 방'이 있었다면, 이곳에서 자선 활동이 이뤄졌을 것이다. 기원전 10년에 예루살렘의 오펠(Ophel)산에서 만들어진 비문이 발견됐는데, 이 비문에는 여행객을 맞아들이던 호스텔이 언급된다.

회당의 사제요 회당장인 베테노스(Vettenos)의 아들 테오도토스(Theodotos)가 율법을 읽고 계명을 가르치기 위해 이 회당을 설립했다. 그리고 외지에서 와서 여기 묵고자 하는 사람들의 필요를 채우기 위해 방과 수도 시설을 갖춘 이 호스텔을 세웠다.⁹

이 비문은 여행객을 위한 호스텔의 존재를 분명하게 말해준다. 호스텔 외에도 회당에 부속된 방들이 호스텔 용도로 사용됐을 것이다. 초기 기독교 시대의 랍비 문학은 회당을 나그네와 집 없는 사람과 병자와 가난한 사람을 맞이하는 박애와 자선의 장소로 기록하곤 한다. 아마도 회당에 부속된 방들이 이런 용도로 사용됐을 것이다. 회당에는 구제와 자선을 담당하는 책임자들이 있었다.

예루살렘 탈무드는 자선 담당 책임자를 '파르나스'(Parnas)라고 호칭하고, 바빌로니아 탈무드는 '가바이'(Gabbai)라고 부른다. 사도행전에 기록된 구제를 담당하는 일곱 집사(행 6:1-3)는 유대교 회당의 구제 조직과 거의 흡사한 것으로 보인다. 최초의 기독교인들은 유대인이었고 유대교 회당도 출입했으므로 기독교의 조직이 유대교 회당의 구제 조직을 모범으로 했다는 것은 당연하게 보인다.

탈무드와 미드라쉬 전통은 나그네를 맞아들이는 자선 행위를 아브라함에게까지 소급시킨다.¹⁰ 아브라함은 브엘세바에 에셀 나무를 심었는데(창 21:33) 랍비 시메온 라키슈(Simeon Lakish)와 랍비 예후다 벤 가말리엘(Jehudah ben Gamaliel) 같은 3세기 유대교 지도자들은 에셀 나무를 여행객을 위한 정원으로 해석했다. 그보다 약 한 세기 앞선 150년경의 랍비 느헤미야(Nehemiah)는 에셀 나무를 나그네를 위한 호스텔로 해석한 바 있다.

앞서 예루살렘 오펠 산에 세워진 회당이 별도의 호스텔을 구비하고 있음을 언급했는데, 아마도 2세기 이후 회당마다 부속 호스텔을 갖췄을 것이다. 399년 히에로니무스(제롬)가 오케아누스(Oceanus)에게 보낸 한 편지를 보면, 저자인 히에로니무스가 이런 랍비 전통에 익숙하다는 것을 알 수 있다.[11]

로마의 귀부인 파비올라(Fabiola)는 로마에 병원을 설립했고 오스티아에 나그네를 위한 호스텔을 세웠다. 히에로니무스는 파비올라의 선행을 놓고 "해변에 아브라함의 에셀 나무(창 21.33)의 싹을 심었다"라고 언급했다.

기독교 탄생 이전부터 유대교의 회당은 나그네를 위한 호스텔을 설립해 자선 사업을 행했다. 이런 사실 때문에 기독교의 자선 사업에 대해 유대교가 커다란 영향을 주었다고 쉽게 추론하지는 말아야 한다. 가난한 자를 위한 구빈원이나 병든 자를 위한 병원 등 4세기 기독교 자선 사업에서 출현하는 특징적인 면모는 유대교의 경우 중세에 이르러서야 겨우 출현하기 때문이다.

유럽에 세워진 유대교 최초의 구빈원은 1210년에 설립된 "유대인들의 자선의 집"(domus hospitalis Judeorum)이다.[12] 이 구빈원은 그 이름에서 보듯 '유대인'만을 위한 공간이었던 것으로 보인다. 유대인 의사들이 무료로 진료해 주던 전통은 유럽의 경우 14세기에 가서야 확인되고, 유대인 환자들만을 위한 병원은 15세기에 가서야 설립된다.[13]

코헨(Cohen)은 중세 이집트에 있던 유대인 자선 사업의 여러 면모를 자세하게 연구했는데, 문서적 증거는 12세기 이후에 유대인 자선 활동이 활발했음을 보여준다.[14] 유대교 구빈원과 병원은 기독교의 영향력 아래에서 중세에 이르러서야 탄생한 것이다.

2. 70인역(LXX)에 나타난 '구속적 자선'

구약성경과 유대교의 자선을 논함에 있어 꼭 짚어야 할 문제는 소위 '구속적 자선'(Redemptive Almsgiving)이라는 개념이다. 뒤에서 살펴보겠지만 자선과 죄의 용서를 연결시키는 '구속적 자선'의 개념은 1-3세기의 기독교적 자선에서 무게감 있는 가르침으로 등장한다.

따라서 '구속적 자선'이 구약성경과 유대교에서 어떤 방식으로 나타났는지를 살펴보는 것이 선결적인 과제가 된다. 이에 대해서는 게리슨(R. Garrison)이 종합적인 연구를 진행한 바 있다.[15]

그의 연구에 따르면, 히브리 구약성경의 경우 자선과 죄의 용서가 서로 잘 연결되지 않는 개념이라고 한다.[16] 선지자들의 가르침은 악인의 사악함과 하나님의 징벌, 사회적 약자에 대한 보살핌과 사회적 약자들의 종말론적 구원 등을 주요 주제로 한다.

모세오경은 자선과 죄의 용서를 연관시키지 않고 희생 제의를 구속의 중요 수단으로 본다. 지혜 문학은 약자를 위한 자선을 요청하고 이에 대한 보상을 자주 언급한다. 전반적으로 볼 때 히브리 구약성경의 경우 구속적인 자선이 명시적으로 등장하지 않는다.

잠언 10:2과 11:4 등 두 개의 구절이 기원전 200년경에서 기원후 150년까지의 유대 랍비 문학에서 구속적 자선의 개념을 본격적으로 탄생시키는 중요한 기반이 된다. 잠언 10:2은 "불의의 재물은 무익해도 공의는 죽음에서 건지느니라"라고 돼 있고, 잠언 11:4은 "재물은 진노하시는 날에 무익하나 공의는 죽음에서 건지느니라"라고 돼 있다.

'공의'라는 표현을 유대 랍비 문학은 '자선'의 개념으로 해석하기 시작한다. 히브리 정경에 포함돼 있는 다니엘서는 이 시기의 작품이고 단 4:27에는 구속적 자선의 개념이 분명히 등장한다.

그런데, 기원전 3-2세기 경 히브리어 성경에서 그리스어로 번역돼 생성되는 70인역(Septuaginta)과 함께 자선과 죄용서의 개념이 확고하게 연결되는 전통이 시작된다.[17] 70인역(LXX) 단 4:27(맛소라 본문 MT 4.24)에 처음으로 구속적 자선의 개념이 명시적으로 등장한다.

"오, 왕이시여, 나의 충고가 그대를 기쁘게 하기를 바랍니다. '자선'(eleēmosynē)을 통해 그대의 죄를 사함 받고 가난한 자를 동정함으로 그대의 불의를 사함 받으소서."

히브리어의 '공의'(righteousness)라는 개념을 그리스어로 옮길 때에 다니엘서에서는 '자선'(eleēmosynē)으로 번역했다. 잠언 번역에서도 히브리어의 '공의'(righteousness)는 그리스어 '자선'(eleēmosynē)으로 지속적으로 번역된다.[18]

특히 70인역(LXX)의 잠언 21장은 랍비 전통 속에 구속적 자선의 개념을 탄생시키는 데에 중요한 역할을 한다. "정의롭고 신실하게 행하는 것이 희생제사의 피보다 하나님을 더 기쁘시게 합니다 … 의로움과 '자선'의 길에는 생명과 영광이 있을 것입니다"(잠 21:3). 비슷한 시기의 책인 토빗서(書)도 자선과 죄사함을 확고하게 연결시킨다.

"자선은 죽음으로부터 구출해 주고 모든 죄를 정결하게 해 줄 것이다"(Tobit書 12.9).[19] 벤 시라서(書)에도 동일한 사상이 발견된다. "물은 타오르는 불을 끄고 자선은 죄를 용서 받게 한다"(Ben Sira書 3.30).[20] 이처럼 히브리어 구약성경과 달리 그리스어 구약성경은 자선과 죄의 용서를 명시적으로 관련지었다. 자선은 불의를 사해 주고 자선은 죽음으로부터 구원하는 생명이며 죄를 용서해 준다.

이런 전통은 랍비 문학으로 이어진다. 랍비 요하난 벤 자카이(Johanan ben Zakkai)는 70인역의 전통 위에서 구속적인 자선의 교리를 기초 놓는 데에 커다란 공헌을 한다. 자카이의 가르침을 전해주는 탈무드를 소개하면 다음과 같다.

> 어느 날 랍비 요하난 벤 자카이가 예루살렘 밖으로 나갔고 랍비 조슈아도 그를 따라 나섰다. 랍비 조슈아는 불타버린 성전의 잔해를 보면서 '이스라엘의 죄를 깨달았던 곳이 황폐하게 되다니 괴롭습니다'라고 말했다. 그러자 랍비 요하난이 말했다. '슬퍼하지 마시오. 우리는 성전과 동등하게 죄 사함을 얻는 방법을 갖고 있습니다. 박애의 실천이지요. 나는 사랑을 원하지 제사를 원하지 않는다고 돼 있지 않습니까?'[21]

이 탈무드는 70년 로마의 티투스 장군에 의해 폐허로 변한 예루살렘 성전을 배경으로 한다. 자카이의 말이 역사적 사실이든 아니든 간에 중요한 것은 성전의 파괴로 인해 유대교의 구속적인 자선 전통이 더 강화돼 갔다는 사실이다. 게리슨에 따르면, 120-160년경에 활동한 유명한 랍비들은 구속적 자선을 열렬하게 지지하던 자들이었다. 미슈나를 편집했던 랍비 유다의 가르침을 소개한다.

> 이런 가르침이 있었다. 랍비 유다가 말하기를 '자선은 구속으로 인도한다는 점에서 위대하다'고 했다. … '죽음은 모든 것보다 강하지만 자선은 죽음으로부터 구원한다. 성경에 기록되기를 자선은 죽음으로부터 구원한다'고 했다.[22]

"자선은 죽음으로부터 구원한다"는 랍비 유다의 말은 토빗서(書) 12장 9절에 나오는 내용이다. 랍비 유다는 토빗서를 인용하면서 자선의 구속적 효과를 가르친다.

그런데, 구속적 자선을 옹호하는 랍비 문학은 대개는 2세기 중반 이후의 작품이고 이 시기는 랍비 문학에서 호스텔이 자주 언급되는 때이기도 하다. 호스텔을 통한 유대교의 자선 활동과 그 개념적인 근거인 '구속적 자선'의 사상은 2세기 중반 경부터 유대교 내부에 확고해졌다고 추측할 수 있다.

반면, 기독교 교사들은 유대 랍비 문학이 아니라 70인역을 통해서 구속적 자선에 대한 가르침을 얻었을 것이다. 2세기 중반 이후 본격적으로 시작되는 탈무드의 문학 전통을 키프리아누스 같은 기독교 교사들이 직접 대했다는 증거는 없다. 기독교 교사들은 신약성경을 제외한다면, 70인역 구약성경에 나타난 구속적 자선의 개념으로부터 보다 직접적으로 영향 받았을 것이다.

1세기 최초의 기독교인들은 유대인들이었고 아직 유대교 회당에 출입하고 있었다(행 18:4). 95년경 유대교 쇄신 운동이 일어날 당시 유대교 지도자들이 기독교인들에게 회당 출입을 금지하면서 비로소 기독교는 유대교와 분리되고 단절된다.

이런 역사적 정황은 바야흐로 태어나는 기독교가 여행자를 위한 호스텔 운영 같은 유대교의 자선 정신을 그대로 이어받은 이유를 설명해 준다(참조 마 25:35). 랍비 문학 전통보다는 살아 있는 생생한 모범(exemplum)으로서의 유대교 회당 부속 호스텔이 기독교인들에게 커다란 자극제로 작용했을 것이다.

3. 그리스·로마의 기부 전통

기독교는 일찍이 유대교의 자선 전통이 갖고 있던 정신적 기반을 자신의 것으로 체화했으며, 유대교 회당의 호스텔 운영 같은 제도적 측면에도 영향 받았다. 하지만, 유대교의 직접적인 영향으로 기독교적 병원이 탄생한 것은 아니다.

기독교적 빈민 보호 시설의 탄생은 유대교의 자선 전통에 일정 부분 빚지고 있지만 고대 후기의 유대교에는 병원이 존재하지 않았기 때문이다. 기독교적 병원은 자선 활동이 질적으로 승화되고 양적으로 확대되면서 4세기 중반에 기독교 내부에서 자연스레 태동한다.

그런데, 유대교 자선 전통 외에도 기독교적 병원의 탄생에 영향을 준 다른 요소가 있다. 그리스·로마의 제도와 정신이다. 기독교가 헤브라이즘과 헬레니즘의 만남으로 탄생했다면, 기독교적 병원 역시 유대적 정신 외에 그리스·로마의 정신에서도 큰 영향을 받는다.

제도적인 측면에서 보자면, 그리스·로마 정신의 영향이 더 크다고 할 수 있다. 아스클레피오스 성소의 역사와 로마군인병원의 역사에서 보았듯, 그리스·로마 문화는 기독교가 태동할 당시에 이미 환자들을 위한 배타적 공간을 갖고 있었다. 아스클레피오스 성소는 치료를 목적으로 했지만 엄격한 의미에서는 신전이었다.

로마군인병원과 대농장 부속병원은 군사력과 노동력을 보존하기 위한 특수 목적의 병원이란 한계에도 불구하고 분명 현대적 의미의 병원이라고 할 수 있다. 4세기의 기독교적 병원이 여행객을 위한 호스텔 기능과 환자를 수용하는 기능을 통합한 것은 그리스·로마의 전통과 분리해서 생각할 수 없다.

다른 한편, 아스클레피오스 성소 같은 종교적 치료 기관이나 로마군인 병원 같은 특수 목적의 전문 의료 기관 외에도 그리스·로마의 선행(euergesia, 혹은 beneficium) 혹은 기부 전통이 4세기 기독교병원의 탄생과 발전에 커다란 영향을 줬다. 헬레니즘적 유대교 이전의 구약 종교는 사회적 약자에 대한 보호를 하나님의 뜻과 동일시했음에도 그것을 기부 전통으로 이어가지 못했다.

아모스 선지자나 이사야 선지자 혹은 신명기 법전 등에 나타나는 사회적 약자에 대한 보호는 구호에 그쳤으며, 어떤 제도적 발전을 일궈내지는 못했다. 앞서 살펴보았듯, 나그네를 위한 호스텔은 구약 종교의 산물이 아니라 헬레니즘적 유대교에서 발전된 자선 활동의 결정체였다. 헬레니즘 시대의 유대교는 그 문화적 토양인 헬레니즘 정신에 많은 영향을 받았고, 유대교 회당이 발전시킨 호스텔조차도 그리스적 기부 정신과 무관하지 않다.

그리스·로마의 기부 전통을 고려하지 않는다면, 기독교적 병원의 탄생과 발전을 적절하게 이해할 수 없을 것이다. 사회적 약자를 위한 기관은 경제적 뒷받침을 필요로 하는데, 그리스·로마의 기부 전통의 토양에서 기독교적 병원의 설립과 운영을 위한 경제적 지원이 상당 부분 마련되기 때문이다.

따라서 그리스·로마적 기부 전통을 살펴봐야 기독교적 빈민 보호 시설의 기원을 더욱 명확하게 이해할 수 있을 것이다. 그리스·로마적 기부 전통에 대해서는 폴 벤(Paul Veyne)이 『빵과 서커스』(*Le Pain et Le Cirque*)에서 방대하고 세밀하게 연구해 놓은 바가 있다. 폴 벤은 그리스적 기부 전통과 로마적 기부 전통을 분리해서 다뤘다.[23] 그의 연구는 기독교인들이 행하던 자선 활동의 양상을 보다 선명하게 이해하는 데에 커다란 도움이 된다.

4. 폴 벤이 설명한 그리스적 자선(euergesia)

폴 벤은 그리스적 자선(euergesia, 문자적 의미는 善行)을 세 가지 양상으로 구분한다. 종교적 후원, 정치적 자선, 증여나 상속을 통한 사후(死後)의 자선 등이다.[24]

첫째, 종교적인 차원의 자선은 그리스의 도시 국가에 일상적인 것이었다. 도시는 자신의 신들을 섬겼으므로 신전과 예배를 위해 모든 연령대의 사람들이 헌물을 바쳤다.

이런 의미에서 종교적 차원의 자선은 현대적인 의미에서 헌금이나 기부금이라고 이해할 수 있다. 하지만, 폴 벤은 종교 목적을 위한 기부금도 그리스적 자선 전통에 포함시킨다.[25] 예를 들어 디오니소스의 행렬과 축제를 위해서 도시의 유력자들이 거액의 사비(私費)를 기부한 것은 물론이거니와 시민들 다수가 기부했다.

운동 경기 승자의 경우 자신이 받은 상을 신들에게 바치는 것이 관습이었다. 아테네에서는 운동 경기의 승자가 도시의 유지인 경우 자신이 받은 삼각의자를 디오니소스나 아폴론에게 바쳤다. 이 경우 우승자의 이름이나 출신 가문의 이름을 새긴 받침대 위에 삼각의자를 놓아 야외에 전시했고, 후에 커다란 기념물로 확대하곤 했다. 기원전 320년 경기의 승자였던 니키아스(Nicias)와 트라실로스(Thrasyllos)는 자그마한 신전을 세웠다.

일반 건축물에 기부자의 이름을 새기는 경우가 있었는데, 폴 벤은 그런 첫 예가 기원전 320년에 케피소스(Cephisos)강 위에 건설된 다리에서 확인된다고 한다.[26] 이 강은 아테네와 엘레우시스(Eleusis) 사이에 있고, 다리에는 다음과 같은 비문이 새겨졌다.

> 오, 초심자들이여, 데메테르(Demeter)의 성소로 가시오. 초심자들이여, 세찬 비가 쏟아져도 강물이 불어날 것을 두려워하지 말고 그곳으로 가시오. 크세노클레스(Xenocles)가 그대들을 위해 그 큰 강에 세운 다리가 얼마나 견고한지 보시오.[27]

엘레우시스의 데메테르 숭배는 아테네 사람들은 물론 그리스 전역에서 커다란 인기를 끌고 있었다. 그런데, 엘레우시스로 가는 도중에 있는 케피소스 강이 순례의 여정에 위험 요소였던 것 같다. 이 때문에 크세노클레스란 인물이 자신의 비용으로 문제의 강에 대리석 다리를 건설해 순례자들이 안전하게 엘레우시스로 갈 수 있도록 했던 것이다. 다리에 새겨져 있던 비문은 그런 정황을 압축적으로 설명해 준다.

둘째, 선행가들(euergetai, 혹은 자선가들)은 경건한 신심에서 기부하기도 했지만, 한편으로 도시의 시민들로부터 존경받고자 하는 의도에서 기부(epidoseis)하기도 했다. 도시 국가의 경우 규모가 작았기 때문에 재력가들의 기부는 국가 재정 규모와 견줘 결코 적은 액수가 아니었다.

경우에 따라서는 도시의 유지들이 도시 국가의 군사력에 커다란 기여를 하곤 했다.[28] 파시온(Pasion)이란 사람은 자신이 운영하던 작업장에서 일천 개의 방패를 제작해 도시에 바쳤으며, 여러 인물들이 군사 원정을 위해 비용을 부담하기도 했다.

겔리아스(Gellias)란 부유한 인물은 오백 명의 기병에게 숙식을 제공했다고 한다. 헬레니즘 시대에는 도시의 재력가들이 민회에 출석해 도시를 위해 거액을 기부하겠다는 선서를 하곤 했다.²⁹ 때로 그런 약속을 실행하기까지 많은 시간이 걸리기도 했지만 그들의 약속은 정확하게 기록됐고 도시의 문서 보관소에 보존됐다. 도시 국가를 위한 상당수의 기부(epidoseis)는 이처럼 민회에서 선서의 형태로 진행됐다.

오늘날의 정치가들과는 달리 그리스 도시 국가의 정치가들은 자신의 재산으로 국가에 공헌하는 것을 커다란 자부심으로 생각했다. 그리스의 정치가 데모스테네스(Demosthenes)의 경우가 좋은 예다.³⁰ 데모스테네스는 방어를 목적으로 한 도시 성벽의 감독관으로 지명된 적이 있다. 그는 그 직위에 임명된 후 사재를 털어 100미네스(mines)를 기부하기로 약속했다.³¹ 국가는 성벽의 보수를 위해 데모스테네스의 손에 10달란트를 지급했다.

공공 사업 비용을 관료의 손에 직접 쥐어 주는 것은 이 당시의 관습이다. 하지만, 국가가 지급한 액수는 공사 비용에 비해 부족했다. 데모스테네스는 약속대로 자신의 재산을 털어 100미네스(mines)를 보탰고 이로써 성벽을 보수할 수 있었다. 오늘날의 정치 풍토와는 너무나 다르지만, 공직에 임명된 데모스테네스의 기부는 그리스 정치가들에게 일반적인 것이었다.

데모스테네스는 여러 관료들과 감독관을 지명했는데, 그가 지명한 정치가들은 그가 행한 것처럼 공공의 목적을 위해 기꺼운 마음으로 기부했다. 데모스테네스는 자신이 쓴 글에서 나우시클레스(Nausicles)라는 인물을 칭찬한다. 나우시클레스는 334-333년 군사령관(strategos)에 임명됐던 자인데, 그는 "군사령관으로서 국가가 필요로 하는 곳에 자신의 재산을 바쳤기에 시민들로부터 자주 월계관을 받았다."³²

아리스토텔레스의 『정치학』 6권 7장에는 그리스 정치의 이런 특징을 보여주는 내용이 등장한다.

일반 시민들, 즉 위에서 말한 바와 같이 정해진 수입을 갖고 있는 자들이나, 혹은 테베처럼 정해진 기간 이후 수공업을 중단한 사람들이나, 마르세이유처럼 지도적인 계층과 그렇지 않은 계층의 구성원 중에서 가장 고귀한 자들을 선출해 정부에 참여시켜야 한다. 정치가들 계층에만 한정된 가장 중요한 책임 중에는 '공적인 일을 위한 기부'(leitourgia)가 반드시 포함돼야 한다. 그리하여 정치에 참여할 수 없게 된 일반 시민들이 기꺼이 정치가들이 선출된 상황을 받아들이도록 해야 하고, 막중한 책임을 수행하기 위해 공사비를 집행하는 관료들에 대해서 불만을 갖지 않도록 해야 한다. 공직에 들어올 때에 관료들은 풍성하게 '희생 제의'(thysia)를 드려야 하며 (자신들의 재산으로) '공공 건물'을 건축해야 한다. 그리하여 시민들이 '연회'에 참여하고 봉헌물과 기념물로 도시가 장식되는 것을 보고서 그런 정치 체제가 지속되는 것에 대해 기쁨을 갖도록 해야 한다. 뿐만 아니라 도시의 유지들도 이처럼 자신들의 재산으로 기념이 될 만한 일을 행하도록 해야 한다. 그러나, 귀족 정치(oligarcia)의 구성원들은 오늘날 이런 정치를 행하지 않고 있다.[33]

아리스토텔레스가 『정치학』 6권을 집필한 때는 기원전 335년 이후 아테네에 두 번째 체류할 때이다. 아리스토텔레스는 관료로 뽑힌 자들이 사재를 털어 "공적인 일에 대한 기부(leitourgia)"를 행해야 한다고 역설한다. 그렇게 함으로써 관료로 뽑히지 못한 일반 시민들이 선출된 자들에 대해서 불만을 갖지 않고 그런 상황을 수용할 수 있기 때문이다.

공직에 임명된 관료들이 행해야 할 '공적인 기부'는 희생 제의, 연회, 공공 건물 건축, 봉헌물 등이다. 이 중에서 희생 제의와 연회는 공공 건축이나 봉헌물에 비해 비교적 이른 시기에 그 중요성이 감소하게 된다.[34] 짧은 시간 동안 행해지는 희생 제의와 연회보다는 오랫동안 존속하는 기념물이 보다 고상한 것이라는 인식 때문에 공공 건축과 봉헌물이 무게감 있는 것으로 곧 인식돼 간다.

그러나, 아리스토텔레스는 자신의 시대에 이런 이상적인 정치적 모범이 약해졌다고 한탄하며, 관료들이 사회적 기부보다는 자신들의 이익을 탐하고 있다고 비판한다. 아리스토텔레스가 말하는 레이투르기아(leitourgia)는 아테네의 오랜 정치적 전통이다.

그런데, 아리스토텔레스가 말하는 대로 이런 전통은 로마제국을 통해 기독교 시대에도 일정한 형태로 지속됐던 전통이기도 하다. 물론 기독교 시대에 행해진 관료들의 선행(leigtourgia)은 교회적 기관의 건축에 편향됐다.

예를 들어 392년 콘스탄티노플의 반대편인 칼케돈의 산지(山地)에 오리엔스 감영의 정무총감(Praefectus Praetorio Orientis) 루피누스(Rufinus)가 '성(聖) 베드로와 성(聖) 바울의교회'를 세운다.[35] 황제 다음 가는 제국의 실력자답게 이 교회는 커다란 규모로 지어졌다.

셋째, 증여나 상속을 통한 그리스적 기부이다. 4-7세기에는 교회와 수도원, 병원 등의 기독교적 기관이 주로 증여나 상속을 통해서 경제적 토대를 마련했는데, 이는 그리스적 기부와 비견될 만하다. 증여나 상속을 통한 기부는 이미 고전 그리스 시대에 존재하던 기부 방식이었다. 선행가(euergetes)는 자신이 살아 있을 때나 유언을 통해 도시에 증여할 수 있었다.[36]

생전 증여와 사후 상속은 특정한 개인에게 할 수도 있었으며, 어떤 단체나 여러 인물로 구성된 집단에게도 가능했다. 기원전 3세기부터 그리스의 애국적 시민들은 자본을 기증하고 거기에서 나오는 일정 수입을 성벽 보수에 사용하도록 했다.

이즈음에 특별한 목적의 기금이 설립되기 시작한다. 예를 들어 이 시대에는 올리브기름이 위생에 필수적이라고 보았는데, 젊은 시민들에게 올리브기름을 공급할 목적으로 행해진 자본의 증여라든가 운동 후에 목욕을 제공하기 위한 목적으로 행해진 증여 등이다. 가장 널리 알려진 기금은 교육 기금이다.

테오스(Theos)라는 선행가는 자신이 맡은 관직과 관련해 소위 '정치적 기부'를 했는데, 상당한 액수의 자금을 자유인으로 태어난 소년과 소녀의 교육에 쓰도록 상속했다. 그는 자유인 아이들의 교육을 위해 자신이 상속한 것이 "가장 아름다운 기념물"이 될 것이라고 생각했다. 특히 선행가는 운동 경기로써 자신의 이름을 영원 속에 각인할 수 있었고 이런 계기를 통해 도시는 선행가의 기부를 기억하고 감사할 수 있었다.

레오니다스(Leonidas)라는 인물은 우승자에게 상(themis)을 주는 지방 체육 대회를 개최했고, 이를 계기로 그가 개최한 운동 경기는 "레오니다스의 상"이란 이름을 달고 계속됐다. 이런 형식의 기부는 오늘날 특정인의 이름으로 기금을 설립하고 그 이름을 딴 상을 수여하는 것과 같은 맥락이다. 선행가의 이름을 영원화하는 방식은 기독교 시대에도 확인된다.

카이사레아의 감독 바실리오스가 설립한 372년 구빈병원은 설립자의 이름을 따서 '바실레이아스'(Basileias)라고 불렸으며, 오리엔스 감영의 정무총감 루피누스가 세웠던 '성(聖) 베드로와 성(聖) 바울의교회'도 같은 방식으로 '루피니아네스'(Rufinianes)라고 칭했다.[37]

특별히, 기원전 300년경부터 그리스 상류층에는 새로운 관습이 시작된다.³⁸ 특별한 기금을 마련해 놓고 사망 시 기금으로부터 나오는 수입으로 매년 죽은 자를 기념하는 희생 제의를 드리도록 하는 방식이다. 일종의 제사(祭祀)용 기금인 셈이다. 망자를 기념하는 희생 제의가 가능했던 것은 그리스적 전통에서 죽은 자가 영웅화되거나 신성화됐기 때문이다.

헬레니즘 시대의 종교성은 죽은 자의 영웅화나 신성화를 보다 쉽게 받아들이는 경향이 있었다. 죽은 자를 위한 희생 제의를 드린 후에는 기금운영 책임자들을 위한 연회가 열린다. 가족이나 친구, 친지 등이 대부분이었다. 기금의 운영은 후손이나 친지가 아니라, 도시 자체나 도시의 시의회 혹은 시의회의 일부 등일 수도 있었다.

기원전 2세기 경 크리톨라오스(Critolaos)라는 사람이 아이기알레(Aigiale) 시(市)를 위한 기금을 설립했다. 아이기알레 시(市)는 이런 선행에 대한 감사의 표시로 시조례(市條例)를 통해 이미 세상을 떠난 크리톨라오스의 아들을 영웅화한다. 기금으로부터 나오는 수입으로 매년 행진을 하고 경기를 열며, 연회와 희생 제의를 바치게 됐다.

행진, 경기, 연회, 희생 제의 등은 전통적인 의미의 선행의 범주에 들어가는 것인데, 크리톨라오스의 영웅화된 아들의 경우 이를 망자 숭배로 봐야 할지 신에 대한 숭배로 봐야 할지 모호하다. 하지만, 헬레니즘 시대의 경우 망자 숭배와 신에 대한 숭배는 그 경계가 모호하다. 이런 경향은 4세기 이후 기독교 시대에 성자 숭배의 경향으로 흡수돼 간다.³⁹

위에서 언급한 그리스적 선행(euergesia)의 동기는 무엇일까?

먼저 그리스적 선행은 세금이나 재분배와 무관하다는 점을 강조해야 한다.⁴⁰ 그리스적 선행의 배후에는 동료 시민들로부터 존경을 받고자 하는 심리적 보상과 자신이 속한 공동체의 존립과 번영에 기여하고자 하는 공동체적 충성심이 섞여 있었다.

그리스적 선행의 물리적 기반은 개별 도시였다. 선행가들은 자신의 삶의 터전인 각자의 도시 속에서 사회적 계층에 걸맞은 존경을 원했고, 아울러 자기 자신과 가족의 미래인 도시의 존립과 번영을 위해 기꺼운 마음으로 기부에 뛰어들었던 것이다.

5. 폴 벤이 설명한 로마적 선행(beneficium)

폴 벤은 그리스적 선행을 연구한 뒤에 로마 공화정의 귀족 정치와 선행(beneficium 혹은 euergetes)의 관계도 연구했다. 공화정기의 선행에 대한 폴 벤의 연구는 방대하지만, 그 핵심적인 내용을 간추리는 선으로 충분할 것이다. 공화정기 선행에 대한 폴 벤의 출발점은 로마 공화정의 집단적 귀족정체(貴族政體)다.

공화정기 로마의 부와 권력은 원로원 의원, 정무관, 호민관 등 고작해야 수십 개 내외의 가문에 속한 몇 백 명 정도의 귀족들이 사실상 독점했다. 정무관을 뽑기 위한 선거도 있었고 중산층도 있었으나 중산층은 선거를 통해 자신의 대표를 뽑는 것이 아니었다. 단지 원로원 귀족 중에서 정무관을 뽑는 것에 지나지 않았고 누구를 뽑든 공화정기의 권력은 수백 명에 지나지 않는 원로원 계층에 집중됐다.[41]

키케로는 네 번의 선거에서 압도적인 승리를 거두며 관직에 취임했지만, 이런 승리이든 그 어떤 승리이든 로마의 선거는 아무런 정치적 변화를 이끌어 낼 수 없는 종류의 것이었다.[42] 재판, 공공 건물 건축, 경기 개최,

속주 정치 등 국가의 중요한 일들은 여전히 원로원 계층이 독점했고, 귀족 계층만이 돌아가면서 관직에 선출됐을 뿐이다.[43]

공화정(共和政, res publica)이란 개념은 근본적으로 귀족 정체를 유지하기 위한 제반 토대를 지칭하는 용어다. 로마가 소수 귀족 정치 체제를 가졌던 결과 두 가지 현상이 나타난다. 원로원의 금고를 열어 선행을 베푸는 것에 대한 거부감과 '공적 사업을 위한 기부'(leiturgia)의 정신이 약해진 것 등이다.[44]

초기 로마 공화정에는 원로원의 금고(aerarium, 혹은 국고)가 없던 시대도 있었으나 곧 벌금, 몰수, 군사적 정복 등을 통해 원로원의 금고가 만들어진다.[45] 고전기에는 로마군이 정복한 땅만 원로원의 소유로 됐고 전리품은 군사령관의 몫이었으나 기원전 391년경 처음으로 전리품도 원로원 금고로 인도됐다.[46] 원로원 금고는 시민들의 것이라기보다는 공화정기의 지도 계층인 원로원 계급의 것이었고 원로원 계급의 후견 아래에서 지출됐다.

폴 벤은 공화정기 원로원 집단의 정치적 관심을 두 가지로 압축하는데, 첫 번째는 지배 계급으로서의 집단 이익이요, 두 번째는 지배 계급 안에서의 권력의 쟁취이다. 로마 귀족들이 베푸는 선행(beneficium)인 대형 오락, 선물(donatiua), 건축, 사후 선행 등은 피지배 계급에 '베푸는(下賜)' 의례(munus 혹은 leitourgia)인 동시에 개인의 차원에서는 정치적 권력을 향한 발판이나 여론몰이의 도구가 됐다.

공화정기 귀족 계층은 자기네의 집단 이익과 개인적 영광을 철저하게 추구했지 국가의 이익이나 사회적 의무감을 지녔던 자들은 아니었다. 그러기에 그들 간의 권력다툼은 공화정기 로마를 살육과 혼란의 도가니로 몰아넣곤 했다.[47]

폴 벤은 로마 공화정기의 엘리트적 선행인 대형 서커스, 금품 선물(donatiua), 건축, 사후 선행 등을 연구했다. 마차 경주 등의 공공 오락은 본래 적으로 조영감(造營監, ediles)과 집정관의 몫이었다. 두 명의 통령(統領, consules)은 공공 오락에 대해서 아무런 책임이 없었다. 그런데, 공화정기의 공공 오락은 그리스적 선행과는 전혀 다른 성격의 것이다. 그리스적 선행은 관료들이 동료 시민들로부터 존경받고자 베풀곤 했다.

반면, 로마 공화정의 오락 조직은 조영감과 집정관의 몫임에도 초기에는 그들의 사유 재산은 한 푼도 들어가지 않고 전액 국고의 지원을 받았다. 그런데, 시간이 흐름과 함께 이런 관행이 바뀌게 된다.

공공 오락을 개최하는 관료는 더욱 멋진 경기를 위해 자신의 재산에서 많은 비용을 지불할 수밖에 없었기 때문이다.[48] 기원전 212년에 시작된 아폴로 경기의 개최 비용은 국고(aerarium, 원로원 금고)와 집정관의 개인 재산에서 지불했다. 관중들의 모금으로 일부 비용을 충당하기도 했으나 충분하지 않았다.[49]

공공 오락을 조직하는 권한은 정치적으로 더 큰 성공을 담보해 주는 도구였다. 거의 모든 사람들이 경기장을 찾았고 경기를 개최하는 관료들은 경기를 통해 '시민들 앞에서'(*coram populo*) 자신의 존재감을 깊이 각인시킬 수 있었기 때문이다. 경기장에서 사람들이 환호하는 소리는 조영감과 집정관의 대중적인 인기를 재는 척도였다.

정당의 전당 대회에서 대통령 후보를 뽑는 것과 비슷한 일이 로마 공화정의 경기장에서 일어났다고 보아도 틀리지 않을 것이다. 비록 성공하지는 못했지만 브루투스는 자신이 개최한 아폴로 경기를 공화정 체제의 수호를 위한 집회로 만들려고 애를 썼다. 이에 반해 옥타비아누스는 자신이 개최한 아폴로 경기를 친(親) 카이사르 집회로 변화시키는 데에 성공했다.[50]

원수정기와 제정기에는 이 역할을 황제들이 떠맡아 경기장에 나와 자신을 알리곤 했다.[51] 이는 마치 오늘날 TV 저녁 뉴스의 첫 보도에 대통령의 동정을 방송하는 것과 비슷한 효과를 가진 것이다. 원로원의 귀족이라면 정치적 성공을 원하는 것이 당연했고, 그런 목적을 위해서라면 시민들의 마음을 사는 일이 무엇보다 우선이었다.

시민의 환심을 사는 일이 얼마나 중요했는가 하는 점은 폼페이우스에게 특별한 권한을 수여했던 법률, 예를 들면, 가비니우스 법(lex Gabinia), 마닐리우스 법(lex Manilia), 바티니우스 법(lex Vatinia), 트레보니우스 법(lex Trebonia) 등의 법률이 호민관의 제안으로 민회에서 의결된 것이라는 사실을 통해서도 잘 드러난다.[52]

로마제국의 여러 도시에서 발굴된 비문도 공화정기의 대중적 취향으로 채색돼 있다. 도시 선행가들의 비문은 대개 이런 형식이다. "모(某) 씨는 그 도시의 '공동 대표'(duumvir)였다. 그리고 그는 처음으로 사람들에게 10명의 검투사를 제공했다."[53] 도시의 시의회를 대표하는 인물인 '공동 대표'가 검투 경기를 제공하는 선행을 베풀었다는 뜻이다.

공화정기에는 오락의 개최 외에 금품 선물(liberalitas 혹은 donatium)도 정치와 여러 선거에서 아주 중요한 역할을 했다. 이 점은 옥타비아누스의 정치적 성공에서도 확인된다.[54] 카이사르는 옥타비아누스를 양자로 삼는다는 유언장을 남겼다. 카이사르가 암살될 당시 옥타비아누스는 18세의 청년으로 전혀 알려지지 않은 인물이었다.

그 당시 그리스에서 유학하던 옥타비아누스는 로마로 돌아왔고 본격적으로 로마의 정치에 뛰어들게 된다. 이로 인해 카이사르파(派)는 안토니우스와 옥타비아누스라는 두 명의 지도자가 존재하게 됐다. 위험을 느낀 옥타비아누스는 피신하게 된다. 옥타비아누스가 피신처로 택한 곳은 카이사르 소유의 대농장을 경작하던 소작농들이 살던 도시였다.

그는 그들에게로 가서 아버지 카이사르가 그들에게 베풀었던 자선(beneficium 혹은 liberalitas)을 떠올리고 그의 비참한 죽음을 애도한다. 동시에 그들에게 돈을 나눠 주면서 자신에 대한 지지를 호소한다. 시의회 의원들은 처음에는 옥타비아누스의 읍소(泣訴)를 못들은 체 했지만 곧 그를 도울 것을 소리 높여 외친다.

옥타비아누스는 그들을 불러 사람마다 2,000세스테르티우스를 선물로 준다. 플루타르크는 옥타비아누스가 "돈을 하사함으로 카이사르의 편에 있던 많은 귀휴병(歸休兵)을 자기편으로 끌어들였다"고 쓴다.[55] 금품 하사는 로마 귀족이 백성이나 군대에게 행하던 전형적인 관습이었으며, 후에는 황제들이 답습하던 선행의 방식이다.

옥타비아누스의 경우처럼 분명한 정치적인 의도가 있는 금품 하사도 있고, 돌아오는 정치적 대가가 보다 덜한 경우도 있다. 카이사르는 죽으면서 모든 로마 시민 일인당 300세스테르티우스를 증여했고 티베르 강 너머에 있는 자신의 땅도 증여했다.[56] 사망 후의 선행(beneficium)의 관습은 카이사르뿐 아니라 로마 귀족에게 전형적이었던 증여의 방식이었다. 이런 선행은 망자(亡者) 가문의 위신, 명성, 정치적 성공을 위해서 중요한 것이었다.

백성에 대한 선행뿐 아니라 군대 내에서도 군 사령관은 자신의 병사들을 향해 유사한 선물을 줘야 했다. 선물(donatium)이란 단어는 장군이 병사들에게 나눠주는 돈을 가리킬 수도 있다. 본래 이 단어는 군사 원정에 대한 대가를 가리키는 말이었으나 스키피온 시대부터 너무 자주 나눠주게 되면서 군 지도자가 자신의 병사들에게 나눠주는 돈, 혹은 귀족이 백성들

에게 나눠주는 돈을 가리키게 됐다.⁵⁷

도시(polis) 로마가 대제국으로 바뀌던 스키피온의 시대에 선물(donatium)이 생겨난 것은 났다는 것은 그것의 정치적 성격을 대변해 준다. 그리스 도시들과 이탈리아 시들의 사회적 불평등 때문에 선행이 생겨났고 선행은 일정 부분 재분배의 효과가 있었다. 하지만, 로마의 경우 지배층인 소수 귀족과 여타 피지배 계층의 경제적 격차는 엄청난 것이어서 군대와 백성을 향한 로마 귀족의 선행은 경제적 재분배의 효과가 거의 없었다.⁵⁸

도시 로마에 진정한 선행가(euergetes)가 없었다고 하는 폴 벤의 견해를 귀담아 들어야 할 것이다. 폼페이에는 기원전 1세기 중반 경에 한 선행가의 기부로 계단식 극장이 건설됐다.

하지만, 도시 로마의 귀족들은 정치적 경력을 쌓기 위해 비용 대비 효과가 분명한 대형 오락이나 금품 하사 등을 선호했지, 효과가 미미함에도 커다란 자본이 들어가는 건축은 기피했다. 로마가 끝내 계단식 극장을 갖지 못한 것은 진정한 선행가가 존재하지 않았기 때문일 것이다.⁵⁹

진정한 선행의 개념이 희박하던 로마 원로원 귀족들은 금전적 희생이 큰 공공 건축에 손대기를 기피했다. 공공 건축은 주로 개선장군들의 몫이었다. 군사령관들도 원로원 계층에 속했던 인물들이다. 건축 비용은 승전에 뒤이은 약탈물로 충당했다. 전쟁 약탈물로 부를 축적하는 것은 세간의 비난거리가 됐기에, 이를 이용해 전승 축하 연회를 열고 신들에게 바치는 건축물을 세우는 것이 유리했다.⁶⁰

그리스의 사후 선행(善行)과 비슷한 것이 로마에도 존재했다. 귀족 가문이 문중(門中) 인물의 죽음을 기리기 위해서 전액 사비(私備)로 개최한 검투사 경기이다. 유니우스 브루투스(Junius Brutus)나 아에밀리우스 레피두스

(Aemilius Lepidus)의 가문 등 기원전 3세기 경 로마 공화정을 지배하던 가문들은 죽은 자를 추모하는 검투경기를 도입했다.

로마적 선행으로서의 추모 경기 역시 정치적인 성격을 벗어나지는 않는다. 망자를 추모한다는 것은 하나의 핑곗거리에 지나지 않았다. 백성 전체가 경기에 초대받았고 추모 경기를 주도하는 가문의 지도자는 초대받은 백성에게 자신의 견해를 엄중하게 전달할 수 있는 권리를 갖고 있었다.[61]

이런 추모 경기는 원로원 가문의 위신과 정치적 성공을 위해서 필요한 의무(munus)이기도 했다. 정치적으로 중요한 선거가 있을 때에는 상대 후보를 견제하기 위한 사적인 추모 경기가 제한당하기도 했지만, 망자를 기념하는 가문의 사적인 축제를 금지하는 것은 로마적 상식에 어긋나는 것이었다.

경기를 개최하는 정무관 후보자들은 모든 백성을 초대하고 특별히 선거권을 가진 자를 앞자리에 배치하고 엄청난 액수의 금품을 살포(beneficium)하기도 했다. 스키피온 시대 이후 성대한 추모 경기의 개최 비용(munus)은 엄청난 규모였다. 54년 선거의 경우 후보자 두 명은 최종 투표권을 가진 수십 명의 백인회 대표에게 오늘날의 화폐 단위로 수백억 원을 나눠줄 준비가 돼 있다고 떠벌이기도 했다.[62]

공화정기 로마에 공급됐던 밀은 국가가 공급한 것이지 원로원 의원들의 식량 창고에서 갹출한 것이 아니다. 공공 오락도 상당 부분 국고에서 지원됐다. 정치적 성공을 원하는 개인의 경우 선거의 승리와 권력의 쟁취라는 분명한 목적을 갖고 자신의 재산을 공공 오락에 사용했다.

누가 권력을 잡든 공화정의 부와 권력은 극소수 계층의 집단적 전유물이었다. 따라서 권력을 쥔 엘리트 집단의 차원에서 보자면, 공화정기의 선행은 대중의 뇌리에 가문의 영예를 각인하기 위한 수단이요 엘리트로서 대중적 사랑을 받기 위한 수단에 지나지 않았다.⁶³

그리스 정치가들의 선행의 전통은 정치적 출세의 목적보다는 사회적인 존경에 보다 무게가 주어졌다. 반면, 로마 공화정의 정치적 풍토에서 태어난 선행 전통은 시민들로부터의 존경이라는 그리스적 가치보다는 귀족가문의 명예를 대중에게 각인하고 특별히 선거에서 승리를 얻기 위한 뚜렷한 목적성을 띤 것이었다.⁶⁴

로마 귀족 계층의 선행이 가난한 자들로부터의 존경을 대가로 한 것이라는 핸즈(A. R. Hands)의 관점은 지나치게 단순한 것이다.⁶⁵ 로마의 소수 귀족 집단의 차원에서 본다면, 이 엘리트 집단만이 권력을 향유하고 있었기에 권력을 잡기 위해 선행을 베풀었다고 할 수도 없다.

오히려 그들 집단은 늘 권력을 쥐고 있었기 때문에 선행을 베풀 수 있었고 또 그렇게 했던 것이다. 대중으로부터 사랑받기 위해, 대중의 뇌리에 자기들 집단은 영원한 지배 계층이라는 것을 각인하고 암묵적으로 받아들이도록 만들기 위해 선행을 베풀었던 것이다.

따라서 로마 공화정기의 선행은 개인적인 차원보다는 집단적 지배 차원에서 바라봐야 한다. 공화정기의 귀족들이 대형 오락을 펼치거나 천문학적 액수의 돈을 뿌리는 것은 그들 집단이 누구도 넘볼 수 없는 지배자 집단이었기 때문이다. 이런 점 때문에 그리스적 선행과 로마 공화정기의 선행은 근본적으로 차이가 난다.

로마 원수정과 전주정에 대해서는 별도로 길게 언급할 필요가 없을 것이다. 원수정과 전주정기에는 최고 지배자인 황제 일인에게로 점차 집중돼 간다. 물론 지배 귀족들의 여러 가지 선행의 종류는 여전히 계속됐지만 그 중

요성과 규모에 있어서 선행 혹은 기부의 중심은 황제에게로 옮겨진다.⁶⁶

그리스·로마적 선행은 4-7세기 기독교 시대에 기부 전통에 커다란 영향을 줬다. 교회의 감독들은 여전히 선행가(euergetes)의 이미지로 활동하면서 영향력을 끼쳤다. 그리스와 로마 전통의 사후(死後) 선행은 뒤에서 살펴보겠지만 기독교 시대에는 교회적 기관에 상속하는 망자의 유언장에 변형된 형태로 나타난다.

카이사레아의 바실리오스가 설립한 기독교적 병원이 설립자의 이름을 따서 '바실레이아스'라고 불리는데, 이것은 케피소스(Cephisos)강 위에 세워진 다리의 비문에 크세노클레스라는 기부자의 이름이 새겨진 것과 유사하다. 대형 오락의 경우 몇몇 형태는 폐지되나 사륜마차 경주 등의 공공 오락은 기독교 황제들과 기독교 관료들에 의해서도 계속된다.

선물(donativa)이나 공공 건축 등도 한편으로는 계속 이어지고 다른 한편으로 기독교 신앙을 바탕으로 종교적인 차원으로 승화된다. 4세기에 기독교적 대형병원이 탄생하기 시작한 것은 바로 이러한 그리스·로마적인 선행을 기반으로 경제적인 토대의 일부가 마련됐기 때문이다.

하지만, 그리스·로마적 선행(euergesia, beneficium)과 히브리 영성의 차이를 날카롭게 구별할 필요가 있다. 히브리 영성은 가난한 자에 대한 돌봄을 강조했고 헬레니즘적 유대교는 가난한 자에 대한 구제를 죄의 용서와 관련시켰다. 회당 부속 호스텔의 존재는 이런 유대교 영성이 제도적으로 결실 맺은 결과이다.

아쉽게도 사회적 약자에 대한 유대교의 관심은 그 정도에서 머무르는 데에 그쳤다. 히브리적이고 유대교적인 영성은 가난한 자에게 도움을 줘야 한다는 자선을 소리 높여 외쳤지만 정작 그런 외침을 구체적 행동과 실천으로 옮기는 데는 소극적이었던 것이다.

히브리·유대 영성과 달리 그리스·로마적 선행은 사회적 약자에 대한 관심은 결여돼 있었지만, 그리스적 자선 혹은 로마적 선행으로 요약되는 강력한 기부 문화의 전통을 갖고 있었다. 그리스적 선행은 도시의 번영과 시민들로부터 존경받고자 하는 도시 엘리트들의 소망이 결합돼 나타났고, 로마적 자선은 지배 계층에 의한, 지배 계층을 위한 정치적 도구로 이용될 뿐이었다.

선행이나 기부에서 사회적 약자는 고려의 대상이 아니었다. 로마는 이미 기원전 1세기경부터 군병원을 운영했지만 가난한 자들을 위한 기독교적 빈민 보호 시설 같은 기관이 설립될 수 없었던 것은 사회적 약자가 정치적 목적을 가진 선행의 대상이 될 수 없었기 때문이다. 그리스적 선행은 로마적 선행과 다른 면을 갖고 있지만 가난한 자에 대한 애정과 관심이 결여됐다는 측면에서는 동일하다.

히브리적이며 유대적 영성이 결여하고 있던 기부 문화의 전통(euergesia)과 그리스·로마가 결여하고 있던 사회적 약자에 대한 애정은 기독교 정신 속에서 서로 결합되고 융화됨으로 4세기 이후 기독교적 병원의 시대가 탄생하게 됐다.

병원의 탄생이 인류 보건 문화에 대한 기독교의 위대한 공헌이라면, 그런 위대함은 사회적 약자를 배려하는 히브리·유대 영성과 그리스·로마의 선행 전통을 결합할 수 있었던 기독교 신앙의 통합적 능력이 갖는 위대함이라고 할 수 있다.[67] 이질적인 문화가 서로 융합돼 건설적인 새로운 역사가 창조될 수 있다면, 기독교적 병원이 탄생하는 역사야말로 그런 창조적 융합의 전형적인 예에 해당한다.

6. 1-3세기 기독교인들의 다양한 자선 활동

기독교는 시작부터 사랑과 자선의 종교였다. 사랑과 자선은 무엇보다도 그리스도의 명령이었다.

> 너희는 내가 주릴 때에 내게 먹을 것을 주었고, 목마를 때에 마실 것을 주었으며, 나그네로 있을 때에 영접했고 헐벗을 때에 입을 것을 주었고, 병들어 있을 때에 돌보아 주었고, 감옥에 갇혀 있을 때에 찾아 주었다 … 너희가 여기 내 형제자매 가운데, 지극히 보잘 것 없는 사람 하나에게 한 것이 곧 내게 한 것이다(마 25:35-40).

마태복음 25:35 이하의 말씀은 그리스도를 신앙하는 자들의 영혼에 각인됐고, 이 말씀은 사회적 약자를 대하는 기독교인들의 근원적인 태도를 형성했다. 예수께서 부자 청년에게 주신 말씀(마 19:21)도 기독교적 자선과 연결될 수 있다.

가진 것을 다 팔아 가난한 사람들에게 나눠주고 하늘나라에 보화를 쌓은 다음 그리스도를 따르라는 말씀은 자선이야말로 그리스도의 제자가 실천해야 할 선결적인 조건임을 강조한다. 특히 이 구절은 4세기 이후 수도적 삶이 형성될 때 '성경 속의 성경'과 같은 키잡이 역할을 했던 말씀이다.

그런데, 기독교의 자선 개념은 그리스도의 십자가의 죽음과 부활처럼 순수 기독교적 사상이 아니라, 전술했듯 유대교적 유산에 빚지고 있다.[68] 예수는 부에 극도로 비판적이었다. "부자가 하늘나라에 가는 것보다 낙타가 바늘귀로 들어가는 것이 더 쉽다"(눅 18:24-25; 막 10:23; 마 19:23-24).

"가난한 자는 복이 있나니 하늘나라가 그들의 것이다"(눅 6:20). 반면, "부유한 자들에게는 화가 있다"(눅 6:24). 예수는 더 이상의 사회 비판을 가하지는 않지만 부에 비판적이라는 점에서는 구약의 선지자들과 흡사하다.

반면, 가난한 자를 돕는 것이 하늘나라에 보화를 쌓는 행위라는 가르침(마 19:21)과 헐벗고 병든 사회적 약자를 도와주는 자가 하늘나라에 들어갈 것이라는 말씀(마 25:35-40)은 70인역(LXX) 이후의 유대교 전통과 유사하다.

신약의 여타 여러 책에서도 유대교적 자선의 흔적이 강하게 나타난다. 사도행전은 자선에 관한 유대교적 관점을 유지하고 있다. 하나님께서는 고넬료의 기도와 '자선'을 기억하고 계신다(행 10:4). 자기 손으로 떳떳하게 벌이를 해 궁핍한 사람들에게 나눠 줄 것이 있게 하라는 말씀(엡 4:28)은 구속적 자선을 향해 성큼 다가서는 맥락에 있다.

야고보서는 믿음과 자선을 연결시킨다(약 2:14-17). 초기 기독교 공동체가 사랑했던 책 가운데 하나인 디다케(Didache)에도 죄사함을 얻기 위해 손으로 일해 얻은 것을 나눠주라는 구속적 자선의 개념이 등장한다.[69]

2-3세기 교회의 교사들은 신약성경에 힘입어 사랑과 자선을 끊임없이 독려했다. 무엇보다 1-3세기 교회의 교사들은 자선 일반에 대해서 커다란 강조점을 뒀다.[70]

124-125년경 하드리아누스 시대에 호교가 아리스티데스(Aristides)는 『변증』(*Apologia*)이란 제목의 글을 통해 기독교인들이 궁핍한 자를 돕는 방식에 대해 이렇게 썼다. "기독교인 중에 가난하거나 궁핍해 더 이상 먹을 것이 없는 자가 있다면, 기독교인들은 이틀이나 사흘 동안 금식해 궁핍한 자에게 필요한 음식을 충족시킨다."[71]

그런데, 아리스티데스의 글을 포함해 『클레멘스 1서(書)』나 『헤르마스 목자서』 등에는 '구속적 자선'이란 개념이 명확하게 나타나지 않는다.[72] 반면, 로마의 클레멘스의 이름으로 전승돼 오는 2세기 문헌 『클레멘스 2서(書)』는 자선을 죄의 용서와 단편적으로 연관시킨다.

> 자선은 죄에 대한 뛰어난 회개의 수단이다. 금식은 기도보다 더 낫다. 하지만 자선은 금식과 기도보다 더 훌륭하다 … 이 모든 것에서 풍성한 사람은 복이 있다. 자선을 통해 죄가 가벼워지기 때문이다.[73]

키프리아누스에 이르러 구속적 자선의 개념이 강력하게 주장된다. 카르타고의 키프리아누스는 『선한 행위와 자선에 대해서』(De Opere et Eleemosynis)라는 제목의 책을 통해 자선이 죄를 정화하는 기능이 있음을 역설한다. 자선은 인간의 구원을 위해 필요하다.

"우리는 자선을 통해 앞으로 우리가 저지르게 될 모든 종류의 더러움을 깨끗이 씻는다(sordes postmodum quascumque contrahimus eleemosynis abluamus)."[74] "자선과 믿음을 통해 허물이 정화되고(Eleemosynis et fide delicta purgantur)," "물이 불을 끄듯 자선은 죄를 사라지게 한다(Sicut aqua extinguit ignem, sic eleemosyna extinguit peccatum)."[75]

키프리아누스는 자선이 세례 이후의 두 번째 구원의 방법이며, 세례 후에 지은 죄를 없애준다는 점을 신구약성경에 의존하면서 강조한다.[76] 알렉산드리아의 클레멘스의 경우 부(富)를 부정적으로 바라보지 않고 중립적인 관점에서 파악한다는 점에서 독특하지만, 자선 행위를 통해 영원한 구원이라는 천국의 보물을 얻을 수 있다고 하는 점에서는 이전의 전통을 따른다.[77]

1-3세기 기독교인들은 다양한 방식으로 자선 활동에 참여했다.

첫째, 기독교인들은 곤란에 처한 자들 중에서도 특별히 고아와 과부를 돕는 것에 많은 노력을 기울였다.[78]

기독교 공동체가 '고아와 과부의 하나님'이라는 유대교의 사상을 그대로 이어받았기 때문이다. 야고보서 1:27은 곤궁에 처한 고아와 과부를 돌아봐야 한다고 명시한다. 폴리카르푸스는 빌립보교회에 보낸 편지에서 사제들은 환자를 방문할 뿐 아니라 과부와 고아와 가난한 자에게 무심하지 말아야 한다고 쓴다.[79]

『사도전승』의 제3-4권은 고아와 과부를 돌보는 것에 대해 아주 자세한 규정을 담고 있다. 기독교인 아이가 고아일 경우 아이가 없는 기독교인은 그 아이를 양자나 양녀로 입양해야 한다.[80]

만약 부모를 여읜 여아가 결혼 적령기에 도달했고 자신에게 결혼 연령에 도달한 아들이 있다면, 둘을 혼인시켜 가정을 꾸리도록 해야 한다. 이처럼 기독교인은 부모 없는 아이에게 부모가 돼 줘야 한다. 『사도전승』의 저자는 이런 종류의 사랑에 대해서 하늘의 보상이 주어질 것임을 강조한다.

에우세비오스는 3세기 로마교회가 섬기는 자들에 대한 정보를 남겨 놓았는데, 특별히 과부에 대한 언급을 주목할 필요가 있다. 3세기 중반 로마 감독 코르넬리우스(Cornellius) 시절에 로마교회가 "주님의 은혜와 사랑(philanthrophia)으로 먹이던 자들"은 사제가 46명, 부제와 차부제가 각각 7명, 축사자와 독경자와 문지기를 합해 52명이었고 과부는 1,500명 이상이었다고 한다.[81]

고아와 과부를 어떻게 도왔는가 하는 구체적인 물량적 정보는 남아 있지 않지만 1-3세기 교회는 고아와 과부를 돕는 것을 무엇보다 중시했다. 『사도전승』에는 가난하고 병들고 돌봐야 할 아이가 있는 홀어미나 홀아비를 교회가 공동체적으로 돌봐 줘야 한다고 명시한다.[82] 이들을 위한 기부는 궁핍한 개인에게 직접 할 것이 아니라 공동체에 기부한 것을 적절하게 분배해 도와주도록 권고한다.

둘째, 1-3세기의 기독교는 가난한 자와 병자를 비교적 조직적으로 돌봤던 것 같다.

이 시기에 성직 제도가 확립돼 갔는데, 부제나 차부제, 교회에 등록된 과부, 여성 집사들은 주로 사회적 약자를 돕기 위해서 만들어진 직책이었다. 기독교 공동체의 "가난한 자들에 대한 사랑"과 관련해 250-251년 데키우스 박해 시대로 거슬러 올라가는 유명한 전설이 하나 있다.

로마교회의 금고를 관리하던 부제 로렌티우스(Laurentius)가 체포됐다. 당국자들은 로렌티우스에게 교회의 금고를 넘기라고 명령했다. 그러자 로렌티우스는 '가난한 자들이 교회의 유일한 금고'라는 유명한 말을 남겼다. 로렌티우스의 마지막 말은 가난한 자들에 대한 기독교 공동체의 열심을 함축적으로 대변한다. 가난한 자들을 도와야 한다는 내용의 권고나 조언은 단편적인 수준에 그치지만 1-3세기 자료에 폭넓게 나타난다.

기독교인으로 출발했다가 이교 신앙으로 돌아선 율리아누스 황제(361-363)가 남긴 유명한 편지는 가난한 자들에 대한 기독교 공동체의 사랑과 열정이 그리스·로마 종교와는 확연히 다른 차원이었음을 드러낸다.[83] 율리아누스가 갈라티아의 대사제 아르사키오스에게 보낸 이 편지는 소조메노스의 『교회사』에 소개됐다.

<황제 율리아누스가 갈라티아의 대사제 아르사키오스에게 보낸 편지>[84]

그리스 종교가 기다려왔던 것만큼 아직 진전되고 있지 않다면 그것은 그 신앙을 고백하는 우리에게 원인이 있습니다. 신들을 섬기는 찬란하고 위대한 예배는 그 어떤 맹세나 그 어떤 희망보다도 더 큰 것입니다. 신(神) 아드라스테이아(Adrasteia)가[85] 우리가 하는 이런 말을 참아주길 바랍니다. 그 어떤 것(역주: 기독교)도 이렇게 짧은 시간 안에 이렇게 큰 변화를 감히 시도하거나 원하지 못했을 것입니다. 무슨 뜻이냐고요? 우리는 그 정도면 괜찮다고 생각하고 있는 것인가요? 무신론을 퍼뜨리는 데에 가장 기여한 그것(역주: 기독교)이 나그네를 맞아들이고 죽은 자를 장사지내는 데에 열성이며 인생에 대해 거짓된 엄숙함을 갖고 있다는 것을 우리가 모르고 있나요? 내가 보기에 우리에게 필요하고 각자가 진실로 실천해야 할 행동이란 바로 그런 것입니다. 그대만이 그렇게 행하는 것으로 충분하지 않습니다. 갈라티아의 모든 (이교) 사제는 예외 없이 그렇게 행해야 합니다.

수치심을 일으키거나 혹은 설득을 해서라도 사제들이 열심을 내도록 하십시오. 사제들이 부인과 아이와 노예와 함께 신들을 예배하러 오지 않는다면 그들을 예배에서 멀리하십시오. 하지만 갈릴리 종교를 따르는 자들(역주: 기독교인들)의 노예나 자녀나 부인들이 신들에게 불경건하고 무신론을 선호하거든 관용을 베풀기 바랍니다. 나아가 (이교) 사제들이 극장에 출입하거나 술집에서 술을 마시지 못하도록 하고, 수치스런 일이나 평판이 나쁜 일을 행하지 못하게 하십시오. 그대의 말에 따르는 자들은 존중해 주고 따르지 않는 자들은 쫓아 버리기 바랍니다.

각 도시마다 많은 호스텔(xenodocheia)을 세워 나그네가 우리의 환대를 기뻐하도록 해야 할 것입니다. 우리의 신앙을 고백하는 자들뿐 아니라 곤궁에 처한 다른 어느 누구든지 맞아들여야 할 것입니다. 이것을 위한 재원을 충당하기 위해 당장에 세운 계획은 다음과 같습니다. 나는 매년 갈라티아 전채에 밀 3만 모디우스와 포도주 60만 크세스타를 공급하라고 명령했습니다. 그 중 1/5은 사제직을 맡고 있는 가난한 자들에게 지급하고 나머지는 우리에게 오는 나그네와 걸인들에게 나눠 줘야 합니다. 유대인들에게는 단 한 명의 걸인도 없고 경건치 못한 갈릴리인들(Galilaioi, 역주 : 기독교인들)은 자기네뿐 아니라 우리 쪽 사람들까지 먹이는 반면, 우리가 도와줘야 할 우리 사람들이 도움을 받지 못한다면 수치스러운 일입니다. 그리스 종교를 따르는 자들을 가르쳐서 이런 공적인 일에 헌신하도록 하십시오. 그리스 종교를 따르는 마을 사람들을 가르쳐서 신들에게 첫 소산을 바치도록 하십시오. 그리스 종교를 갖고 있는 자들이 이런 자선의 일에 익숙하게 해야 합니다. 그것이 오래전부터 있던 우리의 관습임을 가르쳐야 합니다 ….

이 편지에는 황제 율리아누스가 생각하는 기독교의 강점이 선명하게 드러나 있다. "무신론을 퍼뜨리는 데에 가장 기여한 그것(기독교)이 나그네를 맞아들이고 죽은 자를 장사지내는 데에 열성이다." "경건치 못한 갈릴리인들(기독교인들)은 자기네뿐 아니라 우리 사람들(이교신자들)까지도 먹인다."

율리아누스의 눈에는 자선이야말로 기독교의 심장처럼 보였던 것이다. "각 도시마다 많은 호스텔을 세워 나그네가 우리의 환대를 기뻐하도록 해야 할 것입니다"라는 문장을 근거로 각 지역의 기독교 공동체가 무료 호스텔을 활발하게 운영하고 있음을 알 수 있다.

4세기 중반 경의 황제 율리아누스는 기독교인들이 종교를 불문하고 누구에게나 자선을 베푸는 것에 감동받았다. 이와는 달리 1-3세기의 교회 공동체의 재원은 주로 기독교인들에게 국한돼 사용됐을 것이다.[86]

셋째, 1-3세기 교회 공동체는 신앙 때문에 옥에 갇히거나 광산형(metallum) 혹은 광산 노역형(opus matalli)을 선고받은 기독교인들을 특별한 관심으로 돌봤다.[87] 2세기 고린도교회의 감독이었던 디오니시오스(Dionysios)는 로마교회에 편지를 보내 걸인들을 돌볼 뿐 아니라 광산형을 선고받은 기독교인들을 교회의 재원을 통해 돌봐 주라고 권고한다.[88]

히폴리투스는 종교적 이유로 형사 재판에서 형(刑)을 선고받고 광산에 갇혀있던 기독교인들의 명단을 로마의 감독 빅토르가 갖고 있었다고 보도한다.[89] 감독 빅토르는 콤모두스 황제의 연인으로 기독교인이었던 마르키아(Marcia)의 중재를 통해 광산형으로 복역 중인 형제들을 구출하는 데에 성공했다.

로마의 클레멘스는 고린도교회에 보낸 편지에서 옥에 갇힌 다른 동료 기독교인들을 되사오기 위해서 대신 옥에 갇힌 기독교인들도 있고, 자신의 몸을 노예로 팔아 얻은 금전으로 굶주리는 동료 기독교인들을 먹인 자들도 있다고 보도한다.[90] 아리스티데스는 그리스도에 대한 믿음을 이유로 체포되고 갇힌 자가 있다면, 그가 필요로 하는 모든 것을 공급해 줄뿐 아니라 갇힌 자를 구출해 내도록 노력하라고 권한다.[91]

2세기 이교 문장가였던 루키아누스의 기록을 보면, 신앙 공동체의 연대와 결속을 이용해 사리사욕을 채우는 거짓 기독교인이 존재할 정도였다. 시리아의 총독이 페레그리누스라는 기독교인을 체포했다고 한다. 루키아누스가 묘사하는 바에 따르면, 페레그리누스는 이득을 보기 위해 거짓으로 기독교 신앙을 고백하는 협잡꾼였다.[92]

페레그리누스가 옥에 갇히자 아시아에 있는 기독교 공동체의 구성원들까지도 그를 방문해 위로하면서 많은 도움을 줬다. 방문한 형제들은 신앙 공동체를 위해서라면 비용이 많고 적음을 전혀 개의치 않았다. 결과적으로 페레그리누스는 기독교인 형제들로부터 많은 돈을 받아 큰 수입을 얻었다.

루키아누스는 이 이야기를 통해 기독교 신앙을 비난하고 풍자한다. 루키아누스가 보도하는 이야기는 지리적으로 멀리 떨어져 있는 기독교 신앙 공동체라 할지라도 신앙적 연대감으로 결속됐음을 보여준다.

교회 공동체는 포로로 잡힌 형제들을 되사오는 데에도 헌신을 다했다.[93] 누미디아의 유랑민들이 기독교인들을 인질로 잡고 몸값을 요구하자 카르타고의 기독교 공동체는 재빨리 10만 세스테르티우스를 모금해 사로잡힌 형제들을 되사왔다. 255년 고트족이 카파도키아를 유린해 기독교인들을 포로로 잡아가자 로마의 기독교 공동체는 그들을 되사오는 데에 커다란 기여를 했다.[94]

4-5세기의 비문(碑文)에 "그는 포로로 잡힌 자들을 되사왔다"라는 문장이 사용되는 경우가 있는데, 이런 문장은 망자에게 커다란 영예였다. 5세기 아를르의 힐라리우스의 전기를 쓴 호노라투스는 힐라리우스가 교회의 값비싼 성물들을 팔아 고트족에게 포로로 잡혀간 자들을 되사오는 데에 사용했다고 한다.[95]

히포의 감독이었던 아우구스티누스도 "갇힌 이들과 수많은 가난한 이들을 돕기 위해 성물마저 쪼개고 녹이게 해 필요한 이들에게 나눠 줬다".[96]

4-5세기의 이런 전통은 1-3세기의 기독교 전통에 빚지고 있다.

앞서 인용한 편지에서 황제 율리아누스는 기독교인들이 죽은 자들을 장사지내는 데에 열성이라고 증언했다. 아리스티데스는 가난한 자가 세상을 떠날 경우 그것을 목격한 기독교인은 할 수 있는 한 망자(亡者)의 장례를 적당한 방식으로 치러 주도록 규정한다.[97] 락탄티우스 역시 비슷한 방향에서 매장에 대한 신학적인 견해를 밝힌다.[98]

인간은 하나님의 형상인 피조물이다. 따라서 인간이 동물의 먹이가 되는 것은 가당하지 않다. 흙으로부터 온 존재이니만큼 다시금 흙으로 돌아가야 한다. 설령 망자를 직접 알지 못한다 해도 기독교인에게 합당한 방식으로 장례를 치러 줘야 한다. 순교자의 경우 정성을 들여 시신을 적합한 장소에 안치하고 장례를 치뤄야 한다. 스미르나의 폴리카르푸스가 신앙 때문에 화형 당했을 때에 작가는 "그의 뼈가 진귀한 보석보다 더 귀하고 금보다 더 귀하다"고 서술했다.[99]

합당한 방식으로 장례를 책임지는 것은 부제(副祭)의 몫이었다. 부제는 매장꾼들을 통솔해 장례를 치렀다. 본래 공화정기 로마인은 화장을 선호했지만 제정기에 들어와서 매장 방식이 유행했고 이런 영향으로 교회는 하급 성직자의 항렬 중에 매장꾼(fossores)을 뒀다.

로마교회의 감독이었던 칼리스투스(Callistus)는 하위 성직자인 매장꾼 출신이었다. 칼리스투스는 로마 감독 제피리누스(Zephyrinus, 199-217)가 사망한 다음 그를 뒤이어 후임감독이 됐고(217-222), 자신이 관리하던 지하 묘지를 큰 규모로 확장했다.[100] 칼리스투스의 예는 교회가 매장에 대해서 기울이던 특별한 관심을 반영한다.

넷째, 기독교인들은 여행하는 자들을 맞아들이는 데에 적극적이었다. 2세기 중반의 변증가 유스티누스는 이 당시의 기독교 공동체가 고아, 과부, 가난한 자들을 돕는 모든 자선 행위를 공동체적으로 진행했다고 보도한다.[101]

기부하는 자는 재량껏 기부하며, 기부금은 모두 모아 공동체의 책임자가 필요한 자선 사업에 지출해야 한다. 공동체의 자선 활동에는 나그네를 환대해 맞아들이는 것도 포함됐다. 여행자들을 환대해 맞아들이는 기독교 공동체의 관습은 특별히 중요하다. 왜냐하면, 4세기에 기독교 자선 기관이 설립될 때 그것의 일차적인 성격은 여행자들을 맞아들이는 호스텔이었기 때문이다.

이는 율리아누스 황제의 편지를 통해서도 간접적으로 추론할 수 있다. 율리아누스는 갈라티아 전역의 그리스 신전들에 밀 3만 모디우스와 포도주 60만 크세스타를 공급하라고 명령하면서 그 중의 4/5를 "나그네와 걸인"을 위해 사용할 것을 명시한다.

아울러 각 도시마다 호스텔을 세워 나그네를 환대하고, 그리스·로마의 전통 종교를 믿는 자뿐 아니라 곤란에 처한 자는 누구든지 맞아들이라는 황제의 조언은 기독교 공동체를 의식한 발언이다. 생명력을 잃어가고 있던 이교 신앙은 율리아누스의 바람을 실행에 옮길 수가 없었다.

아스클레피오스 성소의 호스텔은 여전히 병든 순례자들을 무료로 맞아들였지만 그것은 한낱 지엽적이고 특수한 예에 불과했다. 이 시기의 그리스·로마 전통 종교에는 가난하고 소외받는 약자에 대한 관심이 일반적으로 결여됐다.

1-3세기 기독교의 자선 활동은 기독교 신앙의 유무를 질문하지 않았으나 전체적으로 이 당시 교회의 자선은 보편 기독교 공동체 내부를 향해 많은 에너지를 쏟았다고 할 수 있다. 고린도교회의 감독 디오니시오스는 로

마교회가 다양한 방법으로 모든 형제들을 돕고 각 도시마다 자리 잡은 수많은 교회들을 돕는 데에 앞장섰다고 로마교회를 칭찬한다.

"로마의 기독교인들은 가난한 자들의 헐벗음을 완화시켜 줬습니다. 그리고 그대들은 처음부터 재원을 보내 광산에 있는 형제들을 도와줬습니다."[102]

디오니시오스가 칭찬하는 로마교회의 자선은 신앙 공동체 안에 있던 기독교인들을 대상으로 한 것이었다. 1-3세기는 기독교 신앙이 박해받던 시대였고 기독교인들이 신앙을 이유로 모진 어려움에 직면하던 시기였다. 4세기 초반의 마지막 박해 때까지 이런 어려움은 계속됐다.

키프리아누스가 253년 쓴 편지를 보면, 사회적 약자를 돌보아야 한다는 그리스도의 말씀(마 25.35-36)이 1-3세기의 사람들에게 얼마나 중요했는가를 알 수 있다.

> 키프리아누스가 야누아리우스, 막시무스, 프로쿨루스, 빅토르, 모디아누스, 네메시아누스, 남풀루스, 호노라투스와 그의 형제들에게 문안합니다.[103]

> … 우리 형제 모두는 예외 없이 신속하고 즐거운 마음으로 넓은 도량을 갖고 기부금을 모아 필요한 형제들에게 그것을 보내기로 했습니다. 그들은 확고한 신앙으로 하나님의 영광을 위해 언제나 그렇게 행할 준비가 됐습니다. 지금 이 순간 아주 커다란 슬픈 일이 그들을 자극했기에 더욱 더 구원 사역에 매진하고 있습니다. 주님은 복음서에서 '내가 병들었을 때에 너희가 나를 돌아보았다'(마 25:36)고 했습니다. 그렇다면, 주님은 우리의 자선에 대해 보상을 약속하시면서 '내가 포로가 됐을 때에 너희가 나를 되사 주었다'고 당연히 말씀하실 것입니다. 주님은 '내가 옥에 갇혔을 때에 너

희가 나를 찾아왔다(마 25:36)'고 말씀하셨습니다. 이것이 무슨 뜻입니까. 주님은 '내가 잡혀서 포로가 됐고, 내가 야만인들에 의해 갇히고 묶여서 땅바닥에 누워 있었는데 너희가 나를 이런 감옥과 이런 노예 상태에서 해방시켜주었다'고 말씀하는 것이 아니고 무엇입니까. 심판의 날이 올 때에 주님은 여러분에게 보상해 주실 것입니다 ··· .

주리고 목마르고 헐벗고 병든 자에게 필요한 것을 공급하고, 나그네를 환대하며, 옥에 갇힌 자를 돌아보고 구해내는 자선은 심판의 날에 이르러 하늘의 보상을 받게 될 것이다(마 25:35-40).

아마도 1-3세기 교회 공동체의 모든 자선 활동이 귀결되는 구절을 택일하라고 한다면, 자선에 대해 하늘나라의 보상이 수여될 것임을 선언하는 마태복음 25:35 이하가 될 것이다. 그리고 이 구절은 이어질 4-6세기 초기 비잔틴 시대에도 여전히 신앙인들의 심금을 울리던 시대의 말씀 중 하나가 될 것이다.

제4장

수도주의 영성과 자본의 이동

1. 병원의 탄생과 수도자들의 역할

구약의 종교는 고아와 과부의 하나님이라는 사상을 뿌리 깊게 간직하고 있었지만 그것을 역사 속에서 제도적 형태로 만들어내지는 못했다. 헬레니즘 시대의 유대교는 회당을 중심으로 여행객을 위한 호스텔을 운영하는 정도에서 그쳤으며, 12세기까지도 그 이상의 별다른 제도적 발전은 이루지 못했다.

그리스·로마의 선행(euergesia, beneficium)은 광범위한 효과를 끼친 것이었지만 이런 선행 전통에서 사회적 약자들은 전혀 고려의 대상이 아니었다. 로마 사회는 로마군을 위한 발전된 개념의 군병원을 운영했고 대농장의 경우도 비슷했지만 로마의 병원은 전투력과 노동 생산력을 보존하기 위한 특수 목적의 실용적 병원이었다. 로마 사회가 갖고 있던 이런 실용주의적 관점 때문에 가난하고 병든 소외 계층을 위한 병원은 존재할 수 없었.

1세기에서 4세기 초반까지의 박해 시기에는 기독교인들도 특별한 자선 기관을 제도적으로 발전시키지 못했다. 이 시기에는 교회 전반이 아직 경제적으로 충분한 여유를 갖지 못했고 또 박해 받고 있는 교회 공동체 구성원을 돕기 위해서 매진했으므로 자선 기관을 창립하는 데까지 이를 수 없었던 것이다.

그러다가 4세기 기독교 시대가 펼쳐지면서 수도원과 교회를 중심으로 기독교적 병원이 설립되기 시작한다. 환자에 대한 조직적인 간호와 돌봄이 최초로 언급되는 것은 파코미오스수도원의 간호 병동일 것이다.

파코미오스의 헬라어 전기에는 323-330년 사이에 타벤네시스(Tabennesis)수도원의 초기 조직이 설명됐다. 타벤네시스 공동체는 직능별로 구분된 세 개의 막사 혹은 집으로 조직됐다. 수도원 공동체 전체의 음식을 준비하는 요리사들의 막사, 아픈 수도자들을 돌보는 남자 수도자-간호사들의 집, 방문객이나 여행자를 맞아들이고 수도원 공동생활에 입회하려는 자들을 가르치는 문지기들의 집 등이다.[1]

시간이 지나면서 직능별 구분과 조직은 더욱 세분돼 갔다. 간호사들의 막사에 대해서는 세부적인 내용이 소개되지 않으나 병든 수도자들을 위한 병동이 존재했고 이들을 위한 식이 요법도 따로 있었다. 예를 들어 평소 수도자들이 가까이할 수 없었던 포도주와 육류 같은 특식은 몸이 아파 병동에 들어갈 경우 예외적으로 지급됐다.

파코미오스수도원의 간호 병동 운영은, 비록 짧은 기간이지만 파코미오스가 로마군에 징집돼 군 생활을 경험한 결과로 보인다. 404년 히에로니무스는 파코미오스의 수도규칙서를 라틴어로 번역하는데, 이 당시 파코미오스수도회의 지수도원들은 30-40개의 직능별 막사나 집으로 구성됐다고 설명했다.[2]

파코미오스의 전기는 간호 병동에 관련된 몇 가지 일화를 간직하고 있다. 어느 날 파코미오스가 몸져눕게 됐는데, 간호사 형제가 올리브기름을 뿌린 채소 스튜를 갖고 왔다.³ 환자만을 위한 특별한 음식이었지만, 파코미오스는 스튜에 물을 뿌려 기름을 버린 다음에 스튜를 먹었다. 346년 3월 전염병이 프보우(Phboou)수도원을 덮쳤고 많은 형제들과 함께 파코미오스도 마지막 순간을 맞게 된다.

쇠약한 그의 몸은 담요조차 버거워했다.⁴ 파코미오스가 다른 담요를 요청하자 간호사 형제가 가볍고 질 좋은 담요를 가져왔다. 하지만, 파코미오스는 그것을 거부한다. 환자는 양질의 담요를 사용할 권리가 보장됐지만 파코미오스는 환자임에도 건강한 형제와 다르게 대우받는 것을 원치 않았던 것이다.

이런 단편적인 일화는 간호 병동에 관한 세부적인 규정들이 존재했음을 암시한다. 하지만, 타벤네시스수도원에 만들어진 간호 병동은 그곳에 살던 수도자들을 위한 배타적인 공간이었지 외부인들을 받아들이던 열린 공간은 아니었다.

파코미오스수도원과는 달리 니트리아, 스케티스, 켈리아 등 반독수주의적 수도 생활의 요람에는 환자들을 위한 병동 같은 것이 존재하지 않았다. 『사막 교부들의 금언집』에는 자신의 수실에서 병든 채 죽어가는 수도자들의 이야기가 나온다.⁵ 4세기 중반 이후 본격적으로 병원을 설립한 인물들은 수도적 삶에 깊은 영향을 받았던 교회의 지도자들였다.

여행객이나 순례자들을 위한 호스텔에 의료 활동을 접목시킨 최초의 인물로 알려진 아에티오스는 안티오키아의 사제로서 수도자였다. 그는 안티오키아의 감독 레온티오스가 다프네(Daphne)의 온천 휴양 시설에 설립한 호스텔에서 활동하면서 의료 활동을 접목시켰다. 콘스탄티노플의 감독 마라토니오스와 마케도니오스 등은 아에티오스에 교리적으로 맞설 뿐 아니라 빈민 구제 사업을 놓고도 경쟁했다.[6]

아에티오스, 마라토니오스, 마케도니오스 등의 선구적인 업적이 역사에 알려지지 않고 그늘 속에 가려진 것은 이들이 곧 교리적 이단자로 낙인찍혔기 때문이다. 이들과 교류하며, 영향 받았던 세바스테의 감독 에우스타티오스도 355년을 전후한 시점에 세바스테에서 빈민 구제소를 운영한다.

빈민 구제소는 우리식으로 번안하면, '사랑의 집' 정도가 될 것인데, 가난한 자들에게 음식을 무료로 나누어주는 구빈원, 여행객을 맞이하는 호스텔, 병든 자들을 간호하는 병원 등의 기능을 통합한 공간이었다. 에우스타티오스는 기독교적 사회 복지 기관을 설립해 자신의 제자인 아에리오스(Aerios)에게 운영을 맡긴다.[7]

하지만, 에우스타티오스가 설립한 병원조차도 그의 교리적 성향 때문에 역사 속에 묻히고야 말았다. 370년대 이후 에우스타티오스는 소위 성령 훼방론자라고 불리던 마케도니오스주의자들과 연합해 정죄된다. 이런 이유로 역사는 에우스타티오스의 업적을 제대로 평가할 기회를 잃어버렸다.[8]

그러나, 기독교적 병원의 선구자들이 뿌려 놓은 씨앗은 바실리오스를 통해 본격적으로 그 빛을 발하기 시작했다. 에우스타티오스의 제자인 카이사레아의 감독 바실리오스는 세바스테의 사회 복지 기관에 영향을 받아 372년 카파도키아의 카이사레아 도심에서 멀지 않은 한적한 곳에 수도원 복합 콤플렉스(Complex)를 건설하는데 이 가운데 병원 건물도 있었다.

카이사레아의 바실리오스는 삼위일체 정통주의자일 뿐만 아니라 『성령론』(De Spritu Sancto)으로 유명했다. 아울러 그는 370년대 동방교회의 지도자 중에서도 눈에 띄게 리더십을 발휘했던 교회 조직가였다. 말할 필요도 없이 바실리오스 역시 수도자였으며, 그 자신이 돌보던 카파도키아와 폰투스의 수도원들을 위해 동방 세계의 베스트셀러 중 하나였던 『수도규칙서』를 저술한다.[9]

4세기 후반 동방에서 기독교적 병원이 확산되는 데에는 바실리오스의 역할이 중요했던 것 같다. 카이사레아의 감독 바실리오스가 돌보던 카파도키아 속주는 물론 이웃한 폰투스 속주까지도 바실리오스의 기독교 사회 복지 프로그램에 커다란 영향을 받았음에 틀림없다.

닛사(Nyssa), 나지안주스, 티아나(Tyana) 등의 카파도키아의 감독좌 외에도 약 50여명의 순회 감독이 돌보던 지역교회에는 규모 면에서는 훨씬 적었겠지만 수도적 삶과 구빈원 기능이 통합돼 있는 기독교적 병원 센터가 존재했을 것이다.

그런데, 바실리오스가 카파도키아 지방을 비롯해 소아시아 지방에 기독교적 병원을 확산시키는 데에 커다란 공을 세운 것이 분명하지만, 잊지 말아야 할 것은 그가 남긴 유산이 에우스타티오스를 비롯해 후에 이단으로 정죄되는 수도자 출신의 교회 지도자들로부터 물려받은 것이라는 점이다.

역사는 너무나 자주 승자의 역사다. 이 때문에 기독교적 병원은 승자였던 정통주의나 역사의 패자였던 비(非)정통주의를 떠나 수도적 삶에 헌신한 인물들이 공유하던 그 시대의 새로운 가치였음을 백분 강조해야 한다. 아에티오스에서 바실리오스에 이르는 350-370년대의 초기 기독교적 병원에 대해서는 병원의 탄생을 세밀하게 추적한 제5장에서 보다 자세하게 다룰 것이다.

4세기 기독교적 병원의 역사는 자료의 부족으로 상세하게 언급하는 것이 쉽지 않다. 기독교인들이 세운 자선 기관은 4세기 후반의 인물을 다루는 전기적 문헌에 본격적으로 언급되기 시작하고 5세기 이후부터 법률 자료에서도 자주 확인된다.

구체적으로 어떤 기독교적 자선 기관이 존재했는가에 대해서는 다음 장에서 살펴볼 것이다. 여기에서 보다 관심을 가져야 할 주제는 4세기 중반 이후 수도자나 수도자 출신의 성직자들이 기독교적 병원을 설립하는 데에 중추적인 역할을 하게 된 근원적 이유가 무엇인가 하는 점이다.

2. 재물의 악마화: 안토니오스적 영성의 재물관(觀)

기독교적 빈민 보호 시설의 탄생은 4세기에 출현한 수도주의 영성에 크게 빚지고 있다. 1-3세기에도 기독교인들의 자선 활동이 활발했음을 앞서 살펴봤다. 4세기 이후의 기독교인들도 그 연장선 속에서 가난하고 헐벗고 병든 자들을 대상으로 자선 활동을 지속한다. 그러나, 4세기 이후의 자선은 1-3세기와는 근원적으로 다른 영성인 수도주의 영성으로부터 폭풍우 같은 에너지와 자양분을 공급받는다.

간호 병동이 처음으로 조직돼 등장한 곳은 파코미오스수도원이고, 일반인들에게 열린 빈민 보호 시설을 설립한 마라토니오스, 마케도니오스, 에우스타티오스, 바실리오스 등도 모두 수도적 삶을 기독교적 이상으로 간주했던 인물들이다. 따라서 4세기 기독교적 병원의 탄생을 역사적으로 재구성하기 위해서는 수도적 삶의 이상을 살펴봐야 한다.

1-3세기의 자선과 4세기 이후의 수도적 영성을 구분하는 경계선은 '(유

용한 것을) 주는 것'과 '(해로운 것을) 포기하는 것'의 차이이다.[10] 1-3세기 기독교인들의 자선은 박해라는 혹독한 상황 때문에 공동체 내부의 동료들을 위한 돌봄이라는 분파적인 성격으로 기울어 있었다. 이 시기의 자선은 어려움에 처한 공동체의 구성원들을 위해 유용한 무엇인가를 '주는 것'이라는 개념을 맴돌았다.

반면, 4세기 초반 이후 기독교 세계를 열병처럼 휩쓴 수도적 삶은 이전 기독교인들이 유용하게 보았던 것을 무용한 것이자 해로운 것으로 간주했다. 4세기 기독교인들은 영적 삶에 유해한 것을 '포기하는' 것이 기독교적 이상에 부합한다고 확신했던 것이다. '주는 것'과 '포기하는 것'의 차이는 이미 폴 벤(Paul Veyne)이 암시한 바 있다.

폴 벤은 이렇게 말한다. "그런데 단순하게 말한다면, 수도적 삶은 자선과 아무런 공통점이 없다. 세상으로부터 도피하기 위해 자신이 가진 것을 가난한 자에게 주는 자는 이웃을 돕는 것 보다는 구원을 위해 자신의 재물로부터 벗어나는 데에 마음을 두기 때문이다."[11]

십자가의 군기를 들고 마귀와 싸우는 그리스도의 병사에게 재화 자체가 악이라는 관점은 4세기 기독교 시대의 베스트셀러 『안토니오스의 생애』의 첫 페이지를 장식하는 시대적 모토였다. 안토니오스(250-356)가 성경 말씀을 생각하며, 교회에 들어갔을 때 그의 귓전을 울린 것은 마태복음 19:21이었다.[12]

"네가 완전한 사람이 되고자 하거든, 가서 네 소유를 팔아서, 가난한 사람에게 주어라. 그리하면, 네가 하늘에서 보화를 차지하게 될 것이다. 그리고 와서 나를 따르라."

독경자의 입을 통해 교회에 울려 퍼진 이 말씀은 안토니오스의 마음을 크게 움직였고 그는 유산으로 물려받은 땅과 동산(動産)을 마을 사람들에게 나눠 줬고 누이를 위해서 약간의 재화만을 남겨 뒀다. 얼마 지나지 않아 누이를 위해 남겨 뒀던 몫까지도 마을 사람들에게 모두 나눠준다.

하늘나라를 위해 세상의 재화를 해롭고 무익한 것으로 보는 안토니오스의 영성은 곧 한 시대를 특징짓는 대표적 정신으로 자리매김 된다.『안토니오스의 생애』에서 금과 은은 그 자체로 악마화 된다.[13] 마귀는 금과 은으로 변장해 안토니오스를 유혹하고 안토니오스는 이를 물리쳐야 했다. 교회는 재화가 그 자체로는 중립적이며, 사용하는 자의 의도에 따라 선할 수도 악할 수도 있다고 가르치곤 했다.

이런 교회 공동체의 가르침은 사막의 구도자 안토니오스와는 무관하다. 하늘나라를 얻기 위해 세상의 재화를 피해야 할 악마적인 것으로 규정하는 이집트 사막 영성은 4세기 수도주의 영성의 시대를 이해하는 데에 핵심적인 길잡이가 된다. 안토니오스로 대표되는 '마귀적 재화' 혹은 '물질의 악마화' 관념은『사막 교부들의 금언집』과 에바그리오스의『실천학』이 반영하는 독수주의(獨修主義) 혹은 반(半)독수주의적(獨修主義的) 전통 속에 그 발자취를 짙게 남겼다.[14]

안토니오스적 영성에서는 소유 자체, 재화 자체가 악하다. 따라서 곤란에 빠진 자를 돕기 위해 기부나 헌금을 받아들이는 것은 용납되지 않는다.[15] 세상 속에 살던 한 기독인이 사막 수도자에게 필요대로 써 달라고 기부를 했다. 그러나, 원로는 자신은 손노동으로 충분히 살 수 있다고 하면서 거절했다.

궁핍한 자들의 필요를 위해서라도 받아 달라고 간청하자 원로는 대답은 다음과 같았다. "그것은 거듭 수치스러운 것이오. 내가 필요하지도 않은 것을 받는 것과 다른 사람의 것을 주면서 헛된 영광을 누리는 것 말이오."[16] 이런 종류의 일화는 『사막 교부들의 금언집』이나 기타 반(半)독수주의적(獨修主義的) 전통에 자주 등장한다.

『멜라니아의 생애』에 등장하는 일화다.[17] 멜라니아가 이집트를 방문했을 때, 헤페스티온(Hephestion)의 독수처를 방문해 금을 기부했다. 은수자(隱修者)가 거절하자 멜라니아는 금을 그의 수실(修室)에 몰래 숨겨놓고 떠난다. 헤페스티온은 멜라니아가 떠난 뒤에 금을 발견했고 이내 멜라니아 일행을 뒤쫓아 갔다. 은수자는 금을 돌려주려고 했으나 멜라니아가 거절했다. 하는 수 없이 헤페스티온은 금을 나일강에 던져 버린다.

소유 자체를 정죄하고 재화를 해롭고 추한 것으로 여기는 안토니오스적 영성은 반(半)독수주의(獨修主義的)의 요람이었던 니트리아, 스케티스, 켈리아 등에 병원이 설 수 없었던 이유를 말해준다. 악한 마귀를 향한 영적 전투의 최일선으로 사막을 선택했던 자들은 안토니오스의 영성에 크게 영향 받았기에 재화를 바탕으로 한 자선 사업으로부터 거리를 멀리하고 있었던 것이다.

안토니오스의 영적 전투는 너무나 순수하고 영웅적이며, 극단적이어서 일반교회나 수도원의 빈민 보호 사업과는 맥을 같이 할 수 없을 정도였다. 그러나, 수도자들은 사막에만 존재한 것이 아니었다. 수도적 영성에 영향 받은 이후 세상 속으로 돌아와 교회 공동체를 섬기면서 살아갔던 또 다른 그룹의 사람들이 있었기 때문이다.

아에티오스, 마라토니오스, 마케도니오스, 에우스타티오스, 바실리오스 등 350-370년대 기독교 빈민 보호 사업을 주도했던 인물들은 하나 같이 수도적 삶에 헌신하면서도 세상 속에 살면서 교회를 섬겼던 성직자들이었다. 그리고 이 외에도 세상 속에 살던 평신도 수도자들도 존재했다.

세상 속에 살던 수도자들과 사막에 살던 수도자들은 복음적 가난과 영적 결혼의 이상을 공유했다. 복음적 가난이란 마태복음 19:21 이하에서 예수님이 부자 청년에게 하신 말씀처럼 가난한 자들에게 소유를 배분하고 보화를 하늘에 쌓고 이 땅 위에서는 그리스도를 따라 가난을 자원해 살아가는 것이다.

영적 혼인이란 배우자를 맞이하지 않고 가족을 떠나 홀로 살면서 그리스도를 영혼의 신랑으로 모셔 들이고 일평생 살아가는 것으로 누가복음 14:26 등의 말씀을 바탕으로 한다. 세상 속에 살던 수도자와 성직자들은 안토니오스의 영적 전투를 모델로 하던 자들과 복음적 가난 및 영적 혼인의 이상을 공유했지만 재물을 대하는 태도에 있어서는 길을 달리했다.

3. 가난한 선행가(善行家, euergetes)[18]

수도자이자 성직자였던 자들은 기부를 받아 사회적 약자를 위한 자선 활동에 적극적으로 참여했고 이런 활동은 곧 기독교적 병원의 창립으로 결실을 맺었다. 반면, 초기 사막 수도자들은 홀로 노동해 남은 잉여분으로 가난한 자를 도왔을 뿐 기부를 받아 돕는 것은 거부했다.[19]

수도자 출신의 성직자들과 사막 수도자들은 모두 마태복음 25:35 이하의 말씀을 마음에 새기며, 자선 활동으로 들어갔지만, 교회의 지도자들과 홀로 사는 사막 수도자들의 자선 활동은 큰 차이가 날 수 밖에 없었다.

수도자 성직자들은 카이사레아의 바실리오스나 콘스탄티노플의 요안네스 크리소스토모스처럼 기독교적 빈민 보호 시설을 설립해 새로운 역사를 써내려간다. 반면, 사막 수도자들의 자선이란 소박하고 단순한 개인적 활동일 뿐이었다. 연로한 사막 수도자들의 경우에는 오히려 세상에 살던 평신도 봉사자들(diakonetes)이 사막의 수실로 찾아와 원로들을 간호하고 보살펴 줘야 했다.[20]

복음적 가난과 영적 혼인의 이상을 갖고서 교회의 지도자가 됐던 수도자 출신 감독들은 사회적 약자를 도우라는 그리스도의 명령(마 25:35-40)을 "공적인 덕목"으로 생각했고[21] 이는 기독교적 병원의 탄생과 발전으로 이어지게 됐다.[22] '복음적 가난'의 이상을 마음에 품고 제도적인 자선에 적극 뛰어들었던 이런 인물들을 '가난한 선행가'라고 할 수 있겠다.

마태복음 19:21의 말씀을 따라 복음적 가난을 택했기에 그들은 무엇보다 '가난한' 자이다. 다른 한편 조직적인 자선을 펼친다는 의미에서 선을 행하는 '선행가'(euergetes)이다. 안토니오스처럼 홀로 사막 수도에 정진한 경우가 아니라면, 4세기 후반 이후 봇물처럼 쏟아져 나오는 기독교 성인전(聖人傳)은 하나같이 '가난한 선행가'를 표준적 영웅상으로 제시한다.

카이사레아의 바실리오스는 아테네 유학에서 돌아온 뒤 마태복음 19:21의 말씀에 감동을 받고 수도적인 삶을 시작한다. 바실리오스는 자신의 뜨거운 체험을 이런 말로 남겼다. "복음을 읽고 나서 거기에서 완전에 이르는 아주 좋은 방법이 자신의 소유를 팔아 가난한 형제들과 함께 그것을 공유하고(마 19:21), 이 세상의 근심을 완전히 뛰어 넘고, 우리의 영혼이 이 세상적인 것을 향해 돌아서지 않는 것임을 발견했습니다.

이 때문에 나는 형제들 중에서 이런 삶의 길을 선택한 자를 찾고자 열망했습니다."[23] 하늘나라를 위해 사유 재산을 포기한 바실리오스는 368-369

년 대기근 때에 부자들을 향해 창고를 열어 가난하고 굶주린 자들에게 밀을 나눠주라고 외친다.[24] 그는 370년 선거에서 승리해 카이사레아교회의 감독에 취임하고 2년 뒤인 372년 사회 복지 콤플렉스를 완공해 사회적 약자를 돕는 데에 헌신한다.[25]

'황금 입을 가진 설교가' 요안네스 크리소스토모스는 바실리오스와 함께 4-5세기를 대표하는 동방의 가난한 선행가였다. 그는 콘스탄티노플 감독에 취임한 지 얼마 지나지 않아 여러 개의 병원을 설립했다. 386-404년 사이에 그가 남긴 한 설교는 단순하지만, 강력한 어조로 청중을 향해 가난한 자들을 사랑하는 자가 되라고 독려한다.

> 당신이 기도하는 데 지치고 하나님을 향한 기도의 응답을 받지 못할 때에는, 가난한 자가 도움을 청할 때에 얼마나 자주 당신이 그런 요청을 무시했는가 생각해 보십시오. 당신이 하나님을 향해 손을 뻗고 기도한다고 해서 하나님이 그 기도를 들으시는 것이 아닙니다. 당신의 손을 하나님이 아니라 가난한 자를 향해서 뻗으십시오.[26]

요안네스 크리소스토모스는 카이사레아의 바실리오스처럼 복음적 가난의 이상을 뜨거운 가슴으로 받아들였던 인물이었고 그의 시대를 대표하는 가난한 선행가의 표본으로 기억된다.[27]

카이사레아의 바실리오스, 밀라노의 암브로시우스 등 이 시대를 대표하는 가난한 선행가들은 설교를 통해 구제에 인색한 자들을 혹독하게 책망했지만, 이 중에서도 요안네스 크리소스토모스는 구제와 영혼의 치료를 강력하게 연결시킨 인물로 특별하게 언급할 필요가 있다.[28]

구제를 영혼의 치료제로 부각시키는 입장은 4세기의 기독교 교사 중에서 크리소스토모스에게 특징적이며, 동시에 이런 관점은 1-3세기의 구속적 자선의 개념과도 아주 가깝다.

영적인 질병에 걸린 영혼의 치료라는 개념은 4세기 기독교 교사들이 광범위하게 공유하던 것이었으며, 이런 경향의 배후에는 4세기에 본격적으로 확산된 수도적 영성의 영향을 말하지 않을 수 없다. 4세기 초반부터 수도적 영성이 기독교 세계를 휩쓸기 시작했으며, 플라톤 철학의 영혼의 삼분법이나 스토아 철학의 초탈(apatheia, 혹은 무동요) 개념은 수도주의적인 영적 전투의 지평 속으로 흡수돼 변형됐다.²⁹

폰투스의 에바그리오스의 『실천학』(Praktikos)은 악덕의 치료, 다시 말해 영혼의 질병을 치료하는 방법에 대해 가장 포괄적이고 깊이 있게 서술한 작품으로 큰 호응을 받았고 라틴어로 번역돼 중세 서방 세계에도 커다란 영향을 끼친다.³⁰

하지만, 에바그리오스는 물론 4-5세기 교부 중에서 요안네스 크리소스토무스만큼 구제를 영혼의 치료제로 강조하는 경우를 찾기란 쉽지 않다. 일반적으로, 기독교 교사들은 영적인 질병의 종류가 다양하다고 생각했으며, 영혼의 의사이신 그리스도의 은혜를 힘입어 다양한 치료법이 필요하다고 생각했다.

크리소스토모스는 마태복음을 본문으로 한 90편의 설교집에서 화(분노)를 영혼의 내장을 갉아먹는 기생충으로 보면서 그리스도의 보배로운 보혈과 말씀과 구제라는 액체 복용약을 통해 치료할 수 있다고 강조한다.³¹ 화는 욕망이 충족되지 못한 결과 생겨나는 것이므로 구제를 통해 욕망을 다스리면, 화라는 영적 질병을 치료할 수 있다.

여성들의 장신구 착용은 그 자체로도 사치라는 질병이지만 허영, 교만, 불안, 걱정 등의 영적 합병증을 몰고 오기 때문에 더욱 심각한데, 구제는 이 모든 질병들을 치료한다.[32] 크리소스토모스는 스토아적 유물론의 입장에서 사치품 착용을 비난한다. 금은으로 된 장식이라도 결국은 "흙과 먼지와 같은 것이며, 물과 섞이면 진흙으로 변할 뿐"이고 진흙을 주인으로 섬기는 건 수치스러운 일이다.[33]

또한, 구제는 영적인 면역 체계를 튼튼하게 해 질병을 예방하는 효과도 있다. 운동이 심줄을 강인하게 단련하는 것처럼 구제는 영혼의 힘줄을 강하게 한다. 구제는 탐욕, 분노, 시기와 같은 영혼의 동요로부터 영혼을 해방시켜 주고 지혜와 감사와 인내 등의 열매를 안겨다 준다.[34]

크리소스토모스는 구제를 통해 거의 모든 영혼의 동요를 치료할 수 있다고 설교하지만, 이는 수사학적 과장에 지나지 않는다. 이집트 사막의 영성은 이런 수사학적 과장에 결코 동의하지 않는다. 그의 수사학적 과장은 그가 설교를 통해 대중을 움직이고자 했던 가난한 선행가였다는 사실을 고려할 때라야 적절한 맥락에 위치시킬 수 있을 것이다.

4세기 후반에 활동한 대표적인 시리아의 교부인 성(聖) 에프렘(306-373)은 시적인 설교를 통해 마치 선지자 예레미야처럼 가난한 자를 약탈하는 부자들을 고발한다. 에프렘이 빈민 구제 기관을 설립했는지에 대해서는 알려진 바가 없지만 그가 남긴 강렬한 색체의 사회 고발적 설교는 그가 시리아를 대표하는 '가난한 선행가'임을 여과 없이 드러내 준다.

> 부자는 연기를 내뿜으며 가난한 자의 빵을 빼앗고,
> 욕심쟁이는 음식에 달려들어 억압받는 자의 몫을 차지합니다.

달란트의 주인이 과부의 므나를 바라봅니다.

탐욕은 한 닢, 한 푼도 지나치지 않으니,

바다가 강과 시내를 지나치지 않는 것과 같습니다.

불이 잡초와 줄기와 함께 나무를 삼키듯이

욕심쟁이는 과부와 고아로부터 금을 모읍니다.[35]

소돔인은 굶주린 자에게 집 안에 있는 빵을 거절했고

불과 유황은 그 거절한 손을 없애버렸습니다.

그런데 보십시오. 과부와 주린 자와 가난한 자가 약탈당하지만

과부와 주린 자와 가난한 자를 약탈한 우리 손은 아직 멀쩡합니다.[36]

레렝(Lerin) 섬의 수도 공동체를 창시했던 호노라투스는 5세기 프랑스 남부의 대표적인 '가난한 선행가'이다. 호노라투스는 이 지역에 수도적 삶을 도입한 초기 인물 중 하나이다. 복음적 가난을 택했던 호노라투스의 명성이 높아갔고 사람들은 앞을 다퉈 호노라투스에게 기부한다.

호노라투스는 자신에게 기부한 것을 받아들여 나눠주도록 했는데, 기부한 것이 "너무 많아" "자신의 손으로 직접 나눠 줄 수 없었기 때문에" 여러 인물을 세워서 대신 나눠주도록 했다.[37] 이런 자선 행위는 민심의 지지를 얻는 데에 일조했고 426년 아를르(Arles)의 감독 선거에서 무게 있는 인물들의 반대에도 불구하고 호노라투스가 선출되는 데에 기여했을 것이다.

『호노라투스의 생애』에서 흥미로운 점은 호노라투스가 어떤 이유로 기독교적인 가난한 선행가(善行家, 혹은 자선 사업가, euergetes)가 되는지 이유를 명시한 것이다. 호노라투스의 전기 작가는 다음과 같이 쓴다. "그는 '네 모든 소유를 팔아 가난한 사람들에게 주고 와서 나를 따르라'는 부름에

진심으로 응답했다.

사랑의 정신으로 자신의 재산을 기부하기로 결심한 각 사람은 아주 진정으로 재산을 그에게 가져온 뒤 나눠주라고 청했고, 모든 것을 버리면서 모범을 보여준 호노라투스에게 그것을 아주 안전하게 맡겼다."[38] 전기 저자는 마태복음 19:21의 말씀이 호노라투스의 정신 속에 각인됐고, 바로 그런 이유로 호노라투스는 기부자들이 따르는 모범이 됐으며, 사람들은 "아주 안전하게" 호노라투스에게 기부금을 맡길 수 있었다고 쓴다.

호노라투스의 뒤를 이어 아를르의 감독이 된 힐라리우스도 '가난한 선행가'의 범주에 들어간다.[39] 그는 수도적 삶에 입문할 것을 권유받고 많이 망설인다. 『아를르의 힐라리우스의 생애』를 쓴 전기 작가는 주인공의 내적인 갈등을 이렇게 묘사해 놨다.

> 하나님께서 나를 초대하셨지만 나는 망설였습니다. 세상 전체가 모든 감미로움과 함께 여기에 있기 때문이었습니다. 마치 친구와의 토론에서처럼 버려야만 하는 것과 추구해야 할 것이 나의 정신을 흔들어 놓았습니다. 내 마음으로는 얼마나 여러 번 거절하기도 하고 또 원하기도 했습니까?[40]

부유한 가문 출신에다가 수사학적 재능까지 겸비한 젊은 청년 힐라리우스가 세상의 화려한 삶과 복음적 가난의 양자택일 사이에서 동요한 것은 당연할 것이다.

하지만, 힐라리우스는 복음적 가난의 삶을 택해 수도자로 헌신한다. 얼마 후 힐라리우스는 아를르의 감독직에 오르고 본격적으로 '선행가'(euergetes) 혹은 '자선 사업가'로 활동한다. 힐라리우스는 포로로 잡힌 자들을 되사오기 위해 값비싼 그릇들과 예배당들이 소유하고 있던 모든 것을 팔아버린다.

힐라리우스는 "'모든 것'이 (불행한 자들을 위해) 사용됐다는 것을 알고서 기뻐하고 즐거워했다. 왜냐하면, 그는 자신의 수고를 통해 신자들의 헌물(獻物)이 하늘의 장소로(cf. 마 19:21) 빠르게 옮겨가는 것을 보았기 때문이다".[41]

선행가 힐라리우스는 기부를 독려하는 유능한 설교자로 묘사된다. 힐라리우스의 생애의 전기 작가는 이렇게 기록한다.

> 아주 유능하게도 그는 기부하는 사람들의 열심을 불러일으켰다. 두려움 없이 그들이 (기부에) 지치도록 만들었고, 더욱 더 자선을 되풀이하도록 항상 독려했다. 기부하는 자들, 그들은 헌신하면서 자신들의 헌물이 먼저 거룩한 제단에 사용된 다음 (포로로 사로잡힌) 그리스도의 지체들을 되사오는 데에 사용되기를 원했다.[42]

감독이 됐지만 수도자로서 여전히 복음적 가난을 이상으로 삼고 살던 힐라리우스는 이제 신자들에게 끊임없이 헌금을 독려해 모은 금액으로 잡혀간 포로들을 되사오는 데에 사용했다.

『히파티오스의 생애』의 저자 칼리니코스도 주인공을 '가난한 선행가'로 묘사한다. 사제이자 루피니아네스수도원의 지도자인 히파티오스는 가난한 자들에게 나눠주기 위해 신자들의 기부금을 받았다.[43] 칼리니코스는 히파티오스가 마귀와의 싸움에서 승리하는 과정을 묘사하는 데에 커다란 관심을 보이는 등 『히파티오스의 생애』를 안토니오스적인 감수성으로 집필했다.[44]

그러나, 히파티오스가 신자들의 기부를 받는다는 점에서는 안토니오스적인 부의 정죄 혹은 물질 자체의 정죄라는 측면과 완전히 대립된다. 히파티오스는 재화를 유용한 어떤 것으로 파악하기 때문이다. 심지어 히파티오스는 굶주린 자들에게 생필품을 공급하기 위해서 돈을 빌리기까지 한다.[45]

저자는 히파티오스의 자선 활동을 묘사하면서 시대적 영웅상인 '가난한 선행가'의 이미지를 분명하게 부각한다. 이런 점에서는 재화를 악하고 무익한 것으로 강조하는 안토니오스적 사막 수도의 경향을 탈피했다.

때로 교회의 감독들이 가난한 자들을 돌보는 문제에 대해 명망 있는 은수자(隱修者, hermit)에게 답을 구하기도 했다. 6세기 『바르사누피오스와 가자(Gaza)의 요안네스』가 남긴 편지의 일부가 그 증거가 된다.[46] 바르사누피오스와 가자의 요안네스는 이집트 출신으로 6세기 초반 팔레스티나의 가자에 정착해 은수자로 살았지만 수도자들뿐만 아니라 교회 감독들이 던진 다양한 질문에 대해 편지로써 답을 주었던 자들이다.

바르사누피오스는 한 감독에게 교회 회계 장부를 정확하게 관리해 가난한 자를 도울 몫을 남기라고 조언했으며, 황실 세금부의 관료가 공물(貢物)을 요구할 경우 교회가 어떻게 대처해야 하는지를 질문한 가자(Gaza)의 감독 마르키아노스에게 인간의 권세를 두려워하지 말고 진리 안에 굳게 서라고 조언한다.

유스티니아누스 황제의 군사령관 아라티오스가 농민들을 수탈하자, 가자(Gaza) 시의회와 감독 마르키아노스는 황제에게 청원서를 올리기로 하지만, 보복을 두려워했다. 바르사누피오스는 "여기 내 형제자매 가운데 지극히 보잘 것 없는 사람 하나에게 한 것이 곧 내게 한 것이다"(마 25:40)라는 말씀을 인용하면서 "가난한 자들을 돌보시는 하나님께서 가난한 자들

을 위해 싸우는 자들을 인도하실 것"이라고 용기를 북돋워 준다.[47]

바르사누피오스와 가자의 요안네스는 고립된 생활을 하는 은수자였음에도 불구하고 교회의 지도자들을 가난한 자들의 보호자로 세우는 데에 적극적이었다. 초기 비잔틴 사회의 기독교적 지도력의 원천은 가난한 자들을 돌보는 것이 그리스도를 돌보는 것(마 25:35 이하)이라는 지극히 단순한 상상력과 불가분의 관계에 있었다.

호노라투스, 힐라리우스, 히파티오스 등의 고대 후기의 '가난한 자선 사업가'들이 바실리오스, 에우스타티오스처럼 기독교 사회 복지 센터를 세웠다는 기록은 없다. 하지만, 가난한 자선 사업가들은 복음적 가난을 택한 뒤 신자들의 기부금을 받아 사회적 약자를 위한 돕는 데에 헌신한다는 측면에서 모두 같은 유형의 시대적 영웅들이다.

물론, 4-6세기의 모든 기독교적 병원이 이런 시대적 영웅들에 의해 주도된 것은 아니다. 수도자-감독, 수도사-사제 외에도 평수도자들과 귀족들, 왕실도 기독교적 사회 복지 기관을 설립했기 때문이다.

그러나, 이 시기의 기독교적 병원이 수도적 삶의 후광을 입고 태어나 수도주의의 약진과 함께 동반 성장해 나갔다는 점은 아무리 강조해도 지나치지 않는다. 이 과정에서 결정적인 역할을 했던 인물들은 수도사 출신으로 교회의 지도자가 됐던 감독들이다. 이들은 설교를 통해서 가난한 자들을 돌보는 것이 기독교적 실천의 제1원리임을 강조했고 병원 설립이나 기타 실천적 모범을 통해 가난한 자들의 대부(代父)로 우뚝 섰다.

이런 특징은 콘스탄티누스 이전과 이후, 즉 이교 로마제국과 기독교 로마제국을 구분하는 가장 중요한 특징 중 하나가 될 것이다. 좀 과장해 말한다면, '가난한 자를 돌아보라'는 집단 영성의 외침이 하늘과 땅을 가득

메우고, 가난하고 병든 자들을 위한 보호 시설들이 여기저기에 건축되면서 기독교 문명의 시대가 활짝 동이 텄다고 할 수 있다.

4. 성육신의 역설: '거지가 된 만유의 왕'[48]

그런데, 가난한 선행가의 출현과 병원의 탄생을 오로지 수도주의 영성의 영향으로만 설명하는 것은 무언가 부족한 측면이 있다. 겉으로 드러난 역사의 흐름은, 잘 감지할 수 없고 포착하기 어려운 인간 내면의 심오한 어떤 변화를 전제하기 때문이다.

뿌리가 깊은 나무라야 오래도록 건강한 결실을 낼 수 있는 것처럼, 집단적이고 광범위한 정신 혁명이 가시적인 인적 조직과 건축물로 점점 강력하게 그 힘을 드러낼 수 있다면, 거기에는 그런 변화를 몰고 온 보다 근원적인 깊은 뿌리가 있어야만 한다. 그 근원적인 깊은 뿌리는 기독교 신앙의 핵심인 성육신의 교리와 관련됐다.

그리스도는 성부 하나님과 동등한 본체이지만 자신을 비워 육신을 입고 종의 형체로 오셨다(빌 2:6-7). 그리스도는 성부의 뜻을 따라 인류의 죄를 대신해 십자가의 고난을 받으시고 죽으셨지만 하나님의 능력으로 부활하여 죄와 죽음의 세력을 쥐고 있는 마귀를 멸하셨다(롬 6:9-10 ; 히 2:14).

예수 그리스도를 믿는 자는 하나님의 자녀가 되며 그 보증으로 성령께서 내주(內住)하고 영생을 선물로 허락하신다(요 1:12 ; 롬 8:10-11). 이렇듯 성육신의 교리와 십자가의 고난과 부활은 기독교 신앙의 핵심에 해당한다.

그런데, 성육신의 교리는 육체를 영혼의 감옥이라고 결론 내리는 그리스·로마 철학의 이원론과 상반되는 것이었다. 그리스·로마 철학은 지고의 신이 인간의 육체와 결합한다는 기독교의 사상을 결코 받아들일 수 없었다. 신플라톤주의 철학자 포르피리우스는 그리스도의 위대함을 인정하고 기독교적 삼위일체 하나님을 믿었다는 점에서 아우구스티누스에게서 높은 평가를 받았지만, 성육신의 개념을 받아들일 수 없었다.[49]

오늘날에 비유하자면, 성육신 교리를 수용하는 것은 과학계에서 종의 진화를 부정하는 것과 유사한 것이었다.[50] 성육신의 교리는 그리스·로마 철학과 기독교의 사상이 가장 첨예하게 대립된 부분이기도 하고, 또 이런 첨예한 대립은 고전 사회와 새로이 떠오르는 기독교적인 사회가 어떻게 다른 지를 설명해 주는 준거점이 되기도 한다.

아우구스티누스는 의로움과 힘이라는 행복론의 키워드로 성육신의 비밀을 합리적으로 설명한 바 있다.[51] 원하는 대로 할 수 있다면 행복할 수 있지만, 원하는 것이 의롭지 못하면 자신에게 해가 돼 오히려 불행하게 되며, 따라서 원하는 것이 의로울 때라야 참된 행복에 도달한다. 의로움이 먼저고 힘이 그 다음인데, 십자가의 죽음보다 의로운 것은 없으며, 죽음에서 부활하는 것보다 더 강한 힘은 없다.[52]

이 때문에 하나님의 아들은 인간의 몸을 입고 십자가에 죽으셨으며, "죽음에서 부활하여 죽임 당할 때의 몸을 입고 승천했다."[53]

> 그리스도는 먼저 의로 마귀를 정복했고 그 다음으로 힘으로 마귀를 정복했다 … 살아서 죽음을 피하는 것보다 죽은 후에 부활함으로 죽음 자체까지도 정복하는 것은 가장 위대한 힘이 아닐 수 없다.[54]

그런데, 기독교 문명이 동트는 4-6세기에 성육신의 교리는 위에서 설명한 교리적인 차원 외에도 사회 경제적인 의미를 함축하면서 해석됐다. 그 실마리는 신약의 여러 구절에 이미 주어져 있다. 사도 바울은 이렇게 쓴다. "여러분은 우리 주 예수 그리스도의 은혜를 알고 있습니다. 그리스도께서는 부유하나 여러분을 위해서 가난하게 되셨습니다. 그것은 그의 가난으로 여러분을 부유하게 하시려는 것입니다"(고후 8:9).

여기서 '부'와 '가난'의 개념은 단순히 사회 경제적인 맥락으로만 환원될 수 없지만, 이 시대의 기독교 교사들은 이 구절을 통해 '그리스도의 가난'으로 나아갔다. 피터 브라운에 따르면, 그 골자는, 만유의 주인이며, 우주의 통치자인 그리스도가 자기를 낮춰 "우주의 밑바닥인 인간의 육체"를 입고 "가난한 자(거지)"가 됐다는 것이다.[55]

'거지 모습의 그리스도'라는 역설은 하나님의 영광과 인간 존재의 곤고함을 대비시킨다. 이 역설은 상류층과 하류층의 계급적 대조 혹은 자본가나 프롤레타리아의 대결 같은 것과는 아무 관련이 없다.[56]

그리스도의 인격에 우주의 통치자와 인간의 육체라는 극도의 가난이 결합됐다는 역설은 닛사의 그레고리오스의 설교에도 잘 녹아 있다.

> 모두의 왕이신 하나님이 스스로의 자유 의지로 우리의 궁핍한 본성을 나누기 위해 오신 것보다 하나님 편에서 더 자기를 낮추심을 보여줄 수 있겠습니까? 순전하고 아무 흠도 없으신 분이 인간이 되는 더러움을 취하고, 삶의 모든 과정에서 혹독한 가난을 겪고, 심지어 죽음을 경험했습니다. 그리스도의 자발적인 가난이(cf. 마 19:2) 어느 정도인지 살펴보십시오.[57]

그런데, '가난한 자가 된 만유의 왕'이라는 극명한 대조는 그리스도의 인격에 결합된 가난에만 머문 것이 아니라 그리스도의 가난을 넘어 가난한 이웃으로 곧장 확장된다. 무엇보다 예수 그리스도 자신이 개념의 확장을 선언했다. 주리고 목마르고 헐벗고 병들고 옥에 갇힌 "지극히 보잘 것 없는 사람 하나에게 한 것이 곧 내게 한 것이다"(마 25:40).

가난한 자를 돕는 것은 그리스도를 돕는 것이고, 이런 맥락에서 약자에 대한 도움은 천국의 열쇠 같은 것이 됐다. 마틴 루터의 신학에 익숙해 믿음을 천국의 열쇠로 보는 우리와는 달리 이 시대의 진지한 기독교인들은 마태복음 25:40의 말씀을 문자 그대로 받아들였다. 이 구절을 얼마나 문자적으로 진지하게 받아들였는가에 대해서는 요안네스 크리소스토모스의 설교를 살펴보는 것이 도움이 된다.

> 왜냐하면 그리스도는 심지어 죽음과 십자가에도 만족하지 않고, 가난하게 되고 나그네가 되고 거지가 되고 헐벗고 감옥에 갇히고 병에 걸렸습니다 (cf. 마 25:35-46). 이는 그 분이 이런 수단으로 당신들을 부르기 위함이었습니다. … 그분은 이렇게 말씀합니다. '만일 너희를 위해 내가 십자가에 달린 것을 마음에 두지 않는다 해도, 내가 가난하니 나에게 자비를 베풀라. 만일 너희의 마음이 나의 가난에도 꿈쩍하지 않는다면, 내가 병에 걸렸으니 마음을 움직이고 내가 옥에 갇혀 있으니 마음을 움직이라 … 십자가에 달렸을 그 때에도 나는 목말랐지만 지금 가난한 자 안에서 여전히 목마르다. 나는 과거에 고통 받았고 지금 또한 고통 받고 있으니, 너희는 나에게로 와서 너희를 자애롭게 하여 너희가 <u>스스로</u>를 구원하라.[58]

안티오키아의 세베루스는 "마치 우리가 그리스도의 거룩하고 순결한 옆구리를 만지고자 하듯 우리의 형제인 가난한 자의 몸을 만지러 나아가자"라고 설교했다.[59] 세베루스의 설교 주제는 크리소스토모스의 그것과 정확하게 일치한다. 가난한 자를 돕는 것은 영광의 자리를 버리고 가난한 자가 되신 만유의 왕 그리스도를 돕는 것과 같다.

크리소스토모스나 세베루스의 설교 주제는 가끔 우리 시대의 강단에서도 들을 수 있다. 우리나라의 어떤 목사님은 아까운 마음에도 불구하고 비싼 겨울 코트를 벗어 헐벗은 거지에게 입혀 줬는데, 조금 뒤 거지는 온데간데없이 사라졌고 '네가 한 것을 내가 다 보았다'는 영적인 음성을 들었다고 한다.

문제는 이런 정신이 집단적으로 불타오를 수 있는가, 아니면, 극소수의 고립된 예에 불과한가 하는 것이다. 4-6세기 지중해 기독교 문명이 병원을 탄생시킨 것은 성육신의 교리에서 '거지가 된 그리스도'의 이미지를 읽어낼 수 있었던 집단 영성의 덕택이며, 약자의 인격 속에서 그리스도를 발견하는 종교적 상상력이 돌이킬 수 없는 커다란 흐름이 됐기 때문이다.

하나님은 왜 인간이 되셨는가(cur Deus homo)?

아우구스티누스는 의로움과 힘이라는 키워드로 이를 설명했음을 앞서 밝혔다. 중세의 안셀무스는 이 질문에 대해 인간이 진 빚이 너무나 커서 스스로 갚을 수 없으므로 인간이자 하나님이신 분이 오셔서 빚을 탕감했다는 논리로 설명했다.

6세기에 만들어진 어떤 콥트 자료는 알렉산드리아의 키릴로스로 하여금 '거지가 된 만유의 왕'의 은유로부터 이 엄청난 질문에 대해서 색다른 답을 내리게 했다.[60] 하나님이 인간의 가난을 직접 체험하지 않았다면, 하나님이 가난한 자에게 무심했던 자를 심판하는 데 대해서 마귀가 이의를 제기할 것이다.

하나님이 인간의 육체를 입지 않았다면, 마귀는 하나님이 인간의 배고픔도 목마름도 방관했다고 주장할 것이다. 하나님이 인간의 비참함을 방관했다면, 한 인간이 다른 인간의 고통을 방관했다고 하여 왜 정죄 받아야 하는가?

그러나, 그리스도는 성육신을 통해서 인류의 배고픔과 목마름을 자신의 존재 안에 받아들였고, 이 때문에 하나님만이 부유한 자가 약자를 돕지 않은 것에 대해서 정죄할 수 있다. 성육신을 통해 인류의 모든 고통은 그리스도의 고통이 됐고, 바로 이것이 성육신의 이유가 되는 것이다.

그런데, 자발적으로 우주의 통치자 자리에서 내려와 가난하게 된 그리스도는, 마찬가지로 자발적인 가난을 택한 '가난한 선행가'의 이미지와 겹친다. 만유의 창조자이자 주인인 그리스도가 육체를 입고 온갖 고통에 참여할 정도로 가난하게 됐다면, 그리스도를 따르는 그의 제자들도 그리스도의 가난에 참여해야 한다.

이런 맥락에서 4세기 기독교 시대의 시대 정신이 가진 것을 다 팔아 가난한 자들에게 나눠주고 네 보화를 하늘나라에 쌓고 그리스도를 따르라(마 19:21)로 요약되는 복음적 가난을 제자도의 관문으로 삼았던 맥락을 이해할 수 있다. 만유의 왕인 그리스도가 스스로 가난한 자가 됐다면, 그리스도의 가난을 따르는 것이야말로 제자의 길이다.

나아가, 이 세계 너머 저 멀리에 존재하던 그리스도가 이 낮은 곳에 임해 육체를 입고 온갖 고통을 겪음으로 인류의 고통에 동참했다면, 불행을 당하는 이웃의 고통스런 짐을 덜어주는 것이야말로 그리스도를 돕는 것이며 제자의 참된 길이다(마 25:40). 이렇듯 가난한 선행가의 출현은 '가난하게 되신 만유의 왕'이라는 성육신의 역설에 그 깊은 본래의 뿌리를 두고 있는 것이다.

피터 브라운은 그리스·로마의 시민 중심 문화가 4세기 이후 기독교적인 문화로 탈바꿈할 때에 성육신의 역설이 그 중심에 있었다는 것을 간파했다.[61] 헬래니즘 사회는 시민을 위한 문화를 꽃피웠고 가난한 자는 사회와 문화의 변두리에 머물렀다.

반면, 기독교 문명의 정신 한 가운데에는 가난한 자의 고통과 울부짖음이 하나님의 고통과 마찬가지라는 종교적 상상력이 자리하고 있었다. 가난한 자들의 눈물은 그리스도의 눈물이다. 그들의 눈물을 닦아 주는 자선 행위는 천국의 열쇠나 밭에 숨겨진 보화 같은 것이다(마 25:40; 마 16:19; 마 13:44). 이런 관점을 놓친다면, 왜 유독 4세기에 기독교적 병원이나 빈민 보호 시설이 탄생했는가를 정당하게 판단할 수 없을 것이다.

다른 한편, 성육신의 역설에서 그리스도의 가난을 발견해 낸 것은 수도적 영성의 힘이었다는 사실도 잊지 말아야 한다. 수도꼭지를 돌렸더니 물이 나오는 것처럼, 성육신의 교리에서 가난의 역설이 저절로 도출되는 건 아니다. 여기에는 그 시대를 살아가는 사람들의 마음의 향방, 즉 시대의 정신이 개입한다. 우리나라 교회를 보자.

우리나라의 교회 강단은 그 어느 나라보다 성육신의 신비를 강조하지만, 성육신이라는 단어에는 순종이란 꼬리표가 따라오지 가난이란 개념이 뒤따르지는 않는다. '가난한 자가 된 만유의 왕'이란 역설은 우리나라의 설교단이나 청중석에는 낯설고 어색한 표현이다.

4-6세기의 기독교 세계가 성육신과 가난을 불가분의 관계로 본 것은 복

음적 가난(마 19:21)이란 수도적 영성의 프리즘을 통해 성육신을 해석했기 때문이다. 이 때문에 4세기에 수도주의 활짝 꽃피었다는 것을 망각한다면, 왜 하필 이 시기에 병원이 탄생했는가에 대해서 올바르게 답할 수 없을 것이다.

5. 병원의 경제적 토대와 국가의 입법 방향

4-6세기는 로마제국과 기독교가 결합해 서구 기독교 문명의 토대가 형성되는 시기이다. 4세기 초반 콘스탄티누스의 시대에 기독교 시대의 서막이 오르고, 4세기 말 테오도시우스 황제 때에 기독교화는 더욱 깊숙하게 진행된다.[62] 이후 6세기 유스티니아누스 시대에 『로마 시민법 대전』(Corpus Iuris Civilis)의 출판을 통해 로마의 법 정신과 기독교가 고전적으로 융합되면서 서구 기독교 문명의 토대가 형성된다.

기독교적 사회 복지 기관의 탄생과 발전도 엇비슷한 시대적 흐름을 따른다. 기독교적 사회 복지 기관의 형성에는 수도적 영성과 성육신의 역설이 정신적이며, 영적인 토대를 제공했고, 이와 함께 이제 막 시작된 기독교 제국의 경제적 여건도 병원의 탄생에 커다란 동력을 제공한다. 모든 기독교적 병원은 무료병원이었고 재화와 용역을 쏟아 부어야 운영이 가능했기 때문이다.

콘스탄티누스 황제는 321년 7월 3일 칙법을 공포해 교회에 상속권을 허용했고 이는 병원이 탄생하고 발전하게 될 경제적 토대가 됐다. 이 칙법은 테오도시우스 칙법전(CTh) 16권 2장 4절에 편집된 후 유스티니아누스 칙법전(CJ) 1권 2장 1절에 또다시 편집됐다. 칙법 전문을 소개하면 다음과 같다.

테오도시우스 칙법전 16권 2장 4절(CTh XVI.2.4 / CJ I.2.1)[63]

321년 7월 3일

같은 아우구스투스가 백성에게

개개인은 세상을 떠나면서 아주 거룩하고 높임 받아야 할 보편(교회)의 모임에, 원하는 소유를 양도할 수 있는 자유가 있다. 유언은 무효로 될 수 없으며, 마지막 뜻을 자유롭게 작성하는 것보다 사람들에게 더 합당한 것은 없다. 그 이후에는 다른 어떤 것도 원할 수 없으며, 자유로운 결정은 다시 되풀이되지 않는다.

카이사르 크리스푸스와 콘스탄티누스의 두 번째 집정관직 하에서 7월 상현(上弦)의 닷새 전에 로마에 고시 됨.

Idem a. ad populum. Habeat unusquisque licentiam sanctissimo catholicae venerabilique concilio decedens bonorum quod optavit relinquere. Non sint cassa iudicia. Nihil est, quod magis hominibus debetur, quam ut supremae voluntatis, post quam aliud iam velle non possunt, liber sit stilus et licens, quod iterum non redit, arbitrium. Proposita V non. iul. Romae Crispo II et

Constantino II caess. conss.

321년의 칙법을 살펴보기 전에 먼저 313년 콘스탄티누스와 리키니우스가 공포한 소위 '밀라노 칙령'(edictum)을 살펴볼 필요가 있다.[64] 밀라노 칙령은 락탄티우스의 라틴어 본문과 에우세비오스의 그리스어 본문 등 두 개의 본문으로 전해져 왔는데, 이 중 락탄티우스의 라틴어 본문은 313년 6월 15일 리키니우스가 고시(告示)했던 칙서(勅書)이다.

락탄티우스가 전해 준 밀라노 칙령을 따르면, 교회의 소유물은 "법률적으로 그들의 공동체, 즉 그들의 교회들의 것이지 개인들의 것이 아니며"(ad ius corporis eorum id est ecclesiarum non hominum singulorum), 따라서 몰수됐던 교회의 소유물은 "그들의 공동체와 모임"(corpori et conventiculis eorum)에 반환돼야 한다고 규정한다.[65] 라틴어 단어 'corpus'와 'conventiculum' 등은 교회 공동체를 지칭하기 위해서 교차해서 사용할 수 있는 단어다.

밀라노 칙령은 교회의 소유권이 개인들에게 있는 것이 아니라 예배 공동체의 연합에 있음을 분명하게 표현했다. 콘스탄티누스 황제는 밀라노 칙령이 공포된 지 8년 뒤인 321년 교회에 유산 상속권을 부여했는데, 그 내용은 위에 소개한 바와 같다(CTh XVI.2.4).

이 칙법은 교회에 상속한 물건의 소유권이 "아주 거룩하고 높임 받아야 할 모임에(sanctissimo catholicae venerabilique concilio)" 있다고 규정한다.[66] 락탄티우스가 보도하는 밀라노 칙령처럼, 소유권이 개인이 아니라 교회 공동체에 있다는 점과 교회 소유권의 성격을 더 이상 밝히지 않은 점도 유사하다.

밀라노 칙령과 321년의 칙법(CTh XVI.2.4)에서 교회 소유권의 성격을 더 이상 분명하게 밝히지 않은 것은 이교 시대의 신전 건물(templum) 소유권에 대한 로마법적 모호함과 연관이 있다.[67] 부동산으로서의 이교 신전 건물에 대해서 누가 소유권을 갖고 있는가에 대해서는 현대 학자들의 견해가 엇갈린다. 로마인(populus romanus)이나 신들에게 신전 건물의 소유권이 있다고 보는 견해도 있고, 신전 자체를 일종의 법인(法人)으로 고려해 신전 자체가 신전 건물을 소유하고 있다는 견해도 있다.

그러나, 법인(法人)에 대한 로마 법학자들의 견해는 불완전 개념으로 남아 있었고, 고대 후기 시대에 이르러서도 별다른 진전이 없었다. 이처럼, 이교 신전 건물에 대한 소유권이 누구에게 있는가가 불분명하게 남아 있었기 때문에 콘스탄티누스가 4세기 초반 교회 공동체에 부여한 소유권과 상속권도 더 이상 명확하게 제시되지 않았다고 할 수 있다.

달마티아에서 나온 한 비문(碑文)을 따르면, 교회의 자산은 교회 감독의 지도력을 중심으로 연합된 지역 교회 공동체에 속하는 것으로 됐다.[68] 많은 경우 예배당은 순교자들에게 헌정되기도 했다. 콘스탄티나는 305년 1월 21일에 12살의 나이로 참수된 로마의 순교자 성(聖) 아그네스(Agnes)를 기념해 예배당을 건축했는데, 남아 있는 비문에 따르면, 콘스탄티나는 "승리한 동정녀인 아그네스에게 이 교회를 봉헌했다."

디오클레티아누스 시절의 군인으로 순교했던 성(聖) 비탈리스(Vitalis)의 유골이 392-393년경 발굴됐는데, 밀라노의 감독 암브로시우스가 이 유골을 여러 지역으로 보낸 이후 여러 교회들이 성(聖) 비탈리스에게 헌정됐다. 그 중에 가장 유명한 교회는 527년 건축이 시작돼 548년 5월 17일 라벤나의 감독 막시미아누스(Maximianus)에 의해 성(聖) 비탈리스에게 헌정된 라벤나의 산비탈레(San Vitale)교회이다.

반면, 라벤나의 클라세(Classe)에 있는 산아폴리나레(San Apollinare)교회는 549년 5월 8일에 완공된 후, 박해 시대의 신앙 고백자로서 라벤나의 감독을 지냈던 아폴리나리스에게 바쳐졌다.

상속자로 지정된 것은 순교자뿐이 아니었다. 기독교 문명이 고전적으로 확립되던 6세기 기독교인들은 그리스도를 상속자로 지정하기도 했다. 530년 10월 10일에 유스티니아누스 황제가 공포한 칙법(CJ 1.2.25)은 그리스도를 상속자로 지정하는 유언장에 대해서 다룬다.

이 칙법에 따르면, 이 당시에 "많은 유언장은 그리스도를 유일한 상속자나 부분적인 상속자로 지정"했다.[69] 그리스도를 상속자로 지정하는 유언에 대해서 유스티니아누스 황제는 유언하는 자가 살던 지역에 있는 교회가 상속자가 된다고 규정한다. 545년 3월 18일에 공포된 칙법(NJ 131)은 하나님에게 증여나 상속을 할 경우 동일한 조치를 취하도록 한다.

기독교 기관의 이름을 언급하지 않고 순교자나 대천사(大天使)를 상속자로 정하는 경우, 동(同) 순교자나 대천사에게 헌정된 그 지역의 기관이 상속자가 되며, 만약 그런 기관이 그 지역에 없다면 속주(屬州)의 수도에 그런 기관이 있는지를 살펴야 하며, 만약 속주에도 그런 기관이 없다면 유언자가 살던 지역의 교회가 상속인이 된다(CJ 1.2.25).

지역을 명시하지 않고 순교자에게 재산을 증여한 경우나, 순교자의 이름으로 된 종교 기관이 여럿 있을 경우 재정적으로 가장 빈약한 기관이 상속자가 된다(NJ 131). 551년 8월 23일에 공포된 칙법에 따르면, 인물이나 기관을 특정하지 않고 단순히 '가난한 자들'이나 '포로들'을 상속자로 지정할 수도 있는데, 이 경우 교회 감독이나 병원, 구빈원 등의 자선 기관이 상속분(相續分)을 요구할 수 있다.[70]

중요한 것은 콘스탄티누스가 321년 공포한 칙법 이후 교회는 상속의 권리를 갖게 됐고, 그 이후 순교자, 그리스도, 대천사도 상속권을 갖게 되고, 교회 감독, 수도원, 각종 병원 등 경건한 기관이나 그 대표자도 상속의 권리를 갖게 된다는 사실이다.

상속권을 통해서 교회나 수도원은 재원을 확충할 수 있었고 이는 기독교적 병원의 탄생과 발전에 중요한 경제적 토대가 된다. 바실리오스는 남은 재산을 모두 사용하거나 대부분을 증여해 372년 카이사레아병원을 설립했을 것이다.

6. 보화를 하늘나라에 쌓고(마 19:21): 기독교 신앙과 경제의 관계[71]

교회와 수도원이 상속한 예를 보여주는 파피루스 법률적 문헌이 몇 개 남아 있다. 필자가 아는 한 4세기 유언장은 현재 남아 있는 것이 단 1개에 불과하고, 나머지는 몇 개는 5-6세기의 것이다. 4세기 유언장은 플라비오스 아브라암(Φλάυϊος Ἀβραάμ)이라는 인물이 6명의 증인 앞에서 작성한 것이다(P. Gronin 10).[72] 이 인물은 임종하면서 소유 절반의 상속자로 자신의 부인 코스밀라(Kosmilla)를 지정하며, 나머지 절반을 교회에 상속한다.

파피루스의 앞부분이 잘려 있다. "내가 죽은 뒤에, 앞에서 언급한 거룩한 교회에 이 모든 것의 절반을 남긴다"(2-3줄)는 언급 외에, 구체적인 교회의 이름이나 여타의 정보는 결여됐다.[73] 상속 재산에 대한 부분이 상실돼서 그 규모를 알 수 없지만, 소유의 절반에 대한 상속자로 교회를 지정하는 것이 이미 4세기부터 존재했음을 보여주는 귀중한 자료이다.

5세기나 혹은 6세기에 "심포니아라는 이름의 여성 수도자" 혹은 "동정녀"(Συμφωνία μοναζόντων)는 자신의 농장(ἔπαυλις)을 교회에 증했다(P. Strasb. 15).⁷⁴ 교회에 증여한 농장에는 아누비온(Anoubion)이라는 이름의 사제가 살고 있었고 이 사제는 부동산 소유주인 교회에 연 임차료인 13 1/2 금(金) 케라티아(keratia)를 지불했다.

24케라티아가 1솔리두스(solidus)에 해당하므로,⁷⁵ 13 1/2 금 케라티아의 임차료는 1/2솔리두스를 약간 상회한다. 연 사용료는 소유주 교회의 성직자인 부제(副祭) 테오필로스(Theophilos)가 수납했고 그에 대한 영수증을 발행한 것이 바로 이 파피루스 문서다.

그런데, 테오필로스는 부제이면서 동시에 '엔오이코로고스'(ἐνοικολόγος, 貰收納子)라는 호칭을 달고 있다. 5-6세기에 이르러 교회 소유의 부동산에 대한 사용료를 징수하는 '세수납자'(엔오이코로고스) 부제(副祭)가 있을 정도로 교회의 부(富)는 확대돼 간다.

6세기에 플라비오스 푸시(Φλάβηος Ποῦσι)라는 자가 남겨 놓은 유언장은 상속된 재산의 목록을 보다 자세하게 알 수 있다(P. Oxy. XVI 1901).⁷⁶ 제일 먼저 언급되는 상속인은 압바 시메오니오스(ἄπα Σημεόνηος)라고도 불리는 성(聖) 게오르기오스(ἅγηος Γεόργηος)교회이다.

플라비오스는 성(聖) 게오르기오스교회에 자기 소유의 집에 대해서 1/2의 소유권을 상속한다. 자신의 부인인 키리아(Κυρία)에게는 자기 소유의 집에 대해서 1/4의 소유권을 상속하며, 아울러 여자 옷, 장신구, 소품에서부터 커다란 물건까지 가구 일체를 상속한다.

상속인의 목록 중에서 성(聖) 게오르기오스교회가 제일 먼저 등장하고 상속재산 중 가장 큰 부분인 주택에 대해서 여러 상속인 중 가장 큰 권리인 1/2을 허락하는 점은 유언자가 신실한 신앙인임을 나타내 준다. "압바 시메오니오스라고도 불리는 성(聖) 게오르기오스교회(ἡ ἐκκλησία τοῦ ἁγήου Γεοργήου τοῦ καλουμένου ἄπα Σημεονήου)에 대해서 알려진 바가 없다.

아마도 이 교회는 수도자인 시메오니오스의 사유 교회인 것 같다. 사유 교회는 영적이며, 행정적인 모든 권리 일체가 교회의 소유자에게 귀속됐 다. 사유교회는 초기 비잔틴 시기에 이미 널리 퍼져 있던 교회의 형태이기 도 했다.

성 게오르기오스교회에 집 소유권의 1/2을 상속하는 이유에 대해서는 명시적인 진술은 없다. 다만 장례와 사후 세계의 안식을 위한 바람에서 상 속인들에게 다음과 같은 부탁을 할 뿐이다.

> 나는 앞에서 언급한 상속인들의 선한 믿음을 통해, 나 자신의 몸이 염습되 고 운구(運柩)되길 원하며, 아울러 나 자신의 영혼의 안식을 위해 나의 거 룩한 헌물(獻物)과 애찬(愛餐)을 드립니다. 그리고 내가 원하며 명하는 바, 나의 곡물의 절반을 나의 애찬과 헌물로서 바치도록 하고, 나의 동(同) 곡 물의 나머지 절반은 이미 언급한 키리아에게 주시오.

피상속자는 상속인들이 선한 믿음을 갖고 자신의 시신을 염습하고 장례 를 치러주기를 원한다. 아울러 자신의 영혼이 내세에서 편안히 안식하도 록 "헌물과 애찬"(προσφοραι καὶ ἀγάπαι)을 드려주도록 부탁한다.

"헌물과 애찬"으로 드려야 할 것은 남아 있는 "밀의 절반"(τὸ ἥμισυ μέ ρος τῆς ἐμῆς σιτα[ρχίας)이다. 나머지 밀 절반은 자신의 부인인 키리아에게 남겨둔다. 상속재산 중 가장 가치 있는 주택에 대해서 절반의 권리를 교회에 준다는 점에서 남아 있는 상속인들 보다 교회와 신앙을 더 중시함을 알 수 있다.

이 유언장의 중요성은 유대교 신학이나 2-3세기 기독교 신학에 나타난 구속적인 자선 대신 6세기 비잔틴 사회에 공로 사상이 넓게 확산됐음을 증명해 준다는 데에 있다. 구속적인 자선 개념과 공로 사상은 인간의 구체적 행동과 구원을 연결시킨다는 점에서는 외견상 엇비슷해 보이지만 결정적인 차이가 있다.

"물이 불을 끄듯 자선은 죄를 사라지게 한다"는 키프리아누스의 경구에서 보듯 자선 행위 자체가 그리스도의 십자가처럼 죄를 씻어 준다는 것이 구속적 자선의 개념이다. 반면, 플라비오스 푸시의 유언장에 나타난 공로 사상에는 죄사함의 개념이 들어있지 않다.

'영혼의 안식을 위해 헌물과 애찬을 드린다'는 죽음을 앞둔 자의 결단은, '가진 것을 팔아 가난한 자들에게 주고 보화를 하늘나라에 쌓으라'는 마태복음 19:21의 맥락이나, 보잘 것 없는 자들을 돕는 것이 곧 그리스도를 돕는 것이고 이를 통해 영원한 안식에 들어간다는 마태복음 25:31-46의 맥락에서 해석돼야 한다. 7-8세기 이후에는 병원의 혜택을 받는 자들이 병원 설립자나 기부자의 영혼을 위해 기도하는 이른 바 죽은 자를 위한 중보기도가 본격화 된다.

플라비오스 푸시의 유언장과는 달리 날자가 확인되는 유언장이 있다. 567년 3월 31일 대규모의 부동산과 동산(動産) 대부분을 이집트의 두 수도원에 상속한 플라비오스 테오도로스의 유언장이다(P. Cair. Masp. III 67312).[77] 유언자는 이집트 테바이드의 여러 '노모스'(nomos, 道)에 상당한 부동산을 갖고 있었지만 자녀가 없었다.

그는 자신의 상속인으로 세명을 지명하는데 이 중 두 명이 수도원장이다. 첫 번째 상속인은 아트리페의 성세누티오스(쉐누트)수도원의 아르키만드리테스인 페트로스이다.[78] 쉐누트의 수도원은 파코미오스수도회와 함께 테바이드에서 가장 유명한 수도원이었다. 오늘날의 소하그(Sohag) 부근에 있으며, 흔히 '백색수도원'으로 불린다.

유언자 테오도로스는 자신에게 속한 상당한 규모의 부동산(不動産) 전체를 쉐누트수도원에 상속한다. 두 번째 상속자로는 압바무사이오스수도원의 으뜸이었던 포이밤몬을 지명한다. 이 수도원의 위치는 알려져 있지 않다. 수도원장인 포이밤몬에게는 자신의 모든 동산(動産)을 상속한다. 우리말 번역을 제시하면 다음과 같다.

> 내(테오도로스)가 지금 원하고 정(定)하는 바, 아주 경건한 아르키만드리테스 페트로스와 압바 세누티오스의 그 거룩하고 의로운 동(同) 수도원은, 나에게 죽음의 때가 이르면, 내게 남아 있는 모든 부동산, 즉 헤르모폴리스 도(道), 안티노에폴리스 도(道), 파노폴리스 도(道)와 그리고 여러 유사한 지역에 있는 모든 부동산을 자신의 소유로 할 것이며, 안티노에와 헤르모폴리스에 있는 나의 모든 다양한 부동산도 자신의 소유로 하여, 그런 부동산으로부터 다양한 연(年) 수입과 임대료를 모아 경건한 사업을 위해(εις ευσεβεις διαδοσεις)[79] 지출해야 한다. 내가 원하고 정하는 바, 아주 경건한 동(同) 압바 페트로스와 압바 세누티오스의 그 거룩하고 의로운 동(同) 수도원은, 안티노에에 있는 내가 살고 있는 조상의 가옥을 동(同) 가옥에 포함된 모든 토지와 함께 나의 죽음과 동시에 매도하며 그 모든 것을 전쟁

포로의 석방과 다른 경건한 사업을 위해(εις τε αναρρησιν αιχμαλωτων και εις ετερας ευσεβεις διαδοσεις) 나눠 줘야 한다.[80]

테오도로스의 예는 아주 중요하다. 그는 안티노에에 살고 있으며, 여러 지역에 부동산을 소유한 갑부로 임대료 수입을 올리고 있었다. 첫 번째 상속인인 백색수도원의 수도원장 페트로스에게 유언하기를, 자신이 살고 있는 집을 제외한 다른 모든 지역 부동산들의 연(年) 임대료 및 각종 수입을 합산해 빈민 보호 사업에 지출할 것을 명시한다.

아울러 자신이 살고 있는 안티노에의 집과 그것에 속한 모든 것은 매각해 전쟁 포로의 석방과 다른 사회사업을 하도록 유언한다. 두 번째 상속인으로 지명하는 수도원장 포이밤몬에게도 비슷한 요청을 한다. 플라비오스 테오도로스는 이처럼 그 시대의 영웅들인 수도원의 지도자들을 상속인으로 정해 자신의 거의 모든 재산을 자선 사업에 쏟도록 하면서 '사후(死後)의 선행가'(euergetes)로 이름을 남긴다.

플라비오스 테오도로스의 유언장에서 특별히 주목해야 할 부분은 "경건한 사업을 위해" 지출할 것을 유언하는 내용이다. 플라비오스 테오도루스는 여러 지역에 흩어져 있던 자신의 부동산을 쉐누트의 백색수도원에 상속하면서 "그런 부동산으로부터 다양한 연(年) 수입과 임대료를 모아서" 수도원이 경건한 사업에 사용하도록 유언한다.

"경건한 사업"이란 가난하거나 병든 자들을 돌보거나 수도원과 교회 등 경건한 기관을 위한 봉사를 의미한다. 안티노에에 있는 가옥과 이 가옥에 딸린 토지는 상속이 개시되면, "전쟁 포로의 석방"과 "다른 경건한 사업을 위해" 사용하도록 규정한다.

플라비오스 테오도로스의 유언장은 많은 재원을 필요로 하던 기독교적 기관의 운영 책임자들이 가장 선호하던 방식의 유증(遺贈)이었다. 교회, 수도원, 병원 등의 책임자는 농지와 가옥 등 부동산을 상속받아 임대료를 수납해 기관 운영을 위한 재원을 마련하는 것을 최선의 방식으로 생각했다.

로마 원로원 가문의 귀부인이자 대지주였으며, 독실한 기독교 신자였던 멜라니아와 그의 남편 피니아누스는 가산(家産)을 처분하면서 예루살렘에 정착하기 위해 성지로 향하던 중 북아프리아의 여러 수도원에 헌금을 하게 되는데, 아우구스티누스와 그의 동료들은 금화(金貨)보다는 토지와 건물 등 부동산 증여를 선호했다.[81] 부동산 임대를 통해 매년 안정적인 수입을 거둘 수 있었고 이 방식이 현금 증여보다는 기관 운영에 유리했기 때문이다.

기독교 기관은 생전 증여보다는 유언을 통한 증여를 선호했다. 히포(Hippo)의 감독 아우구스티누스의 경우 단순한 생전 증여보다는 유언 상속을 선호했는데, 그 이유는 생전 증여가 철회될 수 있었기 때문이다.[82] 『아우구스티누스의 생애』에 등장하는 일화가 이를 반증한다.

> 히포의 지체 높은 시민들 가운데 하나로서 카르타고에 살던 사람이 있었는데, 자기 재산을 히포 교회에 기증하기를 원했다. 그는 사용 수익권은 본인이 지닌 채 문서를 작성해 이를 거룩한 기억으로 남아 계시는 아우구스티누스께 자발적으로 보냈다. 그분은 이 희사를 기꺼이 받아들이시며, 이 사람이 영원한 구원을 염두에 두고 있음을 그와 함께 기뻐하셨다. 그런데, 몇 해 뒤, 내가 우연히 그분께 들렀을 때 보니, 기증한 사람이 자기 아

들을 통해 편지를 보내어 기증 문서를 자기 아들에게 되돌려 달라고 청하고 있었다. (대신) 금화 100솔리디(solidi)를 가난한 이들에게 나눠 주겠다는 것이었다. 성인께서는 이 소식을 들으시고 마음 아파하셨다. 이 사람은 결국 기증하는 시늉만 한 것이었든지 아니면 자기 선행에 대해 후회했든지 둘 중 하나였던 것이다. 이러한 변심으로 상심하시던 그분께서 하실 수 있었던 것이라고는 하나님께서 일러 주신 대로 이 사람을 꾸짖어 그 잘못을 바로잡아 주는 것이었다. 그분은 즉시 그 사람이 자발적으로 보내온 문서, 그분으로서는 원하지도 청하지도 않았던 그 문서를 되돌려 주시고 (가난한 이를 위해 내놓겠다는) 돈도 거절하셨다. 그리고 답신을 보내시면서 그 사람의 잘못에 맞갖을 정도로 나무라고 꾸짖으셨다. 그리고 시늉으로만 희사했던 죄에 대해 하나님께 겸손하게 참회하여 이렇게 무거운 죄를 지닌 채 이승을 떠나는 일이 없도록 타이르셨다. 그분은 근심과 해를 불러일으킬 수 있는 재산보다는 망자의 유산을 받는 편이 교회를 위해 더 안전하다고 자주 말씀하셨다.[83]

반면, 아우구스티누스의 일화가 보여주는 것처럼 대주지의 경우는 부동산, 특히 농지의 생전 증여나 상속을 통한 증여보다는 금전(金錢)이나 현물 증여를 선호했다. 인용된 일화에서 문제의 부동산 증여자는 아우구스티누스에게 증여 문서를 되돌려 줄 것을 요청하면서 대신 금화 약 430g을 헌금하겠다고 말했다.[84] 아우구스티누스는 하나님께 바친 것을 되돌려 달라는 것은 신앙의 법에 어긋난다고 질책하면서 하나님에 대한 언약을 더럽힌 자의 금전 증여를 거부했다.

이집트 옥시린코스의 명문가 아피온(Apion) 가문이 남긴 파피루스를 포함해 몇 개의 자료는 지주들이 농지 자체의 증여보다는 금화나 현물 증여를 보다 선호했음을 보여준다.⁸⁵ 아피온(Apion) 가문의 상속인들은 587년 한 병원에 많은 양의 밀을 헌물하면서 병원 관계자로부터 증여 수납 영수증을 발급받았다(*P. Oxy.* XVI 1898).⁸⁶

아피온이 세상을 떠난 후 그의 상속자들은 성 닐로스(ὁ ἁγίος Νείλος) 교회 부근에 있는(περί) 압바 엘리아의 "거룩한 병원"(*3*)에 밀 371아르타바에(약 14.5톤)를 "거룩한 헌물"(ἁγία φροσφορά)로 바친다. 이 헌물을 수납한 자는 압바 엘리아의 병원의 당가(當家, οἰκονόμος) 메나스(Μηνᾶς)였다.

흥미롭게도 메나스는 압바 엘리아의 병원의 당가인 동시에 아피온 가문의 공증인(νοτάριος)이었다. 압바 엘리아의 병원이 아피온 가문과 관련이 있을 수도 있겠지만 이 점에 대해서 영수증은 침묵한다. 371아르타바에의 밀은 아피온 가문의 서기(χαρτουλάριος) 유스토스(Ἰουστος)가 전달했다. 압바 엘리야의 병원에 대해서는 달리 알려진 자료가 없다.

유사한 예를 압바 아폴로의 헤르모폴리스수도원의 한 수도자가 발행한 파피루스를 통해서 알 수 있다(*BM EA* 75311).⁸⁷ 이 파피루스는 해당 수도자가 서명한 계약서로 상당 부분 소실됐지만 토지 임대료(ὀπαρχή)를 거둬서 '병자들'을 위해서 사용한다는 것이 명시됐다. '병자들'이라는 표현이 있는 것으로 미뤄 토지를 수도원에 증여한 인물이 그 임대료를 '병자들'을 위해서 사용하도록 규정한 것으로 보인다.

아파르케(ὀπαρχή)란 표현은 문자적으로는 '첫 열매'를 뜻하고, 경우에 따라서는 '십일조'를 의미할 수도 있다.⁸⁸ 그러나, 많은 경우에 있어 그 의미가 모호하다. 압바 아폴로의 수도원 파피루스에서 이 단어가 아주 자주 사용되는데, 수도원이 빌려준 토지에 대한 임대료를 의미한다. 임대료 외에 별도의 십일조를 걷는 것은 그 당시의 법률적 상식에 어긋난다.

일반적으로 교회나 수도원은 제빵소를 직접 운영했다. 경건한 기관들이 제빵소를 자체적으로 운영한 이유는 적지 않은 인원이 공동생활을 했기 때문이다. 제빵소의 운영과 관계된 파피루스 자료도 몇 가지 남아 있다. 연대가 481년으로 측정되는 한 파피루스는 제빵사(ἀρτοκόπος) 헤라이스(Ἡράς)에게 150아르타바에(약 5.8톤)의 밀을 헌물(獻物)하라는(ὑπὲρ λόγου προσφορᾶς) 주문서이다(P. Oxy. XVI 1949).

헌물(獻物)하는 자의 이름은 소실됐고 단지 "행복한 대관(大官)"(Εὐδαίμων κόμες)이라고만 됐다. 제빵사 헤라이스는 교회가 직접 운영하는 제빵소에서 일하는 것처럼 보인다. 대관(comes)인만큼 헌물의 분량이 밀 5.8톤으로 상당했고, 이를 밀가루로 만든 후 빵을 구워 경건한 기관의 필요를 사용하도록 지시했을 것이다.

교회가 운영하는 제빵소에 대해 보다 분명하게 언급하는 자료가 하나 있다. 아르시노에(Arsinoe)에서 계약된 문서이다. 이 자료는 교회가 가난한 사람들에게 나눠 줄 목적으로 직접 빵가게를 운영하는 예를 담고 있다(Stud. Pal. XX 168).[89]

(우리말 해석)

그대들은 행정 직원들의 중개자들을 통해

하기오스도로테오스교회의

제빵업자인 페트로스에게

밀 3아르타바에를 공급하시오.

이 파피루스는 공공 목적의 밀 가게들을 관리하는 행정관들에 관한 문서군(文書群)에 들어 있던 것이다. 밀 관리를 담당하는 관리들(πολιτικοί ὀρίοι)이 밀을 제빵업자에게 공급하는 중개자들(μεσίται)에게 지시해서 3 아르타바에(약 117kg)의 밀을 제빵업자에게 전달하라는 내용을 담고 있다.

제빵업자 페트로스에 대해서는 'σιλιγνιαρίος'라는 표현을 사용했는데, 이 표현은 빵 중에서 특히 다른 첨가물이 들어가지 않고 밀가루와 소금만을 재료로 해서 흰 빵을 전문적으로 만드는 자를 의미한다. 제빵사 페트로스는 아마도 하기오스 도로테오스교회의 소유인 제빵소에 고용된 인물일 것이다.

교회가 운영하는 제빵소에 대해 국가가 일정 부분 관여할 수도 있었다. 이 파피루스는 교회가 직접적으로 운영하는 제빵소를 이용해 국가가 가난한 자들에게 빵을 공급하곤 했던 관습을 보여주는 것 같다. 교회는 제빵소 운영에 관심을 가질 수밖에 없었다.

하급 성직자들을 포함해 교회의 성직자들의 필요를 충족시켜야 했고, 또 무엇보다 가난한 자들을 위한 봉사는 제빵소의 존재를 필수로 했다. 지금까지 제시한 유언장, 각종 영수증, 문서들은 이 땅이 아니라 하늘나라에 보화를 쌓고자 한(마 19:21) 4-6세기 기독교인들의 소망을 소리 없이 증언한다.

7. "하나님과 재물을 겸하여 섬기지 못하느니라"(마 6:24): 돈의 흐름을 바꾸는 영성

4세기 초반 콘스탄티누스 시대와 함께 교회는 국가의 경제 주체로 떠오르기 시작했다. 교회를 뒤이어 4세기 후반에는 수도원이 그 대열에 합류했으며, 5세기 초반에는 기독교적 병원들이 이 대열에 새로이 들어갔다. 그러나, 교회, 수도원, 병원 등의 경건한 기관들이 세기마다 경제적으로 어느 정도의 규모를 가졌는지 가늠해보는 것은 불가능하다.

아주 단편적인 자료를 통해 종교 기관의 경제 규모를 희미하게 상상해보는 정도에서 멈춰야 할 것이다. 4세기 자료는 거의 전무하고 5세기 초반에 이르러 지역교회와 가장 부유한 시의회 의원들(curiales)을 개략적으로 비교하는 자료가 등장한다.

5세기 초반 지역교회 소유의 부(富)의 총량은 같은 도시의 지도적인 시의회 의원의 개별가문의 부에도 미치지 못했다.[90] 안티오키아교회와 히포의 교회가 그러했다. 5세기 초반 로마교회의 연 수입은 26,000솔리두스(solidus)였고, 라벤나교회의 연 수입은 12,000솔리두스에 불과했다.

그런데, 같은 시기 멜라니아와 그녀의 남편 피니아누스가 갈리아와 스페인에 산재한 대토지를 매각해 동방과 서방의 수도원에 증여한 금화는 55,000솔리두스였다. 멜라니아와 피니아누스의 전기 작가인 올림피오도로스의 설명에 따르면, 가장 부유한 로마 원로원 가문들은 연간 288,000솔리두스의 수입을 거뒀고 가장 적은 경우라도 72,000-108,000솔리두스에 달했다.

서방에서 가장 부유하고 가장 많은 토지를 갖고 있던 로마교회의 부가 가장 적은 자산을 갖고 있던 원로원 가문의 1/3 밖에 되지 않는다는 사실은 5세기 초반 교회 경제의 규모가 국가 경제에서 차지하는 비중이 높지 않음을 드러내는 증거가 될 것이다.

5세기 초반의 수도원 경제 규모를 알 수 있는 자료는 전해진 것이 없고 6세기에 가야 단편적인 자료가 나타난다. 525-526년 로마 치하의 이집트 아프로디토(Aphroditô)에서 작성된 토지 대장이 남아 있다(*P. Freer a-b*).[91] 이 토지 대장은 세금 부과를 위해서 행정 당국에서 작성한 농경지 소유주들의 명단과 규모, 납세 금액 등의 정보를 담고 있다.

이 자료를 가스쿠(J. Gascou)와 맥콜(L. Maccoull)이 출판했는데, 그들의 연구에 따르면 8개의 수도원이 아프로디토 전체 토지와 포도밭 5906 아루라(1 아루라는 약 833평으로 총 490만 평) 중 약 31%인 164만 평 가량을 소유하고 있고, 7개의 교회와 기도처가 24만 평(5%)을 소유하고 있다.

이 토지 대장은 6세기 초반 아프로디토 지역의 수도원이 지역 사회의 거대지주가 돼 있음을 통계로써 웅변해 준다. 그러나, 이 자료의 수치를 다른 지역에 그대로 적용할 수는 없다. 해당 토지 대장은 그 지역 사회의 특수한 정황을 반영하고 있기 때문이다.

아프로디토의 토지 대장에 모습을 드러낸 파코미오스수도회의 트스민(Τσμινε´ Ζμι̂ν)수도원에 대한 기록이 눈길을 끈다. 이 수도원은 330-346에 설립된 파코미오스 코이노니아(Koinonia)의 지(支)수도원으로서 파코미오스의 생애에는 이름만 등장하고 지나갈 정도로 간략하게 언급되지만 토지 대장에 당당하게 기록을 남기기 때문이다.

트스민수도원은 상(上)이집트의 주요 도시 중 하나인 파노폴리스(Panopolis) 부근에 설립됐고 중(中)이집트에 자리 잡은 아프로디토와는 약 100km

정도의 거리에 있었다. 트스민수도원이 아프로디토에 소유한 토지 및 포도밭은 약 27,000평(33아루라)이고 이 수치는 여타 7개의 수도원에 비해 많지는 않지만 토지 대장에 이름이 올라있다는 자체가 주목의 대상이다.[92]

565년 11월 7일에 체결된 어떤 계약(P. Lond V 1686)에 따르면, 아프로디토의 유지(有志)인 디오스코로스(Dioscoros)는 아프로디토에 위치한 자신의 농지 2,500평(3아우라)의 소유권을 트스민수도원으로 이전한다. 트스민수도원은 증여나 상속, 매매 및 양도 등의 방법을 통해 수도원에서 멀리 떨어진 아프로디토의 농지를 소유하게 됐을 것이다.

트스민수도원은 아프로디토에 소유한 27,000평의 농지에 대해서 부재지주였기 때문에 임대차 계약을 통해 농지를 아프로디토의 주민에게 빌려주고 임대료를 징수했다. 527년 8월 29일 서명된 임대차 계약서가 보존돼 있다(P. Lond V 1690). 이 계약서에 따르면, 트스민수도원장 프사이오스(Psaïos)가 아폴로스(Apollôs)에게 토지를 임대한다.[93]

트스민수도원은 아프로디토뿐만 아니라 다양한 지역에 토지를 소유하고 있었을 것이다. 564-565년에 체결된 임대차 계약서에 따르면, 트스민 마을의 농부 아우렐리오스 세누테스(Aurelios Senouthès)와 아우렐리오스 율리오스(Aurelios Ioulios)는 트스민수도원의 토지에 대해 장기 임대차 계약을 체결한다(P. Cair. Masp. 67170).

4세기에 작성된 아프로디토의 토지 대장에는 트스민수도원의 이름이 등장하지 않는다.[94] 6세기 초반 아프로디토의 토지 대장에 트스민수도원의 이름이 올라있다는 것은 약 200년의 세월이 흐르는 동안 동(同) 수도원이 상속이나 증여 등의 경로를 통해 지주가 됐음을 보여준다. 수도원뿐만 아니라 기독교적 병원도 6세기에 이르러 적지 않은 토지를 소유하게 된다.

소르본대학교에 소장된 파피루스(*P. Sorb.* II 69)는 6세기 이집트의 헤르모폴리스 노모스(nomos, 道)와 안티노에 노모스의 세금 납부 대장인데, 두 개의 노모스에서 총 14개의 병원 목록이 확인된다.[95] 로마 정부 당국은 기독교적 기관이라 할지라도 보유 토지에 대한 세금을 면제한 적이 없다.

콘스탄티누스 이후 본격적으로 허용된 기독교 기관들의 상속권과 수증(受贈)은 병원의 설립과 운영에 주요한 경제적 기반이 됐다. 이런 물적 토대의 바탕 위에서 기독교적 빈민 보호 기관이 지중해 세계에 뿌리내리게 됐다. 그런데, 앞서 강조했듯 기독교적 기관이 받은 상속과 수증은 그리스·로마적 선행 전통과 히브리 정신의 가난한 자들에 대한 사랑이 결합된 결과이다.

이질적인 두 전통은 수도적 삶의 부흥과 가난한 선행가라는 새로운 시대의 영웅상의 중개를 통해 화학적으로 결합됐다. 4세기에 탄생한 수도주의가 비잔틴 로마 사회에 얼마나 강력하게 정신의 변화와 영적 갱생을 가져왔는지를 설명해주는 대목이다. 물론 이런 영성의 가장 깊은 곳에는 성육신의 역설이라는 기독교 신앙의 정수가 자리하고 있다.

4세기 기독교의 수도주의 영성과 '거지가 된 만유의 왕'이라는 성육신의 역설은 물과 기름의 관계로 여겨지던 히브리 전통과 그리스·로마 전통을 결합시켜 기독교적으로 승화해 새로운 기관을 창조할 정도로 강력하게 세간의 마음을 사로잡았다.

이교 로마 시대의 상징적 건축물인 원형 경기장과 극장과 목욕장을 대신해 4세기 중반 이후 우후죽순으로 들어서던 가난한 자들을 위한 기독교적 병원 건물은 이런 사실에 대한 시각적인 증거이며, 또 개개인이 남겨놓은 유언장의 구절구절과 기독교적 기관의 토지 소유를 가늠할 수 있는 파피루스 행정 문서의 기록은 기독교 정신의 통합적 능력에 대한 돌이킬 수 없는 증언일 것이다.

인류가 화폐를 발명해 사용한 이래로 화폐만큼 사람들의 마음을 끌어당긴 것도 드물 것이다. 화폐의 축적은 부의 축적이었고 부는 곧 영광과 번영의 상징이었기 때문이다. 병든 마음을 치료해 새로운 마음가짐으로 거듭나는 영적 치료를 가리켜 영성이라고 한다면, 진정한 영적 치료, 진정한 영성은 돈의 흐름을 바꾸고야 만다.

하나님 나라에서 누릴 영원한 안식과 평화를 소망하며, 인생의 결산서인 유언장에 헐벗고 굶주리며 불행에 빠진 보잘 것 없는 작은 자들을 위해 (마 25:40) 재산을 사용해 달라고 인생의 결언을 부탁하는 기독교인들의 신앙이 돈의 흐름을 바꾸지 않았다면, 그것이야말로 오히려 이상한 일이었을 것이다.

요컨대 복음을 위해 스스로 가난을 택했던 가난한 선행가들이 앞장 서 이끌고 나가는 새로운 영웅이었다면, 그런 가난한 선행가들을 먼발치에서나마 바라보며, 뒤따르던 사람들이 이 세계를 떠나야 하는 절명의 순간에 이르러 하늘나라에 보화를 쌓고자 담대하고 용감하게 재산을 포기한 것이 시대의 영성이었다. 이런 포기는 거지가 되신 그리스도를 따르는 길이기도 했다.

기독교적 병원은 이런 영성의 토양에서 싹이 돋고 양분을 얻으면서 성장했다. 그러기에 병원사(史)는 영성사(史)의 주요한 증인이며, 치유 받은 내면이 밖으로 모습을 드러낸 확고한 외연이다. 외연이 없는 영성, 선한 열매가 없는 영성은 독백이나 자기만족이나 아집에 불과한 것이지 영성이라 이름 할 수 없다.

정화된 마음과 선한 양심과 거짓 없는 믿음에서 나오는 사랑은 사람을 치유하고 사회를 치유하면서 종국에는 영원한 본향, 사람의 손으로 만들지 않은 영구한 하나님의 도성(히 11:22; 13:14)으로 인도한다.

제5장

"내가 병들었을 때에 너희가 돌보았고"(마 25:36)
: 4-5세기 구빈병원과 호스텔병원의 탄생

1. 4세기 중반 호스텔병원(xenodocheion)의 탄생[1]

4세기 기독교 로마제국의 여명이 밝아오면서 가난한 자들, 병든 자들, 여행자들, 순례객들을 위한 기독교적 병원 혹은 기독교적 빈민 보호 시설이 설립되기 시작한다. 제일 먼저 세워진 보호 시설은 '호스텔병원'(xenon-ξενών) 혹은 'xenodocheion-ξενοδοχεῖον'이다.

'크세노도케이온'(xenodocheion)은 나그네, 행려자, 낯선 자를 뜻하는 '크세노스'(ξενός)와 '맞아들이다'를 의미하는 동사 '데코마이'(δέχομαι)의 합성어로 '낯선 자 혹은 순례자를 맞아들이는 곳'이란 뜻이다.[2] '크세논'(ξενών) 혹은 복수형인 '크세노스'(ξενῶνες) 등의 형태도 나타나지만 어느 경우에나 어원상으로 병(病)이나 의료적 치료의 뉘앙스가 담겨 있지 않다.

'xenodocheion'을 호스텔병원으로 옮긴 것은 여행객과 순례객을 맞아들이던 호스텔 기능에 돌봄(caring)과 치료(curing)가 결합된 형태이기 때문이다. 호스텔병원은 헐벗고 지친 여행객들, 순례자들, 가난한 자들에게 무료 숙식을 제공하는 것이 일차적 기능이었으므로 현대식 병원을 상상하지는 말아야 한다.

국내에서 한동안 논의 됐던 영리병원은 호텔과 병원이 결합된 '호텔식 병원'이다. 호텔식 병원이 현대의 여가 문화와 의료 서비스를 결합한 새로운 형태의 산업이라면, 4세기의 '호스텔병원'(크세논)은 여행객들과 무료치료를 연결시킨 독창적인 기관이었다. 물론 이 양자의 존재 목적은 극과 극이다.

영리병원이 목표로 하는 호텔식 병원은 거대 자본이 새로운 수익을 창출하기 위한 수단인 반면, 호스텔병원은 당시 사회의 절대다수인 가난한 자들을 섬기기 위한 종교적 목적의 무료 보호 시설이었다. 호스텔병원의 존재 이유와 목적은 수익 창출이 아니라 가난하고 병든 자를 섬기는 것이었고, 이런 점에서 병원은 교회, 수도원 등과 함께 사랑의 정신에 근거한 기독교의 3대 기관 중의 하나로 자리매김 됐던 것이다.[3]

유대교 회당은 기원전부터 여행객과 순례객을 위한 무료 호스텔을 운영하고 있었고 기독교인들이 이런 전통을 이어받았음을 앞에서 살펴봤다. 1-3세기에 이미 존재하던 기독교 호스텔은 4세기 기독교 시대부터 대규모로 확대되면서 의술과 결합되기 시작한다.

앞서 설명했지만 그리스·로마 기원의 여러 가지 의료 제도, 즉 군인이나 노예를 위한 특정 목적의 의료 시설(valetudinaria), 종교적 기적을 통해 치료를 시도하던 아스클레피에이온(Aclepieion), 의사들의 진료소(iatreia), 공익 의사(archiatros) 등은 4세기 기독교가 발전시켜 나가는 호스텔병원이나 구빈병원과는 성격이 다르다.

이미 존재하던 호스텔 기능에 의료 기능을 결합하기 시작한 기독교적 병원의 선구자들은 수도자들인 동시에 성직자였고 후대에 교리적 이단자들로 낙인찍힌 인물들이었다.[4] 밀러는 호스텔에 의료 활동을 본격적으로 접목시킨 인물로 아에티오스(313-364)를 지목한다.[5] 아에티오스는 의사이자 뛰어난 수사학자요 성직자였다.

4-5세기 저자들이 아에티오스를 묘사하는 색채는 저자들의 교리적 입장에 따라 크게 차이가 나지만 그가 안티오키아교회의 사제로서 의술을 베풀었다는 사실에는 이견이 없다. 아에티오스는 '상이 본질파'라고 불리는 극단적 아리우스파의 시조격인 인물이었다. 이런 이유로 5세기 아리우스주의 교회 역사가인 필로스토르기오스가 아에티오스에 대해서 가장 자세한 보도를 남겼다.[6]

필로스토르기오스의 기록을 따르면, 아에티오스에게 의학을 가르친 스승은 당대 가장 뛰어난 의사였던 소폴리스(Sopolis)라는 자였다. 아에티오스는 "영혼뿐만 아니라 몸도 치료하기 위해서" 의술을 배웠고 뛰어난 의사가 됐으며, 무료로 사람들을 치료해 줬다.[7] 그에게 신학을 가르쳤던 스승 레온티오스(344-358)가 344년 안티오키아교회의 감독으로 부임하자 346년 아에티오스는 레온티오스로부터 부제(副祭)로 안수 받는다.[8]

그런데, 6세기 자료인 『부활절 연대기』(Chronicon Paschale)에 따르면, 350년에 "안티오키아교회의 감독 레온티오스는 낯선 사람들(혹은 행려자들)을 돌보려는 목적에서 호스텔들에 정성을 쏟았다."[9] 『부활절 연대기』는 레온티오스가 세운 호스텔들을 복수로 언급하는데, 이 중 하나에 대한 고고학적 증거물이 남아 있다. 안티오키아 교외에 위치하던 다프네(Daphne)의 휴양 시설인 '약토 콤플렉스'(Yakto Complex)의 모자이크화(畵)가 바로 그것이다.

이 모자이크화(畵)가 묘사한 휴양 시설 중에는 '토 레온티우'(τὸ Λεοντίου)라고 불리는 건물이 있다. '토 레온티우'는 '레온티오스의 건물'이라는 뜻인데, 이를 안티오키아교회의 감독 레온티오스가 세운 호스텔로 보는 데에는 별다른 이견이 없다.¹⁰ 다프네는 유명한 온천 휴양지였고 레온티오스는 가난한 자들도 온천을 즐길 수 있도록 호스텔을 세웠던 것이다.

하지만, 의사이자 사제였던 아에티오스가 레온티오스의 호스텔들에 의료 활동을 어떻게 접목시켰는가에 대해서는 아주 부정적인 진술만 남아 있다. 아에티오스보다 한 세대 후의 인물인 삼위일체 정통주의자 닛사의 그레고리오스는 '이단자' 아에티오스에 대해서 이렇게 언급한다.

"그는 오로지 필요한 음식을 얻기 위해 유랑 의사의 조수가 됐고 의술이라는 가면을 쓰고 음흉한 사람들의 집과 타락한 사람들의 집을 드나들었다."¹¹ 하지만, 이 정도의 기록으로 아에티오스를 호스텔에 의료 활동을 접목시킨 선구자적 인물로 세우려는 밀러에 입장에는 선뜻 동의하기가 망설여진다.¹²

그런데, 350년대에 아에티오스와 교리적으로 투쟁하는 또 다른 그룹이 형성되고 바로 이 그룹에 의해 기독교적 병원이라고 부를 수 있는 새로운 개념의 자선 사업이 본격화된다. 앙키라의 바실리오스, 에우스타티오스, 콘스탄티노플의 마케도니오스 등을 중심으로 하는 유사 본질파이다. 이들은 성부와 성자의 '본질이 유사하다'(ὁμοιούσιος)고 주장했는데, 니케아파의 동일 본질(ὁμοούσιος)에 아주 근접해 있었다.¹³

성부와 성자의 '본질이 다르다'(ἀνόμοιος) 또는 'ἑτεροούσιος'고 주장하는 '상이 본질파'의 시조인 아에티오스와 유사 본질파는 서로를 증오했다.¹⁴ 이들 사이의 혐오와 대립은 비단 신학적이고 교리적인 차원을 넘어 자선 사업으로까지 확장됐던 것 같다. 그럴만한 이유를 찾는다면, 앙키라의 바실리오스 역시 아에티오스처럼 의사였고, 에우스타티오스는 소아시아와 콘스탄티노플 지역에 수도적 영성을 심은 수도자들의 대부였기 때문일 것이다.[15]

이들 유사 본질 그룹이 주도한 기독교 자선 사업을 가장 부각시킨 학자는 질베르 다그롱이었다.[16] 앙키라의 바실리오스와 에우스타티오스는 콘스탄티노플의 마케도니오스와 연합한다. 마케도니오스는 동방 정무총감을 지낸 후 존경받는 수도자가 돼 콘스탄티노플에 여러 수도원을 세웠다.[17] 또, 에우스타티오스는 마라토니오스라는 인물에게 커다란 영향을 줘 수도적 삶으로 인도했고 당시 콘스탄티노플의 감독 마케도니오스는 그를 부제(副祭)로 안수한다.

교회 역사가 소조메노스에 따르면, 마라토니오스는 "여러 구빈원(救貧院)의 책임자(ἐπίτροπος πτωχείων)였고 남자들과 여자들의 수도원들의 감독자"였다.[18] 마케도니오스와 마라토니오스는 콘스탄티노플의 도시 수도원에 거의 절대적인 영향력을 끼쳤고 그 유명한 콘스탄티노플의 삼손병원(xenon)도 이들의 영향력 아래에서 350-360년 정도에 탄생했을 것이다.[19]

4세기 문헌상의 증거를 통해 최초의 기독교적 호스텔병원으로 기록될 만한 기관을 세운 자는 에우스타티오스였다.[20] 에우스타티오스는 356년경 하(下) 아르메니아의 세바스테에 호스텔병원(ξενοδοχεῖον)을 설립했다. 374-377년경 에피파니오스는 '이단들을 치료하는 구급상자'라는 의미의 『판아리온』(Panarion)이라는 작품을 쓰면서 에우스타티오스가 세운 자선 기관에 대해 다음과 같은 기록을 남겨 놨다.

에우스타티오스는 아에리오스를 옆에 두고 싶어 했다. 얼마 지나지 않아 곧 그를 사제로 세우고 그에게 크세노도케이온을 맡겼다. 이 크세노도케이온은 폰투스에서는 프로토코트로페이온이라고 불렸다. 그들은 낯선 자를 환대하는 정신에 따라 이것을 설립했다. 교회의 지도자들은 한센병 환자와 지체 부자유자를 그곳에 머물게 하면서 능력에 따라 필요한 것들을 조달했다.[21]

간략한 보도이지만 역설적으로 350년대에 설립된 기독교적 병원에 대한 기록 중에서 이보다 더 자세한 경우는 없다. 에피파니오스의 보도에 따르면, 에우스타티오스가 설립한 호스텔(ξενοδοχεῖον)은 "한센병 환자들과 지체 부자유자들을"(τοὺς λελωβημένους καὶ ἀδυνάτους) 수용했다.

'κελυφοί'가 한센병 환자를 가리키는 일반적인 용어이지만 'λελωβημένοι' 역시 한센병에 걸린 자들을 뜻한다.[22] 6세기 유스티니아누스 시대의 프로코피오스는 세바스테의 구호 시설이 "치료할 수 없는 병으로 고통받던 가난한 자들을 위한 구호 시설"(πτωχῶν καταγώγιον οἷσπερ ἡ νόσος τὰ ἀνήκεστα ἐλωβήσατο)이었다고 쓴다.[23]

세바스테의 자선 기관에 대한 에피파니오스와 프로코피오스의 설명은 아주 간략하고 극히 단편적이지만 아에티오스-레온티오스 그룹이나 마라토니오스-마케도니오스 그룹이 설립하고 관여했던 호스텔에 대한 자료와 비교할 때 선명하게 구분되는 점이 있다.

그것은 세바스테의 자선 기관이 단순한 호스텔 기능을 넘어 가난하고 병에 걸린 자들을 보호해 주는 차원으로 승화됐다는 것이다. 의사의 존재나 의료 활동에 대한 직접적인 언급은 없지만, 이런 점에서 세바스테의 자선 기관을 단순히 호스텔로 칭하는 것보다는 '호스텔병원'(ξενοδοχεῖον)

으로 칭하는 것이 보다 나은 선택이 될 것이다.

오늘날 우리는 호스텔과 의료 활동이 어떻게 결합됐는가에 관심이 가지만, 4-6세기 저자들의 눈에는 전통적 호스텔이 가난하고 병든 자들을 돌보는 자선 기관으로 탈바꿈하던 모습에 강렬한 인상을 받았다. 그럴 수밖에 없는 것이 에우스타티오스가 세운 호스텔병원은 "내가 병들었을 때 너희가 돌보았다"(마 25.36)는 구절에 바탕을 둔 기독교적 상상력의 결과물로서 일찍이 그리스·로마 사회가 전혀 알지 못하던 새로운 차원의 기관이었기 때문이다.

하지만, 아에티오스가 교리적 이단으로 정죄돼 역사 기록 속에서 삭제되듯 마케도니오스와 에우스타티오스의 유사 본질파도 비슷한 운명을 겪는다.[24] 자료가 소실되는 바람에 4세기 중반 경 탄생한 기독교적 병원이 상이 본질파와 유사 본질파 간의 교리적 대결 구도의 파생물이었다는 것을 설득력 있게 증명하는 것은 거의 불가능하게 됐다.

그러나, 상이 본질파와 유사 본질파에 의해 기독교적 병원이 시작됐다는 것은 분명한 역사적 사실이며, 기독교적 병원의 탄생은 마태복음 25장 35절 이하의 말씀을 소중하게 생각하던 수도적 영성과 불가분의 관계에 있다는 것 또한 분명하다.

2. 372년 카이사레아에 세워진 구빈병원(πτωχοτροφεῖον)[25]

카이사레아의 바실리오스는 372년경 대규모의 기독교 빈민 보호 시설 복합 콤플렉스를 건설한다.[26] 그는 위대한 수사학자요 삼위일체 정통주의

자이며, 당대 교회의 대(大)조직가였다. 이런 이유로 4-5세기의 기독교 자선 기관 중 그가 설립한 기독교적 병원에 대한 자료가 예외적으로 다양하게 남아 있다.

관계되는 자료는 그가 남긴 『편지』 94번, 친구인 나지안주스의 그레고리오스가 남긴 『조사(弔詞)』에 나오는 언급, 그의 작품 중 『수도규칙서』의 소규칙 155번과 286번, 『편지』 150번, 5세기 교회 역사가 소조메노스의 단편적 기록 등이다. 이중 372년에 쓴 94번 편지가 호스텔병원에 대한 가장 중요한 정보를 담고 있다.

이 편지는 바실리오스가 속 주지사 엘리아스에게 보낸 것이다. 속 주지사의 측근에 있던 자들이 바실리오스가 대규모 빈민 보호 시설을 건설해 재정을 낭비하고 있다고 속 주지사에게 고발했고, 바실리오스는 자신을 변호하기 위해서 펜을 들 수밖에 없었다. 이 편지에서 바실리오스는 자신이 세운 교회, 수도원, 빈민 보호 시설이 결합돼 있는 복합 콤플렉스에 대해서 간단하게 설명해 놨다.

제일 가운데에는 "우리의 하나님께 이르기 위해 훌륭하게 지은 '기도의 집'(οἶκος εὐκτήριος)", 즉 교회가 있다. 교회 주변으로 여러 "주거시설"(οἴκησις)이 있는데, 교회의 감독을 위한 거처, 그 외의 하급 성직자들을 위해 항렬별로 배치된 거처와 수도자들을 위한 공간, 그리고 게스트룸이 있다.[27] 그리고 그 바깥쪽에 빈민 구호 시설과 의료인들을 위한 시설이 마련됐다. 가장 바깥쪽에는 다양한 물품을 만드는 수공업장과 지역 사회를 위해 필요한 물품을 공급하는 작업장들도 갖춰졌다.

지나가는 낯선 사람들을 위해서, 그리고 질병 때문에 돌봄을 필요로 하는 자들을 위해서 호스텔(καταγώγια)을 건설한다고 해서 우리가 누구에게 잘못을 범한 것입니까? 우리가 이런 사람들의 고통을 덜어주기 위해 필요한 바를 세운다고 해서, 즉 병자를 돌보는 사람들과(τοὺς νοσοκομοῦντας) 치료하는 사람들과(τοὺς ἰατρε.ύοντας)과 운반용 가축들(τὰ νωτοφόρα)과 가축 모는 사람들(τοὺς παραπέμποντας)을 둔다고 해서 우리가 누구에게 잘못을 범한 것입니까?[28]

"치료하는 사람들"(ἰατρεύοντοι)은 '치료하다'라는 동사 'ἰατρεύω'의 현재분사형이고, 동사 'ἰατρεύω'는 'ἰατρός'(의사)에서 파생된 동사이다. 바실리오스는 'ἰατρός'란 단어를 피하고 동사의 분사형을 사용해 생동감 있게 표현한다. 인용구는 4세기 후반에서 5세기 초반에 생성된 호스텔병원 관계 자료 중 의사들의 존재에 대해서 직접 언급한 드문 사료에 속한다.

속 주지사는 고발 사건을 조사하기 위해 바실리오스에게 법정 출두를 명령했다. 그리스와 로마는 강력한 기부 전통을 갖고 있었지만 도시의 번영과 안정, 그리고 가문의 명예와 정치적 목적을 위한 것이었지 가난하고 병든 자들을 위한 것은 아니었다. 기독교적 시각이 아니라 헬레니즘 문화권의 시각에서 보자면, 바실리오스가 고발 당한 이유는 납득할 만한 것이다.

법정 출두를 요청하는 소환장 앞에서 바실리오스는 건강이 악화돼 지금 당장 속 주지사 앞에 갈 수 없다고 양해를 구하는 동시에 항의하는 논조로 속 주지사에게 되묻는다.

가난하고 병든 자들의 고통을 덜어주기 위해 간호자들과 의사들을 두고 또 기타 여러 가지 일을 한다고 해서 "우리가 누구에게 잘못을 범한 것입니까?"

카이사레아교회의 복합 콤플렉스는 도시에서 약 2-3마일 떨어진 한적한 곳에 위치했다. 무고자(誣告者)들은 바실리오스가 사람이 살지 않는 외딴 곳에 큰 규모의 시설을 건설한 것에 대해서도 속 주지사 앞에서 비난했다. 바실리오스는 속 주지사를 향해 자신을 이렇게 변호한다.

> 그대가 우리를 이끌고 가야 한다면, 지성의 힘을 통해 오직 그대만이 시간이 황폐화시킨 것을 복구하고 황무지에 주민들을 살게 할 수 있을 것입니다. 한마디로 말하면, 오직 그대만이 황야를 도시로 만들 수 있을 것입니다.[29]

지중해의 역사는 사람이 살지 않던 곳에 도시를 만드는 역사의 연속이었다. 바실리오스는 복합 콤플렉스의 건설이 속 주지사가 오히려 적극적으로 이끌어 나가야 할 문명사의 일부임을 상기시킨다.

마지막으로, 바실리오스는 많은 도시를 건설했던 알렉산더 대왕의 예를 떠올리며, 자신의 말을 주의 깊게 들어줄 것을 요청하며 편지를 맺는다.

> 후에 우리가 만날 때에 그대가 몇몇의 비방에 젖어들어 호의를 조금이라도 접을까 두렵습니다. 그러니 부디 알렉산더 대왕처럼 하십시오. 사람들이 대왕의 측근을 비난하자, 대왕은 비난하는 자에게 한쪽 귀를 열어주고, 손으로 다른 쪽 귀를 틀어막았다고 합니다. 이 이야기는 정의롭게 재판하려면 그대 옆에 있는 자들에게 전적이며 즉각적으로 다가갈 것이 아니라, 듣는 능력의 절반을 잘 간직해 그대 옆에 있지 않은 자도 보호해줘야 한다

는 것을 보여줍니다.³⁰

이 편지에 대해서 속 주지사가 어떤 반응을 보였을까? 역사는 이 부분에 대해서 침묵하지만, 간접적인 정황을 남겨 놨다. 379년 바실리오스가 세상을 떠났고, 얼마 뒤 친구 나지안주스의 그레고리오스는 바실리오스에게 바친 조사(弔詞)에서 빈민 보호용 복합 콤플렉스에 대해 이렇게 써 놨다.

> 무얼 더 말하겠습니까? 인간에 대한 사랑은 아름다운 것입니다. 가난한 자들을 돌보고 인간의 약함에 도움을 주는 건 아름다운 것입니다. 도시 밖으로 얼마간 나가서 '새로운 도시(ἡ καινή πόλις)'를 바라보십시오.³¹

바실리오스가 세운 호스텔병원은 그 둘레에 '새로운 도시'가 형성돼 가고 있을 정도로 발전돼 가고 있었던 것이다.

계속해서 그레고리오스는 카이사레아의 보호 시설이 의술이 사용되는 병원이었으며, 질병으로 죽어가는 버림받은 자들을 보호하는 공간이었음을 찬양한다. 그레고리오스의 표현을 보면, 이들 중에는 나환자들도 존재했던 것 같다. 또 호스텔병원의 운영은 상당 부분 기부에 의존했음을 암시한다. '새로운 도시'는 이렇게 묘사된다.

> ('새로운 도시'에서는) 질병이 학문적으로 연구되며(νόσος φιλοσοφεῖται)³² 불행이 행복으로 여겨진다 … 바빌론의 성벽과 마우솔로스의 무덤과 피라미드와 콜로로스의 엄청난 청동상은 … 그것을 만든 자에게 약간의 영광을

제외하곤 어떤 유익도 가져다주지 못한 것이 아닌가? 나에게 가장 놀라운 것은 (바실리오스가 제시한) 구원을 향한 지름길이요 아주 쉬이 하늘에 오르는 길이다. … 죽기 전에 거의 시체로 변한 자들, 몸의 대부분이 죽은 자들, 도시와 집과 공공장소와 물과 심지어 가장 사랑하는 자들로부터 쫓겨나서 몸보다는 이름으로 더 쉽게 알아볼 수 있는 자들, 우리는 더 이상 이런 자들을 끔찍하고 고통스럽게 바라보지 않게 됐다 … 바실리오스는 타인을 무시하지 말고, 이런 약자들을 몰인정하게 대해 모든 자의 머리되신 그리스도를 거절하지 말며, 오히려 타인의 불행에 대해 재산을 선하게 사용하라고 사람들을 설득했다 … 바실리오스는 백성의 지도자들에게 이런 자들에 대한 사랑과 호의를 경쟁의 대상으로 제시했다. …³³

5세기의 교회 역사가 소조메노스도 간략한 기록을 남겨 놨다. "프라피디오스(Prapidios)는 가난한 자들을 위한 아주 유명한 호스텔(καταγώγιον)인 '바실레이아스'(Βασιλείας)의 운영을 맡았다. 바실레이아스는 카이사레아의 바실리오스 감독에 의해 설립됐는데, 처음부터 그의 이름을 따서 불리었고 지금까지도 그러하다."³⁴

소조메노스는 새로운 정보를 제공한다. 가난하고 병든 자들을 위한 호스텔병원은 설립 초기부터 '바실레이아스'라고 불렸고 '아주 유명한' 호스텔이었으며, 병원 책임자는 '프라피디오스'라는 사제였다. 바실리오스 자신이 쓴 편지에 따르면, 바실레이아스는 본래 교회, 수도원, 성직자 주거, 수공업장 등이 포함된 복합 콤플렉스로 출발했으나, 동시대인들의 눈에는 가난한 자들을 위한 호스텔병원의 상징성이 크게 부각됐던 것 같다. 5세기 초반 카이사레아의 감독 피르모스는 자신의 편지에서 바실레이

아스가 여전히 활발하게 운영 중임을 암시한다.[35] 또 19세기 말 람세이는 카이사레아에 대한 고고학적 연구를 상기시키면서 터키의 카이사리(Kasari)는 로마 시대 카이사레아에서 약 2마일 정도 떨어진 곳에 위치하는데, 이는 바실레이아스를 중심으로 신(新)시가지가 형성된 결과라고 했다.[36]

이상의 내용을 종합하면, 가난한 자들을 위한 호스텔병원을 세워 재정을 헛되이 낭비한다고 모함을 받은 바실리오스가 속 주지사 엘리아스에게 썼던 94번 편지는 결코 헛되지 않았던 것이다.

바실리오스가 쓴 『대(大)수도규칙서』의 소(小)규칙 155번도 눈여겨 볼 만하다.[37] 소규칙 155번의 질문과 답을 인용하면 다음과 같다.

> 질문: 크세노도케이온(ξενοδοχεῖον)에서 아픈 사람들(ἄρρωστοι)을 돌보는 우리는 주님의 형제들을 돌보듯 해야 함을 알았습니다. 그런데 돌봄을 받는 자가 그렇지 않다면 어떻게 해야 합니까?
>
> 대답: 주님께서 말씀하시길 '하늘에 있는 내 아버지의 뜻을 행하는 자가 내 형제요 자매요 어머니다'(마 12.50)라고 하셨습니다. 그렇지 않은 자라면 '죄를 지은 자는 죄의 종이다'(요 8:34)라는 말씀에 합당하게 죄에 대해 책망 받아야 합니다. 따라서 '병원장'(προεστός)은 권면과 훈계를 줘야 합니다. 그러나, 그가 계속 같은 상태에 머문다면 '종은 집 안에 머무를 수 없다'(요 8:35)고 하신 주님의 심판과 '악한 자를 너희 중에서 멀리하라'(고전 5:13)고 하신 사도의 심판이 분명 합당합니다. 이와 같이 하면 돌보는 자들도 평온할 것이고 함께 있는 자들도 실족하지 않을 것입니다.[38]

질문과 대답의 정황은 호스텔병원을 배경으로 하고 있다. 바실리오스는 90번 편지에서 '카타고기아'(καταγώγια)라고 복수형을 쓴 것과는 달리, 여기에서는 보다 일반적인 용어인 '크세노도케이온'을 사용한다. 'καταγώγιον'은 본래 여행 중 쉬어가는 여관을 뜻한다. 바실리오스는 호스텔병원을 지칭하기 위해 '카타고기아'와 '크세노도케이온'을 번갈아 사용한다.[39] 크세노도케이온에는 환자들이 있고 수도자들이 이들을 간호한다. 그런데, 호스텔병원에는 일정한 규칙이 있었고 환자들이 이런 규칙을 지키지 않을 경우 어떻게 해야 하는가가 질문의 초점이다. 바실리오스는 먼저 병원장(προεστώς)이[40] 권면과 훈계를 주고 그래도 고집을 피울 경우에는 호스텔병원에서 강제로 내쫓아야 한다고 답변한다. 이는 호스텔병원의 일차적 기능이 의료적 치료가 아님을 간접적으로 드러낸다.

12세기 판토크라토르(Pantocrator xenon) 복합 콤플렉스에는 수도원이 별도로 존재했고 수도자 중 한 명이 병원장(nosokomos)을 맡았다. 356년에 설립된 세바스테의 호스텔병원이나 372년에 설립된 바실레이아스도 동일하게 수도자가 병원 운영을 책임졌다.[41]

그런데, 판토크라토르병원(xenon)에는 병실에서 일하는 유급 남자 간호자(hypourgoi)와 유급 잡역부들이 존재했지만, 바실리오스의 소규칙 155번을 토대로 한다면, 카이사레아의 호스텔병원에서는 수도자들이 무급으로 간호를 담당했던 것 같다. 바실리오스가 편지 90번에서 언급한 "병자를 돌보는 사람들"(τοὺς νοσοκομοῦντας)은 남자들(남성 복수형)로서 수도자가 아니라 유급 간호원일 가능성도 없지 않으나 모호하다.[42]

아래에 소개한 소규칙 286번은 카파도키아의 수도인 카이사레아가 아니라 주변 지역의 수도 공동체를 배경으로 하고 있는 것 같다.

질문: 공동체(역주: 수도원)에 사는 누군가가 육체적 질병에 걸린다면 우리가 그를 크세노도케이온(ξενοδοχεῖον)으로 옮겨야 합니까?

대답: 각각의 장소와 하나님의 영광을 위한 공동선에 합당한 목표를 고려해야 한다.[43]

질문의 초점은 수도원에 살고 있는 형제가 질병에 걸린 경우 그를 수도원 외부에 있는 호스텔병원 혹은 교회에서 운영하는 호스텔병원에 입원시켜야 하는가이다.[44] 대답은 각 수도원이 위치한 장소를 고려하고 하나님의 영광을 고려해 판단할 것을 권한다. 소규칙 286번은 카이사레아의 호스텔병원 외에도 카파도키아와 폰투스의 여러 지역에 이미 호스텔병원이 존재함을 암시하지만, 카이사레아의 호스텔병원에 대해서는 특별한 정보를 제공하지 못한다.

300통이 넘는 바실리오스의 편지 모음집에 들어있는 150번 편지도 호스텔병원에 대한 의미 있는 정보를 제공한다. 373년경 쎄어진 150번 편지는 비잔틴병원사를 연구하는 학자들의 주목을 전혀 받지 못했는데, 그 이유는 이 편지가 바실리오스의 것이 아니라 헤라클리데스라는 청년이 자신의 친구 이코니움의 암필로키오스에게 보낸 것이기 때문이다.

헬라클리데스는 아직 수도적 삶을 택하지 못하고 영적으로 방황하면서 친구에게 자신의 영적 상태를 이렇게 한탄한다. "습관이 가져다 준 더러움을 깨끗하게 씻기 위해 나에겐 다른 약이 필요하다."[45] 그는 카파도키아의 메트로폴리스인 카이사레아에서 벌어지는 일이 궁금해 도시로 들어가려다가 갈등하면서 호스텔병원으로 들어가 바실리오스의 설교를 듣는다.

> 무슨 일이 일어나고 있는지 알려고 카이사레아에 가까이 갔지만 도시로 들어가는 걸 견딜 수가 없어 나는 부근에 있던 프로코트로페이온(πτωχοτρο-φεῖον)으로 도망치듯 갔다네. 바로 그곳에서 나는 내가 원하는 것에 대해 가르침을 얻길 바랐지. 여느 때처럼 그곳에 살고 있는, 하나님께서 사랑하는 감독(역주: 바실리오스)에게 그대가 궁금했던 것에 대해 질문해 보았네.[46]

바실리오스는 헤라클리데스의 질문에 대해 설교로서 답을 줬다. 헤라클리데스는 바실리오스의 답변이 편지로 기록하기에는 너무 길다고 하면서 내용을 간추린다.[47] "바실리오스는 (복음적 삶에 합당한) 가난의 정도는 옷 한 벌만 남을 때까지(역주: 마 10:10) 자신의 재산을 줄이는 것이다"고 말하면서 "네가 완전하려거든 가진 것을 다 팔아 가난한 자들에게 주라"(마 19:21)는 구절을 인용한다.

아울러 "자신이 직접 재산을 나눠주지 말고 가난한 자들(역주: 수도자들)의 재산 관리를 책임진 자들에게 맡겨야 한다." 또 "진실로 궁핍한 자와 탐욕 때문에 구걸하는 자를 경험을 통해 구별할 수 있어야 하고," "몸도 돌보아 주지만 영혼을 치료해야 한다." 이는 빈민 구제뿐 아니라 영혼의 치료도 바실레이아스가 목표하는 중요 기능임을 드러내 준다.

특히, 15세기에 등장해 마틴 루터의 종교개혁의 개신교 병원 정책의 근간이 되는 '도움 받아 마땅한 진실로 가난한 자들'(the Deserving Poor)와 '도울 필요가 없는 가난한 자들'(the Undeserving Poor)의 구별이 어렴풋하게 등장하는 것이 인상적이다.⁴⁸ 헤라클리데스는 이렇게 설교 내용을 요약하면서 친구에게 언젠가 함께 바실리오스를 만나 이야기를 나누자고 제안하면서 편지를 끝맺는다.

헤라클리데스는 카이사레아의 구호 시설을 프로토크로페이온(πτωχο-τροφεῖον)으로 지칭한다. 기독교적 빈민 구호 시설을 '프로토크로페이온'으로 칭하는 건 필자가 아는 한 헤라클리데스의 편지가 처음이다. 이 용어는 '가난한 자'라는 뜻의 πτωχός에 '음식' 혹은 '식량'을 의미하는 τρο-φεῖον이 결합돼 만들어진 복합어로서 문자적으로 '가난한 자들을 먹이는 곳'을 뜻한다.

뉘앙스의 차이는 분명하지만, 이 표현은 위에서 살펴본 καταγώγια나 ξενοδοχεῖον과 함께 바실레이아스를 지칭하는 일반 명사에 불과하다. 뉘앙스를 살려서 번역하자면, 극도로 궁핍한 자들을 구호하는 동시에 의료적 돌봄을 병행했다는 의미에서 '구빈병원'(救貧病院)으로 옮길 수 있을 것이다.

하지만, 카이사레아의 구빈병원(πτωχοτροφεῖον)은 세바스테의 호스텔병원(ξενοδοχεῖον)과 동일한 종류의 기독교적 병원이었다. 위에서 살펴본 것처럼 에피파니오스는 "(세바스테의) '크세노도케이온'은 폰투스에서는 '프토크트로페이온'이라고 불린다"고 보도하는데, 여기에서 언급된 폰투스의 프토크트로페이온이 바로 카이사레아의 구빈병원이다.

지금까지 살펴본 자료는 카이사레아의 빈민 보호 시설에 '구빈병원'이나 '호스텔병원' 중 어느 호칭이라도 적용할 수 있음을 보여준다. 세바스테의 크세노도케이온은 나환자들과 지체 부자유자들을 돌보는 기관이었지만 의료인들의 존재에 대해서는 언급이 없다.

반면, 카이사레아의 바실레이오스는 간호원들과 의사들이 아마도 유급으로 일하면서 환자들을 치료했을 것이고, 수도자들도 호스텔병원에서 환자들을 돌보았다. 그레고리오스의 찬사를 빌리면, 호스텔병원에서는 "질병이 학문적으로 연구됐다(νόσος φιλοσοφεῖται)."

또, 질병 때문에 버림받은 자들, 아마도 나환자들도 보호받았던 것 같다. 물론 '구빈병원'은 전통적인 호스텔 기능, 즉 행려자들을 위한 숙식제공의 기능도 갖고 있었다. 그러나, 호스텔과 병원과 나병원의 기능이 분리돼 존재했는지 어떤 방식으로 운영됐는지에 대해서는 전혀 자료가 없다.

12세기 판토크라토르수도원에서는 병원(ξενών)과 가난한 자들을 위한 호스텔(γηροκομεῖον)과 나병원이 서로 확연하게 분리된 채 운영되고 있었다.[49] 판토크라토르의 호스텔(게로코메이온) 정원은 24명이었으며, 일할 수 있는 자는 받아들이지 않았고 손발을 쓰지 못하는 지체 부자유자로서 일할 수 없는 사람만 선별해 수용했다. 단순 숙박 시설이 아니라 엄격한 의미에서 가난한 자들을 구제하는 구빈원(救貧院)이었던 것이다.

하지만, 헤라클리데스가 요약한 바실리오스의 설교에서 보듯(편지 150), 카이사레아의 구빈원은 걸인 행세를 하는 자들의 탐욕에 노출됐고, 이 때문에 지도자는 진실로 가난한 자와 그렇지 않은 자를 구별할 수 있는 능력을 갖춰야 했다. 카이사레아의 바실레이아스는 장차 분화되고 특화될 미래적 의료복지 콤플렉스의 아련한 모태로서 남아 있을 뿐이다.

이런 이유로 콘스탄텔로스(D. J. Constantelos)가 카이사레아의 바실레이아스를 크세논(Xenones-Hospices)이나 프토케이아(Ptocheia)가 아니라 'Hospitals'로 분류한 것을 수긍하기 어렵다.[50] 또 콘스탄텔로스는 4-15세기 비잔틴의 박애 기관들을 연구한 역작에서 'Hospitals,' 'Xenones-Hospices,' 'Ptocheia'

로 분류해 설명함으로써 그 구별이 모호하고 불분명한 빈민 보호기관들이 시작부터 분화돼 출발한 것으로 설명하는 일반화의 오류를 범했다.[51]

유사한 실수는 밀러의 책에서도 발견된다. 밀러는 'Hospitals'이란 개념을 너무나 폭넓게 적용해 4세기의 크세노도케이온이나 프로토코트로페이온은 물론 아스클레피에이온에도 적용했다.[52] 하지만, 의사(οἱ ἰατρεύοντοι)의 존재가 언급된다는 이유만으로 카이사레아의 바실레이아스가 Hospital(병원)이라면, 그리스-로마 세계에 있었던 의사의 진료소(iatreion)도 병원이라는 궤변이 성립된다.

호든(P. Horden)은 초기 비잔틴의 빈민 보호 시설들을 '병원'으로 칭하는 이런 경향에 강한 의문을 제기하면서 간호(caring)가 아니라 치료(how medicalised)에 초점을 맞춰 연구를 진행했다. 그런데, 호든조차도 자신의 연구 결론 부분에 이르러 바실레이아스를 "분명하게 의료적 치료를 목적으로 한 최초의 비잔틴병원"이라고 언급한다.[53]

바실레이아스는 호스텔 기능과 구호 기능과 의료적 기능이 복합됐던 기관이며, 그 무게중심은 의학적 치료가 아니라 호스텔과 구호 기능으로 기울어 있었다. 현대적 개념의 병원(Hospital)이 7세기 이전 비잔틴 문헌에 존재한다는 추론을 가능케 하는 분명한 증거는 어디에서도 찾을 수 없다.

3. 4세기 후반에서 5세기 중반까지의 기타 기독교적 병원들

1) 콘스탄티노플의 병원들[54]

마라토니오스는 콘스탄티노플 구빈원과 수도원의 선구자적 인물이었고 그에 대해서 소조메노스가 소개한 짤막한 기록을 앞서 인용한 바 있다.[55] 테오도시우스 황제의 황후 플라킬라는 380년대 초반 콘스탄티노플의 보호 시설들(καταγωγαί)에서 "사지가 온전하지 못한 자들"(πεπηρώμενοι)과 "나환자들"(λελωβήμενοι)을 손수 돌보기도 하고, 행려자와 낯선 자를 위해 "교회들이 세운 호스텔을 다니며"(των ἐκκλησιῶν τους ξενῶνας πορίζουσα) 식탁을 차려줬다.[56]

황제의 부인이 걸인들을 손수 돌보았다는 서술은 굶주리고 헐벗고 고통당하는 자들을 맞이해 돕는 것이 곧 그리스도를 돕는 것이라는 마태복음 25:35 이하의 말씀을 4세기 말의 기독교 세계가 얼마나 헌신적으로 받들었는지를 실증해 준다.

피터 브라운은 황제의 부인이 행려병자들을 시중든 행위를 '성육신의 역설'에 빗대어서 탁월하게 설명한 바 있다.[57] 성육신이 역설인 것은 우주의 통치자요 만유의 주님이신 그리스도가 썩어질 인간의 육체를 입고 마치 '거지'처럼 가난하게 됐기 때문이다. 반세기 전 콘스탄티누스 황제 시대에 카이사레아의 에우세비오스가 제시한 정치 신학의 구도는 비잔틴 세계의 표준적인 정치 신학으로 자리매김 됐다.

정치 신학에 따르면, 황제는 우주의 통치자이신 그리스도로부터 지상의 거민을 통치하는 권위를 위임받는다. 테오도시우스 1세 시대의 궁전에서는 황제에게 특별한 은혜를 입은 관료들만이 앞으로 나와 곤룡포의 가장자리에 입을 맞췄다. 황실 예식에서 시각화된 황제와 관료들의 존재론적 간격은 정치 신학적으로 정당화됐다.[58]

그러나, 황실이 영광의 자리만을 고집할 수는 없었다. 이 시대의 설교가들이 강조하던 성육신의 역설은 영광의 자리를 버리고 스스로를 낮추도록 요청했기 때문이다. 황실은 "자기를 비어 종의 모습을 취하시고 … (썩을 육신을 입기까지) 자기를 낮추신"(빌 2.7-8) 하나님의 아들의 역설을 본받아야 했다.

성육신의 역설을 테오도시우스의 황실에서 구현했던 인물은 플라킬라였다. 황후는 사지가 온전하지 못한 지체 부자유자들과 얼굴로 알아볼 수 없고 이름으로만 확인이 가능한 나환자들을 위해 손수 식탁을 차렸다. 황제와 황후는 한 몸인데, 황제가 그리스도의 대리자라면, 가난하고 고통당하는 자들을 몸소 돕는 황후의 헌신은 그리스도의 낮아지심을 시공간적으로 재현하는 신학적인 드라마라고 할 수 있다.

황후 플라킬라가 그리스도의 낮아지심을 재현할 수 있었던 공간의 기원은 한세대 전의 뿌리로 거슬러 올라간다. 그것은 350년대에 콘스탄티노플의 감독 마케도니오스와 부제 마라토니오스를 중심으로 한 수도자들이 뿌려 놓은 씨앗의 결과다. 전술했듯이 콘스탄티노플에 세워진 기독교적 자선 기관에 대한 정보가 보존되지 못한 것은 삼위일체 교리 논쟁의 결과였다.

360년 콘스탄티노플교회회의에서 마케도니오스가 파면된 이후에도 콘스탄티노플의 감독좌는 아리우스주의자들이 차지했다. 380년 12월 테오도시우스 황제가 콘스탄티노플에 입성한 이후에야 아리우스주의 감독 데모필로스가 감독좌를 박탈당하고 니케아파 정통주의 감독들이 등장하기 시작한다.

팔라디오스는 "콘스탄티누스의 도시(역주: 콘스탄티노플)에서는 주민 전체가 호스텔 책임자"라고 쓰고 있지만,[59] 4세기 중반과 후반의 호스텔에 대한 기록이 거의 전무한 것은 교리적 이단으로 정죄된 자들의 역사를 가리고자 했던 삼위일체 정통주의의 배타성에 기인한다.

설교를 통해 가난한 자들에 대한 도움을 독려했던 요안네스 크리소스토모스도 콘스탄티노플에 여러 개의 자선 기관을 설립한다.[60] 408년 『요안네스 크리소스토모스의 생애에 대한 대화』를 쓴 팔라디오스는 요안네스가 콘스탄티노플교회의 감독(397-403)으로 취임하자마자 재정 지출을 개혁하기 시작해 감독의 저택에 할당된 비용을 병원(τὸ νοσοκομεῖον)으로 이전할 것을 지시했다고 보도한다.[61]

'노소코메이온'(νοσοκομεῖον)이란 단어는 '병'을 뜻하는 'νόσος'와 '돌보다'란 의미의 'κομέω'를 합쳐 만든 합성어로 '병에 걸린 자를 돌보는 곳', 즉 문자 그대로 '병원'을 뜻한다. 408년 팔라디오스가 글을 쓸 당시 이 단어도 일반화됐다. 하지만, 12세기의 판토크라토르병원 같은 현대적 의미의 병원을 상상하는 것은 잘못일 것이다. 요안네스는 여러 개의 노소코메이온을 추가적으로 설립한다.

> (병원에 대한) 필요성이 컸기 때문에 그는 '여러 개의 병원'(πλείονα νοσοκομεῖα)을 설립하고 경건한 사제 중에서 두 명을 선택해 책임자로 세우고, 그들을 도울 의사들(ἰατροί)과 요리사들(μαγείροι)과 결혼하지 않은 자들 중에서 (뽑은) 선한 일꾼들(χρηστοί τῶν ἀγάμων ἐργάται)을 둬, 병에 걸

린 낯선 행려자들(ξένοι)을 돌보도록 했다. 이런 행위는 그 자체로 선할 뿐만 아니라 주님의 영광을 위해서도 선한 일이다.[62]

팔라디오스의 서술은 아쉽게도 간략하게 그쳤지만 예외적으로 중요한 정보를 제공한다. 요안네스는 여러 개의 병원을 설립한 다음에 두 명의 사제를 책임자로 세우면서 이들을 도와주도록 "의사들과 요리사들과 결혼하지 않은 선한 일꾼들"을 뒀다.

빈민 보호 시설에서 일하는 '의사들'의 존재가 바실리오스의 94번 편지에 이어 두 번째로 언급된다. '결혼하지 않은 선한 일꾼들'은 수도적 삶을 선택한 자들 중에서 엄선한 간호자들을 의미할 것이다. 의사들과 요리사들은 12세기 판토크라토르 티피콘에 제시된 것처럼 유급으로 일했을 것이다.

여러 개의 노소코메이온을 세운 요안네스이지만 몸을 돌보는 것과 영혼을 돌보는 것을 혼동하지는 않았다. 팔라디오스가 기록한 대화에서 요안네스는 이 둘 사이의 위계질서를 길게 설명한다.[63] 요안네스를 따르면, 가난하고 병든 자들을 맞아들여 돌보는 것이 중요한 이유는 그런 환대가 하나님의 천사를 맞이하는 것이요 그리스도를 맞이하는 것이기 때문이다.

하지만, 주린 자를 먹여주는 자보다는 영혼에서 무지를 제거하는 자를 더 존경해야 한다. 먹고 마시다가 내일 죽을 것이다(고전 15.32). 회개하면서 뒤집어쓰는 재가 빵이 돼야 하고 흘리는 눈물이 음료가 돼야 한다(시 101.10).

2) 알렉산드리아의 기독교적 병원들[64]

4세기 후반에서 5세기 초반까지 알렉산드리아교회가 운영하던 병원에 대해서는 간접적인 정보만 남아 있다. 황제 테오도시우스 1세(379-395) 시절에 사제 이시도로스가 알렉산드리아교회가 운영하던 호스텔병원의 책임자(ξενοδόχος)였다.[65] 호스텔병원 기부금 문제를 놓고 사제 이시도로스와 알렉산드리아의 감독 테오필로스 사이에 커다란 갈등이 생긴다.[66]

어떤 귀부인이 이시도로스에게 금화 1천 솔리두스(solidus)의 거금을 기부하면서 알렉산드리아의 가난한 여자들을 옷 입히는 데에 사용할 것을 부탁한다. 이 귀부인은 건축광(λιθομανία)이었던 테오필로스가 자신의 기부금을 건물 신축에 낭비할까 염려했기 때문에 이시도로스에게 맹세를 요구했다. 이시도로스는 맹세 후 거액의 기부금을 받아 "걸인과 과부"를 돕는 데에 사용했다.

후에 이 사실을 알게 된 테오필로스는 격노했고 이시도로스가 남색을 했다는 죄목을 꾸며낸다. 위협을 느낀 이시도로스는 수도자들이 살던 니트리아의 산으로 도망간다. 이 사건은 4세기 말에서 5세기 초반 동방을 뒤흔든 소위 '오리게네스 논쟁'의 출발점이었다.

이 일화는 알렉산드리아교회의 빈민 보호 시설의 구빈 기능을 보여주지만 의료 인력의 존재에 대해서는 알려주는 바가 없다. 테오필로스처럼 가난한 자들을 위해 재원을 사용하는 것에 대해 곱지 않은 시선을 보내던 인물들도 존재했다. 앞서 살펴본 바실리오스의 편지 94번에서도 확인되는 바다.

2009년에 개봉된 알레한드로 아메나바르 감독의 영화 '아고라'(agora)는

4세기 말 테오필로스 시절의 알렉산드리아교회의 호스텔병원을 부분적으로 영상화 해 놨다.[67] '아고라'에 나오는 호스텔병원은 일을 할 수 없거나 질병에 걸린 남루한 차림의 사람들로 가득 차 있었다. 알렉산드리아교회의 하급 성직자들로서 남자 간호사들이었던 파라발라니(Parabalani)들은 구빈병원에 빼곡하게 자리 잡고 있는 자들을 돌보아주기도 하고 그들에게 빵을 나눠 주기도 한다.

'아고라'는 호스텔병원의 의료적 기능에 대해서는 단 한 장면도 할애하지 않았지만 알렉산드리아교회의 규모를 생각한다면, 콘스탄티노플의 요안네스가 세웠던 병원처럼 의사들이 존재했을 것이고 일정 부분 의료적 돌봄이 제공됐을 것이다. '아고라'는 4세기 기독교적 병원을 짧게라도 영상으로 재현한 유일한 영화다.

한편, 테오도시우스 2세가 공포한 법 중에 알렉산드리아교회에 소속된 간호원 숫자를 제한하는 법이 있다. 416년 9월 29일 공포한 칙법(勅法)에 따르면, "파라발라니(Parabalani)라고 부르는 자들은 5백 명을 넘을 수 없다"(Codex Theodosianus=CTh 16.2.42).[68]

2년 뒤인 418년 2월 3일 테오도시우스가 공포한 칙법에는 '파라발라니'에 대한 정의가 나온다(CTh 16.2.43 = CJ 1.3.18, CJ=Codex Justinianus). 이 법에 따르면, "파라발라니는 지체 부자유자들의 아픈 몸을 돌보도록 임명된 자들"이다.[69] 418년 칙법은 파라발라니를 1백 명 증원해 총 600명으로 할 수 있도록 규정한다.

파라발라니는 알렉산드리아교회가 운영하던 호스텔병원 소속의 남자 간호원들로서 수도자들이었고 주된 임무는 병자와 지체 부자유자들을 목욕시키는 일이었다.[70] 파라발라누스(parabalanus)란 용어는 목욕탕의 소년들을 가리키는 낱말 'balaneus'를 어원으로 만들어졌다.

고대 그리스와 로마의 의학은 환자들의 증상에 따라 냉수욕과 온욕을 처방했는데, 416년에 법으로 정한 5백 명의 파라발라니로는 알렉산드리아 호스텔병원 환자들을 목욕시키기가 벅찼던 것으로 보인다.[71] 이는 당시 지중해 세계의 메트로폴리스였던 알렉산드리아의 호스텔병원에 많은 수의 환자들이 존재했음을 짐작케 해주는 지표가 된다.

마카리오스(Makarios)라는 수도자는 알렉산드리아에서 나병원을 운영했다. 그에 대한 기록을 남긴 팔라디오스는 마카리오스를 가리켜 "나병에 걸린 자들을 위한 '구빈병원'의 운영자"(ἀφηγούμενος τοῦ πτωχείου τῶν λελωβημένων)라고 쓴다.[72] '프토케이온'(πτωχεῖον)은 '프토코트로페이온'(πτωχοτροφεῖον)을 줄여서 표현한 것이다.

팔라디오스는 마카리오스가 알렉산드리아의 부유한 여인에게서 기부금을 받아 나병원을 위해 사용하는 일화를 소개한다. 마카리오스는 거부이자 수전노인 여인에게 가서 최상급의 보석을 사라고 제안하면서 5백 솔리두스를 선금으로 받아온다. 마카리오스가 보석을 가져오지 않자 여인은 그를 다그쳐서 보석을 보여 달라고 한다.

마카리오스는 여인을 나병원으로 데리고 갔다. 한센병 환자들을 위한 '구빈병원'(τὸ πτωχεῖον)은 2층 구조였다. 1층에는 남자 환자들이 수용됐고 2층은 여자 환자들을 위한 공간이었다. "여자 환자들은 손가락과 발가락이 잘려나가고 얼굴이 일그러져 있었다"(ἠκρωτηριασμένας γυναῖκας λελωβημένας ὄψεις ἐχούσας).[73]

마카리오스는 여자 환자들을 보여주면서 "여기 히아신스가 있다!"고 외치고, 다시 남자 환자들을 보여주면서 "여기 에메랄드가 있다!"고 외친다.

"이들이 마음에 들지 않는다면 당신의 돈을 갖고 가라"는 마카리오스의 말에 여인은 "깊이 슬퍼하며 떠난다."

마태복음 19:21-22절에 등장하는 부자 청년의 모습을 떠오르게 하는 이 일화에는 의료 인력이 언급돼 있지 않다. 마카리오스의 나병원은 알렉산드리아교회가 아니라 마카리오스 개인이 설립해 운영하는 나병원이었을 것이다.

'크세노도케이온'은 호스텔병원일 수도 있지만 전통적인 호스텔에 가까운 자선 기관일 수도 있다. 이집트 사막의 수도자 이삭은 150명의 제자들을 거느리고 있었는데, 사막 한 가운데에 순례자들을 위한 '크세노도케이온'(ξενοδοχεῖον)을 설립했다.[74] 이 경우 '호스텔병원' 보다는 '호스텔'로 번역하는 것이 타당하다.

5세기 중반 팔레스티나의 사막 지역에 살던 수도자 테오도시우스도 순례자들을 위한 '호스텔'(ξενοδοχεῖον)을 세웠다.[75] 적어도 성지로 가는 교통의 요충지에 세워진 보호 시설은 일반적으로 전통적인 '호스텔' 기능에 더욱 충실했다.

3) 도시 로마와 근교에 설립된 병원들[76]

로마 파비아(Fabia) 가문의 귀족 여성인 파비올라(Fabiola)는 390년경 로마에 구빈병원(nosokomium)을 설립해 운영했다.[77] 파비올라는 친지들의 만류에도 불구하고 395년 베들레헴으로 떠난다. 이 당시 베들레헴에는 히에로니무스(제롬)와 파울라가 수도원을 설립해 살고 있었다. 파비올라는 베들레헴에서 몇 년을 보낸 뒤 로마로 돌아와 399년 12월 세상을 떠난다.

히에로니무스는 400년경 오케아누스에게 보내는 자신의 편지에서 파비올라의 삶을 간략하게 이야기한다.[78] 파비올라의 첫 번째 남편은 바람둥이였다. 하지만, 로마법상 여노(女奴), 창녀, 무희, 가수 등 신분이 천한 여자와 성관계를 갖는 것은 범죄가 아니었다.[79] 파비올라의 첫 번째 남편은 이런 천한 여성들을 침실로 끌어들이기까지 했다.

파비올라의 선택은 첫 번째 남편과의 이혼이었고 이후 두 번째 혼인을 택하게 된다. 당시 교회법은 첫 번째 남편이 사망하기 전에 재혼하는 것을 금했기 때문에 파비올라는 교회법을 어기게 됐다. 그런데, 두 번째 남편이 곧 세상을 떠났고 파비올라는 로마의 라테란 바실리카에서 참회하게 된다.

이후 파비올라는 자신의 재산을 털어 로마에 가난하고 병든 사람들을 위한 구빈병원을 설립한다. 파비올라가 갑자기 세상을 떠난 뒤 히에로니무스는 오케아누스에게 파비올라의 죽음을 애도하는 편지를 보낸다. 그 편지에서 히에로니무스는 파비올라의 자선에 대한 기록을 남겨 놨다.

(6) 파비올라는 (두 번 째 남편이 죽은 이후) 옛 방식의 삶으로 되돌아가는 대신 재산 중 ― 재산은 어마어마한 규모였고 그녀의 지위에 합당한 것이었다 ― 손댈 수 있는 모든 것을 깨트려 처분해 돈으로 바꾼 후 가난한 자들을 위해 내어놓았다(cf. 마 19:21). 파비올라는 (로마에) 첫 번째로 병원(νοσοκομεῖον, νοσοκομιυμ)을 설립했다. 그녀는 길거리로 나가 고통 받는 사람들을 모아 병원으로 불러들인 후 질병과 궁핍에 희생돼가는 불행한 자들을 간호해 줬다. 사람들이 앓고 있는 수많은 질병을 굳이 셀 필요가 있겠는가? 코에 구멍이 뚫리고, 눈이 뽑히고, 발이 절반쯤 불에 타들어가고,

손이 종양으로 뒤덮인 것에 대해 말할 필요가 있겠는가? 수종이 나고 오그라든 손에 대해서는? 벌레가 우글거리는 몸에 대해서는? 얼마나 자주 파비올라는 황달에 걸린 사람이나 오물로 뒤범벅된 사람들을 어깨에 짊어지고 날랐던가? 파비올라는 남자라도 눈뜨고 보기 어려운 상처를 깨끗하게 닦아내곤 했다. 그녀는 가냘픈 숨결만이 남아 있는 죽어가는 자들의 입술에 물을 축여 줬다.

부유하고 헌신된 많은 자들이 이런 역겨운 장면을 보기가 힘들어 직접 도와주는 대신 돈을 주고 다른 사람을 통해서 자선을 행하고 있음을 나는 알고 있다. 나는 그들을 책망하지 않으며 그들의 약한 결심을 믿음의 결핍이라고 해석하고 싶지 않다. 오히려 나는 그런 약함을 용서하면서, 위대한 영혼의 뜨거운 열심을 하늘에 대고 찬양할 것이다. 그러나, 자주색 옷을 입은 부유한 자들의 거만함이 거지 나사로를 돕지 않은 것에 대해 얼마나 가혹한 징벌을 받을 것인가는 분명하다. 우리가 멸시하는 가난하고 가엾은 사람들, 우리가 쳐다 볼 수조차 없는 사람들도 우리와 같은 인간이며 우리와 같이 진흙으로 만들어졌고 같은 요소로 빚어졌다. 그들이 당하는 모든 고통을 우리 역시 당할 수 있다. 그러니 그들의 상처가 우리 자신의 상처인 것처럼 바라보자. 그러면 우리가 우리 스스로를 동정하면서도 타인의 고통에 대해서 무관심한 이중성이 사라질 것이다. 백 개의 혀나 동(銅)으로 된 목구멍으로도 병에 걸린 모습을 낱낱이 말할 수 없으리.

파비올라는 고통 받는 가난한 자들의 병을 너무나 훌륭하게 완화시켰으므로 수많은 건강한 자들이 병자들을 시기하게 됐다. 하지만 그녀는 성직자와 수도자와 동정녀에게도 동일한 너그러움을 보여 줬다. 파비올라가 자신의 부(富)로써 돕지 않았던 수도원이 있던가. 헐벗거나 몸져누운 자 중 그녀가 제공한 옷을 입지 않은 자가 있던가. 궁핍한 자에게 필요한 것을 머뭇거리지 않고 즉시 제공하지 않은 적이 있던가. 그녀의 자선에는 로마조차도 좁았다. 이 섬에서 저 섬으로 파비올라 자신이 직접 가기도 했고 존경받고 신망할 만한 사람들을 보내기도 하면서, 에트루리아 바다뿐 아니라 볼스키족이 사는 구역까지 그녀는 호의를 실어 날랐다. 그런 곳에는 외지고 구불구불한 해변을 따라 수도자들의 공동체가 있었다.

(7) 그런데 파비올라는 모든 친지들이 반대했지만 갑작스럽게 결심을 한 뒤 배를 타고 예루살렘으로 왔다. 수많은 사람들이 예루살렘에서 그녀를 환영했고 그녀는 잠시 동안 나의 환대를 받았다.

(8) … 나는 위대한 여성에게 합당한 거처를 찾고 있었다. 파비올라가 은수적(隱修的) 삶에 대해 갖고 있던 개념 속에는 마리아가 묵었던 여관 같은 장소도 들어 있었다. 하지만 갑작스럽게 여기저기서 전령들이 몰려들었고 동방 전체가 공포에 휩싸였다. 훈족의 무리가 마에오티스로부터 사방에서 쏟아져 들어온다는 소식이 당도했던 것이다. … 대개는 침략자들이 노리는 곳이 예루살렘이라고 받아들이고 있었다. 침략자들은 금을 갖고자 열망했기에 이 특별한 도시에 집착했다. 평화로운 시대에 성벽을 방치했기 때문에 보수를 시작했다. 안티오키아는 포위 됐다 … 바로 그 때에 우리들 사이의 의견이 일치하지 않았다. 갈등 때문에 야만족과의 전투는 그림자 속으로 자취를 감췄다. 나는 오랫동안 거주하던 동방을 고수했고 성지에 대한 뿌리 깊은 사랑을 저버릴 수 없었다. 이 도시 저 도시로 옮겨 다니는 데

에 익숙할 뿐 아니라 여행 가방에 든 것 외에 아무 것도 없던 파비올라는 고향으로 돌아갔다.[80] 예전 자신의 집에 수많은 손님을 맞아들였던 파비올라는 한 때 부유하게 살았던 그 곳에서 가난하기 살기 위해, 다른 사람의 집에서 살기 위해, 재산을 처분한 뒤 얻은 수입을 로마 사람들의 눈앞에서 가난한 자들에게 주기 위해 로마로 돌아갔던 것이다.

(9) 나는 단지 이 점만을 슬퍼한다. 파비올라가 떠남으로 성스러운 땅은 연인의 목걸이를 잃어버린 것 같은 처지가 됐다. 하지만 로마는 이전에 상실했던 것을 되찾았다. 악의적이고 비방을 일삼는 불신자들의 혀는 자신들의 눈으로 보는 것에 의해 틀렸음이 입증됐다. 그 외의 다른 사람들은 그녀에게 있는 불쌍히 여기는 마음과 겸손과 믿음을 칭찬한다. 나로서는 그녀에게 있는 영혼의 열정을 찬양할 것이다. 나는 젊었을 때 헬리오도로스에게 편지를 써서 은수자의 삶을 강권했다. 파비올라는 그 편지를 다 외우고 있다. 그녀는 로마의 성벽을 바라볼 때마다 감옥에 갇혀 있는 것 같다고 했다. 그녀는 자연적 성별도 잊어버리고 약점에도 무심한 채 오로지 홀로이기를 원했다. 그녀는 자신의 영혼이 머무는 바로 그곳에 실로 존재했다. 친구들의 조언도 그녀를 붙잡을 수 없었다. 소망이 너무나 강렬했기에 마치 속박의 장소인 양 로마를 훌쩍 떠나버렸다. 파비올라는 자선을 베푸는 것을 다른 사람의 손에 맡기지 않고 자신이 직접 나눠 줬다. 그녀의 바람은 가난한 자들에게 공평하게 재물을 나눠 준 뒤 그리스도를 위해 다른 사람들로부터 지원 받는 것이었다. 그녀는 그런 소망으로 갈급해 했고 그것이 늦춰 지는 것을 참지 못했다. 그대(오케아누스) 역시 그녀가 세상을 떠나기 전날에도 그런 소망으로 갈급했음을 알고 있다. 파비올라는 늘 준비

돼 있었고 또 준비된 채로 죽음을 맞이했다.[81]

히에로니무스는 파비올라가 로마에서 사상 최초로 호스텔병원을 세운 자라고 언급하며, 파비올라의 활동에 대해 구체적으로 설명했다. 오케아누스에게 보내는 편지에서 밝혔듯 파비올라는 베들레헴에 가서 체류한 적이 있기 때문에 히에로니무스는 그 누구보다도 파비올라의 자선 활동에 대해서 상세한 정보를 갖고 있었을 것이다.

하지만, 히에로니무스는 파비올라가 세운 구빈병원의 의료진이나 의료 시설에 대해서는 단 한 줄도 기록하지 않았다. 4-5세기 기독교 보호 시설에 대한 기록에서 의료 활동에 대한 언급을 찾아보기 힘든 것과 마찬가지이다.

대신 히에로니무스는 파비올라가 귀족 신분임에도 불구하고 가난한 자를 위해 헌신했다는 점을 강조한다. "손댈 수 있는 모든 것을 깨트려 처분해 돈으로 바꾼 후 가난한 자들을 위해 내어놓았다." 파비올라의 선택은 단순히 가난한 자들에게 재산을 분배하는 것이 아니라 병원(nosokomium)을 세우는 것이었다. 히에로니무스는 파비올라가 병원을 세운 뒤 온갖 종류의 가난한 병자들을 손수 돌보았다는 점을 강조한다. 로마 귀족 가문의 귀부인 파비올라가 엄청난 규모의 재산을 처분해 가난한 자들을 몸소 보살핀 것은 복음의 이상(마 25.35-40)에 따라 살기 위함이었다. "그녀는 길거리로 나가 고통 받는 사람들을 모아 병원으로 불러들인 후 질병과 궁핍에 희생돼가는 불행한 자들을 간호해 줬다." "부유하고 헌신된 많은 자들이 이런 역겨운 장면을 보기가 힘들어 직접 도와주는 대신 돈을 주고 다른 사람을 통해서 자선을 행하고 있지만," "파비올라는 남자라도 눈뜨고 보기 어려운 상처를 깨끗하게 닦아내곤 했다." 궁극적으로 파비올라의 바람은 "가난한 자들에게 공평하게 재물을 나눠 준 뒤 그리스도를 위해 다른 사람들로부터 지원 받는 것이었다." 파비올라의 생애는 그 시대의 거울이다. 복음적 가난(마 19:21)과 사회적 약자를 도와야 한다(마 25:35)는 그리스도의 명령에 심취해 손수 호스텔병원을 세우고 직접 환자를 돌보는 귀족 여성의 예를 제공한다는 점에서 그렇다.

히에로니무스는 같은 편지에서 파울리나의 남편 팜마키우스와 파비올라가 협력해 포르투스(Portus)에 호스텔병원(xenodochium)을 설립했다고 언급한다. 그 대목을 인용하면 다음과 같다.

파비올라에 대해서 글을 쓰는 동안 불현 듯 내가 사랑하는 팜마키우스가 눈앞에 떠오른다. 그의 아내 파울리나는 영면에 들어갔지만 그는 깨어 기도하고 있을 것이다. 파울리나는 남편에 앞서 떠났고 남아 있던 그는 그리스도의 종이 됐다. 팜마키우스는 그의 아내 파울리나의 상속자였지만, 지금은 가난한 자들이 팜마키우스의 상속자가 됐다. 팜마키우스와 파비올라는 포르투스(Portus)에 아브라함의 장막과 같은 것을 세우기 위해 애썼다. 둘 사이에 일어난 경쟁은 자비로움에서 앞서기 위한 것이었다. 둘 모두 지고 둘 모두 이겼다. 두 사람이 승자인 동시에 패자임을 인정한 건 홀로 하고자 열망했던 것을 두 사람이 함께 이뤘기 때문이다. 그들은 둘 모두의 재원을 합하고 계획을 같이 모아 협력해 무(無)로 돌아갈 경쟁 대신 조화를 이뤄냈다. 계획을 세우자마자 실행에 옮겼다. 집을 한 채 구입해 보호시설로 사용하자 사람들이 떼로 몰려들었다. '야곱에겐 더 이상 고생이 없고 이스라엘에는 더 이상 괴로움이 없다'(민 23:21, 70인역). 바다는 여행객을 실어 날랐고 육지에 도달한 여행객은 여기에서 환영받았다. 여행객들은 출항하기 전에 온화한 해변을 만끽하기 위해 서둘러 로마를 떠났다. 푸블리우스가 사도 바울과 배 한 척의 선원들을 위해서 했던 것을(행 28.7) 파비올라와 팜마키우스는 수많은 사람들을 위해서 수없이 반복했다. 그들은 빈곤한 자들의 필요를 채워주는 데서 그치지 않았다. 그들이 베푸는 후함은 넉넉한 것이어서 이미 무언가를 소유한 사람들에게도 돈을 나눠 줬다. 온 세상은 낯선 자들을 위한 집(xenodocium)이 포르투스에 세워진 걸 알고 있다. 이집트와 파르티아가 봄에 알게 된 것을 영국은 여름에 알았다.

　로마 원로원 의원 중에서도 유명한 인물이었던 팜마키우스는 파울라의 두 번째 딸 파울리나와 385년 결혼했다. 파울리나의 결혼 직전 어머니 파울라는 예루살렘으로 가는 배에 오른다.[82] 그런데, 395년 사랑했던 파울리나가 세상을 떠나자 397년 팜마키우스는 로마 원로원 의원 중에서 사상 처음으로 수도자가 됐고 이로부터 얼마 지나지 않은 397-398년경 파비올라와 협력해 포르투스에 호스텔병원을 세운다.[83] 팜마키우스는 히에로니무스가 로마에 체류할 때 사귐을 가졌고 이후 히에로니무스가 베들레헴에 체류하면서 쓴 많은 수의 작품들이 팜마키우스에게 헌정됐다. 히에로니무스가 로마에 보낸 다수의 작품은 팜마키우스의 손을 통해 세간에 알려지게 됐다.[84]
　위에 인용한 부분에서 히에로니무스는 팜마키우스와 파비올라가 함께 협력해 호스텔병원을 세우는 과정을 간단하게 언급했다. 파비올라가 먼저 시작한 자선 사업에 팜마키우스도 동참하기 시작했다. 둘은 각각 자신의 재원으로 자선 사업을 했으나 곧 협력을 시작했고 포르투스에 호스텔병원(xenodochium)을 세우기로 한다.

계획을 세우자마자 두 사람은 포르투스에 있는 집을 한 채 구입해서 호스텔병원으로 개조했다. 해로를 통해 로마로 들어가는 자들이나 로마에서 뱃길을 이용해 다른 곳으로 가려는 여행객들이 포르투스의 호스텔병원을 이용했다. 그런데, 히에로니무스는 파비올라가 설립한 로마의 구빈병원에 대해 쓸 때처럼 이번에도 포르투스의 의료 활동에 대해 침묵한다.

포르투스에 호스텔병원이 설립된 지 얼마 후 히에로니무스는 베들레헴에서 그 소식을 듣고 팜마키우스에게 편지를 보낸다. 이 편지는 히에로니무스의 서간집에서 66번 편지로 분류됐는데, 포르투스의 호스텔병원이 언급됐다.

> 나는 그대가 포르투스에 호스텔병원(xenodochium)을 세웠다는 것과 아브라함의 나무에서 잔가지를 취해 아우소니아 해변에다가 심었다는 것을 들었습니다. 그대는 내가 살고 있는 작은 마을 베들레헴에 견줄만한 음식의 집을 지을 수 있습니다. 그리고 오랜 여행으로 고생한 여행객들을 예기치 못한 풍성함으로 만족시켜 줄 수 있을 것입니다.[85]

하지만, 히에로니무스가 이 편지를 쓸 때만 해도 파비올라와 협력했다는 사실을 아직 모르고 있었던 것 같다. 66번 편지 전반은 2년 전 세상을 떠난 팜마키우스의 부인 파울리나와 그녀의 두 누이인 블레실라와 에우스토키움, 파울리나의 어머니 파울라 등 가족의 자선과 경건을 주제로 한다. 히에로니무스는 "고통 받는 사람들 속에서 팜마키우스가 그리스도를

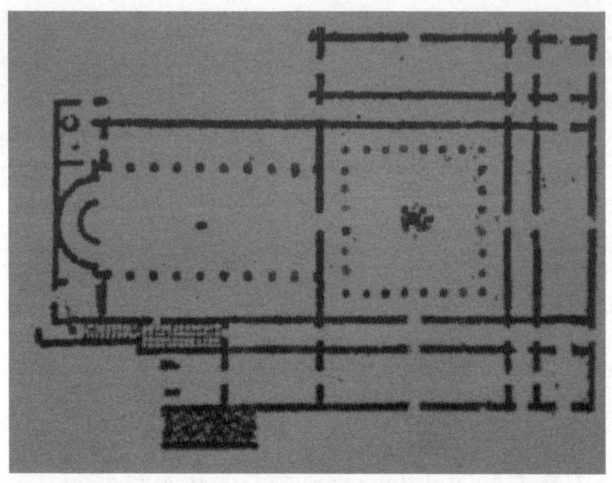

<도판 16. 팜마키우스와 파비올라가 세운 포르투스의 호스텔 병원의 단면도>

섬기고 있다"고 쓰지만 이 편지에도 포르투스의 호스텔병원에 대한 구체적인 내용은 전혀 언급되지 않는다. 나아가, 히에로니무스 자신도 베들레헴에 수도원과 순례자를 위한 호스텔병원을 짓고 있는 중이라고 짧막하게 언급한다.[86]

프로팅햄(Frothingham)은 1908년 기독교 로마 시대에 세워진 건물에 대해 고고학적 연구를 종합한 책을 출판하면서 팜마키우스와 파비올라가 포르투스에 세웠던 호스텔병원에 대해서 간략하게 분석했다.[87] 프로팅햄에 따르면, 포르투스의 호스텔병원은 예배당과 결합돼 있는 독특한 구조의 건물이었다(도판 16).[88] 398년 팜마키우스가 이 호스텔병원을 세울 때에 로마의 감독 시리키우스가 적극적으로 후원했을 것이다.

정사각형 구조의 회랑과 바실리카 예배당이 건물의 중심에 자리했다. 그리고 그 바깥쪽으로 환자와 빈자를 위한 방들과 홀들이 있었다. 바실리카는 예배를 위한 공간이었는데, 신랑(身廊)과 두 개의 회랑(回廊)이 교각형 기둥으로 분리돼 있는 점이 특이하다. 바실리카를 제외한 나머지 공간은 호스텔병원으로 사용됐을 것이다. 프로팅햄은 호스텔병원의 도면을 제시하면서 크기를 정확하게 표시해 놓지 않았지만, 호스텔병원의 총면적은 바실리카의 두 배 정도가 된다.

히에로니무스의 편지는 로마제국의 서방에서 구빈병원과 호스텔병원이 어떤 차이점을 갖는지를 드러내 준다는 점에서 중요하다. 파비올라는 도시 로마에 구빈병원(nosokomeion)을 설립해 가난하고 병든 자들을 돌보았고, 팜마키우스와 파비올라가 함께 세운 포르투스의 호스텔병원(xenodochium)은 특별히 여행객을 위한 휴식의 장소였다. 이런 예는 여정의 주요 길목에 구빈병원이 아니라 호스텔병원이 세워질 수 있음을 보여준다.

히에로니무스는 포르투스의 호스텔병원에 예배당이 있다는 언급은 하지 않았지만 프로팅햄은 호스텔병원의 도면을 설명하면서 바실리카 구조물이 교회 이외의 다른 목적으로 사용될 수 없음을 분명히 했다. 카이사레아의 바실레이아스가 가운데에 자리 잡은 교회를 중심으로 여러 시설들이 자리한 복합 콤플렉스였던 것과 유사하게, 포르투스의 복합 건물 역시 방들과 홀들이 교회를 감싸고 있는 구조이다. 카이사레아 교회의 감독 바실리오스가 프로토크트로페이온에 와서 일상적으로 강론했듯, 포르투스의 크세노도케이온에 있던 교회도 여행자들에게 영적인 양식을 공급하는 공간으로 사용됐을 것이다.

4세기 말경에서 5세기 초반 무렵 저자에 따라서 구빈병원(노소코메이온)과 호스텔병원(크세노도케이온)을 구별하려는 시도가 생겨난다. 히에로니무스와 팔라디오스의 경우가 그러하며, 5세기 중반의 교회 역사가 소조메노스가 콘스탄티노플의 노소코메이온과 크세노도케이온에 대해서 설명한 부분도 그러하다. 하지만, 전체적으로 봐 비잔틴 사료에서 노소코메이온과 크세노도케이온을 명확하게 구별하는 것은 거의 불가능하다는 점을 염두에 둬야 한다.

4) 안티오키아, 에페수스, 예루살렘, 시리아 지역, 카르타고의 기독교적 병원들

4세기 말 요안네스 크리소스토모스가 안티오키아의 사제로 활동하던 때에 이미 안티오키아교회는 호스텔병원을 운영해 환자들과 '마트리쿨라'(Matricula)라고 불리던 가난한 자들을 돌봤다.[89] 5세기 초반 에페수스교회의 사제 브라시아노스(Brassianos)는 80개의 침대를 갖춘 호스텔병원을 설립했다.[90]

브라시아노스는 451년 칼케돈교회회의에 에페수스교회의 감독으로 참여했다. 또, 5세기 중반 예루살렘 근처에 대(大) 라우라(Laura)를 세운 사바스(Sabas)는 자신의 수도원 부근에 호스텔병원을 세웠다. 이소리아 출신의 두 형제 테오둘로스와 겔라시오스가 복합 콤플렉스를 설계했다.[91]

소조메노스는 시리아의 에프렘이 에데사에 세운 임시 보호 시설에 대해서 언급한다. 372년경 에데사에 극심한 가뭄이 닥쳐 사람들이 굶주림으로 고통 받을 때에 어떤 부유한 인물이 에프렘에게 거액을 기부했다. 에프렘은 이 금액으로 공공 건물의 주랑에 3백 개의 침상을 놓고 나그네와 지역 주민을 불문하고 굶주린 자들을 모아 보살핀다.[92] 기근이 끝난 후에 에프렘은 본래 수도하던 은수처로 돌아갔다. 에프렘이 설치한 보호 시설은

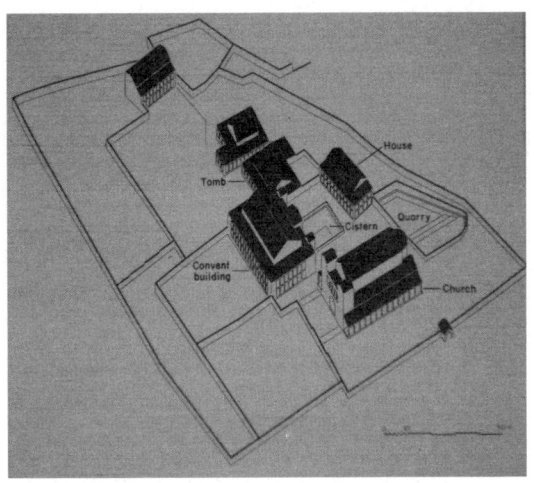

<도판 17. 475년경 시리아의 투르마닌(Turmanin) 수도원 복합 건물의 조감도>

별도로 마련된 공간이 아니라 공공장소에 임시로 마련된 시설인 것처럼 보인다.

도판 17은 475년경 시리아의 투르마닌에 세워진 수도원의 복합 건물의 조감도이다.[93] 투르마닌은 안티오키아에서 칼라트-시만(Qalat-Siman)으로 가는 간선도로에 있는 마을이었다. 칼라트-시만은 주상성인 시메온이 40년 동안 수도하던 유명한 장소였다.

시메온이 세상을 떠난 후 그가 수도 생활하던 나무 기둥을 중심으로 십자가 모양의 순교 기념당이 세워졌다. 순례자들은 시메온기념교회에 가기 위해서 투르마닌을 지났어야 했다. 담장이 둘러진 수도원 출입문을 들어서면, 바실리카형 예배당이 제일 먼저 눈에 들어온다. 바실리카교회 오른쪽에는 사제들을 위한 숙소가 마련됐다. 그 맞은편에 수도원 건물이 자리하고 있었다.

투르마닌수도원은 시메온기념교회로 가는 여정에 자리한 곳이므로 피곤에 지친 순례자들을 맞아들이는 호스텔병원을 갖고 있어야 했다. 병의 치유가 순례의 목적이기도 했으므로 순례자들 중에는 환자들도 있었고 수도원 내에는 약국도 있었을 것이다.

수도원의 왼편에는 수도원 묘지가 자리했다. 4세기 말 이후 성자 숭배의 영향으로 묘지는 교회와 수도원 공간 안으로 점차 들어오기 시작했고 470년경에 세워진 투르마닌수도원은 이런 경향을 반영한다. 투르마닌수도원의 담장 안쪽에는 두 개의 채석장이 있었다.

보다 큰 규모의 채석장은 교회와 사제 숙소의 바깥쪽에 자리하고 있고 작은 채석장은 수도원 건물과 사제 숙소 사이에 위치해 있다. 이 두 곳의 채석장에서 건축 및 보수에 필요한 석재를 얻었을 것이다. 수도원 앞의 채석장의 지하는 빗물 저장소로 사용됐다. 시리아 지역은 건조했으므로 겨울철에 내리는 빗물을 저장해 식수와 기타 생활용수로 사용했다.

비타의 빅토르(Victor of Vita)는 486년경 카르타고의 감독 데오그라티아스(Deogratias)가 반달족에게 사로잡힌 로마인들을 되사온 후에 그들을 카르타고에 있던 두 개의 바실리카에 수용하고 그 바실리카를 크세노도키아(xenodochia)로 변형했다고 쓰고 있다. 인용하면 다음과 같다.

"수많은 환자들이 있었다. 복된 감독(데오크라티아스)은 세심한 유모처럼 의사들을 데리고 그들을 항상 방문했다. 의사들은 환자들의 맥박을 짚었다. 감독은 각자의 필요에 따라 음식을 분배해 줬다. 밤이 되어도 감독은 자선의 일을 계속했고 이 병상에서 저 병상으로 계속 달리며 각 사람의 건강에 대해 물어봤다."[94]

4. 5세기 기독교적 병원의 분화

4세기에 호스텔병원(xenon)과 구빈병원(ptochotropheion)이 탄생한 이후 특수 목적의 기독교병원들도 5세기 중반 이후에 본격적으로 생겨난다. 나병원(癩病院, leprocomeion 혹은 keluphokomeion)은 나병 환자들을 위한 공간이었다. 나이가 많은 노인들을 수용하는 노인원(老人院, gerontokomeion or gerokomeia)도 있었고, 버려진 아이들이나 부모를 잃은 아이들을 수용하는 보육원(orphanotropheion)도 존재했다.[95]

하지만, 'leprocomeion,' 'gerontokomeion,' 'orphanotropheion' 같은 용어들이 4세기에는 확인되지 않는다. 나병원이나 노인병원, 보육원 등의 다양한 기독교 자선 기관의 탄생을 보도하는 자료는 대개 후대에 기록된 것이어서 전설적인 색체가 짙다.

예를 들어, 중세 비잔틴 말기 시대의 한 자료에 따르면, 4세기 콘스탄티누스 시대에 이미 두 개의 노인원이 존재한 것으로 보도한다.[96] 14세기 자료인 위(偽)코디노스(Pseudo-Codinos)에 따르면, 콘스탄티누스의 어머니 헬레나가 프사마티아라는 콘스탄티노플의 구역에 왕궁, 교회와 함께 노인원을 세웠다고 돼 있다.

하지만, 에우세비오스 등 콘스탄티누스 시대의 저자들이나 4-5세기 교회사가들은 콘스탄티누스가 세웠다고 하는 노인원에 대해서는 한마디도 언급한 적이 없기 때문에 '프사마티아 노인원'이 콘스탄티누스 시대에 세워진 것인지는 의문시 된다. 위(偽)코디노스(Pseudo-Codinos)에 따르면, 이 노인원은 14세기에도 여전히 '프사마티아 노인원'으로 불리고 있었다.

13세기에 살았던 연대기작가 키지코스의 테오도로스 스쿠타리오테스

(Theodoros Scutariotes)는 또 다른 노인원을 보도한다. 그의 보도에 따르면, 유프라타스라는 인물이 콘스탄티누스 시대에 로마에서 콘스탄티노플로 이주했다. 유프라타스는 곧 자신의 집을 노인원으로 사용했고 이것이 '유프라타 노인원'의 시작이었다. '유프라타 노인원'은 대규모였던 것으로 알려져 있고 13세기에도 여전히 존재하고 있었다.

나병원의 탄생도 전설에 싸여 있다. 『조티코스의 생애』에 따르면, 콘스탄티노플의 보스포러스 해협 맞은편에 있던 나병원은 4세기 콘스탄티누스 시대로 거슬러 올라간다.[97] 콘스탄티누스 황제와 그의 아들들의 시대에 나병이 콘스탄티노플에 번지게 됐다.

콘스탄티누스 황제는 나병을 치료할 방법도 전염을 막을 방법도 없었기에 모든 나병 환자들을 바다에 빠트려 익사시키라고 명령했다. 그런데, 로마 출신으로 콘스탄티노플에 정착했던 조티코스는 나병 환자들을 불쌍히 여겨 콘스탄티노플의 보스포러스 맞은편 언덕 '엘라이오네스'에 텐트를 설치해 나병 환자들을 수용하는 병원을 만들었다.

『조티코스의 생애』에 따르면, 콘스탄티누스 황제가 죽고 아들들이 왕위를 계승한 이후 콘스탄티우스 2세의 딸 중 하나가 나병에 걸리게 됐다. 황제는 딸을 바다에 익사시키라고 명령했으나 조티코스가 구출해 자신의 나병원으로 데려왔다. 황제는 이 사실을 알고 조티코스의 처형을 명령했다. 조티코스는 두 마리 노새에 묶여 몸이 찢겨져서 처형됐고 갈기갈기 조각난 몸을 바다에 수장시키려고 했으나 짐승이 더 이상 움직이지 않았다.

황제는 이를 기적으로 받아들였으며, "나병 환자들을 위한 커다란 집"(oikos megistos tois lobois)을 세우고, 황실 금고를 열어 나병원의 운영을 지원했으며 토지도 수여했다. 이 나병원은 티베리우스 2세(578-582) 치하에서 침입한 야만족에 의해 소실됐으나 다음 황제인 모리스(582-602) 시대에 다시 건축됐다. 조티코스가 설립한 나병원의 기원이 전설 속에 싸여 있지만 6세기에 존재했던 것은 확립된 역사적 사실이며, 4세기 초반 콘스탄티누스 가문의 시대에 이미 존재했을 가능성이 있다.

조티코스는 나병원 외에도 콘스탄티노플에 보육원(orphanotropheion)을 설립했다. 5-6세기 황제들의 칙법에서 콘스탄티노플의 보육원은 단순히 'orphanotrophium'이라고 언급된다. 472년 공동 황제 레오(Leo)와 안테미우스(Anthemius)가 공포한 칙법에서는 구빈병원들(ptochia), 호스텔병원들(xenodochia) 등의 기독교적 병원들이 복수로 표현됐고, 콘스탄티노플의 보육원(orphanotrophium)이 단수로 언급된다.[98]

아울러, 472년 당시 보육원의 책임자(orphanotrophus)는 사제 니콘(Nicon)이라고 언급됐으며, 조티코스가 최초로 세운 것으로 전해지고 있다는 설명도 곁들였다("zoticus beatissimae memoriae, qui prius huiusmodi pietatis officium invenisse dicitur").[99] 콘스탄티노플 사람들은 일찍부터 '조티코스의 보육원'이란 표현을 사용하는데, 칙법에서 'orphanotrophium'이 단수로 사용될 때는 조티코스가 세운 콘스탄티노플의 보육원을 가리킨다.

637년경 헤라클레이오스 황제가 공포한 신칙법 4장에서 처음으로 "조티코스의 보육원"(Zotikos Orphanotropheion)이란 명칭이 등장한다.[100] 그러나, 콘스탄티노플에 단 한 개의 보육원만 존재했던 건 아니다. 472년 레오와 안테미우스가 공포한 다른 칙법에는 "이 유명한 도시의 보육원 책임자들"(Orphanotrophi huius inclitae urbis)이라는 표현이 등장한다. 밀러는 콘스탄티노플의 교회마다 보육원을 운영했을 것이라고 추측한 바 있다.[101]

4-6세기 기독교 세계에서 탄생한 각종 자선 기관의 명칭은 그리스어

를 어원으로 만들어졌다. 서방 세계는 초기에 이런 명칭을 그대로 수용해 'xenodochium,' 'ptochotrophium,' 'nosokomium,' 'orphanotrophium' 등 라틴어로 음역해 표기했다.

서방 세계는 얼마간의 시간이 흐른 뒤에야 'hospitium,' 'hospitale' 등 독자적인 라틴어 표현을 사용하고,[102] 이런 라틴어 표현이 영어의 'hospital,' 불어의 'hôpital'의 어원이 된다. 이 외에도 프랑스어의 'hôte,' 'hôpital,' 'hospice,' 'hospitalier,' 'hospitalisé' 등의 단어는 라틴어의 'hospes'에서 온 것이다.[103]

'hospes'는 '낯선 객을 맞이하는 주인', 혹은 '외부인을 환대해 맞아들이는 자'라는 뜻을 갖고 있고, 'xenodocheion'과 의미상으로 거의 동일하다. 따라서, 'hospes'를 어근으로 만들어진 'hospital'과 'hôpital' 등의 단어는 마태복음 25장 35절 이하에 바탕으로 두고 탄생한 기독교 보호 시설의 본래적인 박애 정신을 잘 반영한 것이라고 할 수 있다.

그런데, 'hospital'과 'hôpital'을 우리말의 '병원(病院)'으로 옮긴 것은 초기 기독교의 빈민 보호 시설의 본래적인 의미와는 동떨어진 것이다. 우리말의 '병원'은 질병의 진찰과 치료를 위한 곳을 의미하며, 라틴어 'hospitium,' 'hospitale'에 근거해 만들어진 영어의 'hospital'이나 불어의 'hôpital'이 갖는 기독교적이며 박애적인 함의를 배제하고 있다.

'valetudinaria'라고 불린 로마군병원이나 대농장 부속병원은 '건강을 회복하는 곳'이란 의미가 있으므로 '건강원' 정도로 직역할 수 있는데, 우리말의 '병원'이 갖는 뉘앙스는 4-5세기 기독교 보호 시설보다는 'valetudinaria'의 개념에 더 가깝다. 우리말의 '의원(醫院)'의 경우에는 그리스식 'iatreion'에 보다 가까운 개념이다.

필자가 고육지책으로 조어해 낸 '호스텔병원'(xenodochium)이나 '구빈병원'(ptochotrophium) 등의 용어조차도 오해의 소지가 있다. 4-5세기 기독교병원은 가난하고 지치고 병든 자들을 돌보아 주는 것에 그 존재 이유가 있었지 질병의 치료를 목적으로 한 것이 아니었기 때문이다.

어찌됐든 4-5세기 기독교병원의 역사는 사회적 약자에 대한 정신적이며, 제도적인 배려가 없는 한 종교적인 거룩함도 있을 수 없다는 사실을 일깨워준다. 4-5세기 동방 기독교 세계는 인류 역사에서 약자들이 처음으로 부각되기 시작한 시공간이었다. 4-5세기 초기 비잔틴 세계가 어떻게 극빈층에 대한 사회적 보호를 상상해 구체화 시켰는지 좀 더 구체적으로 살펴보는 과정이 필요할 것이다.

5. 법률에 모습을 드러낸 기독교병원

로마 정부가 기독교병원들을 어떤 관점에서 접근했는지는 고찰해 볼만한 주제다. 울호른(Ulhorn)은 그라티아누스 황제가 382년에 칙법(勅法)을 공포해 공역(公役, munera sordida)을 통해 기독교 보호 시설을 수리하도록 조처했다고 언급했다.[104] 또 이런 조치는 이미 발렌티니아누스 황제 때에 시작된 것이라고 한다.

하지만, 필자는 테오도시우스 칙법전에서 아직까지 기독교 보호 시설에 대해 명시적으로 언급하는 칙법을 발견하지 못했다. 울호른은 호스텔병원(xenodochium)과 구빈병원(ptochotrophium) 등의 기독교 보호 시설은 발렌티니아누스와 그라티아누스 시대부터 교회와 수도원이 운영하는 기독교적 기관으로 자리매김 됐으며, 로마 정부는 법을 통해 이런 기관들을 보호하고 육성하는 역할만 했다고 주장한다.

필자가 알기로는 438년에 편집돼 439년 1월 1일에 공포된 테오도시우스 칙법전(Codex Theodosianus)에는 교회와 수도원 이외의 다른 기독교 기관은 등장하지 않는다. 테오도시우스 칙법전에는 313년 밀라노 칙령 이후 콘스탄티누스 가문이 입법한 법률을 비롯해 테오도시우스 2세가 438년까지 공포한 법률이 주제별로 편집됐다. 4세기 중반 경 다양한 종류의 기독교병원이 시작됐지만 5세기 초반 테오도시우스 칙법전이 출현할 때까지도 기독교병원은 국가의 관심을 끌 정도의 대상이 아니었다.

그러나, 5세기 후반부터 상황이 달라져서 기독교병원은 본격적으로 로마 정부의 입법 대상이 된다. 필자가 알기로는 레오와 안테미오스가 472년 공포한 칙법에서 최초로 기독교적 병원이 등장한다(CJ 1.3.32.7). 이 칙법은 '거룩한정통교회들'(sacrosanctae ecclesiae orthodoxae)과 '호스텔병원들'(xenodochia), '구빈병원들'(ptochia) 등에 수여된 특권들이 지속적으로 지켜져야 함을 규정하며, 나아가 사제들(clerici), 수도자들(monachi), '구빈병원 운영자들'(ptochi), '호스텔병원 운영자들'(xenodochi)에게도 특별 공역(特別公役, munera sordida)을 면제해 줄 것을 규정한다(CJ 1.3.32.7).[105]

호스텔병원과 구빈병원이 기존에 어떤 특권을 누렸는지에 대해서는 명확한 정보가 없다. 특별 공역이란 상황에 따라 보통세일 수도 있고 특별세일 수도 있는 것으로, 도로, 공공 건물, 성벽 및 다리 보수 등을 위해 국가가 무상으로 징발하던 육체 노동이나 목재, 숯, 밀가루 공급 등을 총칭한다.[106] 346년 콘스탄티우스 황제는 교회의 성직자들에게서 특별 공역을 면제하는 특권을 수여한 바 있다(CTh 16.2.10).[107]

472년 공포된 유스티니아누스 칙법전 1권 3장 34절에도 유사한 규정이 반복된다. 이 칙법은 교회와 수도원(monasteria)과 은수처(asceteria) 외에도 '조티코스'의 보육원과 구빈병원들과 호스텔병원들(orphanotrophio … aut ptochia seu xenodochia)이 누리던 특권들이 계속 유지돼야 한다는 점을 명백히 한다.

"이런 조치가 필요한 이유는 고아와 가난한 자들에 대한 보호와 가르침이 이런 특권에 달려 있기 때문이다. 그리고 교회 관계자들과 구빈병원들과 은수처의 유지를 위해서도 이런 조치가 필요하다"(valde etenim hoc videtur esse necessarium, cum exinde sustentatio vel educatio orphanis atque egenis et usibus ecclesiasticis vel ptochiis vel asceteriis comparetur).[108]

나아가 황제 레오와 안테미오스는 조티코스의 보육원(orphanotrophium)이 소유하고 있고 그 운영 책임자인 니콘(Nicon)이 관리하는 부동산뿐만 아니라, 보육원의 운영을 위해 니콘이 임명한 자들이 소유하고 있는 부동산에 대해서도 콘스탄티노플의 성 소피아교회(sancta ecclesia)가 현재 누리고 있고 앞으로 누리게 될 모든 특권을 함께 누리게 될 것이라고 규정한다.[109]

레오와 안테미오스가 공동 명의로 공포한 칙법은 눈여겨 볼만하다. 이 칙법에 따르면, 기독교병원들은 이미 여러 가지 특혜를 누리고 있다. 이런 특혜가 앞으로도 보호되고 유지돼야 하는데, 그 이유는 그런 특혜를 통해 고아와 가난한 자들을 보호할 수 있기 때문이다.

329년 7월 1일 콘스탄티누스가 공포한 칙법은 "사망한 성직자의 자리에는 … 재산이 적은 자들을 받아들여야 한다. 부유한 자들은 세상의 의무를 져야하고, 가난한 자들이 교회의 부를 통해 도움을 받는 것이 마땅하다"(CTh 16.2.6)고 규정한다.[110]

콘스탄티누스의 아들 콘스탄티우스 2세는 356년 법률을 통해 성직자가 소규모 상행위를 하는 것에 대해 세금을 면제해 주지만 상행위로 재산을 축적하게 될 경우 "빈자와 걸인들"을 위해서 사용해야 한다고 규정한다 (CTh 16.2.14).[111]

콘스탄티누스 가문의 시대 이후 기독교 로마 황제들은 교회가 가난한 자들을 위해 존재한다는 생각했고 그런 측면에서 교회의 사회적 역할을 기대했다. 이런 관념 하에 로마 정부 역시 당시의 병원을 오늘날과 같은 의료기관이 아니라 가난한 자들을 돕는 자선 기관으로 이해하고 있었다.

438년에 편찬된 『테오도시우스 칙법전』(CTh)과 534년에 편찬된 『유스티니아누스 칙법전』(CJ)을 비교할 경우 흥미로운 점이 드러난다. 『유스티니아누스 칙법전』 1권 3장(CJ 1.3)의 표제에는 "감독들, 성직자들, 보육원장들, 유아원원장들, 호스텔병원장들, 은수자들, 수도자들 등과 그들의 특권에 대해서(De episcopis et clericis et orphanotrophis et brephotrophis et xenodochis et asceteriis et monachis et privilegio eorum)"라는 내용이 들어 있다.

『유스티니아누스 칙법전』 1권 3장은 『테오도시우스 칙법전』 16권 2장과 3장을 재구성해 놓은 것이다. 『테오도시우스 칙법전』 16권 2장의 표제는 "감독들, 교회 관계자들과 성직자들에 대해서"(De episcopis, ecclesiis et clericis)이고 16권 3장의 표제는 "수도자들에 대해서"(De monachis)이다. 그런데, 16권 2장에는 콘스탄티누스 시대에 공포된 법률을 비롯해서 47개의 칙법이 편집됐고 16권 3장에는 테오도시우스 황제 시대에 입법된 2개의 칙법만이 편집됐다.

『유스티니아누스 칙법전』은 감독과 성직자, 은수자와 수도자들에 대한 법률을 같은 장에 편집하면서 동시에 기독교 보호 시설의 책임자들도 같은 범주, 즉 종교인으로 분류하고 있다. 4-6세기에 편집된 두 개의 칙법전은 교회, 수도원, 각종 병원이 순차적으로 제국에 뿌리 내렸으며, 입법 대상이 됐음을 드러내고 있다.

칙법전의 편집은 로마 정부가 이해하고 있는 기독교 기관에 대한 관념을 간접적으로 증거 한다. 교회, 수도원, 은수처, 각종 기독교병원이 같은 범주로 다뤄지는 건 국가가 깊이 개입할 수 없었던 가난한 자들에 대한 돌봄과 보호를 이들 기관이 배타적으로 담당하기 때문이다.

기독교 보호 시설이 병을 치료하는가 아닌가, 기독교 자선 기관에 의료 기능이 있었는가 없었는가, 기독교병원이 현대적 개념의 병원인가 아닌가 등의 질문은 오늘날 질병을 치료하는 의료 기관으로서의 '병원'(病院)이라는 프리즘으로 이 당시 기관들을 재어보려는 태도다. 이렇게 '현대적 병원'의 개념으로 초기 비잔틴의 기독교 보호 시설을 이해하는 방식은 적절하지 않다.

기독교 빈민 보호 시설은 가난하고 소외된 계층을 돌보는 영성이 그리스도를 돌보는 것이라는 말씀(마 25.35-46)을 실천하기 위한 종교적 자선 기관으로 탄생하고 또 그런 방식으로 칙법에서 이해됐다. 이 말씀을 토대로 4-5세기 로마제국의 기독교는 사회적 약자에 대한 배려와 돌봄을 여러 가지 형태의 자선 기관으로 구체화함으로써 그리스·로마 사회와는 다른 사회를 만들어 갈 수 있었던 것이다.

4-5세기 기독교가 형상화했던 각종 보호 시설들과 칙법들은 가난하고 병들고 버림받은 약자에 대한 배려와 돌봄이 없이는 종교적인 거룩함도 있을 수 없음을 웅변한다. 초기 기독교의 발명품인 병원이 이뤄 낸 혁신은 의료적 치료에 있었던 것이 아니라 대규모로 이뤄진 지속적인 빈민 구제

사업에 있었다.

　이런 종교적이며 사회적인 혁신은, 우주의 통치자인 그리스도가 자신을 비워 가난하고 비참한 인간의 육체를 입고 이 땅에서 온갖 고초를 당하신, 이른 바 '성육신의 역설'을 모방하며 따라가는 순례자들의 응답과 결단이 만들어 낸 열매였던 것이다.

제6장

중세 비잔틴병원의 발전과 쇠퇴

1. 6세기 기독교병원의 분화[1]

초대 교회와 중세 교회의 시대적 구분은 흔히 7세기 초반 아랍 정복이 기준점이 돼 왔다. 저자에 따라서는 간혹 476년 서로마의 몰락을 고대와 중세의 경계로 삼기도 한다. 우리나라 교회사 학계는 주로 전자의 기준점을 따라 1-7세기를 초대 교회로 구분해 왔다. 그런데, 동방 정교회사나 비잔틴병원사에 대해 서술할 때에 7세기를 중세의 시작점으로 채택하기가 난감하다.

로마 가톨릭과 신성로마제국(혹은 프랑크 왕국)이라는 두 개의 기둥으로 대표되는 서방의 중세 시대는 서방에만 독특한 역사일 뿐 비잔틴제국은 그런 사회 구조를 경험하지 못했기 때문이다. 그리스·로마 문명의 관점에서 야만족이었던 게르만 족과 로마교회의 결합은 중세 서방 세계의 특별한 구조였을 뿐, 동방의 비잔틴제국은 그런 이질적 요소의 협력이나 대립을 경험하지 못했다.

필자는 6세기 유스티니아누스 시대를 중세 비잔틴 문명의 출발점으로 간주하려고 한다. 4세기에 닻을 올린 삼위일체 기독교 로마제국은 6세기 유스티니아누스 시대에 이르러 고전적인 형태를 완성하기 때문이다. 유스티니아누스 시대에 『로마 시민법 대전』(Corpus Iuris Civilis)이 편찬됐고 그의 시대에 교회와 수도원도 제국 경제에서 중요한 역할을 감당하게 된다.

또, 4세기에 탄생하고 5세기 칙법(勅法)에 자주 언급되는 기독교적 병원은 6세기에 이르러 제도적으로 확고하게 되며, 다양한 형태로 분화돼 후대에 이른다. 6세기 유스티니아누스 시대에 이르러 비잔틴제국의 모델이 견고하게 뿌리내리고 병원의 분화와 법률적 토대가 확고해지기 때문에, 이 시기를 중세 비잔틴병원의 출발점으로 삼는 것은 타당하다.

황제 레오와 안테미오스가 472년 기독교적 병원에 대한 칙법을 공포한 이래(CJ 1.3.32.7), 기독교 황제들의 칙법에서 기독교적 병원이 더 자주 언급된다. 황제 아나스타시오스 1세(491-518)는 콘스탄티노플의 각종 기독교 기관들이 소유한 부동산에 대해 '양도나 판매 불가의 원칙'을 선언한다(CJ 1.2.17).[2]

그런데, 아나스타시오스가 명시한 콘스탄티노플의 '거룩한 기관들'(τοὺς ἁγιωτάτους οἴκους)에는 교회와 수도원 외에 구빈병원(πτωχείων), 호스텔병원(ξενών), 보육원(ὀρφανοτροφείων) 등이 포함됐다. 아나스타시오스의 칙법에서도 기독교 자선 기관은 교회와 수도원 등 기독교의 주요 기관들과 동일 선상에서 고려된다.

528년 유스티니아누스는 50 솔리두스(solidus) 이하의 종교적 목적의 기부(pia causa)에 대해서는 당국에 신고할 필요가 없다고 하면서 기부 대상의 기관으로 교회 외에 호스텔병원(xenodochium), 병원(nosocomium), 보육원(orphanotrophium), 구빈병원(ptochotrophium) 등을 언급한다(CJ 1.2.19).[3] 528

년 사상 처음으로 칙법에 병원(nosocomium)이란 단어가 등장하는데, 칙법 조문은 호스텔병원(xenododochium)과 병원(nosocomium)의 차이가 무엇인지 설명하지 않는다.

울호른(Uhlhorn)은 5세기 역사를 서술하면서 호스텔병원(xenodochium)을 여행객이나 외지인 등 '낯선 자를 위한 집'(houses for strangers)으로 번역하고 병원(nosocomium)을 '병자들을 위한 집'(houses for the sick, 病院)으로 번역했지만,[4] 콘스탄텔로스(Constantelos)에 따르면, 이런 구분은 절대적인 용법이 되지 못하고 서로 교차해서 사용할 수 있다.[5] 필자도 콘스탄텔로스의 견해가 정당하다고 보는데, 이에 대해서는 5장에서 이미 논의한 바가 있다.

528년 5월 1일 유스티니아누스는 기독교병원 관계자들을 임명할 수 있는 권한이 교회 감독에게 있음을 확인한다(CJ 1.3.41).[6] 교회의 감독은 교회 청지기나 보호감(defensor) 뿐만 아니라 호스텔병원장(ξενοδόχον), 병원장(νοσοκόμον), 구빈병원장(πτωχοτρόφον), 보육 원장(ὀρφανοτρόφον), 영아 원장(βρεφοτρόφον), 구빈 원장(救貧元長(τὸν ἐπι τῆς πτωχείας) 등 다양한 기독교적 병원의 책임자들을 임명해야 한다.

5세기 초반 수도원이 교회 감독의 지도력 아래로 편입됐고, 6세기에 이르러 기독교적 병원 역시 교회 지도자의 영향력 아래 놓임에 따라, 비잔틴 세계의 모든 기독교적 기관은 사실상 지역 교회의 감독의 책임 하에 놓이게 됐다.

사상 처음으로 '영아 시설 책임자'가 언급된 이 칙법(CJ 1.3.41)과 더불어 유스티니아누스가 528-529년에 공포한 칙법(CJ 1.2.22)을 주목할 필요가 있다. 이 칙법에는 교회(ecclesia) 외에 호스텔병원(xenones), 구빈병원(ptochotrophia), 보육원(orphanotrophia), 영아원(brephotrophia), 노인병원(gerontocomia) 등이 언급된다.

호스텔병원(xenon), 구빈병원(ptochotrophia), 보육원(orphanotrophia) 등은 472년 레오와 안테미오스가 공포한 칙법(CJ 1.3.34) 이후 거의 항상 함께 등장하는 반면, 528-529년의 칙법에서 브레포트로피아(brephotrophia)와 게론토코미아(gerontocomia) 등 두 개의 기관이 새롭게 언급된다.

브레포트로피아(brephotrophia)는 버려진 젖먹이 아이들을 위한 영아원(嬰兒院)이며, 후자는 연로한 자들을 위한 구호 시설이다. 새로운 법은 새로운 사회현상에 후행해 생긴다. 예를 들어 372년 카이사레아의 대규모 구호 시설이 생긴 이후 100년 후인 472년에 가서야 처음으로 칙법에 호스텔병원과 구빈병원과 보육원이 언급된다.

472년의 칙법은 이미 세 가지 기독교 자선 기관이 5세기 중반 경 비잔틴 사회에 뿌리를 깊게 내리고 있음을 간접적으로 증거 한다. 528-529년의 칙법에 처음으로 모습을 드러내는 영아원(brephotrophia)과 노인병원(gerontocomia)은 이들 자선 기관이 4세기에 시작된 전통적인 기독교 자선 기관보다 상대적으로 늦게 확산됐음을 암시한다.

칙법 외의 문학 자료나 행정 문서들은 초기 비잔틴 구호 시설의 분화가 보다 섬세한 것이었음을 보여준다. 6세기 비잔틴 이집트의 헤르모폴리스 지역과 안티노에 지역의 병원 목록을 제시하는 파피루스 행정 문서(*P. Sorb. II 69*)에는 '나병 환자들의 호스텔병원'($\xi\epsilon\nu o\delta o\chi\epsilon\hat{\iota}o\nu\ \tau\hat{\omega}\nu\ \kappa\epsilon\lambda\epsilon\phi\hat{\omega}\nu$)이란 자선 기관이 나타난다.[7]

그런데, 이 기관은 같은 파피루스의 다른 페이지에서는 노소코메이온 (νοσοκομεῖον)으로 불린다.[8] 이는 호스텔병원(ξενοδοχεῖον)과 병원(νοσοκομεῖον)이 같은 의미로 사용된다는 것을 보여주는 증거이기도 하며, 나병원(癩病院) 역시 호스텔병원과 같은 범주로 분류될 수 있음을 보여준다.

5장에서 나병 환자들을 위한 보호 시설이 이미 4세기부터 존재했음을 알아봤다. 에우스타티오스가 세운 것으로 4세기 최초의 호스텔병원인 세바스테의 크세노도케이온에는 한센병 환자들이 수용됐었다. 수도자 마카리오스는 알렉산드리아에서 남녀 환자들을 위한 2층 규모의 나병원을 운영하고 있었다.

조티코스는 4세기 초반 콘스탄티노플에 나병원을 설립했고 이 병원은 6세기 칙법에 자주 등장한다. 나병원이 5-6세기 칙법에 나타나지 않는 것은 호스텔병원의 범주로 분류됐기 때문일 것이다. 나병 환자들만 별도로 모아서 수용하는 호스텔병원이 행정 문서에서 공식적으로 확인된다는 점에서 이 파피루스(P. Sorb. II 69)의 특별한 가치가 있다.

6세기에 이르러 거리의 여성들을 위한 보호 기관도 설립된다. 프로코피오스는 유스티니아누스 황제와 황후 테오도라가 자신의 의지에 반(反)해 매춘에 내몰렸던 여인들을 위해 '메타노이아'라고 칭하는 기관을 설립했다고 보도한다.[9] 비잔티움의 매음굴에는 적지 않은 수의 여인들이 있었고 이 여자들은 포주들에 의해 강제로 몸을 파는 상황으로 내몰리고 있었다.

유스티니아누스 황제와 테오도라는 가난 때문에 매춘으로 내몰린 여인들을 구출하고자 계획을 세웠다. 콘스탄티노플의 보스포러스 해협 맞은편에 한 때 궁전으로 사용하던 건물이 있었다. 황제와 황후는 이 건물을 개조해 과거의 삶을 뉘우치는 여인들을 수용하는 여자수도원을 만들었다. 이 건물은 하나님을 향한 믿음을 통해 매음굴에서 저지른 죄를 회개하며 살아간다는 뜻에서 '메타노이아(회개)'라고 불렸다.

아울러 황제는 메타노이아에 충분한 수입을 보장하고 부속 건물들을 수여해 이 여인들이 평화로이 살아갈 수 있도록 조치해 줬다. 메타노이아 외에도 버려진 소녀들을 위한 집인 파르테노네스(partenones)와 남편을 잃은 여인들을 위한 집(cherotrophia)도 존재했지만 후대의 자료에서 아주 단편적으로만 소개된다.[10]

6세기에 이르러 기존의 용어로는 특정할 수 없는 새로운 개념의 보호 시설도 탄생한다. 530년 경 세상을 떠난 대(大)수도자 테오도시오스(Theodosios the Coenobiarches)의 경우가 좋은 예가 된다. 그는 이웃 사랑이란 다름 아닌 질병의 고통과 괴로움을 함께 나누는 것이라고 생각하면서 세 개의 병원을 설립했다.

하나는, "그리스도 때문에 결혼하지 않은 자들(수도자들) 중 몸이 병들어 돌봄이 필요한 자들(πρὸς τὴν ἐν ἀσθενείας τοῦ σώματος θεραπείαν ἀπένειμεν)"을 위한 것이고, 다른 두 개는, 각각 세상 속에 살고 있는 부유한 자들과 가난한 자들을 위한 것이었다.[11]

6세기 초반이 되면, 각종 기독교 보호 시설을 가리키는 용어들이 잘 확립돼 있었지만, 저자인 시메온 메타프라스테스는 테오도시오스가 "세 채의 집들을 세웠다(Τρεῖς οἰκοδομήσας οἴκους)"라는 표현을 사용한다. '집'이란 표현을 쓴 이유는 테오도시오스가 세운 보호 시설들이 전통적인 기관과 달랐기 때문일 것이다.

물론 '가난한 자들 위한 집'(τὸν τοῖς εὐτελεστέροις)은 전통적인 호스텔병원이나 구빈병원의 역할을 했을 것이다. 하지만, 나머지 두 개의 집은 불특정 다수를 위한 구호 시설이 아니라 특정계층 전용의 호스피스였다. '몸이 병든 수도자들만을 위한 집'이 그러하고, '훌륭하고 고귀한 자들을 위한 집'(τὸν τοῖς ἐπισημοτέροις καὶ σεμνοτέροις)도 그러하다.

알렉산드리아의 대감독 요안네스 엘레몬(Ioannes Eleemon, 606-616)은 사제들을 위한 호스피스, 수도자들을 위한 호스피스, 임신 한 여성들을 위한 조산원 등을 설립했다.[12] 알렉산드리아에 기근이 덮치자 많은 임산부들이 굶주렸고 질병에 걸렸다. 임산부들의 고통에 대감독 요안네스는 알렉산드리아의 여러 지역에 일곱 개의 조산원(λοχοκομεῖα)을 설립해 40개의 침대를 분산 배치했다.

임산부들이 이곳에 입원해 분만을 한 뒤 7일 동안 머물 수 있었다.[13] 임산부들을 위한 분만 보조 시설은 기존의 용어로는 적절하게 지칭할 수 없었다. 따라서 요안네스 엘레몬의 생애를 쓴 저자는 신조어 'λοχοκομεῖα'를 사용한다. '분만'을 뜻하는 'λόχος'에 '돌보다'라는 의미의 'κομάω' 동사를 합성해 '분만을 도와주는 곳'이란 의미의 신조어 '조산원'(λοχοκομεῖα)을 만들어 냈던 것이다.

6세기의 교회 역사가 에페수스의 요안네스는 자신의 『교회사』에서 기독교 보호 시설을 두 가지 종류로 구분한 바 있다. 하나는 성직자와 수도자들이 봉사하던 호스텔병원(xenon)이며, 다른 하나는 평신도들이 헌신하던 봉사관(diakoniai)이다. 봉사관에 대한 내용을 직접 인용하면 다음과 같다.

콘스탄티노플에 있는 다양한 기독교 자선 기관 중에서 아픈 자들과 고통 중에 있는 자들을 위한 봉사관은 상당히 중요한 자리를 차지하고 있다. 봉사관들이 더욱 유용했던 이유가 있다. 호스텔병원(xenones)에서는 성직자와 남녀 수도자들만이 봉사할 수 있었던 반면, 봉사관은 경건한 평신도들이 자애로운 봉사에 열심을 낼 수 있도록 기회를 줬기 때문이다. 특별히 여성들을 위해 설립된 봉사관에서는 달리 열정을 쏟을 만한 장소를 찾지 못한 부인들이 그리스도의 양 떼 중 고통 받는 자들을 경건하게 돌보았다. 콘스탄티노플의 봉사관 중 규모와 명성으로 이름 높았던 정통주의 봉사관이 두 개 있었다. 이 두 개의 봉사관 중에서 안티오키아의 파울로스가 세운 것이 더 오래되고 더 큰 규모를 자랑했다. 파울로스는 열심을 내어 동방과 서방의 중요하고 유명한 도시 대부분을 다니며 봉사관을 설립했다. 봉사관에서는 '내가 너희를 쉬게 하리라'(마 11.28)는 주님의 말씀이 눈으로 볼 수 있게 이뤄진다. 봉사관은 고통 받는 사람들에게 안식을 주려는 목적으로 만들어졌다.[14]

봉사관에서 일하던 자들은 'spoudaioi'(열심 있는 자들) 혹은 'philiponoi'(즐겨 봉사하는 자들)이라고 불렸다. 이들은 경건한 평신도로서 수도자에 버금가는 엄격한 생활 규율을 지키던 자들이었다. 이들의 존재는 4세기 기독교 시대부터 간혹 확인되지만 6세기에 이르러 활발하게 활동했던 것으로 보인다.

그러나, 이들 평신도들이 운영하던 봉사관은 정통 교회의 교권에 의해 적잖이 견제를 당했다. 에페수스의 요안네스는 6세기에 탈루스(Thallus)라는 경건한 평신도가 콘스탄티노플에서 봉사관을 이끌었으나 정통 교회의 시기를 받아 봉사관이 해체당하는 어려움을 겪었다고 보도한다.[15]

콘스탄티노플의 두 번째 봉사관을 이끌던 코메테스(Cometes) 역시 유사한 어려움을 당했다고 서술한다.[16] 이들 평신도 봉사자들이 알렉산드리아 병원에서 일하던 파라발라니와 유사한 인적 조직으로 보는 것은 잘못이다.[17] 파라발라니는 알렉산드리아에서만 확인되는 남자 간호원들로 수도적 삶을 살던 하급 성직자들이었다.

평신도들이 운영하던 봉사관은 환자들을 의술이 아니라 신앙의 기적으로 치료하려고 했다는 점에서 호스텔병원(xenon)과는 근본적으로 차이가 있다.[18] 고대 그리스 시대 이후 아스클레피에이온에서 행해졌던 몽중 치료(incubatio) 역시 신들의 힘을 통해 치유하려 했으므로 유사한 치료 형태라고 할 수 있다. 기독교 시대에는 성자들을 기념하는 성소를 지어놓고 몽중 치료를 행하곤 했다.

몽중 치료의 관습이 아니더라도 6-7세기 성자들의 초자연적인 힘을 빌린 치료 이야기가 많이 있다는 점을 상기해야 한다. 대표적인 신유 이야기는 예루살렘의 소프로니오스가 저술한 『기적』(Thaumata)이다. 이 책은 4세기 순교자 키르(Cyr)와 요안네스(Ioannes)의 순교 기념당에서 일어난 신적인 치료 이야기를 모아 놓은 것으로, 몇가지 예를 1장에서 소개한 바 있다.

하지만, '필리포노이' 혹은 '스푸다이오이'는 7세기 초반 이후 사라지고 동시에 봉사관도 역사 속에서 사라진다. 어찌 됐든 6세기에 기독교 빈민 보호 시설의 분화가 이뤄질 때 초자연적 치료를 꿈꾸던 평신도들의 봉사관도 활발하게 세워졌다는 사실을 기억할 필요가 있다.

6세기에 이르러 기독교병원들은 종교적인 적들의 인신(人身)을 구속하는 감옥으로도 사용되기 시작한다. 황제 유스티누스 2세(565-574)는 유명한 단성론자 에페수스의 요안네스를 콘스탄티노플의 에우불로스 호스텔 병원(xenon)에 구금한 후 일체의 면회를 금지했다.

에우불로스 호스텔병원에는 쥐와 벼룩과 파리가 들끓는 별도의 구금 시설이 존재했다. 특히 병원에서 나는 악취 때문에 손으로 쫓을 수 없을 정도로 많은 파리 떼가 얼굴에 달라붙기도 했다. 에페수스의 요안네스는 에우불로스병원에 감금된 후 손과 발을 움직일 수 없을 정도의 통풍에 걸려 고생하다가 감금된 지 12개월 9일 만에 섬 유배형을 받았다.[19]

병원을 인신 구금 장소로 사용하는 예는 후대의 전통에서도 확인된다. 성상 파괴주의자였던 황제 테오필로스(830-842)는 성상 옹호론자였던 테살로니카의 대감독 요셉을 "의료적 치료가 아니라 감시하기 위해서 (οὐ μᾶλλον ἰατρευόμενος ἢ τηρούμενος)" 콘스탄티노플의 삼손병원에 구금한다.[20]

그러나, 모든 호스텔이 호스텔병원으로 진화했던 것은 아니다. 전통적인 개념의 호스텔, 즉 의료 서비스를 제공하지 않는 호스텔도 4세기 이후 지속적으로 존재했다. 예를 들어 팔라디오스는 4세기 후반 니트리아의 교회 옆에 있던 호스텔(ξενοδοχεῖον)에 방문객들이 2-3년 동안 머물 수 있었다고 보도한다.[21]

방문객들은 1주일 동안은 아무 것도 하지 않고 지낼 수 있었지만 1주일이 지난 후부터는 밭일, 빵 굽는 일, 기타 부엌일을 해야 했다. 니트리아의 수도자 집단 거주지에는 의사 출신의 수도자들이 살고 있었기 때문에 호스텔에 머무는 여행객들은 이들을 통해 의료 서비스를 받을 수 있었다.

엄격한 의미에서 여행객만을 위한 호스텔과 의료 기능이 결합된 호스텔병원을 구분하는 것은 상당히 어렵고 까다로운 작업이다. 콘스탄텔로스는 비잔틴병원사를 다루는 방대한 저서에서 병원(hospitals)과 여행객을 위한 호스텔(xenones)을 구분했지만 이런 구분은 타당하지 않다.

콘스탄텔로스는 자신의 책에서 삼손병원(xenon)을 병원(hospitals)이 아니라 여행객을 위한 호스텔로 분류하는 실수를 범했다.²² 삼손병원은 여행객을 위한 공간이라기보다는 현대적 개념의 병원이었다고 보는 것이 타당하다. 삼손병원에 대해서는 뒤에서 살펴볼 것이다.

6세기에 이르러 본격적으로 확인되는 기독교 보호 시설 및 기능의 분화는 이런 자선 전통이 이미 비잔틴 사회의 전통으로 확고하게 뿌리내렸고 사회 전반의 광범위한 지지를 받고 있음을 증거 한다. 4세기 중반 탄생했던 호스텔병원, 구빈병원, 보육원 등은 계속 발전했고 5세기 중반 이후부터 로마제국의 칙법에 본격적으로 등장하기 시작한다.

6세기에는 전통적인 기독교병원 외에 영아들을 위한 보호 시설과 노인들을 위한 보호 시설, 여성들을 위한 보호 시설도 생겨나고, 나아가서는 부유하고 안락한 계층을 위한 호스피스병원도 생겨난다. 이렇게 6세기에 이르러 기독교병원은 비잔틴 문화의 중요한 부분으로 자리매김 됨으로 6세기 이후의 병원을 중세 비잔틴병원으로 분류해 다루는 것이 합당할 것이다.

2. 파피루스 자료에 나타난 병원²³

파피루스 자료는 기후적인 영향으로 주로 이집트에서 많이 발굴됐다. 파피루스 자료가 담고 있는 내용은 다양하지만, 세금이나 임대료 징수를 다루는 행정 문서가 대다수이기 때문에 주목할 만하다. 앞에서 살펴본 비잔틴의 보호 시설들은 대개 편지, 전기, 역사서 등 문학에 나타난 자료를 근거로 한 것이다.

기독교 자선 기관들에 대한 규정을 담고 있는 황제들의 법은 자선 기관에 대한 구체적 정보는 담고 있지 않지만 법률적 자료란 점에서 커다란 중요성을 갖는다. 파피루스 자료는 다른 곳에서는 확인되지 않는 병원의 존재를 알려준다는 점에서 병원의 역사를 보완해 준다.

기독교 보호 시설에 대한 언급은 대개 다양한 파피루스에 흩어져 있지만 특정 지역의 병원 정보를 담고 있는 파피루스가 있다. 스트라스부르그 대학의 파피루스 연구소 소장을 거친 뒤, 파리 소르본 대학의 파피루스 연구소 소장을 역임한 장 가스쿠(Jean Gascou) 박사가 출판한 파피루스(P. Sorb. II 69)다.[24]

이 자료는 6세기의 어느 시점에 만들어진 세금 납부 대장인데, 이집트의 헤르모폴리스 도(道, nomos)와 안티노에 도(道)의 교회, 병원, 수도원이 납부한 세금에 관한 사항을 담고 있다. 소르본의 파피루스에서는 이 두 지역에 자리했던 14개의 병원이 확인되는데 나열하면 다음과 같다.

- 안티노오폴리스의 바실레이오스의 병원(nosokomeion)
- 요안네스 게르마노스의 병원(nosokomeion). 요안네스 게르마노스는 576년에 헤르모폴리스의 대관(大官, comes)으로 확인된 인물이다. 그는 자신의 형제들과 투니스(Tunis)에 수도원을 세운 바 있다. 그의 상속자들은 여러 번에 걸쳐 소르본의 파피루스에 나타난다.
- 명인(明人, lamprotatos) 토마의 병원(nosokomeion). 이 병원은 다른 파피루스 자료에서도 확인된다. 이 병원에 딸린 임대 부동산의 세 징수자

(貫徵收者 pronoetes)는 '빅토르'라는 인물이었다.
- 프산케의 병원(nosokomeion). 이 인물은 알려져 있지 않다.
- 나병 환자들(kelephoi)의 병원(xenodokeion). 이 병원은 나병원(leprosarium)이다. P. Sorb. II의 Line 13 9에는 호스텔병원(ξενοδοχεῖον)으로 돼 있으나 Line 103 31에는 병원(νοξοκομεῖον)으로 지칭된다.
- 안티노오폴리스의 나병 환자들(kelephoi). 앞의 나병원과는 다른 나병원이다.
- 노티네(Notine)교회의 호스텔병원(xenodokeion). 이 병원도 나병원일 가능성이 있다.
- 아킬레오스의 병원(nosokomeion). 소르본 파피루스에는 이 병원의 세 징수자(貫徵收者, pronoetes) 이사키오스(Isakios)라는 인물의 이름이 나온다.
- 바실레이도스 테올로기오스의 병원(nosokomeion).
- 암마 키라스(Kyras)의 병원(nosokomeion). 여자 수도자인 키라스가 운영하는 병원이다. P. Oxy. XVI 1898에 언급되는 '압바 엘리야의 병원'처럼 수도자 개인이 운영하는 병원이 확인된다.
- 성(聖) 압바 레온티오스의 병원(nosokomeion). 이 병원 소유의 토지에 대해서 장기 임대차 계약이 체결됐고 이 계약에 따라 임대료를 수납한 문서가 남아 있다.[25] 세수납자의 이름은 호루온키오스(Horouonchios)이다. 또 다른 문서에 등장하는 이 병원의 세수납자는 힐라리온이다.
- 안티노오폴리스의 대의사(大醫師) 포이밤몬 가문의 호스텔병원(Xeneon). 570년의 파피루스에 따르면 이 의사는 자신의 병원을 형제에게 맡긴다.

- 헤르모폴리스 도(道, noms)의 마을 이비온 세셈부테오스(Ibion Sesembu-theos)의 병원(nosokomeion).
- 크리스토도로스 테오도시오스의 병원(nosokomeion).

이 문서에는 14개의 병원 외에도 29개의 교회와 41개의 수도원이 언급된다. 교회, 수도원 등과 함께 14개의 병원이 세금 납부 대장에 나란히 올라있다는 사실은 로마 정부가 기독교적 병원을 교회와 수도원과 함께 3대 기독교 기관으로 분류하고 있음을 보여준다.

로마 정부는 법률뿐만 아니라 납세의 관점에서도 각종 병원을 교회나 수도원과 같은 기독교 기관으로 보았던 것이다. 로마 정부는 일반적으로 농지에 대해서는 소유자를 불문하고 과세하는 원칙을 갖고 있었다. 기독교 기관과 성직자들이 누리던 면세 특권은 일반적으로 부역과 수송, 상거래세 등 특별세의 면제에 국한됐다.[26]

3. 기독교 기관들이 소유한 부동산에 대한 로마 정부의 정책[27]

교회와 수도원, 기독교적 병원 등에 대해 5-6세기 비잔틴제국이 어떤 정책을 구사했는지 살펴볼 필요가 있다. 콘스탄티누스가 교회에 상속과 증여의 물꼬를 튼 후, 수도원과 기독교적 병원이 순차적으로 같은 권리를 누리기 시작했다. 그런데, 5세기에 들어와 기독교적 기관들의 부동산 보유가 늘어나자 부작용이 나타났다.

기독교적 기관들의 부동산이 비대해지자 영향력이 큰 성직자나 수도자들이 기독교 기관 소유의 부동산을 친척이나 지인에게 헐값에 매매 혹은 양도하거나 교환하는 등의 적폐가 생겨났던 것이다. 이 때문에 황제들은 기독교적 기관의 부동산을 매매, 교환, 양도하는 것을 제한하는 정책을 시행한다.

첫 포문을 연 것은 황제 레오(457-474)의 칙법이었다. 레오는 472년 콘스탄티노플교회의 성직자들이 교회 소유의 부동산을 매매, 양도, 교환할 수 없도록 규정하는 칙법을 공포한다(CJ 1.2.14). 이 칙법은 황실 엘리트 정치인들의 손쉬운 먹잇감이 된 콘스탄티노플교회의 부동산을 보호하는 데에 초점이 맞춰져 있다. 레오의 칙법은 교회 소유 부동산에 손해를 끼칠 경우 해당 성직자는 법의 처벌을 받고 손실분 전체를 변상하도록 규정한다.

그 후 황제 아나스타시오스 1세(491-518)는 '양도나 판매 불가의 원칙'(prohibito alienandi)을 수도원과 병원 등을 포함한 콘스탄티노플의 모든 기독교 기관으로 확대했다(CJ 1.2.17).[28] 단, 부동산의 교환, 매각, 저당, 장기 임대차(emphyteusis) 계약을 통해 기독교적 기관의 소유를 보호하고 확대할 수 있는 경우는 제외했다.

그런데, 유스티니아누스 황제는 535년 4월 15일 특별한 경우 기독교적 기관의 부동산을 판매, 양도, 교환할 수 있도록 한 아나스타시오스의 모든 예외조항을 폐지하고 비잔틴 로마제국 전역의 모든 기독교적 기관에 대해 황제 레오 1세의 정책을 재차 적용한다(NJ 7). 다시 말해 어떤 기독교적 기관이든 판매, 양도, 교환을 불허했던 것이다.

황제 레오 이후 유스티니아누스 황제 때까지의 '양도, 교환, 판매 불가의 원칙'이 갖는 목표는 분명했다.[29] 그것은 기독교적 기관들의 부동산 보유를 확장해 교회와 수도원과 각종 빈민 보호 시설이 안정적인 수입을 누리도록 하는 것이었다.

반면, 유스티니아누스는 체납된 세금의 변제를 위해 급박한 경우에는 '양도, 교환, 판매 불가의 원칙'에 예외를 허용한다.[30] 537년에 공포된 신칙법(NJ 46. pr)을 따르면, "주로 세금(체납)문제를 (해결하기) 위해서 거룩한 기관들은 자산들을 양도할 수 있다."

세금 체납 때문에 부동산을 양도하는 경우 기독교 기관들의 대표자는 부동산 매각 대금을 직접 수령하지 못하며, 매수자가 기독교 기관들의 체납세금을 대신 변제해야(pro soluto) 한다. 기독교 기관 소유라 할지라도 부동산에 대해 황실이 면세의 특권을 준 경우는 극히 제한적인데, 이 칙법 역시 그런 정황을 반영한다.

544년 5월 9일 유스티니아누스는 부동산 매각을 통해 세금 체납을 해결하지 못하는 경우, 부동산 담보 대출이나 빚을 얻어 체납된 세금을 변제하도록 하는 법을 공포한다(NJ 120.1-2와 6). 교회, 수도원, 병원 등 경건한 기관들이 소유한 토지 중 상당수는 생산성이 좋지 않아 세금 납부조차 버거웠던 경우가 적지 않았는데, NJ 120은 이런 경우와 관련됐을 것이다.

세금 변제 외에도 순례자, 환자, 가난한 자, 죄수, 포로 등을 먹이고 입히기 위해 당국은 예외적으로 기독교 기관의 부동산 매각을 허용할 수 있었다.[31] 좋은 예는 536년 유스티니아누스가 예루살렘 부활(Anastasia)의 교회에 일시적으로 취득가의 4배에 달하는 가격으로 교회 소유 건물을 매각하도록 특혜를 부여한 경우다(NJ 40).

엄밀하게 따지면, 이런 조치는 특혜가 아니었다. 5-6세기의 정황에서 특혜(privilegia)라는 낱말은 수혜자의 이익보다 국가나 공적 이익에 대한 기여가 크다고 판단될 때에만 사용됐기 때문이다. 예루살렘 부활의 교회의 경우 밀려드는 순례자들에게 음식을 제공하기에는 가용 유동 자산이 부족했기 때문에 황실에서 예외적으로 부동산 매각을 허용했던 것이다.

유스티니아누스는 예루살렘에 병원을 설립했는데, 예루살렘교회의 감독은 이 병원을 위해서만 연간 1,850솔리두스라는 거금을 지출해야만 했다.[32] 이 정도의 지출은 웬만한 대도시 교회의 연수입의 절반에 해당될 정도로 부담이 큰 금액이었다. 황실은 기독교 기관의 부동산에 대해 '양도, 교환, 판매 불가의 원칙'을 적용했지만 세금 변제 및 빈민 보호 시설의 운영에 대해서는 이 원칙을 양보할 수 있었다.

5-6세기 로마 황제들은 교회, 수도원, 병원 등의 경건한 기관들의 소유 부동산을 일종의 공적 자산으로 간주했으며, 이 때문에 '양도, 교환, 판매 불가의 원칙'을 콘스탄티노플에 적용하다가 국가 전체로 확대할 수 있었다.

4세기 콘스탄티누스 가문은 교회의 존재 이유가 가난한 자들을 섬기는 것에 있다고 법률 조문에 명시했으며(CTh 16.2.6, 16.2.14), 4세기 후반 테오도시우스 시대에 삼위일체 기독교 제국이 성립된 후 433년의 칙법은 기독교 기관들이 도로나 다리 보수를 위해 비용을 지출하도록 규정한 바 있다(CTh 15.3.6).

5-6세기 황제들은 기독교 기관들을 마치 황실처럼 국가를 위해 봉사하는 공적 기관으로 간주했다. 예루살렘 부활의 교회에 주어진 부동산 매각의 특혜는 국가가 직접 나설 수 없는 급박한 빈민 보호의 경우 공적 자산을 처분할 수 있는 예외 규정으로 봐야 한다.

유스티니아누스는 535년 4월 15일에 법률(NJ 7)을 공포해 경건한 기관들이 소유하고 있는 부의 특성을 이렇게 규정한다. "성직과 단일 군주 사이의 차이는 미미하고, 하나님께 바쳐진 자산과 공동의 것인 공적(公的) 자산의 차이는 미미하다. 교회의 모든 자산은 황실의 덕으로부터 온 것이기 때문이다." 하나님께 바쳐진 자산과 공적 자산의 차이가 미미한 이유는 교회의 축적된 부가 황실의 정책에 의한 것이기 때문이다.

한편으로 기독교적 기관들은 믿음에서 우러나온(마 19.21, 25.35-40) 상속이나 증여 등을 통해 부동산을 계속적으로 선물 받았고, 또 다른 한편으로 '양도, 교환, 판매 불가의 원칙'이라는 황실의 경제 정책을 통해 부동산을 계속 축적할 수 있었다.

콘스탄티누스 가문의 시대가 기독교 기관들의 부동산 소유에 물꼬를 터 줬다면, 황실이 그런 정책을 의미 있게 후퇴시킨 적은 결코 없으며, 오히려 황실의 정책을 통해 경건한 기관들의 부가 축적됐다는 사실을 유스티니아누스도 분명하게 인식하고 있었다.

몇몇 자료는 양도, 교환, 판매 불가라는 일반 원칙을 넘어서 황실이 거대 부동산 소유권을 교회에 이전해주고 중과세를 통해 교회 자산에 대한 공적 기능을 강제한 경우를 보여준다. 565년 11월-570년 8월 경 라벤나에서 기록된 세금 징수 대장(P. Ital. 2)이 계량적 수치를 보여주는 유익한 증거다.

라벤나의 세금 징수 대장(P. Ital. 2)에 따르면, 라벤나교회는 소유 부동산의 임대로 2171 1/2솔리두스의 수입을 올렸다.[33] 그런데, 라벤나교회는 이 수입에 대해 이탈리아 정무총감에게 지방세의 일종으로 1153 1/2솔리두스를 납부했고 황실에 85 1/2솔리두스를 입금했다. 양자를 합한 총 납부 세액은 총 1239솔리두스로 수입의 57%에 해당하며, 세액 공제 후 라벤나

교회가 처분할 수 있는 금액은 932 1/2솔리두스(43%)에 불과했다.

이런 비잔틴 정부의 정책을 가혹한 중과세라고 할 수 없는 것은, 황실이 5세기 초반 아리우스주의 교회의 소유 부동산을 몰수 한 뒤 이를 라벤나 교회에 무상으로 증여했고 *P. Ital.* 2에 기록된 수입은 무상 증여된 부동산으로부터 나온 것이기 때문이다.[34]

"교회의 모든 자산은 황실의 덕으로부터 온 것"이기에 교회의 자산을 황실의 자산처럼 사용할 수 있다는 유스티니아누스 신칙법(NJ 7)의 의미는 라벤나의 파피루스(*P. Ital.* 2)에 나타난 고율의 세액을 통해 그 의미가 분명하게 밝혀진다.

7세기 라벤나교회의 역사에서도 비슷한 예를 재차 확인할 수 있다. 마우루스(Maurus, 644-671)가 감독좌에 있던 시기, 시칠리아 섬에 있던 라벤나교회 소유 토지를 관리하던 토지 관리자(rector)는 31,000솔리두스의 임대료를 징수해 황실에 15,000솔리두스를 납부한 후 잔액 16,000솔리두스와 함께 밀 50,000모디우스(Modius, 1모디우스는 약 11.7리터)를 라벤나교회로 보냈다.[35] 이 정도의 밀은 2,000솔리두스의 가치가 있었다.

황실에 납부하던 세금은 연례적인 것이었다. 50,000모디우스를 2,000솔리두스로 환산한다면, 라벤나교회는 시칠리아에 있던 교회 소유 토지에서 54.6%인 18,000솔리두스를 교회 재정에 보탤 수 있었고 45.4%인 15,000솔리두스를 국가에 세금으로 납부했다. 그런데, 이번 경우 역시 라벤나교회에 대한 혹독한 중과세로 볼 수 없다.

라벤나의 여러 대토지들(massae 또는 fundi)이 라벤나교회로 소유권이 이전됐고, 황실 사유 재산부(Res Privata)의 상당량의 토지도 장기 임대차 계약(emphyteosis)를 통해 라벤나교회의 관리 하에 들어왔기 때문이다.[36] 황실은 여러 수단을 통해서 라벤나교회에 특혜를 부여했고 유스티니아누스의 신칙법(NJ 7)의 맥락에서 라벤나교회의 토지를 공적 자산으로 간주하고 중과세했던 것이다.

비잔틴 로마제국은 마태복음 19:21과 25:35-40절 말씀에 근거해 작성된 신자들의 유언장을 경건한 기관들이 성실하게 이행하도록 강제규정을 제정하기도 했다. 유스티니아누스는 증여자나 피상속인이 가난한 자를 위한 용도로 증여나 상속을 하는 경우 기독교적 기관은 수증 혹은 상속한 물건을 반드시 '거룩한 목적'(piae causae)에 맞게 사용해야 한다는 취지의 칙법을 545년 공포했다(NJ 131).[37]

피상속인이 유언장에 교회 건축이나 구빈원, 보육원, 호스텔의 건축을 명시한 경우 5년의 기간 내에 유언을 이행해야 한다. 병원의 경우는 보다 신속하게 유언을 실행에 옮기도록 1년 이내에 건축하도록 규정한다. 전쟁 포로 석방이나 가난한 자들을 위한 식량 공급이 유언장에 명시된 경우 사안의 위급함 때문에 지체 없이 유언을 이행하도록 했다.

증여자나 피상속인의 뜻을 이행하는 것은 지역 교회 감독의 책임 하에 됐다. 만약 이런 규정을 어긴다면, 증여나 상속의 권리가 무효가 되는 엄중한 제재가 뒤따랐다. 유사한 방향의 규정이 메로빙거 및 카롤링거 시대의 서방교회회의에서도 확인된다.

511년 오를레앙교회회의는 사회적 약자를 위한 기부금을 다른 용도로 사용하는 감독에 대해 "(감독)직위의 상실(sub periculo sui oridinis)"로 엄벌할 것을 결의한다. 6세기의 여러 교회회의에서 이런 제재는 여러 번 확인되고, 보다 후대인 816년에 열린 교회회의는 사회적 약자 모두를 받아들이지 않는 감독을 "가난한 자들의 살인자(necator pauperum)"로 규정한다.[38]

특정 빈민 보호 시설로 하여금 다른 보호 시설을 운영하게끔 강제한 특이한 예도 있다. 보육원이었던 성(聖) 바울사도원(使徒院, apostoleion)이 성(聖) 조티코스(Zoticos)의 나병원 운영을 떠맡은 경우다.[39] 성 바울사도원은 콘스탄티우스 2세 시절 조티코스가 콘스탄티노플에 설립한 것으로 알려진 보육원이다. 황제 유스티누스(Justinus) 2세(565-578)와 황후 소피아는 이 보육원을 위해 교회를 건축해 줬고 보육원에 연간 임대 수입 443 솔리두스에 해당하는 부동산을 선물했다.

그러나, 황실의 호의에는 엄격한 단서가 붙어 있었다. 그것은 보육원의 임대수입으로 성 조티코스가 설립한 나병원의 환우를 돌보는 데에 필요한 물품을 제공하도록 조치한 것이었다.[40] 6세기 후반 나병원의 규모는 정확하게 알려져 있지 않지만 이런 강제 규정은 보육원에게 커다란 부담으로 작용했을 것이다.

321년 콘스탄티누스가 교회에 상속권을 허용한 이래로 민심 속에서 꽃핀 신심(信心)이야말로 5-6세기에 폭발적으로 분화한 각종 병원과 기독교 경제의 기반이 됐다. 4-5세기는 소위 위대한 교리 논쟁의 시대이기도 하지만, 동시에 "지극히 작은 자 하나에게 한 것이 곧 나에게 한 것"(마 25.40)이라는 예수 그리스도의 말씀을 따라 사회적 약자를 도우며 하늘나라에 보화를 쌓고자 하는(마 19.21) 믿음의 메아리가 지중해를 뒤흔든 정신 혁명의 시기이기도 하다. 사회적 약자들의 고통은 그리스도의 고통이나 다름없었고, 그런 자를 돕는 것은 거지가 되신 만왕의 왕을 따르는 제자의 참된 길이었다.

그리스도가 명령한 몇 구절 말씀을 영혼과 골수에 새긴 결과 생성된 파피루스 행정 문서들을 다시 한 번 떠올려 보는 것이 도움이 될 것이다.[41]

이집트의 부동산 거부 플라비오스 테오도로스는 엄청난 규모의 부동산을 쉐누트의 백색수도원에 기부하면서 "모든 연 수입과 임대료"를 "경건한 사업"(eis eusebeis diadoseis)에 사용해 달라고 유언장에 기록했다.⁴²

압바 아폴로의 수도원에서 발행한 한 영수증에는 임대료를 "병자들"을 위해서 사용해야 한다는 단서가 붙어 있다.⁴³ 해당 토지를 증여 혹은 피상속한 자는 증여 혹은 피상속을 하면서 수납 임대료를 "병자들"을 위해서 사용해 달라는 단서를 붙였을 것이다. 577-579년 사이에 세상을 떠난 아피온 2세의 상속인들이 압바 엘리야의 "거룩한 병원"에 약 14톤의 밀을 헌물한 후 발급받은 영수증(*P. Oxy.* XVI 1898)도 기독교적 정신 혁명의 산물이다.

하디(E. R. Hardy)는 아피온의 상속자들이 피상속자의 유언에 따라 매년 이 헌물을 드렸을 것이라고 추측했다.⁴⁴ 이 외에도 그리스도와 순교자와 대천사를 상속자로 정하는 유언장이 많았기에 이에 대한 조치로 유스티니아누스 황실은 관련 칙법을 공포하게 됐다(CJ 1.2.25, NJ 131).⁴⁵

보이는 것은 보이지 않는 것으로부터 말미암는다. 4-6세기 지중해인들이 언젠가 닥쳐올 죽음의 순간을 예견하며 한 줄 한 줄 써내려갔던 유언장은 그들의 마음이 땅의 도성이 아니라 사람의 손으로 만들지 않은 하나님의 도성으로 향하고 있었음을 증언한다.

눈에 보이지 않는 영혼의 내면은 각종 병원의 폭발적 분화와 이를 경제적으로 뒷받침해 주려는 황실의 법률 정책을 통해 외연(外延)됐다. 문명의 상상력은 영혼의 향방에서 나온다. 6세기 각종 병원과 법률이 묘사한 독특한 상상력은 그리스도의 말씀 몇 구절을 뼈 속 깊이 간직한 거짓 없는 믿음에서 나온 사랑의 결과물이 아닐 수 없다.

4. 콘스탄티노플의 삼손병원 (ξενών)

콘스탄티노플의 삼손병원의 기원에 대해서는 다그롱(Dagron)이 선도적으로 연구한 바 있다.[46] 밀러(Miller)는 이를 수용하면서 비잔틴 중세 이후 몰락까지의 삼손병원의 역사적 자취를 탐구했다.[47] 『삼손의 생애』는 두 개의 판본이 전해져 내려오지만 연대기적으로 혼란스러운 정보들이 섞여 있어 비판적인 읽기가 요구된다.[48]

다그롱의 연구에 따르면, 삼손은 의사로서 콘스탄티노플의 감독 마케도니오스와 부제 마라토니오스에게 영향 받은 인물이다. 이들 두 인물은 350년대에 수도 콘스탄티노플에 기독교 보호 시설을 세우면서 기독교 복지를 주도해 나갔던 자들이었다.

마라토니오스는 마케도니오스가 감독좌에서 쫓겨 난 이후에도 지속적으로 콘스탄티노플의 수도적 삶에 커다란 영향을 끼쳤고 의사 삼손도 마라토니오스의 영향력 아래 있었다. 삼손은 적어도 350-360년대에 콘스탄티노플에 병원을 세워 운영했던 것으로 보이며, 테오도시우스 황제가 콘스탄티노플에 입성하는 380년 12월 전에 세상을 떠났을 것이다.

다그롱과 밀러가 이런 입장을 견지하는 이유는 의사 삼손의 시신이 아리우스주의 순교자인 성(聖) 모키우스(Mokios) 예배당에 안치됐기 때문이다. 콘스탄티노플의 감독좌는 마케도니오스 이후에도 지속적으로 아리우스주의자들의 영향 아래 있었고 370년대에는 아리우스주의자 데모필로스가 감독으로 재임했다.

380년 12월 삼위일체 정통주의 황제 테오도시우스가 콘스탄티노플에 입성하면서 테모필로스가 축출됐고 아리우스주의자들은 콘스탄티노플의 성벽 바깥쪽에서만 예배드리도록 허가를 받았다. 콘스탄티노플의 아리우스주의자들은 이후 성(聖)모키오스(Mokios)예배당을 주된 거점으로 삼아 예배와 모임을 지속했고 의사 삼손의 시신을 이곳에 안치했을 것이다.

의사 삼손은 350-360년 경 자신의 진료소를 호스텔병원(xenon)으로 개조해 질병에 걸린 사람들을 받아들였을 것이다. 물론 그의 호스텔병원은 마케도니오스와 마라토니오스가 펼친 가난한 자들을 위한 구제 사업의 일환이었을 것이다.

그런데, 테오도시우스 황제의 도래 이후로 니케아-신니케아파가 정통주의로 확립되고 아리우스주의는 이단으로 정죄되면서 삼손병원은 성소피아교회의 부속 기관이 됐다. 날이 갈수록 삼손병원의 명성이 높아갔고 450년 중반 성(聖) 소피아교회로부터 행정적으로 재정적으로 독립하게 됐을 것이다.[49]

삼손병원에 대한 구체적인 역사는 6세기 이후 여러 자료를 통해서 본격적으로 확인되기 시작한다. 프로코피오스는 532년 콘스탄티노플의 니카(Nika) 폭동 때에 삼손병원과 성 소피아교회가 함께 파괴됐다고 보도한다.[50] 유스티니아누스 황제는 폭동으로 파괴된 삼손병원을 재건했다. 6세기에 삼손병원의 명성과 권위는 이미 확고하게 자리 잡았던 것으로 보인다. 536년 콘스탄티노플의 대(大)감독좌에 오른 메나스(Menas)는 삼손병원의 운영을 책임지던 크세노도코스(xenodochos, 병원장)였다.

삼손병원이 커다란 명성과 권위를 갖고 있었다는 증거는 유스티니아누스 황제가 공포한 칙법을 통해서도 확인된다. 유스티니아누스 황제는 537년 11월 3일 콘스탄티노플 시민들의 장례 비용을 어떻게 지급할 것인가를 새롭게 규정하는 법률(NJ 59)을 공포한다. 이 신칙법(新勅法)을 통해 유스티니아누스 황제는 1100개의 수공업장에서 나오는 세금을 전액 성(聖) 소피아교회의 보호감들(defensores)과 청지기들에게 주도록 규정한다.

성 소피아교회의 보호감들과 청지기들은 이 세금을 받아 콘스탄티노플 시민들의 장례 비용을 지급해야 한다. 청지기들은 300개의 수공업장에서 납입하는 세금을 받아, 장례식을 직접 치르는 해당 인물들에게 매월 400 노미스마타를 지급해야 하고, 장례용 찬송을 부르는 성가대에 월 36노미스마타를 지급해야 한다.[51]

장례를 담당하던 자들은 『판토크라토르 티피콘』에서도 확인할 수 있듯이 사제와 매장꾼으로 구성돼 있었을 것이다. 뒤에서 밝히겠지만 12세기의 자료인 판토크라토르병원의 규모는 입원 환자 50명에 장례 예식 담당 사제가 1명, 매장꾼이 4명이었다.

> NJ 59 (3항). (성 소피아교회의 청지기들은) 삼손병원(xenon)의 병원장(xenodochos) 에우게니오스와 여러 호스텔병원들(xenones)에서 장례를 인도하는 자들에게도 몫을 지급해야 한다. 청지기들이 6개월마다 지급해야 하는 비용을 지불하지 않을 경우, 그들은 관계된 자들에게 연 4%의 이자를 (추가로) 지급해야 한다. (4항). 청지기들이 지불하지 않으려고 고집을 피운다면, 이자와는 별도로, 그들은 직위를 상실할 것이다. (4항 1) 친척들이 더 성대한 장례를 원하지 않는 한 장례식은 무료로 치러줘야 한다. (5-6항). 이 경우 장례 예식을 담당하는 자들에 대한 보수는 이동 거리에 준해 지급한다. (7항). 어느 누구도 자신의 비용으로 장례식을 치르지 않도록 해야 한다. 이를 어길 때는 법의 처벌을 받을 것이다. 이와 같이 죽음 앞에서 부유한 자나 가난한 자에게 차별이 없을 것이다.[52]

신칙법(Novellae) 59는 537년 삼손병원에 대한 구체적인 정보를 알려준다.

첫째, 당시의 병원장은 에우게니오스이다. 다른 자료에서는 알려진 바가 없는 인물이다. 그는 536년 콘스탄티노플의 대감독좌에 오른 메나스(Menas)의 후임으로 삼손병원의 책임을 맡았을 것이다.

둘째, 중요한 정보는 삼손병원과 콘스탄티노플의 다른 병원들에 장례 예식을 인도하는 자들이 소속됐었고 성 소피아교회는 이들 장례 예식 담당자들에게 급료를 지급해야 한다는 사실이다.

급료는 6개월 단위로 지급하도록 됐었고, 급료가 체불되면, 연 4%의 지연 이자를 추가로 지급해야 했다.[53] 오늘날 우리나라의 근로 기준법보다 앞선 측면이 있다. 현행 근기법은 재직 시의 임금 체불에 대해서는 지연 이자를 지불하지 않고 퇴직 시의 임금 체불에 대해서만 지연 이자를 지급한다.[54]

반면, 신칙법(Novellae) 59에서는 장례 예식 담당자들의 재직 시 임금 체불에 대해서 지연 이자를 지급하도록 규정했다. 더불어 급료 지불이 지연될 경우 성 소피아교회의 해당 청지기는 직위가 해제 될 수도 있었다. 급료 지급에 대한 상세한 규정은 없지만 매장 장소까지의 거리에 따라서 차등 지급 됐다.

셋째, 59항 7항은 기독교 제국이 갖고 있던 장례 규정의 일반적 원칙을 소개한다는 점에서 주목할 만하다. 장례 비용은 국가에서 부담하며, 시민 중 어느 누구도 자신의 비용으로 장례를 치르지 않도록 하며, 좀 더 화려한 장례를 원하는 경우에만 추가 비용을 친척들이 지불해야 한다(4항 1).

장례에 대한 신학적인 견해가 7항에 언급돼 있다. "죽음 앞에서 부유한 자나 가난한 자에게 차별이 없으므로," 국가가 비용을 부담하고 병원들은 모든 사람에게 동등한 방식으로 장례를 치러 줘야 한다.

넷째, 이 칙법(NJ 59)은 장례가 삼손병원의 중요한 기능 중의 하나임을 보여준다. 이 칙법은 아쉽게도 삼손병원의 의료적인 부분에 대해서는 전혀 언급하지 않고 오직 장례에 대해서만 다룬다. 다른 병원들의 이름이 구체적으로 기록돼 있지 않고 오직 삼손병원만이 명시적으로 언급된다는 측면에서 콘스탄티노플의 기독교장(葬)을 주도하던 곳이 삼손병원이었다고 추론할 수 있다.

무연고 시신의 장례나 가난한 자들의 장례는 1-3세기 기독교인들이 중시했던 자선 행위 중의 하나였다. 신칙법 59는 4세기 이후 기독교적 병원 역시 이생에 작별을 고하는 마지막 예식인 '장례'를 가장 중요한 기능 중의 하나로 간주하고 있음을 보여주고, 나아가 삼손병원이 콘스탄티노플에서 가장 중요한 병원임을 드러내는 예도 될 것이다.

유스티니아누스 황제가 545년 3월 18일 공포한 신칙법(NJ 131)에도 삼손병원이 명시적으로 언급된다.[55] 신칙법 131의 중심적인 주제는 교회나 기독교 자선 기관에 대한 유증이나 상속을 집행하는 것이다. 유언장이 교회, 호스텔병원, 구빈원 등의 경건한 기관들을 건축하도록 명시한 경우 교회나 보육원은 5년, 병원이나 구빈원은 1년 이내에 건축해야 한다(10항).

유스티니아누스는 신칙법 131을 통해 교회와 기독교적 기관에 대한 상속 문제를 다룬 이후 마지막 부분에서 콘스탄티노플의 조티코스 보육원과 함께 삼손병원이 성 소피아교회가 누리는 모든 특권을 향유할 것이라고 규정한다. "콘스탄티노플의 거룩한 보육원과 삼손병원, 그리고 이 두 기관에 부속돼 있는 기도처들, 호스텔병원들(xenodocheia), 여타 거룩한 기관들은 대(大) 교회(성 소피아교회)와 같은 특권을 향유할 것이다"(15.1항).

이 규정은 삼손병원이 여러 개의 다른 호스텔병원과 기도처 등 종교 기관이나 자선 기관들을 부속 기관으로 거느린 복합 시설로 이미 발전됐음을 보여준다. 밀러는 9세기의 자료인 『에우티미오스의 생애』에 여러 개의 삼손 호스텔병원이 언급된다고 지적한 바 있다.[56] 하지만, 신칙법 59.3과 131.15에서는 삼손병원이 단수로 언급돼 있을 뿐이다.

563년 12월 삼손병원은 화재로 또 한 차례 파괴되지만 곧 재건된다.[57] 6세기 말부터 콘스탄티노플의 의사들이 삼손병원의 환자들을 돌보는 책임을 졌던 것 같다. 8세기 수도자인 시나이의 아나스타시오스는 자신이 행한 설교에서 마우리키오스 황제(582-602) 시대에 일어난 일화를 이야기한다.[58]

이 일화에 따르면, 어떤 강도 두목이 체포돼 콘스탄티노플로 이송됐다. 강도 두목은 콘스탄티노플에 도착하자마자 심각한 열병에 시달리게 됐고 삼손병원(nosokomeion)에서 병상 한 개를 얻는다. 그의 상태는 점점 악화돼 갔는데, 죽기 직전에 성령의 개입하심을 통해 회개하며 죄를 고백한다.

그런데, 시나이의 아나스타시오스의 이야기를 따르면, 콘스탄티노플의 공익 의사(公益醫師, archiatros)가 강도 두목의 치료를 책임지고 있었다. 그는 하나님께서 강도를 용서한 이후 강도가 죽는 꿈을 꿨는데, 꿈 내용을 확인하기 위해 즉시로 일어나 삼손병원으로 달려갔다.

이 일화는 콘스탄티노플의 공익 의사가 삼손병원에서 환자들을 치료하고 있음을 보여준다. 그런데, 뒤에서 살펴보겠지만 판토크라토르병원의 의사들이 격월제로 근무한 것같이 공익 의사도 유사한 방식으로 삼손병원에서 일했을 것이다.

헤라클레이오스 황제(610-41) 통치 시기에 생성된 문헌인 『성 아르테미오스의 기적』에 소개되는 일화를 따르면, 삼손병원은 수술을 할 수 있는 전문적인 의료진을 보유하고 있었다.[59] 성소피아교회에 소속된 스테파노스라는 이름의 부제(副祭)가 고환에 생긴 염증으로 고통스러워했다.

여러 가지 치료를 해 보았지만 별다른 효과가 없자 스테파노스는 삼손병원에서 외래 진료를 받은 후에 "외과 의사들에게 수술을 받기로 한다"(δίδωμι ἐμαυτον ἐπι τῷ χειρουργηθῆναι τοῖς χειρουργοῖς τῶν Σαμψών).

병원 측은 스테파노스에게 "눈 질환을 앓던 환자들이 있는 방의 문 옆에"(πλησίον τῆς πύλης τῶν ὀφθαλμικῶν) 병상 하나를 배당해 줘 입원시켰다. 스테파노스는 3일 동안 냉찜질을 하고 입원 4일째 염증 치료를 위한 수술을 받는다.

스테파노스는 "절개와 소작(燒灼)"(τῆς τομή καὶ καύσις)의 후유증 때문에 너무나 고통스러워 삶을 포기하다시피 했지만 부모의 기도로 건강을 회복해 집으로 돌아온다. 수술은 성공적이었던 것으로 보인다. 그러나, 곧 염증이 재발하자 이번에는 성 아르테미오스의 초월적인 개입을 간절히 기도했고 아무런 고통 없이 염증이 깨끗하게 나았다.

스테파노스의 수술에 얽힌 일화는 7세기 초반 삼손병원이 12세기에 설립된 현대적 개념의 판토크라토르병원과 유사한 시스템을 갖고 있었음을 보여준다.[60]

첫째, 삼손병원은 극도로 가난해 의지할 데가 없는 자들을 수용하던 구빈원의 기능을 넘어서서 외래 환자를 받는 체제를 갖췄다는 점이다. 스테파노스는 부모도 있고 성(聖) 소피아교회의 부제로서 급료도 받았을 것이다. 삼손병원은 경제적 능력을 갖춘 스테파노스를 외래 진료 환자로 받은 다음에 입원시켰다.

둘째, 삼손병원은 수술 시스템을 갖추고 있었다. 스테파노스의 이야기는 4-7세기 기독교병원 관계 자료 중 수술에 대해서 언급하는 최초의 자료다.

셋째, 삼손병원에는 안질환을 다루던 방이 존재했고 스테파노스는 이 방에서 3일 동안 냉요법을 한 이후에 수술을 받았다. 이런 사실은 안과 질환자들과 내과 수술을 요하는 자들이 같은 분과에 입원해 있음을 보여준다. 삼손병원은 판토크라토르병원과 유사한 시스템을 갖췄었다.

판토크라토르병원은 5개의 입원실을 구비하고 있었는데, 첫 번째 분과는 외과 수술을 위한 환자들의 입원실이었고, 두 번째 분과는 안과 질환과 장기(臟器) 치료를 필요로 하는 환자들을 위한 입원실이었다.[61] 판토크라토르병원의 세 번째 입원실은 여성 전용으로 12개의 병상이 할당됐다.

나머지 두 개의 입원실은 기타 질병에 걸린 환자들을 위한 것이었다. 이 외에도 외래 진료소가 있었는데, 일반의(醫) 두 명과 외과의(醫) 두 명이 외래 진료소에 할당됐다.[62] 판토크라토르병원에 대해서는 뒤에서 자세하게 다룰 것이다.

삼손병원은 9-10세기 자료에도 계속 언급된다.[63] 9세기에 만들어진 『황실예식서』(*De Cerimoniis*)에 따르면, 테오필로스병원(xenon)의 병원장(xenodochos)에 뒤이어 삼손병원의 병원장(xenodochos)이 입장한다. 9세기말 『성소피아 교회의 티피콘(*Typikon*)』은 삼손병원을 "위대한 병원(xenon)"으로 언급한다.

10세기에 이르러 병원의 설립자 삼손이 일으킨 11개의 기적을 서술한 『기적 이야기』(*The Miracle Tales*)가 저술된다. 『기적 이야기』에 보도되는 여러 가지 일화에 따르면, 4세기의 삼손병원에 이미 외래 환자 진료 및 입원 시스템이 존재했다.[64] 아홉 번째 기적은 게오르기오스라는 인물에 얽힌 일화인데, 그는 수종(水腫)에 걸렸고 한 개의 병상을 할당받았다. 열 번째 기적은 어떤 여성 환자에 얽힌 이야기다. 그녀의 남편은 삼손병원에서 일하던 사제였다. 이 여인 역시 삼손병원에 입원해 치료를 받는다.

삼손병원의 환자 중에는 비잔틴 관료 중 가장 높은 항렬인 '파트리키오스'(patrikios)에 속하는 인물도 있었다. 『기적 이야기』의 열세 번째 기적의 주인공인 바르다스(Bardas)다. 로마노스 황제는 바르다스를 신임했고 그에게 삼손병원을 책임지는 크세노도코스의 직위를 수여했다. 바르다스는 이 직위를 수여받은 직후 심각한 폐병에 걸리게 된다.

바르다스와 삼손병원의 관계는 특별한 것이었지만, 바르다스가 마음만 먹는다면, 콘스탄티노플에서 가장 유명한 의사들을 집으로 불러 치료를 받을 수도 있었다. 하지만, 그가 삼손병원에 입원해 치료받는 길을 선택했던 것은 이 병원이 당시 최고의 의술을 갖고 있었기 때문일 것이다.

열세 번째 이야기는 삼손병원의 행정 책임자의 직책도 언급한다. 매년 삼손병원의 창립 기념일이 되면, 성 모키오스교회에서 축하 연회가 열리는데, 이 때 삼손병원의 병원장(크세노도코스)과 의사들 외에도 총무 역할을 담당하는 서기들(chartoularioi)이 참여한다. 서기들은 크세노도코스와 함께 병원 소유 부동산의 매매, 임대, 교환 등에 대해 결정을 내리던 인물들이다. 병원장과 서기들은 오늘날 의료 재단의 이사회 역할을 담당했다.

11-12세기의 삼손병원이 어떠했는가를 알려주는 자료는 존재하지 않는다.[65] 황실에서 후원해 세운 병원들이 삼손병원과 경쟁했겠지만 삼손병원은 콘스탄티노플에서 가장 오래된 병원으로서의 명성을 잃지 않았다. 1200년에 러시아 수도자 안토니오스라는 인물이 콘스탄티노플을 방문하는데, 그는 삼손병원을 가장 거룩한 장소로 생각했다.

삼손병원은 1204년 제4차 십자군 전쟁을 계기로 8백년간 이어져 온 역사의 막을 내린다. 제4차 십자군은 삼손병원을 약탈했고 서방 사람들을 위한 병원으로 개조해서 사용했다. 1244년 6월 6일 인노켄티우스 4세가 쓴 편지에 삼손병원이 마지막으로 언급돼 있다. 이 편지에 따르면, 이 당시 성전 기사단이 삼손병원을 장악했고 서방병원으로 재조직했다.

비잔틴 사람들은 1261년 콘스탄티노플을 탈환한 후 삼손수도원을 재건한 것 같지만 병원을 재건하지 못했던 것 같다. 제4차 십자군이 콘스탄티노플을 함락시켜 약탈하고 오스만 투르크가 소아시아로 진격한 여파로 과거 삼손병원이 소유하고 있던 대규모 부동산의 소유권을 회복할 수가 없었기 때문이다.

5. 6세기의 기타 비잔틴병원

주상성인 여호수아는 501-502년 시리아를 덮친 기근을 묘사하면서 에데사(Edessa)에 설립된 병원에 대해서 이야기한다.[66] 극심한 기근이 시리아를 덮쳤고 많은 사람들이 굶주림과 병으로 죽어갔다. 곧 두 명의 사제가 에데사교회에 부속된 형태로 병원을 설립했는데, 많은 병자들이 입원했고 입원자 중 사망자가 다수 나왔다. 사제들은 사망자 시신을 여행객을 위한 호스텔(크세노도케이온)에서 죽은 사람들과 함께 매장했다. 에데사교회에 부속된 병원은 병에 걸린 자들만을 치료하던 공간이었고, 호스텔과는 다른 별도의 시설이었다.

황제 유스티누스 1세(518-527)는 삼손병원에서 멀지 않은 곳에 에우불로스(Euboulos)병원(xenon)을 세운다. 이 병원의 활동을 알 수 있는 자료는 거의 없다. 유스티누스 2세는 단성론자인 에페수스의 요안네스를 에우불로스병원에 감금하기도 한다.[67]

이처럼 6세기부터 병원이 인신(人身)을 구금하는 감옥의 용도로 사용되기 시작한다. 에우불로스병원은 532년 니카 폭동 때에 삼손병원과 함께 화재로 소실됐다. 당시 이 두 병원에 입원해 있던 환자들은 미처 탈출하지 못하고 화마(火魔)에 희생됐다.

프로코피오스는 유스티니아누스 황제가 예루살렘에 있는 테오도코스교회 옆에 두 개의 호스텔병원(ξενῶνες)를 세웠다고 보도한다.[68] 이 중 한 병원은 가난한 사람들을 위한 보호 시설로 사용됐다. 스키토폴리스의 키릴로스 역시 유스티니아누스가 예루살렘에 세운 병원에 대해서 언급한다. 그의 보도를 따르면, 유스티니아누스는 본래 1백 개의 병상을 갖춘 병원(νοσοκομεῖον)을 계획했으나 후에 2백 개 병상을 구비하는 것으로 규모를 확대했다. 이 병원은 질병에 걸린 순례자들을 돌보기 위한 것이었다. 이 외에도 유스티니아누스 황제는 삼손병원(xenon)을 신축하고 부근에 두 개의 보호 시설을 설립한다. 이에 대해서 프로코피오스가 보도하는 바를 다음과 같다.

> 이 두 교회(에이레네교회와 대교회-성 소피아교회) 사이에 가난하고 중한 병으로 고통 받는 자들, 즉 재산도 건강도 잃고 고통 받는 자들을 위한 호스텔병원(ξενών)이 있었다. 이 호스텔병원은 삼손이라는 경건한 인물이 예전에 세운 것이었다. 그런데 폭동을 일으킨 자들은 호스텔병원에도 손을 댔다. 호스텔병원은 양쪽에 있던 교회와 함께 화재로 파괴됐다. 유스티니아누스 황제는 그것을 재건축해 아름다운 구조와 더 많은 방들을 구비한 보다 훌륭한 건물을 지었다. 동시에 후한 연수입을 얻도록 토지를 하사해 고통 받는 자들 중 병자들이 항상 돌봄을 받을 수 있도록 했다. 황제는 하나님을 섬기는 데에 있어서 결코 지치거나 피로해 하지 않았다. 그는 이 호스텔병원 맞은편에 두 개의 호스텔병원(ξενῶνες)을 설립했는데 각각 '이시도로스의 집'과 '아르카디오스의 집'이라고 불린다. 황후 테오도라는 황제와 함께 이 모든 거룩한 임무를 이뤄냈다.[69]

바르사누피오스와 요안네스의 『편지』에 따르면, 6세기 초반 가자(Gaza)의 수도원장 세리도스(Seridos)는 수도자들을 찾아오는 가족들과 환자들과 기타 방문객을 위해 호스텔병원(ξενοδοχεῖον)을 세웠다.[70] 일반적인 비잔틴의 용법처럼 이 기관에 대해서는 호스텔병원(ξενοδοχεῖον) 혹은 병원(νοσοκομεῖον)이란 표현이 혼용된다.

세리도스의 병원(νοσοκομεῖον)은 외래 환자를 맞아들이기도 했는데, 필요할 경우 약이나 재정적인 도움도 제공했으며,[71] 중병에 걸린 환자들에게 형제들의 수실을 제공하기도 했다.[72] 바르사누피오스와 요안네스의 한『편지」는 투약 등의 지식을 갖춘 다른 사람들이 각각의 환자들을 돌볼 수 있을 때에 수도자가 병원을 떠나 일과기도에 참여할 수 있는지를 질문한다.[73]

이 편지로 미루어 보면, 4세기 카파도키아의 카이사레아에 세워진 구빈병원 '바실레이아스'처럼 세리도스의 수도원에서도 수도자들이 간호사로서 환자들을 돌보았다. 아울러 문맥 상, 수도자 간호원 외에 평신도 간호자가 있었던 것으로 보인다. 세리도스는 원로들로 구성된 수도원 고문단의 자문을 구해 병상에서 회복 중이던 가자의 도로테오스(Dorotheos)에게 병원장의 책임을 맡겼다.[74]

도로테오스가 바르사누피오스에게 보낸 한 편지에 따르면, 도로테오스는 의학서를 통해 당시의 의술을 익혀 손수 병원(νοσοκομεῖον)의 환자들을 돌보았다.[75] 바르사누피오스는 의술과 믿음이 상반되는 것이 아님을 지적하면서 의술을 사용한다 해도 모든 치료는 하나님께로부터 오는 것임을 강조한다.

4세기에 조티코스(Zoticos)가 설립했다고 알려진 나병원에 관한 자료는 대부분 후대에 생성된 것이고 전설적인 색체가 짙다. 반면, 다른 전통에 따르면, 조티코스의 나병원(leprosarium)은 황제 유스티누스(565-578)과 황후 소피아가 세운 것이다.[76]

황제 유스티누스가 나병원을 세운 뒤 운영을 조티코스에게 맡겼고 이 때문에 이 병원은 조티콘(Zoticon)이라고 불렸다. 조티코스의 나병원은 7세기 슬라브 족들의 침입 시에 화재로 소실됐다가 헤라클리오스 황제에 의해 624년 재건됐다. 그 이후에도 몇 차례 파괴되고 재건된 뒤 13세기까지 존속했다.

6. 7-11세기의 비잔틴병원

7-11세기 비잔틴병원에 대한 정보는 4-6세기나 12세기에 비해 상대적으로 제한적이다.[77] 그러나, 이 시기에도 기독교 보호 시설들이 계속 설립됐다. 크레타의 감독 안드레(†740)는 본래 콘스탄티노플에 있던 한 보육원과 보호 시설의 책임자로 봉사했다.

그러다가 크레타 섬의 감독 선거에 뛰어 들면서 자신이 손수 비용을 조달해 호스텔병원을 설립했다. 니코메디아의 테오필락토스(†845)의 경우 니코메디아교회 감독으로 선출된 뒤에 호스텔병원을 설립했다. 이 병원에는 의사와 간호사 등 의료팀이 존재했다.

성상 파괴주의자였던 황제 테오필로스(830-842)는 콘스탄티노플에 병원을 세우고 자신의 이름을 따라 '테오필로스병원'(xenon)으로 명명했다. 테오필로스는 이 병원에 막대한 양의 부동산을 증여해 수입원을 마련해 줬고 여러 가지 특권을 허락했다.

9-10세기 콘스탄티누스 7세 때의 『황실예식서』(De Cerimoniis)에 따르면, 콘스탄티노플의 모든 병원장(xenodochoi) 중에서 테오필로스병원장(xenodochos)이 제일 먼저 입장하며, 뒤이어 삼손병원의 책임자가 입장한다.[78]

10세기에는 황제 로마노스 1세가 미레라이온(Myrelaion)병원을 설립했고, 콘스탄티누스 7세는 페트리온(Petrion)병원을 설립했다. 11-12세기에도 계속 새로운 병원이 생겨난다.[79] 콘스탄티누스 9세(1042-1055)는 성(聖) 게오르기오스 트로파이오포로스(Georgios Tropaiophoros)에게 수도원을 헌정하면서 부속병원인 망가나병원(Mangana Xenon)을 설립했다.

이 시기의 병원에 대한 자료는 일화적이고 단편적인 것밖에 없다. 12세기에 설립되는 판토크라토르병원은 『티피콘』(*Typikon*)덕분에 병원의 구조와 운영이 자세하게 알려져 있으므로 별도로 다룰 가치가 있다.

7. 판토크라토르병원(Pantocrator xenon)

황제 요안네스 2세 콤네노스와 황후 이레네는 1136년 콘스탄티노플에 판토크라토르(Pantocrator)수도원을 설립한다. 이 수도원에는 여러 종류의 보호 시설들이 부속됐다. 콘스탄티노플은 동방 제국의 수도였고 여행객과 순례자들이 끊임없이 밀려드는 도시였다.

황제는 이 중요한 도시에 호스텔병원, 구빈병원, 노인 구호 시설 등 다양한 자선 기관들을 세워 도시의 필요를 충족시켜야 했다. 판토크라토르수도원 복합 시설도 이런 필요를 충족시키기 위한 일환으로 설립됐다. 판토크라토르수도원 복합 시설의 역사를 알려주는 중요한 자료가 있다.

판토크라토르의 운영 지침과 금전 및 현물 지원을 담은 요안네스 콤네노스의 『판토크라토르 티피콘』(*Typikon*)이다. 『판토크라토르 티피콘』은 판토크라토르병원의 다양한 기능과 의료 인력, 환자 관리 등에 대한 규정을 담고 있어 중세 비잔틴 의료에 접근할 수 있는 중요한 통로가 된다.[80]

판토크라토르수도원의 구호 시설은 병원(ξενών)과 여행객 및 순례자를 맞아들이던 호스텔(γηροκομεῖον)로 구분됐다. 약품을 제조하던 곳이 노소코메이온(νοσοκομεῖον)으로 지칭됐는데, 아마도 수도자들을 위한 의무실인 동시에 제약소였던 것 같다.[81] 이 외에도 분리돼 있는 나병원이 존재했다.

판토크라토르병원(xenon)는 총 50명의 환자를 수용하도록 설계됐고 다

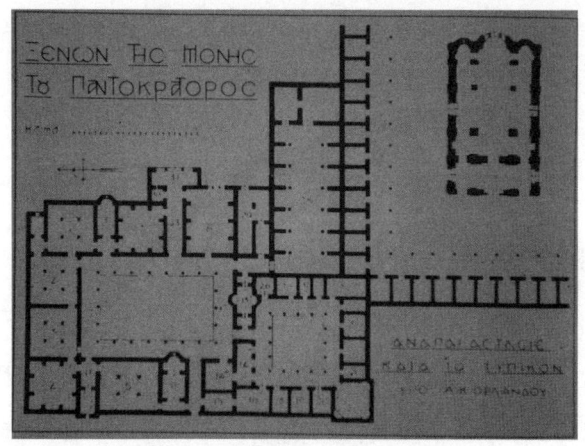

<도판 18. 판토크라토르병원의 평면도>

섯 개의 '방(입원실)' 혹은 '분과'(όρδινος)로 분할됐다(도판 18).[82] 각 분과는 환자들의 수요에 따라 줄이거나 늘릴 수 있었을 것이다. 첫 번째 분과는 외상 환자 입원실로 10개의 병상이 할당됐고, 두 번째 분과는 안질과 장기(臟器) 치료를 요하는 환자들의 입원실로 병상이 8개였다.

세 번째 분과는 여성 전용 입원실로 12개의 침대가 구비됐으며, 나머지 두 개의 입원실은 기타 질병에 걸린 환자들을 위해 각각 10개의 침대가 있었다. 여기에 응급 상황을 대비해 입원실마다 한 개의 보조용 침대를 더 뒀다. 또 분명하게 언급되지는 않지만 구멍이 뚫려 있는 침대 6개가 각방에 배분돼 있었으므로 총 61개의 병상이 놓였다. 하지만, 판토크라토르의 운영 지침은 50개의 병상을 기준으로 했다.

판토크라토르병원은 잘 조직된 의료팀으로 50명의 환자를 돌봤다. 폴 고티에(P. Gautier)는 이에 대해서 상세하게 종합했다.[83] 남자 환자들을 위한 각각의 입원실에는 두 명의 의사와 세 명의 보조원, 두 명의 추가 보조원, 잡역부 2명 등이 근무한다.

이렇게 하여 4개의 방에 분산된 총 38명의 환자들을 위해 36명의 의료 인력이 언급된다. 여자 환자들을 위한 방에는 두 명의 의사와 한 명의 여의사, 4명의 보조원, 2명의 추가 보조원, 두 명이나 혹은 세 명의 잡역부 등 총 11-12명의 의료 인력이 12명의 여성 환자를 돌본다.

여기에 다섯 개 입원실 전체를 돌보는 탈장 수술 전문의가 한 명 있었다. 이렇게 하여 48-49명의 의료 인력이 5개의 방을 담당하며, 50명의 환자를 돌봤으므로 환자 대 의료팀의 비율은 거의 1:1에 이른다. 입원 환자들 외에 외래 진료를 전담하는 의료팀이 별도로 구성됐다.

외래 진료를 담당하는 의료 인력의 규모는 일반의(醫) 2명, 외과의(醫) 2명, 보조원 4명, 추가 보조원 4명 등 총 12명이었다. 다섯 개 입원실과 외래 진료과를 합산하면, 총 60-61명의 의료 인력이 판토크라토르병원에서 근무했다. 그런데, 폴 고티에는 『판토크라토르 티피콘』을 상세하게 분석하면서 63명 혹은 더 정확하게 65명의 의료팀이 있었다고 결론 내린다.[84]

폴 고티에는 의료 인력의 규모를 설명한 뒤에 병원이 어떻게 조직됐는가를 해설했다.[85] 두 명의 외과 의사장(醫師長)은 중상 환자들을 위한 방을 담당한다. 또 다른 두 명의 의사(protomenitas, 혹은 醫師長)는 안(目)질환과 내장을 전문으로 치료한다.

일반 환자들을 위한 두 개의 입원실에는 각각 두 명 씩 총 4명의 일반의가 있었다. 외래 진료소에는 일반의(醫) 두 명과 보조 의사로 분류되던 외과의(醫) 두 명이 할당됐다. 보조 외과의(醫) 두 명은 때로 여성 전용 입원실에서 근무할 수도 있었다.

여성 전용과는 두 명의 남자 의사와 한 명의 여자 의사로 구성됐다. 두 명의 남자 의사는 보조 의사였고, 수도원 의무실에서 수도자 환자들을 돌보기도 했다. 이렇게 다섯 개의 분과를 책임지는 의사들은 분과마다 2명씩 있었다.

황제 요안네스 콤네노스는 각 입원실을 책임진 2명의 의사들에 대해 격월제 근무를 규정한다. 의사들의 격월제 근무는 다른 자료에서는 확인되지 않지만, 7세기의 『성(聖) 아르테미오스(Artemios)의 기적』에서 비교할만한 예가 제공된다.[86] 어떤 사람이 병에 걸려 호스텔병원으로 와서 그 달에 근무하고 있던 의사장(醫師長)과 남자 보조원(hypourgoi)의 치료를 받는다. 그런데, 그 도시의 모든 의사들은 순번제로 돌아가면서 한 달 씩 호스텔에서 근무하도록 됐다. 요안네스 콤네노스가 판토크라토르병원의 의사들에게 격월제 근무를 규정한 것도 『성(聖) 아르테미오스(Artemios)의 기적』에서 이야기되는 전통과 어느 정도 연관이 있을 것이다.

하지만, 보조 의사들과 한 명 밖에 없는 여자 의사도 격월제인지는 확실하지 않다. 여자 의사의 경우 동료 남자 의사들이 받는 보수의 절반을 받았다. 탈장(脫腸) 수술 전문의가 한 명 있었음은 앞에서 언급했다. 또 격월제로 근무하는 두 명의 관료들은 매일 50명의 환자들을 관찰했다.

위에서 보조원들을 언급한 바 있는데, 보조원(hypourgos)의 역할은 오늘날 병원의 간호원과 유사하다. 남자 보조원뿐 아니라 여자 보조원도 있었으며, 정식 보조원과 추가 보조원으로 구분됐다. 남자들을 위한 4개의 입원실에는 정식 보조원 3명과 추가 보조원 2명이 일했으며, 여성 전용 입원실에는 정식 보조원 4명과 추가 보조원 2명이 있었다.

외래 진료소에는 정식 보조원 4명과 추가 보조원 4명이 일했으며, 이들 중 정식 보조원과 추가 보조원 각각 1명씩은 수도원의 의무실에서 1개월씩 순차적으로 근무했다. 주간 의료 서비스 외에 야간 의료 서비스를 생각한다면, 의사와 보조원들의 숫자가 이렇게 많은 것을 이해할 수 있다.

남자들을 위한 4개의 입원실에는 각각 2명씩의 남자 잡역부가 있었고, 여자들을 위한 방에는 2명의 여자 잡역부가 있었다. 이들은 입원실의 청결을 유지하고 음식을 배분하는 업무를 담당했다. 근무는 격일제였던 것으로 보인다.

판토크라토르병원(xenon)은 입원 병동과 외래 진료소 외에도 이를 뒷받침하는 행정팀과 병원 관리팀을 보유하고 있었다.[87] 행정팀의 상위층에는 병원장(nosokomos, 노소코모스)과 사무장(meizoteros, 메이조테오스)이 자리한다. '노소코모스'는 아마도 수도자였을 것이며, 병원을 경영했을 것이다.

'메이조테로스'는 병원 실무를 총체적으로 책임졌을 것이다. 이 외에는 회계 2명, 약사장(長) 1명, 약사장을 보조하는 보조 약사 5명, 판토크라토르에 고용된 의사들의 학생들에게 약학을 가르치는 약학 교수(didaskalos) 1명 등이 있었다.

병원 관리팀은 병원 전체를 위한 제반 업무를 담당하는 자들로 구성됐다. 병원 관리팀은 총 103명이었다. 입원 환자 50명을 위해 관리 직원이 103명이었으므로 환자 당 2명의 관리 직원이 필요했던 셈이다. 관리 부서의 직책을 세세하게 나열하기는 어렵지만 대충 나열하면 다음과 같다.

남자들을 위한 예배를 인도하는 사제 1명, 여자들을 위한 예배를 집례하는 사제 1명, 매장 예식을 인도하는 사제 1명, 각 예배처당 1명씩의 독경자, 수위, 요리사 2명, 제빵사 2명, 방앗간 담당 1명, 의사들이 타고 온 말을 관리하는 마부 1명, 세탁부 5명, 수술 도구 관리사 1명, 매장꾼 4명 등이다.

병원 관리팀 중 주목할 만한 요소는 병원 규모에 비해서 요리사가 2명에 불과하다는 것과 50개 병상의 규모에 시체를 매장하는 매장꾼이 4명이나 된다는 사실이다. 이는 입원 환자의 사망률이 높았음을 보여주는 지표가 된다.

병원 인력이 어느 정도의 보수를 받았는가도 흥미로운 주제가 될 수 있다. 요안네스 콤네노스는 판토크라토르병원에 큰 규모의 부동산을 하사했고 이 부동산으로부터 나오는 수입을 통해 병원 인력에 대한 보수가 지급됐다. 폴 고티에는 병원 인력에 대한 자세한 분석을 시도해 해설했다.[88]

여기에서 세세하게 논할 필요는 없을 것이고 고티에가 설명한 내용 중 핵심적인 부분을 간추리면 다음과 같다. 여자 보조원들과 추가 보조원들은 같은 수준의 남자 보조원들과 동일한 처우를 받았다. 하지만, 여자 의사만은 예외다.

이유는 명시돼지 않지만 여성 입원실에서 근무하던 여의사는 동료 남자 의사들이 받는 급료의 절반에 해당하는 금액을 보수로 받았다. 또 의료 인력이 격월제로 일한 것을 고려한다면 행정 인력보다 높은 급료를 지급받았다.

휴가 기간 동안 의료 인력들이 사적으로 의료 행위를 했는지에 대해서는 정보가 전혀 없다. 탈장 수술 전문의는 열악한 보수를 받았는데, 요리사보다 약간 높지만 제빵사보다는 낮은 수준이다. 탈장 수술이 드문 경우여서 동료 의사들보다 여유가 있었기 때문일 것이다.

입원실 잡역부의 급료 수준은 높은 편이다. 4개의 남자 입원실에서 일하는 8명의 남자 잡역부와 여자 입원실에서 일하는 3명의 여자 잡역부의 보수는 입원실의 보조원과 추가 보조원들의 급료보다 절반 이상 높은 수준이다. 입원실 보조원과 추가 보조원들은 요리사와 주방 기구 관리사보다도 보수가 열악하다.

이유는 분명하지 않지만 아마도 입원실 보조원과 추가 보조원들이 격월제로 일했던 반면, 관리팀원들은 풀타임으로 일했기 때문일 수 있다. 그러나, 이런 가정으로도 그들의 낮은 급료 수준을 잘 이해할 수가 없다. 입원실 보조원과 추가 보조원들이 풀타임으로 일한다고 가정해도 제빵사나 마부보다 낮은 급료를 받는 데에 그치기 때문이다.

의료 인력과 행정 인력은 보수를 금화로 지급받았다. 병원에 소속된 사제들과 호스텔에 소속된 사제들의 급료는 여자 의사의 두 배에 달했다. 제빵사, 마부, 잡역부들은 병원 사무장과 비슷한 수준의 급료를 받았고, 주방 기구 관리사나 수위는 여자 의사와 비슷한 수준이며, 요리사나 회계사는 입원실 보조원보다 더 나은 수준의 급료를 받았다.

가장 많은 급료를 받는 인물은 병원장(nosokomos)과 의학교수(didaskalos)다. 가장 낮은 급료를 받는 직위는 수술 도구 관리사, 세탁부, 방앗간 담당자다. 전자는 8노미스마타(nomismata)를 받으며, 후자에 속한 자들은 1 1/2 혹은 1노미스마타를 받았다. 나머지 직위의 보수는 그 사이에 위치한다.

세 명의 사제들은 각각 6노미스마타, 사무장과 11명의 잡역부, 제빵사, 마부는 각각 4노미스마타, 약사장(長)은 3 1/2노미스마타, 3명의 약사는 각각 3 1/3노미스마타, 장례 담당 사제, 독경자, 수위, 주방 기구 담당자, 회계사, 요리사는 각각 3노미스마타, 2명의 보조 약사는 각각 3 1/2노미스마타, 4명의 매장꾼은 각각 2노미스마타를 받았다.

이외에도 특별 수당(상여금)을 일 년에 수차례 받았다. 하지만, 이 당시의 화폐 구매력을 정확하게 알 수가 없기 때문에 이 정도의 급료가 어느 수준인지를 가늠하기란 쉽지 않다. 판토크라토르병원에서 일하는 의사들은 병원 이외의 다른 곳에서 의료 행위를 하지 못하도록 됐다.[89]

판토크라토르의 병원, 지체 부자유자들을 위한 호스텔, 나병원의 유지를 위해 얼마나 많은 물자가 필요한지 가늠하기가 쉽지 않다. 그 이유는 『판토크라토르 티피콘』에 설명된 내용이 화폐 단위나 식료품의 양이나 의약품의 양으로 돼 있기도 하고, 때로 이것조차 양을 특정하지 않고 모호하게 해 놓았기 때문이다.

그러나, 폴 고티에는 이를 면밀하게 분석하면서 판토크라토르의 육류가 없는 채식 위주의 식이 요법에 대해서 종합했다.[90] 고티에의 분석을 따르면, 판토크라토르병원은 50명의 환자와 11명의 잡역부에게 일인당 매일 850g의 빵과 210g의 채소를 공급했다. 선선한 채소류가 아니라 말린 채소일 경우 105g으로 공급량이 줄었다. 이 외에 식사 때마다 작은 양파 두 개가 주어졌고 0.5 리터 정도의 포도주가 일상적인 음료수로 제공됐다.

일인당 제공되는 포도주는 적지 않은 양이다. 이 정도의 식사는 일일 3300칼로리의 열량에 해당한다. 호스텔의 지체 부자유자들은 병원의 입원 환자들보다 적은 양의 음식을 공급받았다. 빵 715g, 포도주 0.5리터, 말린 채소 70g, 치즈 44g, 올리브유 24g 등 하루 2500칼로리에 해당하는 음식이 제공됐다. 별다른 노동을 하지 않는 이들에게 충분한 열량이었을 것이다.

폴 고티에는 판토크라토르수도원의 운영 비용도 분석했다.[91] 판토크라토르수도원 복합 콤플렉스는 수도원 본원과 부속 수도원들, 병원, 엘레우사(Eleousa)교회, 장례용 기도처, 지체 부자유자를 위한 호스텔, 나병원 등으로 구성됐다(도판 19).[92]

여러 가지 이유로 복합 콤플렉스를 운영하기 위한 연간 예산의 규모를 계산하는 것이 용이하지 않다. 요안네스 콤네노스는 상여금(보너스), 기부금 등의 명목으로 수도원 운영 비용을 지불하는데, 이처럼 성격을 명시한 경우는 아주 드물다.

<도판 19. 1877년에 제작된 판토크라토르교회 판화>

오늘날 회계 장부에 기록하는 것처럼 각 항목별로 합산돼 있지도 않다. 가령 수도자들의 식비, 나병 환자들의 식비, 양초 비용, 약값 등 항목을 세분하지 않고 지불한 경우가 대부분이다. 나아가 『판토크라토르 티피콘』은 수도원과 나병원에 대해서 아무런 정보도 제공하지 않는다. 이런 점을 고려하면서 폴 고티에는 기관별 운영 비용을 개략적으로 계산했다.

수도원교회에는 연간 18노미스마타와 빵 11,688kg이 지급됐다. 엘레우사 교회의 성직자들은 연간 762노미스마타를 가난한 자들에게 나눠 줬다. 수도원은 교회의 유지를 위해 귀리 260kg, 밀가루 260kg, 포도주 266,500리터, 향 8,320kg을 지급했다.

이 외에 성소 관리를 위해 황제가 임명한 54명의 인건비로 574노미스마타가 지급됐고 세곡(稅穀)의 명목으로 밀 13,770,800kg을 지급했다. 성 미카엘 기도처는 연간 99,840kg의 밀을 헌물 명목으로 받았으며, 가난한 자들에게 나눠줄 구호 기금으로 150노미스마타를 받았다.

병원 운영비는 보다 높다. 약재 구입비, 다양한 기구 구입, 환자용 포도주와 비누 구입비, 일부 병원 직원들의 급료로 연간 532노미스마타를 지출했다. 병원 운영을 위한 식료품은 다음과 같다.

빵 104,800kg, 밀가루 1,553,700kg, 포도주 620,700리터, 올리브유 888,180리터, 꿀 852리터, 식초 717,500리터, 난방용 목재 87,000kg, 밀랍 32kg, 귀리 614kg, 설탕 100리터, 포도 3통, 석류 2통, 야생 포도 4통, 보리 6,175,700kg, 아마씨 307kg, 쌀 82kg, 스펠타밀 82kg, 아몬드 184kg, 전분 가루 20,500리터, 잠두 가루 5,120kg, 완두콩 5,120kg, 기장 5,120kg, 이집트 콩 5,120kg, 흑잠두 2,500kg, 소금에 절인 올리브 20,480kg, 건포도 41kg, 마른 무화과 123kg, 장미 엑기스 16kg, 양초 3,840kg, 향 1,920kg 등이다. 아울러 103명의 병원 직원들의 급료로 349노미스마타, 세곡(稅穀)으로 밀 21,860kg을 지급했다.

호스텔에는 24명의 지체 부자유자들이 있었는데 비용은 수도원에서 담당했다. 지출 항목은 51 노미스마타 외에 다양한 식료품이었다. 식료품 공급량은 다음과 같다.

빵 6,144kg, 포도주 4,667리터, 말린 채소 645,600kg, 치즈 490kg, 올리브유 221,500리터, 난방용 목재 9,216kg, 밀 76,800kg, 양초 7,680kg, 향 2kg, 인건비 21노미스마타와 세곡으로 지급된 밀 2,000kg 등이다. 병원, 호스텔, 엘레우사교회, 성 미카엘 기도처의 유지 보수를 위해 지출한 항목은 금화 약 2,600노미스마타이며, 빵 17,917kg, 밀 39,362kg, 포도주 5,554리터, 올리브유 1,110리터, 난방용 목재 96,216kg 등이다.

폴 고티에는 이렇게 판토크라토르수도원 복합 콤플렉스의 지출을 계산하면서 이런 합산도 자료의 부족으로 아주 불완전하다고 한다.[93] 또 지출의 규모가 인상적으로 보이지만, 판토크라토르수도원이 소유한 부동산에서 나오는 수입의 규모에 비하면 그다지 높지 않은 수준이라고 한다.

마지막으로 폴 고티에는 판토크라토르의 역대 수도원장에 대해서 분석했다.[94] 황제 요안네스 콤네노스는 1136년 10월 『판토크라토르 티피콘』에 서명했다. 『판토크라토르 티피콘』에는 초대 수도원장의 이름은 등장하지 않는다. 하지만, 여러 가지 정황을 분석해보면, 첫 번째 수도원장(Higoumène)은 요셉 하기오글리케리테스(Joseph Hagioglykerites)이다.

요셉은 하기아 글리케리아(Hagia Glykeria)라는 작은 섬에 자리 잡은 수도원의 수도자였다. 그는 1136년 판토크라토르수도원장으로 취임해 1154-1155년 경 세상을 떠났을 것이다.

이름을 확인할 수 있는 두 번째 수도원장은 빌레하르두인의 테오도시오스(Theodosios Villehardouin)이다. 그는 황제 미카엘 8세 팔레올로고스에 의해 1261-1262년 판토크라토르의 수도원장에 부임했다. 1265년경 판토크라토르의 수도원장직을 사임하고 호데게스(Hodeges)수도원의 은수처로 퇴수했다가 1277-1278년 안티오키아교회의 대감독으로 부임한다. 테오도시오스의 경력으로 미뤄 보건데, 판토크라토르수도원은 비잔틴 세계에서 중요한 위치를 점했던 수도원임을 확인할 수 있다.

이름을 확인할 수 있는 또 다른 수도원장은 마카리오스 마크레스(Makarios Makres)이다. 그는 18세에 아토스(Athos)산으로 들어갔고, 바토페디(Vatopedi)수도원에서 수도복을 받고 사제가 된다. 1418-1422년에 만들어진 사본들에 바토페디의 마카리오스의 이름이 확인된다.

1422-1425년 사이 황제 마누엘(Manuel)은 역사가 게오르게스 스프란체스(Georges Sprantzes)의 조언을 받고 마카리오스를 판토크라토르수도원장에 임명한다. 이 당시 판토크라토르수도원은 쇠락하던 시기였다. 건물은 심각하게 훼손된 상태였고 수도자들은 6명에 지나지 않았다.

마카리오스는 게오르게스 스프란체스의 도움을 받아 수도원의 복구에 힘썼고 곧 형제들의 숫자는 배가됐다. 새로운 황제 요안네스 8세 팔레오로고스(Ioannes VII Paleologos, 1425-1448)은 마카리오스를 신임해 서방교회와의 연합을 시도하는 협상단의 일원으로 로마 교종 마르티누스 5세에게 보낸다.

이후 황제는 다시 한 번 그를 로마에 보내는데, 귀환한 지 얼마 되지 않은 1431년 1월 7일 페스트에 걸려 세상을 떠난다. 그는 동방 정교회에서 크게 존경받는 인물이었고 축일은 1월 8일이다. 마카리오스의 후임 수도원장(higoumene)은 게론티오스였던 것 같다. 게론티오스 역시 서방교회와의 연합을 주도하는 협상단의 일원으로 참여했다.

하지만, 1452년 12월 12일 성 소피아교회에서 체결된 연합 조약에 그가 참여했는지는 확실하지 않다. 게론티오스가 판토크라토르의 마지막 수도원장이었던 것 같다. 1453년 오스만 투르크에 의해 콘스탄티노플이 함락된 다음 판토크라토르의 교회는 모스크로 전환됐다. 이로써 판토크라토르의 생명도 다하게 된다.

폴 고티에가 『판토크라토르 티피콘』을 분석한 것을 토대로 해 몇 가지 점을 주목할 필요가 있다.

첫째, 병원사적인 측면에서 판토크라토르의 복합 시설은 중요한 분기점이 된다. 판토크라토르병원과 호스텔과 나병원은 각각 별도의 건물과 인력을 갖추고 운영됐다. 특히 병원은 현대적 개념의 입원 병동과 외래 진료실을 갖췄다.

4-10세기 문헌 중 병원의 운영 방법에 대해 상세하게 전하는 자료로는

요안네스 콤네노스의 『판토크라토르 티피콘』이 유일하다. 문헌상 최초로 확인되는 현대식 개념의 기독교적 병원은 7세기 삼손병원으로 외래 환자 진료가 있었고 입원실을 갖추고 수술도 행했지만 그 세부적인 내용은 베일에 가려져 있다.

『판토크라토르 티피콘』은 병원이 어떻게 운영됐는가를 제시하는 자료가 아니라 어떻게 운영해야 하는가라는 규범을 제시하는 문헌이지만, 종교개혁 이전까지 동방과 서방의 역사를 통틀어 병원 운영에 관한 가장 세밀한 내용을 담고 있는 병원사의 보고(寶庫)이다.

둘째, 삼손병원과 판토크라토르병원의 예는 4세기 카이사레아의 '바실레이아스' 역시 현대적 병원에 가까운 개념으로 운영됐을 가능성을 제공한다. 바실레이오스의 편지에 언급된 병동과 전문 의료 인력의 존재는 삼손병원과 판토크라토르병원(xenon)의 선구적 이미지를 희미하게 그려준다. 기독교적 병원 중 의료 전문병원으로 문헌상 확인이 가능한 경우는 7세기 삼손병원이 첫 번째이며, 12세기 판토크라토르병원이 두 번째이다.

그런데, 이런 단언은 의료 전문병원이 7세기 이전에 존재하지 않았다는 뜻이 아니라 단지 그런 병원의 존재를 문헌적으로 확인할 수 없다는 것에 불과하다. 1-2세기 로마군병원이 입원실을 갖춘 현대적 개념의 병원이었다면, 4세기 기독교 보호 시설이 치료를 목적으로 하는 로마군병원을 모방하지 않았을 이유가 없다.

셋째, 판토크라토르의 복합 콤플렉스의 운영 비용에서 확인되듯 수도원 복합 시설은 무엇보다 가난한 자들을 섬기기 위한 것이었다. 판토크라토르의 엘레우사 교회는 연간 762노미스마타를 극빈자 구호용으로 사용했고, 동(同) 수도원의 성 미카엘 기도처는 150노미스마타를 가난한 자들에게 나눠 줬다. 병원과는 다른 별도의 건물에서 운영되던 호스텔은 병원과 분리돼 있었고 24명의 지체 부자유자들을 보호했다.

이를 위해 필요한 경비 전체는 수도원에서 부담했다. 아쉽게도 나병원을 위한 운영 내역은 나오지 않는다. 요안네스 콤네노스의 『판토크라토르 티피콘』은[95] 판토크라토르수도원 복합 콤플렉스가 기독교 신앙 위에 설립됐지만 가난하고 병든 자들을 보호하는 실천적 행위를 통해 내적인 믿음이 외연(外延)된다는 사실을 당당하게 웅변하고 있다.

넷째, 판토크라토르의 호스텔(γηροκομεῖον)과 나병원은 에우스타티오스가 세바스테에 세웠던 보호 시설을 떠올려준다. 앞서 4세기 중반에 세워진 세바스테의 호스텔병원(ξενοδοχεῖον)이 "나병 환자들과 지체 부자유자들(τοὺς λελωβημένους καὶ ἀδυνάτους)"을 수용했음을 살펴봤다.

판토크라토르의 호스텔은 노인 보호 시설(γηροκομεῖον)로 지칭되지만 나이와는 무관하게 지체 부자유자, 즉 팔이나 다리가 부자유한 자들을 돌보는 공간이었다.[96] 요안네스 콤네노스는 일할 수 있는 건강한 자들은 절대로 호스텔에 수용해서는 안 되며, 만약 이를 어길 경우 수도원장은 물론 누구라도 처벌될 것임을 명시한다. 호스텔의 정원은 24명으로 제한됐다.

판토크라토르의 나병원은 『판토크라토르 티피콘』 8장에서 다뤄지지만 구체적인 정보가 제시되지 않는다.[97] '거룩한 병'(ἱερὰ νόσος)인 한센병에 걸린 환자들에게는 특별한 공간이 마련됐다. 세바스테의 크세노도케이온 역시 지체 부자유자들을 돌보았고 나병원이 있다는 면에서도 동일하다.

4세기에 에피파니오스가 간략하게 스케치해 놓은 세바스테의 호스텔병원(크세노도케이온)은 12세기에 나타날 판토크라토르의 호스텔 및 나병원과 겹쳐진다. 기독교적 병원은 그 출발점에 해당하는 4세기는 물론 12세기에 이르러서도 가난하고 병든 자들을 섬기기 위한 거룩한 종교적 시설이었다.

로마군병원이 정복과 지배를 위한 군사력 보존에 목적이 있었고 이런 면에서 강도떼 같은 국가 조직을 받쳐주는 하부 조직에 불과한 반면,[98] 기독교적 병원은 장차 다가올 하나님의 도성에서 영광의 주와 함께 영원히 왕노릇 할 것을 소망하며, 이 땅위에서 헐벗고 굶주리고 병든 약자를 섬기는 데에 그 존재이유가 있었다.

8. 13-15세기 중세 말기의 비잔틴병원

중세 후기 비잔틴제국에도 여러 종류의 기독교 보호 시설들이 존속했지만 양적인 규모를 알 수 있는 자료가 제한적이다. 1136년에 세워진 판토크라토르병원(Xenon)의 예에서 보듯 병원의 역사에서 한 획을 긋는 중요한 발전도 이뤄졌다. 중세 후기에 새로운 기관들이 많이 설립됐다는 증거는 없지만 이전에 세워진 몇몇 중요한 보호 시설들은 비잔틴제국의 마지막 시기까지 존속한다.

하지만, 14세기에 접어들어 많은 기독교 보호 시설들이 폐허로 변하기 시작했고 15세기 초반이 되면 이런 상황은 더욱 악화된다. 비잔틴제국의 박애와 정의를 노래했던 알렉시오스 마크렘볼리테스(Alexios Makrembolites)는 14세기에 접어들어 각종 빈민 보호 시설들이 쇠락해 감을 개탄했다.[99]

중세 말기에도 여전히 기독교적 병원의 중심지는 콘스탄티노플이었지만 이 외에도 테살로니카와 비트니아의 프루사(Prousa) 등의 도시가 기독교 빈민 보호 시설의 센터로 자리매김 됐다.[100] 여러 차례 파괴됐다가 복구된 콘스탄티노플의 삼손병원(xenon)은 1204년 라틴 사람들의 수중에 들어갔다.

1332년 콘스탄티노플을 방문했던 아랍 여행가 이븐 바투타(Ibn Battuta)는 성 소피아교회 옆에 두 개의 크세논이 존재한다고 기록했다. 하나는 삼손병원이고 다른 하나는 성(聖) 에우불로스(Eubulos) 크세논(xenon)인데, 전자는 시각 장애자 보호 시설이었고 다른 하나는 60세 이상 된 자들을 보호하던 시설이었다.

13세기에도 황실이 후원하는 병원이 세워진다. 대표적인 병원인 립스(Lips)병원이다. 콘스탄티노플의 립스(Lips)수녀원에서 만들어진 티피콘은 수도원 부속병원에 대한 정보를 간략하게 제공한다. 이 수녀원은 콘스탄티누스 립스에 의해 10세기 이전에 세워졌다. 본래 이 수도원에는 자그마한 병원이 있었는데, 미카엘 8세의 황후 테오도라가 1282년 병원(xenon)을 재건축했고 티피콘을 작성했다.

『판토크라토르 티피콘』에 비하면, 『립스 티피콘』이 제공하는 병원에 대한 정보는 상당히 제한적이다. 황후 테오도라는 수녀원 바로 옆에 병원(xenon)을 지었고 수녀원과 병원을 분리할 수 없다고 명시했다.[101] 황후 테도오라는 수녀원과 병원에 토지를 하사하면서 이 토지를 수녀원과 병원의 공동 소유로 했다. "그 이유는 수녀원장과 수도원 소유를 관리하는 총무는 병원에 입원해 있는 여성과 수도원에 있는 여성들에 대해 공동으로 관심을 가져야 하기 때문이다."

특이하게도 립스병원은 수녀원장과 수도원 총무의 공동 책임 하에 있었던 것이다. 립스병원은 총 12명의 환자를 수용할 수 있는 규모였다. 환자들의 예배 인도와 장례를 집전하는 1명의 사제가 있었고, 의사 3명, 보조 의사 1명, 수간호사 1명, 약사장 1명, 간호사 6명, 약사 2명, 사혈 요법 치료사 1명, 잡역부 3명, 요리사 1명, 세탁부 1명 등이다. 의료 인력과 보조 인력의 규모는 환자 수에 비해 적지 않은 규모이다. 수도원장과 총무, 사제를 제외하고 병원에서 일하는 순수 의료 인력은 의사부터 출혈 요법 치료사까지 총 15명이며, 보조팀은 5명으로 총 20명이다.

『판토크라토르 티피콘』과 마찬가지로 『립스 티피콘』에도 의료 및 관리 팀의 연봉이 명시돼 있다. 사제 12노미스마타, 의사 한 명 당 16노미스마타로 총 48 노미스마타, 보조 의사 12노미스마타, 간호사 14노미스마타, 약사장 12 노미스마타, 간병인에 각각 10노미스마타로 총 60노미스마타, 약사 2명에 총 12노미스마타, 출혈 요법사 4노미스마타, 잡역부 3명에 각각 10노미스마타, 요리사 10노미스마타, 세탁부 5노미스마타 등이다.

환자들을 위한 침대는 12개였지만 황후 테오도라는 간병인을 위한 침대 3개를 추가해야 한다고 규정한다. 이는 야간 간병을 위한 것으로 이해할 수 있다. 6명의 간병인은 주야간을 각각 교대로 근무했을 것이다. 주간 근무와 야간 근무가 며칠 단위로 순환되는지는 명시돼 있지 않지만 아마도 1주일이나 2주 단위로 이뤄졌을 것이다.

이븐 바투타는 1303년 아랍의 수중에 들어갔던 카스타몬(Kastamon)의 호스텔에 대해서 비교적 상세한 기록을 남겼다.[102] 이 호스텔은 파크르 알-딘 (Fakhr al-Din)이란 자가 회심한 뒤에 세운 것이다. 설립자는 호스텔 옆에 목욕장을 세워 행려병자(行旅病者)들이 무료로 사용할 수 있도록 했다.

또 행객(行客)이 도착하면, 옷과 얼마간의 비용을 지급했으며, 숙박을 제공하면서 고기, 버터로 요리한 쌀, 단맛이 가미된 고기를 지급했다. 카스타몬의 호스텔에 대한 기록은 14세기 초반의 호스텔에 관한 정보를 제공한다는 측면에서 중요하다.

제7장

중세 프랑스병원의 탄생과 발전

1. 메로빙거 왕조 시대의 기독교적 병원

프랑스 메로빙거 왕조의 경우 교회 감독들의 주도로 호스텔이 설립됐다. 메로빙거 왕조 시대에 열린 여러 교회회의들은 교회의 대표자요 지도자인 감독이 가난하고 병든 자를 돌보도록 규정한다. 그 첫 번째 교회회의는 클로비스(Clovis) 시대인 511년에 열린 오를레앙(Orléans)교회회의로 거슬러 올라간다.

클로비스는 갈리아에 있던 비시고트 왕국을 507-508년 멸망시킨 후 511년 7월 10일 사상 처음으로 오를레앙에서 대규모 교회회의를 개최했다.[1] 오를레앙교회회의에는 총 32명의 감독들이 참여했는데, 프랑크 족 감독들뿐만 아니라 비시고트 족의 감독들도 참여했다. 오를레앙교회회의는 총 31개 조항의 규정을 통과시켰다. 이 중 몇 개의 규정은 교회 재정을 가난하고 병든 자들을 위해 사용할 것을 규정한다.

예를 들어 오를레앙교회회의 규정 제5조는 다음과 같다. "왕이 교회에 수여했거나 앞으로 수여할 선물과 토지뿐만 아니라 성직자들의 면세권은 교회를 보수하고 성직자들과 가난한 자들을 부양하고 포로를 되사오는데 사용돼야 한다. 이를 소홀히 하는 감독들은 지방의 다른 감독들에 의해 공개적으로 비난받아야 하고, 이런 비난조차 충분치 않다면 성직자단에서 추방돼야 한다(sub periculo sui oridinis)."

오를레앙교회회의는 사회적 약자를 위한 기부금을 다른 용도로 사용하는 감독에 대해 감독직의 상실로 처벌돼야 한다고 규정했다. 이런 종류의 제재는 6세기의 여러 교회회의에서 재차 확인된다. 816년에 열린 교회회의는 사회적 약자 모두를 받아들이지 않는 감독을 "가난한 자들의 살인자(necator pauperum)"로 규정한다.[2]

오를레앙교회회의 16조는 가난하고 병든 자들을 돌봐야 할 책임이 감독에게 있음을 다시 한번 명시한다. "감독은 할 수 있는 한 가난한 자들과 일할 수 없는 병자들에게 음식을 제공하고 의복을 제공해야 한다." 교회의 수입이 감독의 사유 재산은 아니었지만 지역 교회의 대표자인 감독의 책임 하에 교회 수입이 사용됐고, 사회적 약자를 위한 지출도 감독의 책임 하에 이뤄졌다.

동(同) 교회회의 규정 15조에 따르면, "교구가 갖고 있는 모든 것, 즉 농지, 포도원, 노예나 가축 등은 옛 규정에 따라 감독의 권한 아래 있다. 감독은 제단에 바쳐진 것 중에 1/3을 소유한다." 이 규정은 다소 모호한 측면이 있으나, 지역 교회의 모든 재산은 감독의 책임 아래 지출돼야 하고 그 중 1/3은 감독 자신의 목회를 위해 지출할 수 있다고 해석돼야 할 것이다.

또 다른 1/3은 나머지 성직자를 위해, 마지막 1/3은 가난하고 병든 자를 위해 지출됐던 것 같다.[3] 장 엥베르(Jean Imbert)는 감독이 교회 수입의 25%를 가난한 자들과 여행객을 위한 호스텔 운영에 사용하도록 규정했다

고 언급했으나 히펠(Hefele)이 편집한 오를레앙교회회의의 규정에서는 그런 내용이 확인되지 않는다.[4]

그런데, 563년 브라가(Braga)에서 열린 교회회의 규정 7조에 따르면, 교회의 모든 자산을 삼등분해 각각 감독, 나머지 성직자들, 교회 수리 및 점등을 위해 사용하도록 규정한다.[5] 어느 정도의 교회 수입을 가난하고 병든 자들을 위해 사용해야 하는지 정확하게 알기는 어렵지만 오를레앙교회회의가 메로빙거 왕조에서 사상 최초로 교회 수입의 일정 부분을 사회적 약자를 위해 지출하도록 조치했다는 점에서 그 의의가 있다.

567년 11월 18일에 개최된 투르(Tours)교회회의에서도 유사한 규정이 확인된다. 투르교회회의 규정 5조에 따르면, "각 공동체는 가난한 자를 먹여야 하며, 가난한 자들은 다른 도시에서 이곳저곳을 배회하지 말아야 한다."[6] 583년 5월 22일 리옹(Lyon)의 대감독 프리스쿠스(Priscus)가 리옹에서 개최한 리옹교회회의 규정 2조는 가난한 자와 포로가 된 자를 위한 내용을 담고 있다.

"감독들이 가난한 자나 혹은 포로가 된 자에게 추천장을 줄 때 서명을 알아볼 수 있어야 하고, 포로가 된 자를 되사오는 데에 필요한 비용과 이외에 그에게 필요한 합계를 명시해야 한다."[7] 동(同) 교회회의 6조는 나병 환자에 대한 다음 규정을 담고 있다. "각 도시의 나병 환자들은 그들의 감독으로부터 음식과 의복을 받아야 하고, 도시 밖으로 나가 구걸하지 말아야 한다."[8] 이 규정이 나병 환자들을 위한 보호소를 전제하는 지는 확실하지 않다.

585년 10월 23일 마콩(Mâcon)교회회의는 사회적 약자에 대한 보다 포괄적인 규정을 담고 있다. 규정 11조에 따르면, "감독들은 자선을 행해야 한다."[9] 교회회의 규정 12조는 다음과 같이 민사 소송에서 고아와 과부를 보호하는 조치를 담고 있다.

"민사 재판관으로부터 과부와 고아를 보호해야 한다. 민사 재판관들은 과부와 고아에 관한 재판을 감독에게 미리 알려 대부제(大副祭)나 사제가 심리 절차와 재판에 참석하도록 해야 한다. 그렇지 않다면, 민사 재판관들은 출교(出校)될 것이다."[10]

메로빙거 왕조에서는 감독과 성직자가 왕이나 지역의 귀족으로부터 임명받았으므로 성직은 국가의 기능과 결합돼 가고 있었다. 마콩교회회의 규정 12조는 감독의 권위가 민사 재판관보다 우위에 있음을 암시하며, 성직자를 민사소송에 출석시켜 고아와 과부의 후견인 역할을 하도록 조치했다.[11]

동(同) 교회회의 규정 13조는 감독관(監督官)이 가난한 자나 병든 자 혹은 순례자들을 맞아들이도록 규정한다. '감독관'은 교회, 감독의 숙소, 성직자의 숙소는 물론 교회, 성직자 숙소, 병원 등의 기능을 포괄하는 복합적인 기능을 갖고 있었다.

동(同) 교회회의 규정 13조의 뒷부분에는 다음과 같은 규정이 나온다. "감독은 감독관에 개를 두지 말아야 한다. 그리해 감독관에 몸을 의탁하러 오는 가난한 자들이 개에 물리지 않도록 해야 한다. 또한 감독들이 송골매를 갖는 것을 금지한다(13조)."[12]

13조에 언급된 개와 송골매는 애완용 동물이었을 것이다. 동양이나 서양을 막론하고 귀족 계층이나 지배자들이 개나 말, 송골매나 기타 가금 등을 애완동물로 기른 역사는 오래된 것이다. 메로빙거 왕조의 감독들은 교회의 지도자이자 지역의 실력자였기에 개나 송골매를 곁에 두고 애완동물로 키웠던 것 같다.

그런데, 애완용 개가 보호 시설에 몸을 의탁하러 오는 자를 해칠 수 있었기 때문에 마콩교회회의를 주관했던 샤토동(Châteaudun)의 감독 프로모투스(Promotus)와 악드(Agde)의 감독 프로니미우스(Frominius)는 애완동물 사육을 금지했다.

이 외에도 사치의 상징인 애완동물을 키우는 것은 '가난한 자들의 보호자'인 감독에게 적절치 못했기에 금지됐을 것이다. 850년 루이 2세 치하에서 열린 파비아(Pavia)교회회의에서도 애완동물에 관한 비슷한 규정이 공표됐다. "감독은 개, 송골매, 말, 사냥, 화려한 옷을 사랑하지 말아야 한다(파비아교회회의 규정 4조)."[13]

감독관에 부속돼 있는 보호 시설에 대해 마콩교회회의에서 처음으로 언급되지만, 372년에 바실리오스가 카이사레아에 설립한 복합 콤플렉스 '바실레이아스'의 예에서 보듯 감독관이 병자나 가난한 자 혹은 순례자를 맞이하는 부속 구호 시설을 갖추고 있는 것이 일반적이었다.

프랑스 지역에 병원이 본격적으로 설립되기 시작하는 때는 6세기 이후이다.[14] 프랑스어의 "하나님의 호스피스"(Hôtel-Dieu)라는 표현은 병원을 가리키는데, 프랑스에 현존하는 대부분의 병원(Hôtels-Dieu)은 오래 전부터 여행자와 가난한 자들을 맞아들이던 "하나님의 집"(domus Dei)으로 쓰이던 자리이다.

투르의 성 마르티누스는 환자와 걸인들을 위한 호스피스를 설립했다. 아를의 감독 카이사르(503-543)는 "커다란 시설(spatiosissimam domum, 아주 넓은 집)"을 설립했다. 클레르몽(Clemont)의 감독은 20명의 환자를 돌볼 수 있는 병원(xenodochium)을 설립해 그 운영을 "의사와 건강한 자들(medicos vel strenuos viros)"에게 맡겼다. 옥세르(Auxerre)의 감독은 교회 옆에 병원(xenodochium)을 설립했으며, 도시 밖에 또 다른 병원인 성(聖) 에우랄리아

(Eulalia)병원을 설립했다.

낭트의 감독좌 교회에도 순례객을 맞이하는 호스텔이 있었다. 프와티에(Poitiers)의 감독이었던 안소알두스(Ansoaldus)는 12명의 병자들(egrotorum et debilium)을 돌볼 수 있는 병원(xenodochium)을 세운 후에 그 운영을 위해서 여러 건물, 농지, 포도원, 삼림과 함께 이 땅을 돌볼 수 있는 소작농과 농노를 기증했다.

감독 외에 영향력 있는 평신도가 기독교적 병원을 설립한 경우도 있다. 쉴데베르(Childebert)는 "주님의 말씀에 따라"(마 25.35-36) "병자들을 돌보고 순례객을 맞기 위해(cura aegrogantium et acceptio peregrinorum)" 542년 리옹에 호스피스를 설립했다. 이 병원은 감독이 주거하는 교회 복합 건물 밖에 위치했다. 왕비 브뤼노(Brunehaut)는 6세기에 오탕(Autun)에 병원을 설립했다.

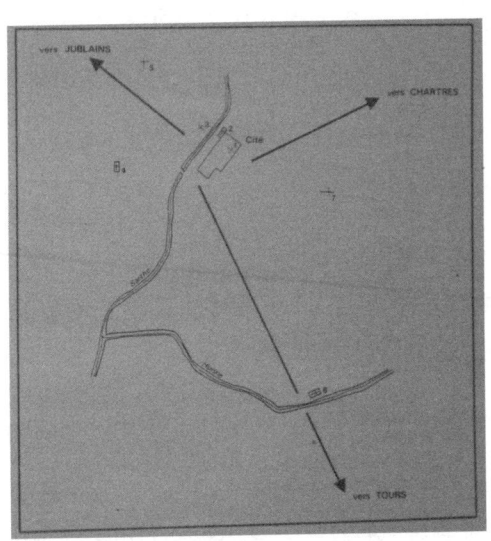

<도판 20. 6-7세기 르망스(Le Mans)의 기독교병원들의 위치>

1. 감독좌교회 복합 건물   2. 구르덴(Gourdaine)병원   3. 성묘(聖墓)병원
4. 성 마리아병원   5. 성 게르마누스(Germanus)병원
6. 퐁리외의 성(聖)마르티누스병원   7. 성(聖)십자가병원

6-7세기 메로빙거 왕조의 시대에 기독교적 병원 봉사가 가장 활발했던 지역은 르망스(Le Mans)이다.[15] 르망스의 경우 도시를 감싸는 고대 후기의 성벽에서 약 1km 이내의 지역 안에 총 6개의 호스피스가 세워졌다(도판 20).[16]

감독좌 교회 복합 건물(1번)은 예배당, 감독 및 사제 숙소 외에도 병든 자들을 위한 '하나님의 집'(Domus Dei)이 있었다. 이 외에도 여섯 개의 병원이 513-616년 사이에 세워진다. 첫 번째 병원은 평신도의 헌신으로 세워졌다. 테네스티나(Tenestina)라는 여인과 이 여인의 부모는 513년 성벽 안쪽에 있는 감독좌 교회 복합 건물의 바로 옆에 지역 이름을 따서 '구르덴병원'(2번)을 설립한다.

이 병원은 성모 마리아와 사도 베드로, 사도 바울에게 헌정됐다. 나머지 다섯 개의 병원(3-7번)은 모두 감독의 주도로 세워진 것이다. 이렇게 여러 개의 호스피스가 세워진 것은 르망스가 교통의 요충지였기 때문이다. 이 호스피스들은 도시를 둘러싼 성벽에서 1km 내외의 거리에 자리했고 로마 시대에 만들어진 가도(街道) 옆에 건축됐다.

성묘(聖墓)병원(3번)은 르망스의 여덟 번째 감독인 인노켄티우스(Innocentium, 553-559)가 설립한 것이다. 인노켄티우스의 후계자인 돔놀루스(Domnolus, 559-581)는 도시에서 약간 떨어진 곳에 병원을 세워 성모 마리아에게 헌정했다(4번).

성모마리아병원의 첫 번째 운영 책임자는 성(聖) 파비누스(Pavinus)였는데, 후에 성모마리아병원은 첫 번째 운영 책임자의 이름을 따서 성 파비누스병원으로 불리게 된다. 현재는 그 자리에 성 파비누스 예배당이 있다.

후임 감독인 베르트란두스(Bertrandus, 581-616)는 유언장에 자신이 설립한 세 개의 병원에 대해 기록했다. 성(聖) 게르마누스(Germanus)병원은 성묘(聖

廟)병원의 북서쪽에 자리했고 성묘병원에서 운영을 맡았다. 남쪽에는 퐁리외의 성(聖) 마르티누스병원, 동쪽에는 성(聖) 십자가병원을 설립했다.

이 당시의 관습이 그러했듯, 르망스의 병원은 여행객뿐 아니라 가난한 자들, 병자들을 맞아들였을 것이다. 감독좌 교회가 이렇게 여러 개의 병원을 운영한 것은 르망스 지역에 한정된 것은 아니었을 것이다. 루앙(Rouen), 아미앙(Amiens), 렝스(Reims), 메츠(Metz) 등에도 7세기 이전부터 기독교적 보호 시설이 존재했다.

2. 카롤링거 왕조 시대의 기독교 보호 시설

8-9세기 카롤링거 왕조 시대에도 여러 병원이 설립된다.[17] 8세기 말 프와티에에 성 베드로병원이 설립되고, 829년 파리에 성 크리스토퍼병원이 세워진다. 이 외에도 렝스(Reims), 네베르(Nevers)와 오를레앙(Orléans) 등에 병원이 세워진 것도 확인된다. 8세기 중반 이후 기독교 보호 시설들이 다시 새롭게 등장하는 데에 촉진제 역할을 했던 인물은 메츠의 감독 크로데강(Chrodegang)이었다.

그는 750년 성직자와 수도자 등 종교인들에게 사회적 약자를 돕는 일에 적극적으로 나서야 한다는 규칙을 제시했다. 이후 여러 교회회의를 통해 지속적으로 병원에 대한 규정을 결정했고 관계된 교회회의 규정은 샤를르마뉴와 그의 후계자들에 의해 신성로마제국의 법(capitula)으로 공포됐다.

장 엥베르는 789년 샤를르마뉴가 빈민 보호에 대한 첫 번째 법을 다음과 같이 포고했다고 서술한다. "수도원과 성직자들의 공동체 안에 여행객을 위한 호스텔과 가난한 자들을 환대하기 위한 장소를 여러 군데 만들어야 한다. 주님께서 심판 날에 '내가 나그네 됐을 때 너희가 나를 영접했다'고 말씀하셨기 때문이다."[18]

그런데, 필자는 히펠의 『교회회의의 역사』에 소개된 789년 엑스라샤펠 (Aix-la-Chapelle)교회회의의 법규(capitula)에서 장 엥베르가 서술한 문자 그대로의 법규를 찾지 못했다. 샤를르마뉴는 엑스라샤펠교회회의를 소집한 이후 81개 조항으로 구성된 법규(capitula)를 제시했다.

법규 중 74조에 따르면, "어느 곳이든 수도원과 종교인들의 거처는 나그네와 가난한 자들을 맞아들여야 한다"고만 됐다.[19] 어찌 됐든 789년의 이 법규는 샤를르마뉴가 처음으로 공포한 빈민 보호법이다. 이후 카롤링거 왕조의 황제들은 교회회의를 통해 빈민과 병자를 보호하기 위한 법을 지속적으로 공포한다.

카롤링거 왕조 치하의 수도원과 이전 시대 메로빙거 왕조의 수도원은 그 기원을 서로 구별할 필요가 있다. 프랑스 남부 지역에 세워진 최초의 수도원은 호노라투스가 5세기 초반 세운 레렝(Lérins)수도원이었다. 4-6세기 고대 후기에 프랑스와 이탈리아에 세워진 대부분의 수도원은 동방수도원의 영향을 받았다. 이들 수도원들은 지역 교회 감독과 함께 빈민 보호의 전위대 역할을 했다.

하지만, 카롤링거 왕조 치하에서 유럽수도원은 베네딕트 영성의 영향력 아래에 놓인다. 베네딕트 역시 소아시아의 바실리오스 수도규칙서에 많은 영향을 받았지만 카롤링거 왕조의 통치 시기 이후 유럽의 수도원은 동방수도원의 직접적인 영향이 아니라 베네딕트수도원의 영향을 받는다. 789년 샤를르마뉴의 법규에서 언급된 '수도원'은 베네딕트 계열의 수도원으로 이해돼야 한다.

수도원의 '문'은 세속과 성스런 공간이 교차하는 지점이었다.[20] 수도원의 '문'에서 가난한 자들에게 음식과 의복이 배분됐고, 수도원의 '문'에서 나그네를 영접해 수도원 내부에 위치한 호스텔로 안내했다. 이런 역할 때문에 수도원의 문지기 형제는 '가난한 자들을 환대하는 자'(hospitalis pauperum)이라고 불렸다.

9세기 이후 문지기 형제 혼자의 힘으로는 가난하고 병든 자를 맞이하는 것이 힘겨워 대부분의 수도원은 '나그네를 환대하는 형제'(custos hospitii 또는 hospitalarius maior)와 '가난한 자들에게 생필품을 나눠주는 형제'(elemosinarius 또는 hospitalarius pauperum)을 따로 두게 된다.

11세기 클리니(Cluny)수도원의 경우 'custos hospitii'는 보조자로 가축을 담당하는 형제(stabularius)의 조력을 받았다. 가축을 담당하는 형제는 부유하고 영향력 있는 손님이 타고 온 말을 관리했다. 'Elemosinarius'는 6명의 봉사자(famuli)의 도움을 받을 정도로 역할이 증대됐다.

789년의 샤를르마뉴의 법규는 지역과 도시를 불문하고 "수도원과 종교인들의 거처는 나그네와 가난한 자들을 맞아들여야 한다"고 규정했다. 가난한 자들이나 순례자들 중에 병든 자가 있다면, 여행객들과 구분돼 받아들여졌다. 동방의 수도원과 마찬가지로 서방수도원 내부에는 수도자들을 위한 의무실이 마련됐기에 환자들은 흔히 이곳에서 돌봄을 받을 수 있었다.

수도원 정원에서 약용으로 사용하는 약초를 재배했고 환자들은 수도원의 의무실에서 필요한 처방을 받았다. 규모가 큰 수도원들은 나그네와 가난한 자들을 수용하는 구별된 보호 시설을 구비하고 있었다. 예를 들어 7

세기 이후의 셍방드리(Saint-Wandrille)의 퐁트넬(Fontenelle)수도원이 그러했고, 코르비(Corbie), 플레리(Fleury), 클리니(Cluny)수도원이 그러했다.[21]

샤를르마뉴의 아들로서 신성로마제국의 황제였던 경건한 루이(Louis le Pieux 혹은 Louis le Débonnaire)는 817년 엑스라샤펠(Aix-la-Chapelle)에서 교회회의를 개최해 법령을 공포한다.[22] 당시 신성로마제국은 평화와 번영을 누리고 있었다. 황제는 교회회의를 직접 소집하고 몸소 참여해 많은 감독들이 자선을 행하지 않고 있음을 개탄하는 연설을 행했다.

아울러 교부들의 작품과 옛 교회법을 기초로 종교인(성직자와 수도자)이 지켜야 할 규범을 편집하도록 했다. 이렇게 하여 『교회법령집』(De Institutione Canonicorum)과 『동정녀 법령집』(De Institutione Santi Monialium) 등 두 권의 법령집이 편찬된다.

각 권은 2부로 구성됐으며, 교부들의 저서와 옛 교회회의 규정을 기초로 편찬됐다. 이 중 가장 중요한 부분인 엑스라샤펠 교회회의의 규정은 첫 번째 책인 『교회법령집』(De Institutione Canonicorum)의 114-154조에 편집됐는데, 대부분의 내용은 성직자와 수도자들에 대한 규정이다. 1-113조까지는 교부들의 저서와 옛 교회회의의 규정들을 발췌한 것에 불과하다.

이 중 병원에 대한 규정은 『교회법령집』의 141조에 명시됐다. 141조의 내용은 다음과 같다. "모든 감독은 가난한 자와 나그네를 위해 그리고 생필품의 공급을 위해 병원을 세워야 한다. 이를 위해 모든 성직자는 자신이 받는 금액의 십분의 일을 바쳐야 한다.

또한 합당한 종교인을 병원장으로 세워야 한다. 성직자들은 적어도 사순절 기간 동안에 병원에서 가난한 자들의 발을 씻겨 줘야 한다."[23] 눈에 띄는 내용은 성직자가 받는 수입의 10%를 병원 운영을 위해 사용해야 한다는 내용이다.

이 외에도 사순절 기간에 성직자가 가난한 자들의 발을 씻겨 줌으로 그리스도가 제자들의 발을 씻겨준 모범을 따르도록 했다. 감독과 성직자들 수입의 십일조를 병원 운영에 투입해야 한다는 규정(capitula)은 파리교회에서 실행됐던 증거가 남아 있다.[24]

여성 종교인들을 위해 편집된 『동정녀 법령집』(De Institutione Santi monialium)은 총 28개 조항으로 구성됐다.[25] 1-6조는 히에로니무스와 아우구스티누스의 작품에서 발췌한 내용이며, 7-28조는 엑스라샤펠교회회의에서 공포된 여성 종교인들을 위한 규정이다. 7조는 여자수도원장들의 행동에 관한 규정이다.

여자수도원장들은 수도원 내부에 머물러야 하며, 수도원을 벗어나 도시를 방문할 때에 오래 체류하지 말아야 하며, 어느 누구 보다도 열심을 가지고 '병자'들을 돌아봐야 하며, 하급자들과 똑같은 음식을 먹고 같은 의복을 입어야 한다. 27조는 여성 수도자들을 위해 미사를 집행하는 남성 사제들에 관한 규정이다.

남성 사제들의 거처와 교회는 여성수도원을 감싸고 있는 벽 바깥에 자리 잡아야 하고, 미사를 드리기 위해서 부제나 차부제와 동행해 한 시간 동안만 여성수도원 안에 머물 수 있다. 여성 수도자들은 커튼 뒤에서 미사에 참여할 수 있다. 여성 수도자들이 고해를 하고자 할 경우 모든 사람이 볼 수 있도록 교회에서 행해야 한다.

여자 환자들이 고해할 경우 사제는 부제와 차부제와 동행해야만 한다. 병원에 대한 규정인 28조는 직접 인용하는 것이 좋을 듯하다. "(여자)수도원 바깥에, 즉 수도원을 책임진 사제들의 거처와 교회 부근에 병원을 설립해야

한다. 이 병원은 과부와 가난한 여성들을 위한 공간을 구비해야 한다."²⁶

샤를르마뉴 시대에 개최된 제1차 엑스라샤펠교회회의에 뒤이어 그의 아들인 경건한 루이가 개최한 제2차 엑스라샤펠교회회의에서도 '가난한 자'와 '나그네'의 구분은 계속된다. 아울러 『동정녀 법령집』의 법규(capitula) 28조의 규정은 남녀를 서로 분리해 보호 시설을 운영했음을 알려준다. 장 엥베르는 817년 엑스라샤펠교회회의의 한 법규를 인용하면서 나그네와 가난한 자를 맞이하는 공간이 수도원의 문 옆에 있었다는 것을 상기시켜 준다.²⁷

10세기 중반 경 저술된 『플레리(Fleury) 수도원의 관습』(Consuetudines Floriacenses Antiquiores)의 13-14장은 부유하고 영향력 있는 여행객들(hospites divites ac potentes)을 위한 병원(hospitale maiorum)과 가난한 자를 위한 병원(hospitale pauperum)에 대해서 언급하고 있다.²⁸ 13장의 병원은 말을 타고 도착하는 부유하고 영향력 있는 여행객을 위해 마련된 장소로서 수도원 내부에 위치한다. 교회가 얻은 수입의 10%를 이런 병원을 맡은 형제(hospitalis maiorum)에게 주어 사용하도록 해야 한다.

> 수도원에는 중요한 인물들, 즉 부유하고 높은 지위에 있는 자들을 맞이하는 자를 임명해야 한다. 모든 점에서 모범이 되는 형제를 선택해야 하고 모든 점에서 칭찬받을 만한 명석한 사람을 선택해야 한다. 그는 지혜롭고 현명하게 환대의 의무를 수행할 줄 알아야 하고, 한 가정의 가장처럼 여행객들이 필요한 모든 것을 공급해야 한다. 이미 말한 것처럼 교회들이 가져오는 십일조를 그가 사용하도록 문에 둬야 한다 … 그는 하급자들을 둬 왕족을 위한 건물들과 손님을 맞아들이는 방들을 운영해야 한다.²⁹

『플레리 수도원의 관습』 14장에 언급되는 가난한 자들을 위한 병원은 수도원의 입구 부근에 자리해야 한다. 부유한 자들을 위한 숙소가 수도원 안에 위치한 것이나 과부와 가난한 여성들을 위한 병원이 여자수도원 바깥쪽에 설립된 것과는 상이하다. 『플레리 수도원의 관습』 14장의 내용은 다음과 같다.

> 또한 규칙에 부합하게 수도원의 입구에 가난한 자들을 위한 병원(hospitale pauperum)이 자리해야 한다. 병원에는 필요한 침구류와 발 씻는 데 필요한 물을 데우기 위해 항상 불이 준비됐어야 한다. 이 병원의 문에는 '가난한 자들을 맞이하는 자'(hospitalis pauperum)라고 부르는 형제를 배치해야 한다. 이 형제는 영적인 실체를 잘 분별하는 덕이 있는 자여야 한다. 가난한 자를 맞이하는 형제는 가능한 한 수도원에서 자라난 형제들 중에서 선택하지 말고, 세상에 살다가 수도자가 된 자, 즉 세상의 부를 멸시하며 노련한 선원으로서 거룩한 희망의 배 위에서 카리브디스의[30] 현세적인 소용돌이를 피할 줄 알며 수도원의 평화에 안식의 닻을 내린 자라야 한다. 그런 자는 수도원에서 자라난 자보다 가난한 자와 순례자들에 대해 온정과 자애가 더 풍부하다. 수도원에서 자라난 자는 가난한 자들과 순례자들에 대해 별다른 생각이 없다 ….
>
> 가난한 자를 맞이하는 자는 수도원의 문을 항상 주의 깊게 관찰해야 한다. 가난한 자가 수도원의 문을 두드리거나 적선을 요청할 때 그는 즉시로 기쁨으로 일어나 '하나님, 감사합니다'라고 응답해야 한다. 그는 문을 열어준 즉시로 마치 그리스도 앞에서 하는 것처럼 가난한 자 앞에 엎드려 경

의를 표하고, 도착한 자를 호스텔 안으로 맞이할 뿐 아니라 성경에 "그들이 강권했다"(눅 24.29)고 한 것처럼 그를 억지로 권해 끌고 들어가야 한다. 그런 다음 그는 겸손한 종으로서 가난한 자의 발을 씻기고 식탁을 차려주고 형제들이 누리는 풍성함과 사랑을 제공해야 한다. 수도원의 잡역부들이 먹는 보통의 음식을 결코 손님과 순례자에게 제공하지 말 것이며, 형제들의 식탁에서 나오는 것을 그들에게 풍성하게 제공하는 것이야말로 우리 수도원에 잘 확립돼 있는 불가침의 관습이다.

그리고 다른 형제를 둬 가난한 자를 맞이하는 형제를 돕도록 해야 한다. 가난한 자를 맞이하는 형제는 매일 조력자의 도움을 얻어 형제들의 식사 이후에 커다란 바구니를 가지고 식당을 돌며 빵을 모으고, 채소와 형제들이 남긴 것을 담을 수 있는 '말리아'(mallia)라고 부르는 그릇을 모아야 한다. 형제들이 남긴 모든 것은 가난한 자를 위한 것이기 때문이다. 또한 그는 통을 들고 다니며 형제들이 사용한 잔에 남아 있는 음료를 거둬야 한다. 게르마니아에는 맥주가 풍성하지만 갈리아는 포도주가 보다 풍성하다. 또한 가난한 자들이 충분하게 배를 불린 후에 그들이 갖고 갈 호리병박에 포도주를 가득 채워줘야 한다. 이렇게 하여 그들이 어디로 가건 수도자들의 사랑과 순종을 체험하고 하나님께 모든 것을 감사하도록 해야 한다. 그리고 그들에게 옷과 신발이 필요하다면 잡역부를 불러 가난한 자의 숫자에 따라서 주도록 해야 한다. 가난한 성직자나 여행 중인 사제가 왔을 경우 그가 사제복을 입고 있는 한 그를 수도원장의 식탁으로 안내해야 한다. 그가 사제복을 입지 않았다면 형제들의 옷장에서 옷을 얻도록 해야 한다. 식당에는 성경 구절 낭독 이후에 들어가게 해야 하고 식사가 끝나면 성경 구

절을 낭독하면서 나가게 해야 한다.[31]

플레리수도원의 호스텔은 비잔틴제국에 널리 퍼져 있던 병든 자를 맞아들여 치료하는 곳이 아니라 가난한 자들을 맞이해 돌봐 주고 음식과 의복을 제공하는 구빈호스텔의 성격을 지니고 있었다. 메로빙거 왕조와 카롤링거 왕조 시대에 언급되는 대부분의 병원(hospitale)은 플레리수도원의 규칙서에 언급되는 구빈호스텔의 성격을 벗어나지 않는다.

『플레리 수도원의 관습』 제17장에는 수도원 내부의 의무실을 책임 맡은 간호사 사제에 대한 규정이 제시된다.

> 수도원에는 환대사를 임명해야 한다. 환대사 형제는 영적인 인물이어야 하고 형제들의 약함을 보살펴줘야 한다. 사제만이 이런 직무를 맡을 수 있는데, 그 이유는 병든 형제들이 설령 글을 모른다 할지라도 공동체의 건강한 형제들처럼 규칙이 정하는 성무 일과를 매일 들을 수 있어야 하기 때문이다. 따라서 의무실 옆에는 기도처가 있어야 하고, 의무실은 밤낮 끊이지 않고 등잔으로 밝혀야 한다. 기도처에는 성무 일과를 위해 필요한 모든 것을 둬야 한다. 병든 형제들은 스스로 성무 일과를 행하거나 그들의 스승인 환대사 사제가 읽어주는 것을 들으면서 정해진 시간에 성무 일과를 행해야 한다 … 섬기는 자요 스승인 환대사 형제는 병이 위중해 침대에 누워서 일어날 수 없는 자에 대해서는 넘치는 사랑과 동정을 베풀어 다른 형제들이 기도처에서 하는 성무 일과를 침대에서 받을 수 있도록 해야 한다 … 환대사 형제는 식당의 빵과 포도주를 병자들에게 가져와서 형제들이 먹는 정량을 줘야 한다. 만약 형제들이 심하게 병들어 고기를 먹는 것이 필요하

다면 그를 고려해 그가 원하는 것을 준비해 줘야 한다 … .[32]

제17장에 서술된 의무실은 외부의 환자들을 받아들여 치료하는 병원이 아니라 수도원에 살고 있는 형제들 중 아픈 자를 위한 공간이다. 수도원 의무실은 의료적 치료보다는 '돌봄'에 초점이 맞춰져 있고, 육체적 돌봄과 아울러 영적 돌봄을 중시했기 때문에 사제들만이 의무실 책임자가 될 수 있었다.

827년 카롤링거 왕조 시대의 『앙세기즈』(Anségise) 선집은 비잔틴제국에서 운영되던 다양한 사회복지 기관을 열거했다. 'xenodocium'은 '병든 자를 위한 호스텔'이며 'ptochotrophium'은 '지체 부자유자를 위한 호스피스'이다. 'nosochomium'은 '병든 자를 위한 호스피스'이며, 'orphanotrophium'은 '고아들을 위한 호스피스'이고, 'gerontopchonium'은 '노인 전용 호스피스', 'brephotrophium'은 '갓난아이 전용 호스피스'이다.[33]

『앙세기즈 선집』의 설명에도 불구하고 카롤링거 왕조 시대의 기독교적 보호 시설은 동방 제국의 다양한 병원과는 달리 특화되지 않고 미분화된 상태로 남아 있었다. 카롤링거 왕조 시대에는 그 이전부터 사용되던 용어인 'matricula'가 점점 덜 사용되고 대신 'xenodochium'이 보다 자주 사용된다.[34]

'Matricula'는 성소에 필요한 물자를 공급하는 역할로 그 의미가 축소됐던 것 같다. 9세기에 이르러 'xenodochium'과 'hospitale' 등의 두 표현이 별다른 구별 없이 병원을 지칭하는 데에 사용되지만, 『플레리 수도원의 관습』에서 보듯 'hospitale'가 보다 선호된다.

850년 파비아(Pavia)에서 열린 교회회의에서도 기독교 보호 시설에 대한 법이 추가됐다. 이 교회회의는 밀라노의 대감독 안길베르트(Angilbert), 아킬레이아의 대감독 테오드만(Theodeman) 외에 여러 인물들이 참여했다. 이 교회회의에는 신성로마제국의 황제 로테르(Lothaire) 1세(795-855)에 의해서 이탈리아 지역을 통치하도록 임명받은 로테르의 장남(이탈리아의) 루이 2세(825-875)가 참여했다.

파비아교회회의에서 결정된 규정 24개조는 이탈리아의 루이 2세에게 헌정됐다. 파비아교회회의의 규정 14조에 따르면, 감독들은 파괴된 수도원을 재건축해야 하며, 그렇지 않을 시에는 출교 당할 것이다.

이어지는 15-16조가 기독교 빈민 구제 시설과 관계된 법규이다. 15조의 내용은 다음과 같다. "감독들은 병원(xenodochia)을 유지해야 한다. 그렇지 않을 시에는 출교 당할 것이다."[35] 16조의 내용은 제국의 지도자인 황제들에게 병원을 보호해 달라고 요청해야 한다는 규정이다. 로테르 1세는 세 명의 아들을 뒀고 855년 사망하기 이전에 신성로마제국을 삼분해 세 아들에게 상속했다.

따라서, 16조에는 '황제들'이라고 복수형으로 명시됐다. 파비아교회회의의 규정 16조를 인용하면 다음과 같다. "감독들은 황제들에게 수많은 수도원과 수도원의 권한 아래 있는 병원(xenodochia)를 억압하지 말고 오히려 보호자가 돼 줄 것을 요청해야 한다."[36] 이미 샤를르마뉴가 통치하던 806년에 병원에 대한 가혹한 세금 징수가 있었다.

850년에 열린 파비아교회회의의 규정 16조는 제국 내의 병원과 수도원에 또다시 가혹한 조치가 있었음을 암시한다. 구체적으로 어떤 억압이 있었는가는 불분명하지만, 병원과 수도원이 누렸던 부와 관계가 있는 것 같다. 817년의 엑스라샤펠 법규(capitula) 116조는 "교회의 수입은 증여자의

의사에 따라 사용돼야 가난한 자들의 복지를 위해 사용돼야 한다"고 규정한다.[37]

829년에 열렸던 파리교회회의의 법규(capitula) 18조는 교회의 부에 대해서 다음과 같이 규정한다. "교회의 부는 성직자가 아니라 가난한 자의 것이다. 따라서 사람들이 교회의 부를 시기해 '교회가 너무 부유하다'고 말하지 않도록 해야 한다. 만약 교회의 부가 그 목적에 맞게 사용된다면 교회는 그렇게 부유한 것이 아니다."[38]

교회의 부가 가난한 자를 위한 것이라는 관점은 4세기 콘스탄티누스 시대에도 칙법을 통해 표현된 적이 있다.[39] 하지만, 이런 이상과는 달리 기독교적 기관의 부가 그 목적대로 사용되지 않았기에 850년에 기독교 기관에 대한 대대적인 억압책이 시행됐던 것 같다. 889년에도 기독교적 기관에 대한 가혹한 징세가 뒤따른다.[40]

아울러 황제들의 법은 교회 소유 부동산과 병원 소유 부동산을 구별하는 방향으로 흘러갔고, 설립자의 의지를 최대한 존중하도록 명시했다. 이런 점을 법제화함에 있어서 카롤링거 왕조의 법률집인 카피툴라리움(Capitularium)은 교회회의에서 합의된 법규를 법과 행정 명령으로 공포하는 방식을 사용했다.

3. 성(聖) 갈렌(Gallen)수도원 복합 건물과 병원

성(聖) 갈렌수도원은 816-817년 아헨(Achen)에서 열린 두 번의 교회회의 동안에 청사진이 마련됐다. 이 때 만들어진 평면도 원본은 소실됐으나 수도원장 고즈베르트(Gozbert, 816-836)의 요청에 의해 라이케나우(Reichenau) 수도원에서 제작된 복사본이 전해 온다(도판 21-22).[41]

고즈베르트는 평면도에 따라 성 갈렌수도원을 830년에 재건축하기 시작한다.[42] 성 갈렌수도원의 평면도는 10세기 이전 프랑크 왕국에 존재했던 호스텔과 병원을 포함한 수도원 복합 건물의 구조를 알려주는 유일한 자료다. 비잔틴제국의 병원사(史)에도 이와 유사한 자료는 남아 있지 않다.

성 갈렌수도원은 약 110명의 수도자가 있었고 수도원의 삶을 돕기 위해 150명 내외의 잡역부가 일했던 것으로 보인다.[43] 잡역부의 작업장 및 생활관은 수도원의 담 안쪽에 있었지만 수도자들의 회랑과는 분리됐다. 수도자들을 위한 회랑은 도판 21의 17번이고, 잡역부의 작업장 및 생활관은 25, 26, 30번 등이다.

34번은 아마도 황제를 위해 마련된 회랑으로 보인다. 수도원 입구의 오른쪽의 건물 35-40번은 수도원에 필요한 가축을 위한 공간이다. 제분을 위한 방앗간은 27-28번 건물이며, 수도원 입구에서 교회로 들어가는 전실의 양쪽에 있는 돔 탑(k와 l) 양쪽에는 각

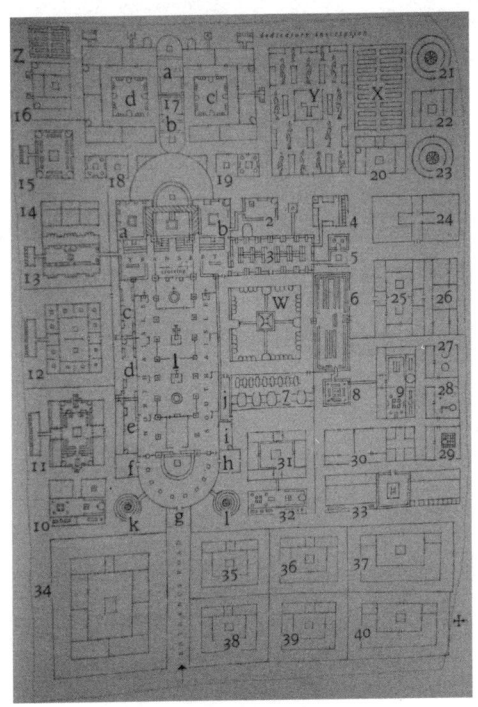

<도판 21. 성 갈렌수도원의 도면>

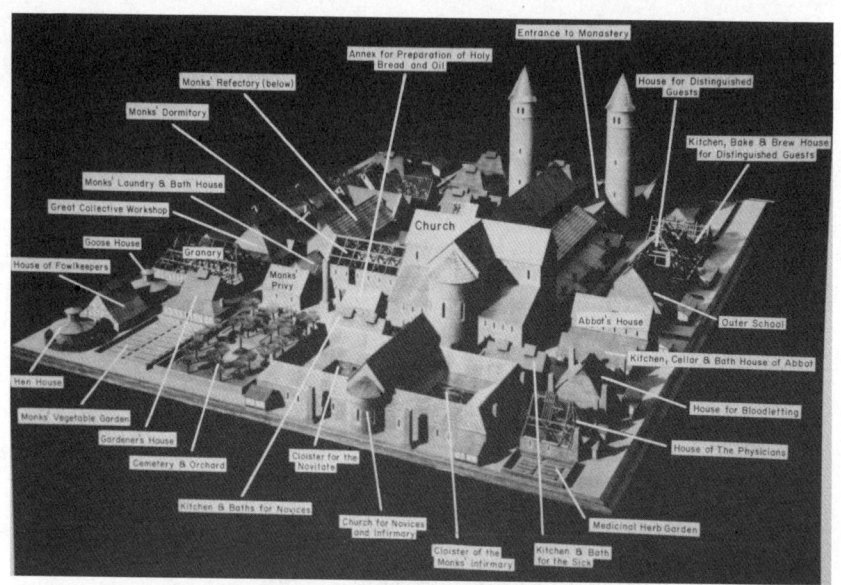

<도판 22. 성 갈렌수도원의 복원 모형>

각 제빵과 양조를 위한 건물(10번과 32번)이 자리한다.

플레리수도원이 부유한 귀족들을 위한 호스텔과 가난한 자들과 순례자를 위한 구빈원을 분리해 운영했던 것처럼 성 갈렌수도원도 두 종류의 시설을 구분해 운영했다. 이는 프랑크 왕국의 수도원에서 일반적으로 발견할 수 있는 특징 중 하나이다. 수도원 문지기는 수도원 입구에서 순례자와 가난한 자들을 맞이해 교회 출입문(g)의 오른쪽에 있는 보호 시설(31번)로 안내했다.

이곳은 순례자를 맞아들일 뿐 아니라 가난하고 병든 자들을 보호하고 돌보는 병원의 역할도 담당했을 것이다. 말을 타고 시종들과 함께 수도원에 오는 귀족이나 왕족, 왕 등은 교회 출입문(g) 왼편에 위치한 호스텔(11번)로 안내 받았다. 호스텔(11번)과 병원(31번)에는 각각 빵, 포도주, 맥주를 제조하는 건물이 부속됐다(10번과 32번).

호스텔의 메인 홀에는 긴 의자와 식탁이 있지만, 병원에는 의자만 구비됐다. 호스텔에는 4개의 침실이 있고 각각의 침실에는 침대와 화로가 있다. 하지만, 병원에는 침실만 두 개가 있을 뿐 침대는 없다. 호스텔의 마당에 호스텔과 통하는 부속 건물은 화장실로 보인다. 수도자들의 생활관(3번)에 부속된 화장실(4번)에는 9개의 변기가 있는 반면, 호스텔에는 18개의 변기가 있다. 5번 건물은 수도자를 위한 세탁실과 목욕탕이다.

수도원 교회의 후진 뒤쪽에 있는 수도자들을 위한 회랑(cloister, 17번)은 수도자가 되기를 원하는 초심자와 미성년 소년들을 위한 회랑(17-c)과 수도자를 위한 의무실 회랑(17-d)으로 구분됐다. 초심자들을 위한 회랑은 초심자들을 위한 교회 혹은 기도처(17-a)와 연결됐고, 아픈 수도자들을 위한 회랑은 그들만을 위한 기도처(17-b)와 연결됐다.

평면도를 자세히 들여다보면, 초심자들을 위한 회랑과 의무실의 회랑은 서로 출입구가 달라 통할 수 없게 됐다. 각각의 회랑은 목욕탕 및 음식을 제조하는 공간을 구비한다. 19번 건물은 초심자를 위한 목욕탕 및 부엌이고 18번 건물은 환자 수도자를 위한 목욕탕 및 부엌이다. 전염의 위험성이 있는 질병에 걸린 경우 수도자들은 의무실 회랑(17-d)에 격리됐을 것이다.

노쇠해 병약한 수도자들은 침대가 있는 생활관에 누워있을 수도 있었다(3번). 이 외에도 수도자들의 몸과 마음을 정화하고 치료하기 위해 사혈 요법을 행하던 건물도 있다(15번). 널찍한 홀의 사방 구석에 화로가 있고 일곱 개의 변기를 갖춘 화장실이 연결됐다.

수도자들의 침실(3번)에는 77개의 침대가 놓여 있고 이들을 위한 넓은 회랑(W)과 식당(6번), 주방(8번) 등이 구비돼 있다. 의무실은 연로한 수도자들을 12-20명 정도 수용할 수 있다. 의무실 목욕탕(18번)에는 나무 욕조가 4개 구비됐는데 반해, 수도자들의 목욕탕(5번)에는 욕조가 2개밖에 없다. 격리된 의무실과 욕조 설비는 성 갈렌수도원이 베네딕트 규칙에 충실함을 보여준다.

『베네딕트 규칙』 36조는 병든 수도자들을 어떻게 돌볼 것인가에 대해 다룬다.

> 무엇보다 그리스도를 섬기는 것처럼 환자들을 진실로 섬기면서 돌봐야 한다. 그리스도께서 '내가 병들었을 때 너희가 나를 돌아보았다'고 하셨고 '작은 자 중 하나에게 한 것이 곧 나에게 한 것이다'라고 말씀하셨기 때문이다. 또한 환자들은 형제들이 하나님을 우러르며 자신들을 섬긴다는 사실을 생각해야 한다. 그리하여 지나친 요구로 자신들을 섬기는 형제들을 힘들게 하지 말아야 한다. 그러나, 이런 종류의 사람들을 통해 보다 큰 상급을 얻을 수 있으므로 인내심을 갖고 그들을 잘 돌봐야 한다. 수도원장은 형제들이 소홀히 하지 않는지 세심하게 관찰해야 한다. 환자들의 필요를 위해서 별도의 방을 마련해야 한다. 그리고 하나님을 두려워하며 주의 깊고 사려 깊은 봉사자를 세워야 한다. 필요할 때마다 환자들을 목욕시켜 줘야 한다. 하지만 건강한 자, 특히 젊은 자들에게는 드물게 목욕을 허용해야 한다. 아울러 아주 약한 환자들은 건강을 회복하기 위해 고기를 먹을 수 있다. 그러나, 건강을 되찾으면 보통 때처럼 고기를 먹지 않고 지내야 한다. 수도원장은 환자들이 수도원 당가(총무)나 형제들에 의해 차별을 받지 않는지 주의를 기울여야 한다. 수도원장은 제자들이 저지르는 모든 잘못을 책임져야 한다.[44]

성 갈렌수도원의 평면도를 따르면 원내 입원과 원외 입원이 구분됐다. 원내 입원은 수도원 회랑 안에 거주하는 병든 수도자들을 돌보고 치료하는 개념으로서 의무실 및 사혈 요법실이 입원실로 사용됐다(17-d와 15번). 원외 입원은 회랑 밖에 거주하는 잡역부나 호스텔 혹은 병원에 머무는 자들 중 병에 걸린 자들을 치료하기 위한 개념으로 의사들의 숙소가 입원실로 사용됐다(16번).

하지만, 원외 입원은 사혈 요법실이나 의무실에 비해 규모가 제한적이어서 서너 명 이상을 돌볼 수가 없었을 것이다. 의사들은 평신도일 수도 있다. 약초지가 의사들의 숙소에 접해 있다(Z). 성 갈렌수도원의 평면도에는 약초들의 이름이 기재돼 있다. 성 갈렌수도원의 평면도는 수도원 복합 건물의 서북쪽 전체가 의학적인 용도로 설계됐음을 확연하게 보여준다.

수도원장을 위한 건물은 병자들과 건강한 자들을 연결하는 중간 지점에 위치한다(13번과 14번). 수도원장의 숙소는 13번 건물이며, 그 옆의 14번 건물은 부엌, 독방, 목욕탕 용도로 사용됐다. 수도원장은 『베네딕트 규칙』 36조에 언급된 것처럼 환자들을 돌보는 책임 전체를 궁극적으로 져야 하는 인물이다.

성 갈렌수도원 복합 건물이 몸이 아픈 자들과 건강한 자들을 위한 구역으로 양분돼 설계됐고 그 가운데에 수도원장실이 위치한 것은 베네딕트 규칙의 정신이 깊이 스며들어 있음을 보여준다. 성 갈렌수도원의 설계가 보여주는 또 다른 특징은 수도원장을 비롯해 수도자들은 호스텔 및 병원에 머무는 평신도들과 근본적으로 차단됐다는 점이다.

무엇보다 수도원장실과 호스텔 사이는 지역 아동들을 위한 학교(12번)에 의해 공간적으로 격리됐다. 수도자들은 일반인들과 별도로 식사를 했으며, 일상적인 동선에서 일반인들을 접촉하지 않도록 수도원이 설계됐다. 문지기 형제를 포함해 호스텔과 병원에 관계된 책임을 맡은 몇몇 형제들만이 일반인들과 접촉이 잦았을 것이다.

  수도원에 맞아들일 수 있는 여행객과 가난한 자들의 숫자는 많지 않았던 것으로 보인다. 갈렌수도원의 경우 부유한 여행객을 위한 호스텔에 약 20여 명을 수용할 수 있었고, 아마도 엇비슷한 수의 가난한 자들을 받아들일 수 있었을 것이다. 성 갈렌수도원은 아헨교회회의에서 확장을 결의하고 설계했기 때문에 그 규모가 예외적인 경우에 해당한다.

  이 당시 대부분의 수도원은 이보다 훨씬 적은 숫자만 맞아들일 수 있었을 것이다. 참고적으로 11세기 클리니수도원의 경우 부유한 자들을 맞아들이는 호스텔에 70개의 침대를 갖췄었다. 11세기 클리니수도원은 유럽에 커다란 영향력을 행사하던 수도원인 만큼 호스텔의 규모가 가장 큰 경우에 속한다.

4. 클리니(Cluny)수도원 복합 건물과 병원

  성 갈렌수도원 건축 이후 약 한 세기가 지난 뒤에 클리니수도원의 역사가 시작된다. 클리니수도원은 아키텐의 공작 윌리암 1세가 910년에 설립한 후 베르노(Brno)를 첫 번째 수도원장으로 임명했다. 클리니는 다른 어떤 수도원이나 정치적 세력에 영향 받지 않는 독립된 수도원으로 출발했으며, 설립 초기 교종 세르기우스 3세의 직접적인 영향 아래 있었다.

  클리니수도원은 베네딕트 규칙을 엄격하게 적용했고 11세기 이후 약 두 세기 동안 신성로마제국의 수도원 개혁의 중심지였으며, 유럽 사회에 커다란 영향을 주었다. 세미르의 위고(Hugues de Semur, 1049-1109) 시절 그의 권위 아래 놓여 있던 교회가 프랑스에만 46개였고 유럽 전역에 약 200개의 수도원이 클리니의 영향을 받았으며, 12-13세기에는 영국에만 35개의 수도원을 소유했다.[45]

코넌트(K. J. Conant)는 클리니수도원의 평면도를 제시했다(도판 23).[46] 이 평면도에 따르면 1050년경 클리니수도원 복합 건물의 구조는 성 갈렌수도원의 평면도와 흡사하다.[47] 수도원 출입구 옆쪽에 가난한 자들을 위한 보호 시설이 들어서 있다. 수천 명의 여행객 중 15명 내외만을 받아들일 수 있는 아주 적은 규모의 병원이다.

하지만, 클리니는 특별한 날 모든 여행객을 맞아들여 식사를 제공했다. 울다릭(Uldaric)은 1085년 오순절 주일에 1만 7천 명의 여행객이 클리니수

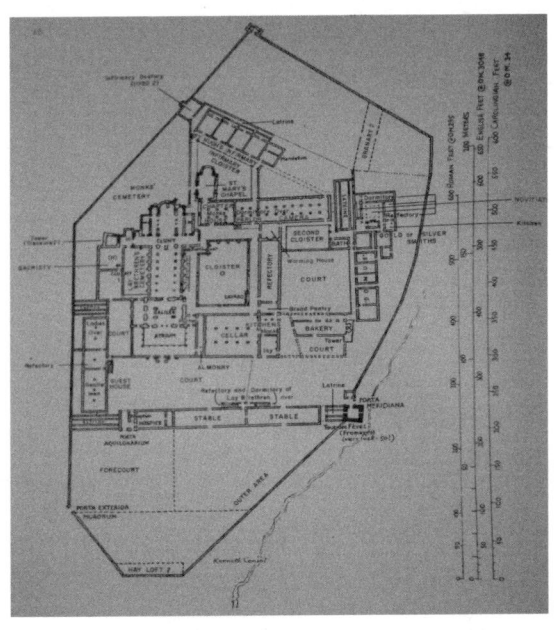

<도판 23. 1050년경 클리니수도원의 평면도, Kenneth J. Conant에 의해 복원됨>

도원에서 제공된 식사를 받았고 수도원은 이를 위해 돼지 250마리를 잡았다고 쓴 바 있다.⁴⁸

병원 오른쪽으로는 두 개의 마구간이 붙어 있다. 가난한 자들을 위한 보호 시설 왼쪽으로는 부유한 손님들을 위한 커다란 홀이 2개 마련됐다. 한 개는 남자용이며 다른 하나는 여자용이다. 각각 15명 내외의 손님만을 맞이할 수 있다. 헌트(N. Hunt)는 호스텔이 남자 40명, 여자 30명을 수용할 수 있는 규모라고 했지만 약간 과장된 수치다.⁴⁹

교회의 후진과 수도사들의 침실용 방 사이 부분에 성 마리아 기도처가 자리 잡고 있으며, 그 위쪽에 <성 위고 의무실>이 있다. 성 갈렌수도원의 의무실처럼 병든 수도자들을 위한 공간이다. 성 위고 의무실은 4개의 넓은 홀로 돼 있고 화장실이 연결됐다. 성 마리아 기도처와 성 위고 의무실은 회랑으로 연결됐다.

코넌트는 1157년경 더욱 확장돼 있는 클리니수도원 복합 시설의 평면도도 제시했다(도판 24).⁵¹ 이에 따르면 부유한 손님을 위한 호스텔을 허물고 교회를 증축했다. 1082년경 성 위고 의무실이 2층으로 증축되면서 1층과 2층에 40×80피트의 홀이 생겼다.

이 정도의 규모로는 24명 가량의 병든 수도자를 수용할 수 있었을 것이다. 1135년 클리니수도원의 전성기 때에 거주하는 수도사는 460명을 상회했다. 이 시기에 큰 규모의 의무실이 <복자 베드로 의무실>이 신축된다.

화장실을 포함해 212 × 112피트의 규모로 건축된 복자 베드로 의무실은 총 80-100명의 수도자 환자들을 돌볼 수 있었을 것이다. 복자 베드로 의무실은 4개의 열주로 됐고 신랑(身廊) 외에 두 개의 익랑(翼廊)으로 됐으며 개방된 공간이었다.

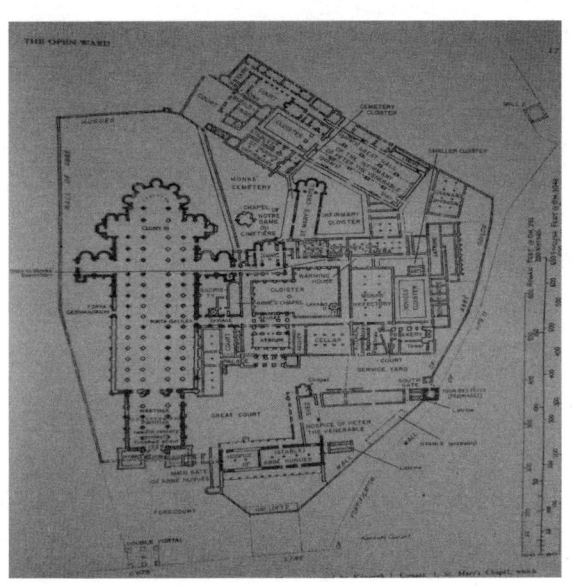

<도판 24. 1157년경 클리니수도원의 평면도(Kenneth J. Conant에 의해 복원됨)>[50]

 헌트는 클리니수도원이 125명 정도의 수도사 환자들을 수용할 수 있는 의무실을 갖고 있었던 이유에 대해서 설명한 바 있다.[52] 적지 않은 수의 사람들이 후에 수도사로 받아들여진다는 조건 하에 젊은 시절에 수도원에 토지를 기증했다. 이는 클리니수도원에만 고유했던 양상이 아니라 대형 수도원의 일반적인 관행이었다.
 이런 식의 조건부 기증을 통해 노인과 병약자는 클리니수도원의 의무실에서 보호받기를 원했다. 이런 기부자들은 자신들이 늙고 병들었을 때에 수도원의 의무실을 요양원으로 이용하고자 생각했던 것이다. 이 당시에는 수도원을 제외하고는 요양의 기능을 제공할 수 있는 다른 제도적 기관이 존재하지 않았다.

5. 12세기 프랑스병원(Hôtel-Dieu)의 부흥

동로마제국의 경우 5-6세기에 병원의 분화가 시작돼 다양한 종류의 기독교적 병원이 설립됐다. 서방 세계는 이와 달리 메로빙거, 카롤링거 왕조를 지나면서도 병원의 분화가 제대로 이뤄지지 않았다. 규모가 있는 수도원의 경우 말을 타고 도착하는 부유한 여행객을 맞이하는 호스텔과 가난한 자들에게 숙식을 제공하는 구호 시설로 분리됐다.

성 갈렌수도원의 평면도에서 보는 것처럼 의사들이 상주해 약초와 사혈실을 통해 환자를 돌볼 수도 있었을 것이다. 하지만, 7세기 초반 콘스탄티노플의 삼손병원처럼 외래 진료는 물론 수술도 할 수 있는 전문병원의 존재는 아직 서방 세계에는 아직 알려지지 않았다.

12세기 이후 프랑크 왕국의 (호스텔)병원이 갑작스럽게 증가하며 동시에 나병원 설립이 본격화 된다. 12세기 이후 병원 설립이 크게 증가하는 이유는 세 가지로 구분할 수 있다.

첫째, 인구 증가와 함께 병자들의 숫자도 늘어났기 때문이다. 낙후된 지역에서는 피부병이 창궐하기도 했다.

둘째, 상업의 발달로 여행객이 크게 증가했고 순례객들이 늘어났기 때문이다. 특히 동방으로 성지순례를 떠났던 사람들이 병에 걸려 돌아오는 경우가 있었고 이 때문에 서방 지역에 여러 가지 전염병이 확산됐다. 1348년 페스트가 동방으로부터 들어와 유럽 전역을 휩쓸지만 나병은 그 이전부터 유럽에 퍼지기 시작했다.

셋째, 전통적으로 보호 시설을 운영하던 교회와 수도원, 왕실과 귀족 외

에도 상업과 농업의 발전으로 부르주와 계층이 생겨나면서 호스텔병원에 대한 기부가 증가했기 때문이다.⁵³

호스텔병원이 많이 설립되는 시기는 그레고리우스 7세의 개혁이 과실을 맺으며, 중세 교회가 서방 세계의 중심으로 우뚝 서게 되는 때이기도 하다. 11세기 이후 서임권 투쟁을 통해 교회가 명실상부한 서방 세계의 지도적 세력으로 떠올랐다. 이런 영적인 분위기에 따라 가난하고 병든 자와 여행객들을 도우려는 운동이 이전보다 더욱 활발하게 일어나게 된다.

그레고리우스의 개혁은 이런 사회적 약자들을 돕는 것이 기독교적 영성의 구체적인 표현임을 사람들의 영혼에 각인했다. 이런 이유로 12세기 이후의 병원 설립에는 교회와 수도원, 왕실과 귀족 외에도 부유한 시민 계층인 부르주와지의 역할이 눈에 띄게 증가한다. 아비뇽 지역의 경우 13세기 말부터 기독교 보호 시설은 거의 평신도들의 자선에 의해 설립되고 운영된다.⁵⁴

12세기 이후 프랑스병원의 폭발적 증가는 가난하고 병든 자를 돕는 것이 곧 그리스도를 돕는 것이라는 복음에 바탕을 둔 것이었다. 자크 드 비트리(Jacques de Vitry)가 남긴 『서방의 역사』는 이런 영성에 바탕을 둔 병원의 부흥에 대해서 증언한다. 1165년 프랑스에서 태어난 자크 드 비트리는 1210년 경 파리에서 사제로 안수를 받는다.⁵⁵

그가 남긴 많은 저작 중에서도 『동방의 역사』(Historia Orientalis)와 『서방의 역사』(Historia Occidentalis)가 가장 중요한 작품으로 꼽힌다. 『동방의 역사』는 1220년 완성된 역사서로 1096-1192년까지 세 번에 걸친 십자군 전쟁과 이슬람의 역사를 담고 있으며, 『서방의 역사』는 1223-1225년 완성된 것으로 전체 39장으로 됐고 이중 29장이 병원과 나병원의 역사를 담고 있다. 29장의 내용을 소개하면 다음과 같다.

- 가난한 자들을 위한 병원과 나병 환자들을 위한 시설[56]

그 외에도 수많은 남자들과 수많은 여자들의 공동체들이 존재한다. 이들은 세상을 부인하고 같은 규칙 아래에서 나병 환자들의 집들이나 가난한 자들을 위한 병원에서 살아간다.[57] 이들은 서방의 모든 지역에 존재하는데 그 숫자를 알 수 없을 정도다. 그들은 성 아우구스티누스의 규칙 아래에서 공동체 안에서 상급자에게 순종하며 수도복을 입고 살아간다. 그들은 일평생 독신으로 살 것을 주님에게 약속한다. 남자들과 여자들은 서로 분리돼 서로를 존중하고 정결함을 지키며 잠을 자고 음식을 먹는다. 그들은 환대와 그리스도의 가난한 자들에 대한 간호가 허락하는 한, 낮과 밤에 정해져 있는 성무 일과를 빠트리지 않는다. 병원의 수도원이 클수록, 형제들과 자매들의 많으면 많을수록 그들은 죄인들의 태만을 고쳐주고 그 밖의 다른 필요하고도 중요한 이유로 자주 모인다. 일반적으로 그들은 몸을 쉴 때조차도 거룩한 성경의 구절들을 읽게 해 듣는다. 그들은 식당에서 침묵을 지키며, 그 밖의 많은 다른 장소에서도 정해진 시간에 침묵을 지킨다. 그들은 아픈 남자들과 건강이 양호한 남자 여행객들을 집들(역주: 병원들)에 맞아들여 여자들과 따로 먹게 하고 잠자리를 제공한다. 병원 담당 사제들은 겸손하고 헌신적인 자세로 가난한 자들과 병든 자들에게 영적인 봉사를 행한다. 그들은 거룩한 설교의 말씀으로 무지한 자들을 깨우치고 풀이 죽은 자들과 약한 자들을 위로하며, 그들이 인내하고 감사하도록 이끈다. 그들은 기도처에서 밤낮으로 성무 일과를 열심히 행해, 모든 환자들이 침대에서 말씀을 들을 수 있도록 한다. 그들은 환자들에게 열심히 고백 성사를 베풀어주고 환자에게 기름을 발라주며 병자 성사를 행하고 다른 성례들을 베푼다. 그들은 죽은 자들에게 합당한 장례를 제공한다. 그리스도의 이 종들은 절제된 청지기들로서 자신과 자신의 몸에 대해서는 거칠고 엄격하다. 그들은 자비로운 마음 전체를 가난한 자들과 병자들에게 쏟는다. 그들은 할 수 있는 한 신속하게 가난한 자들과 병자들이 필요로 하는 것을 제공한다. '그들이 주의 집에서 자신을 낮추면 낮출수록, 본향에서는 더욱 높은 자리에 이를 것입니다.' 그리스도를 위해서 그들은 이 가난한 자들에게서 나오는 많은 오물과 거의 참을 수 없는 역겨운 냄새를 견디며, 자신에게 폭력을 가한다. 나는 하나님이 눈앞에서는 이 거룩하고 고귀한 순교자들에게 다른 종류의 참회를 비교할 수 없다고 생각한다. 그들의 영혼은 마치 거름인 것처럼 불결한 오물 덩어리에서 양분을 얻는다. 주님께서는 그 더러운 오물덩어리를 귀중한 보석으로 변화시켜 줄 것이고 역겨운 냄새 대신 달콤한 향기가 지배할 것이다.

(어떤 공동체들이 저지르는 남용)

하나님 보시기에 거룩하고 사랑스러운 이런 환대(hospitalitas)의 규칙과 환대사(hospitales)들의 종교적인 삶이 여러 지역과 집들에서 오염됐다.[58] 불행하게도 규칙은 이런 곳에서는 아무 것도 아닌 것으로 돼 버렸다. 경멸스럽고 혐오스러운 자들의 집단은 자신들의 사악함을 잘 아는 자들을 싫어할 뿐만 아니라 하나님의 얼굴조차도 혐오할 정도다. 그들은 환대를 핑계로 하고 경건을 가장해 기부금 모집자로 변신해 할 수 있는 한 거짓과 기만과 모든 방법을 동원해 한 치의 부끄러움도 없이 남에게서 돈을 강탈한다. 그들은 가난한 자들을 돌보지도 않으면서 가난한 자들을 먹이로 해 자신을 살찌운다. 그들은 신자들의 구제금을 갈취하지만 가난하고 병든 자들에게는 거의 도움을 주지 않는다. 이런 종류의 기만적인 방법 덕택에 이들 교묘한 장사치들과 간사한 도둑들은 많은 돈을 번다.

가난한 자들에게 약간만 주고 자신들은 많이 가지면서 구제를 핑계로 부를 축적한 자들은 은혜를 베푸는 자들이 아니라 약탈자로 여겨야 한다. 이처럼 그들은 동물과 새와 물고기를 포획한다. 그들은 낚시에 먹이를 조금 걸어서 돈으로 가득 찬 주머니를 건져 올린다. 게다가 그들이 구제를 요청하는 방법은 괴상하고 무분별하고 지나쳐서 그들의 종교적인 삶을 왜곡해 경멸할 만한 것으로 만들어버린다. 이런 사람들에 대해서 복된 히에로니무스는 '뻔뻔하게 요청하는 것보다는 아무 것도 줄 것이 없는 게 낫다'고 했다. 그런데, 수염을 기른 형제들이요 위선적인 기만술의 전문가들인 이들은 너무나 자주 많은 이득을 챙긴다. 병원의 사제들도 마찬가지다. 그들은 소박한 사람들을 속이는 걸 두려워하지 않고 다른 사람이 거둔 추수에 가라지를 뿌려놓는다. 이들은 고용인이자 거짓을 일삼는 자들이다. 그 자들은 너그러움을 요청하는 편지를 써서 이득을 챙긴다. 그들의 편지는 수치스런 이익을 탐하는 욕망으로 가득 차 있다. 거짓 내용으로 편지를 쓰는 걸 두려워하지 않는 자들에 대해서는 침묵하고 넘어가자. 그들이 수치스럽게 쌓아놓는 소유는 더욱 부끄럽게도 진탕 먹고 마시는 데에 사용된다. 이런 어둠의 사람들이 어두운 데서 비밀리에 빠지는 다른 파렴치한 짓은 우리가 지금 묘사하기 어려울 정도로 수치스럽다. 그들은 얼굴빛 하나 변하지 않고 이런 짓을 저지른다.

규칙의 내용과 질서의 순수함은 안중에도 없고 거의 모든 수도적 삶의 지원자들에게서 돈을 받는다. 이렇게 수치스럽게 병원에 들어온 수도자들은 다른 사람들을 따라 보다 수치스럽게 행한다. 신참자들은 이러쿵저러쿵 말이 많으며 화합하지 못하고 논쟁하기를 좋아하며 반항적이고 게으르며 무감각하고 자기 몫을 챙기는 데에 홀려있고 음란하며 색을 좋아하고 불성실하다. 그들은 과시와 유혹을 목적으로 장식된 침대를 사람들이 보는 데에 진열해 놓지만 그 침대에는 가난한 자들도 병든 자들도 없다. 그들은 환대와 경건의 집을 강도들의 소굴로, 매음굴로, 유대인들의 회당으로 바꿨다.

(다른 공동체들에 대한 칭찬)

전염병과 같이 번지는 부패와 경멸 받아 마땅한 위선이 환대사(hospitales)의 모든 집에 침투한 것은 아니다. 충실한 공동체들과 중요한 수도원들이 여전히 존재한다. 이런 곳에는 따뜻한 사랑이 있고 경건의 기름 부음도 있으며 존중할 만한 아름다움과 엄격한 규칙이 있다. 로마의 성령(Saint-Esprit)병원, 콘스탄티노플의 삼손병원과 성 안토니오스병원, 에스파니아의 롱스보(Roncevaux)에 있는 성 마리아병원 등이 그러하다. 하나님께 사랑스러운 다른 병원들도 있다. 가난한 순례객과 병자들에게 이런 병원들이 얼마나 필요하던가. 프랑스의 파리와 노용(Noyon), 샹파뉴의 프로뱅(Provins), 플랑드르의 투르네(Tournai), 로타링지의 리에즈(Liège), 브라반의 브뤼셀(Bruxelles) 등에 경건한 병원들과 감탄할만한 집들과 거룩한 작업장들과 빛나는 종교적 삶이 이뤄지는 수도원들과 가난한 자들의 피난처들이 존재한다. 이런 곳은 불행에 빠진 자들에게 도움을 주고 고통 받는 자들을 위로하며 굶주린 자들에게 음식을 주고 병자들을 보살펴준다.

자크 드 비트리의 서술은 12세기 이후 병원이 활발하게 설립됐음을 보여준다. 자크 드 비트리는 가난하고 병든 자들에 대한 사회적이며, 종교적인 공감대를 이용해 부정한 이득을 취하는 거짓 수도자들과 사제들, 거짓 환대사들(hospitales)을 강력하게 고발하며 비판한다. 이런 비판조차도 역설적으로 병원의 설립이 활발하게 이뤄졌음을 반증한다.

병원과 나병원의 설립은 의료적인 차원에서 접근하기 보다는 영적인 차원에서 접근해야 정당하게 평가할 수 있는 영성 운동의 한 형태였다. 자크 드 비트리는 4-5세기 초기 수도주의에서 관찰할 수 있는 '자신에게 스스로 폭력을 가한다'는 개념을 병원에서 봉사하는 수도자들에게 적용하고 있다.

4-5세기 초기 수도자들은 그리스도와의 영적인 결혼으로 귀결되는 독신, 옛 자아를 제거하고 그리스도로 옷 입기 위한 것으로 인식되던 금식, 십자가의 모욕을 생각하며 화를 삭이고 분을 참고 인내하는 것 등을 자기 자신에게 가하던 일종의 '폭력'으로 이해했고 더 나아가 '영적 순교'로 받아들였다.

절제와 극기를 바탕으로 한 초기 수도주의의 '자기 폭력'과 '영적 순교'의 개념은 자크 드 비트리에 이르러 "그리스도를 위해서 가난한 자들에게서 나오는 많은 오물과 참을 수 없는 역겨운 냄새를 견디는 것"으로 바꿨다. 아울러 환자를 돌보는 희생적 정신은 '영적인 순교'에 비유됐다.

하늘나라를 위해 자기를 부인한다는 개념은 가난하고 병든 자들을 헌신적으로 돌보는 것과 다름 아니다. 이렇게 수도적 삶을 택한 후에 가난하고 병든 자들을 환대하며, 돌보아 주는 '환대사'(hospitales)들은 "마치 거름인 것처럼 불결한 오물 덩어리에서 양분을 얻는다." 환자들의 오물은 환대사들을 하늘나라로 인도하는 "귀중한 보석"이고 "달콤한 향기"이다.

자크 드 비트리는 병원들이 일반적으로 『성 아우구스티누스의 규칙』 위에 설립됐다고 서술한다.[59] 이는 현대에 존재하는 병원의 개념과는 달리 이 시기의 병원이 일종의 수도적 공동체로 설립되고 자리 매김 됐다는 것을 보여준다.

그런데, 병원의 설립에 「성 아우구스티누스의 규칙」보다 더욱 큰 영향을 끼친 규칙은 「예루살렘 성 요한 병원 헌장」이다.[60] 이 헌장은 1125-1153년에 라틴어로 작성된 것으로 프랑스 지역의 병원 설립이 활발하게 진행되는 데에 커다란 공헌을 했다. 1181년 3월 15일에는 이 병원의 두 번째 헌장이 프랑스어로 작성됐다.[61]

1223-1225년 글을 쓴 자크 드 비트리는 로마의 성령(Saint-Esprit)병원, 콘스탄티노플의 삼손병원과 성 안토니오스병원, 에스파니아의 롱스보(Roncevaux)에 있는 성 마리아병원 등 유럽에 있는 병원들을 언급한다.[62] 성령(Saint-Esprit)병원회는 몽펠리에(Montpellier)의 부유한 평신도인 기(Guy)에 의해 창립됐다.

그는 성 아우구스티누스 수도 규칙에 영감 받아 환자들을 돌보는 데에 헌신했고 그의 주변에 남녀 수도자들이 몰려들었다. 1198년 인노켄티우스 3세는 성령병원회를 인준했고 1208년에 이미 프랑스에만 8개의 병원을 두고 있었다.

피우스 9세는 1847년 성령병원수도회의 해산을 명령한다. 삼손병원은 1204년 서방 신자군이 콘스탄티노플을 함락한 이후 1208년 인노켄티우스 3세의 보호아래 들어갔다. 이후에 삼손병원의 운영은 예루살렘의 성 요한병원수도회로 넘어 갔다.

콘스탄티노플의 성 안토니오스병원은 1130년 설립됐다. 안토니오스병원은 1210년 이후 예루살렘의 성 요한병원수도회의 모델을 따라 재편됐다. 이들은 환자들의 보호와 치료법에서 명성이 높았고 성 아우구스티누스의 규칙을 근거로 했다. 롱스보는 에스파니아의 이바네타(Ibaneta) 협곡

<도판 25. 중세의 파리병원(L'Hôtel-Dieu de Paris)>

에 위치한 도시로서 1132년 창립됐다.

이 외에 자크 드 비트리는 파리, 노용(Noyon), 프로뱅(Provins), 투르네(Tournai), 리에즈(Liège), 브뤼셀(Bruxelles)의 병원 등 프랑스에 위치한 병원들에 대해서 언급한다.[63] 자크 드 비트리의 시대에 파리에는 이미 여러 개의 병원이 존재했다(도판 25).[64]

1220년 경 라틴어로 작성된 『파리병원(Hôtel-Dieu de Paris)의 헌장』이 남아 있다.[65] 19세기 말 크와에크(E. Coyecque)는 중세 파리병원에 대한 연구를 자세하게 진행했다.[66] 노용병원은 아미앙의 주교가 만든 몽디디에(Montdidier) 병원 헌장을 바탕으로 1218년 설립됐다.[67] 노용에는 12세기말에 나병원이 설립됐다.[68]

프로뱅병원은 1050년 영주인 티보(Thibaut)가 설립했고, 1160년 영주 앙리는 또 다른 병원을 설립했다. 투르네의 경우 1187년에 세 개의 병원이 설립돼 있는 것이 확인된다. 성 크리스토프(Saint-Christophe)병원, 마루이의 병원(l'hôpital de Maruis), 노트르담병원(l'hôtellerie de Notre-Dame) 등이다. 브뤼셀에는 1127년, 1129년, 1162년, 1174년, 1186년 등에 여러 개의 병원이 설립됐다.

자크 드 비트리가 언급한 병원 외에도 중요한 병원들이 다수 존재하고 있었다.[69] 스와송(Soissons)에는 1164년 이전에 이미 병원이 존재했다. 옥세르(Auxerre)에는 나병원 외에도 3개의 병원이 설립됐고 프와티에(Poitiers)에는 1153년 창립된 성 야고보병원 외에도 아키텐의 공작부인이 이미 11세기 중반경 성 니콜라에게 병원을 헌정했다. 이 외에도 수많은 지역에 병원들이 설립된 것이 확인된다.

루이 8세(1223-1226)의 유언장에는 무려 일천여개에 이르는 병원이 언급되고 루이 9세(1226-70)의 시대에는 숫자가 더 늘어난다. 교회와 수도원, 왕실 외에도 도시의 부르주아 계층들이 병원 설립에 대거 동참했다. 부르주아들은 부동산이나 부동산으로부터 나오는 임대료를 증여와 상속을 통해 성자들에게 헌정해 병원 설립에 기여한다.

12세기의 고리대금업자 캄브레(Cambrai)와 베렝볼드(Werimbold)는 자신들의 죄악을 사함받기 위해 성 십자가병원(l'hôpital Sainte-Croix)을 세우고 몸소 가난한 자들을 돌봤다. 이들과 동향 출신이었던 알라르 드 시메(Alard de Chimay)는 렝스교회에 가난한 자들을 위한 병원을 헌정했다. 부유한 평신도들이 유언장에 가난하고 병든 자들을 위해 병원 설립을 명시하는 것은 유행처럼 번져 나갔다.

아라스(Arras)의 시민이었던 수발롱 히케디에(Souvalon Hucquedieu)는 자신의 도시에 성 요한병원을 봉헌했는데, 이를 본받아 많은 시민이 병원 설립에 동참했다. 아라스는 인구 2만 명 정도의 도시였는데, 부르주아 계층의 상속으로 무려 23개의 병원이 설립될 정도였다. 유사한 현상이 리옹(Lyon)에서도 발견된다.

아를르(Arles)의 경우 무려 1200개의 유언장이 가난한 자들을 위한 병원과 장례를 위해 교회에 상속을 명시한다. 4세기에 비잔틴병원이 처음으로 탄생한 이후 6세기에 이르러 폭발적으로 병원이 증가하는 것과 마찬가지로, 12세기 프랑스병원의 부흥은 시대적이며, 사회적인 영성 운동에 기반을 둔 종교적 현상이었다.

6. 나병원(leprosarium)의 설립

본래 프랑크 왕국의 호스텔병원은 그 기능이 통합적이고 복합적었으며, 전문적인 의미의 보호 시설은 아니었다. 그러나, 12세기 이후 전통적인 프랑크 왕국의 호스텔병원과는 다른 전문적인 병원들이 나환자들을 위해 설립되기 시작한다. 한센병에 걸린 자들은 사회적으로 격리돼야 했고 설립되는 나병원도 다른 곳과 격리된 공간이 됐다.

나병은 6세기부터 문헌상으로 확인되지만 12세기가 되면, 사회 문제로 부상할 정도로 심각한 양상으로 번져나갔다. 1200년경이 되면, 프랑스의 큰 도시는 거의 다 나병원을 운영하게 된다. 강(Gand)에는 1146-1149년 사이에 나병원이 설립됐고, 투르네(Tournai)는 1153년, 휴(Huy)는 1160년 이전, 브뤼셀은 1174년, 콜로뉴(Cologne)는 1180년, 몽스(Mons)는 1182년, 루벵(Louvain)은 1197년에 각각 나병원이 세워졌다.[70]

드 스피젤러의 연구에 따르면, 12-15세기까지 리에즈(Liège) 지역에 세워진 호스텔병원(Hôtel-Dieu)과 나병원 기타 보호 시설은 18개에 이른다.[71] 이 중 나병원은 코르니옹(Cornillon)의 나병원, 성 발부르그(Sainte-Walburge)의 나병원 등 2개이며, 시각 장애자들을 위한 병원도 1곳 설립됐다. 이 통계는 수도원과 시의회, 개인이 운영하는 구빈원을 제외한 수치이다.

마르셀 캉디(Marcel Candille)의 연구를 따르면, 12세기에 초반에 확인되는 나병원의 숫자는 33개이며, 1175-1250년 사이에는 74개, 13세기 후반에는 82개, 14세기에는 36개의 나병원이 확인된다.[72] 또 다른 연구가인 보티에(R. H. Bautier)의 연구를 따르면, 신성로마제국의 황제 필립 아우구스투스의 시대 이후 황실에서 지원하던 나병원의 숫자는 이보다 훨씬 더 많았다.

1260년 루이 9세 치하에서 340개의 나병원이 존재했고 두 세기 후인 1450년 샤를르 7세 때에는 무려 450개의 나병원이 존재했다. 이 정도의 숫자라면, 프랑크 왕국의 거의 모든 도시에 나병원이나 나병 환자들을 수용하고 지원할 수 있는 시설이 있었을 것이다. 이 숫자는 과장됐다고 볼 수 없다.

1351년 파리 교구에 존재하던 나병원만 해도 39개나 된다. 루이 8세가 남긴 유언을 토대로 판단하면, 12개의 교회마다 1개씩의 나병원이 존재했고 이를 프랑크 왕국 전체로 계산해 보면, 약 2천여 개의 나병원이 존재했다는 결론에 이르게 된다.

나병원은 병의 치료를 목적으로 한 곳이 아니라 나병 환자들을 격리해서 수용하던 장소였으며, 지역 교회의 주교가 책임지고 운영하는 구조였다. 일단 나병으로 진단을 받게 되면, 사회에서 격리됐고 나환자들을 보호하는 시설로 가야했다. 의사 등의 전문가들이 지역 주교의 책임 하에 나병을 진단

했는데, 의사들 중에는 나병 환자들도 있었다.[73]

나병으로 진단받으면, 기독교 의식을 행한 이후에 보호 시설로 갔다. 아미앙(Amiens)의 경우 나병으로 진단받은 자들을 아예 지역의 공동묘지의 구덩이에 넣고 장례식과 흡사한 의식을 올렸다. 사제는 불행한 질병에 걸린 자에게 인내를 요구하는 설교를 행했고 한센병 환자로 식별되도록 고안된 옷을 입히고 장갑을 끼도록 했다.

<도판 26. 나병 환자를 검사하는 의사들>

종교 의식에는 사회로부터 격리를 선언하는 절차도 포함됐다. 님(Nimes)의 경우 나병으로 진단받은 자들은 복음서 위에 손을 얹고 사람이 사는 도시에 출입하지 않겠다는 맹세를 해야 했다. 도판 26은 1482년 만들어진 나무 판넬 조각으로, 두 명의 의사가 환자를 진단하는 모습을 담고 있다.[74]

왼쪽 발가락이 잘려 있기 때문에 환자는 한센병으로 진단받는다. 왼쪽에 있는 의사는 환자의 소변을 받기 위해 통을 들고 있고, 오른쪽에 있는 의사는 코덱스(책)을 펼쳐들고 증상에 대해 질문했다.

나병원은 수도 공동체로서 운영됐다. 나병원에서 환자들을 돕던 간호자들은 환자들과 함께 영적인 공동체를 형성해 서로 형제와 자매로 호칭했다.[75] 나병원의 설립자들은 복음적 정신에 따라 병원을 설립하면서 목적과 지침을 담은 '헌장'을 만들곤 했다.

레옹 르 그랑(Léon le Grand)은 12-14세기에 프랑스에 설립된 나병원의 헌장 13개를 출판한 바 있다.[76] 물론 나병원뿐만 아니라 일반적인 호스텔 병원(Hôtel-Dieu)도 규칙을 갖고 있었다. 레옹 르 그랑의 책에는 예루살렘의 성 요한병원을 비롯해 파리, 앙제(Angers), 릴(Lille) 등 13개 지역의 병원 헌장을 출판했다.

1305년 7월 21일 아미앙(Amiens)에 나병원이 설립되는데『나병원 헌장』이 문서로 남아 있다.『나병원 헌장』은 원문이 라틴어나 중세 프랑스어로 쓰였다.『아미앙병원 헌장』은 중세 프랑스어로 쓰였다. 총 55개 조항으로 된『아미앙 나병원 헌장』일부를 원문과 함께 소개하면 다음과 같다.

7.『아미앙 나병원 헌장』(1305년 7월 21일)[77]

Ch'est l'ordonnance et le rieule de la maladrie d'Amiens,
confermée de le souverains, c'est à savoir du maieur et des esquevins de le cité devant dite, que li frère sain et malade et les sereurs saines et malades doivent tenir.

다음은 지도자, 즉 도시의 지도층과 기사들뿐만 아니라 건강하거나 병든 형제들, 건강하거나 병든 자매들이 따라야 할 규정과 규칙이다.

1. Prumièrement, il doivent obéir et faire obedience à leur maistre ès espi-

ritueulx coses et ès temporeulx.

1. 첫째로 그들은 영적인 일과 세상 속에서의 일에 대해 그들의 스승에게 순종해야 한다.

2. Il doivent estre honnestement en tous les lieux où ils seront, aussi bien com u moustier, si que, par leur exemple, li autrez soient semons à faire bonnes oeuvres.

2. 그들은 수도원 안에서 뿐만 아니라 어디에 있든지 마치 선한 일에 부름 받은 것처럼 존경받을 만하게 행동해야 한다.

3. Il est ordenés que tout et toutes viengent as matines chacun jour et que il les oient entièrement, ne que il n'issent du moustier devant ce qu'il les aront oyes, se il n'ont loyel ensonne ; et si doivent oyr toutes les heures et est assavoir : prime, tierce, midi et nonne, se il n'ont cause raisonnable par quoy se partent du moustier.

3. 모든 형제와 모든 자매는 매일 아침에 와서 말씀을 들어야 하며, 합당한 이유가 없다면 수도원에서 나갈 수 없다. 매시간 말씀을 들어야하며 수도원 밖으로 외출해야 할 마땅한 이유가 없다면 아침 기도(6시경), 3시과, 정오 기도, 9시과에 참여해야 한다.

4. Et quant il aront oy le messe et prié Jhesu Crist merchy pour leurs bienfaiteurs, il repaireront humblement à leur maison ; et quant tamps sera, il venront à le taule. Et si se doivent assir honnestement et paisiblement à le taule. et si doivent peu parler à leur mengier, fors de ce dont il sera il eux mestiers. Et quant il siéent à le taule, li wis doivent estre clos jusques à ce que il seront levé du mengier. Et si doivent faire aussi les femmes saines et malades.

4. 그들이 예배를 드리고 그들에게 은혜를 베푸는 자들을 위해 예수 그리스도에게 감사의 기도를 올린다면, 그들은 그들의 집에 겸손하게 값을 치르는 것이다. 때가 되면 그들은 식탁에 와야 한다. 그리고 식탁에 바르고 조용하게 앉아야 하며, 일과 관계된 것이 아니라면 먹을 때에 말하지 말아야 한다. 그들이 식탁에 앉아 있을 때, 식사 후 일어날 때까지 문을 닫아야 한다. 건강한 여자들과 병든 여자들도 마찬가지로 이렇게 행해야 한다.

5. Li frère malades ne doivent point mengier avec les femmes, ni les femmes avec les frères ; ne nul frère malade ne noit passser le porte as dames.

5. 병든 형제들은 여자들과 함께 먹지 말아야 하고, 여자들도 형제들과 함께 먹지 말아야 한다. 어떤 형제라도 여자들(이 있는 방)의 문을 통과하지 말아야 한다.

6. Quant il seront levé du manger et il aront lavé leurs mains, il doivent rendre graces à Dieu le Tout-Puissant et prier pour leur bienfaiteurs.

6. 먹는 후에 일어나서 손을 씻은 다음 전능하신 하나님께 감사 기도를 드리고 은혜를 베푼 자들을 위해 기도해야 한다.

7. Il ne doivent mengier que II fois le jour et à droite heure, s'il n'ont cause raisonnable.

7. 타당한 이유가 없다면 하루에 두 번 정해진 시간에만 먹어야 한다.

10. Se li frére ou les sereurs ont nuefz vestemens ou nuefves cauchementes, il doivent rendre les viez à leur maistre.

10. 형제들이나 자매들이 새 옷이나 새 신발을 갖게 되면, 그것을 스승에게 가져와야 한다.

11. Nulz estrangers ne doit mengier avec les frères ne avec les sereurs, se il es-

toit ore leur consins ou leur consine, sans le congié du maistre ; et, s'il le faisoit, il est à punir à le volenté du maistre.

11. 외부인은, 설령 그들이 사촌 형제나 자매라고 해도 스승의 허락 없이, 형제들이나 자매들과 함께 먹지 말아야 한다. 만약 그렇게 행하면 스승의 뜻에 따라 벌을 받아야 한다.

13. Li frères ne doivent mei entrer ès maisons des femmes, ni les femmes ès maisons as frères sans le congié du maistre ; et, se les femmes entrent ès maisons as frères pour le sépulture des frères, deux femmes ou trois y poeuvent entrer, teles dont on ne puist avoir nulle malvaise souppechon.

13. 스승의 허락 없이 형제들은 여자들의 집에 들어가지 말아야 하고 여자들은 형제들의 집에 들어가지 말아야 한다. 만약 여자들이 형제들의 염습을 위해 형제들의 집에 들어가야 한다면 나쁜 의심을 사지 않도록 두세 명이 들어갈 수 있다.

14. Li frères ne doivent mie juer as dés entre aus, ne as taules, ne as eschés, ne à aucun autre jeu, pour denierz, ne pour boire ne pour mengier.

14. 형제들은 식탁에서도 주방에서도 자기들끼리 주사위 놀이를 하지 말아야 하고, 돈이나 음료나 음식을 걸고 어떤 놀이도 해서는 안 된다.

19. Li frère et les sereurs doivent souvent confesser à leur prestre. Et se il demandent congié de confesser ailleurs, il leur doit donner congié se il voit qu'il y ait raison, mais que le personne qui le congié demandera soit personne convenable et sans souppechon.

19. 형제들과 자매들은 그들의 사제에게 자주 죄를 고백해야 한다. 만약 그들이 다른 곳에 가서 죄를 고백하겠다는 허가를 요청하면 이유가 있다

면 허락해야 하지만, 허가를 요청하는 사람은 양심 있는 자이어야 하고 의심을 사지 말아야 한다.

20. Li clers malade ne doivent mie canter ou moustier avec les clers sains, ains doivent demourer avec les malades.

20. 병에 걸린 성직자들은 건강한 성직자들과 함께 찬송하거나 수도원에 머물지 말아야 하고, 병자들과 함께 머물러야 한다.

24. Qui est pris en pechié de luxure, aussi doit widier le maison ung an et ung jour ; au revenir, faire penanche XL jours, et III jours en pain et en yaue en le sepmaine et tenir silence.

24. 육체의 죄를 저지르다 잡힌 자는 일 년 하루 동안 집을 떠나야 한다. 돌아온 후에는 40일 동안 참회하고, 일주일 중 3일 동안 빵과 물만 먹으며 침묵해야 한다.

25. Qui fait pechié de luxure à se sereur, il pert le maison ung an et ung jour, et le sereur aussi ; et se li uns est rapelés, li plus profitaules, li autrez demourra à le volenté du maieur et du maistre.

25. 자매와 육체의 죄를 저지른 자는 일 년 하루 동안 집을 떠나야 한다. 자매도 그렇게 해야 한다. 그 중 어떤 사람들이 다시 집에 받아들여지고 그것이 더 유익하다면, 다른 사람들은 장로들과 스승의 처분에 맡겨져야 한다.

26. Qui fiert sen frère par ire, il pert l'ostel ung an et 1 jour, et XL jours de penahche, III jours de le sepmaine en pain et en yeaue, et tient silence, si com nous avons devant expressé.

26. 화가 나서 형제를 구타하는 자는 일 년 하루 동안 호스텔을 떠나야 하

고, (돌아온 후에는) 우리가 앞에서 언급했듯이, 40일 동안 참회하며 일주일 중 3일 동안 빵과 물만 먹으며 침묵해야 한다.

27. Qui gist à Amiens sans congié et sans loyal ensonne, il pert le maison ung an et I jour, et, au revenir, XL jours de penanche, III jours en pain et en yaue la sepmaine.

27. 허가 없이 그리고 합당한 이유 없이 아미앙에 가는 자는 일 년 하루 동안 집을 떠나야 한다. 돌아온 후에는 40일 동안 참회해야 하며 일주일에 3일 동안 빵과 물만 먹으며, 지내야 한다.

30. Qui fiert sen sergant, il doit XL jours de penanche en l'ostel ; se li sergans refiert son seignour, il pert sen service.

30. 봉사하는 자를 구타하는 자는 호스텔에서 40일 동안 참회해야 한다. 봉사하는 자가 자기의 주인을 때리면 자기의 직무를 상실한다.

31. Qui claime se sereur putain, XL jours.

31. 자매에게 창녀라고 욕을 하면, 40일 동안 참회해야 한다.

35. Qui trepasse le commandement du maistre et des frères, V jours; à le seconde fois, X jours; à le tierche fois, XX jours; à le quarte fois pert les biens de le maison.

35. 스승과 형제들의 계명을 어기는 자는 5일 동안 참회해야 한다. 두 번째로 어기면 10일, 세 번째는 20일 동안 참회해야 하고, 네 번째는 집에 있는 자기의 물건을 압수당한다.

47. Qui jue as dés, il pert l'ostel XL jours, sans hostel trouver, et, au revenir, XL jours de penanche.

47. 주사위 놀이를 하는 자는 40일 동안 호스텔을 떠나서 호스텔 없이 지

내야 한다. 돌아온 후에는 40일 동안 참회해야 한다.

50. Qui parole de vilonnie, ne gloutonnerie, ne de luxure au mengier, il doit XX jours de penanche.

50. 저속한 말을 하거나 탐식하거나 먹을 때에 욕심 부리는 자는 20일 동안 참회해야 한다.

54. Qui se claime hors de l'ostel et laisse son maistre et ses frères pour clamer ailleurs, il pert l'ostel ung an et XL jours de penanche au revenir.

54. 호스텔 밖으로 가서 자신의 스승과 형제들을 고발하는 자는 일 년 하루 동안 호스텔을 떠나야 하고, 돌아온 후에는 40일 동안 참회해야 한다.

Il est ordené de nouvel à tenir tous les poins dessusdis.

Fait par J. Le Borgne, maieur d'Amiens, presens et consentans ⋯ l'an mil CCC et V, ⋯

다시 한 번 언급하지만 위에 말한 모든 규정을 지켜야 한다. 아미앙의 시장 르 보르뉴가 서명함 ⋯ 1305년 7월 21일 ⋯

『아미앙 나병원 헌장』은 프랑스에서 운영되던 많은 수의 나병원의 일반적 모습을 드러내준다. 『아미앙 나병원 헌장』을 통해 프랑스의 나병원이 어떤 특징을 갖고 있었는가를 개략적으로 논할 수 있다. 먼저 나병원은 '수도원'(moustier) 혹은 '호스텔'(hostel)로 지칭됐다.

나병원에 들어온 환자들은 수도자들처럼 '형제'(frère) 혹은 '자매'(sereur)라고 불렸고, 『헌장』이 규정하고 있는 규칙에 따라 수도자처럼 생활했다. 나병원은 기혼이나 미혼을 막론하고 받아들였는데, 수도원처럼 남과 여가 분리돼 수용됐고, 정해진 기도 시간을 지켜야 했다(3-5조, 13조).

수도원장이 수도원의 삶 전반을 책임지듯 아미앙 나병원의 '스승'(maistre)도 유사한 역할을 한다. 병에 걸린 모든 형제와 자매들은 수도원장인 나병원의 '스승'에게 모든 점에서 순종해야 한다(1조). 나병원에는 사제들도 존재했고 이들은 수용된 형제·자매들의 미사 및 성사를 담당했다 (19조).

나병은 빈부귀천을 막론하고 누구나 공격했기에 나병원에는 부유한 지주나 성직자도 수용됐다. 일단 나병으로 진단받으면, 사회에서 격리돼 나병원에 가는 것 외에는 다른 해결책이 없었다. 물론 부유하다면, 좀 더 안락한 시설을 마련할 수도 있었다.

결혼한 경우라 할지라도 성관계는 금지됐고 부부가 따로 수용됐다. 자위행위를 하거나 남녀가 성관계를 가질 경우 제재의 대상이었다(24-25조). 형제를 구타하거나 욕설, 주사위 놀이나 내기, 탐욕, 탐식 등의 잘못을 저지르면, 1년 동안 호스텔에서 쫓겨나거나 40일 동안 참회를 행해야 한다.

허가 없이 도시 아미앙으로 들어가는 자도 1년 하루 동안 호스텔에서 추방됐다(27조). 나병 환자들이 도시에 접근하는 것은 엄격하게 금지됐다. 외부 방문객과의 접촉도 마치 수도원의 생활처럼 규제됐다(11조). 『아미앙 병원의 헌장』은 나병원이 사실상 수도 공동체임을 드러내 준다.

전통적 수도 공동체는 아우구스티누스의 규칙이나 베네딕트의 규칙 등 규칙을 중심으로 형성됐지만, 나병원은 한센병이라는 질병을 매개로 형성된 환자들의 수도 공동체였던 것이다.

한센병 환자들에게 주어졌던 '형제'와 '자매'라는 호칭을 단순히 수사학적인 것으로 간주하지 말아야 한다. 나병은 불치의 병이었고 일단 나병에 걸리면, 사회와는 완전히 단절된 채로 살아야 했다. 따라서 나병으로 진단받는 자는 이 치명적인 질병을 하나님께서 자신을 부르는 부름으로 간주하곤 했다.

나병에서 종교적 소명을 발견하는 영성은 소수의 기독교들에게서 찾을 수 있는 감성이 아니라 이 당시 프랑스 사회 일반에서 발견할 수 있는 삶의 태도다. 이 때문에 『몽펠리에 나병원 헌장』이나 『브리브(Brives) 나병원 헌장』 등 몇몇 나병원 헌장은 완벽한 의미의 수도 규칙이었다.[78] 『아미앙 나병원 헌장』의 경우 완전한 수도 규칙은 아니지만 수도적 공동체의 분위기를 충분히 읽어낼 수 있을 정도의 종교적 감성을 갖고 있다.

14-15세기 이르러 프랑스의 나병원은 급격하게 쇠퇴하기 시작한다.[79] 그 첫 번째 이유는 영국과의 백년전쟁(1337-1453)으로 인한 경제 상황의 악화 때문이다. 1432년에 이르면, 파리의 유명한 성 나사로 나병원조차도 운영이 불가능해졌다.

파리뿐 아니라 영국군과 프랑스군 간의 격전지가 됐던 지역은 같은 운명에 이르렀다. 이렇게 하여 스와송(Soissons), 라옹(Laon), 부르즈(Bourges), 오를레앙(Orléans), 루앙(Louen), 캉(Caen) 등에 산재해 있던 나병원과 호스텔병원들은 환자를 먹이고 입힐 능력을 상실하게 됐다.

그런데, 나병원의 쇠퇴는 백년전쟁이라는 물리적 원인 외에 병리학적 차원의 다른 중요한 원인도 있다. 14세기 이후 나병이 급격하게 감소했던 것이다. 예를 들어 13세기 중반 루앙(Rouen)의 경우 80-100명 정도의 나환자들이 있었지만, 14세기가 되면, 10명 이하로 줄어들게 된다.

렝스(Reims)의 나병원은 1350년 남자 환자들 없이 여자 환자들만을 보호하고 있었다. 비슷한 시기에 아비뇽의 성 나사로 병원은 단 한 명의 나환자를 돌보고 있었다. 15세기 경 프랑스 남서부 지역의 나병원은 적을 경우 10명 이하, 많은 경우 20명 이하의 환자들을 돌볼 뿐이었다. 이런 통계는 12-13세기에 비해 비약적으로 줄어든 수치다. 지역에 따라서는 나병원이 텅 빈곳도 생겨났다.

나병 환자가 없는 보호 시설의 경우 지역 주교의 허락 하에 요양원으로 사용되는 경우도 있었다. 14세기 중반 이후 나병이 극적으로 감소하게 된 원인으로 나환자들에 대한 효과적인 격리, 동방과의 왕래가 감소된 것, 구걸을 억제하는 정책, 육류 소비의 증가와 맞물린 영양 상태의 개선 등 여러 가지 이유를 들 수 있다.

8. 의료화를 향한 첫걸음

중세 프랑스의 기독교적 병원은 의료화의 측면에서 빠르지는 않지만 의미 있는 발전을 하게 된다.[80] 중세의 병원은 현대적 치료 개념의 병원과는 달리 가난한 자들을 구제하고 병약한 자를 돌보아 주는 자선의 개념과 간호 및 보호의 개념이 혼재된 보호 시설이었다.

나환자들을 위한 병원이나 정신병자들을 위한 병원 등 사회로부터 격리가 필요한 자들을 위한 특수 보호 시설도 복합적 개념을 갖고 있었다. 요컨대 중세 프랑스병원은 영적인 장소인 동시에 사회 센터이기도 했고 의료적 성격도 갖고 있었다. 하지만, 의료적인 측면에서 12세기 비잔틴의 판토크라토르 크세논처럼 외래 진료와 입원 및 수술 등 특화된 의료 서비스를 제공하던 병원이 있었는가에 대해서는 확실하게 답을 내릴 수 없다. 13세기 토네르(Tonnerre)병원(l'Hôtel-Dieu)은 다음과 같은 규칙을 갖고 있었다. "건강을 회복하고 병상을 떠나는 가난한 자들이 너무 이른 시간에 떠남으로 다시금 병에 걸릴까 염려된다. 따라서 가난한 자들은 병원에 7일 동안 머물러야 한다."

건강을 회복한 뒤에도 7일 동안 병원에 머물러야 한다는 규정은 토네르 병원뿐 아니라 파리병원(l'Hôtel-Dieu)과 기타 병원에서도 준수되던 규칙이었다. 1498년에 생성된 자료에 따르면, 14년 동안 1만 7천명의 환자들이 파리병원에서 퇴원했다. 연간 1200명 정도의 가난한 자들이 치료를 받고 퇴원했던 셈이다.

16세기 초반 낭트병원과 관련된 통계 자료가 있다. 이 자료에 따르면, 입원했던 환자 163명중 112명이 사망했다. 그 외 51명은 치료 후 퇴원했는데, 이중 10일 이하를 입원한 자는 21명(43%), 10-30일을 입원한 자는 14명(27%), 한 달-두 달 동안 입원한 자는 11명(22%), 세 달 이상을 입원한 자는 2명(5%)였다.

프랑스중세병원은 치료의 조건으로 가난하고 병든 자들의 위생을 중시했다. 이런 경향은 중세 말기에 확연한 특징이 됐다. 환대사들은 환자들의 청결을 위해 많은 노력을 기울였다. 그들은 매일 환자들의 손과 발을 닦아주고 머리를 감겨주고 수염을 깎았으며 나무나 금속으로 된 욕조에서 목욕을 시켜주기도 했다.

환자들의 청결과 직결된 또 하나의 과제는 침대보를 세탁하는 것이었다. 파리병원은 매년 500-700개의 침대보를 새로 구입했다. 침대보는 3년을 사용하면, 폐기하고 새것으로 교환했다. 15세기 파리병원의 세탁실은 9명의 수녀와 7명의 여자 세탁부로 구성됐.

이들은 일주일 동안 8-9백 개의 침대보를 세탁해 여름에는 햇볕에 말렸고 겨울에는 불을 지펴 건조시켰다. 청결은 환자뿐 아니라 건물과 병실과도 연관된 문제였다. 환대사들은 병실 바닥을 매일 닦았다. 파리병원의 경우 1430년 한 해 동안에만 700개의 빗자루를 구입했다.

분뇨 처리는 병원의 위생과 직결되기 때문에 중세 초기부터 세심한 주의를 기울였다. 대부분의 병원은 개천이나 강을 끼고 있고 배뇨 시설은 물이 흘러 개천으로 들어가는 하수 시설과 연결됐다. 파리병원의 경우 1428년 오수 시설을 복개했다.

위생 문제의 진전과 함께 중세 말기의 병원은 환자들을 돌보는 데에 머무는 것이 아니라 의학적인 치료에 점점 많은 관심을 갖게 된다. 11-12세기에 우후죽순처럼 설립됐던 병원에는 일반적으로 의사들이 상주하지 않았다. 이 당시 병원의 주된 고객인 가난한 사람들은 의사보다는 약제사나 접골사나 마술사를 선호했다.

15세기에 프랑스에서 가장 유명했던 의사 중 한 명인 자크 데스파르(Jacques Despars)는 병원에 소속된 적이 없는 인물이었다. 자크 데스파르에 따르면, 가난한 사람들은 의사들이 돈을 벌 목적으로 병을 연장시킬 뿐 제대로 치료하지 않는다고 생각했다.

하지만, 13세기 이후 점차적으로 병원들은 의사들을 두게 된다. 1221년 이후 파리병원에서는 위베르(Hebert)라는 이름의 의사가 환자들을 진료했고 몽펠리에의 병원도 의사를 두고 있었다. 1328년 프랑스의 왕 샤를르 4세는 샤틀레(Châtelet)의 외과 의사들에게 병원을 방문해 가난한 자들을 진료할 것을 명령했다.

마르세이유는 이 부문에서 파리와 함께 가장 앞선 도시 중 하나였다. 마르세이유의 병원에는 의사(persoonnel médical hospitalier)들이 규칙적으로 지명됐다. 유럽 전역을 휩쓸었던 흑사병은 병원의 의료화에 결정적인 자극을 제공했다. 유럽의 도시들을 공포로 몰아넣은 전염병 앞에서 시(市)당국자들은 의사들의 역할에 많은 기대를 걸게 됐다. 대략 70%의 병원들이 의사를 갖추게 되며, 20%의 병원은 외과 의사도 보유하게 된다.

이 당시 대부분의 의사들은 파리대학과 몽펠리에대학 출신이었다. 1369년 툴루즈의 병원에서는 약제사 기욤 델 퐁(Guillaume del Pont)이 헌신했으며, 아를의 성령병원은 각각 한 명의 의사, 외과 의사, 약제사를 보유하고 있었다. 1488년 나르본(Narbonne) 시의회는 성 바울병원과 성 유스트(Saint-Just)병원에서 일하는 의사에게 급료를 지급했다.

1454-1455년 니스(Nice) 시의회는 의사인 기그 드 타게로노(Guigue de Tagerono)와 그의 가족에게 담보와 집을 제공했다. 1462년 멜랭(Melun)의 병원장은 제오프르와 드 로슈포르(Geoffroy de Rochefort)라는 이름의 의사였다. 의학에 대한 병원의 의존도가 높아 간 것은 프랑스 전역에서 발생한 현상이었다.

기독교적 장소요 사회적 보호의 대명사였던 프랑스병원은 중세 말기에 이르러 가난한 자들에 대한 돌봄을 넘어서 의학을 통한 치료에 점점 더 주목하기 시작했다. 건강의 회복은 오랫동안 기도와 종교심의 영역에 남아 있었으나 중세 말기에 이르러 의술이라는 방향으로 접목되기 시작한다. 하지만, 병원과 의학의 본격적인 결합에는 아직도 많은 시간이 필요했다.

제8장

중세 순례자들의 병원: 예루살렘의 성 요한병원

    11세기까지 프랑크 왕국에 세워진 병원들은 구빈 기능과 호스텔 기능에 약간의 의료적 치료가 가미된 복합적 성격을 갖고 있었다. 성 갈렌수도원의 경우에서 보듯 호스텔과 가난한 자들을 위한 보호 시설은 의료적 돌봄을 목적으로 하던 시설이 아니었다.

    반면, 수도자들을 위한 의무실은 사혈실과 목욕실, 그리고 의료인들의 숙소 및 약초밭을 구비한 전문 요양원에 가까운 형태였다. 비잔틴의 경우 7세기 초반 삼손 크세논은 외래 진료 외에도 내과 수술을 하는 병원으로 도약했지만, 서방의 경우 수도원 의무실을 제외한 다른 곳에 의료적 치료를 목적으로 하는 병원이 있었는가에 대해서는 회의적으로 답할 수밖에 없다.

    호스텔 기능을 배제하고 오직 건강 회복을 목적하고 세워진 최초의 서방병원은 유럽 땅이 아닌 예루살렘에 세워진 병원이다. 지리적으로 서방이 아닌 동방의 성지에 세워진 병원이지만 예루살렘 성 요한병원은 이른바 '성 요한병원수도단'(Hospitallers)으로 불리는 서방의 수도자들에 의해 세워지고 운영된 병원이기 때문에 서방병원으로 분류할 수 있다.[1]

병원 기사단이 세운 '성 요한병원'은 서방병원사에서 특별한 위치를 점하고 있다. 무엇보다 성 요한병원의 의료적 돌봄은 서방 세계에서는 전례를 찾을 수 없을 만큼 독특한 것이었다. 또한 성 요한병원의 설립 헌장은 12세기 말 이후 본격화 되는 프랑스병원의 설립에 커다란 영향을 끼친다. 이 때문에 예루살렘의 성 요한병원은 서방병원으로 분류해 다룰만한 가치가 있다.

1. 예루살렘 성 요한병원의 기원

이집트의 칼리프 알-하킴(al-Hakim)은 1014년 그가 통치하는 지역의 교회와 수도원을 대대적으로 박해한다.[2] 이 박해 때에 예루살렘의 라틴수도원과 성 마리아호스텔이 파괴됐다. 얼마 후 남부 이탈리아의 도시로서 비잔틴 세계와 긴밀한 연관을 맺고 있던 아말피(Amalfi)의 상인들은 수도원과 병원을 재건할 수 있도록 허락해 달라고 칼리프에게 요청한다.

칼리프의 허락과 함께 곧 수도원과 병원이 재건됐고 이탈리아의 베네딕트 계열 수도사들이 이곳에 정주하게 된다. 병원은 성지순례자들 외에도 아말피 상인들의 호스텔로 사용됐다. 아말피 상인들은 여성 전용 호스텔을 운영할 수 있도록 여자수도원도 설립한다.

이후 순례자들이 크게 증가하자 아말피 상인들은 가난한 여행객들을 맞아들여 안식처를 제공할 목적으로 세 번째 호스텔과 교회를 설립한다. 아말피 상인들은 이 세 번째 호스텔의 운영을 베네딕트 수도자들에게 맡겼으며, 성 마리아수도원장이 호스텔 원장을 지명했다.

1096년 제1차 십자군 직후 호스텔 원장인 툼 제라르(Tum Gerard, 1040-1120)와 그의 형제들의 헌신으로 호스텔은 예루살렘 성 요한병원의 모습을 갖추게 된다. 그런데, 아말피 상인들이 설립했던 세 번째 호스텔과 교회는 신축이 아니라 5세기에 비잔틴 사람들이 세례자 성 요한에게 바쳤던 교회와 호스텔을 재건한 것이었다.

11세기 말의 예루살렘의 성 요한병원은 당시 존재하던 서방병원보다는 비잔틴병원과 밀접한 연관을 갖고 있었다. 병원을 재건축한 아말피 상인은 이탈리아에서는 베네치아 상인 다음으로 비잔틴 세계와 긴밀한 관계를 갖고 있었다.

성 요한병원에 정주한 자들은 이탈리아의 몬테카시노에 있던 베네딕트 수도원 출신의 수도자들이지만, 성 요한병원은 서방에 존재하던 베네딕트 수도원들이 운영하던 호스텔과는 현격한 차이가 난다. 앞서 성 갈렌수도원의 호스피스에서 보았듯, 호스피스는 베네딕트 계열 수도원의 여러 기능 중 부차적인 한 가지 기능에 불과했다.

반면, 세바스테의 에우스타티오스가 세운 호스텔병원이나 카이사레아의 바실리오스가 세운 호스텔병원에서 보듯, 비잔틴의 병원은 수도자들이 중심이 돼 운영하던 독립적인 기독교 기관이었다. 5-6세기 비잔틴 황제들의 칙법이 교회와 수도원 외에 각종 병원을 분리해 언급하는 것은 이 점을 분명하게 밝혀준다.

뒤에 언급하겠지만 12세기 예루살렘 성 요한병원의 헌장은 예루살렘병원이 환자들을 돌보는 공간인 동시에 교회와 수도원과는 분리돼 독립적으로 존재하던 기독교적 공간임을 드러내 준다. 이슬람 세계에도 비잔틴에서 영향 받은 병원이 존재했지만 이슬람의 병원은 종교 기관이 아니라 세속 기관이었다.³ 따라서 예루살렘 성 요한병원이 이슬람 병원으로부터 영향 받은 것이 아니라는 사실은 명백하다.

툼 제라르는 아말피 출신으로 예루살렘에 왔던 베네딕트 수도자였을 것이다. 그는 1096년 제1차 십자군 전쟁 이전부터 예루살렘의 병원에서 헌신했다. 제1차 십자군 때에 예루살렘에 살던 기독교인들도 학살되고 추방됐지만 제라르와 그의 동료들은 병든 순례자들과 부상당한 십자군 병사들을 돌보면서 계속 헌신할 수 있었다.

제라르는 교종(敎宗) 파스칼에게 예루살렘 성 요한병원을 성 마리아수도원에서 독립된 수도회로 인정해 달라는 요구를 한다. 이런 요구에 대해 교종 파스칼은 1113년 2월 15일 교서를 내려 예루살렘 성 요한병원수도회를 공식적으로 인정한다. 교종 파스칼 2세는 예루살렘의 크세노도키움(Xenodochium)의 으뜸(prepositus)인 제라르(Gerard)에게 성 요한병원의 설립 목적을 다음과 같이 명시한다.⁴

"경건한 요청과 열망은 충분하고도 완전하게 충족돼야 한다. 그대는 예루살렘의 성 세례자 요한의 교회 부근에 그대가 설립한 크세노도키움(Xenodochium)이 거룩한 교구에 의해 지원되고 복된 사도 베드로의 후원에 의해 발전돼야 한다고 요청한 바 있다. 우리는 그대의 경건하고 열심 있는 환대(hospitalitas)에 대해 아버지와 같은 너그러움으로 그대의 청을 받아 이 교서를 내림으로 하나님의 집인 크세노도키움(Xenodochium)이 사도 교부의 후견을 받으며 복된 사도 베드로의 후원을 받도록 명하는 바이다."

1120년 제라르가 사망한 뒤 레몽 드 퓌(Raymond du Puy)가 제라르의 뒤를 이어 예루살렘 성 요한병원을 이끌고 나간다. 레몽 드 퓌는 제라르가 맞이했던 병든 순례자 중의 하나였다.

2.「예루살렘 성 요한병원 헌장」(1125-1153)

1125-1153년에 레몽 뒤 퓌(Raymond du Puy, 1120-1160)가 공포한 예루살렘 성 요한병원의 헌장 19개 조항 전체를 라틴어 원문과 함께 우리말로 옮겨 소개하면 다음과 같다.[5] 꺽쇠 안에 씌어 진 프랑스어는 13세기 사본에 첨가돼 있는 중세 프랑스어를 그대로 옮겨 놓은 것이다. 라틴어 본문은 아라(Aarau)의 고문서 보관소에 있는 사본 1253을 들라빌 르 룰(J. Delaville Le Roulx)이 편집한 것이다.

『예루살렘 성 요한병원 헌장』은 1125-1153년에 공포된 레몽 뒤 퓌의 첫 번째 헌장 이후 여러 번 개정됐다. 이 중 가장 중요하게 여겨지는 병원 헌장은 레몽 뒤 퓌의 첫 번째 헌장과 1182년에 공포된 두 번째 헌장이다. 흄(E. E. Hume)은 1262년, 1301년, 1304년 등의 헌장도 부분적으로 소개한 바 있다.[6]

흄의 저서는 예루살렘 성 요한병원의 의료사를 크게 1065-1530년, 1530-1798년, 1798-1940년 등 세 시기로 나눠 시대적 변화를 포괄적으로 접근한 역작이다. 아울러 들라빌 르 훌은 레몽 뒤 퓌의 첫 번째 병원 헌장 이후 15세기까지의 예루살렘병원 헌장의 전개에 대해서 설명한 바 있다.[7]

[Ceste est la constitucion trovée par frère Raimont]
(이것은 레몽 형제가 제정한 법이다)

In Dei nomine, ego Raymundus, servus pauperum Christi et custos Hospitalis Jerosolimitani, cum consilio totius capituli clericorum et laycorum fratrum, statui hec precepta et statuta in domo Hospitalis Jerosolimitana.

하나님의 이름으로, 그리스도의 가난한 자들의 종이자 예루살렘병원의 관리인인 나 레이몬두스(역주: 레몽의 라틴식 이름)는 성직자 형제들 그리고 평신도 형제들의 고문단 전체의 권고로 예루살렘병원에 이와 같은 규정과 법을 제정했다.

1. [Coment les frères doivent faire lor profession.]

In primis jubeo tu omnes fratres ad servitium pauperum venientes tria, que promittunt Deo per manum sacerdotis et per librum, teneant cum Dei auxilio, scilicet ; castitatem et obedientiam, hoc est quodcumque precipitur eis a magistris suis, et sine proprio vivere ; quia hec tria requiret Deus ab eis in ultimo certamine.

1. [형제들은 어떻게 수도 서언을 해야 하는가]

먼저 나는 가난한 자들을 섬기려고 온 모든 형제들이 성직자의 손과 책을 통해 하나님께 약속한 세 가지를 하나님의 도움으로 지키도록 명령한다. 순결과 자신의 주인이 명령하는 것은 무엇이든 행하는 복종과 자신의 소유를 갖지 않고 살아가는 것이다. 왜냐하면 이 세 가지를 하나님께서 마지막 날에 그들에게 요구하시기 때문이다.

2. [Quel chose les frères doivent demander de dette.]

Et non querant amplius ex debito, nisi panem et aquam atque vestimentum, que eis promituntur. Et vistitus sit humilis, quia domini nostri pauperes, quorum servos nos esse fatemur, nudi et sordidi incedunt, et turpe est servo ut sit superbus, et dominus ejus humilis.

2. [형제들은 무엇을 요구해야 하는가]

형제들은 그들에게 약속된 빵과 물과 옷 외에 더 이상의 것을 줘서는 안 된다. 그리고 옷은 소박해야 한다. 왜냐하면 우리 주님의 가난한 자들이 헐벗고 더러운 채로 걸어 다니고 있기 때문이다. 우리는 그런 가난한 자들을 섬기는 종이라고 자부하고 있다. 주인이 소박한 데 종이 화려하다면 이는 잘못된 것이다.

3. [De l'onesté de frères et dou servise des iglises, et de la recepcion des malades]

Constitutum est etiam ut in ecclesia sit honestus eorum incessus, et conversatio ydonea ; scilicet ut clerici ad altare cum albis vestibus deserviant presbytero ; diaconus vel subdiaconus, et si necessitas fuerit, alius clericus hoc idem exerceat officium ; et lumen die noctuque in ecclesia semper sit ; et ad infirmorum visitationem presbyter cum albis vestibus incedat, religiose portans Corpus Domini, et diaconus vel subdiaconus precedat, vel saltim acolitus, ferens lanterman cum candela accensa et spongiam cum aqua benedicta.

3. [형제들의 태도와 교회에 대한 섬김과 환자들을 맞아들이는 것에 대해]

또한 그들은 교회에서 단정히 행동해야 하며 합당하게 대화해야 함을 명한다. 성직자들 즉 부제와 차부제들은 제단에서 흰색 옷을 입고 있는 사제를 보좌해야 한다. 그리고 필요하다면 다른 성직자가 이 직무를 감당해야 한다. 교회에는 항상 밤낮으로 불이 밝혀져 있어야 한다. 사제는 흰색 옷을 입고 주님의 몸을 경건하게 들고 나가서 환자들을 돌아봐야 한다. 부제와 차부제 혹은 적어도 복사(服事)가 촛불이 타오르는 등과 성수(聖水)를 적신 스폰지를 들고 앞장 서야 한다.

4. [Coment les frères aler et ester doivent.]

Iterum cum ierint fratres per civitates et castella, non eant soli set duo vel tres, nec cum quibus voluerint, sed cum quibus magister jusserit, ire debent ; et cum venerint quo voluerint, simul stent.

In incessu, in habitu et omnibus motibus eroum nichil fiat quod cujusquam offendat aspectum, sed quod suam deceat sanctitatem. Quando etiam fuerint in domo aut in ecclesia, vel ubicumque femine sint, invicem suam pudicitiam custodiant, nec femine capita eroum lavent nec pedes, nec lectum faciant. Deus enim qui habitat in sanctis isto modo custodiat eos. Amen.

4. [형제들은 어떻게 외출하고 행동해야 하는가]

형제들이 도시와 성에 갈 경우 홀로 가지 말고 둘이나 셋이 함께 가야하며, 자신들이 원하는 자가 아니라 으뜸이 명하는 자와 함께 가야 한다. 그들이 원하는 곳에 도착했을 때에는 같이 머물러야 한다. 행동과 옷과 모든 움직임에 있어서 눈을 거스르는 어떤 것도 행하지 말아야 하며 그들의 거룩함에 합당하게 행해야 한다. 집이나 교회나 여자들이 있는 어떤 장소에 있을 때에는 정숙함을 지켜야 하고 여자의 머리나 발을 씻겨주거나 침대를 깔아주지 말아야 한다. 거룩한 자들 안에 거하시는 하나님께서 그들을 이런 방법으로 지켜주시기를. 아멘.

5. [Lesquelz et coment doivent aquerre les aumones.] ⋯

5. [누구로부터 어떻게 적선을 받아야 하는가]

6. [Des aumones acquises et des labours des maisons.] ⋯

6. [얻은 적선과 집들의 일에 대해서]

7. [Lesquelz et en quele manière doivent aler à la predicacion.] ⋯

7. [누가 어떤 방법으로 밖에 나가 설교해야 하는가]

8. [Des dras et des viandes des frères.]

Deinde pannos ysambrunos et galambrunos ac fustania et pelles silvestres omnino prohibemus ne amodo induant fratres. Et non comedant nisi bis in die, et quarta feria et die sabbati, et a septuagesima usque in Pascha, carnes non comedant, preter eos qui sunt infirmi et inbecilles, et nunquam nudi jaceant, sed vestiti camisiis lineis vel laneis, aut aliis quibuslibet vestimentis.

8. [형제들의 옷과 고기 요리에 대해서]

우리는 형제들이 밝게 빛나는 천이나 동물의 모피로 옷을 입는 것을 금한다. 병에 걸렸거나 연약한 형제들을 제외하고 하루에 두 번 이상 식사하지 말 것이며 수요일이나 토요일 그리고 70일째부터 부활절까지 육류를 먹지 말아야 한다. 벗은 채로 눕지 말아야 하며 아마나 모직으로 된 셔츠나 비슷한 다른 옷을 입어야 한다.

9. [Des frères en fornicacion cheuz.]

9. [간음을 저지른 형제에 대해서]

10. [Des frères tençanz et ferans l'un l'autre.]

Aut si frater altercatus cum altero fuerit fratre, et clamorem procurator domus habuerit, talis sit penitentia : septem diebus jejunet quarta et sexta feria in pane et aqua, comedens in terra sine mensa et manutergio.

Et si percusserit, quadraginta. Et si recesserit a domo, vel a magistro cui commissus fuerit propria voluntate, sine ejus voluntate, et postea reversus fuerit, quadraginta diebus manducet in terra, jejunans quarta et sexta feria in pane et aqua, et per tantum tempus permaneat in loco viccarii extranei quantum foris extitit, nisi tam prolixum fuerit tempus ut capitulo conveniat temperari.

10. [다투고 서로 때리는 형제들에 대해서]

한 형제가 다른 형제와 다툰다면 집의 으뜸은 소란에 대해 조사해 다음과 같이 참회하도록 해야 한다. 7일 동안 금식하며 수요일과 금요일에는 빵과 물을 먹되 식탁과 냅킨 없이 바닥에 앉아서 먹어야 한다. 다른 형제를 때릴 경우 40일 동안 금식해야 한다. 그가 자기 마음대로 으뜸의 허락 없이 집을 떠나거나 자신을 책임지고 있는 으뜸을 떠난다면, 돌아온 후에 40일 동안 바닥에 앉아서 먹어야 하고 수요일과 금요일에는 빵과 물만 먹고 금식해야 한다. 그가 떠나 있던 날만큼 그곳에서 이방인으로 머물러야 한다.

11. [De la scilence des frères.]

Ad mensam etiam, sicut apostolus ait, unusquisque paenm suum cum silentio manducet, et post completorium non bibat nisi puram aquam. Et in lectis fratres silentium teneant.

11. [형제들의 침묵에 대해서]

사도께서 말한 것처럼[8] 식탁에서도 각자는 침묵 속에서 자신의 빵을 먹어야 한다. 저녁기도 이후에는 깨끗한 물을 제외하고 마시지 말아야 한다. 형제들은 침대에서 침묵을 지켜야 한다.

12. [Des frères malement portans.] …

12. [잘못 행동하는 형제들에 대해서]

13. [Des frères trovez aveuc propriété.]

At si aliquis fratrum de proprio dimissus in morte sua proprietatem habuit, et vivens magistro suo non ostenderit, nullum divinum officium pro eo agatur, sed quasi excommunicatus sepeliatur ; et si vivens incolumis propiretatem habuit et magistro suo celaverit, ac postea super eum inventa fuerit, ipsa peccunia ad collum ejus ligetur et per hospitate Jerosolimitanum, vel per alias domos ubi permanserit, ducatur nudus, et verberetur a clerico si clericus est, si vero laycus, ab aliquo fratre verberetur, et quadraginta dies jejunans quarta et sexta feria in pane et aqua.

13. [소유를 갖고 있는 형제에 대해]

소유를 멀리한 어떤 형제가 세상을 떠날 때에 자신의 소유를 갖고 있었다면, 그리고 살아 있을 때에 자신의 으뜸에게 드러내지 않았다면, 어떤 예식도 그를 위해 베풀지 말아야 하고 출교된 자처럼 매장해야 한다. 그런데 만약 살아 있을 때에 소유를 갖고서 자신의 으뜸에게 숨기다가 후에 그에게 있는 것이 발각된다면, 그 돈을 목에 걸고 예루살렘병원과 그가 머무는 다른 집들을 벗은 채로 다니게 할 것이며, 그가 성직자라면 다른 성직자에 의해서, 그가 평신도라면 다른 형제에 의해서 매를 맞아야 하고, 40일 동안 수요일과 금요일에 물과 빵만 먹으며 금식해야 한다.

14. [Quel office l'on doit faire por les frères mors.]

Quin etiam, quod valde nobis necessarium est, omnibus vobis statutum fieri precipimus, et precipiendo mandamus ut de omnibus viam universe carnis ingredientibus, in omnibus obedientiis quibuscumque obierint, triginta diebus misse pro ejus anima cantentur ; in prima missa unusquisque fratrum qui aderit candelam cum nummo offerat. Qui videlicet nummi, quotcumque sint, pauperibus erogentur, et presbiter qui missas cantaverit, si non est de domo, procurationem hiis diebus habeat, et peracto officio, magister sibi caritatem faciat, et omnia indumenta fratris defuncti pauperibus dentur ; fratres vero sacerdotes, quando missas cantaverint pro ejus anima, orationes fundant ad Dominum Jesus Christum, et clericorum unusquisque cantet psalterium, laycorum autem C L Pater noster. Et de omnibus aliis peccatis et rebus, et clamoribus in capitulo judicent et discernant judicium rectum.

14. [죽은 형제들을 위해서 어떤 예식을 베풀어야 하는가]

우리에게 꼭 필요한 것은 다음과 같은 것인 바, 우리는 당신들 모두를 위해 이 법을 지켜야 함을 명한다. 즉 일생 동안 순종 속에 살다가 죽은 모든 자들의 영혼을 위해서 30일 동안 미사를 드려야 한다. 첫 번째 미사에 참여하는 모든 형제는 초 한 개와 1데나리우스를 바쳐야 한다. 참여하는 형제들의 숫자만큼 바쳐진 데나리우스는 가난한 자들에게 나눠 줘야 한다. 미사에서 찬송하는 사제는 만약 그가 집에 속한 자가 아니라 할지라도 미사를 드리는 30일 동안 책임을 질 것이며, 예전이 끝난 다음 으뜸은 그에게 적선을 행해야 한다. 그리고 사망한 형제의 모든 옷을 가난한 자들에게 줘야 한다. 미사를 드릴 때 죽은 자의 영혼을 위해 찬송한 성직자 형제들은 주 예수 그리스도에게 기도를 드려야 한다. 모든 성직자는 시편을 노래해야 하고 평신도 형제들은 시편 150편 '우리의 아버지'를 노래해야 한다. 다른 모든 죄와 일과 갈등에 대해서는 헌장으로 판단해야 하고 올바르게 재판해야 한다.

15. [Coment ces choses, qui ci sont dites, sont comandées fermement à garder.]

Et hec omnia, uti supra scripsimus, ex parte Dei Omnipotentis et beate Marie, et beati Joannis et pauperum precipimus ut cum summo studio ita per omnia teneantur.

15. [지금까지 밝힌 모든 것을 어떻게 확고히 지킬 것인가]

위에서 우리가 썼던 이 모든 것은 전능하신 하나님과 복된 마리아와 복된 요한과 가난한 자들을 위해서 우리가 명령한 것이므로 이 모든 것을 헌신적으로 준수해야 한다.

16. [Coment les seignors malades doivent estre rechuz et serviz.]

Et in ea obedientia ubi magister Hospitalis concesserit, cum venerit ibi infirmus, ita recipiatur : primum peccata sua presbitero confessus, religiose communicetur, et postea ad lectum deportetur, et ibi quasi dominus secundum posse domus, omni die, antequam fratres eant pransum, caritative reficiatur, et in cunctis dominicis diebus epistola et evangelium in ea domo cantetur, et cum processione aqua benedicta aspergatur. Item si quis fratrum, qui obedientias per diversas terras tenent, ad quamlibet secularem personam pecunias pauperum dederit, ut cum per suam vim contra magistrum suum et fratres regnare faceret, ab universa societate fratrum prohiciatur.

16. [우리의 주인인 환자들을 어떻게 맞아들여 섬길 것인가]

환자가 온다면 으뜸과 병원의 헌장이 규정한 것에 순종하면서 다음과 같이 그를 맞아들여야 한다. 먼저 환자는 자신의 죄를 사제에게 고백한 다음 경건하게 성찬을 받아야 한다. 그런 다음 환자를 침대로 데려가고 그를 주인처럼 여기면서 집의 능력에 따라 매일 형제들의 식사에 앞서서 풍성하게 음식을 줘야 한다. 매 주일마다 서신서와 복음서로 집에서 찬양해야 하고 행렬 시에는 성수를 뿌려야 한다. 여러 지역의 땅을 소유한 형제들 중 하나가 와서 가난한 자들의 돈을 세속의 사람에게 주면서, 자신의 으뜸과 형제들을 자기의 힘으로 지배하려 한다면, 그 형제를 수도회에서 내쫓아야 한다.

17. [En quel manière les frères sont à corrigier des frères.] …

17. [어떤 방법으로 형제들이 형제들을 바로잡아야 하는가]

18. [Coment l'un frère doit accuser l'autre frère.]

Atque ullus fratrum alium fratrem suum non accuset nisi bene posset probare ; si fecerit, ipse frater bonus non est, et eandem penam sustineat quam accusatus, si probari posset, sustineret.

18. [한 형제가 다른 형제를 어떤 방법으로 고발해야 하는가]

제대로 증명할 수 없다면 어떤 형제도 다른 형제를 고발할 수 없다. 만약 그런 일이 일어난다면 그 형제는 선한 자가 아니다.

19. [Que les frères portent en lor piz signe de la croiz.] …

19. [형제들은 가슴에 십자가 표시를 달고 다녀야 한다]

레몽 드 퓌의 병원 헌장이 서방병원사에서 갖는 중요성은 지대하다. 그의 헌장이 12세기 말 이후 본격적으로 태동하는 서방병원에 커다란 영향을 주기 때문이다. 11세기 기독교 세계를 지배하는 수도 규칙은 크게 4세기에 만들어진 바실리오스 규칙과 아우구스티누스 규칙, 6세기에 만들어진 베네딕트 규칙 등 세 가지였다.

바실리오스의 구빈병원은 비잔틴병원사에서 중요한 위치를 점하지만, 그의 규칙서는 카이사레아의 호스텔병원에 대해서 살짝 스쳐지나가면서 언급하는 수준에 그친다. 아울러 바실리오스의 규칙은 서방 세계에는 거의 알려져 있지 않았다.

또 베네딕트수도원의 호스텔은 병원으로 발전하기에는 커다란 한계가 있었다. 베네딕트 규칙 자체에는 환자를 맞아들여 보호하고 치료한다는 개념이 약하고, 이런 일을 수도자들에게 고유한 직무로 간주하지도 않았다. 바실리오스 규칙이 호스텔병원에서 헌신하는 수도자들을 언급한 것과는 대조적이다.

예루살렘 성 요한병원은 11세기 아말피의 상인들과 몬테카시노의 베네딕트 수도사들의 협력으로 세워진 것이지만 베네딕트 계열의 호스텔이 갖고 있던 한계를 넘어 도약함으로써 서방 세계에 병원의 새로운 모델을 제공했고 이를 모방한 병원들이 서방 세계의 각처에 들어서게 되면서 12-14세기 서방병원 문화가 꽃을 피우게 된다.

그 영성과 정신에 있어서 레몽 드 퓌의 병원 헌장이 가장 크게 영향 받은 것은 아우구스티누스의 규칙이다.[9] 특히 병원 헌장 4조는 아우구스티누스의 규칙을 문자 그대로 옮겨 놓은 것이다.[10] 자크 드 비트리는 13세기 초반에 쓴 『서방의 역사』 29장 <가난한 자들을 위한 병원과 나병 환자들을 위한 시설>에서 서방에 세워진 병원수도원들이 아우구스티누스의 규칙을 따라 살고 있다고 언급했다.

그 외에도 수많은 남자들과 수많은 여자들의 공동체들이 존재한다. 이들은 세상을 부인하고 같은 규칙 아래에서 나병 환자들의 집들이나 가난한 자들을 위한 병원에서 살아간다. 이들은 서방의 모든 지역에 존재하는 데 그 숫자를 알 수 없을 정도다. 그들은 성 아우구스티누스의 규칙 아래에서 공동체 안에서 상급자에게 순종해 수도복을 입고 살아간다."

레몽 드 퓌의 병원 헌장이 아우구스티누스 규칙에 크게 영향 받은 시대적 이유가 있다.¹² 12세기에는 프레몽트레(Prémontrés)나 성 아우구스티누스수도회 같은 수도참사회(chanoines réguliers)가 발전하고 있었고 이런 수도참사회는 아우구스티누스의 규칙을 수용해 공동생활을 영위했다.¹³

수도참사원들은 동방의 수도자들처럼 규칙에 따라 공동체를 이뤄 살았으나 수도원이 아니라 교회에 소속됐다. 이런 이유로 레몽 드 퓌의 병원 헌장이 수도 참사회의 영향을 받았을 가능성이 있다.

예루살렘 성 요한병원의 헌장은 예루살렘병원의 든든한 기초였고 병원수도단(The Hospitallers) 혹은 성 요한기사단(The Knights of Saint John)의 모태였다. 동시에 레몽 드 퓌의 병원 헌장은 베네딕트적 호스텔과 예루살렘병원 계열의 혁신이 어떻게 다른가를 설명해주는 귀중한 자료다.

레몽 드 퓌의 헌장은 총 19개 조항으로 됐다. 1-2조는 영적 결혼(독신), 순종, 복음적 가난 등 4세기 수도자들의 유산을 그대로 계승하고 있다. 병원 수도자들이 본질적인 면에서 수도자인 이유가 1-2조에 명시됐다. 1262년 위고 레벨(Hugues Revel)의 병원 헌장에는 병원수도회 입회의 구체적인 절차가 명시됐다.¹⁴

수도회 입회 지원자는 병원 헌장을 모두 준수할 것인지, 특히 자신의 뜻과 달라도 항상 순종할 준비가 돼 있는지를 질문 받는다. 이 질문에 긍정으로 답하면, 다른 수도회에 속했던 적이 있는지와 혼인의 유무, 빚의 유무, 농노인지 아닌지 등을 질문 받는다.

이런 일련의 질문에 부정으로 답하면, 어떤 상황에서나 "우리의 주인인 환자들을 섬기는 농노이자 노예가" 되기로 약속한다. 아울러 입회 지원자를 맞아들였던 형제는 그에게 "빵과 물과 누추한 옷"을 주기로 약속한다. 그런 다음 지원자는 흰색 십자가가 그려진 검은색 망토를 받고 병원의 형제가 된다.

수도 서언은 종신 서언이었지만 약속이 지켜지지 않을 때도 있었다. 형제들은 혼인과 기타 여러 가지 이유로 수도회를 떠나기도 했고 다른 수도회에 입회하기도 했다. 13세기 초반부터는 공권력을 사용해 수도회를 떠난 형제들이 돌아오도록 강제하기도 했다.

3-7조는 수도자로서 어떻게 행동해야 하는지에 대한 규범을 담고 있으며, 8조는 음식과 의복에 대한 간결한 규정을 담고 있고, 9-13조는 간음, 다툼과 싸움, 소유물의 보유 등 규칙을 어겼을 때에 받아야 하는 처벌 규정을 다룬다. 14조는 장례에서 부를 찬송에 대해 명시해 놓았고, 17-18조에서는 형제들 사이의 갈등을 조정하고 해결하는 방법을 규정한다.

19조는 병원수도단을 상징하는 십자가 표시에 대한 규정이다. 19개조로 구성된 병원 헌장 중에서 환자들에 대한 돌봄과 간호는 16조에만 언급돼 있다. 르 그랑(Le Grand)의 견해를 따르면, 16조에 제시된 환자를 맞아들이는 방식은 아말피 상인들이 설립한 예루살렘병원에서 환자들을 맞아들이던 방식이라고 한다.[15]

16-19조는 레몽 드 퓌가 사망한 1160년 이후에 추가적으로 삽입된 것으로 보인다. 12-14세기 예루살렘병원수도회는 지속적으로 병원 헌장을 공포하는 데 대부분의 병원 헌장에는 의료적인 내용이 간결한 수준으로만

언급된다.

레몽 드 퓌의 헌장에는 전투에 대한 규정이 나오지 않고 1182년에 공포된 로저 드 몰렝의 헌장에도 '무장한 형제들'이 언급되는 수준에 그친다. 13세기 이후 공포되는 병원 헌장에는 전투에 대한 언급이 나오지만 의료적인 내용처럼 간략한 수준에 머문다. 요컨대 병원수도회의 여러 헌장 대부분은 수도자로서의 삶을 규정하는 데 할애돼 있는 것이다.

성전 기사단의 규칙과 레몽 드 퓌의 규칙이 어떤 점에서 다른가를 살펴볼 필요가 있다.[16] 성전 기사단의 규칙은 이미 1129년 교회에 의해 공식적으로 인정됐고 베네딕트 규칙에 큰 영향을 받았다. 레몽 드 퓌의 병원 헌장은 이보다 늦은 시기의 것으로 보이며, 전술했듯이 아우구스티누스의 규칙으로부터 영향을 받았다.

성전 기사단 규칙의 여러 조항은 군사적인 측면을 다루고 있는 반면, 레몽 드 퓌의 규칙에는 군사적 측면에 제외됐다. 반대로 레몽 드 퓌의 규칙에는 가난한 환자를 맞아들이고 간호하는 규정(1-2조, 16조)이 있지만 성전 기사단의 규칙에는 그런 조항이 없다.

이런 차이를 통해 성전 기사단(Templars)과 병원수도단(Hospitallers)의 본질적인 차이를 확인할 수 있다. 전자는 군사 행동을 위해 창설된 수도회지만 후자는 가난하고 병든 자들을 보호하고 치료하는 것을 존재 목적으로 했던 수도회인 것이다.

레몽 드 퓌의 병원 헌장은 다른 병원들의 헌장에 커다란 영향을 줬다. 르 그랑은 튜턴 기사단에 의해 설립된 세 개의 병원수도회와 성령병원수도회(l'ordre du Saint-Esprit)와 오파(Haut-Pas)의 성 야고보병원수도회를 대표적인 예로 든다.[17]

1199년 2월 19일에 교종이 내린 교서는 튜턴 기사단의 헌장을 승인하는데, 이 교서에 따르면, 튜턴의 수도자들은 성직자의 의무와 기사로서의 의무에서는 성전 기사단을 모범으로 삼아야 하며, 가난한 자들과 병든 자들을 섬기는 일에 있어서는 예루살렘병원수도회를 모범으로 삼아야 한다고 규정한다.

12세기 후반에 창설된 몽펠리에의 성령병원수도회의 헌장의 1/3의 이상은 당시 존재하던 예루살렘병원 헌장을 문자적으로 따르거나 약간 수정한 것에 불과하다. 나아가 5-7조를 제외한 레몽 드 퓌의 첫 번째 병원 헌장 전체가 성령병원수도회 헌장에 그대로 들어가 있다. 뒤에 제시될 로저 드 몰렝의 두 번째 병원 헌장의 5조에 나오는 내용, 즉 아기를 요람에 둬야 한다는 규정도 성령병원수도회의 규칙에 들어가 있다.

예루살렘병원 헌장이 오파(Haut-Pas)의 성 야고보병원수도원의 헌장에 끼친 영향은 더욱 더 분명하다. 1239년 4월 5일 교종 그레고리우스 9세는 오파의 성 야고보병원 수도자들에게 교서를 내려 예루살렘병원수도회의 헌장을 채택하도록 명한다. "하나님의 가난한 자들을 섬기는 종이자 오파의 성령병원을 지키는 자"인 갈리구스(Galligus)가 공포한 규칙은 레몽 드 퓌의 헌장과 로저 드 몰렝의 헌장으로 구성됐고, 여기에 여러 예루살렘병원장이 제정한 규칙의 일부분을 첨가한 형태로 됐다. 이 외에도 12세기 후반 이후 설립되는 많은 병원수도원들은 예루살렘병원수도회의 헌장으로부터 영향을 받는다.

3. 두 번째 『예루살렘 성 요한병원 헌장』(1182년 3월 14일)

1182년 3월 15일 로저 드 몰렝(Roger de Molins)이 『예루살렘 성 요한병원 헌장』을 또 다시 공포한다. 로저 드 몰렝은 1177-1187년까지 예루살렘 성 요한병원수도회의 원장이었다. 원문은 바티칸 사본 ms. 4852로서 라틴어가 아니라 중세 프랑스어로만 돼 있고 들라빌 르 룰(J. Delaville Le Roulx)이 편집했다.[18] 원문과 함께 우리말 번역을 소개하면 다음과 같다.

I

Au nom dou père, et dou Filz et dou Saint Esperit. Amen.
L'an de l'incarnacion Noutre Seignor MCLXXXI, le mois de mar, par dimenche quant l'en chante Letare Jerusalem, Rogier, serf des povres de Crist, avant séant en général chapistre, clers et lais et frères convers entour estant, à l'onor de Deu et de l'aornement de relegion, et l'acreissement et l'utilité des povres malades, les establimenz de l'iglise avant dite et les profiz des povres apres escriz comanz que touz jors fucent tenus et gardez sans aler encontre de nule chose.

성부와 성자와 성령의 이름으로. 아멘.
우리 주님의 성육신 후 1182년 3월 주일, Letare Jerusalem을 노래할 때, 그리스도의 가난한 자들을 섬기는 자인 로지에(역주: 로저 드 몰렝)는 성직자와 평신도와 세례 받은 형제들이 모두 함께 모인 가운데에 서서 하나님과 기독교의 아름다움과 병들고 가난한 자들의 유익과 예루살렘 교회의 기관들과 가난한 자들의 이익을 위해 글로써 다음과 같이 명령하는 바, 이 명령은 매일 지켜져야 하며 어떤 것도 어김없이 지켜져야 한다.

1. Des iglises comanz que eles fucent disposées et ordenées, à la disposicion dou prior des clers de l'Ospital d'endroit, de livres, de clers, de vestimenz de prestres, de calices, de encensiers, de lumière pardurable et des autres aornemenz.

1. 병원의 성직자들과 책과 사제들의 옷과 성배와 향로와 항상 밝혀주는 빛과 다른 장식용 기구들은 수도원장의 권한 하에 놓고 배치돼야 한다.

2. Et la seconde fois establi, par l'assentiment des frères, que por les malades de l'Ospital de Jerusalem soient louez IIII mieges sages, qi sachent conoistre la qualité des orines et la diversité des malades, et lor puissent amenistrer remede de medecines.

2. 형제들의 동의하에 이뤄진 두 번째 규정은 다음과 같다. 예루살렘병원의 환자들을 위해 소변의 성질과 환자들의 다양성을 잘 알고 약 처방을 잘 할 수 있는 4명의 유능한 의사를 둬야 한다.

3. Et la tierce fois ajousta que les liz des malades fucent fait en longueur et en largeur au plus covenable que estre poyssent à reposer, et chascun lit soit covert de son covertour, et chascun lit eut ses dras touz propres.

3. 세 번째로 부가된 규정은 다음과 같다. 환자들의 침대는 길이와 넓이가 적절해 쉴 수 있어야 하며, 모든 침대는 침대시트로 덮여 있어야 하고 깨끗한 이불을 둬야 한다.

4. Apres ces biens il establi le quar comandement que chascun des malades eust pelices à vestir, et botes à aler à lor besoigne et revenir, et chapeaus de laine.

4. 이런 규정 뒤에 네 번째 규정이 확립됐다. 모든 환자에게 입을 수 있는

외투와 필요에 따라(역주: 화장실에)[19] 오고 갈 때 사용하는 신발과 모직 모자를 줘야 한다.

5. Cet si establi que petiz bers fucent fait por les enfans des femes pelerines qui naissent en la maison, si que il gisent à une part soul, et que li enfant alaitant n'en aient aucun ennui par la mesaise de lor mère.

5. 다음 규정이 확립됐다. 병원에서 태어나는 순례자 여성들의 아이들을 위해 작은 요람을 구비해야 한다. 그리하여 아이가 젖을 먹은 다음 누워 있을 때 젖을 먹는 아이는 어머니의 힘든 상태 때문에 어떤 불편도 겪지 않도록 해야 한다.

6. Après escrist le siste chapitre, que les bières des mors fucent en manière d'arc cancelées ausi com les bières des frères, et soient couvert d'un drap rouge au croiz blanche.

6. 6장에 쓰여 진 내용은 다음과 같다. 사망한 자들을 위한 들것은 형제들의 들것처럼 활 모양으로 휘어져 있어야 하고, 흰 십자가가 새겨진 붉은 천으로 덮여 있어야 한다.

7. Au septime chapistre comanda que partout là où seroient li Ospital des malades, que les comandeors des maisons servissent les malades de bon corage et lor amenistrassent ce que lor fust mestier, et que sanz querele et sans plainte lor feyssent servise ; si que par cest benefice desservissent part à aveir en la gloire dou ciel, Et se nul des frères eust en despit de garder les comandemenz dou maistre en ces choses, que l'en le feyst à savoir au maistre qui en preyst la venjance selon ce que la justise de la maison comande.

7. 그는 7장에서 다음과 같이 명령했다. 병원의 어디든지 환자들이 있는

곳에서는 집들의 으뜸들은 선한 마음으로 환자들을 섬겨야 하고 그들에게 필요한 것을 가져다줘야 한다. 이것이 그들에게 주어진 임무다. 그들은 다투거나 불평하지 말고 환자들을 섬겨야 한다. 이런 선한 행실을 통해 장차 다가올 하늘의 영광에 참여할 수 있을 것이다. 형제들 중 어느 누구도 이런 임무에 있어서 으뜸의 명령을 지키는 것을 소홀히 하지 말아야 한다. 으뜸의 명령을 소홀히 한다면 집의 정의가 명하는 것에 따라 처벌 받을 것이다. 1182년 로저 드 몰랭

8. Cet si comanda, quand le conseil fu tenus des frères, sur ce que le prior de l'Ospital de France mandast chascun an en Jerusalem c dras de coton tainz por renoveler les covertours des povres ⋯

8. 형제들의 회의가 열렸을 때에 그는 다음과 같이 명령했다. 프랑스병원의 원장은 가난한 자들의 이불을 새것으로 바꾸어주기 위해 염색된 면이불 1백 개를 매년 예루살렘에 지급해야 한다 ⋯

9. Après, sanz la garde et les veilles de jor et de nuit, que les frères de l'Ospital doivent faire de ardant et de devot corage as povres malades com à seignors, fu ajoint en chapistre général que, en chascune rue et place de l'Ospital où les malades reposent, que IX sergent soient prest à lor servise, qui lavent lor piés bonement, et les eissuent de dras, et facent lor liz, et amenistrent as languissans viandes necessaires et profitables, et les abjurent devotement, et qui hobeyssent en toutes choses au profit des malades.

9. 다음으로 병원의 헌장에 이런 내용이 부가됐다. 병원의 형제들은 밤낮으로 열심을 다하고 헌신해 가난한 환자들을 주인처럼 섬겨야 한다. 환자들이 쉬고 있는 병원의 각각의 길과 터에 9명의 봉사자를 둬 그들을 섬길

준비를 해야 하는 바, 그들의 발을 정성스럽게 닦아주고 이불을 갈아주며 침대를 정돈하고 연약한 자들에게 필요하고 유익한 고기를 제공하고 헌신적으로 그들을 돌보며 환자들을 위해 모든 면에서 순종해야 한다.

II

La confirmacion de maistre Rogier quel chose la maison doit faire

으뜸인 로지에가 집이 해야 하는 일을 확인하다

Sachent touz les frères de la maison de l'Ospital qui sont et qui à venir seront que les bones coustumes de la maison de l'Ospital de Jerusalem soloient estre teles :

현재 속해 있거나 앞으로 속하게 될 병원의 집의 모든 형제들은 병원의 집이 갖고 있는 선한 관습이 다음과 같은 것임을 알아야 한다.

1. Premièrement la sainte maison de l'Ospital soloit ressevoir les homes et les femes malades, et soloit les mieges tenir qui des malades eussent cure, et qui feyssent le syrob des malades et qui porveyssent les choses qui fucent necessaires as malades. Des III jors de la semaine soloient avoir les malades char fresche de porc ou de moton, et qui n'en pooit mangier si avoit geline.

1. 첫 번째로 병원의 거룩한 집은 아픈 남자와 여자들을 맞아들여야 하고 환자들을 돌보기 위해 의사들을 둬야 하며 환자들에게 옷을 줘야 하고 환자들에게 필요한 것을 제공해야 한다. 수요일에는 환자들에게 신선한 돼지고기와 양고기를 제공해야 하며, 그것을 먹을 수 없는 자에게는 닭고기를 제공해야 한다.

2. Et entre II malades soloient avoir une pelice de vrebis, que il afubloient quand il aloient à chambres. Et entre II malades I pareil de botes. Chascun an

soloit la maison de l'Ospital doner as povres M pelices de gros aigneaus.

2. 두 명의 환자 사이에 가죽 외투 한 개를 둬서 방들로 갈 때 입도록 해야 한다. 두 명의 환자 사이에 신발 한 켤레를 둬야 한다. 매년 병원의 집은 환자들에게 1천 개의 양가죽 외투를 제공해야 한다.

3. Et tous les enfans getez de pères de de mères soloit l'Ospital ressevoir et faire norrir. Au homme et à feme qui se voloient assembler par mariage, qui n'en avoient dont il feyssent lor noces, la maison de l'Ospital lor donoit II escueles ou le mès de II frères.

3. 병원은 아버지와 어머니로부터 버림받은 모든 아이들을 맞아들여 음식을 제공해야 한다. 결혼을 통해 결합하길 바라는 남자와 여자는 그들이 아직 결혼하지 않았다면 결혼식을 행해 줘야 한다. 병원의 집은 그들에게 그릇 두 개를 줘야 하고 두 형제 분량의 음식을 줘야 한다.

4. Et soloit la maison de l'Ospital tenir I frère corvoisier au III sergens, qui apareilloient les vielz soliers à doner por Deu. Et l'aumonier soloit tenir II sergens qui appareilloient la vielle robe que il donoit as povres.

4. 병원의 집은 하나님을 위해 줄 수 있는 많은 신발을 만들기 위해 신발제조를 담당하는 한 명의 형제에게 3명의 봉사자를 줘야 한다. 적선을 하는 형제에게는 2명의 봉사자를 줘 가난한 자들에게 많은 옷을 줄 수 있도록 해야 한다.

5. Et l'aumonier soloit doner XII deniers à chascun prisonier quant il venoit de la prison premierement.

5. 적선을 하는 형제는 처음으로 감옥에서 나오는 포로에게는 12데나리우스를 줘야 한다.

6. Chascune nuit soloient V clers lire le sautier por les bienfaitours de la maison.

6. 매일 밤 다섯 명의 성직자는 집의 선행가들을 위해 시편을 읽어줘야 한다.

7. Et chascun jor soloient mangier XXX povres une fois le jor à la table por Deu, et les V clers devant diz estéent de ceaus XXX povres, mais les XXV manjoient avant le covent. Et chascun des V clercs avoient II deniers et manjoient devant le covent.

7. 매일 하나님을 위해 가난한 자들 30명이 식탁에서 하루 한번 먹도록 해야 하고, 다섯 명의 성직자는 가난한 자들 30명과 함께 있어야 한다. 하지만 15명은 수도원 앞에서 먹어야 하고, 5명의 성직자 각각에게 2데나리우스를 주고 수도원 앞에서 먹도록 해야 한다.

8. Et III jors la semaine donoient l'aumone à toz ceaus qui la venoient requerre, pain et vin et cuisinat.

8. 수요일에는 적선을 구하러 온 모든 자에게 빵과 포도주와 음식을 줘야 한다.

9. Les karehmes, chascun samedi soloient faire le mandé de XIII povres, et lor lavoient les piés et donoient à chascun chemise et braies neuves et soliers neus, et à III chapelains ou à III clers de ces XIII, III deniers, et à chascun des autres, II deniers.

9. 사순절 기간 동안 매 토요일마다 13명의 가난한 자들을 위해 세족식을 행해야 한다. 그들의 발을 씻겨 주고 각각에게 윗옷과 새로운 속옷과 새 신발을 줘야 하고, 13명 중 3명의 종교인이나 3명의 성직자에게는 3데나

리우스를 주고 나머지 모든 자들에게는 2데나리우스를 줘야 한다.

Ce est la propre aumone establie en l'Ospital, sanz les frères d'armes que la maison tenoit honoréement, et plusors autres aumones que l'on ne pooit nie nonstrer dou tout chascune par soi. Et que ce soit voirs les bons homes et leaus le tehmoignent, c'est à savoir frère Rogier, maistre de l'Ospital, le prior Bernart et tout le chapistre general.

이것은 명예롭게 집을 위해 일하는 무장한 형제들을 제외하고 병원을 위해 규정된 적선이다. 각자가 행해야 하는 모든 적선을 제시할 수는 없다. 선하고 정직한 자들, 즉 병원의 으뜸인 로지에 형제와 수도원장 베르나르와 총회가 이것의 증인이다.

4. 1182년을 전후한 때의 예루살렘 성 요한병원

1182년 로저 드 몰렝이 제정한 『예루살렘 성 요한병원 헌장』은 첫 번째 헌장보다 더 구체적으로 병원의 상황에 대한 여러 정보를 제공한다. 수도원장과 병원장은 다른 인물이다. 헌장 끝 부분에 병원장은 로저이며, 수도원장은 베르나르(Bernart)라고 명시됐다. 로저는 1177-1187년까지 예루살렘병원을 책임진 인물이다.

I.2에 따르면, 성 요한병원에는 4명의 의사가 환자들을 돌봤다. 이 의사들은 '소변의 성질'과 환자들의 다양성을 잘 알고 관찰된 증상에 적절한 약 처방을 할 수 있어야 한다. 수술에 대해서는 언급되지 않고 있으며, 소변의 상태와 여타 다른 상태를 바탕으로 한 '약 처방'이 언급된다. 소변의 상태

를 통해 환자의 병을 진단하는 방법은 갈렌(Gallen)으로 소급된다.

예루살렘 성 요한병원에 찾아온 사람들은 대부분 여행에 지친 순례자들이었고 발과 다리에 종양이나 염증을 갖고 있었기 때문에 의사들은 외과적 방법으로 이를 치료했을 것이다.[20] 아울러 이 당시의 일반적인 예방 의학이었던 사혈 요법을 적용했을 것이다.

4명의 의사가 돌보아야 하는 환자의 숫자는 1천 명에 달한다고 추론할 수 있는데, 그 이유는 II.2에서 "매년 병원은 환자들에게 1천 개의 양가죽 외투를 제공"하도록 규정하기 때문이다. 이 수치는 과장된 것이라고 할 수 없다. 1160년대 뷔르츠부르그의 사제였던 요한(John of Würzburg)이 저술한 순례기에 따르면, 성 요한병원이 2천 명의 환자를 수용하고 있었다. 그의 순례기를 잠시 소개할 필요가 있다.[21]

(예루살렘) 성묘교회의 반대편에 세례자 요한을 위해 세워진 아름다운 교회가 있었다. 이 교회에는 병원이 부속됐는데 여러 개의 방에 수많은 남녀 환자들이 매일 큰 비용을 들여 간호를 받고 건강을 회복하고 있다. 내가 거기에 있었을 때에 나는 전체 2천명에 달하는 이 병든 사람들 중에서 하루 밤낮 사이에 50여명 이상이 죽은 채로 실려 나갔다는 것을 알게 됐다. 그 사이에 많은 새로운 사람들이 끊임없이 병원에 도착하고 있었다. 내가 더 이상 무슨 말을 할 수 있을까? 그 집은 안에 있는 사람들 숫자만큼이나 되는 밖에 있는 사람들에게도 음식을 제공한다. 그 집은 거기에 묵지 않고 매일 문에서 문으로 구걸하며 다니는 가난한 사람들에게 끊임없이 자선을 베풀고 있다. 그 결과 그곳의 책임자들과 청지기조차도 비용을 합산할 수 없다. 병든 자와 가난한 자에게 지출되는 비용 외에, 그 집은 사라센의 침

입을 막고 기독교인들의 성지를 보호하기 위해 여러 성에서 갖가지 군사 훈련을 받은 많은 자들도 부양하고 있다.

1187년 예루살렘에서 십자군들이 패배하기 직전 성지순례를 했던 뷔르츠부르그의 감독 테오도리쿠스(Theodoricus)의 기록도 남아 있다.[22]

"교회의 남쪽 방향에 세례자 성 요한의 교회와 병원이 서 있다. 병원에 대해서는, 건물이 얼마나 아름다운지, 그곳에 얼마나 많은 방이 있고 가난한 사람과 병든 사람들을 위한 침대와 물건이 얼마나 많은지, 가난한 자들의 원기를 회복시켜 주기 위한 물품이 얼마나 풍부한지, 궁핍한 자들을 보호하기 위해 얼마나 헌신적으로 수고하는지, 자신의 눈으로 직접 보지 않는다면 아무도 믿을 수 없을 것이다.

우리는 그곳을 통과했는데 그곳에 누워있는 병자들의 숫자를 결코 셀 수가 없었다. 우리는 1천 개가 넘는 병상을 보았다. 가장 강력한 왕과 영주라고 할지라도 그 집이 매일 하는 것처럼 많은 숫자의 사람들을 돌볼 수는 없을 것이다. 병원 수도자들과 성전 기사단이 다른 나라에 갖고 있는 소유물의 합계를 쉽사리 계산할 수 없을 것이다.

이 외에 병원 수도자들과 성전 기사단은 그 옛날 베스파시아누스와 티투스에 의해 파괴된 유대의 모든 도시와 마을들을 토지 및 포도원과 함께 거의 다 정복했다. 그들은 그 지역 전체에 주둔하고 있는 군대이며 불신자들의 침입에 대비해 잘 갖춰진 요새를 갖고 있다."

뷔르츠부르그의 요한은 예루살렘 성 요한병원에서 2천 명의 환자들을 보았다고 했고 테오도리쿠스는 궁전(palatium, 역주: 병원)에서 1천 개 이상의 병상을 보았다고 기록했다. 테오도리쿠스가 제시하는 수치는 1182년 병원 헌장 II.2에 명시된 '1천 개의 양가죽 외투'가 암시하는 병원 규모와도 일맥상통한다. 케다르(B. J. Kedar)는 예루살렘이 보통 때에 900-1,000명의 환자를 수용할 수 있는 규모일 것이라고 추측했다.[23]

1177년 몽기사르(Montgisard) 전투를 근거로 이런 추론에 도달했다. 이 전투에서 1,100명의 프랑크인들이 죽고 750명이 부상당했다. 부상당한 자들은 예루살렘의 성 요한병원으로 후송됐다. 부상자들이 후송될 당시 성 요한병원에는 900명의 환자들이 간호 받고 있었다. 일반적인 상황에서 예루살렘 성 요한병원은 1천 명 정도를 수용할 수 있었지만 부상 군인을 간호해야 할 위급 상황 시에는 2천 명까지도 수용할 수 있는 규모였다.

뷔르츠부르그의 요한은 자신이 예루살렘병원에 머물던 때에 하루 밤 사이에 50여명이 사망했다고 보도한다. 그의 증언대로 2천 명의 환자가 입원해 있었다고 하더라고 50명이 하루 밤 사이에 사망한 것은 일반적 상황이라고 할 수 없다. 몽기사르 전투처럼 부상당한 군인들이 입원했던 급박한 상황일 수도 있다.

예루살렘 성 요한병원은 간호와 치료는 물론 사망한 순례자의 장례에도 일차적인 관심을 갖고 있었다. 이 당시의 불어 닥친 종교심은 특별해 프랑크인들은 성지에서 세상을 떠나 하늘나라로 들어가기를 원하곤 했다. 레몽 드 퓌이의 헌장 14장은 예루살렘의 병원에서 헌신하다가 세상을 떠난 수도자를 위해서 30일간 미사를 드려줄 것을 규정한다.

1182년 헌장의 II.6은 병원에서 사망한 자의 시신을 운구하기 위한 들 것에 대한 규정이다. 사망한 자의 시신은 예루살렘병원수도단의 상징인 '흰 십자가가 새겨진 붉은 천'으로 덮여져야 한다.

비아시오티(Biasiotti)가 소개한 예루살렘 성 요한병원의 인장은 병원수

<도판 27. 예루살렘 성 요한병원의 인장>

도단이 장례를 얼마나 중요하게 생각했는가를 드러내준다(도판 27).²⁴ 인장의 가운데 윗부분 구폴라(cupola)에는 등잔이 어둠을 밝혀주고 있다. 아래쪽의 병상 위에는 세상을 떠난 자의 시신이 놓여 있고, 그 오른쪽에는 병원수도단이 사용하던 십자가가 보이며 왼쪽에는 향로가 있다.

기도처에서 진행되는 장례 예식을 인장에 표현해 놓은 것이다. 이 인장은 병원수도단이 성지순례 도중 죽은 자들의 장례를 치러주는 데에 큰 힘을 쏟았다는 사실을 상징적으로 보여준다. 수잔 에딩턴(Susan B. Edington)은 12세기 예루살렘 성 요한병원에 관계된 자료를 분석한 후 이 당시 예루살렘병원이 탈진과 영양실조, 노령과 만성 질병 등으로 고통 받던 가난한 순례자들의 건강을 회복시켜 주는 역할을 했다고 결론 내린다.²⁵

아울러 병원사(史)의 오랜 주제 중 하나인 치료(curing)인가 돌봄인가(caring) 중 예루살렘병원은 '돌봄'에 목적이 있었다고 덧붙인다. 고작 4명의 의사로 1천-2천 명의 환자를 받아들인 정황으로 판단하자면 이런 결론은 너무나도 당연한 것이다. 장례의 모습이 새겨진 예루살렘병원의 인장에서 암시됐듯 성지순례자들은 치료받기 보다는 성지에서 세상을 떠남으로 하늘나라에 들어가기를 소망했을 지도 모른다.

몽기사르 전투를 보도하는 뮌헨의 사본에 따르면, 예루살렘병원의 "환자들의 궁전"(παλατιυμ ινφιρμορυμ´ παλαξε οφ τηε σιξκ), 즉 병실은 11

개의 구역(vici)으로 나눠졌었고 각 구역 당 1명의 책임자(magister)와 11명의 봉사자(clientes) 등 총 143명의 병원 종사자가 있었다.[26]

환자들의 궁전에 입원해 있던 900명의 환자를 봉사자 숫자인 143으로 나누면, 6.3이라는 수치를 얻을 수 있다. 봉사자 1명이 대략 6명의 환자를 돌봤던 것이다. 그런데, 1182년의 병원 헌장 I.9에 따르면, "병원의 각각의 길과 터(εν ξηασξυνε ρυε ετ πλαξε δε λ°Οσπιταλ)에 9명의 봉사자"를 두도록 규정하고 있다.

동시대 자료인 뮌헨의 사본은 환자들이 11개의 구역으로 나눠 돌봄을 받고 있다고 했지만 1182년의 헌장은 병원이 몇 개의 구역으로 나눠져 있는지 침묵한다. 병원 헌장 I.9를 토대로 하면 환자를 돌보는 봉사자는 총 99명이고, 1000명의 환자가 있다면 봉사자 한 명 당 10명의 환자를 돌보는 셈이다. 종합하면, 12세기 후반의 병원 봉사자는 99-143명 정도였고 봉사자 한 명 당 6-10명의 환자를 돌봤다.

뷔르츠부르그의 테오도리쿠스는 '많은 방'에 대해서 언급하지만, 예루살렘 성 요한병원은 벽으로 막힌 병동이 아니라 넓은 공간에 구분만 돼 있던 열린 병동의 구조로 됐다. 테오도리쿠스가 언급하는 '많은 방'은 실제로는 구분된 구역에 지나지 않았을 것이다. 병원 헌장 I.9에 언급된 "병원의 각각의 길과 터(εν ξηασξυνε ρυε ετ πλαξε δε λ°Οσπιταλ)는 열려 있는 넓은 공간의 구획을 표시하기 위한 '길과 터'를 의미할 것이다.

뮌헨 사본에 따르면, 11개의 구역(vici)으로 구분됐고 이런 구분은 아마도 환자들의 상태에 따라 이뤄졌을 것이다. 1136년의 판토크라토르병원은 환자들을 상태에 따라 다섯 개의 진료 과목으로 분류해 치료했다. 예루살렘병원에 대한 고고학적 증거에 따르면, 8개 구역은 230×120 피트였고

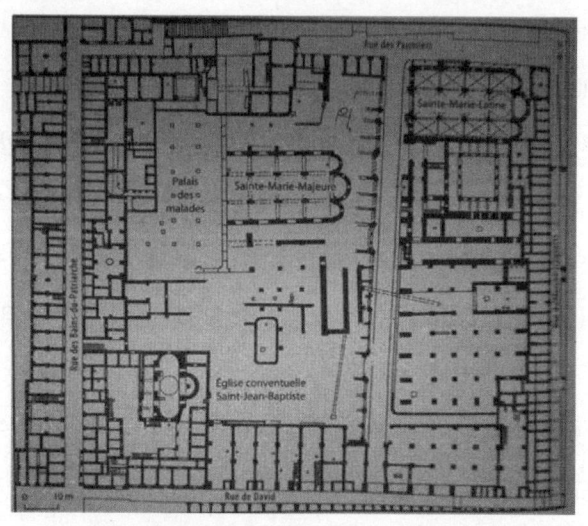

<도판 28. 예루살렘 성 요한병원과 주변 교회들의 평면도>

보다 작은 세 개의 구역은 25×48피트였다(도판 28).[27] 이 정도의 공간이면 총 900개 정도의 병상을 놓을 수 있는 규모다.

1182년 병원 헌장 II.1에 따르면, 예루살렘병원은 "병든 남자들과 여자들"을 맞아들여 의복과 기타 필요한 것을 제공해야 한다. 1182-1187년 사이에 독일의 무명 순례자가 기록한 이야기를 담은 뮌헨의 사본에 따르면, 예루살렘 성 요한병원은 사회적 신분이나 태어난 지역이나 성별에 관계없이 나병 환자만을 예외로 하고 아픈 사람이면 누구나 맞아들인다고 설명한다.[28]

주님은 단 한 사람도 예외 없이 모든 사람을 구원으로 초대하셨기 때문에 심지어 이슬람교도나 유대인들도 병원에 맞아들여 돌봐 줘야 한다. 1182년 헌장 II.1의 앞 부분은 "병든 남자들과 여자들"만을 언급하지만, 이어지는 설명에서 성 요한병원이 이슬람교도와 유대인들에게도 열린 공간임이 암시된다.

"수요일에는 환자들에게 신선한 돼지고기와 양고기를 제공해야 하며, 그것을 먹을 수 없는 자에게는 닭고기를 제공해야 한다." 이슬람교와 유대교는 돼지고기를 금기시하는 종교적 전통을 지금까지도 유지해오고 있다. "그것을 (돼지고기와 양고기를) 먹을 수 없는 자"는 이슬람교도와 유대교도들을 염두에 둔 것이라고 봐야 한다.

1182년 병원 헌장의 II.3에 따르면, 예루살렘병원은 부모에게 버림받은 모든 아이들을 맞아들여 보호해야 한다. 짤막한 문장 외에 더 이상의 내용이 명시되지 않는다. 그런데, 뮌헨의 사본에 따르면, 예루살렘병원이 보호하던 고아에 대해 보다 상세한 정보가 명시됐다.[29]

어머니가 버린 아이들을 제일 먼저 발견하는 자는 아이들을 병원으로 데리고 와야 한다. 어떤 어머니는 머리를 가린 채 병원 앞에 아이를 몰래 버리고 가기도 한다. 쌍둥이를 낳는 경우 한 아이만 키우고 다른 아이를 성 요한병원에 맡기는 어머니도 있다.

고아를 보호하는 일은 유모가 맡았는데, 유모의 숫자가 무려 일 천명에 달하며, 이 여인들은 일 년에 12달란트(talenta)의 급료를 병원 측으로부터 지급받는다. 예루살렘병원 소속의 수녀들이 유모들을 감독했다. 때때로 유모는 아이들을 수도원에 데리고 와야 한다.

수녀들이 아이가 제대로 보호받지 못한다고 판단하면 그 아이를 다른 유모에게 맡길 수 있다. 이 아이들은 "거룩한 요한의 아이들"(filii beati Iohannis)이라고 불렸다. 이들이 성인의 나이에 이르면 자신들을 양육해 준 '성 요한'을 위해 봉사할 것인지, 아니면 세속의 삶을 살 것인지 선택할 수 있는 권리가 있었다.

<도판 29. 티베르강에 아이들을 던지는 여인들>   <도판 30. 테비르강에서 아이들의 사체를 건져 올리는 어부들>

1000-1200년 사이의 중세 유럽은 그 이전이나 이후 시대에 비해 전쟁이나 기근이나 전염병 등에 별다른 영향을 받지 않는 시대였지만 가난한 계층이 어린아이를 유기하는 관습은 다른 시대와 마찬가지로 계속됐다.[30] 보름스의 부크하르트(Burchard of Worms)가 편찬한 『교회법』(*Decretum*)이나 『그라티아누스의 교회법』(*Decretum*) 등이 동시대의 유아 유기에 대해서 별다른 정보를 제공하지 않지만 이런 정황이 어린아이를 유기하던 관습이 사라졌음을 의미하지 않는다.

12세기 후반 로마의 성령병원(the Hospital of the holy Spirit)의 설립을 설명하는 삽화에는 티베르강에 어린아이를 버리는 여인들의 모습이 나타난다(도판 29).[31] 한 여인이 누가 보지 않는지 주위를 두리번거리며 다리로 다가온다. 다리 위의 여인은 어린아이를 강보에 꽉 묶어 싼 후 아이의 목에 무거운 돌을 매달아 강에 떨어뜨리는 중이다. 다른 여인이 던진 아기는 티베르강에 빠져 떠내려가고 있다.

또 다른 삽화는 어부들이 티베르강에서 고기가 아니라 죽은 아이들을 건져 올리는 모습을 주제로 한다(도판 30).[32] 삽화를 설명한 부분에는 "교종의 어부들과 하인들이 티베르강에서 고기를 잡으려고 했지만 강에 던져진 아이들 외에 아무 것도 건지지 못했다. 이들은 너무 놀라 아무 말도 할 수 없었다"고 돼 있다.

그런데, 이 시기에 유아 유기의 가장 흔한 방식은 타인에게 아이들을 매도하는 것이었다. 이 외에도 부모가 종교적 소명을 택할 경우 아이들을 버리곤 했다. 적지 않은 부모들이 아이들을 버리거나 다른 사람에게 맡기고 종교적 소명에 응답했다. 휴의 이베타(Ivetta of Huy, 1157-1228)는 아이 셋을 할아버지에게 맡기고 순례자들을 위한 호스텔에서 헌신했다.

병원 헌장의 마지막 부분에는 1182년의 헌장이 "무장한 형제들이 없는"(sans les frères d'armes) 병원을 위한 것이라고 명시했다. 다시 말해 로저가 책임진 예루살렘의 성 요한병원은 비무장 형제들이 헌신하는 기관인 반면, 수도원은 수도 서언을 한 무장 형제(les frères d'armes)들을 위한 공간이다.

1182년의 병원 헌장은 무장한 형제들이 아니라 무장하지 않은 형제들, 즉 병원에서 헌신하는 수도자들을 위한 규정이다. 이처럼 1182년의 예루살렘병원 헌장은 무장한 형제들과 무장하지 않은 형제들을 구분한다. 복음적 가난과 영적 혼인을 서언한 수도자들이 종교적 소명을 유지한 채 기사단을 이룬 것은 12세기 이전에는 전례가 없었다.

예루살렘병원의 첫 번째 헌장과 1182년 두 번째 헌장에서 병원 수도자들은 아직 자신들을 '기사'(騎士, chevalier)로 지칭하지 않는다. '병원 기사단'이란 표현은 12세기 말 이후에 등장한다.

병원수도단이 대략 1120-1160년대에 무장(武裝)수도단이 된 것으로 보이지만 정확한 연대를 산출하기는 수월하지 않다.³³ 레몽 드 퓌이가 제정한 첫 번째 병원 헌장에는 무장한 수도자들에 대한 언급이 없다. 1120년대부터 병원수도단이 전투에 참가했다는 주장도 있지만 확실한 증거가 없다.

프랑스 태생으로 11-12세기 십자군의 역사를 기록했던 티루스(Tyrus)의 기욤(1175-1185년까지 티루스의 주교)이 쓴 『예루살렘 역사』에 따르면, 1148년 아크레(Acre)에서 열린 서방 연합군 회의 때에 2차 십자군 지도자들인 황제 콘라드 3세와 프랑스 왕 루이 7세 외에 주교들, 대주교들과 함께 "성전 기사단장인 로베르와 병원단장인 레몽"이 함께 있었다고 기록한다.³⁴

또 1153년 1월 25일 아스칼론(Ascalon)을 포위해 공격할 때에 프랑스 왕과 여러 지도자들, 예루살렘 대주교 외에 "병원수도단장 레몽"이 "자신의 형제들과 함께" 참전했다.³⁵ "자신의 형제들"이란 1182년의 병원 헌장에 기록돼 있는 '무장한 형제들'(les frères d'armes)로 볼 수 있다. 이 기록을 토대로 한다면, 1148년 이전에 병원수도단은 무장수도단이 됐던 것으로 보인다.

1157년 국경 도시 반야스(Banyas)를 방어하기 위해 "가장 용감한 병원수도단과 군인과 성전 기사단" 등 700명의 기사들이 원정에 참여했다.³⁶ 1159년 알레프(Alep)를 공격하는 라틴 군대와 비잔틴제국의 연합군에도 병원 기사단이 함께 참전했다. 1161년에 이어 1164년 또다시 하림(Harim)을 놓고 누르 알 딘(Nur al-Din)과의 전투가 벌어진다.

병원 기사단은 두 번의 전투에 모두 참여했는데, 1164년의 전투는 누르 알 딘이 승자였고 전투에 참여한 병원 기사단 전체는 거의 몰살당한다. 병원수도단은 용병을 모집해 전투에 참여하기도 했다. 1164-1168년의 이집트 원정의 경우가 그러하다. 프랑스 왕 아모리(Amaury)가 주도한 이집트 원정에서 예루살렘병원수도단장 아셀리의 질버트(Gilbert of Assaily)는 많은 금액을 빌려 사방에서 5백 명의 기사와 5백 명의 터어키 병사를 모집해 전투에 참여했다.

하지만, 병원에 엄청난 금액의 빚을 남기고 병원수도단장직에서 물러나야만 했다.[37] 병원수도단장의 지휘 하에 이집트 원정에 참여했던 5백 명의 기사는 병원수도단의 무장한 형제들이 아니라 용병이었다. 나바르(Navarre) 왕국의 랍비 투델라의 벤자민(Benjamin of Tudela)이 쓴 내용에 따르면, 1160년대 예루살렘병원에는 4백 명의 '무장한 형제'들이 있었다. 그는 1163년 예루살렘을 방문하고 병원수도단과 성전 기사단(the Knights of Templars)이 운영하는 병원에 대해서 다음과 같이 글을 남겼다.

> 예루살렘에는 두 개의 병원이 있는데 4백 명의 기사를 부양하고 아픈 자들에게 쉼터를 제공한다. 그들은 생전이나 사후 어느 때든지 원하는 것 전체를 제공받는다. 두 번째 병원은 솔로몬 왕이 본래 건축한 곳에 자리하기 때문에 솔로몬의 병원이라고 불린다. 이 병원 역시 프랑크인들의 나라와 기독교 세계로부터 오는 기사들 이상으로 언제나 싸울 준비가 돼 있는 4백 명의 기사를 보호하고 그들에게 필요한 것을 제공한다. 이들은 대개 1-2년 정도 머무르겠다는 서약 하에 오는데 서약한 기간이 끝날 때까지 그곳에 머문다.[38]

벤자민이 언급하고 있는 첫 번째 병원은 예루살렘 성 요한병원이며, 두 번째 병원은 성전 기사단이 운영하던 병원이다. 병원 사업에 헌신하던 형제들이 무기를 들었다는 사실은 군사적 긴장과 대결이 끊이지 않았던 십자군 시대의 산물이다. 1128년 오스트리아의 발켄베르그(Valkenberg)의 기사 가문의 삼형제는 마일베르그(Mailberg)병원에 "우리 영혼의 치료와 세상을 떠난 우리의 기사 빈트헤르트(Winthert)의 영혼을 위해" 향을 봉헌한다.

그런데, 기사 빈트헤르트는 "예루살렘병원수도단의 십자가 표시를 달고" 있었다. 다시 말해 빈트헤르트는 기사이자 수도자로서 헌신하다가 세상을 떠났던 것이다. 병원수도단이 기사단으로 자연스럽게 전환됐던 것은 수도자들이 기사 출신이었기 때문이다. 유럽에 살던 기사들이 병원수도단의 수도자로 헌신하는 데에는 아무런 제약이 없었다.

1148년 질베르(Gilbert)라는 이름의 기사가 병원수도단에서 헌신을 서약한 문서가 남아 있다. 이런 이유 외에도 성 요한병원수도단장이 성지에 많은 토지를 소유한 영주이기 때문에 군사 행동이 수월했던 측면도 있다. 병원수도단의 전투는 기독교적 가르침에 의해서 뒷받침 됐다.

이 시기에는 수도자-기사들이 '거룩한 전쟁'에서 적을 죽이는 행위를 죄로 생각하지 않았다. 교종 우르반 3세는 클레르몽(Clermont)에서 '성전'(聖戰)에서 벌어지는 살상은 죄가 되지 않는다고 선언했다. 1120년대 클레르보의 베르나르(Bernard de Clairvaux)는 성전 기사단의 살상은 죄가 되지 않지만 세속적인 기사들의 살상은 죄라고 규정한 바 있다.

1130년대 이후로 예루살렘병원의 무장한 형제들은 예루살렘 라틴 왕국의 여러 요새들을 직접 관리하기 시작한다. 이는 예루살렘 성 요한병원이 군사화 됐음을 분명하게 보여준다. 1136년 말 베트기벨린(Bethgibelin) 요새(castrum)가 건설됐고 예루살렘병원이 이 요새의 수비를 맡았다. 1142-1144년에 이벨린(Ibelin) 요새와 백색 수비대 요새 등 두 개의 요새가 건설됐고 마찬가지로 예루살렘병원의 형제들이 수비대로 머물렀다.

1149년에는 아스칼론 남쪽에 있는 가자(Gaza)의 옛 성채가 복구되면서 성전 기사단이 방어의 임무를 맡았다. 1161년경 병원수도단이 방어를 맡았던 요새는 팔레스타인 해변을 따라 총 7개였으며, 1170년경까지 13개의 요새 수비를 추가적으로 맡았고 1186년까지 2개 요새의 방어 임무를 추가적으로 맡는다. 12세기말 병원수도단은 22개의 요새 방어 임무를 맡고 있었다. 13세기 초반에 이르면 그 숫자가 약간 줄어든다. 1250년경 동방 라틴 왕국들의 요새 중 총 18개의 수비를 병원수도단이 책임진다(도판 31).³⁹

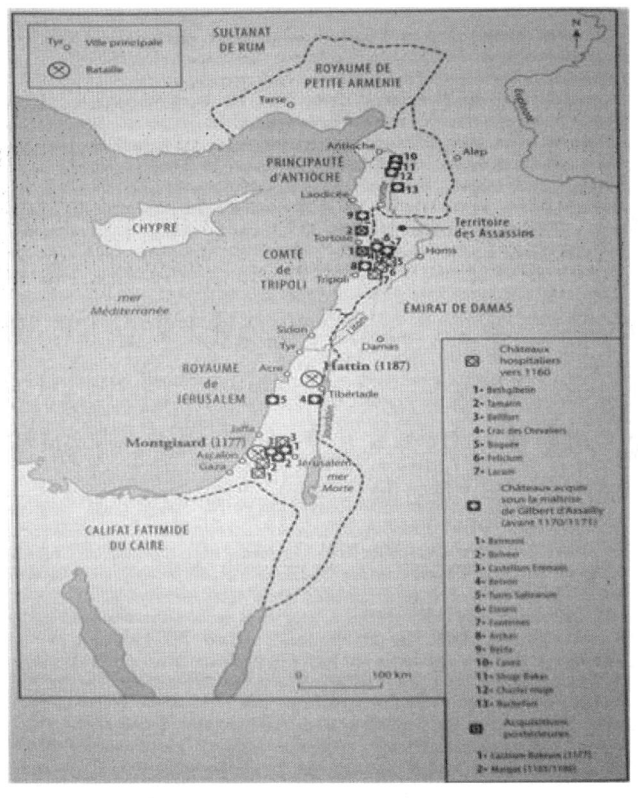

<도판 31. 12세기 동방 지역의 라틴 왕국들과 병원수도단의 요새>

5. 예루살렘 성 요한병원이 이룬 혁신

예루살렘 성 요한병원은 비잔틴병원의 전통을 새롭게 해 서방병원에 전달함으로써 12-13세기 서방병원의 부흥을 가능케 한 매개체였다. 12세기 『판토크라토르 티피콘』이나 『코스모소티라(Kosmosotira) 수도원 티피콘』이 보여주는 것처럼 비잔틴수도원은 병원을 갖고 있었고, 이런 병원은 수도원 복합 시설 내부에 수도원과 공간적으로 격리돼 전문적으로 운영됐다.[40] 이런 전문병원에는 평신도 의사들과 평신도 간호원 혹은 잡역부들이 유급으로 일을 했는데, 이들은 병원에서 일하는 피고용인이었으며 수도자가 아니었다. 서방으로 눈을 돌려 역사를 살펴보면, 동방의 영향으로 메로빙거 왕조에서 교회나 수도원이 운영하는 병원이 태동했지만 12세기까지 교회나 수도원과 공간적으로 격리돼 운영되는 전문병원은 존재하지 않았다. 서방의 병원은 9세기 초반에 세워진 갈렌수도원의 호스텔처럼 여행객과 가난한 자를 맞이하는 호스텔 기능이 주된 것이었으며, 이런 호스텔 기능은 수도원 복합 건물 안에 부가적으로 존재하던 것이었지 비잔틴병원처럼 수도원 건물과 분리돼 독자적으로 운영되던 기관이 아니었다.

그런데, 예루살렘 성 요한병원의 영향으로 서방에는 교회나 수도원과 분리돼 독자적으로 자리 매김 되는 '병원수도원'이 본격적으로 탄생하게 된다. 12세기 말 이후 프랑스에서 탄생하는 많은 병원들은 예루살렘 성 요한병원의 모델을 따르게 된다.

예루살렘 성 요한병원은 환자를 맞이해 돌보는 것을 목적으로 설립된 전문병원이라는 점에서 비잔틴수도원이 운영하던 12세기 병원과 유사하다. 예루살렘병원과 판토크라토르 크세논은 의료 인력의 규모에서 커다란 차이가 나지만 이는 판토크라토르 크세논이 황실에 의해 세워진 왕실병원이라는 점을 고려해야 한다.

일반적인 비잔틴병원은 결코 판토크라토르 크세논이 보유한 의료 인력의 규모에 근접할 수 없었다. 어찌 됐던 전문 의료 인력의 존재는 판토크라토르 크세논과 예루살렘병원 사이의 중요한 유사점이다.

하지만, 이런 유사점만큼이나 중요한 차이점이 존재한다. 판토크라토르 크세논은 판토크라토르수도원에 부속된 병원이었던 반면, 예루살렘 성 요한병원은 모 수도원인 성 마리아수도원의 지도력을 벗어나 독립된 병원수도원으로 발전한다는 사실이다.

판토크라토르수도원은 재원의 상당 부분을 병원 운영에 쏟아 부었다. 수도자들은 환자를 맞이해 간호하는 일에 거의 관여하지 않았고 치료와 간호는 유급 의사 및 간호자들이 담당했지만 크세논은 여전히 수도원의 부속 기관이었다.

하지만, 예루살렘병원은 1099년 1차 십자군의 예루살렘 함락 이후 격동의 시기에 모 수도원인 베네딕트 계열의 성 마리아수도원으로부터 독립한다. 1113년 교종 파스칼은 교서를 내려 예루살렘병원이 로마의 직접적인 후견을 받도록 했다. 이를 통해 예루살렘병원은 독립된 병원수도회로 자리매김 됐던 것이다. 이는 서방병원사에서는 전례가 없던 일이었다.

12세기 이전 서방병원은 베네딕트수도원의 활동 중 하나에 불과했을 뿐 독립된 병원수도원이 존재한 적이 없다. 예루살렘 성 요한병원의 영향으로 12세기말 이후 서방에는 독립된 병원수도원이 활발하게 설립된다. 이런 점에서 성지 예루살렘의 병원은 유럽병원사에 커다란 획을 긋는 발판을 마련했다.

병원수도원의 독특성은 수도사들의 주된 임무가 환자를 돌보는 데 있다는 것이다. 8-11세기 베네딕트수도원의 경우 수도사들의 주된 일은 일과기도(opus dei)였다. 예루살렘병원은 베네딕트 계열의 수도원에서 탄생하지만, 수도사들의 주된 임무가 환자 보호와 치료라는 점에서 이전에 존재하던 서방수도원의 전통에 혁신을 도입한다.

레몽 드 퓌의 병원 헌장은 영적 결혼(독신)과 순종과 복음적 가난의 서약을 한 수도자들이 해야 할 첫 번째 임무가 가난하고 병든 자들을 주인처럼 섬기는 것이라고 규정한다. 로저 드 몰랭은 1182년 병원 헌장의 서두에서 가난하고 병든 자들의 유익을 위해 수도자들이 헌신해야 한다고 규정한다. 이는 기독교수도원의 오랜 전통에 새로운 혁신을 이룬 것이라고 평가할 수 있다.

4세기 기독교 세계에서 수도원이 탄생한 이래 수도원은 기독교적 공동생활의 모체였다. 321년 타벤네시스수도원을 모태로 설립된 파코미오스수도회는 세상과 구별되는 울타리 안에서 복음에 근거를 둔 규칙에 근거해 공동생활을 하는 것을 이상으로 삼았다. 파코미오스수도원에는 환자들을 위한 병동이 존재했지만 내부 수도사 환자들을 위한 것이었으며, 환자 간호는 수도적 이상의 일부분에 지나지 않았다.

370년 대 초반에 모습을 드러낸 후 비잔틴수도원 영성에 큰 영향을 끼친 바실리오스의 규칙서는 이집트나 팔레스타인에서 행해지던 은수 생활보다 공동생활이 기독교적 삶에 부합한다는 이상 아래 어떻게 조화로운 공동생활을 할 것인가를 목표로 삼았다. 아울러 지적 노동과 육체노동은 일과기도와 함께 수도적 공동생활의 핵심을 이루고 있었다.

바실리오스의 규칙서는 수도자들 중 일부가 구빈병원에서 환자들을 돌보는 일에 헌신하고 있다는 인상을 준다. 하지만, 이와 관련된 독립된 규정이 바실리오스 규칙서에 명시돼 있지 않다. 서방의 베네딕트수도원은 바실리오스의 규칙을 토대로 일과기도 및 노동을 공동생활의 근본으로 삼았다.

동방과 서방을 막론하고 초기 수도원 시대에 병원수도회가 탄생할 수 없었던 것은 파코미오스 규칙, 바실리오스 규칙, 베네딕트 규칙 등 수도적 삶의 규범을 정한 전통적 규칙들이 환자 간호를 공동생활과 수도적 삶의 본질이 아니라 극히 제한적인 부분으로 보았기 때문이다.

그런데, 예루살렘병원에 이르러 드디어 가난하고 병든 자를 돌보는 것이 수도적 삶의 본질로 자리 잡게 됐고 이런 병원 수도 공동체는 성지순례와 십자군 전쟁이라는 종교적 특수성과 맞물려 사회 문화적인 지지를 얻게 됐다.

그런데, 환자를 돌보는 것을 목적으로 하는 독립된 병원수도원이 12세기 이전에 이미 존재했던 것은 아닐까?

동방의 경우 교회와 수도원에 부속된 병원을 제외하고 독립된 병원은 6세기를 전후해 여러 번 확인된다. 4-6세기 초기 비잔틴병원의 출현을 다룬 본서의 앞부분에서 이미 언급한 바 있다.

그러나, 초기 비잔틴의 독립 병원들은 예루살렘 성 요한병원수도원을 비롯해 12-13세기 서방의 병원수도원이 제정한 것과 같은 규칙을 갖고 있지 않았다. 중기 비잔틴시대의 다양한 '티피콘'(typikon)들도 본질적으로 수도원 전반을 다루는 규칙일 뿐 수도원 부속병원만을 위한 수도 규칙은 아니다.

이런 점에서 레몽 드 퓌의 병원 헌장과 로저 드 몰렝의 병원 헌장의 중요성을 다시 한 번 강조해도 지나치지 않을 것이다. 레몽 드 퓌와 로저 드 몰렝의 병원 헌장은 수도 규칙이며, 따라서 예루살렘 성 요한병원이 문헌으로 확인되는 최초의 병원수도원에 해당한다.

예루살렘 성 요한병원이 비잔틴의 수도원 부속병원에서 서방의 병원수도원 형태로 진전되는 가교 역할을 한 것과 관련해 게르만의 봉건적 요소를 지적할 필요가 있다.[41] 봉건적 요소는 12세기 예루살렘 병원 헌장에도 선명하게 각인돼 있다.

레몽 드 퓌는 헌장 서두에서 자기 스스로를 "그리스도의 가난한 자들의 종"(servus pauperum Christi)으로 지칭한다. 가난한 자들은 사회 경제적으로 정의되는 것이 아니라 성육신의 역설에 따라 종교적으로 정의 돼 "우리 주님의 가난한 자들"(domini nostri pauperes)이고 병원 수도자들은 가난한 자들을 섬기는 "종들"(servi)이다(2조).

16조의 제목에 등장하는 표현 "우리의 주인인 환자들(les seignors malades)"은 붉은 바탕에 흰색 십자가를 새긴 병원수도단의 휘장만큼이나 예루살렘병원의 정체성을 표현한 것으로 현대 역사가들의 입에 오르내린다. 레몽 드 퓌가 사용했던 이런 표현들은 무엇보다 마태복음 25:40과 거지가 된 만유의 왕, 즉 그리스도의 성육신의 교리를 바탕으로 한 것이다. 4-6세기 초기 비잔틴 사회의 영성이 이 구절을 토대로 병원을 잉태한 것과 비슷하다.

하지만, 가난하고 병든 자들을 '주인'으로 선언하고 이들을 섬기는 수도자 자신들을 '종'으로 내세우는 레몽 드 퓌의 영성에는 봉신이 주군을 섬기는 봉건적 요소가 짙게 깔려 있다. 이런 요소는 1182년 로저 드 몰렝의 병원 헌장에서도 계속 이어진다. 1182년 병원 헌장 I.9에 따르면, 수도사 형제들은 "밤낮으로 열심을 다하고 헌신해 가난한 환자들을 주인처럼

(as povres malades com à seignors) 섬겨야 한다."

예루살렘병원 헌장에 명시된 봉건적 요소는 인류의 유일한 왕인 그리스도를 위해 프랑스의 왕에서부터 노예에 이르기까지 모든 프랑크인들이 봉신(封臣)으로서 목숨을 걸고 성지를 수호해야 한다는 십자군 전쟁의 이념 속에도 깊숙하게 자리 잡고 있었다. 칼을 들고 전투에 임하는 기사 수도사이든 병들고 부상당한 순례자들을 간호하는 병원 수도자이든 관계없이 이들은 동일한 주군(主君)인 그리스도를 섬기는 동일한 봉신으로서 내세의 상급을 기대했다.

가난한 자들을 주인으로 모시는 병원수도단의 독특한 영성은 성육신의 역설이라는 교리를 넘어 중세 봉건적 개념에 빚지고 있다. 12세기 예루살렘병원 헌장은 본질적으로 봉건 제도의 선서를 기초로 하고 있다. 비잔틴은 봉건사회가 아니었기 때문에 비잔틴병원 헌장에는 주군과 봉신 사이의 선서개념이 설자리가 없다.

반면, 12세기 예루살렘병원 헌장은 주군과 봉신 사이에 이루어졌던 선서 개념이 바탕이 됐다. 게르만적 주종 관계는 'Hommage'라고 불리는 특별한 의식을 통해 성립됐다. 봉신이 신서(臣誓, hommage)를 통해 주군에게 충성을 다짐하면, 주군은 봉신에게 한줌의 흙을 줌으로써 주종 관계의 계약이 성립된다.[42]

왕과 신하, 영주와 기사, 고위성직자와 하급 성직자 사이에도 신서가 폭넓게 이뤄졌다. 레몽 드 퓌의 헌장 16조에 표현된 "우리의 주인인 환자들(les seignors malades)"이란 표현은 병원이 탄생하는 단초를 제공한 마태복음 25:35 이하의 그리스도의 말씀을 성육신의 역설을 넘어 봉건적 맥락에서 차용한 결과 만들어진 중세적 개념이다.

6. '예루살렘 성 요한병원수도회'의 탄생

예루살렘 성 요한병원은 독립수도원에서 수도회로 발돋움한다. 투와티(François-Olivier Touati)의 연구를 따르면, 12-13세기 동방의 성지에는 35개 정도의 빈민 구제 기관이 있었지만 그 중 예루살렘 성 요한병원이 만든 기관은 아크레(Acre)의 병원 밖에 없다.[43]

예루살렘병원수도원이 동방의 성지에 병원을 세우는 데에 큰 관심은 없었지만 이미 12세기 초반부터 성 요한병원수도원은 유럽 전역에 토지와 각종 기관을 소유할 뿐 아니라 여러 개의 산하 병원수도원을 거느린 수도회로 발돋움한다.

1113년 교종 파스칼 2세가 병원수도회의 창설을 허용할 때에 예루살렘병원에 의존하던 아스티(Asti), 베론(Vérone), 젠느(Gênes), 바리(Bari), 오트란트(Otrante), 메시네(Messine) 등 총 7개의 병원을 언급한다.[44] 1113년 당시 7개의 병원이 예루살렘병원의 산하로 들어왔는가에 대해서 역사적 평가는 회의적이다. 하지만, 적어도 12세기 후반에서 13세기 초반 사이 7개의 병원들은 예루살렘 성 요한병원의 지도하에 놓이게 된다.

11세기 말경 아스티에 교회가 설립되는데, 1169년 이전에 병원수도회로 이전 됐고 1182년 아스티교회의 부속병원이 설립된다. 베론과 젠느에 있던 교회와 병원도 비슷한 시기에 성 요한병원수도원으로 양도된다. 바리의 경우 1228년에, 그리고 오트란트의 경우 1119년에 예루살렘병원에 귀속되며, 메시네의 경우 1171년 성 요한병원에 양도됐다는 자료가 남아 있다.

예루살렘 성 요한병원은 유럽 전역에 병원수도원 체인을 직접 설립할 의도를 갖고 있지 않았다. 이 점은 앞서 언급한 대로 12-13세기 동방의 성지에 세워진 35개의 빈민 구제 기관 중 단 한 개만이 예루살렘병원에 의해 설립됐다는 점을 통해서도 간접적으로 확인된다. 이미 존재하던 독립 병원들의 설립자들이나 그 후손들이 자신들의 병원을 병원수도회에 양도하는 경우가 대부분이다.[45]

성(聖) 질르가 요르단의 라판예(Rafanyeh)에 세운 병원은 그의 후손인 트리폴리(Tripoli)의 공작 폰스(Pons)에 의해 1125년 경 병원수도회에 양도됐다. 요르단의 나플루즈(Naplouse)에 설립된 왕립병원이었던 성 요한병원은 1166년 예루살렘병원수도회에 귀속된다. 동방의 성지뿐 아니라 서방에 이미 존재하던 병원들도 예루살렘병원에 귀속된다. 예루살렘병원수도회는 유럽 각 지역으로부터 토지와 교회 및 병원을 양도받았다.

성 요한병원수도원은 1차 십자군 직후 스페인에서 토지를 획득하기 시작하며, 2차 십자군 전쟁이 시작되는 1147-1149년 이후 영국에서 소유한 토지가 급격하게 증가한다.[46] 병원수도회가 서방에서 토지를 획득한 것은 예루살렘병원의 의료 활동 뿐 아니라 군사 활동과 커다란 영향이 있다.

그런데, 12세기 말경부터 몇몇 병원들이 자발적으로 병원수도회 산하로 들어오기 시작한다. 1189년 빈케스터(Winchester)의 주교는 성 십자가 병원을 예루살렘병원에 맡기며, 포기본시(Poggibonsi)의 피터(Peter)는 자신이 설립한 크세노도키온을 예루살렘병원에 헌정한다. 1204년 4차 십자군이 콘스탄티노플을 점령한 후 오랜 전통의 삼손병원은 병원수도회의 손에 넘어가게 되는데, 병원수도회에 속하게 된 삼손병원은 두아이(Douai)에 지병원도 두게 됐다.[47]

1215년 황제 프레데릭은 부르츠부르그(Wurzbourg) 병원의 소유권을 예루살렘의 성 요한병원으로 이전하는 것에 동의한다. 브르노(Brno)의 부유한 시민 루딩거(Rudinger)는 자신이 설립한 성 안토니우스병원을 1243년 병원수도회에 바친다. 예루살렘병원수도회는 이런 기증을 별다른 유보조항 없이 받아들였다. 12-13세기에 성 요한병원수도회가 유럽에서 기증받은 병원은 대략 15개 정도에 이른다.

7. 예루살렘 함락 이후의 '성 요한병원수도회'

1187년 예루살렘이 함락된 후 1197년경 성 요한병원수도단은 아크레로 근거지를 옮긴다.[48] 이후 이곳에 순례자들을 위한 병원이 건축됐다. 규모와 활동 면에서는 예루살렘 성 요한병원에 미치지 못했지만 그 명성은 적잖이 높았다.

이집트의 술탄 살라딘이 아크레의 병원에 비밀리에 들어와 병원 수도사들의 활동이 과연 듣던 소문 대로인지 확인하고 감탄했다는 전설이 전해질 정도이다. 살라딘은 병든 거지로 변장하고 아크레의 병원에 들어왔다. 병원수도단은 종교와 언어를 불문하고 병들고 가난한 자들을 맞아들였다. 살라딘 역시 병원에서 간호를 받았다.

살라딘은 자신의 병이 병원장 소유의 말인 '모리엘'(Moriel)의 심장을 먹으면 나을 수 있다고 간호수도자들에게 말했다. 병원장은 이 이야기를 듣고 인간의 생명을 구하기 위해서라면 모리엘을 죽여야 한다는 결론에 이른다.

병원의 조치에 감탄한 살라딘은 병원장과 독대를 요청하며 자신의 신분을 밝힌다. 곧 자신의 나라로 돌아간 살라딘은 아크레병원의 사랑에 탄복해 매년 1천 개의 금화를 아크 병원에 기증하기로 한다. 살라딘에 얽힌 전설은 그럴듯하게 채색돼 있지만 아크레의 병원이 예루살렘 성 요한병원과 같은 원칙에 의해서 운영됐음을 보여준다.

1240년 십자군들은 다시금 성지를 탈환하기 위한 전쟁을 개시했고, 병원수도단과 성전 기사단은 예전의 영광을 되찾을 수 있었다. 하지만, 영광은 잠시에 불과했다. 곧 사라센의 군대가 예루살렘을 공격했고 도시는 함락됐다. 가자(Gaza) 전투에서 성전 기사단과 병원수도단 중 생존자는 각각 33명과 26명에 불과했고 두 수도원장 모두가 전사했다.[49]

하지만, 1187년 예루살렘 함락 이후 1341년까지도 여전히 예루살렘 성 요한병원은 문을 닫지 않고 병들고 부상당한 자들을 여전히 돌보아 주고 있었다. 1336-1341년 사이에 팔레스틴을 여행한 순례자의 기록에 따르면, 이 시기에 여전히 활동 중인 예루살렘의 성 요한병원에 대해 이렇게 기록했다.

> 성묘교회 부근에 예전에 예루살렘의 성 요한의 형제들이 살았다. 그들이 머물던 장소는 지금은 순례자들을 위한 병원이 됐다. 이 병원은 아주 거대해서 1천 명은 쉽게 수용할 수 있으며, 그들이 원하는 건 무엇이든지 돈을 지불하고 가질 수 있다. 이 병원에서는 모든 순례자들이 병원에 묵는 대가로 2 베네치아 페니를 지불하는 것이 관습이 돼 있다. 그곳에 1년을 묵는다고 해도 더 이상 비용을 지불할 필요가 없고, 단 하루를 묵어도 그 이하를 지불해서는 안 된다.[50]

1197년 이후 성 요한병원수도회의 근거지였던 아크레가 1291년 함락되자 병원수도회는 사이프러스(Cyprus)로 본부를 옮긴다.[51] 병원수도회는 1318년 로데스(Rodes) 섬을 정복하면서 지중해의 강력한 해상 세력이자 사라센의 침입으로부터 기독교 세계를 보호하는 전초 기지의 역할을 한다. 1314년 성전 기사단이 해산되자 그 소유를 이전 받은 병원수도회는 기독교 세계에서 가장 강력한 수도회의 면모를 갖추게 된다.

1523년 투르크족이 로데스 섬을 정복하자 병원수도회는 1530년 말타(Malta) 섬으로 근거지를 옮긴다. 병원수도회는 강력한 함대를 갖고 있었고 1571년 레판토(Lepanto) 해전에 뒤이어 오토만 제국과의 협상이 이뤄질 때까지 정치적으로 중요성을 더해갔다. 1798년 나폴레옹은 병원수도회를 말타 섬에서 추방한다.

제9장

중세 영국병원의 시작과 발전

1. 성 갈렌수도원의 평면도에 대한 논쟁

9세기 초반의 성 갈렌수도원의 평면도가 프랑스나 독일에 실제로 존재했던 수도원의 도면인지 아닌지를 놓고 학자들 간의 토론이 이어졌다.[1] 이런 토론이 이루어 진 것에는 그럴만한 이유가 있었다. 성 갈렌수도원의 평면도는 현재의 성 갈렌수도원이나 카롤링거 왕조 시기에 유럽 대륙에 존재했던 수도원과 아무런 관계가 없기 때문이다.

성 갈렌수도원 평면도는 1604년 성 갈렌수도원의 도서관에서 발견됐고 이후 '성 갈렌수도원의 평면도'라는 이름으로 불리게 됐다. 성 갈렌수도원의 평면도가 9세기 초반 카롤링거 왕조 시대의 베네딕트 수도원의 부흥 시대를 반영한다는 것에는 학자들 사이의 공감대가 형성됐다. 이 시기 베네딕트 수도원의 부흥은 누르시아의 베네딕트(480-547)에 뒤이어 두 번째 베네딕트라고 불리는 아니안느의 베네딕트(747-821)에 의해 주도됐다.

하지만, 독일 아헨(Achen) 부근의 인덴(Inden)에 있던 아니안느의 베네딕트 자신의 수도원은 물론이거니와 카롤링거 왕조 시대의 그 어떤 수도원도 성 갈렌의 평면도와 별다른 유사성이 없다. 이런 이유로 성 갈렌수도원의 평면도가 제작된 목적이 무엇인가에 대한 학문적인 논의는 여전히 열려 있는 상태다.

1982년 귄터 놀(Günter Noll)은 성 갈렌 평면도가 독일에 위치한 수도원과 별다른 관계가 없다는 주장을 한 바 있다. 귄터 놀은 자신의 주장을 뒷받침하기 위해 성 갈렌 평면도에 나타난 난방 시스템을 분석했다.[2] 성 갈렌의 호스텔은 개방된 공간의 한 가운데나 각이진 구석에 불을 지피는 난방 시스템을 갖추고 있었다.

수도자들의 숙소와 연로한 수도자들을 위한 의무실과 초심자들의 숙소는 온돌 시스템으로 됐다. 호스텔의 난방 시스템은 상대적으로 온화한 기후를 가정한다. 나아가 정원에서 키우고 가꿔야 하는 약초와 유실수 역시 볕이 잘 드는 지역을 필요로 할 뿐 아니라 독일 지역의 개방된 공간에서는 자랄 수 없는 것들이 있다.[3]

그러나, 성 갈렌의 평면도가 지중해와 가까운 지역과 관련이 있다는 가정은 배제된다. 맥주 제조가 언급되기 때문이다. 수도자들의 부엌에서는 빵과 맥주를 제조했고, 말을 타고 온 손님들을 위한 호스텔도 빵 만드는 곳과 맥주 제조 시설을 갖추고 있었으며, 순례자들과 가난한 자들을 위한 호스텔에도 맥주제조 시설이 갖춰졌었다.

이 당시 맥주 제조는 알프스 이북 지역에서만 이뤄졌다. 귄터 놀은 이런 주장과 또 다른 관찰을 바탕으로 성 갈렌의 평면도가 영국의 캔터베리의 교회들과 관련이 있다고 주장하면서 성 갈렌의 평면도를 668-740년에 캔터베리에 살았던 인물이 만들었을 것이라고 추정했다.[4]

성 갈렌의 평면도가 7-8세기 앵글로 색슨의 교회와 관계가 있다면, 영국병원의 역사는 현재의 서술보다 몇 세기 앞당겨져야 한다. 성 갈렌의 평면도가 앵글로 색슨 족의 교회들과 관련이 있다는 귄터 놀의 주장에 대해 미카엘 래피즈(Michael Lapidge)는 반박을 했지만 마리아 다롱코(Maria D'Aronco)는 신중한 입장을 취한다.[5]

다롱코의 견해를 따르면, 성 갈렌의 평면도가 카롤링거 시대의 수도원 개혁과 관계가 있다는 직접적인 증거가 없는데다 귄터 놀의 주장을 보다 신중한 입장에서 재고한다. 성 갈렌 평면도가 그린 건물 중 동쪽에 위치한 연로한 수도사들과 초심자들을 위한 건물들은 다른 어떤 건물보다도 로마적인 감수성으로 돼 있고 이는 초기 중세 시대에는 전례가 없는 것으로 평가된다.

다른 한편, 8세기 캔터베리의 도서관에 베네딕트 규칙의 필사본이 존재했기 때문에 베네딕트적 감수성으로 돼 있는 성 갈렌의 평면도가 캔터베리의 수도원과 양립할 수도 있다. 하지만, 귄터 놀의 새로운 주장은 아직 학계에서 일반적으로 받아들여지지 않고 있고 이 때문에 영국병원에 대한 서술은 본격적으로 병원이 설립되는 10세기부터 다뤄져야 한다.

2. 중세 영국병원의 양상

클레이(R. M. Clay)는 중세 영국병원의 역사를 다룬 자신의 역작에서 중세 영국병원의 역사를 925-1170년, 1170-1270년, 1270-1470년, 1470-1547년 등 네 시기로 구분해 설명했다.[6] 첫 번째 시기는 병원이 최초로 설립되는 때이다. 10세기 초반 적어도 두 개의 병원이 요크셔(Yorkshire)에 설립된 후 여러 도시에 병원이 세워지는데, 이 당시의 병원은 여행객과 순례자를 위한 호스텔과 빈민 구제소의 성격을 갖고 있었다.

10세기에 호스텔이 설립되는 것은 이 시기 이후 베네딕트수도원의 영향을 본격적으로 받게 되는 것과 무관하지 않다. 영국 중세 병원은 독자적인 발전을 이룬 것이 아니라 카롤링거 시대에 유럽 대륙에 세워진 병원들과 십자군 시대의 비잔틴병원들로부터 영향을 받으면서 본격적으로 탄생한다.

성 갈렌수도원의 출입문에서 가까운 안쪽에 호스텔이 자리 잡고 있었듯이 요크의 성 마리아수도원도 출입문 안쪽에 호스텔(hospitium)을 갖고 있었고 빈체스터(Winchester) 수도원에는 '나그네 홀'(Strangers' Hall)이 마련돼 있었다. 1148년 병든 순례자들을 보호할 목적으로 스미스필드(Smithfield)에 성 바돌로매(St. Bartholomew)병원이 설립됐다.

클레이가 1170년 이후를 영국 중세 병원의 두 번째 시기로 잡은 것은 1162년 이후 캔터베리의 대주교였던 성 토마스 베켓(Thomas Becket)이 사망하면서 그에게 바쳐진 성소가 순례의 대상이 됐기 때문이다. 1270-1470년은 이전 시대와 비교해 확연한 차이가 있다. 무엇보다 성지순례의 열기가 퇴조됐고 왕실과 각 지역에서 구걸하며 떠도는 자들을 제재하는 법률이 지속적으로 공포된다. 1369년 런던의 시의회는 '거지, 부랑인, 순례자는 도시를 떠나야 한다'는 법을 공포했다.

또한 세 번째 시기에 호스텔, 구빈 기능 등 전통적인 병원의 역할 외에 여성의 출산을 돕는 일이 본격적으로 영국병원의 활동 범위 안에 추가되기 시작한다. 캔터베리의 성토마스병원은 1363년부터 출산을 돕기 시작했는데, 1414년에 이르러 조산(助産)이 병원의 주요 목적 중의 하나로 인정된다. 동시에 환자들을 위한 의료적 기능이 점차로 발전되기 시작한다.

1470년 이후 영국 종교개혁 시기인 1547년까지는 중세의 마지막 시기에 해당한다. 이 시기에는 순례가 더 이상 사회적으로 중요한 이슈가 되지 못했지만 특별한 축일은 계속적으로 지켜졌다. 경건한 순례자들은 주로 여관(Inn)에 묵게 된다. 1475년 경 글래스톤베리(Glastonbury)의 수도원장 존은 '순례자 여관'(Pilgrims' Inn)을 설립한다.

영국의 중요 성지였던 캔터베리에 방문하는 순례자의 물결은 그쳤지만 1520년까지 '쥬빌레'(Jubilee) 같은 중요 축일은 대중적으로 커다란 인기가 있었기에 각처에 순례자들을 위한 여관이 설립된다. 아울러 이 시기에는 이 전 시기에 뒤이어 유랑을 법률적으로 계속 제재한다.

1495년에는 '유랑자들과 구걸하는 자들을 제재하는 법'(An Acte agaynst vacanounds and beggers)이 입법돼 여기 저기 떠돌거나 순례를 하는 자들에게 벌금이 부과된다. 이후 이런 방향의 입법은 훨씬 강화돼 1530년에 이르러 몸이 성한 데도 구걸로 살아가는 자들에게는 태형을 가하도록 규정했다.

1547년 에드워드 6세의 입법은 구걸과 유랑에 대해 혹독한 처벌을 가한다. 구걸하는 자들에게 채찍으로 태형을 부과하며, 노예로 전락시키도록 규정한다. 이들을 소유한 주인들은 이들의 목 혹은 사지(四肢)에 고리를 걸어 마치 가축처럼 회초리로 때리면서 노동을 강제할 수 있고, 도망하다 잡힌 경우 달궈진 쇠로 얼굴에 낙인을 찍어도 된다. 1549년 또다시 이런 종류의 규정이 입법된다.

영국 중세 시기에 본격적으로 병원이 설립되는 것은 12세기이다. 이 때 이후 15세기까지 설립된 영국병원의 숫자는 무려 1,103개에 이르는데 클레이는 이 병원들 대부분의 목록을 제시했다.[7] 1,103개의 병원은 크게 나병원(癩病院)(345개, 31%), 가난한 자를 돕던 구빈원(742개, 67%), 순례자와 여행객을 위한 호스텔(136개, 12%), 그리고 나병 환자가 아닌 일반 병자를 받던 전문병원(112개, 10%) 등으로 구분된다.⁸ 그런데, 일반 병자를 받던 112개의 병원 중에서 20개미만의 병원이 환자를 돌보는 목적으로만 운영됐다.⁹

나병원은 영국병원사의 초기 시대를 장식한다. 대부분의 나병원은 1084-1224년경에 세워진다. 서드배리(Sudbury)의 성레오나르(St Leonard, 1372년)병원 등 14세기에도 소수의 나병원이 세워지고 기존의 나병원이 폐쇄됐다가 구빈원으로 새로이 문을 열기도 한다.

나병 환자들은 도시의 출입을 엄격하게 제한 당했다. 예를 들어 1276년 런던 순회 재판소는 "나병 환자들은 도시에 있을 수도 없고 도시로 들어올 수도 머물 수도 없다"고 선언했다.¹⁰ 1369년에 공포된 한 법에 따르면, "전염의 위험이 있기 때문에 나병 환자들은 거리에서 구걸할 수 없다"고 규정한다.¹¹

일단 나병으로 판정되면, 15일 안에 도시를 떠나 시골이나 도시로부터 떨어진 한적한 교외로 가야 했다. 이 때문에 나병원은 대개 도시의 외곽에 설립됐다. 이 점은 유럽 대륙과 마찬가지이다. 수도사나 사제뿐 아니라 평신도 남녀도 나병원에 함께 수용됐다.

대부분의 나병원은 10명 내외의 나병 환자들을 수용하는 소규모 시설에 불과했으나 제법 큰 규모의 나병원도 설립됐다. 예를 들어 1181년경 더햄(Durham)의 쉐어번(Sherburn)에 세워진 나병원은 나병에 걸린 수도사, 수녀 등 종교인들을 65명 정도 수용했다.

'leprosi,' 'infirmi,' 'elefantuosi,' 'languidi,' 'frères malades,' 'meselles' 등

나병 환자들을 지칭하는 데 사용된 용어는 다양했다.[12] 1200년경 캔터베리의 제르베이스(Gervase of Canterbury)는 'Infirmi,' 'item leprosi' 등의 표현을 사용한다. 욥과 나사로 등 성경의 인물들이 같은 질병을 앓는 자들로 묘사됐다. "온 몸에 종양이 가득했던 나사로"(Lazarus ulceribus plenus)는 그리스도 예수의 사랑을 받았고 아브라함의 품에 안겼다.[13]

특히 여왕 마우드(Maud), 베틀(Battle)의 수도원장, 링컨(Lincoln)의 주교 휴(Hugh) 등이 나병 환자를 돌보는 데에 앞장서면서 나병원의 설립이 붐을 이루게 된다. 여왕 마우드는 자신이 돌보는 나병 환자들의 손과 발을 씻은 후 닦아 주고 발에 입을 맞추기까지 했다. 링컨의 주교 휴는 나병 환자들과 함께 살면서 그들과 함께 먹고 그들을 가르치기도 했으며, 나병 환자들을 가리켜 "낙원의 꽃이요 영원한 왕의 왕관을 장식하는 진주"라고 했다.[14]

영국에 나병이 확산되기 시작한 것은 11세기 성지순례의 확산과 뒤이은 십자군 운동 때였다고 알려져 있다.[15] 성지순례자들 중의 일부가 나병에 걸린 채로 본국으로 돌아오는 경우가 있었다. 또 11세기 말에 시작된 십자군 운동 이후 귀국한 십자군 병사들이 영국에 결정적으로 나병을 확산시켰다. 이 때문에 십자군 운동 결과 얻은 것은 나병이고, 십자군 전쟁 기간 획득 했던 모든 것 중에서 유일하게 남은 것이 나병이라는 풍자가 생겨나기도 했다.

하지만, 제1차 십자군 운동이 일어나기 이전에도 몇 개의 나병원이 이미 영국에 존재했기 때문에 십자군 운동의 결과 영국에 나병이 생긴 것은 아니다. 다만 십자군 운동 이후 본격적으로 나병이 확산된 것은 사실이다. 12-13세기 영국의 여러 도시에 나병원이 본격적으로 설립된다. 1300년대에 들어서 그 확산이 한풀 수그러들었지만 여전히 광범위한 지역에 나병이 존재했다.

하지만, 14세기 말 이후 나병은 급속도로 줄어들었고 15세기 초반이 되면 나병은 드물게 발생했다. 이 시기에 나병은 여전히 존재했지만 나병원이 폐원되거나 다른 용도로 사용되기 시작한다. 16세기 종교개혁의 시기가 되면 나병은 아주 드문 질병이 된다.

1519년 대륙에서 루터의 종교개혁이 한창이던 때에 영국에서 작성된 한 유언장에 따르면, 피상속인은 "켄트셔에 있는 레퍼라고 불리는 모든 구빈원에"(to every Alms House called Lepars in the Shire of Kent) 유산을 남긴다.[16] 1101년에 런던의 홀보른(Holborn)에 세워진 성 자일즈(St Giles)의 나병원은 설립 당시 40명의 환자가 입원해 있었지만 1402년에는 9명, 1535년에는 14명의 극빈자들(paupers)를 보호하고 있었다.[17]

구빈원 혹은 구빈병원은 중세 영국에 설립됐던 병원 중 가장 높은 비율을 차지한다.[18] 구빈병원이 보호하던 자들은 크게 두 가지 범주로 구분할 수 있다. 첫 번째 범주는 일반적인 의미의 극빈자들이며, 두 번째 범주는 설립자의 길드나 공동체의 구성원 혹은 지역 주민들이었다. 여성 전용 구빈원은 극소수였으며, 구빈원 대부분은 남성 전용이었다. 남녀를 동시에 수용하는 구빈원도 있었지만 이 경우 남녀는 설령 혼인 관계에 있다 할지라도 분리된 시설에 머물러야 했다.

나병원과 마찬가지로 구빈원 역시 프랑스의 경우처럼 수도적 삶을 살아가는 공동체였기 때문에 혼인한 남녀가 분리될 수밖에 없었다. 나병원과 구빈원에서 의료적 돌봄을 기대할 수는 없었다. 이들은 특별히 구별되는 옷을 입고 미사에 참여해 설립자나 후원자의 영혼과 자신의 영혼을 위해

<도판 32. 캔터베리의 성 요한병원(St John's Hospital, Canterbury)>

기도했다. 프랑스의 병원 수도원과 마찬가지로 평신도 사역자들이 이들을 위해 봉사했다.

영국에서 가장 오래된 구빈병원 중의 하나는 1084년에 설립된 캔터베리의 성 요한병원(St. John's Hospital)이다(도판 32).[19] 이 병원은 초기부터 구빈병원으로 설립됐는데, 질병이나 노령으로 생활비를 벌 수 없는 남녀 환자들을 약 1백여 명 받아들였고 이 외에도 시각 장애자, 지체 부자유자, 청각 장애자와 기타 질병에 걸린 수도자들과 수녀들을 1백 명 가량 보호했다.

영국의 대부분의 주교좌 도시는 주교좌 교회가 구빈병원을 운영했다. 13세기가 되면, 가난한 성직자들을 위한 구빈원이 대부분의 주교좌 도시에 설립됐다. 시의회도 구빈병원 운영에 참여했다. 엑세터(Exeter), 노트햄턴(Northampton), 노팅햄(Nottingham)의 시의회는 성 요한병원을 설립해 운영했다.

시의회는 구빈병원뿐 아니라 나병원이나 기타 병원을 설립해 운영하기도 했다. 나아가 부유한 시민이나 성직자들이 각종 병원을 설립하기도 했다. 또 상인 조합(gild), 시의 회사들이 병원 운영에 적극적으로 뛰어들기도 했다. 요크의 신발상인 조합은 병원(Maison Dieu)를 운영했다. 여성과 어린이를 위한 구빈원도 설립됐다.

최초의 여성 구빈원 중의 하나는 런던에 설립된 St. Katharine's by the-Tower이다. 살스배리(Salisbury)에는 아버지를 잃은 아이들과 남편 없는 여인들을 위한 구빈원이 세워졌다. 어린이를 위한 별도의 구빈원을 세우지 않고 기존의 구빈병원이나 기타 보호 시설에 어린이들을 보호하는 경우도 있었다.

순례자와 여행객을 위한 호스텔은 전술했듯 영국 중세 병원의 12퍼센트를 차지한다.[20] 클레이의 연구를 바탕으로 제시됐던 이런 숫자는 수도원과 교회에서 운영하던 호스텔이 제외됐다. 수도원과 교회는 일반적으로 호스텔을 운영했기 때문에 구빈원 이상으로 많은 호스텔이 존재했을 것이다. 호스텔에는 대개 의사가 없었기 때문에 의료적인 돌봄을 기대할 수 없었다.

네 번째 범주인 전문병원은 나병 이외의 질병에 걸린 자를 맞아들이던 곳으로 영국병원의 10퍼센트(112개)를 차지했다. 하지만, 이 중 20개 이하의 병원만이 전문적인 의료를 제공했다. 드물지만 치료의 예가 남아 있는 경우가 있다. 옥스퍼드의 성 세례자요한(St John the Baptist)병원은 인근에 살던 인물로 1305년 손가락이 부러진 로버트 애트윈데이트(Robert Attwyn-dyate)를 치료해 줬다. 또 1396년에는 강물에 빠졌던 로저(Roger)라는 인물을 치료하기도 했다.

런던의 스미스필드(Smithfield)의 성 바돌로매(St Bartholomew's)병원은 임산부들을 받아들여 산모와 신생아를 돌봐 주기도 했다. 후에 베들람(Bedlam)으로 불리던 런던의 성 마리 베들레헴(St Mary Bethlehem) 병원은 정신이상자를 돌보았다. 하지만, 대부분의 경우 질병에 걸린 환자는 병원이 감당하기 버거운 짐이었다.

1219년 만들어진 브리지워터(Bridgwater)의 성 요한병원은 가난한 지체부자유자만 받아들이고 나병 환자나 정신 이상자나 다른 질병에 걸린 자들, 임산부와 신생아들은 병원에 받아들이지 말아야 한다고 규정한다. 병원의 재정이 열악해지는 경우 병자와 지체 부자유자들을 더 이상 받아들이지 않는 경우도 적지 않았다.

살리스배리(Salisbury)의 성 니콜라스(Nicholas)병원은 본래 가난한 자, 병든 자, 여행객, 지체 부자유자를 위해 13세기에 설립됐는데, 1478년에 이르러 구빈원의 기능만 남게 됐다. 1200년에 노트햄턴(Northampton)의 킹스토르프(Kingsthorpe)에 설립된 병원은 병원장 1명과 사제 2명, 봉사자인 평신도 형제 6명 등의 스텝으로 이뤄져 있었지만 1535년에는 가난한 형제 두 명만을 부양하는 수준으로 유명무실화됐다. 매춘부를 위한 병원도 존재했는데, 마지막 범주에 넣어야 할 것이다.[21]

요크의 성 레오나르드(St Leonard)병원은 전문병원 중에서 가장 큰 규모를 자랑했다.[22] 성 레오나르드의 병실은 206명의 환자를 돌봤고 중세 영국의 병원 중에서 가장 부유한 병원이었다. 런던의 성 마리(St Mary)병원도 16세기에 왕명에 의해 청산되던 당시에 180명의 환자를 돌본 대형병원이었다. 글루체스터(Gloucester)의 성 바돌로매병원은 1333년 90명의 남녀 입원 환자를 돌보고 있었다.

하지만, 1535년에 이르러 극빈자를 포함해 환자 32명을 돌보는 수준으로 규모가 축소됐다. 사우스워크(Southwark)의 성 토마스병원은 40명의 환자를 맞아들였고, 뉴워크(Newwark 혹은 Leicester)의 성 마리병원은 1331년에 30명의 환자를 돌보던 중간급 규모의 병원이었다. 그런데, 상당수의 전문병원은 10명 이하의 환자를 받아들이던 소규모 병원에 불과했다.

도시를 중심으로 설립된 병원 외에도 사람이 거의 살지 않는 시골 지역에 병원이 설립된 경우가 있다. 새첼(Satchell)은 1100-1300년에 존재했던 시골 지역의 병원 67개의 목록을 작성하면서 이 병원들을 나병원(27개)과 기타병원(40개)으로 분류했다.[23]

시골 지역의 병원들은 대개 순례자들이나 여행자들에게 위험한 지역이나, 여정 상 중간 기착이 필요한 항구 등지에 설립됐으며 이 때문에 호스텔 기능이 중요했다. 시골 지역에 설립된 나병원의 비율이 낮지 않은 것은 지역적인 고립이 나병원의 설립 목적과 부합하기 때문이었다.

3. 의사 없는 중세 영국병원

중세 영국병원에는 일반적으로 의사가 존재하지 않았다. 칼린(Carlin)의 설명을 따르면, 런던을 제외한 다른 도시의 병원에 의사가 존재하던 경우가 없었다.[24] 의료 기구의 사용은 확인되지만 의사가 없는 것이 일반적이었고 병원 문지기가 수술을 시도하는 경우도 있었다.[25] 심지어 재정적으로 가장 부유하고 200명 이상의 환자를 돌보던 요크의 성 레오나르드병원에도 전문적인 의료 기술을 익힌 의사가 없었다.

성 레오나르드병원의 지출 항목에는 의사의 봉급 항목이 아예 없으며,

대부분의 지출은 램프 오일, 초, 옷과 세탁 등 비의료적인 부분에 집중됐다. 의사의 존재가 확인되는 경우는 두 번째로 부유한 병원이었던 16세기 사보이(Savoy)의 왕립병원이 유일하다. 사보이병원의 지출 항목에는 약을 제조하던 제약사에 대한 지불 기록이 다수 남아 있다. 이런 기록이 남아 있는 경우도 사보이병원이 유일하다.

골딩턴의 토마스(Thomas of Goldington)라는 인물이 카리슬리(Carlisle)의 성 니콜라스병원과 더비(Derby)의 성 레오나르드병원에서 1348년 병원장을 맡았는데, 그의 경우를 통해 의사 없는 영국병원의 실상을 어느 정도 알 수 있다.[26]

토마스는 병원장인 동시에 외과 수술(office of the surgery)을 맡고 있었는데, 병원장직을 소홀히 했다는 이유로 고발을 당했다. 왕립 조사 위원회는 이 사건을 조사한 후 토마스에게 호의적인 결론을 내렸다. 토마스는 유능하고 책임성 있는 병원장이며, 병원 경영에 있어서 그의 유일한 결점은 병원에 지속적으로 체류하지 않았다는 것이었으며, 병원에 남녀 수도자들이 부족하다는 것이었다.

왕립 조사 위원회는 토마스가 "때로 외과 수술을 했으며 병원에 손해를 끼치기 보다는 이익이었다. 왜냐하면, 그는 병원을 위해 친구들을 얻었기 때문이다"라고 명시했다.[27] 아마도 토마스는 부유한 개인 환자들을 갖고 있었던 것 같다. 하지만, 토마스가 병원에 입원했던 가난한 환자들에게 수술을 해 줬는지에 대해서는 아무런 언급이 없다.

칼린은 16세기 이전 영국병원에서 의사가 의료 활동을 한 경우는 런던에서 단 한 번만 확인된다고 쓴 바 있다.[28] 1479년 비단 장수인 존 던(John Don)은 상당한 금액을 병원에 증여했고 병원은 이 금액으로 외과 의사 토마스 소른턴(Thomas Thorneton)을 고용해 5년 동안 런던과 근교에 있는 가난하고 병든 사람들에게 매일 의료적인 돌봄을 제공했다. 토마스 소른턴이 활동하던 런던의 병원은 특히 성 메리병원, 성 바돌로매병원, 성 토마스병원, 뉴게이트(Newgate)와 룻게이트(Ludgate) 감옥병원 등이었다.

중세 영국병원에 의사가 거의 없었던 이유를 어떻게 설명할 수 있을까. 호든(P. Horden)은 부정적인 감정이 질병을 일으킬 수 있다는 당시의 의학이론과 관련해 중세 병원에 일반적으로 의사가 부재했던 상황을 설명했다.[29]

감정과 건강을 연결시키는 이론은 갈렌이 주장했지만 이를 조직적인 이론으로 체계화시킨 것은 9세기의 이슬람 학자인 후나인 이븐 이샤크였다 (Hunayn ibn Ishaq, 라틴 이름은 Johannitius).

그의 책 『이사고게』(Isagoge) 또는 Introduction은 부분적으로 라틴어로 번역돼 12세기 초반 경 중세 유럽에 광범위하게 유포됐다. 이 책은 중세 서방에서 전승된 갈렌의 『의학의 기술』(Ars medica)의 도입 부분에 사용됐고 'Articella'라는 이름으로 알려진 중세 의학 교과서 시리즈의 첫 번째 책으로 사용됐다.

후나인은 자연적인 것(res naturales), 자연에 반(反)하는 것(res contrea naturam), 비(非)자연적인적(res non naturales)을 구분한다.[30] 자연적인 것은 더위나 습한 요소 등 4가지 요소와 4가지 기질을 뜻하며, 자연에 반하는 것은 건강한 상태를 해치는 질병을 의미한다. 비(非)자연적인 것(res non naturales)은 총 여섯 가지 범주인데, 공기, 음식과 음료, 운동과 휴식, 수면과 일어남, 배설과 포만, 영혼의 동요 등이다.

이 중 특히 주목할 필요가 있는 것이 영혼의 동요이다. 4세기의 수도자 폰투스의 에바그리오스는 여덟 가지 마음의 동요(파토스, pathos)를 이기는 책인 『실천학』(*Praktikos*)을 저술한 바 있다. 에바그리오스는 이 책에서 영혼의 동요, 특히 화처가 요동하는 것이 악몽의 원인이 된다고 서술한다.[31]

한편, 에바그리오스는 '영혼의 의사'인 그리스도는 영적인 가르침과 계명을 통해 인간의 지성을 동요에서 해방해 동요를 무(無)로 돌린다고 서술한다.[32] 하지만, 에바그리오스는 영혼의 동요가 육체의 상태를 변화시켜 질병을 유발한다는 의학 이론은 전개하지 않는다. 그런데, 후나인은 영혼의 동요와 질병을 연결시킨다.

후나인에 따르면 여러 가지 동요가 몸에 효과를 일으킨다. 동요는 몸 내부에 있는 자연적인 열을 몸의 바깥 부분이나 피부로 옮긴다. 특히 화가 날 때 이런 현상이 나타나고, 즐겁고 기쁠 때도 이런 현상이 나타나기도 한다.

슬픔 같은 동요는 내적이며 외적인 에너지를 교란시킨다. 후나인의 이론에 따르면 부정적인 동요는 육체적 질병의 출발점이 된다. 후나인의 입장을 따르면, 의학은 수술과 약물 처방 그리고 비(非)자연적인 것의 조절 등 세 가지로 구성된다.

호든은 마음의 동요가 건강에 영향을 준다는 후나인의 이론이 중세의 의사들과 환자들에 의해 크게 환영받던 이론이라고 설명한다.[33] 중세 시대에 이집트 카이로에 살던 어떤 유대인은 "염려 때문에 내 몸에는 마른 뾰루지가 났고 살은 뼈에서 벗겨져 버렸다"고 쓴다.[34] 토마스 베켓(Thomas Becket)은 1164년 10월 노트햄턴(Northampton)에서 받게 될 재판을 걱정하다가 옆구리에 통증이 생겼다.

어떤 의사는 환자를 향해 이렇게 쓰기도 했다.

나는 당신이 겪고 있는 오한이 당신 자신의 잘못 때문이라고 생각합니다.
당신이 마치 30대의 젊은 사람인 것처럼 고통스러워하고 염려하기 때문에
이런 일이 생긴 겁니다. 그렇게 하지 말아야 합니다 … 당신이 가장 신경
써야 할 부분을 말하겠습니다. 화를 내며 때로 소리 지르는 것은 좋습니다.
그것이 당신의 자연적인 열을 올려 줄 것입니다. 그러나, 신경질을 부리며
사사건건 너무 깊이 마음에 간직하는 건 좋지 않습니다. 의학은 이런 것이
다른 어떤 것보다 우리 몸을 파괴한다고 가르칩니다.[35]

고프리 초오서(Geoffrey Chaucer)는 "포식해도 그녀는 결코 아프지 않았
다"(Repleccioun ne made hire nevere sik)는 문장을 구사하는데, 이런 문장은 후
나인의 이론을 염두에 둔 문장일 수도 있다.[36] 호든을 따르면, 특히 흑사병
이 유럽을 강타한 이후에 정서적 측면을 조절하는 것이 질병의 방지나 완
화에 도움이 된다는 사고가 유럽에 널리 확산됐다고 한다.

1348년 파리 대학의 의학부에서 출판된 논문 *Compendium de epidimia*
도 후나인의 이론과 관련 있다.

> 몸의 약함은 때로 영혼의 동요와 관계가 있기 때문에 분노, 지나친 슬픔과
> 불안 등을 피해야 한다. 선한 희망을 가져라. 그리고 확고한 마음먹으라.
> 하나님과 화평하라. 그리하면 결과적으로 죽음이 덜 두려울 것이다. 할 수
> 있는 한 즐겁고 기쁘게 살라. 즐거움이 몸을 때로 축축하게 할 수도 있지
> 만 정신과 마음을 편안하게 해 주기 때문이다.[37]

이런 이론에 따라 파리 대학은 흑사병에 대해서 전통적인 사혈 요법 외

에도 후추나 생각이나 계피 같은 아시아의 향신료를 사용하도록 권고했다.[38] 그런데, 호든은 이 이론을 통해 중세 영국의 의사 없는 병원에 대해서 설명하려고 했다. 마음의 움직임을 조절함으로 육체의 질병을 완화시키거나 치료할 수 있다는 사고 때문에 굳이 의사를 둘 필요가 없었다는 것이다.

나아가 호든은 이를 바탕으로 중세 병원의 기독교 신앙은 일종의 약이었다고 생각한다. "영적인 약은 신학적인 의미에서뿐만 아니라 의학적인 용어로도 진정한 약이다. 그것은 의사가 없는 또 다른 종류의 약이다. 영혼을 위한 약이 될 수 있는 것, 즉 성례와 기도문 등은 영혼의 동요를 변화시킬 수 있는 것으로 생각됐다."[39]

중세의 거의 모든 병원은 어디에서나 제단이나 성소를 바라볼 수 있도록 개방형 병동(Infirmary-Hall Type)으로 설계됐는데, 이는 병원이 종교 기관이었기 때문이다. 기도처(chapel)는 병동으로 사용하는 홀의 끝부분에 위치하는 경우가 많았고 때로 별도의 기도처가 있는 경우도 있었다. 다른 한편, 넓은 홀을 병동으로 사용하는 개방형 병동(Infirmary-Hall Type)은 사생활(privacy) 개념이 존재하지 않던 것과도 연결시킬 수 있다.[40]

종교개혁 이후의 병원 건축은 일반적으로 안뜰을 가진 구조(Court-yard-Plan)로 변화됐고 사제관 등이 사라지는 세속화가 진행됐다.[41] 최초의 개인병실은 15세기 말 프랑스의 병원에서 시작됐다. 13세기 한 영국병원의 헌장에 따르면, 환자를 돌보는 임무를 맡은 간호사는 성유물을 '분급하는 자'(distributor)이기도 했다.

남자 간호사 수도자는 성유물을 들고 병동을 다니면서 성유물의 영적이고 신비스런 힘이 환자들에게 '방사되도록'(irradiate) 했다. 환자를 돌보는 것은 주로 여자 수도자들의 몫이었으며, 남자 수도자들은 종교 의식을 행했다. 환자들은 남자 수도자들의 직무였던 엄격한 예전에 참여해야 했다.[42]

호든의 연구는 영국 중세 병원에 의사가 거의 없었던 이유를 어느 정도 설명해 준다. 하지만, 대륙에 비해 왜 특히 영국의 중세 병원에 의사가 없었는지에 대해서는 만족할 만한 대답을 제공해 주지 않는다. 프랑스의 경우 14세기 말경 대략 70%의 병원이 의사들을 뒀고, 스페인의 경우도 15세기 말경 리스본에 설립된 만인(萬人)왕립병원(Real Hospital de Todos os Santos)의 예에서 보는 것처럼 의사의 존재가 확인된다.[43] 대륙과 비교해 영국의 중세 병원에 의사가 눈에 띄지 않았던 것은 경제적 이유나 의학 교육의 문제 등 다른 통로를 통해서 접근해야 볼 필요도 있다.

4. 중세 영국병원의 쇠퇴

15세기 초반 경 영국의 병원들은 이미 급격하게 쇠퇴한 상태였다. 1414년의 개혁 법령에 따르면 다음과 같다

> 많은 병원의 대부분은 현재 쇠퇴한 상태다. 다양한 사람들, 즉 영적인 사람들과 세상에 사는 사람들이 병원에 공급했던 물품과 재화는 회수돼 다른 자들을 위해 사용되고 있다. 병원에 있는 많은 수의 남자와 여자들은 도움도 원조도 받지 못하고 생필품이 없어 비참하게 죽어가고 있다.[44]

클레이는 영국 중세 병원이 쇠퇴한 것이 크게 두 가지 원인 때문이라고

설명했다. 첫째로 설립자와 설립자의 상속자들이 저지른 남용이다.[45] 설립자들과 상속자들은 빈민 구제 기관을 자기 자신과 친척들의 호스텔로 사용하곤 했고 여기에 왕실 관료들까지 합세했다. 이런 관행은 병원 운영에 재정적으로 커다란 부담을 안겨줬다.

예를 들어 영국 왕들은 프랑스로 가기 위해 도버 해협을 건널 때에 도버 (Dover)에 있는 '하나님의 집'(혹은 병원, Maison de Dieu)을 기착지로 삼았다. 왕실의 주요 고관들과 군 지휘관들이 병원에 묵게 되는 경우 이는 병원 운영에 커다란 부담으로 작용했다. 병원이 왕실 인물이나 퇴직 관료의 부양을 떠맡는 경우는 보다 큰 부담이 됐다.

에드워드 1세는 왕대비(王大妃)의 옛 남녀 종들을 부양하도록 여러 병원에 명령했다. 영국 왕들은 병원을 자신의 편의를 위해 사용하는 것을 주저하지 않았다. 에드워드 2세의 경우 아예 법령을 선포해 가난하고 병든 자들을 돌보아 주는 것이 병원의 역할이지만 나아가 일할 수 없는 왕의 하인들을 부양하는 것도 병원의 의무라고 선언할 정도였다. 병원의 설립자들은 왕실의 편의를 위해 자신들이 설립한 병원을 제공하기도 했다.

병원들은 일찍부터 이런 남용을 방지하려고 노력했다. 1219년 브리지워터(Bridgwater)의 성 요한병원의 규정에 따르면 이렇게 됐다. "우리는 교구의 인물이건 평민이건 간에 부유하거나 힘 있는 자들, 그리고 설립자의 일꾼들이 병원에서 묵고 체류하거나 병원에 짐이 되는 것을 명백하게 금지한다."[46]

때로는 완력을 사용해서라도 이런 남용을 막고자 시도했다. 1341년 옥스퍼드의 성 요한병원의 으뜸은 여덟 명의 남자들의 손을 빌어 앨리스 피츠-러프(Alice Fits-Rauf)라는 여인을 폭행하고 감금했다. 뒤이어 이 여인을 병원에 입원시켜 달라는 내용의 편지를 빼앗은 후, 한밤중에 그녀를 납치해 천으로 눈을 가린 뒤 시궁창에 던져버렸다.

요크병원의 경우는 14세기에 왕 리차드의 명령을 거부하기도 했다. 왕 리차드는 요크병원에 남자 한 명을 받아달라고 요청했다. 하지만, 병원장은 요크병원은 "누워 있는 자들을 위해 설립됐지, 건강한 자들을 위해 설립되지 않았다"고[47] 답하면서 왕의 요구를 거절했다. 하지만, 남용을 억제하려는 노력이 중세 영국병원의 쇠퇴를 막지는 못했다.

수도원의 경우 시간이 지날수록 가난하고 병든 자들을 돌보는 관심에서 멀어졌다. 캔터베리의 성 어거스틴수도원의 경우 자매병원으로 성 로렌스(St. Laurence)병원을 설립하고 운영했다. 하지만, 성 어거스틴 수도원은 1341년에 이르러 성 로렌스병원이 재정적으로 너무 취약해 유지가 어렵다고 판단했다. 병원 후견을 둘러싼 법률적 분쟁은 병원의 쇠퇴를 조장했다.[48]

병원 설립자의 상속자들과 지속적인 후원자들 사이에 법률 분쟁이 끊이지 않았다. 법률 분쟁이 오랫동안 지속되는 경우 영국 왕실이 개입해 병원의 후견권을 차지하는 경우도 있었다. 요크의 성 레오나르드병원의 경우가 그러하다. 왕실은 지속적으로 이 병원에 대한 후견권을 주장했다.

하지만, 성 레오나르드병원이 소유한 토지 등의 부동산은 삭손과 노르만의 영주들이 요크 대성당의 성직자들에게 선물로 제공한 것이었다. 1246년에 열린 한 재판에서 영국 왕실은 성 레오나르드병원에 대한 후견권을 상실했으며, 얼마 뒤에 다시 한 번 후견권을 회복한다. 왕실은 감독좌를 공석으로 내버려두는 방식으로 병원의 후견권을 차지하기도 했다.

11-12세기 로마 교종과 군주들 간의 서임권 투쟁은 로마 교종이 유럽 교회들의 감독들을 임명하고 지역 군주가 추인하는 방식으로 정리됐다.[49]

영국 왕의 경우 감독이 사망하면, 사망한 감독의 후임을 최대한 늦게 추인함으로써 병원을 황실의 영향 아래 두려고 했던 것이다. 빈체스터 교구의 감독좌가 공석이 되자 에드워드 2세는 성 십자가(St. Cross)병원의 책임자를 지명했다.

이후 해당 교구의 감독이 로마 교종에 의해 임명되고 왕이 이를 추인한 후 병원을 놓고 신임 감독과 왕실의 이해가 충돌하게 된다. 에드워드 2세는 병원이 왕실의 후견을 받는다고 주장했지만, 누군가 왕이 보낸 전령의 팔을 부러뜨렸고 문서는 분실됐다. 교구의 중요한 자리를 공석으로 비워둔 상태에서 일시적인 책임을 맡은 사람들이 병원을 운영하던 관행은 병원을 더욱 더 쇠락의 길로 몰아넣었다.

1314-1315년 영국 의회에 제출된 한 청원에 따르면, 병원장의 자리가 공석으로 남아 있고 임시 책임자들이 병원을 운영하는 기간 동안 많은 병원들의 재정이 약화되고 파괴됐다고 증언한다. 여왕 필립파(Queen Philippa)의 후견 아래 있던 성 니콜라스(St. Nicholas)병원 원장 폰트프락트(Pontefract)는 자신이 병원을 맡기 전 병원장의 자리가 공석으로 남아 있던 기간 동안 큰 금액의 손실이 발생했다고 했다.

이 외에도 병원 공동체 내부의 도덕적이며 종교적인 방종은 병원의 쇠퇴를 촉진했다.[50] 병원의 자산은 탐욕스런 원장들의 손쉬운 먹잇감이 됐고 병원의 가용 자산은 빠른 속도로 줄어들었다. 요크의 성 레오나르드병원이 좋은 예가 된다. 이 병원은 1369-1370년에 수입 1369파운드, 지출 546파운드를 기록했다.

하지만, 40년 뒤의 수입은 불과 536파운드로 반 토막 이하로 떨어졌다. 병원 수입의 감소는 환자 수의 감소로 연결됐다. 1370년 224명의 환자를 돌보았는데, 1377년 199명으로 줄어들었다. 1423년 다시 206명으로 증가했으나 1462년 127명으로 대폭 감소됐다. 물론 이런 감소는 프랑스와의 백년전쟁 및 전염병과 커다란 연관이 있다.

전쟁과 역병으로 인해 토지를 경작할 수 없었고 이는 식량 생산의 감소를 불러왔으며 병원 수입의 감소로 이어졌다. 하지만, 클레이는 이런 외적 요인보다 병원 운영 주체들의 물질적 탐욕이 병원의 쇠락에 보다 직접적인 원인을 제공했다고 설명한다.[51]

병원의 자산은 병원장 및 병원을 관리하는 자들의 탐욕에 손쉽게 노출돼 있었다. 휴(Hugh)나 골딩턴의 토마스(Thomas of Goldyngton) 같은 인물이 대표적이다. 휴는 스탬포드(Stamford)의 성 요한병원과 성 토마스병원 등 두 병원의 원장직을 맡았던 인물이다.[52] 그가 원장으로 있던 기간 중 병원의 재정 상태가 어려워지자 1299년 원장직을 사임했다.

페테르부르그(Peterborough)의 수도원장은 병원은 다른 인물에게 맡겼으나 몇 개월 후 휴가 원장직에 다시 복귀했고 사태가 악화된다. 휴는 가난한 자들에게 돌아가야 할 구제품을 탈취했고 여행객과 환자들이 묵는 방을 열쇠로 잠겨버렸으며, 정해진 기도 시간을 지키지 않고 미사도 드리지 않았다.

그러는 동안 수도원장이 죽고 신임 수도원장이 부임하자 휴는 다시 해고됐다. 하지만, 교구 감독의 도움을 얻어 다시금 원장직으로 복귀한다. 골딩턴의 토마스는 카리슬리(Carlisle)의 성 니콜라스병원과 더비(Derby)의 성 레오나르드병원의 원장직을 맡았던 인물인 동시에 외과 의사였다. 1348년 그는 더비병원의 외과 의사직을 맡았지만 병원장의 직무를 게을리하고 병원의 재화를 낭비하며, 병원 소유 토지를 타인에게 양도해 병원의 재정 상태를 급속도로 악화시킨다. 병원장뿐만 아니라 병원에서 환자들을 돌보았던 남녀 수도자들도 병원 수도원의 기강을 무너뜨리곤 했다.[53]

요크의 성 니콜라스병원의 남녀 수도자들은 장사를 하고 미사에 불참하고 자신들이 원하는 대로 방종한 삶을 살았다. 많은 병원장들이 현지에 거주하지도 않으면서 여러 개의 병원 운영을 맡던 관행은 병원의 쇠퇴를 더욱 촉진했다. 앞서 소개한 휴(Hugh)나 골딩턴의 토마스(Thomas of Goldyngton) 같은 인물들은 두 개의 병원을 책임지고 있었으며, 세 개 이상의 병원을 한 사람이 책임지는 경우도 있었다.

백년전쟁과 전염병 때문에 병원의 자급자족률은 현저하게 줄어들었고, 부도덕한 병원장들은 병원의 쇠퇴에 가속도를 더해줬다.[54] 글루체스터(Gloucester)병원을 책임지던 자는 돈이 될 만한 것이면 무엇이든 매도했다.

환자들을 위해 사용해야 할 곡식은 물론 환자들이 누워있어야 할 침대조차도 팔아버렸다. 1380년에 이르러 성 바돌로매병원의 일부 건물은 지붕도 없었으며, 환자들은 음식과 의복의 부족으로 고통 받았다. 포츠머드의 어떤 병원장은 연간 8-9백 마르크를 탕진했지만 환자들을 받아들이지 않았다.

이런 상황 속에서 병원들은 버려지기도 하고 다른 용도로 개조돼 사용되기도 했다.[55] 윈저(Windsor)와 헌팅턴(Huntingdon)의 나병원들은 버려진 뒤 1462년에 캠브리지 대학에 병합됐다. 롬니(Romney), 아인호(Aynho), 브래클리(Brackley)의 병원들은 1481-1485년경 옥스퍼드의 막달렌 칼리지(Magdalen College)에 병합됐다.

리딩(Reading)의 성 요한병원이나 브리스톨의 성 바돌로매병원은 늦어도 1532년 이전에 학교로 개조된다. 물론 적지 않은 수의 병원들은 계속해서 가난하고 병든 자들을 돌보는 일에 헌신하고 있었다. 하지만, 14세기 이후로 악화돼온 병원 운영은 16세기 초반에 이르러 막다른 골목에 다다르고 있었다.

16세기 초반 헨리 8세(1509-1547)는 첫 번째 왕비였던 캐서린과의 이혼과 앤 볼린과의 결혼 문제로 로마 가톨릭과 결별을 선언하면서 1534년 수장령(首長令)을 내려 영국 성공회를 창립했고 이로 인해 영국의 병원은 새로운 국면을 맞게 된다.[56] 헨리 8세는 1535년과 1539년 두 번에 걸쳐 수도원의 해산을 명령했고 이런 조치는 수도원에서 운영하던 병원의 해산으로 이어졌다.

헨리 8세는 1534년 소규모 교회와 수도원과 수도 분원 등에 대한 조사를 명령했다. 이후 1535년 2월 4일 영국 의회는 조사 보고서 Valor Ecclesiasticus를 받았고 곧이어 '소규모 수도원 해산법'(Act for the Dissolution of the Lesser Monasteries)을 통과시켰다.

헨리 8세의 재상(宰相) 토마스 크롬웰(Thomas Cromwell)에 의해 조사관으로 임명됐던 레이톤(Layton)의 보고서에 따르면, 라이체스터(Leicester)의 성 마리아(St. Mary's)병원은 많은 수의 빈민 보호 시설이 그랬던 것처럼 정직한 사람들에 의해 견실하게 운영되고 있었다.[57]

문제가 있는 병원의 경우에도 병원에서 봉사하는 남녀 수도자들의 기강의 해이보다는 병원 운영자의 도덕적 방종이 더 큰 문제였다. 조사 위원회는 병원의 재정 남용을 방지하고 수도원 병원들이 빈민 구제 사업에 보다 몰두할 수 있도록 조치를 취할 수도 있었다.

하지만, 로마 교종과 심각한 갈등을 겪고 있던 헨리 8세는 소규모 수도원과 교회 등의 모든 재산을 몰수함으로써 자신의 왕권을 강화하려는 정치적 목적을 갖고 있었다. '소규모 수도원 해산법'은 수도자들이 12명 이하로서 연 수입 200마르크(marks) 이하인 소규모 기독교 기관들의 모든 재산을 몰수해 왕의 소유로 귀속시키도록 승인했다.[58]

아울러 동(同)법은 해산된 소규모 교회와 수도원과 수도 분원의 수도자들 및 성직자들은 보다 큰 기관에서 종교적인 삶을 살도록 강제했다. 이법을 통해 해산된 수도원은 300개 내외에 달했다. 뒤이어 1539년 영국 의회는 '대규모 수도원 해산법'(Act for the Dissolution of the Greater Monasteries)을 통과시킨다.

두 번째로 공포된 로마 가톨릭 수도원 억압 정책에 의해 해산된 수도원은 552개에 이른다.[59] 이 법에 의거해 영국의 마지막 수도원이었던 발트햄 수도원(Waltham Abbey)은 1540년 폐쇄된다. 이 당시 영국의 총 인구는 270만 정도였고 인구 50명당 1명이 종교인이었다.

두 번에 걸친 수도원 억압 정책을 통해 해산된 남녀 수도자들의 숫자는 12,000명 정도였다.[60] 두 번에 걸친 수도원 해산법에도 폐쇄되지 않고 존속했던 병원과 소예배당(chantries), 사유 기도처(Chapels), 상인 조합(gilds)이 운영하는 자선 기관, 평신도 형제단이 운영하던 병원 등은 1545년에 공포된 해산법에 의해 사라졌고, 헨리 8세의 아들 에드워드 6세(1547-1553)는 재위 첫해인 1547년 몰수법을 공포했다.

종교개혁의 소용돌이 속에서 중세에 설립된 많은 병원들이 사라져갔다. 1537년 조사위원회는 크롬웰에게 요크의 성 레오나르드병원과 성 니콜라스병원을 폐쇄했다고 보고했다(도판 33).[61] 런던에서는 사보이(Savoy)병원이 폐쇄됐고, 웨스터민스터의 성 야고보병원의 수녀들은 해산됐다. 도버(Dover)의 병원(Maison Dieu)은 1544년 선박용 화물 적재소로 용도 변경됐

<도판 33: 폐허로 변한 성 레오나르드병원(St Leonard's Hospital, York)>

으며, 포츠머드의 병원(Maison Dieu)은 무기고로 변했다.

반면, 주교좌 교회의 부속병원들은 상당수 해산법의 소용돌이를 비켜 갈 수 있었다. 더햄(Durham) 주교좌 교회의 부속병원 쉐어번(Sherburn)병원 과 그레이트햄(Greatham)병원은 계속 운영됐다. 어떤 병원들은 주교좌 교회의 후견에서 벗어나 시의회로 양도됐다. 배스(Bath)와 노르비치(Norwich) 의 주교좌 병원들이 그런 경우에 해당한다.

하지만, 수도원이 운영하는 병원은 일반적으로 폐쇄되는 운명을 피할 길이 없었다. 중세의 평신도들이 설립한 병원들은 시간이 지나면서 수도 원의 후견을 받게 됐는데, 이런 병원들 역시 재산이 압류되는 상황에 직면하게 됐다. 상인 조합이나 평신도 형제단이 운영하던 자선 기관도 상당수 폐쇄됐다.

콜체스터(Colchester), 스트랏포드(Stratford)에서 운영되던 상인 조합 빈민 구제소는 모두 역사 속으로 사라졌고, 애빙돈(Abingdon)의 상인 조합 빈민 보호 시설은 에드워드 6세에 의해 몰수돼 버렸다. 시의회가 병원을 인수한 경우 병원들은 대개 구제 사업을 계속 진행할 수 있었다. 해산법과 몰수법의 소용돌이 속에서 중산층 시민들의 지지를 받던 병원들만이 존속할 수 있었던 것이다. 캔터베리(Canterburh), 노르비치(Norwich), 배스(Bath)에 있던 병원들의 경우가 그러했다.

그런데, 중세의 전성기에 창립됐던 오래된 병원들이 해산된 다음 일정 기간이 지난 후 병원들이 새롭게 설립됐다.[62] 런던의 경우 1538년 런던 시장의 주도 하에 시민들은 헨리 8세에게 폐쇄된 병원들을 재설립해 달라는 청원을 제출한다.

헨리 8세는 이 청원에 대해 아무런 조치를 취하지 않았고 6년이 지난 1544에 이르러 병원들을 더 나은 모습으로 개원하기로 약속한다. 이런 조치를 통해 왕 자신이 가난한 자들의 보호자라는 전통적 기독교 군주의 덕목을 시민들에게 각인할 수 있었을 것이다. 헨리 8세는 런던에 새로운 병원을 개원했고 시민들은 이 병원의 이름을 지어달라고 왕에게 요청한다.

이에 대해 헨리 8세는 다음과 같은 답신을 준다.

> 우리는 옥에 갇힌 자에게 편안함을 제공하고 가난한 자에게 쉼터를 주며, 병든 자를 돌보며, 배고픈 자에게 먹을 것을 주린 자에게 마실 것을 헐벗은 자에게 입을 옷을 죽은 자에게 묘지를 주기 위해 노력했고(참조 마 25.35 이하) … 우리는 병원을 세우고 일으키고 설립하고 자리 잡도록 노력했다.[63]

왕이 런던에 있던 성 바돌로매병원을 폐쇄한 뒤 새로이 설립한 병원에

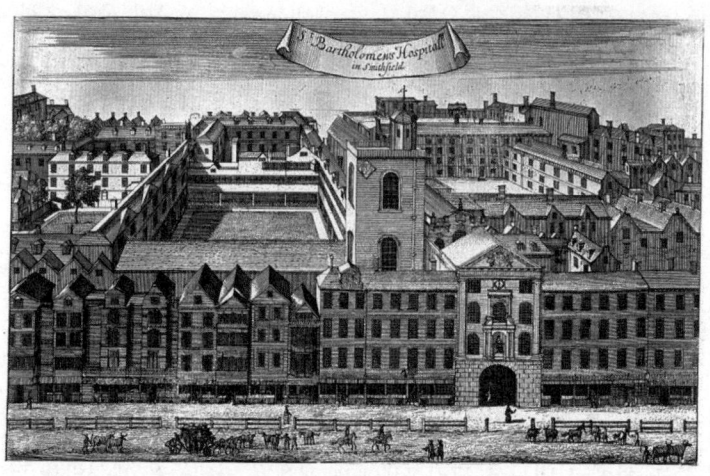

<도판 34: 1723년의 런던바돌로매병원(St Bartholomew's Hospital, London)>

수여한 이름은 'The House of the Poor in West Simthfield of the foundation of King Henry VIII'였다. 성 바돌로매병원은 4백년의 역사를 갖고 있던 병원이었으나 모든 소유를 몰수당한 뒤 새로운 설립자 헨리 8세에 의해 왕립병원으로 재탄생하게 된 것이다(도판 34).[64]

헨리는 이 병원에 매년 500마르크의 수입을 보장해 줬으며, 시민들은 자발적으로 모음 기금 1,500마르크 상당을 재개원을 위해 사용했고 이렇게 하여 1백 명의 환자를 돌볼 수 있는 성 바돌로매병원이 새로이 탄생했다. 왕은 병원을 개원한 뒤에 런던 시장의 감독 하에 뒀다. 성 바돌로매의 재개원 이후 5년 동안 이 병원은 8백 명의 환자를 치료했으며, 92명의 환자는 병원에서 숨졌다.

이 외에도 헨리 8세는 1546년 '베들레헴의 성 마리아병원'을 재설립해 런던 시에 운영을 위탁했다. 이런 경향은 에드워드 6세 때에도 이어졌다.

1552년 에드워드 6세는 성 토마스병원을 수리해 재개원했고 1553년 고아들을 위한 '그리스도의 병원'(Christ's Hospital)과 부랑인들을 위한 브라이드웰(Bridewell)병원을 설립했다.

에드워드 6세는 새로운 병원들의 설립을 위해 재정적인 부분을 책임져야 했다. 15세기 중반 이후 16세기 초반의 영국병원은 이전에 설립된 병원들이 몰락하거나 새로운 질서로 편입되거나 새로운 질서 하에 재탄생하던 시기였다. 하지만, 가난하고 병든 자를 돌보는 것이 곧 그리스도를 돌보는 것이라는 마태복음 25:35 이하의 정신은 새로운 17세기를 넘어 18세기까지도 영국인들의 자선과 병원 사업에 동력을 부여했다.[65]

제10장

종교개혁과 병원의 개혁

1. 종교개혁이 야기한 변화의 물결

　중세의 표준적 신학은 구걸을 신학적으로 옹호했다. 2-3세기에 나타난 초기 기독교의 구속적인 자선 사상 즉, 자선 행위를 통해 죄사함을 얻는다는 사상은 6세기 이후로는 신학적으로 더 이상 조명되지 않았다. 대신 중세 신학은 자선을 공로 사상과 연결시켰다. 자선을 행하는 자는 가난한 자를 도와주고 자선을 받은 자는 자선가의 영혼을 위해서 기도하기 때문에 중세 교회의 자선과 구걸은 주고받는 양자에게 유익한 행위였다.[1] 도미니코회의 어떤 수도사는 이렇게 말했다.

　　부자로부터 혜택을 받는 거지는 자선을 베푼 부자를 위해 기도할 의무를 지닌다. 하나님은 부와 가난을 두셨다. 가난한 자가 부자로부터 보호를 받고, 부자 역시 가난한 자로부터 도움을 받도록 하기 위해서다 … 왜 가난한 자들은 가난한 자의 신분으로 태어나는가? 그것은 부자들이 그들을 통해 영원한 생명을 얻도록 하기 위해서다.[2]

<도판 35. 1521년 보름스(Worms) 의회. 마르틴 루터는 황제 카알 5세 앞에서 자신의 주장을 철회할 수 없다고 선언하고 있다>

그런데, 구걸하는 자들이 모두 굶주리는 자들은 아니었다. 대표적으로 프란체스코회, 도미니코회, 갈멜회 등의 탁발수도사들의 경우가 그러했다.[3] 토지가 있는 수도원들도 구걸을 통해 기부금을 모을 수 있었다. 물론 가난하고 병든 자, 특히 나병 환자와 지체 부자유자의 경우에도 구걸은 허용됐다.

하지만, 중세 말엽에 이르면, 가난하고 병든 자들에 대한 전통적인 자선이나 돌봄은 사회적으로 커다란 지탄의 대상이 되기 시작했다. 몸이 건강한 데도 구걸하는 자들이나 떠돌아다니는 자들은 비난받기 일쑤였고 특히 도시 지역의 평신도 중에는 이들을 도시의 삶을 해치는 기생충 같은 자들로 생각하는 경우도 있었다. 탁발수도자들은 실제로 가난한 자의 돈을 훔친 도둑으로 묘사되기도 한다.[4]

이런 흐름에 결정타를 가한 것은 마틴 루터의 종교개혁이었다(도판 35).[5]

제10장 종교개혁과 병원의 개혁 401

루터를 비롯한 종교개혁가들은 도미니코수도회나 프란체스코수도회 등 탁발수도회를 정면으로 공격했다. 1520년 8월 루터는「독일 기독교인 귀족에게 보내는 글」에서 탁발수도회의 수도원들을 '감옥'에 비유하고,[6] 다른 한편으로는 탁발수도자들의 구걸 행위를 금지할 것을 촉구한다.

구걸을 금하고 가난한 자를 돌보는 일: 가장 절실하게 필요한 일 중의 하나는 기독교 세계에서 모든 종류의 구걸을 금지시키는 것이다. 기독교인들은 단 하나라도 구걸해서는 안 된다. 만일 우리에게 용기와 진실한 의도가 있기만 하면, 이에 관한 법을 제정하는 것도 수월한 일이다. 이렇게 하여 모든 도시는 자체 내의 가난한 자들에게 필요한 것을 공급하도록 해야 하고, 또 순례자나 탁발수도자 등 어떤 이름으로 불리는 자들이건 간에 '다른 지역에서 태어난 거지들'은 한 명이라도 구걸을 허용하지 말아야 한다. 모든 도시는 자체 내의 가난한 자들을 부양해야 한다. 만일 마을이 작다면 주변 마을 사람들에게 기부를 권해야 한다 … 이렇게 하면 누가 실제로 가난하고 누가 가난하지 않은가도 알 수 있을 것이다 … 내 판단에 따르면 구걸 행위처럼 많은 비행과 기만적 행위가 저질러지는 경우도 없다. 그런 구걸 행위는 일반인들에게 해를 끼친다. 5-6개의 탁발수도회는 각각 매년 같은 곳을 6-7차례 이상 방문한다 … 그리하여 모든 도시는 1년에 거의 60회 정도의 기부를 해야 한다 … (마태복음 19:21을 따라) 가난하게 되고자 하는 자는 부유할 필요가 없다. 만일 부유해지고 싶다면 손에 쟁기를 잡고 땅에서 부를 일궈야 한다. 가난한 사람들은 알맞은 도움을 얻고 굶어죽거나 얼어 죽지 않으면 족하다. 현재의 불합리한 관습에 따라서 한 사람이 다른 사람의 노동에 힘입어 나태하게 지내거나, 혹 다른 사람의 고통스런 노동에 의해 부유해지고 편안하게 사는 것은 옳지 않은 일이다. 사도바울은 '일하기 싫은 자는 먹지도 말라'(살후 3:10)고 했다. 하나님께서는 다스리며 설교하는 사제들 외에 아무도 다른 사람의 재물에 의해 살도록 규정하지 않았다. 다스리고 설교하는 사제들은 영적인 노동을 하는 것이다. 이것은 바울이 고린도전서 9장 14절에서 말한 바이고, 그리스도께서 사도들에게 '모든 일군은 삯을 받는 것이 마땅하다'(눅 10:7)고 말씀하신 바이다.[7]

마틴 루터는 노동을 인간의 삶에 필수불가결한 것으로 자연법으로 봤다.[8] 인간은 노동의 열매를 통해 자신과 가족의 삶에 필요한 수단들을 획득해 독립적인 삶을 영위할 수 있으며, 또 땀 흘려 수고한 노동의 잉여분으로 가난한 자들을 도울 수 있다.

노동하지 않는 자는 타인의 수고와 땀의 대가를 거저 가져가고 가난한 자에게 줘야 할 것을 주지 않으므로 도둑이나 매한가지다. 나아가 노고(勞苦)로서의 일은 육적인 욕망을 절제하며, 인내심을 길러주는 등 인간을 훈련시켜 하나님을 기쁘시게 한다. 이런 입장에서 마틴 루터는 탁발수도사들의 구걸을 혹독하게 비판했던 것이다.

그런데, 중세 후기 탁발수도사들의 구걸은 4-5세기 초기 수도적 전통과는 판이하게 다른 것이다. 초기 수도자들은 마태복음 19:21 이하의 말씀을 바탕으로 한 복음적 가난을 성경 속의 성경으로 중시하며, 수도적 삶의 근본적인 원리로 보았지만 그들에게도 노동은 필수불가결한 활동이었다.

초기 기독교 문명이 태동하던 무렵, 수도자들은 자신들의 손으로 노동을 해 생계를 꾸려갔고 기도와 노동은 거의 동일한 가치를 지닌 것으로 인식됐다. 『사막교부들의 금언집』은 안토니오스가 사막 전통에서 기도와 노동을 연결시킨 최초의 인물이라고 이야기한다.

그런데, 엄밀한 관점에서 보면 안토니오스가 스스로의 가르침을 통해 노동의 중요성을 일깨운 것은 아니었다. 노동을 기도의 차원으로 끌어 올린 것은 하나님께서 천사를 통해 안토니오스에게 계시한 일종의 종교적 법이었기 때문이다.[9] 4세기 중반경 바실리오스는 자신이 쓴 『수도규칙서』를 통해 노동과 기도를 결합시키는 고전적인 신학적 작업을 완성한다.

바실리오스는 "일하기 싫은 자는 먹지도 말라"(살후 3:10)는 사도 바울의 구절을 인용하면서 노동, 특히 밭일을 하며, 농산물을 생산하는 육체노동이 수도자들의 삶에 가장 적합한 생활임을 강조했다.[10] 이런 정신은 『베네딕트 규칙』에 깊이 각인됐고 베네딕트 규칙을 택했던 중세 수도원, 특히 10-12세기 유럽의 수도원에 깊은 영향을 줬다.[11]

하지만, 13세기 이후 도시를 배경으로 한 새로운 형태의 수도회, 즉 탁발수도회들이 생겨나면서 오랜 세월 내려온 노동과 기도의 결합 전통에 균열이 생기게 된다. 탁발수도자들은 도시에 거주하면서 설교를 하고 구걸하며 살아갔다.

신학 공부에 전념하던 탁발수도자들은 극소수에 불과했다. 탁발수도회는 13세기 사회가 직면한 상업의 발전, 도덕적인 부패, 영적인 갈망 등에 대한 응답으로 탄생했다. 그러나, 사회 상황의 급변과 부수적인 사회 구조적 문제로 인해 14세기 중반부터는 가난 자체가 심각한 사회 문제로 대두됐다.[12]

4-6세기 초기 수도주의 시대의 자발적 가난은 손노동이나 밭일이 수반됐지만 탁발수도자들의 가난에는 노동이 결여됐고, 이 때문에 이들의 자발적 가난에는 심각한 의문이 제기되지 않을 수 없었다. 루터를 비롯한

개신교 진영이 탁발수도회를 공격한 것은 그런 시대적인 흐름을 반영하고 있다.

개신교 진영의 병원 사업은 도와 줄 필요가 없는 이런 종류의 자발적인 종교적 걸인과 진짜로 도와줘야 할 사회 경제적 약자를 구분하는 것에서 시작됐다.[13] 루터 이후 가난은 더 이상 하나님의 명령도 아니고 수도자나 사제들의 영적인 축복도 아니었다.

따라서 개신교 진영은 '진실로 도움이 필요한 가난한 자들'(the Deserving Poor)과 '도움을 줄 가치가 없는 가난한 자들'(the Undeserving)을 선명하게 구분할 필요가 있었다. 이 때문에 루터에 의해 촉발된 종교개혁은 전통적인 방식과는 다른 차원에서 사회 경제적 약자를 위한 보호 시설을 운영할 필요가 있었다.

루터는 『독일 기독교인 귀족에게 보내는 글』에서 "가난한 자들이 필요로 하는 것을 시의회나 사제들에게 보고할 수 있는 관리자나 감시자"를 두거나 "혹은 더 좋은 어떤 다른 제도를 만들 수도 있다"고 쓴 바 있다.[14]

프로테스탄트의 입장에 의하면, 평신도이건 교회의 제도에 속하건 관계없이 자발적인 가난은 더 이상 이상적인 복음적 삶이 아니었을 뿐 아니라 실제로 가난한 자들을 조롱하는 것에 지나지 않았다.[15] 구원이란 믿음으로 도달하는 은혜의 선물이지 탁발과 같은 행위로 쌓아갈 수 있는 점수가 아니었기 때문이다.

결과적으로 개신교는 13세기 이후 교회적으로 용인된 탁발을 아예 없애버렸고 가난한 자들에 대한 도움을 보다 엄격한 기준으로 시행했다. 반면, 로마 가톨릭은 구걸을 개선하는 차원에 머물렀다. 로마 가톨릭측은 개신교가 도움 받아 마땅한 가난한 자들조차 의도적으로 돕지 않는다고 비난했다. 이런 비난은 어느 정도는 사실이다.

개신교는 가난하면서도 도덕적으로 문제되지 않는 삶을 살아가는 자들을 골라 도와줬기 때문이다. 도덕적으로 방종한 생활을 하는 자는 질병에 걸렸거나 굶주린다 해도 별다른 도움을 주지 않는 것이 개신교의 입장이었다.

라인 강 하구 저지대(Low Countries)의 개신교 연합 주(United Provinces)에 속해 있던 델프트(Delft) 시의 경우 개혁교회(Reformed Church)로부터 도움을 받고 있는 빈자(貧者)들이 빈민 구제소에 출입하지 못하도록 했다. 알크마르(Alkmaar) 시의 교회 운영 위원회는 어떤 가난한 여인이 방종한 생활의 결과 매독에 걸렸다고 판단해 치료비를 대신 지불해 주지 않기로 결정했다.

이런 사례를 일반화 할 수는 없지만 개신교가 가난한 자들에 대한 제도적 자선에 일정 부분 확고한 선을 그은 건 분명한 사실이다. 결과적으로 종교개혁과 함께 '병원'으로 통칭되던 중세의 다양한 빈민 구제 기관은 새로운 국면을 맞이하게 된다.

종교개혁 신학은 전통적인 로마 가톨릭의 공로 사상과 정면으로 충돌했고 그 결과 종교개혁은 병원을 새로운 관점에서 조직하게 된다. 마틴 루터의 종교개혁은 '오직 믿음으로'(sola fide), '오직 은혜로'(sola gratia), '오직 성경으로'(sola scriptura) 같은 슬로건으로 요약됐다.

사도 바울과 성 아우구스티누스신학의 재발견을 통해 4세기 이후 기독교 세계의 영성을 대변하던 '독신'이란 삶의 형태는 구원에 무익한 것이 돼 버렸다. 본래 수도자들의 독신은 독신 자체보다는 그리스도와의 영적 혼인에 초점이 맞춰진 것이었다. 고대교회는 영적 혼인의 개념을 4세기 초반 수도주의가 출현한 뒤 채 한 세기가 지나기 전에 독신 서언이라는 제도적 형태로 전환시키기 시작했다.

11-12세기 중세교회는 독신 서언을 한 자들이 서언을 파기할 수 없도록 만들었고 그 결과 일단 서언을 하면, 후에 마음이 변한다 할지라도 혼인을 할 수가 없었다. 결과적으로 독신 서언은 남녀의 결합을 억압하는 도구가 돼 갔고, 동거를 선택하는 종교인들의 숫자가 급증하게 된다.[16]

중세교회의 이런 독특한 관점과 폐단은 독신이 혼인보다 우월하다는 4세기 기독교 사상을 제도화 시킨 결과였다. 마틴 루터는 독신의 은사를 받은 사람이 있음을 인정하면서도 독신 서언의 유효성이 비성경적이라는 이유로 거부했다. 아울러 독신보다 혼인이 하나님의 뜻에 더 부합하고 더 성경적이라고 가르쳤다.

종교개혁 진영은 1521년 이후 본격적으로 혼인하기 시작하며, 마틴 루터 자신 역시 1525년 수녀원에서 탈출한 카테리나 폰 보라와 혼인한다. 이로써 종교개혁 진영은 혼인이 독신보다 성경적이라는 주장을 행동으로 옮기기 시작했다. 이후 루터는 혼인을 교회법의 영역에서 제외하고 시민적 관점에서 다루기 시작한다.

종교개혁 진영은 혼인을 민법의 범주에 넣어 개혁을 시도한다. 루터의 종교개혁이 몰고 온 이런 변화는 병원의 재조직에도 커다란 영향을 끼친다.

종교개혁 진영은 독신이 아니라 혼인을 중시했고, 교회법이 아니라 민법의 영역에서 혼인을 다루도록 한다. 마찬가지로 기독교적 자선도 구원을 위한 공로가 아니라 '시민적이고 기독교적인 공동선'(Civic and Christian Commonwealth)을 위한 기독교인의 의무라는 관점에서 이해했다.[17] 기독교인으로서의 의무는 '네 이웃을 네 몸과 같이 사랑하라'는 그리스도의 명령이다. 병원으로 표현되는 여러 가지 차원의 자선의 개념은 믿음과 은혜의 증거요 열매다.

이런 이해는 중세 비잔틴이나 중세 서방병원의 영성과는 판이하게 다른 것이었다. 비잔틴의 병원과 중세 서방의 병원 헌장에는 병원에 수용된 환자들이 설립자의 영혼을 위해 기도한다는 공로 사상이 아주 흔하게 표현돼 있다. 죽은 자를 위한 기도는 8-9세기 비잔틴병원 관계 자료나 12-13세기 서방에 설립된 병원수도단의 헌장에도 자주 표현됐다.

하지만, 루터의 신학은 죽은 자를 위한 미사나 기도를 인정하지 않고 오직 살아 있는 자들에게 초점을 맞췄다. 물론 개신교 신학의 경우에도 생전의 선행으로 사후에 보상받을 수 있다는 희망이 전적으로 배제된 것은 아니지만 그런 경향은 어디까지나 개인의 소망에 불과했다. '이신칭의'의 원리는 양보할 수 없는 종교개혁신학의 주춧돌이었다.

가난하고 병든 자를 돌보는 행위를 공로 사상이 아니라 시민적 덕목이자 기독교적 공동선을 위한 의무로 이해하는 것은 1518년에 작성되고 1522년에 출판된 '누렘베르그의 빈민 보호법'(The Nuremberf poor relief order)에 웅변적으로 표현됐다.

이 빈민 보호법은 마틴 루터와의 접촉을 통해서 탄생됐다. 누렘베르그 빈민 보호법의 일부를 인용하면 다음과 같다.

> 그리스도께서 마태복음 22장에 말씀하신 바대로 믿음과 사랑은 기독교적 실존의 두 기둥이다. 하나님의 모든 계명이 이 안에 다 포함된다. 모든 법과 모든 선지자는 이에 의존한다. 그리스도를 사랑하고 그리스도에게만

의지하는 것, 그리고 내 이웃을 사랑하는 것은 하나님처럼 되고, 구원받는 유일한 길이며 다른 이외의 길은 없다. 그리스도께서 내게 가르치신 바대로 나는 믿는다.[18]

그렇다고 해서 마틴 루터와 그의 후계자들이 가난의 문제를 구조적 차원에서 바라본 것은 아니다. 빈곤은 19세기 말까지도 여전히 게으름, 음주, 도박 등 개인의 잘못에 기인하는 것으로 이해됐다. 빈곤이 사회 구조적인 문제에서 기인한다는 발견은 영국 대공황(1873-1896)을 겪으면서 인식하게 됐다.[19]

2. 시의회와 기독교 인문주의자들의 선구적 역할

나탈리 데이비스는 1968년 "Poor Relief, Humanism and Heresy"에서 로마 가톨릭이나 개신교가 16세기 이후의 병원의 재조직에 별다른 영향을 주지 못했다는 입장을 전개한 바 있다.[20] 나탈리 데이비스의 입장은 1970-1990년대 이 시기를 연구한 학자들에 의해 일반적으로 받아들여졌고 종교개혁이 병원의 재조직에 끼친 영향은 무시할만한 수준으로 이해됐다.

이 입장에 따르면, 근대 초기 병원의 재조직은 시의회나 기독교 인문주의자들에 의한 것이며, 유럽의 종교 지형의 변화가 아니라 동시대의 경제적 변화와 인구의 변화에 따른 결과이다.

병원의 재조직이 종교개혁과 무관하다는 입장의 근거는 무엇일까? 이런 견해는 무엇보다 중세병원에서 근대병원으로 이행하는 주요한 변화는 종교개혁 이후가 아니라 이미 종교개혁 이전부터 시작됐다는 관찰에 근거한다.

예를 들어 스트라스부르그의 설교가 요하네스 게일러(Johannes Geiler von Kaysersberg, 1445-1510)는 시의회 당국자들이 병원 운영 및 학교 운영을 해야 한다고 설교했다. 그는 1517년 10월 31일 마틴 루터가 비텐베르그 수도원 교회의 북문에 95개조를 붙이기 7년 전에 이미 세상을 떠난 인물이다.

몇몇 독일 도시에서는 이미 15세기 말경이나 1517년 이전 시의회의 주도로 빈민 구제법이 제정됐다. 예를 들어 레겐스부르그(Regenburg)의 경우 1515년 빈민 구제법(The Regensburg Poor Law Statutes)이 입법됐고 뷔르템베르그(Württemberg)의 경우 15세기 말경에 유사한 법이 입법됐다.

16세기 이후 병원의 재조직을 논할 때에 인문주의의 역할을 간과할 수는 없다. 이는 마치 인문주의가 종교개혁 자체에 영향을 준 것과 유사하다. 인문주의를 논하지 않고서는 종교개혁의 발생을 정확하게 파악할 수 없는 것처럼 병원의 개혁도 인문주의의 넓은 스펙트럼 안에서 고려돼야 하는 것은 당연하다.

루터의 후계자였던 멜랑흐톤은 뛰어난 인문주의자 가운데 하나였고, 스위스의 종교개혁가 츠빙글리 역시 인문주의자였으며, 장 칼뱅 또한 인문주의에 커다란 영향을 받은 종교개혁가이다. 16세기를 전후한 시대의 역사는 인문주의와 직간접적으로 얽혀 있기 때문에 이 시기의 병원사(史) 역시 인문주의의 흐름을 고려하지 않는 것은 정당하지 못하다. 기독교 인문주의자들은 종교개혁 진영 뿐 아니라 로마 가톨릭 진영의 병원 재조직에도 영향을 줬다.

하지만, 그렐(O. P. Grell)의 견해를 따르면, 종교개혁 이전 인문주의자들과 시의회의 선구적인 역할이 있었다고 해서, 종교개혁이 병원의 재조직에 동기를 부여하지 못했다는 결론이 자명하게 도출되는 것은 아니다.[21] 또 그 동안 중요하게 다뤄진 후안 루이스 비베스(Juan Luis Vives, 1526)나 장 드 보젤(Jean de Vauzelles, 1532) 등 기독교 인문주의자들의 병원 개혁안은 통시적인 측면에서 앞서 소개한 마틴 루터의 「독일 기독교인 귀족에게 보내는 글」(1520)보다 늦게 나온 것이다.

달리 말하면 중요하게 고려되는 기독교 인문주의자들의 활동 역시 종교개혁 진영에 의해 영향 받았을 가능성이 있다는 뜻이다. 루이스 비베스가 1526년에 쓴 개혁안인 「빈자자원론(貧者支援論)」(De Subventione Pauperum)은 로마 가톨릭측으로부터 루터를 따르는 이단적 작품이라고 공격받았다. 아마도 루이스 비베스는 1520년 루터가 출판해 유럽에 광범위하게 유포됐던 「독일 기독교인 귀족에게 보내는 글」 중에서 앞서 필자가 인용한 부분으로부터 영감 받았을 가능성이 많다.

루이스 비베스와 독일 개혁자의 접촉은 비단 여기에서 그치는 것이 아니다. 루이스 비베스는 자신의 친구였던 스트라스부르그의 종교개혁 설교가 카스팔 헤디오(Caspar Hedio)로부터 1522년 누렘베르그(Nuremberg)의 병원 개혁안에 대한 정보를 얻었다. 카스팔 헤디오는 1532년 루이스 비베스의 「빈자지원론」을 독일어로 번역했던 인물이다. 루이스 비베스의 「빈자지원론」이 근대 초기 병원 개혁에 끼친 영향은 적지 않다.

하지만, 루이스 비베스의 영향은 그가 거주하던 네덜란드 지역에서조차 제한적이었다. 그가 1526년 「빈자지원론」을 출판해 자신의 고향인 브뤼허(Bruges, 현 벨기에의 도시)의 시의회에 증정하기 1년 전에 이미 브뤼허 시의회는 병원 개혁 프로그램을 가동하고 있었다. 이런 관찰을 통해 그렐은 종교개혁이 근대 초기 병원의 재조직에 별다른 영향을 주지 못했다는 종래의 견해를 반박한다.

3. 부겐하겐의 보건 증진 정책(Health Care Provision)[22]

루터의 종교개혁은 일차적으로 독일 도시들의 병원 개혁에 큰 역할을 했다.[23] 비텐베르크교회헌장(The Wittenberg Church Order, 1522), 누렘베르그(Nuremberg)의 빈민 구제법(The Nuremberg Poor Ordinance, 1522), 라이스니히(Leisnig, 1523), 키징엔(Kitzingen, 1523), 레겐스부르그의 1523년 빈자 보호법 등은 루터의 영향이 아니고서는 설명하기 힘들다.

로마 가톨릭 진영에서 이뤄진 시의회 주도의 병원 개혁은 1525년 이프르(Ypres, 현 벨기에의 도시)가 처음이었다. 1525년 츠빙글리가 취리히에서 취한 일련의 개혁 조치, 즉 탁발 수도원들을 해체해 병원으로 개조하고 수도원 재산을 복지 기금을 사용하는 등의 조치도 루터의 개혁을 모델로 한 것이다.[24] 루터의 동료로서 개신교의 보건 개혁을 주도했던 인물은 요하네스 부겐하겐(Johannes Bugenhagen)이다(도판 36).[25]

<도판 36. 요하네스 부겐하겐 (1485-1558), 1532년 루카스(Lucas Cranach the Elder)의 작품>

하지만, 부겐하겐은 보건·의료 분야에서 루터와는 색다른 방향으로 개신교적 개혁을 이뤄내는 데에 성공한다. 부겐하겐의 영향은 특히 북유럽에서 두드러지게 나타났다. 부겐하겐은 브라운슈바이크(Braunschweig, 1528), 함부르크(1529), 뤼벡(Lübeck, 1531), 포메라니아(Pomerania, 1535), 덴마크(1537-9) 등 북유럽 6개 지역의 교회헌장에 결정적인 공헌을 했던 인물이다.[26]

그가 주도한 교회헌장이 표방하는 보건 정책은 루터가 주도했던 교회헌장에 나타나는 병원 정책과는 그 궤도를 달리한다. 루터는 공로 사상에 입각한 중체 로마 가톨릭의 보건 정책을 사회적 공동선을 실현하기 위한 시민적 덕성으로 전환했다.

하지만, 부겐하겐이 주도한 교회헌장들은 세례, 조산(助産), 간호, 병원 등 네 가지 특정한 요소들을 개신교적 보건 정책의 핵심으로 새롭게 제시하면서, 루터와 그가 주도하는 교회헌장에 나타난 요소에 거의 주목하지 않는다. 부겐하겐이 주도한 보건 증진 정책은 곧 개신교의 보건 정책을 대표하는 것으로 자리매김 됐고 이런 결과 덕택에 부겐하겐은 개신교 보건 정책의 아버지라고 불릴 만하다.

부겐하겐의 보건 정책에 대해서는 그렐(Grell)이 네 가지 범주로 설명한 바 있다. 그렐에 따르면, 부겐하겐은 유아 세례를 건강과 관련해 개혁했다.[27] 유아 세례의 개혁은 1520년 출판된 마틴 루터의 논문「교회의 바벨론 포로됨」(*De Captivitate Babylonica Ecclesiae*)에 뒤이은 후속 조치에 해당된다.[28] 루터는 이 논문에서 성례전에 대한 로마 가톨릭의 잘못된 가르침을 '바벨론 포로됨'이라는 상징으로 표현했다.

루터에 따르면, 로마 가톨릭 성례전의 첫 번째 오류는 성찬 시에 평신도들에게 떡만 분급하고 잔을 분급하지 않은 것이다. 루터는 로마 가톨릭의 잘못된 성례전을 교회의 첫 번째 '바벨론 포로됨'이라고 규정하고 떡과 포도주를 모두 분급하는 이종성찬을 주장한다.[29] 로마 가톨릭 성례의 두 번째 오류는 화체설이고 세 번째 오류는 미사나 성찬을 희생 제의로 간주하는 것이다.[30]

다음으로 루터는 세례의 성례에 대해 언급하면서 세례란 물속에서 죽고 물에서 나옴으로 새로운 생명을 얻는 상징으로 이해한다.[31] 할례가 아브라함을 의롭게 하지는 않았으나 할례는 신앙에 의해 의롭게 되는 것의 징표였듯(롬 4:11) 세례가 아니라 세례의 신앙이 의롭게 한다. "사람을 의롭게 하는 것은 세례가 아니라 세례에 결부된 약속의 말씀인 신앙이다."[32]

루터는 세례를 이렇게 해석하면서 모든 서약을 무효로 돌린다. 수도자나 사제가 독신의 서언을 하는 것은 무효다. "이들(로마 가톨릭 성직자와 사제들)은 세례를 통해 우리에게 거저 주어진 모든 것에 포로가 됐다."[33] 루터에게 있어 세례란 '죽음과 부활'의 표상이기 때문에 로마 가톨릭의 서언은 옛사람의 '죽음' 속에서 이미 폐기됐어야 하는 것이다. 루터는 성찬과 세례에 관한 로마 가톨릭의 가르침을 대폭 수정했고 여타 로마 가톨릭의 성례를 부정했다.

루터는 세례가 옛사람의 죽음과 그리스도의 은혜를 입은 새로운 사람으로의 부활을 표상하는 것이라고 봤다. 이런 의미는 물속에 완전히 잠겼다가 물 밖으로 나오는 예식을 통해 구체화된다. 물속에 완전히 잠기는 행위는 옛사람의 죽음을, 물 밖으로 나오는 행위는 부활을 상징한다.

루터는 "교회의 바벨론 포로됨"에서 다음과 같이 서술한다. "목사가 아이를 물속에 잠기게 할 때는 죽음을 뜻하며, 다시 나오게 할 때는 생명을 뜻한다." "세례는 오히려 죽음과 부활의 한 표상이다. 이러므로 나는 세례를 받으려고 하는 사람들을 완전히 물속에 잠기게 하고 싶다."[34]

그런데, 부겐하겐은 성례전에 관한 루터의 개혁 중에서 세례에 관한 가르침을 건강의 관점에서 보다 급진적으로 밀고 나간다.[35] 그가 주도한 브라운슈바이크(Braunschweig) 헌장은 "교회를 물로 씻고 말씀으로 깨끗하게 하여서 거룩하게 하신다"(엡 5:22)는 구절에 주목하면서 "이 구절은 그리스도께서 성령과 함께 그대에게 세례를 베풀고 세례 속에서 물로 그대의 죄를 깨끗이 닦아 내어 하나님의 영원한 자녀로 만든다는 것을 뜻한다"고 선언한다.

1531년의 뤼벡(Lübeck) 헌장에서 부겐하겐은 "성령께서 부활과 갱생의 목욕을 통해 모든 죄를 정결케 하신다"라고 해석한다. 부겐하겐은 영적으로 죄를 씻는 것에 강조점을 뒀고 이런 강조점은 북유럽의 추운 날씨를 고려하는 복음주의 운동 속에서 유아를 강보에 싼 채 머리에만 성수(聖水)를 붓는 약식 세례 의식이 만들어지는 계기가 됐다.

하지만, 침례가 아닌 약식 세례는 개신교 고유의 의식은 아니다. 이 의식이 최초로 언급되는 것은 9세기 초반 샤를르마뉴 통치 시대이다. 이미 이 시대에 성수반(font)이 사용됐고 머리에만 물을 뿌리는 세례 의식이 시작됐다.[36] 반면, 루터는 침례를 선호했고 유아 세례를 기꺼이 인정했다.

루터는 유아는 자신을 데리고 오는 부모의 신앙으로 세례를 받을 수 있다고 했으며, 아이 역시 물에 잠겼다가 꺼내는 방식으로 세례를 줬다.[37] 루터의 세례 방식과 달리 약식 세례가 처음으로 기록된 것은 1526년에 발행된 하델른(Hadeln) 개신교 헌장이었다.

하델른 헌장에 따르면, 물을 떠서 세 번 뿌리는 방식으로 아이들에게 세례를 줘야 한다고 명시됐다. 더 나아가 "겨울에 예배당 관리인은 물을 데 운 후 세례반에 부어야 한다. (찬물로) 아이에게 해를 주지 않으면서 세례 를 통해 치료해야 한다"라고 설명한다. 부겐하겐은 하델른 개신교 헌장을 받아들였고 그 결과 1529년에 작성된 함부르그교회헌장은 하델른의 세례 방식을 받아들이게 된다.

이 당시 독일에서는 유아가 알몸이나 헐거운 옷을 입은 상태에서 집례 자가 오른손으로 성수반의 물을 아이의 등과 머리에 세 번 붓는 방식으로 세례가 거행됐다. 겨울철에 이런 방식의 세례는 아이의 건강에 위험한 것 이었기에 부겐하겐이 주도한 함부르그교회헌장은 하델른교회헌장을 따라 예배당 관리인이 물을 데우도록 명시했다.

부겐하겐이 작성한 1539년 덴마크교회헌장은 옷을 입지 않은 채로 유 아가 세례를 받도록 규정했다. 그런데, 만약 기후가 좋지 않거나 아이가 아프다면 강보에 싼 채로 세례를 받아야 하는데, 이는 세례가 아이의 안녕 을 위한 것이지 아이를 해치기 위한 것이 아니기 때문이다.

부겐하겐이 덴마크교회헌장을 작성할 때 그의 가장 중요한 동역자는 질 랜드(Zealand) 섬의 개신교 감독인 페더 팔라디어스(Peder Palladius)였다. 그 도 부겐하겐과 마찬가지로 세례는 아이의 영혼을 구원하기 위한 것이고 아이의 몸을 해치지 말아야 함으로 겨울철에 따뜻한 성수를 사용해야 한 다는 입장을 견지했다.

루터가 세례의 초점을 죽은 의식에서 살아 있는 사람들의 신앙으로 옮 겨 온 이후, 개신교도들은 루터의 이론에 기초하면서 아이들의 건강을 고 려하는 차원에서 약식 유아 세례 의식을 만들고 상황에 따라 세례수를 따 뜻하게 데워 사용했다.

그렐(Grell)은 부겐하겐의 보건 증진 정책의 두 번째 요소로 조산(助産)을 꼽는다. 기독교 조산원의 역사는 7세기로 거슬러 올라간다. 7세기 초반 알렉산드리아의 대감독 요안네스 엘레몬(Ioannes Eleemon)은 일곱 개의 조산원($λοχοκομεῖα$)에 총 40개의 침대를 분산 배치해 산모를 도왔다.[38] 임산부들은 분만 후 일주일 동안 조산원에서 간호 받은 뒤에 산후 보조금으로 3노미스마타를 받아 퇴원했다.

서유럽의 경우 15세기 말경 독일의 몇몇 도시에서 산파에 대한 규정을 만들기 시작했고 부겐하겐은 자신이 주도한 교회헌장들에 산파에 대한 규정을 포함시켰다.[39] 브라운슈바이크교회헌장에서 부겐하겐은 산파들이 교육을 받아야 하며, 올바른 교리를 갖고 있는지 지역 교회 목사나 감독자가 방문해서 확인해야 한다고 규정했다.

산파들의 활동 범위는 도시 전체이며, 브라운슈바이크 교회 공동체를 위해 신뢰할만한 서비스를 제공해야 한다. 가난한 여성들은 무료로 조산의 도움을 받을 수 있으며, 가난하지 않다면 비용을 지급해야 한다. 질랜드의 페더 팔라디우스 감독은 훌륭한 산파에게 충분하게 보상하도록 여성들을 독려했고 시의회가 산파들에게 면세의 특권을 주도록 규정했다.

산모와 신생아에 대한 돌봄은 특정 지역에 국한된 것이 아니라 개신교적 돌봄의 전형적인 양상이었다. 일반적으로 유아 사망률이나 산모 사망율은 개신교 지역이 로마 가톨릭 지역보다 더 낮았는데, 이는 개신교가 그만큼 조산에 많은 관심을 둔 것과 연관이 있다.

그렐은 부겐하겐의 개신교 보건 증진 정책의 세 번째 요소로 간호(nursing)를 꼽는다.[40] 부겐하겐은 브라운슈바이크와 함부르그의 교회헌장에서 병원에서 일하는 여성들의 전체 명단과 공동 기금(Common Chest)의 재정

지원을 받는 여성들 전체의 목록을 작성해 개신교 사역자들이 보관하도록 규정했다.

공동 기금은 1522년 루터의 주도 하에 비텐베르크(Wittenberg) 시의회가 처음으로 만든 개혁(Reformation)을 위한 재정이었다. 1522년 비텐베르크 시는 교회의 수입 전체를 단일 행정 아래 둬 시의회, 지역 교회 공동체, 목회자 등 세 주체가 균등하게 배분받도록 조치했다.

가난하고 병든 사람에게 들어가는 모든 비용은 공동 기금으로부터 지불됐다. 수입이 낮은 수공업자들은 공동 기금에서 저리 융자도 가능했다. 또 저소득층은 자녀의 학교 교육이나 대학 교육을 위해 공동 기금의 지원을 받을 수도 있었다. 부겐하겐은 루터와 비텐베르크의 공동 기금 운영을 참조해 교회헌장들을 만들어 나갔다.

1529년 함부르크교회헌장의 경우 공동 기금의 재정 지원을 받는 여성들은 어린아이나 병든 가족이 있는 경우를 제외하고 환자들을 돌봐야 할 의무가 있었다. 환자들이 가난할 경우 이 여인들의 간호 행위에 대해 공동 기금으로 보상하도록 했다. 프로테스탄트가 표방하는 기독교적 공동선은 몇몇 개인의 양심이 아니라 지역 공동체 전체가 힘을 모아 가난한 자를 돕는 것이었다.

1535년에 작성된 포메라니아(Pomerania)교회헌장에서 부겐하겐은 집사들이 공동 기금의 돈을 모두 사용하지 말고 얼마간은 남겨 놓아 갑자기 아픈 자들이나 출산하는 자들을 돕도록 규정했다. 페더 팔라디어스는 로마 가톨릭의 성자 숭배를 불필요한 활동으로 간주하면서 대신 아프고 병든 자를 방문해 간호하는 것이 성결이라고 주장했다.

부겐하겐의 가장 중요한 보건 증진 정책은 '전염병 전용 병원'(plague

hospital)의 설립이었다.⁴¹ 1527년 부겐하겐이 루터와 함께 비텐베르그에 있을 때에 전염병이 6개월 동안 도시를 강타한 적이 있었다. 또, 부겐하겐은 전염병으로 누이를 잃기도 했다. 이런 이유로 부겐하겐은 전염병에 걸린 환자들을 위한 전용 병원 설립에 많은 공을 들였다.

브라운슈바이크의 전염병 전용 병원은 도시 외곽에 있었다. 함부르그의 경우 신축한 대형병원의 일부분을 전염병 전용 병동으로 사용했다. 전염병 전용 병원은 병균의 확산을 막기 위한 많은 수의 차단된 병실로 구성됐다.

일단 전염병이 발생하면, 환자들은 전염병 전용 병원으로 입원됐고 음식, 침대, 약품, 그 밖의 필수품 등은 공동 기금에서 지출됐다. 브라운슈바이크의 전염병 전용 병원은 환자의 가족이나 주인이 비용을 충당할 수 없을 경우에만 공동 기금에서 지불하도록 규정했다.

반면, 함부르그교회헌장은 환자의 가족이나 주인이 비용을 지불하는 것이 '기독교적 의무'라고 규정했다. 이는 공동 기금에 불필요한 부담을 주지 않기 위한 조치였다.

특별히 천연두 전문병원을 언급할 필요가 있다.⁴² 1531년 부겐하겐이 작성한 뤼벡(Lübeck)병원 헌장에 개신교 사상 처음으로 천연두 전문병원의 설립 필요성이 언급된다. 천연두는 치료 가능한 병으로 인식됐기 때문에 도시의 의사들이 최선을 다해 치료하도록 규정했다. 천연두는 1520년대와 1530년대에 북유럽에서 특별히 주목받은 질병이었다.

1528년 코펜하겐에 천연두 전문병원이 설립됐다. 천연두 전문병원은 개신교의 개혁 이전에 이미 남부 이탈리아와 독일 남부에 존재하던 병원 프로그램의 일부였다. 부겐하겐은 전염병 전문병원의 설립을 위해 기독교

인문주의자들의 도움을 적지 않게 받을 수 있었다. 개신교 측은 자금상의 이유로 병원 설립이 여의치 않을 경우 평신도 조직이 이런 전문병원을 운영할 수 있도록 협조했다.

4. 16세기 덴마크 개신교의 극빈자 정책 및 병원 정책[43]

마틴 루터는 1520년「독일 크리스찬 귀족에게 보내는 글」에서 '도움 받아 마땅한 가난한 자들'(the derserving poor)과 '도울 필요가 없는 건강한 빈자들'(the able-bodied/ the underserving poor)을 구별했다.[44] 이런 구별은 이미 독일에서 중세 말기에 공포된 구걸을 다루는 교회법과 시 의회법에 나타난다.

하지만, 건강한 자들이 일 하는 것은 이들 자신의 의지에 전적으로 달려 있지 않았다.[45] 로마 가톨릭력을 폐지하자 성자들의 축일이 줄어들면서 공휴일이 약 15-20퍼센트 줄어들었다. 일자리의 공급이 일정하다면, 이런 수치는 미고용상태의 증가를 불러일으킬 수밖에 없었다.

또 종교개혁 이후 수도원의 세속화와 더불어 가난한 자들이 점점 늘어나는 추세에 있었다. 종교개혁 이전에는 수도원이 가난한 자들에게 음식과 의복을 나눠 주는 빈민 보호소와 여행자들을 위한 호스텔 등을 운영했다.

종교개혁 이후에도 일정 기간 수도원들은 전통적 구빈원의 역할을 하곤 했다. 예를 들어 링스테드(Ringsted)수도원은 1592년 세속화되기 이전 일주일마다 20-30명분의 식사를 제공했다. 소로(Soro)수도원은 1580년에 학교로 개조된 이후 1640년대에 연간 600-1100명의 가난한 자들에게 식사를 제공했다.

하지만, 수도원이 학교로 개조돼 중세적 구빈원의 기능을 하는 경우는 극히 드문 일이었다. 일반적으로 수도원은 세속화 된 이후 지역 귀족들의 손에 넘어 갔고 전통적 구빈원이나 병원의 기능은 그것으로 종말을 고했다.

리스(Riis)에 따르면, 덴마크 정부는 1522년에 '도움 받아 마땅한 가난한 자들'과 '도울 필요가 없는 건강한 빈자들'의 두 가지 구별을 수용했다.[46] 그런데, 종교개혁을 소개하고 주도한 덴마크 왕 크리스천 2세(Christian II, 1513-1523)는 곧 전통주의자들의 거센 반격을 받고 1523년 국외로 망명했다.[47]

그의 뒤를 이어 1523년 왕이 된 프레데릭 1세(Frederick I, 1523-1533)는 제한된 지역에만 복음주의 설교를 허용했고 궁정 목사로 한스 타우젠(Hans Tausen)을 임명했다. 1529년에는 덴마크어 신약성경이 출판돼 덴마크어 형성에 중요한 영향을 주게 된다.

1533년 프레데릭을 이어 왕위에 오른 크리스천 3세 (Christian III, 1533-1559)는 1536년 부겐하겐을 통해 루터주의 예배를 소개했고 본격적으로 종교개혁이 시작됐다.[48] 비슷한 시기 크리스천 3세는 전쟁을 통해 노르웨이를 복속시켰고 루터주의를 받아들이도록 했다.

크리스천 3세는 1536년에 공포된 법령에서 '도움 받아 마땅한 가난한 자들' 중 가장 열악한 상태에 있는 자들은 병원에 입원해 돌봄을 받을 수 있도록 규정했고, 그보다 조금 나은 자들에겐 구걸을 허용했다.

하지만, 건강한 자들이 구걸을 할 경우 극형을 선고하도록 규정한다. 1년 뒤인 1523년 덴마크 정부는 법령을 약간 개정해 '도움 받아 마땅한 가난한 자들'은 구걸을 허용하고 건강한 빈자들은 일을 주거나 일하지 않을 경우 도시에서 쫓아내도록 규정했다.

'도움 받아 마땅한 가난한 자들'은 루터의 「독일 크리스찬 귀족에게 보내는 글」에 나오는 내용을 따라 해당 도시 내에서 태어난 가난한 자들로 한정됐다. 결과적으로 이런 정책은 구걸할 곳을 찾아 떠도는 방랑자 그룹을 증가시켰다.

모든 집시는 덴마크에서 추방됐다. 1576년 덴마크 정부는 떠도는 자들을 체포해 코펜하겐으로 보내라는 포고령을 내렸다. 하지만, 몇 년 지나지 않아 '도움 받아 마땅한 가난한 자들'조차 지역 사회가 모두 부양할 수 없음이 명백해 졌다.

탁발수도회는 1536년 덴마크 종교개혁 진영의 승리 이전에도 해체되기 시작했다. 탁발수도회의 건물들은 보통 시의회에 양도돼 가난한 자들을 위한 병원으로 사용됐다. 이런 병원은 '도움 받아 마땅한 가난한 자들' 중에서 가장 열악한 상태에 있는 환자들을 우선적으로 받아들였다.

중세 유럽의 다른 지역과 마찬가지로 중세 덴마크도 수도원 중심으로 전문병원이 운영됐다.[49] 종교개혁 이후에 수도원들이 한두 세대 정도 더 존속하던 시기에는 병원도 유지됐지만 수도원들이 폐쇄되자 수도원이 운영하던 병원들도 문을 닫았다. 수도원이 운영하던 병원들로는 구빈원 등 전통적 보호 시설 외에 나병원과 몸이 아픈 자들을 위한 병원 등이 있었다.

16세기 들어 덴마크 지역에서 나병이 감소되자 나병 환자들은 일반 병원으로 이송돼 특별 병동에서 분리 치료를 받았다. 나병 환자의 감소로 인해 15세기 말부터 나병원이 통폐합됐는데, 16세기 초반 개혁의 시대에도 나병원은 계속 운영됐다. 나병원 운영 자금은 소유 부동산과 자선을 통해 충당됐다.

나병원 외에 '성령수도회병원'(The Holy Spirit Hospital)이 종교개혁의 시대에도 살아남았다.[50] '성령수도회병원'은 가난한 자와 몸이 병든 자를 함께 돌보던 전통적 개념의 병원이었다.

이 병원들이 살아남을 수 있었던 것은 '성령 수도회(Order of the Holy Spirit)라는 이름과 달리 수도회에 소속돼 있지 않았기 때문이다. 리스(Riis)에 따르면, 대략 28개의 성령수도회병원이 생존했다고 한다. 성령수도회병원들도 소유 부동산과 자선으로 운영기금을 충당했다.

종교개혁 이후 덴마크 정부는 옛 신앙의 중심지이자, 새로이 부상한 개신교 신앙에 저항했던 수도원과 병원을 제거하려는 야심찬 목적을 실행에 옮겼다.[51] 이는 병원의 통폐합이란 결과를 낳았다. 종교개혁 이후의 병원의 통폐합은 경제적 동기가 중요하게 작용했다. 종교개혁 이후 새로이 설립된 병원들은 운영 자금의 부족을 여전히 자선을 통해 충당하고 있었다.

이런 상황에서 기존에 존재하던 로마 가톨릭 수도원 소유의 병원들을 통폐합할 경우 로마 가톨릭병원들이 소유했던 부동산은 종교개혁 진영에서 설립해 운영하던 병원들을 위한 운영 자금으로 사용될 수 있었던 것이다. 리브(Ribe)에 있던 도미니코회수도원은 1543년 병자와 가난한 자를 위한 일반 병원으로 용도가 변경됐다.

이 외에도 리브의 성령수도회 건물과 나병원, 콜딩스(Kolding)의 나병원과 이런 기관들 소유의 부동산이 모두 리브의 새로운 일반 병원으로 소유권이 이전됐다. 1541년 알후스(Aarhus)에서도 여러 개의 로마 가톨릭 기관들이 통폐합되면서 일반 병원으로 전환됐다.

먼저, 알후스의 도미니코회수도원이 병자와 가난한 자를 위한 일반 병원으로 용도 변경됐다. 그런 다음 새롭게 설립된 알후스의 일반 병원에 여타 로마 가톨릭 기관들의 부동산이 통폐합된다. 홀센스(Horsens)과 렌더스(Randers)에 있던 성령수도회병원들의 부동산도 알후스 일반 병원으로 소유권이 이전됐다. 알후스 일반 병원의 모체였던 도미니코회 수도회는 탁발수도회로서 수도원 외에 소유 부동산이 거의 없었다.

그러나, 알후스의 일반 병원은 이렇게 다른 지역에 산재한 로마 가톨릭 병원들을 통폐합하면서 필요한 재원을 충당해 갔다. 홀센스와 렌더스의 병원들에 입원했던 환자들은 알후스의 일반 병원으로 이송돼 입원했다. 하지만, 이런 성급한 정책은 방향 착오였음이 드러났다.

이 지역의 병자들과 가난한 자들이 이용할 수 있는 병원이 사라졌기 때문이다. 지역 교회의 감독들의 조사 결과 홀센스와 렌더스에 병원의 필요성이 제기됐고 이 지역의 병원들은 새로이 개원했으며, 이전에 알후스 일반 병원으로 소유권이 이전됐던 자산들은 다시 홀센 병원과 렌더스병원으로 환수됐다.

병원 재정의 부족을 해결하기 위해 1542년 덴마크 교회법은 새로운 규정을 도입했다.[52] 이 규정에 따르면 병원은 '감독자들'(overseers)을 세울 수 있다. 병원에 의해 감독자들로 지명 받을 수 있는 전제 조건은 자신의 사망 시 자신 소유의 부동산을 병원에 상속한다는 유서를 작성하는 것이었다.

이런 방식의 유언장을 작성하는 대가로 그들은 은퇴 후 병원에서 무료로 살아갈 수 있었다. 달리 말하면, 재산 상속을 조건으로 병원을 자신들의 요양원으로 사용할 수 있었던 것이다. 이미 중세 베네딕트 수도원 부속 병원들은 일반적으로 이런 시스템을 차용해 병원 운영을 위한 재정을 확보한 바 있다.

이 법에 따라 가장 먼저 '감독자'가 된 인물은 크넛 안데르센(Knud Andersen)이었다. 그는 1557년 슬라겔스(Slagelse)성령병원과 나병원의 감독자로 지명 받았다.

동시에 크넛 안데르센은 두 개의 지역 교회를 책임지는 담임목사가 됐는데, 실제로 자신을 대리해 목회하는 대리 목사 한 명의 급료를 자신이 지급한다는 조건이 달려 있었다. 결과적으로 덴마크 개신교 정부는 13세기 이후 중세 로마 가톨릭에 널리 퍼진 성직자 부재지주 제도를 도입했다.

병원 재정 확보는 덴마크 개신교 병원의 운영에서 가장 시급하고 중요한 문제였다. 재정이 부족하던 곳은 결국 폐쇄됐고 왕실이나 귀족에게 매각됐다. 덴마크 개신교 병원의 경우 재정 확보를 위한 구걸이나 자선은 허용됐다.

아울러 개신교 정부는 '도움 받아 마땅한 가난한 자들'과 '도울 필요가 없는 건강한 빈자들'을 선명하게 구분하려고 노력했다. 성병에 걸린 매춘부는 '죄에 대해서 비용을 지불할 필요가 없다'는 이유로 병원에 받아들이지 않았다.

5. 16-17세기 스웨덴과 핀란드의 빈자 보호 정책[53]

중세 스웨덴과 핀란드의 빈자 보호 정책은 유럽의 다른 지역과 비교해 크게 상이하지 않았다.[54] 중세 후기 이후 핀란드는 스웨덴의 영향 아래 놓이면서 스웨덴의 입법과 정책을 채용하게 된다. 십일조의 일부를 가난한 자들을 위해 사용한다든지, 병원 설립자나 기부자의 영혼을 위해 환자들이 기도하는 것 등, 중세 유럽의 관습은 스웨덴과 핀란드에서도 동일하게 발견된다.

아울러 14세기 이후 자발적인 가난이나 탁발수도회에 대한 비판 등 서유럽 사회가 갖고 있던 비판적인 안목은 스칸디나비아 반도에서도 동일하게 발견된다. 전통적인 병원과 호스텔은 이곳에서도 수도원에 의해 설립되고 운영됐다.

중세 스웨덴의 경우 성 자일스(St. Giles/ St Göran)에게 헌정된 나병원이 24곳 정도 존재했다. 성령수도회가 세운 병원은 가난한 자들에게 음식과 쉼터를 제공했다. 핀란드의 병원도 이와 크게 다르지 않은 상황이었다.

스웨덴과 핀란드 왕국에 종교개혁의 물결이 본격적으로 파급된 것은 1527년 이후다.[55] 스웨덴의 종교개혁은 왕실 주도로 이뤄졌다. 스웨덴은 1521-1523년 덴마크에 대항해 독립 전쟁을 벌였고 마침내 독립을 쟁취한다.

스웨덴 민족주의 지도자였던 구스타브 바사(Gustav Vasa, 1496-1560)는 1523년 스웨덴 의회로부터 왕관을 받는다. 루터주의는 스웨덴 민족주의자들을 지지했고 구스타브 바사도 루터주의에 호의적이었다.[56] 이후 스웨덴의 종교개혁은 왕실의 주도로 이뤄진다. 구스타브 바사는 제위 초기부터 로마 가톨릭 소유의 재산들을 몰수하기 시작했다.

하지만, 구스타브 바사는 자신이 통치하는 스웨덴과 핀란드 지역의 병자와 가난한 자들을 위해 중세 로마 가톨릭 시대에 세워진 병원들을 보호했다. 병원 운영을 위해서 왕실에서 비용의 절반 정도를 부담했고 나머지는 지역 교회가 부담하는 방식을 취했다. 물론 중세에 세워진 후 16세기 종교개혁의 시대에도 계속 존재했던 병원들은 로마 가톨릭 의식을 더 이상 유지할 수 없었다.

일과기도, 설립자나 기부자를 위한 미사와 기도는 종교개혁 이후에 완전히 폐지됐고, 개신교적 제도와 예배 의식으로 전환됐다. 병원에는 원목이 존재했고 정기적으로 예배를 드렸으며, 선거를 통해 선출된 관리자(supervisor)는 환자 간호와 재정 문제를 책임졌는데, 이들은 지역 교회의 감독이나 성직자에 의해 안수 받았다.

스웨덴과 핀란드 왕국은 종교개혁 이후 가난하고 병든 자들을 위한 일련의 법을 지속적으로 공포한다. 스톡홀름 시의회는 1533년 왕의 동의를 얻어 전통적인 병원과 선을 긋는 개혁적인 법령을 통과시킨다.[57] 이 법령에 따르면, 병원에 입원할 수 있는 가난한 자들은 자기 자신을 돌볼 수 없을 만큼 아픈 자라야 한다. 만약 소유가 있는 자라면, 자신을 간호하는 자들에게 비용을 지불해야 한다.

가족이나 친척이 일차적으로 간호에 대한 책임이 있으며, 이를 거부할 경우 환자 사망 시 가족이나 친척은 상속권을 박탈당하고 환자를 돌보았던 병원이 배타적으로 상속권을 갖는다. 이 법령에 따르면, 환자를 돌보는 일차적인 책임은 가족에게 있었고 늙은 부모를 돌보는 책임은 자녀에게, 자녀가 없을 경우 친척들에게 있었다. 가족과 친척 중 병든 자에 대한 간호를 상속권과 연계시킨 점이 특별하다.

1527년 스톡홀름에는 6개의 병원이 있었는데, 종교개혁 이후인 1531년 이후 스톡홀름의 주된 병원은 프란체스코회 수도원에 자리 잡았다가 1558년 단비켄(Danviken)으로 이전한다. 1561년 이 병원의 북쪽 병동은 61명의 입원 환자들을 수용했고 남쪽 병동은 63명의 환자를 돌봤다. 남쪽 병동에는 나병 환자와 천연두 환자 16명을 수용하는 특수 격리 병동이 별도로 마련됐다. 이 외에도 20명의 요양 환자들이 있었다.

요양 환자들은 비용을 지불하고 간호 받는 자들이었다. 1533년 스톡홀름 시의회의 규정은 1560년대까지 스웨덴과 핀란드 병원에 확대돼 적용됐다. 병원 운영은 시의회와 개신교회의 지원을 포함해 평신도들의 자발적인 봉사에 의존했다. 병원 규칙은 엄격했으며, 비용을 지불하고 간호 받는 요양 환자들에게도 동일한 규칙이 적용됐다.

병원의 규칙을 지키지 않는 자들은 퇴원 당했다. 이 외에도 다양한 형태의 상인 조합 및 직능 조합을 통한 돌봄이 존재했다. 왕실의 경우 1560년대에 노쇠하고 병든 병사들에게 사망 시까지 식량과 음료를 무료로 제공하는 법령을 공포했다.

스웨덴의 개신교는 독일의 개혁자들이나 덴마크의 개신교처럼 '도움 받을 자격이 있는 가난한 자들'(the Deserving Poor)과 그럴 자격이 없는 자들(the Undeserving)을 구별했다.[58] 동시에 구걸과 방랑을 막으려고 노력했다. 로마 가톨릭 신학은 절대적 가난을 하늘나라에 가장 가까운 상태로 여겼지만, 개신교 신학은 구걸과 방랑을 공적(功績)으로 여기지 않았으며, 오히려 구걸과 방랑을 막아야 할 사회적 책임을 주장했다.

스웨덴에서는 왕이 종교개혁의 주요한 주체였기 때문에 왕은 지속적인 입법을 통해 일자리도 없고 수입도 없는 자들에게 적절한 사회적 기여를 하도록 유도했다. 1540년대 스웨덴은 발틱 해에서 군사적인 확장 정책을 사용했으므로 왕실은 건설과 무기 조달 및 군사력 확충을 위해 노력했고 이런 정책은 자연적으로 구걸과 방랑을 막으려는 방향으로 귀결됐다.

소지주나 대지주 등의 경우에도 농지 경작을 위해서는 노동력이 필요했으므로 왕실의 정책에 호응하게 된다. 하지만, 1570년대와 1590년대에 계속됐던 전쟁과 기근과 과세는 가난과 영양실조를 일으키면서 각종 전염병으로 귀결됐다. 이런 상황에서 지역 교회들은 자체적으로 가난이나 질병과 맞서기 위해서 모금을 했으나 큰 효과는 없었다.

스웨덴의 종교개혁 자체가 왕실에 의해 위로부터 주도됐고 병원 재정도 상당 부분 왕실의 후원에 의존했다. 스웨덴과 핀란드 교회헌장은 각 교구의 중심 되는 교회들이 최소 30개 병상을 갖춘 병원을 운영해야 한다고 규정했다.

왕실은 로마 가톨릭 소유를 몰수해 개신교 병원 운영을 위한 재원을 마련하기를 바랐으나 이는 비현실적인 계획이었다. 그럼에도 불구하고 스웨덴과 핀란드의 개신교회는 지속적으로 병원 사업을 확장해 나갔다. 많은 교구들은 '의료원'(infirmaries)를 설립했다. 동(東) 핀란드에는 1582년까지 지역 교회와의 협력 하에 6개의 '자선실'(Charity Chambers)이 설립됐다.

남서 핀란드의 경우에도 16세기 말경까지 몇몇 교구에 의료원과 자선실이 설립됐다. 의료원과 자선실은 소규모의 병원이었고 확산 속도도 느린 편이었다. 1686년의 교회헌장에서도 여전히 모든 교구들이 자선실을 운영해야 한다고 강조하는 걸 보면 이때까지도 자선실 운영은 일반적인 상황이 아니었을 것이다.

1599년 스웨덴의 왕위를 계승했던 카알 공작(Duke Karl)은 1605년의 유언장에서 기존 병원들이 가난하고 병든 자들을 제대로 수용할 수 없는 상황에 대해서 새로운 정책을 제안했다.[59] 그의 정책은 병원을 두 종류로 나눠 운영하는 것이었다.

첫째, 국가가 주도하는 대형병원을 스톡홀름과 웁살라 등의 대도시에 설립해 운영하는 것이었다. 16세기 말 스톡홀름의 인구는 1만 명 정도에 불과했고 17세기 중반에도 2만 5천 정도에 불과했지만 스톡홀름은 스웨덴에서 가장 큰 도시였다.

둘째, 카알 공작은 지역 교구 차원의 '자선실'을 확산시킬 것을 제안했다. 이렇듯 카알 공작의 정책적 제안은 병원을 국가 주도의 대형병원과 교구차원의 '자선실'로 이원화 시키는 것이었다. 이런 계획에도 불구하고 빈자 지원과 환자 보호에 있어서 지역 교회의 역할이 줄어든 것은 아니었다. 오레브로(Örebro) 시는 1617년 지역 교회가 공동체의 가난한 자를 돌보아야 한다고 명시했다.[60]

구스타부스 아돌푸스(Gustavus Adolphus)는 1611년의 법령에서 전통적으로 인정되던 병원 수입 계정을 보호할 것이라고 선언했다. 하지만, 병원들의 재정 상태는 획기적으로 개선되지 않았고 그는 1619년 병원의 재정이 좀 더 넉넉한 수준으로 향상되기 전까지 구걸은 허용될 수밖에 없다고 선언했다.

정부와 교회가 16세기 후반에 계획했던 지역 교회 주도의 '의료원'(infirmaries) 설립 계획 조차도 재정의 부족으로 17세기 초반에도 여전히 답보 상태에 있었다. 루터가 시작했고 개신교가 따라갔던 '도움 받아 마땅한 가난한 자들'과 '도울 가치가 없는 건강한 자들'의 구분이 제대로 지켜지지 않은 것도 재정 압박의 요인으로 작용했다.

이런 상황에서 스웨덴 의회는 1624년 아주 개혁적인 법을 공포한다.[61] 이 개혁 법안의 특징은 다음과 같다

첫째, 구걸 자체를 금지했고 자선에 의존해서 살아가는 자들에게 그 대가로 노동을 요구했다.

구걸 자체에 대한 금지는 실효성이 없었다. 구걸과 방랑은 전쟁과 가뭄 등 사회적이고 자연적인 재앙에 뒤이은 것이었기에 적절한 일자리를 찾기 전에는 해결될 수 없었다. 하지만, 스웨덴 정부는 1624년 법을 공포한 이후에 지역 교회의 의료원을 허물기도 했고 건강한 신체를 갖고서도 구걸하는 자들을 색출해 작업장(workshop)에서 강제 노동을 시키기도 했다.

교회가 운영하는 의료원이 폐쇄될 경우 환자는 부근의 다른 의료원으로 이전됐고 건강한 사람들은 노동을 해야 했다. 영국의 경우는 1576년부터 노동 능력이 있는 자들을 노역소에 보내는 조치가 등장하는데, 실제 운영 기록은 1620년대부터 확인된다.[62] 이 당시의 노역소는 수용 시설이 아니라 일할 수 있는 작업장이었다.

둘째, 병원 통폐합이다.

정부는 작은 병원을 폐쇄하면서 좀 더 큰 규모의 병원을 설립했다. 1624년의 법은 시골 지역에 존재하는 21개의 병원을 11개의 보다 큰 병원으로 병합했다. 11개의 병원은 총 1천 명의 입원 환자를 돌봤다.

대형병원이 돌보던 '돌봄 받아 마땅한 자들'의 숫자는 스웨덴과 핀란드 전체로 보자면 미미한 수준이었다. 지역 교회가 운영하던 '의료원'과 '자선실'이 16-17세기 스웨덴과 핀란드의 빈민 보호에서 중대한 역할을 했다.

셋째, 병원 유료화이다.

병원 입원비는 재정적 능력이 있는 자의 경우 60탈러(thalers)였고 가난한 자는 20탈러였다. 입원료는 환자 자신이나 그 친척이 지불할 책임이 있었고 부담 능력이 안 될 경우 지역 교회가 부담했다. 기독교 공동체가 자기 구역에 있는 가난하고 병든 자를 돌본다는 종교개혁적 원칙은 스웨덴 교회가 갖고 있던 뿌리 깊은 전통이었다. 병원의 유료화는 병원의 재정 압박을 어느 정도 개선했다.

넷째, '나병동'의 운영에 관한 것이다.

1624년의 법안은 기독교적 공동선을 해치지 않기 위해서 나병 환자들을 분리해서 수용할 것을 명시했다. 나병뿐만 아니라 전염성이 있는 질병에 걸린 경우를 위해 분리 병동을 운영하도록 지침을 담았다.

그러나, 1624년의 법안을 실행에 옮기는 것은 어려운 일이었다. 1635년 여왕 크리스티나(Queen Christina)는 1624년의 법안을 재차 공포하는 것이 필요하다고 생각했다. 그만큼 1624년의 법안은 실천과는 괴리가 있었던 것이다.

1642년의 빈민 보호법은 규모가 큰 병원들을 왕실이 지원하고 이런 병원들이 지켜야 할 세부적인 규정을 제정했다.[63] 이런 규정들은 '도움 받아 마땅한 가난한 자들'(the Deserving Poor)의 정체성을 보다 분명하게 정의했다. 혼자서 거동이 불가능하거나 도와줄 사람이 없는 노약자, 정신 이상자나 전염병에 걸려 사회로부터 격리가 필요한 자 등이 이런 보호를 필요로 하는 계층이었다.

특히 17세기에 핀란드와 동(東) 스웨덴에 한센병이 급속도로 번졌다는 사실에 주목해야 한다. 1642년 빈민 보호법이 공포되면서 떠돌이 방랑자와 걸인들을 체포해 강제로 노동하도록 조치했다. 왕실은 농장 노동자들에게 고용 계약서를 체결하도록 강권했고, 떠돌이범으로 체포되지 않으려면 8일 이내에 일터에 도착해야 한다는 규정을 공포했다. 이런 규정들의 대부분은 1624년의 빈민 보호법에 담겨있던 것과 유사했다.

1686년의 교회헌장은 왕이 임명하는 주지사, 감독, 지역 목회자, 시장 등에게 병원을 감독할 책임이 있다고 규정했다. 일상적인 활동에 대해서는 지역 목회자와 시장이 개입하고 보다 상위 차원의 책임은 주지사와 감독이 맡는 식이었다. 이 교회헌장에 따르면, 목회자는 일반 병자와 전염병에 감염된 자들까지도 의무적으로 심방해야 한다. 도시가 클 경우에는 '전염병 성직자'를 특별히 고용하도록 규정했다.

중세 영국 병원처럼 16-17세기 스웨덴과 핀란드의 병원도 의사가 있는 경우가 거의 없었다. 17세기 후반 웁살라 대학과 아보(Åbo)대학교에만 각각 한 명의 의사가 있었을 뿐이었다.[64] 그나마 아보대학교의 의사는 1750년대까지 핀란드에 존재하던 유일하게 의료 훈련을 받은 의사였다. 17세기 중반까지만 해도 의료훈련을 받은 유일한 자들은 '군 이발사-외과 의사'(military barber-surgeon)였다.

17세기 후반 많은 수의 외국 이발사-외과 의사들이 스톡홀름과 다른 지역에 정착하기 시작했다. 1648년 바사(Vaasa) 시(市)는 이발사-외과 의사가 있다는 것을 자랑으로 여겼다. 1663년에는 독일 사람인 헨릭 에거스(Henrik Eggers)가 바사의 이발사-외과 의사가 됐다. 하지만, 수입이 얼마 되지 않자 헨릭 에거스는 10여년 뒤 이발사-외과 의사직을 포기하고 상업으로 전환했다.

이후 1683년 바사 시는 스톡홀름 의료 조합(Collegium Medicum)의 시험을 통과한 자를 스웨덴 사상 처음으로 시에서 운영하던 병원의 외과 의사로 지명했다. 16-17세기 동안 스웨덴과 핀란드의 의학은 전통적인 약초와 관습적인 치료법에 의존했다. 이런 치료법은 자주 마술과 혼합되기도 했다.

16-17세기 스웨덴과 핀란드의 개신교 빈자 보호 정책을 개괄적으로 정리할 필요가 있다. 이 시기의 스웨덴과 핀란드의 빈자 보호 정책은 개신교 공동체 내부에 있는 가난한 자와 병자의 보호라는 시각으로부터 빈자 보호를 위한 사회적 조직망을 갖추는 관점으로 급속도로 옮겨갔다.[65]

1527년 스웨덴에 본격적인 종교개혁이 시작된 이후 이미 1530년에 이르러 이런 변화가 포착된다. 이 과정에서 독일의 개신교 도시들이나 덴마크처럼 '도움 받아 마땅한 가난한 자들'(the Deserving Poor)과 '도울 필요가 없는 건강한 빈자들'(the Undeserving Poor)의 구별은 개혁의 시금석이었다.

'건강한 빈자들'은 방직 공장이나 기타 작업장 등에서 자선을 받는 대가로 노동을 해야 했다. 유료 강제 노동은 16세기부터 시작돼 17세기에 들어와서 보다 활발하게 진행된다. '건강한 빈자들'을 노동과 연계시키는 작업은 방랑과 구걸을 방지하는 데에도 효과적이었다. 하지만, 병원, '의료원,' '자선실' 등의 운영을 위한 합법적인 구걸은 17세기까지도 여전히 용인됐다.

다른 한편, 왕실은 보다 큰 규모의 병원을 설립하고 운영하는 데에 관여했지만 지역 교회의 의료원과 자선실이야말로 지역 사회를 위한 빈민 보호의 중심이었다. 16-17세기 스웨덴과 핀란드의 빈민 보호는 마틴 루터와 부겐하겐의 개혁을 지역의 상황에 맞춰 실천하려는 노력으로 이해할 수 있다.

6. 16-18세기 개신교 한자동맹 도시(Hanseatic towns)의 빈민 보호 정책의 발전[66]

쥐트(R. Jütte)는 16-18세기 함부르크, 브레멘, 뤼벡 등 한자동맹(Hanseatic League)에 속한 도시들의 빈민 보호 정책을 연구했다. 이런 도시들이 가난과 병에 대해 대처했던 방식은 서구의 현대 사회 복지 국가가 탄생하는 데에 필수불가결한 안목을 제공한다.

독일의 종교개혁가들은 '오직 믿음으로'(sola fide), '오직 은혜로'(sola gratia), '오직 성경으로'(sola scriptura)와 같은 신학적 명제에만 머문 것이 아니라 종교개혁의 신학적 관점이 현실과 사회를 어떻게 개혁할 수 있는 지에 대해서도 큰 관심을 보였다. 앞서 설명했지만 종교개혁의 신학에 기반을 두고 빈민 보호나 병원을 재조직하는 과정에서 가난과 질병의 문제가 사회개혁의 중심적 과제 중 하나로 부상한다.

함부르크는 1522년 도시의 몇몇 주요 성직자가 마틴 루터의 가르침을 수용하면서 본격적으로 종교개혁의 대열에 합류한다. 1527년부터 함부르크의 주요 성직자들은 루터의 가르침을 본격적으로 수용해 루터와 비텐베르크의 예를 따라 공동 기금(Common Chest)을 설립했고 가난한 자들을 돌보는 책임자 집사들을 선출했다.

1529년 루터의 동역자였던 부겐하겐이 주도한 함부르크교회헌장은 가난하고 병든 자들을 위해 공동 기금을 어떻게 사용할 것인가에 대해서 세부적으로 규정한다.[67] 함부르크교회헌장은 세 부류의 사람들을 구분한다.

첫째 부류의 사람들은 식량이 부족해 굶주리는 자들(resident poor)이며, 둘째 부류는 수공업과 노동을 하는 자들이지만 생활비를 제대로 벌 수 없는 자들이다. 이런 자들은 자선에 의존해야 살아갈 수 있는 자들의 범주에 들어간다. 세 번째 부류는 질병이나 육체적 결함 때문에 빈곤층으로 전락한 자들이다.

부겐하겐은 이렇게 가난한 자들을 세 종류로 구분하면서 도움을 받아 마땅한 자들과 도움을 줄 필요가 없는 자들을 구분한다. 자선을 요청하는 사람들의 상황을 조사해 적절한 조치를 취할 것인가 아닌가를 결정하는 실무는 교구 집사들이 담당하도록 했다. 부겐하겐은 스웨덴과 핀란드의 정책처럼, 건강하지만, 떠돌아다니는 자들에게 강제로 일을 시키려는 의도는 없었다.

조사의 초점은 질병, 육체적 결함, 고령 등의 이유로 가족을 부양할 수 없게 된 것인가 아닌가를 구별하는 데에 있었다. 만약 이런 이유 때문에 빈곤층으로 전락됐다면, 교회와 시의회가 이들을 병원이나 구빈원 등의 특별 기관에 맞아들여 보호해 줘야 한다는 것이 그의 입장이었다.

전염병의 경우 빈민층이 거주하는 지역에서 주로 발생해 타지역으로 번지는 것이 일반적인 확산의 경로였다. 전염병이 번지기 시작하면 시의회나 병원 관계자들은 환자를 전염병 전용 병원에다 격리 수용해야 했다. 그런데, 전염병 보다는 일상적인 질병이 16-18세기의 빈곤과 보다 큰 관련이 있다. 가장이 질병에 걸리면 가계가 파산하는 것은 시간 문제였다.

한자(Hansa)동맹의 도시들은 무엇보다 질병과 가난의 상관관계에 크게 주목했다. 1779년 함부르크에서 발행된 소책자 *Plan zum Vortheil der hiesigen kranken Haus-Armen*이 그 예가 된다.[68]

가장이 병에 걸려 의료 전문인에게 치료를 받다가 실패하면 민간요법에 의존한다. 치료 기간 동안 경제적 상황은 점점 열악해 진다. 가장은 배우

자에게 빚과 아이들을 남겨 놓은 채 세상을 떠난다. 부인은 파산의 상황에서 헤어나려다 기진맥진 해 남편의 뒤를 따라간다. 이런 상황만 아니었다면, 공화국에 유익한 일원이 될 수 있었을 아이들도 결국 굶주림과 질병으로 사망한다.

이런 소책자는 독일 도시들이 가난과 질병의 악순환이 사회적 기반을 약화시키는 요소임을 명확하게 인식하고 있었음을 보여준다. 가난과 질병에 대한 마틴 루터와 부겐하겐 등 종교개혁가들의 공헌은 중세 사회가 공로 사상의 입장에서 파악했던 문제를 교회와 시의회 등이 협력해 해결해야 하는 사회적 공동선의 실현으로 승화시켰다는 데에 있다.

종교개혁에서 출발한 함부르크의 빈자 보호는 18세기에 이르러 새로운 관점으로 나아간다. 루터와 부겐하겐이 빈민 보호를 은혜와 믿음의 당연한 결과로 보면서 사회적 공동선의 차원으로 끌어올렸다면, 한자동맹의 도시들은 질병을 사회적인 차원에서 바라보기 시작한다.

빈민 보호는 단순히 중세적 관점을 따라 그리스도를 맞아들이는 구원을 위한 조건(마 25.35이하)도 아니다. 나아가 병든 사람을 간호하고 치료하는 것은 단순히 종교개혁적 관점에서 믿음과 은혜의 열매로 보는 것에 그치지 않는다.

18세기 한자동맹의 도시들은 질병을 사회적이며, 국가적인 수준에서 바라보아 가난의 예방이란 관점에서 접근하기 시작했다. 쥐트는 그 예로 1781년 함부르크 시에서 발행한 보고서인 *Report On the Care of the Sickness*를 주목한다.[69]

이 보고서는 "우리의 가난한 이웃들에게 그들이 겪고 있는 불행의 이야기를 읊어보라고 한다면, 그들 중 절반은 질병이 비참한 삶의 직접적 원인이라고 말할 것이다." 1798년에 발행된 어떤 자료에 따르면, 병원이나 구빈원 등의 보호 시설에 의존하는 자들 중 37%가 가난의 직접적인 원인으로 질병을 지목했다. 고대로부터 이 시대까지 질병이 가난의 원인이 아니었던 적이 없을 것이다.

하지만, 18세기 한자동맹의 도시들에서 본격적으로 질병과 가난의 연관관계를 사회적 차원에서 주목하기 시작했다는 데에 그 중요성이 있다. 고대후기와 중세 사회에서 질병은 늘 영적인 차원에서 고려됐고, 마틴 루터와 부겐하겐은 고대 후기나 중세의 공로 사상을 벗어나긴 했지만 역시 종교적인 관점에서 주로 질병의 문제를 다뤘다.

하지만, 18세기에 이르러 드디어 질병의 치료는 가난의 예방이라는 새로운 관점에서 이해되기 시작했다. 한자동맹의 도시인 뤼벡(Lübeck)의 설교가 요한 헤르텔(Johann Hertel)은 1792년 질병과 사고와 가난 사이에 특별한 연관관계가 있다고 봤다.[70]

나아가 그는 질병을 열악한 주거 조건과 직접적으로 연관시켰다. 이 때문에 요한 헤르텔은 주거 과밀화 지역이나 습기가 많은 주거 지역은 허물어야 한다고 주장했다. 한자동맹의 도시들은 이런 점에서는 유럽의 다른 지역보다 선진적인 관점을 갖고 있었다.

예측할 수 없고 변덕스런 질병 때문에 가난의 불행이 엄습한다! 이런 관점에서 18세기 말경 한자동맹의 도시들은 가난하거나 부유거나에 관계없이 모든 가정의 유아와 어린이들을 대상으로 대규모 의료 서비스를 제공하기 시작한다.

언제 어느 때에 닥칠지 모르는 질병이나 신체적 마비를 예방하는 것이야말로 가난을 막고 불행을 차단하는 사회적 과업의 첨경이라고 본 것이다.

몇 년 전 우리나라의 경우 초등학교 급식을 둘러싼 '보편적 복지' 논쟁이 있었다. 한자동맹의 도시들이 이미 18세기 말경 보편적 복지 개념의 깃발을 높이 들고 초보적 형태로나마 그것을 실천에 옮기기 시작했다.

쥐트(R. Jütte)는 한자동맹 도시들의 빈민 보호 프로그램을 크게 빈민 지원(indoor relief)와 병원 사업(hospital care) 등 두 가지로 분류해서 설명했다.[71] 빈민 지원은 생활 보호와 의료 지원으로 구성됐다.[72] 생활 보호는 16-18세기에 이르는 동안 본질적인 변화는 없었지만 의료 지원은 18세기 중반경 획기적인 도약과 발전을 이루게 된다.

하지만, 한자동맹 도시들의 빈민 지원이 애초에 생활 보호와 의료 지원에 차이를 두고 엄격하게 구별했던 것은 아니다. 질병에 걸린 자들에게 의료적 치료를 제공하고 생활에 필요한 의복, 식량, 연료를 지원하는 것은 특별한 구별이 없었다. 생활 보호와 의료 지원은 현대적 관점에서 구분한 것에 불과하다.

브레멘, 함부르크, 뤼벡 같은 한자동맹의 도시들은 빈민 보호를 담당하는 책임자들을 임명했다. 교회 측에서는 집사들을 세워 가난하고 병든 자들의 상태를 파악했고, 시의회도 빈민 보호관을 임명해 가난한 자들의 필요를 알고자 했다.

빈민 보호 책임자들은 일차적으로 환자들을 명부에 등록했다. 환자 명부 등록은 종교개혁 이후 도움 받아 마땅한 자들과 그렇지 않은 자들을 구분하는 개신교적 빈민 보호의 일차적 접근 방식이었다. 한자동맹의 도시들에서 환자 명부 등록이 어느 정도로 상세하고 광범위했는가를 파악하는 것은 쉽지 않다.

하지만, 특정 시기의 자료들은 상세하게 남아 있다. 예를 들어 30년

전쟁(1618-1648) 당시 브레멘의 빈민 보호관 코르트 카알스텐스(Cordt Carstens)는 모든 빈민 환자들의 이름을 브레멘의 명부에 올렸다. 브레멘의 빈민 환자 명부(Bucharme)에 이름이 적혀있던 자들은 매주 월요일마다 공동 기금으로부터 특별 생활 수당을 지급받았다.

또, 한자동맹 도시에 사는 극빈층은 의료 전문가의 진료와 치료를 받을 수 있었다. 의료 지원 비용은 집사들이나 빈민 보호관이 환자의 재정 능력을 파악해 지불 능력이 없다고 판단할 경우에만 공동 기금에서 지불됐다. 빈민 환자들은 안과 의사, 결석 치료사, 접골사 등의 전문적인 치료를 받기도 했다.

회계 장부에는 천연두 치료, 사혈 요법, 수(水)치료법(water cures) 등에 대한 지출뿐 아니라 환자 운송 비용까지도 명시됐다. 아울러 많은 수의 가난한 자들은 식량, 연료, 등불용 기름, 의복 등을 공급받았을 뿐 아니라 간호와 의료적 치료까지도 제공받았다.

16-17세기에는 빈민 구제와 의료 서비스 사이에 엄격한 구별이 존재하지 않았다. 가정에 중환자가 생기거나 특히 가장이 질병에 걸리면, 그 가정은 빠른 속도로 빈곤층으로 전락돼 갔고, 또 빈곤 계층은 질병에 취약한 계층이었기 때문에 빈민 보호와 의료 서비스가 엄격하게 구분되지 않았던 것이다.

하지만, 가난한 자들 중에서도 의료 서비스를 전액 무료로 공급받는 숫자는 소수에 불과했다. 전염병이나 전쟁 같은 특수한 상황 하에서는 빈민 환자 명부와 단순히 가난한 자들의 이름만을 기록해 놓은 빈민 명부가 비슷한 숫자에 이르기도 했다. 예를 들어 1539년 브레멘에 홍수가 났을 때나, 1626-1627년 30년 전쟁의 여파로 한자동맹 도시들에 난민이 대거 유입됐을 때에 그런 현상이 발생했다.

가난한 자들에 대한 의료 지원은 병원 수용 능력의 한계 때문에 주로 왕진의 형태로 이뤄졌다.[73] 하지만, 16-17세기에 한자동맹 도시들의 시의회가 빈민 보호를 맡은 왕진 의사들과 정식 계약을 체결한 경우는 거의 없다.

시의회는 공공 의료를 위해서 이미 고용하고 있는 의사나 의료 책임자를 이용하거나 혹은 가난한 자들을 왕진하는 전문가들에게 연간 봉사료를 지불하는 방식을 택했다. 이런 상황 때문에 시의회는 자원 봉사를 희망하는 의사들을 환영했다. 의사들의 자원봉사 조직이 없는 지역에서는 기독교적 양심에 호소하는 수준에 그쳤다.

그런데, 17세기 초반 경 브레멘을 중심으로 새로운 시스템을 토론하기 시작한다. 1634년 30년 전쟁이 한창이던 때 브레멘 시는 의사들이 일 년 중 한 달 동안 순차적으로 무료 진료를 하게 하는 방안을 고려했던 것이다. 이런 방식은 중세 비잔틴병원에서 이미 사용했던 시스템이었다. 당시 브레멘에서는 이 방식을 채택하지는 않았지만 의료 행위를 시민적 책임이라는 관점에서 바라보았다는 점에서 토론만으로도 의의가 있다.

1750년 이후 한자동맹 도시의 빈민 보호는 획기적으로 도약한다. 이런 도약은 가난한 자에 대한 의료 지원의 측면에서 이뤄졌다. 변화의 물결을 주도했던 인물은 함부르그의 안톤 하인스(Anton Heins)라는 의사였다.[74] 그는 민간요법과 엉터리 치료사들이 시민들의 건강을 위협하는 상황을 해결하고자 논문을 쓰게 된다. 그는 자신의 논문에서 의료 교육을 받은 검증받은 의사들이 가난한 자들만을 배타적으로 진료하는 시간을 제안했다.

1768년에 이르러 여러 의사들이 자발적으로 가난한 자들에게 2년 동안 무료로 진료와 약을 지원하겠다고 선언했다. 1778년에 이르러 여러 뜻있는 의사들이 '빈민 환자를 위한 기관'(Institut für Kranke Hausarme)을 설립했고 후에 이 기관은 '일반 빈민 구호 기관'(General Poor Relief)의 의료 분과로 통합됐다.

'빈민 환자를 위한 기관'에 함께 동참했던 자들은 도이터리흐(Deuterich), 게릭(Gericke), 야니슈(Jänish), 레펜틴(Leppentin), 노트나겔(Nootnagell), 울퍼(Ulffers), 바이스(Weiss) 등 7명의 의사들이었다. 7명의 자원봉사 의사들은 함부르그의 교구에 한 명씩 배치됐고 4명의 외과 의사와 5명의 제약사가 보조 역할을 맡았다. 이들이 환자 방문을 시작한 지 2년 동안 진료한 빈민 환자는 1,170명이었고 이중 926명이 치료됐으며, 152명이 사망했고 61명은 치료불가로 판정됐다.

이들의 활동을 전후해 한자동맹 도시들뿐 아니라 독일 전역에서 환자 방문 치료와 병원 입원 치료 중 어느 쪽이 더 이점이 있는지에 대해서 활발한 논의가 일어났다. 하지만, 이 당시 환자들의 숫자는 넘쳐났고 이들을 수용할 만한 병원의 공간이 부족했으며, 무엇보다 사회적 비용이 훨씬 적은 규모였기 때문에 방문 치료는 커다란 이점을 갖고 있었다.

'빈민 환자를 위한 기관'의 설립 후 10년 뒤인 1788년 함부르그는 보다 획기적인 조치를 취한다. '빈민 환자를 위한 기관'은 빈민 의료 지원을 지역단위로 세분해 조직적이고 체계적으로 공급하려는 첫 번째 시도였다는 점에서 그 의의가 크다.

16-17세기의 의료 개혁은 종교개혁의 정신과 시의회의 주도로 진행됐지만 '빈민 환자를 위한 기관'은 의사들의 주도적인 참여와 교회 및 시의회의 지원을 통해 이뤄졌다는 점에서도 또 다른 의의가 있다. 그런데, 이때까지만 해도 의료적 도움의 중심은 빈민 환자 명부에 기록돼 있는 자들

만을 대상으로 한 것이었다.

하지만, 1788년의 개혁은 빈민 명부에 기록되지 않은 모든 가난한 자들을 대상으로 의료 서비스를 지원하는 혁신적인 조치를 담고 있다.[75] 다시 말해 극빈층이 아닌 빈곤층 일반을 대상으로 의료 서비스를 지원하고자 했던 것이다. 극빈층이 아닌 빈곤층에 무료 의료 서비스를 제공해야 하는 근거는 무엇일까?

함부르크 시(市)가 빈민 구호사들에게 주었던 지침서인 「구빈원」(*Armenanstalt*)이란 자료에 따르면, 빈민 일반에 대한 의료 지원은 "개인과 가정에서 가난의 기회를 근절하고 다른 사람들이 빈곤층으로 전락되는 것을 예방하기 위한" 조치이다.[76] '일반 빈민 보호'(General Poor Relief)를 실현하기 위해서 재정, 즉 진료비와 약제비는 기독교적인 자선을 기초로 충당하려고 했다.

함부르크의 구빈원을 통해 실시된 '일반 빈민 보호' 조치는 명부에 등록되지 않은 하층민들을 대상으로 광범위한 무료 의료 서비스를 제공했다. 무료 의료 서비스에는 내과 진료와 외과 치료, 제약, 붕대, 분만 시의 조산, 미혼모와 빈민 환자를 위한 입원은 물론 식량 제공 등 생활 보호까지도 포함돼 있었다. 일반 빈민 보호 정책은 눈부신 결과를 낳았다.

1788-1801년 사이에 거의 5만 명에게 무료 의료 서비스를 제공했다. 빈민 환자 명부에 등록되지 않은 하층민들이 함부르크의 구빈원을 이용하는 수치는 시간이 흐를수록 급증했다. 1788년 이 정책을 시행하던 첫해에는 연간 총 환자의 12퍼센트만이 일반 빈민 보호 대상자였지만, 1799년에는 1351명의 미등록 취약 계층이 서비스를 받았고 이는 해당연도 총환자의 40퍼센트에 해당하는 수치이다.

함부르그의 의료 개혁의 선구자였던 카스파르 보그트(Caspar Voght)는 이런 상황에 고무돼 "환자 중에 미등록된 하층 계급이 증가한 것은 정기적인 의료 지원을 통해 가난을 예방하겠다는 우리의 목표가 잘 이뤄지고 있음을 보여준다"고 했다.[77]

함부르그 구빈원은 '일반 빈민 보호'를 위한 비용을 절감하기 위해서 약값을 통제하기도 했다. 시의회는 가난한 자들을 위해 약 성분과 질을 규정한 목록을 작성하고 약값을 고정하는 정책을 실시했다. 이렇게 해서 약값의 상승을 막을 수 있었다. 그런데, 1793년에 이르러 구빈원의 비용을 줄이기 위해서 시의회는 진료비를 감당할 수 없지만 능력이 있는 경우 약값을 징수하는 제한적 무료 서비스를 도입했다.

그러나, 함부르그의 빈민 보호 정책의 총지출에서 의료 지원은 미미한 수준이었다. 1790년대 함부르그 구빈원의 지출 중 의료 지원은 5-8퍼센트에 불과했고 나머지 대부분의 비용은 가난한 자들의 생활을 지원하기 위한 비용, 즉 의복, 연료, 식량 공급 등을 위한 용도로 지출됐다. 빈민 명부에 등록돼 지원받은 가정은 2,300-3,900세대였다.

뤼벡의 경우 1783년 구빈원이 설립되는데, 500-600가정 정도가 빈민 명부에 등록됐다. 뤼벡 구빈원의 지출도 함부르그와 크게 차이 나지는 않는다. 예산의 73-84퍼센트 정도가 빈민 생활 보호에 사용됐고 의료 지원은 전체 예산의 5-12퍼센트 정도였다.

구빈원 예산 중 의료 지원에 사용된 금액은 많지 않지만 18세기 후반 한자동맹 도시들이 이룬 개혁, 즉 빈민 환자 명부에서 일반적인 하층민 전체로 무료 의료 지원을 대폭 확대한 것은 독일 빈민 구제의 역사에서 획기적인 도약이라고 할 수 있다.

7. 16-18세기 개신교 한자동맹 도시(Hanseatic towns)의 병원 정책[78]

쥐트(R. Jütte)는 함부르그, 브레멘, 뤼벡 등의 한자동맹 도시들의 병원 정책을 연구했다. 쥐트에 따르면, 한자동맹 도시들은 고대 후기 및 중세로부터 이어져 내려오던 전통적인 병원도 계속 운영했지만, 돌봄(care)뿐만 아니라 치료(cure)에 중점을 뒀던 새로운 개념의 병원을 본격적으로 운영하기 시작했다.

전통적인 개념의 병원이란 구빈원, 고아원, 호스텔, 고령자들을 위한 양로원 등 4-6세기 비잔틴에서 시작된 고대 후기의 병원을 의미한다. 이런 병원은 서양 중세를 거쳐 종교개혁 시대 및 근대 초기에도 계속 그 역할을 감당하고 있었다. 전통적 병원들이 간호 혹은 돌봄(care)과 의료적 치료(cure) 중 어디에 더 중점을 뒀는가는 의사학(醫史學)의 오랜 주제이다.

7세기 이후 콘스탄티노플의 삼손병원이나 판토크라토르 크세논 등 극소수의 예를 제외하고 거의 대부분의 전통적 병원은 치료(cure)보다는 돌봄(care)이 활동의 중심이었다.[79] 그런데, 16-19세기 한자동맹 도시에서 드디어 의학적 치료 전문병원들이 탄생하게 된다. 이는 종교개혁이 이룩한 사회적 혁신 가운데 하나라고 할 수 있다.

종교개혁 이후 한자동맹 도시들이 운영하던 의료 기관은 구빈원, 호스텔, 나병원, 전염병병원, 고아원, 교화소(a house of correction), 노역소(workhouse/Werkhaus/Arbeitshaus) 등이었다. 교화소와 노역소는 중세에는 존재하지 않던 유형으로 종교개혁가들의 가르침에 따라 '도움 필요가 없는 건강한 빈자들' 중 방랑 생활을 하거나 구걸하는 자들을 교화하거나 노동을 강제하던 기관이었다.

한자동맹의 도시들 중 브레멘은 루터주의자들과 개혁주의자들의 대결 때문에 17-18세기에 병원의 발전이 답보 상태에 빠지기도 했다.[80] 하지만, 함부르그나 뤼벡은 루터주의의 영향 아래 지속적인 개혁이 이뤄졌다. 이런 도시들의 병원 활동은 사회 안정 차원의 빈민 생활보호와 의료적 돌봄 등 두 가지 차원에서 이뤄졌다.

뤼백은 성 안나(St Anna) 수도원을 1601년 일반적인 빈민 보호 기관(구빈원, Armenhaus)으로 용도를 변경한다.[81] 뤼백의 구빈원에는 1612년 교화소가 설립됐고, 1643년 의료원(infirmary), 1778년에는 노역소(Werkhaus)가 설립된다.

성 안나 구빈원과 노역소는 빈민 보호에 커다란 역할을 했다. 19세기 초반 뤼백의 구빈원은 매년 일 천 명 정도의 가난한 자들을 입원 혹은 입소시켜 의료적 돌봄과 생활 지원 등을 제공했다. 이런 수치는 보호를 필요로 하는 가난한 자들의 80-90퍼센트에 해당하는 높은 비율이었다. 브레멘의 경우 1698년에 이르러서야 다양한 기능을 가진 구빈원(Armenhaus)이 설립한다. 구빈원은 300명에게 의료적 돌봄 및 기타 보호를 지원할 수 있었다.

구빈 원장(general manager)은 입원한 사람들을 책임졌고 빈민 명부에 등록된 자들에게 매월 생활비를 보조했으며, 빈민 환자들에게 특별 보조비를 지급하고 가난한 자들의 장례를 치러줬으며, 외부에서 온 자들에게도 생필품을 분배했다. 구빈원에는 의료원, 고아원, 노역소(Arbeitshaus)도 설립됐고 구빈 원장은 이런 기관에 대한 전반적인 책임을 맡고 있었다.

함부르그, 브레멘, 뤼백의 구빈원에 설립된 다양한 종류의 병원들은 질병 자체에 대한 관심보다는 가난에 대처하기 위한 전통적인 기관이었다. 중세 유럽 병원에 의사가 존재하는 경우가 거의 없었는데, 한자동맹의 도시에 세워진 병원들도 사정이 크게 다르지는 않았다. 1247년에 함부르크에 설립된 성령병원(Heilig-Geist-Spitäler/ hospital of the Holy Spirit)은 17세기 초반이 돼서야 풀타임 외과 의사를 한 명 고용하는 정도였다.

대학에서 전문 교육을 받은 의사는 1731년이 돼야 처음으로 고용된다. 함부르크 성령병원은 고령의 환자나 만성적 질병을 안고 있던 자들에게 의료적 돌봄을 제공하고 생활 지원도 병행하던 기관이었다. 기록에 따르면, 1602년 성령병원에서 시각 장애자의 눈 수술을 하는 등 의료 행위가 있었다. 하지만, 수술 및 약값 등 의료 비용은 생활 보호 비용에 비하면 미미한 수준에 불과했다.

한자동맹의 도시들이 이룬 혁신은 전통적 병원의 기능으로부터 의료적 치료 기능을 갖는 기관을 생성시켜 나갔다는 데에 있다. 대표적인 병원이 함부르크의 전염병병원(Pesthof)과 외래병원(Gast- und Krankenhaus), 브레멘의 구빈원에 포함돼 있던 병원(Krankenhaus)이었다.[82]

본래 전염병병원은 전염병이 돌 때만 한시적으로 운영됐다가 폐쇄되곤 했지만 함부르크의 전염병병원은 설립 이후 전염병 외에 다른 질병을 치료할 목적으로 곧 항시적으로 운영됐다. 17세기 초반 함부르크 전염병병원은 천연두 치료에 많은 노력을 기울였다.

1660년대에는 연간 약 250명 정도의 환자를 입원시켰으나 90년 뒤인 1750년대에는 연간 1100명의 환자를 입원시킬 정도로 활발하게 운영됐다. 연간 1100명의 입원 환자 규모라면, 함부르크의 빈민은 적어도 일생에 한번 전염병병원에 입원하는 혜택을 받았을 것이다.

통계에 따르면, 1756년 말 함부르크 전염병병원에는 총 954명의 환자들이 있었고, 이중 23퍼센트에 해당하는 344명이 다음 해에 사망했으며,

162명이 완치돼 퇴원했다. 18세기에는 미셸 푸코(M. Foucault)가 '원(原)클리닉'(protoclinics)이라고 부르는 많은 병원들이 생성되던 시기이고 일반적으로 원(原)클리닉은 의료진이 잘 갖춰져 있었으나 함부르그의 전염병병원은 그렇지 못했다.[83]

1770년대에 함부르그 전염병병원은 급료를 받는 외과 의사 1명과 여러 명의 간호원이 상주하고 있었고, 일주일에 3번 병원을 방문하던 의사가 1명 있었다. 전염병병원은 의료 조치 외에도 침구류와 식사를 제공하고 환자들이 마음의 평안을 누릴 수 있도록 예배와 기도 시간도 정했다.

병원의 전통적인 기능들은 여전히 계승되고 있었고 종교개혁이후의 새로운 양상인 사회적 차원의 빈민 보호 조치가 계속 시행됐지만, 함부르그 전염병병원의 주된 관심이 '돌봄'에서 '치료'로 전환되고 있었다.

풀란(B. Pullan)은 개신교와 로마 가톨릭의 빈민 보호 정책이나 병원의 발전이 본질적으로 어떻게 달랐는가에 대해 심각하게 질문하고 답했다. 로마 가톨릭이 자선을 구원을 위한 공로로 파악하고 연옥의 심판을 두려워하는 신학을 전개했다면, 개신교는 로마 가톨릭의 공로 신학을 거부하면서 이웃 사랑을 은혜와 믿음의 결실로 보는 은혜의 신학을 전개했다.

개신교는 이런 신학에 기초해 기독교적인 공동선을 시민적이며, 사회적인 덕목으로 세우려 했고 빈민 보호 정책과 병원의 운영도 이런 차원에서 진행됐다. 한자동맹의 도시들은 극빈곤층에서 빈민 일반을 보호하는 정책으로 의료 및 생활 보호를 확대해 나갔다.

풀란의 표현을 빌리자면, 개신교는 "하나님께서 통치하는 도시"(godly society)를 세우길 원했던 것이다.[84] 종교개혁의 빈민 보호 프로그램은 5세기 아우구스티누스가 『신국론』에서 묘사한 하나님의 도성을 이 땅 위에 제한된 형태로나마 실현해 보려는 의지의 표현이었던 것이다.

아우구스티누스의 『신국론』에서 하나님의 도성은 하나님에 대한 사랑으로 결속된 순례자의 도성으로 지상적 국가와는 무관하고, 땅의 도성(마귀의 도성)은 자기 사랑으로 결속된 집합으로서 국가와 거의 일치한다. 그런데, 개신교, 특히 한자동맹의 도시들은 빈민 보호 정책과 병원을 통해 가난한 사람들의 의료 및 생활 보호를 확대함으로써 지상 위에 하나님의 도성을 어느 정도 실현시켜 보려는 열망을 갖고 있었던 것이다.[85]

마틴 루터는 1523년까지만 해도 아우구스티누스의 두 도성 이론을 따랐으나 곧 입장을 바꿔 세속 정부가 더 이상 마귀의 도성이 아니라 악한 자들의 탐욕과 음모와 폭력으로부터 사람들을 보호하는 '돕는 힘'(helping power)이며, 그런 차원에서 신적 제도(divine institution)라고 주장한다.[86] 부겐하겐의 보건 증진 프로그램과 한자동맹 도시들의 빈민 보호 정책 및 병원 정책은 세속 정부를 하나님께서 세우신 신적 제도로 보는 루터의 수정된 두 도성 이론에 기초한다.

하지만, 풀란은 로마 가톨릭의 대도시에서는 이런 점이 잘 발견되지 않는다고 본다. 16세기 로마 가톨릭의 빈민 보호 정책의 근본적 원리는 "보다 큰 악을 막기 위해 보다 작은 악을 허용"하는 방식에서 이뤄졌다.[87] 그런데, 작은 못으로 큰 못을 뽑는 것, 다른 말로 하면, 작은 악으로 큰 악을 통제하는 것은 아우구스티누스가 『신국론』에서 지상 도성이나 세속 국가를 설명할 때 사용했던 방법론이다.[88]

로마인들은 명예와 영광과 지배욕이라는 작은 악덕을 통해 탐욕과 욕정 등 큰 악덕을 제어함으로써 대제국으로 보상받았다. 세속 국가는 강제력이라는 작은 악으로 자기 파괴적인 무질서와 혼란 등의 큰 악을 통제하는

데, 이런 바벨론의 평화는 하나님 도성에 속한 사람에게도 유익하다.

풀란의 설명을 따르자면, 로마 가톨릭의 빈민 보호 정책은 아우구스티누스의 입장을 수용해 보다 큰 악을 막기 위해 보다 작은 악을 허용하는 차원에서 빈민 보호 정책이 이뤄졌다고 봤다. 매춘의 문제를 예로 들 수 있다. 개신교는 매춘부들이 새로운 삶을 결단하지 않는 한 병원으로 맞아들이길 거부했다.

로마 가톨릭은 이와 달라서 매음굴에 넘겨질 위험에 처한 소녀들을 위한 '회개하는 막달라 마리아를 위한 수녀원'을 운영했고, 또 매춘에 종사하는 여성들이 잠깐 숨을 돌리고 자신의 미래를 생각해 볼 기회를 가질 수 있는 쉼터도 운영했다. 이런 차이로 인해 개신교 도시와 로마 가톨릭 도시의 병원 정책 및 빈민 보호 정책이 달라지고 다른 형태의 도시들이 만들어진다.

풀란은 이런 차이를 가리켜 다음과 같이 상징적으로 표현한다. "개신교 도시들이 빈민 보호 정책의 측면에서 균일하게 잘 짜인 담요 같다면, 16세기 로마 가톨릭 도시들은 조각조각을 붙여 만든 누비이불 같다."[89]

루터주의와 칼빈주의가 뿌리 내렸던 독일 및 북유럽의 도시들과 로마 가톨릭이 깊이 뿌리내린 지역을 오늘날에 잠깐만이라도 비교해본다면 풀란의 은유가 16-17세기뿐 아니라 오늘날에도 진실임이 드러날 것이다. 아마도 지구상에서 가장 발전된 형태의 의료 및 복지 제도는 고대 후기 및 중세 병원의 산물인 이상으로 종교개혁의 영적이며, 정신적인 혁명의 결과이기도 하다.

결론

기독교가 문명이 되던 4-6세기에 어떤 일이 있었는가?

이런 거대 담론을 글로 설명하자면 한없이 길어지겠지만, 의외로 간단하게 답을 내릴 수 있는 묘안이 있다. 밀로의 비너스를 보고 로마의 콜로세움을 본 다음 콘스탄티노플(현재의 이스탄불)의 병원 건물을 보면 된다. 그리스 사람들은 철학을 논하며, 대리석에서 살아 있는 사람을 끄집어냈고, 로마인들은 저항하는 자들은 징벌하고 복종하는 자들은 용서하면서 지중해 세계를 지배하고 군림했다.

그러나, 4세기 기독교인들이 택한 길은 달랐다. 그들은 하나님의 어리석음이 사람의 지혜보다 더 지혜롭다고 믿고, 하나님의 약하심이 사람의 강함보다 더 강하다고 믿으면서(고전 1.25), 가난하고 병든 자들을 돌봤다(마 25.35-40). 그리스 조각과 로마의 콜로세움과 기독교의 병원은 각각의 문명이 어떻게 다른지 요약해 주는 문명의 상징물이다.

그리스와 로마뿐만이 아니다. 이집트에는 피라미드가 있고 바벨론에는 공중 정원이 있었으며, 소아시아에는 마우솔로스의 거대한 영묘가 있었다. 4세기 나지안주스의 그레고리오스는 이런 고대문화의 유산에 대해 "그것은 그것을 만든 자에게 약간의 영광을 제외하고는 어떤 유익도 가져다주지 못했다"고 아주 박한 점수를 매겼다.[1]

초기 기독교 문명의 파수꾼인 '가난한 선행가'들은 지혜, 아름다움, 명예, 영광, 지배 등 여러 고대 문명의 넓은 길과 결별하고 봉사와 섬김이라는 좁은 길을 택했다. 그레고리오스의 표현을 빌리자면, "죽기 전에 거의 시체로 변한 자들, 몸의 대부분이 죽은 자들, (나병으로 얼굴이 일그러져) 몸보다는 이름으로 더 쉽게 알아볼 수 있는 자들"을 돌아보는 것이 그들이 기꺼이 선택한 좁은 길이었던 것이다.[2]

어떻게 이런 일이 일어날 수 있었을까?

마음과 정신의 변화가 아니고서는 이런 극적 반전의 근원을 제대로 짚어낼 수 없을 것이다. 『병원의 탄생과 발전, 그리고 기독교 영성의 역할』이란 제목을 이 책에 붙인 이유가 바로 여기에 있다.

눈에 보이는 것은 눈에 보이지 않는 것에서 말미암기에 눈에 보이는 건물과 그것을 위한 인적·물적 자원의 새로운 네트워크는 눈에 보이지 않는 마음과 정신에서 그 근원을 찾아야 한다. 바로 수도주의 영성이다. 수도주의 영성의 시금석은 복음적 가난(마 19.21), 영적 결혼(눅 14.26), 사회적 약자를 위한 도움(마 25.35-40) 등 몇 구절 안 되는 말씀이었다.

구약성경이 누누이 강조하는 '고아와 과부의 하나님 사상'과 헬레니즘의 기부 정신은 지중해 세계에서 평행선처럼 서로 만나지 못하고 있었다. 그런데, 수도주의 영성은 약자의 하나님과 헬레니즘의 기부 정신을 융합해 가난과 질병으로 고통 받는 사람들을 위한 기관을 발명해 냈다. 고대사의 신비가 아닐 수 없다. 그 이유는 가난하고 병든 자들을 위한 병원의 탄생과 발전이야말로 초기 기독교 문명을 여타 문명으로부터 구분해 주는 진정한 표식이기 때문이다.

인류 역사에서 종교가 없던 때는 없었지만, 가난하고 병든 자들만을 위한 제도가 문화로서 뿌리내렸던 곳은 비잔틴 기독교 세계가 최초였고, 가난하고 병들 자들이 무수한 담론의 주인공이 돼 역사의 전면에 등장한 것도 이때가 처음이었다.

영성을 가리켜 고요한 곳에 들어 앉아 참선 비슷한 관상 기도를 하는 것으로 오해하지 말아야 한다. 그런 건 독백이라고 불러야지 영성이라고 불러서는 안 된다. 영성은 영적인 치료 외에 다른 것일 수 없고, 영적인 치료란 기도 행위에서 종결되는 것이 아니라 기도에서 물꼬를 튼 후, 마음과 행동을 개혁해 사랑과 은혜와 믿음의 결과를 만들어 내는 데에 이르기 때문이다.

4세기 문명사의 전환기에 예수 그리스도의 복음으로 그리스와 로마의 정신을 치료해 가난하고 병든 자들을 위한 병원을 발명한 것은 현대 인류 문명을 위한 값진 선물이다.

현대 의학의 시각에서 바라보아 고대후기와 중세 병원의 기능이 돌봄(care)이나 치료(cure) 중 어디에 중점을 뒀는가 하는 문제는 살펴 볼만하지만, 너무 치중하지는 말아야 한다. 그 이유는 간단한데, 시대와 장소를 막론하고 대개 가난과 질병은 회전하는 쌍성처럼 맞물려 있기 때문이다.

중세 병원의 공로 사상에서 종교개혁기의 시민적이며, 사회적인 차원으로 병원 패러다임이 전환돼 간 것도 중요한 변화요 도약이지만 이것보다 더 중요한 게 있다. 4-6세기 기독교 문명의 태동기를 지나 중세 기독교 사회와 종교개혁 이후의 시기까지 병원사의 진정한 뿌리는 단 한순간도 가난과 질병의 문제에 대해 눈을 감지 않고 신앙 안에서 그것을 대면하고 직시했다는 데에 있다.

이 책의 모든 부분을 관통하는 대주제가 있다면, 4세기 수도주의 영성이든 중세 로마 가톨릭 영성이든 종교개혁의 공동체적 영성이든 간에 시기와 장소를 막론하고 서구의 기독교 신앙은 가난과 질병의 문제를 언제나 끌어안고 움직였다는 것이다. 이 때문에 병원의 역사는 영성의 역사와 불가분의 관계에 있다.

* * * * * * * * * * * *

결국 병원의 탄생과 발전을 다루면서 인류의 영원한 숙적인 탐욕의 문제를 다루지 않을 수 없다. 불교나 유교 등 아시아 종교나 바벨론 종교나 이집트 종교, 혹은 그리스·로마 종교에서 병원이 탄생하지 않은 이유는 무엇인가?

유독 기독교에서 병원이 잉태되고 발전되고 확대 된 이유는 무엇인가? 그것은 탐욕을 다루는 기독교의 교리가 다른 어떤 종교보다도 깊은 호소력을 갖추고 결단을 요구했기 때문이다. 그 중심에 '성육신의 역설'이 자리 잡고 있다. 만왕의 왕이신 그리스도가 우주의 통치권을 버리고 낮고 천한 육체를 입고 온갖 고통을 당할 정도로 가난하게 된 것은 가난한 자들이 그리스도의 부유를 누리도록 하기 위함이다(고후 8.9).

개인적인 자선에 그치건 은혜와 믿음의 열매로서의 공동체적 의무이건 관계없이 기독교 사회가 각종 병원으로 표현되는 빈민 구제를 구체화했던 것은 기독교 신앙 자체가 가난과 탐욕의 대립을 가슴에 품은 채 태동했기 때문이다. 개인이든 공동체든 탐욕을 통제해 보잘 것 없는 자에게 도움을 줘야 한다는 것은 역사적 기독교가 병원을 탄생시키고 발전시킬 수 있었던 자명한 원리다(마 25.40).

탐욕은 가난한 자들의 적일 뿐 아니라 그리스도의 적이다. 탐욕은 영적인 질병이며, 악의 근원이고 죄의 형상이며 따라서 마귀적이다. 자선과 구제는 탐욕의 치료제다. 구속적인 자선의 개념에서 자선은 죄라는 병의 불을 끄는 만병통치약이었다.

크리소스토무스는 4세기의 가난한 선행가 중에서 이 전통에 가장 근접한 인물이었다. 그는 구제가 탐욕의 치료제일 뿐 아니라 여러 가지 악덕을 예방하는 약이라고 설교했다. 이런 협소한 관점에는 확실히 수사적 과장이 섞여 있다. 4-5세기의 주류 영성신학에서 구제는 영혼의 의사이신 그리스도가 사용하는 여러 치료제 중 하나일 뿐 유일한 치료제는 아니었기 때문이다.

그런데, 4세기에 태동하던 기독교 문명은 구제보다 훨씬 강력한 무기로 탐욕에 맞섰는데, 그것은 '복음적 가난'(마 19:21)이었다. 복음적 가난의 개념은 1-3세기에 거의 존재하지 않던 것으로 4세기 기독교 영성의 출발점이었다.

복음적 가난은 탐욕의 절제가 아니라 탐욕의 근절을 목표로 했다는 점에서 기독교 문명의 새로운 병기였다. 복음적 가난은 밭일이나 기타 손노동과 결합된 것으로 13세기 이후 구걸과 결합된 탁발수도회의 노동 없는 자발적 가난과는 구별해야 한다.

4세기 당시에는 거의 복음 자체로 이해됐던 복음적 가난의 개념은 고대 후기를 지나 중세까지 앞으로 이어질 1천 년의 기독교 문명에서 기독론적 함의를 지닌 문명의 주춧돌이기도 했다. 그리스도의 명령을 따라 그리스도처럼 가난을 택한 자들이 기독교 문명시대의 영웅으로 우뚝 섰기 때문이다. 그 선봉에는 안토니오스가 있었고 수많은 정통 교부들이 있었으며,

386년 아우구스티누스도 이 대열에 합류한다.

4세기에 생성된 복음적 가난을 종교개혁의 관점에서 비판하는 것은 시기상조다. 복음적 가난을 택했던 많은 자들은 존경받는 지도자들이자 교회의 교사들이었고 각종 병원을 세워갔던 지중해 신(新)문명의 개척자들이었기 때문이다.

헤브라이즘의 가난한 자들을 도우시는 하나님과 헬레니즘의 기부 문화가 화학적으로 하나가 된 것도 복음적 가난의 개념을 제외하고서는 정당하게 논의될 수 없다. 탐욕을 절제하는 정도가 아니라 탐욕을 뿌리 채 뽑아버린 자들이 병원을 탄생시키고 뿌리 내린 주역이었기 때문이다.

하지만, 탐욕을 근절한다고 해서 병원이 저절로 탄생한다는 공식은 성립되지 않는다. 불교는 유교보다 탐욕을 다루는 방식이 더 철저하지만, 초기 비잔틴 세계의 병원과 같은 빈민 보호 기관을 제대로 만들거나 정착시키지 못했다. 윤회설에 상당 부분 책임이 있는 것처럼 보이지만, 이 외에도 헬레니즘적 기부 문화의 저력이나 헤브라이즘의 약자 보호 사상 같은 전사(前史)적 맥락이 약했기 때문일 것이다.

병원이 교회나 수도원의 부속 기관이었는가 아니면 병원 자체가 수도원이었는가, 수도자 개인이 병원을 운영했는가 시의회에서 운영했는가, 간호자는 물론 환자들까지도 수도자였는가 아닌가, 질병을 다루는 일반 병원인가 호스텔이나 구빈원이었는가 하는 제반 문제는 역사적 차원에서는 흥미로운 주제임에 틀림없다.

그러나, 이 모든 병원의 형태를 아우를 수 있는 하나의 개념을 제시하는 것이 보다 중요한데, 그것은 통칭해 병원으로 지칭되는 기관이 교회나 수도원처럼 종교 기관이었다는 점이다. 의료적 관점에서만 병원사를 접근하는 것은 병원이라는 기관의 성격을 완전히 잘못 파악하는 것이다.

세속 기관으로서의 병원은 종교개혁 이후 근대의 산물이며, 그 이전의 모든 병원은 종교 기관, 다시 말해 일종의 교회였다. 지역 교회가 그리스도의 보혈로 신자들의 죄를 씻어내며, 하나님의 자녀로서 성령의 감동 안에서 예배하는 곳이라면, 수도원은 탐욕과 성욕 등의 가장 근원적인 죄의 화살에 도전하는 자들의 특수한 교회였고, 병원은 탐욕에 대한 싸움을 바탕으로 가난하고 병든 자들을 보호할 목적으로 모인 특수한 교회였던 것이다.

지역 교회, 수도원 교회와 함께 병원은 가난과 질병을 매개로 한 세 번째 교회였다. 병원이 교회라고 하는 명제는 4세기 중반 첫 병원이 태어나던 때부터 종교개혁 이전까지의 모든 병원에 진실이다.

중세 후기에 이르러 도시의 발전, 상업을 통한 중산층의 형성, 백년전쟁, 흑사병, 민족 국가의 형성, 교종권의 쇠퇴, 지리상의 발견, 실험 과학의 발전 등 사회 변화가 극심했고 16세기에 이르러 더 이상 중세의 패러다임이 지탱될 수 없음이 분명해 졌다.

마틴 루터의 종교개혁으로 서구 기독교 세계는 정신 혁명의 소용돌이 속으로 빨려 들어갔다. 종교개혁의 영성은 그 이전의 시기처럼 탐욕과 가난과 질병의 문제를 끌어안고 여전히 싸웠지만 전혀 새로운 전술로 맞섰다. 이 전술은 '오직 믿음으로'(롬 1:18)라는 간단한 깃발로 요약됐고 엄청난 후폭풍을 몰고 왔다.

종교개혁의 영성은 가난한 자를 돌보고 탐욕을 제어하고자 하는 영적인 싸움을 계속해 나갔지만, 그 세부적인 영적 싸움의 전술은 이전 시대의 외형적 제도를 갈아엎고 새로운 질서를 일궈 냈다. 그 첫 번째는 실제로 가난한 자들과 가난한 체하는 자들을 구별해 후자를 걸러내는 것이었다.

두 번째는 탐욕의 제어를 개인에게 맡겨둔 것이 아니라 공동체 차원에서 조절해주는 시스템을 고안해 낸 것이다. 탁발수도회의 자발적 가난은 노동 대신 구걸과 결합했다는 측면에서 노동을 필수적인 덕목으로 간주한 4세기의 복음적 가난과는 차이가 난다. 구걸은 중세 말기에 이미 사회적인 문제로 대두됐고 종교개혁의 영성은 종교적 차원의 구걸을 금지하고 거의 없애는 쪽으로 가닥을 잡았다.

구원은 은혜와 믿음의 열매이지 외형적 가난이란 공로의 유무일 수 없다는 것이 종교개혁의 정신이었기 때문이다. 종교개혁 진영은 수도원들을 광범위하게 폐쇄했고 이에 따라 수도원이 운영하던 병원이나 기타 독립 병원들도 전반적으로 폐쇄되거나 새로운 질서로 편입된다.

종교개혁의 영성은 가난과 질병과 탐욕을 제어하는 방식을 개인의 자선이 아니라 공동체의 책임으로 승화했다는 측면에서 병원사는 물론 영성사(史)에 커다란 획을 그었다. 루터는 공동 기금(Common Chest)을 설립해 가난하고 병든 자들을 시의회에서 관리하도록 했으며, 부겐하겐은 루터의 바탕 하에서 전통적인 빈민 구호보다 넓은 범위의 구체적 보건 증진 프로그램을 가동했다.

한자동맹 도시들은 가난이 질병으로 이어진다는 사실에 주목하며, 가난을 막아 질병을 사전에 예방하겠다는 새로운 관점에서 빈민 보호 개념을 정립했다. 이러한 일련의 종교개혁적 조치가 병원사에 끼친 영향은 혼인이 교회법의 영역에서 민법의 영역으로 옮겨진 것처럼 병원 역시 가난하고 병든 자들을 위한 특수 교회에서 시민사회가 책임져야 하는 영역으로 옮겨진 것이었다. 그 영향은 오늘날까지도 계속되고 있다.

1946년 입안된 영국 노동당의 국민보건서비스(the National Health Service)

를 예로 들 수 있다. 국민보건서비스는 병원의 국유화와 의사들의 국가 공무원화를 바탕으로 중앙 정부가 전 국민에게 무상 의료 서비스를 제공하는 시스템으로 2차 세계 대전을 직접적인 배경으로 하지만, 거슬러 올라가면 마틴 루터의 종교개혁의 영성에 큰 빚을 지고 있다.[3]

이런 변화와 함께 실험 과학의 태동으로 근대 의학이 발전하면서 병원은 점차적으로 기독교 영성의 영역에서 과학의 영역으로 옮겨가기 시작한다. 이제 병원은 더 이상 교회가 아니라 서구 기독교 사회의 의료 전문 기관으로 변모하기 시작한 것이다.

미셸 푸코는 『임상의학의 탄생』에서 병원사의 대변혁이 18세기부터 시작된 것으로 본다. 그런데, 임상 의학의 탄생으로 질병을 독립적인 과학으로 다루기 한 것은 획기적인 발전이었지만 이런 발전은 영성의 망각이나 상실이라는 혹독한 대가를 치러야 했다.

병원은 영혼을 치료하고 몸을 돌보아주는 특수 교회로서 탄생하고 발전했던 본질상 영적인 기관이었지만, 질병이 개인의 삶과 단절되고 독립된 분류 체계로 객관화 되면서 영적 치료란 개념이 더 이상 설 자리를 잃게 된 것이다. 근대 의학의 발전으로 얻은 것도 크지만 잃은 것도 작지 않다. 어떤 면에서는 얻은 것만큼 혹은 얻은 것보다 잃은 것이 클 수도 있다.

* * * * * * * * * * * *

질병은 여러 가지 차원이 복합적으로 작용해 발생한다. 신체적이고 정신적인 불균형뿐만 아니라 영적인 문제가 있을 수도 있고, 또 개인적인 측면과 사회적인 측면 외에도 환경적인 요인 등이 맞물려 있다. 누군가 병에 걸렸다면, 그 원인은 개인의 습관 같은데서 유발된 것일 수도 있고 더 넓은 시각에서 사회적 문제에 책임을 돌릴 수 있는 부분도 있으며, 그런 제반 문제를 대하는 개인의 마음가짐이나 영적인 태도와 관련이 있을 수도 있다는 것이다.

병원의 역사는 영적인 측면의 중요성을 일깨워준다. 4세기에 병원이 탄생할 때 기독교 신학은 영적 질병, 즉 죄의 현상을 범주화하면서 영적 치유 개념을 발전시켰다. 에바그리오스의 이론이 대표적이다. 에바그리오스의 영성신학에 의하면, 영적인 질병은 탐식, 성적인 부정(不貞)함, 돈을 사랑함(탐욕), 분노(화), 슬픔(우울), 태만(나태), 허영, 교만 등 여덟 가지다.[4]

중세에는 슬픔과 허영을 빼고 시기를 넣었다. 아우구스티누스는 요한1서 2장 16절을 바탕으로 칭찬을 구하는 마음, 자기만족, 명예욕, 지배욕, 거짓말 등 독자적인 악덕의 목록을 확립해 영적 질병을 총 13가지로 범주화했다.[5] 영적 질병의 범주는 절대적인 것이 아니며, 사회 문화에 따라서 다양하게 나타날 수 있다.

기독교 신학은 영적인 질병과 그에 대한 치료를 중세까지는 주로 개인의 손에 맡겨 뒀다. 종교개혁부터는 영적 치유의 문제를 사회와 시민적 차원에서 바라보게 됐다. 예를 들어, 탐욕이라는 영혼의 병은 중세까지는 주로 개인적인 자선으로 대처했다.

수도원의 경우 탐욕과 맞서기 위해 사적 소유를 공동체 차원에서 금지하는 방식을 채택했으나 이런 방식의 접근은 어디까지나 수도원이라고 하는 특수 공동체에 한정된 것이었다. 종교개혁이 가난과 탐욕에 대해 대처하던 방식은 이와는 상이했다. 마틴 루터는 공동 기금을 설립해 시민들 전체가 일정한 수준에서 탐욕을 절제해 가난한 자들을 돕도록 하는 시스템을 만들었던 것이다.

현대 복지 국가의 여러 가지 특징들도 이런 공동체적 영성의 기반 위에서 이해될 수 있다. 대표적으로 누진세를 거론할 수 있다. 누진세를 단순히 국가 경제의 차원에서 바라보기 보다는 수입이 많을수록 세율을 높임으로 계량적 차원에서 물질에 대한 탐욕을 좀 더 절제시켜 준다는 영적 치료의 차원에서 접근해 볼 수 있다.

공화제의 원리인 권력 분립의 개념도 권력을 분립해 지배욕을 줄여줌으로써 그렇지 않았더라면, 지배욕의 더 심각한 노예가 됐을 사람을 어느 정도 치료해 준다는 영적 치료의 시각에서 접근할 수 있다. 더 나아가, 사회의 각 단위와 각 수준에서 지배욕을 줄여주는 시스템의 개발과 적용은 권력 독점에서 파생되는 수많은 문제를 보다 완화시킬 수 있기 때문에 사회 전반의 관점에서 보자면, 집단적이고 개인적인 부조화와 질병을 완화시키는 데에 기여할 수 있다.

영성신학적 관점에서 바라보자면, 가난, 질병, 탐욕 등을 중심으로 한 병원사의 문제는 보다 광범위한 영적 치유의 개념과 완전히 분리된 것일 수 없다. 한 사람의 질병이 개인과 사회의 수준에서 여러 가지 차원이 복잡하게 얽혀 발생하는 것이라면, 어떤 질병을 객관화 해 독립적으로 다루는 것은 겉보기의 증상을 완화시키거나 치료할 수 있을지는 모르지만 근원적이고 전인적인 치료에는 도달하기 어렵다.

어떤 사회의 질병의 총량을 질병 분류표에 따른 통계나 수술이나 투약의 횟수나 의료비 통계 등의 지표로만 환원하는 것은 객관적으로 보이지만 피상적인 것에 지나지 않는다. 과학 기술로서의 의학, 즉 테크닉으로서의 의학이 아무리 유용하다고 할지라도 영혼의 문제에 대해서는 명확한 한계를 갖고 있다.

어떤 사람의 공포, 두려움, 허영, 교만, 탐욕, 환경과 남을 탓하는 행위, 남을 업신여기고 담을 쌓는 행위, 거짓말, 부정직, 갑질 등에 대해 의학 기술이 무슨 답을 줄 수 있을까? 현대 의학 기술이 어떻게 한 사람에게서 감사, 기쁨, 겸손, 친절, 온화함, 인내, 사랑, 진실, 따뜻한 마음과 열린 마음 등을 이끌어 낼 수 있을 것인가?

'그리스도는 의사이시다'(Christus est medicus)라는 오래된 주제로 돌아가서 이 책을 끝맺으려 한다. 프랑스 남부의 아를르(Arles)에서 발견된 '교리적 석관'(石棺)이라 불리는 대리석 관(棺)이 있다. 이 석관의 상단에는 혈루병 걸린 여인이 돋을새김으로 표현됐다. 여인은 오랜 질병에서 치유 받고자 하는 심정으로 그리스도의 발아래 엎드려 그 옷깃을 살짝 건드린다.

동시대의 또 다른 석관에는 그리스도가 팔을 뻗어 맹인의 눈을 만지며, 불치의 병을 치유하는 장면이 부조됐다. 초자연적 능력으로 육체의 질병을 치료하는 놀라운 치료자 그리스도의 모습은 이 시대 사람들이 가장 사랑하던 조각 중의 하나였다.

그런데, 그리스도는 육체의 의사로만 묘사된 것이 아니다. 아를르의 교리적 석관 상단에는 혈루병 걸린 여인의 반대쪽에 죄사함을 얻는 중풍 병자의 모습이 표현됐다. 중풍병자는 병상에 앉은 채로 양손을 뻗어 그리스도의 옷깃을 잡고 있다. 그리스도는 왼손에 두루마리로 된 말씀을 들고 오른손을 환자의 머리에 대며 "네 죄가 용서받았다"(막 2:5)고 선언한다.

죄사함은 아담과 하와를 표현하는 돋을새김의 주제이기도 했다. 아담과 하와를 묘사한 옅은 부조는 흔히 기독론적 유형론으로 표현됐다. 이 유형에서 그리스도는 인류를 죄 아래 가두는 시원(始原)의 죄를 범한 아담과 하와의 가운데 서거나 옆에 선다. 그리스도는 때로 땀과 노고를 상징하는 밀 묶음을 들고 있고 때로 대속을 상징하는 양을 들고 원죄를 용서하기도 한다. 이런 장면에서 그리스도는 영혼의 질병인 죄를 치유하는 의사로 등장한다.

  병원이 질병에 걸린 자들의 영혼을 돌보는 특수한 교회로 출발해 그런 교회로 발전돼 갔다는 사실은 오늘날 우리가 현대적 병원에서 기대하고 얻을 수 있는 것보다 훨씬 깊은 통찰을 제공한다. 바실리오스는 "몸도 돌보아 주지만 영혼을 치료해야 한다"고 했다.[6]

  병원이 무엇을 해야 하는가에 대한 바실리오스의 선언은 석관에 돋을새김으로 표현된 '진정한 의사' 그리스도, 즉, 육체와 영혼을 동시에 치유하는 의사 그리스도의 이미지와 부합한다. 외부 세계의 사물을 마음껏 손에 넣고 또 그런 것을 원하는 대로 즐길 만큼 몸이 건강하다고 해도 영혼이 심각한 질병에 걸려 있다면 결국은 무언가의 노예로 생을 마감해야 한다. 온 세상을 얻고도 자기 목숨을 잃는다면 무엇이 유익하겠는가?(마 16:26)

미주

제1장 아스클레피오스 성소(Asclepieion)의 몽중 환상(incubation)

1   호메로스(Homeros), 『일리아드』(*Iliad*), IV.194. 신화 속에 묘사된 아스클레피오스에 대해서는 김호연, 「그리스의 의신(醫神) 아스클레피오스」, 55-59쪽과 성영곤, 「아스클레피오스 신전의술과 히포크라테스 의학」, 100-106쪽을 참조하라. 도판출처는 다음과 같다. Neugebauer, *Asklepios, ein Beitrag zur Kritik Römischer Statuenkopien*, Tafel. 3.
2   Bremmer, *Greek Religion and Culture*, 256쪽.
3   Defrasse et Lechat, *Epidaure, restauration et description des principaux monuments du sanctuaire d'Asclépios*, 26쪽.
4   Defrasse et Lechat, *Epidaure, restauration et description des principaux monuments du sanctuaire d'Asclépios*, 28-29쪽.
5   cf. Meier, *Ancient Incubation and Modern Psychotherapy*, 23쪽.
6   Struckmann, "Asclépios à Epiduare", 24쪽.
7   락탄티우스(Lactantius), 『하나님의 경세』(*Institutiones Divinae*), IV.27.
8   Avalos, *Health Care and the Rise of Christianity*, 50쪽. 알렉산드로스 대왕의 출현으로 그리스가 대제국으로 발돋움하면서 국가 운영에 참여하던 그리스 시민들이 황제의 일개 신민의 지위로 추락함에 따라 대중의 관심이 공적인 영역에서 개인의 건강과 안녕의 문제로 소시민화 되면서 아스클레피오스 숭배가 활성화된 것으로 보는 견해도 있다. 여인석, 「아스클레피오스 신앙과 초기 기독교의

관계에서 본 병원의 기원」, 9쪽.
9 Mitchell-Boyask, *Plague and the Athenian Imagination*, 45쪽.
10 Defrasse et Lechat, *Epidaure, restauration et description des principaux monuments du sanctuaire d'Asclépios*, 131-132쪽.
11 Struckmann, "Asclépios à Epiduare", 24쪽.
12 Retief and Cilliers, "The Evolution of Hospitals", 218-219쪽.
13 Avalos, *Health Care and the Rise of Christianity*, 50쪽.
14 Mitropoulou, *The Worship fo Asklepios and Hygieia in Arkadia*, 88-89쪽.
15 신영전, 「아스클레피오스의 지팡이와 헤르메스의 지팡이」, 22-23쪽에서 참조. 다른 한편, 메디나 촌충의 치료와 관련시키기도 한다. 메디나 촌충에 감염된 사람을 치료할 때 의사들이 감염 부위를 바늘로 찌르면, 촌충은 바늘을 타고 올라오는데, 완전히 감으면, 바늘을 제거해 촌충을 치료했다고 한다. 아스클레피오스의 뱀이 감긴 지팡이를 이와 관련 시켜 설명하기도 한다. 김호연, 「그리스의 의신(醫神) 아스클레피오스」, 62쪽, 각주 42번.
16 Struckmann, "Asclépios à Epiduare", 22쪽.
17 Meier, *Ancient Incubation and Modern Psychotherapy*, 27쪽.
18 모세의 지팡이와 베드로의 지팡이가 3-4세기 기독교 예술에서 표현된 예에 대해서는 남성현, 『고대 기독교 예술사』, 154-159쪽 참조.
19 율리아누스(Julianus), 『편지』(*Lettres*), 78.
20 Hands, *Charities and Social aid*, 132쪽.
21 Maria Aurenhammer, "Sculptures of Gods and Heroes from Ephesos," in *Ephesos: Metropolis of Asia* (ed. Koester), 266-267쪽.
22 여인석, 「아스클레피오스 신앙과 초기 기독교의 관계에서 본 병원의 기원」, 17쪽을 참조하라.
23 락탄티우스, 『하나님의 경세』, IV.27.
24 아우구스티누스(Augustinus), 『신국론』(*Civitas Dei*), III.17.
25 아르노비우스, 『전통종교 반박』, VII.44-45.
26 도판 출처는 다음과 같다. 남성현, 『고대 기독교 예술사』, 198-199쪽(도판 4-60).
27 남성현, 『고대 기독교 예술사』, 242쪽(도판 6-5).
28 남성현, 『고대 기독교 예술사』, 27쪽(도판 1-12)과 38-39쪽을 참조하라.

29 아스클레피에이온에 대해서는 다음 연구를 참조하라. 김호연,「그리스의 의신 (醫神) 아스클레피오스」, 60-68쪽. 성영곤,「아스클레피오스 신전의술과 히포크라테스 의학」, 106-114쪽. Risse, *Mending Bodies, Saving Souls*, 28-33쪽.

30 조은정,「아스클레피오스 숭배와 치유의 도상」, 15쪽.

31 남성현,『고대 기독교 예술사』, 360-361쪽.

32 Meier, *Ancient Incubation and Modern Psychotherapy*, 53-72쪽(Chapter Five, Incubation Ritual in the Sanctuaries of Asclepius).

33 Erich Boehringer, "Pergamon", *Neue Deutsche Ausgrabungen in Mittelmeergebiet und im Vorderen Orient*, Berlin: Bebr. Mann, 1959, fig.25(Model of the Asklepieion of Pergamon by H. Schlief). 필자는 슐라이프가 제시한 페르가몬의 아스클레피에이온 조감도와 그에 대한 설명을 Thompson·Goldin 1975, 4-5쪽에서 참고했다.

34 도판 4의 출처, Defrasse et Lechat, *Epidaure, restauration et description des principaux monuments du sanctuaire d'Asclépios*.

35 도판 5의 출처, Defrasse et Lechat, *Epidaure, restauration et description des principaux monuments du sanctuaire d'Asclépios*.

36 Defrasse et Lechat, *Epidaure, restauration et description des principaux monuments du sanctuaire d'Asclépios*.

37 Defrasse et Lechat, *Epidaure, restauration et description des principaux monuments du sanctuaire d'Asclépios*, 95쪽.

38 Defrasse et Lechat, *Epidaure, restauration et description des principaux monuments du sanctuaire d'Asclépios*, 95쪽.

39 Defrasse et Lechat, *Epidaure, restauration et description des principaux monuments du sanctuaire d'Asclépios*, 131쪽. 문영규·이낙운,「고대(古代) 병원 병동」, 73-74쪽도 참조하라.

40 Defrasse et Lechat, *Epidaure, restauration et description des principaux monuments du sanctuaire d'Asclépios*, 138-139쪽.

41 기원전 4세기 초반에 만들어진 부조에 이들이 신원을 확증할 수 없는 몇몇 인물과 함께 묘사됐다. 조은정,「아스클레피오스 숭배와 치유의 도상」, 17-18쪽.

42 포르피리우스, *De abstinentia*, II, 19. Meier, *Ancient Incubation and Modern Psychotherapy*, 54쪽에서 재인용.

43 Defrasse et Lechat, *Epidaure, restauration et description des principaux monuments du sanctuaire d'Asclépios*, 139-140쪽.
44 Meier, *Ancient Incubation and Modern Psychotherapy*, 56-7쪽.
45 Hands, *Charities and Social aid*, 132쪽.
46 Hands, *Charities and Social aid*, 132쪽.
47 Defrasse et Lechat, *Epidaure, restauration et description des principaux monuments du sanctuaire d'Asclépios*, 139쪽 각주 4.
48 MacMullen, *Christianism et Paganisme du IVe au VIIIe siècle*, 173.
49 Kasas, "La médecine dans l'Ancienne Corinthe", 9쪽.
50 MacMullen, *Christianism et Paganisme du IVe au VIIIe siècle*, 175쪽.
51 Staccioli, *Ancient Rome. Monuments*, 60쪽.
52 스트라보(Strabo), 『지리』(*Geographikon*), VIII.6.5.
53 성영곤, 「아스클레피오스 신전의술과 히포크라테스 의학」, 110쪽.
54 여기에서 인용하는 이야기는 Defrasse et Lechat, *Epidaure, restauration et description des principaux monuments du sanctuaire d'Asclépios*, 142-148쪽에서 참조한 것이다. 비문의 몇몇 이야기에 대해서는 조은정, 「아스클레피오스 숭배와 치유의 도상」, 20-21쪽과 성영곤, 「아스클레피오스 신전의술과 히포크라테스 의학」, 111-114쪽도 참조하라.
55 이하 내용은 Rosen, *Madness In Society*, 110-116쪽과 Van Der Horst, *Aelius Aristides and the New Testament*, 1-5쪽을 참조했다. 성영곤은 「아스클레피오스 신전의술과 히포크라테스 의학」, 120-125쪽에서 아리스티데스에 대해 약술한 바 있다.
56 Van Der Horst, *Aelius Aristides and the New Testament*를 참조하라.
57 아리스티데스(Aristides), 『거룩한 이야기』(*Hieroi Logoi*), XLVIII.5-7. Rosen, *Madness In Society*, 114쪽에서 재인용.
58 아리스티데스, 『거룩한 이야기』, LXI. Jackson, *Doctors and Diseases in the Roman Empire*, 138쪽에서 재인용.
59 Boulanger, *Aelius Aristide*, 175-176쪽과 199-209쪽.
60 Kee, *Miracle in the Early Christian World*, 83-93쪽.
61 Kee, *Miracle in the Early Christian World*, 93-104쪽.

62 성인 숭배에 대해서는 피터 브라운, 『성인숭배』를 참조하라.
63 피터 브라운, 『성인숭배』, 42쪽에서 재인용.
64 소프로니오스, 『기적』, 41.
65 소프로니오스, 『기적』, 46.
66 소프로니오스, 『기적』, 30.
67 Delehaye, *Les Légendes Hagiographiques*, 144쪽.
68 기독교 성인전(聖人傳) 문학의 특성에 대해서는 Delehaye, *Les Légendes Hagiographiques*, 1-100쪽을 참조하라.

제2장 로마제국의 군인병원 (Valetudinaria)

1 *Valetudinarium of cohors II Aurelia nova milliaria equitata ciuium Romanorum.* Southern, *The Roman Army*, 235쪽.
2 개략적인 설명은 Risse, *Mending Bodies, Saving Souls*, 47-56쪽을 보라.
3 Retief and Cilliers, "The Evolution of Hospitals", 220쪽.
4 Webster, *The Roman Imperial Army*, 200쪽.
5 Webster, *The Roman Imperial Army*, 185쪽.
6 *De Metatione Castrorum* 4.35. Southern, *The Roman Army*, 233쪽.
7 Retief and Cilliers, "The Evolution of Hospitals", 221쪽.
8 Webster, *The Roman Imperial Army*, 211쪽. 도판은 Webster, *The Roman Imperial Army*, 193쪽, 그림 38b에서 참조한 것이다.
9 Mario Tabanelli, "Gli ospedale delle legioni Romane, lungo 'Limes' Germanico ed Orientale," *Atti del Primo Congresso di Storia Ospitaliera*, Reggio Emilia (1960): 1264. 필자는 타바넬리가 제시한 빈도닛사 군인병원의 평면도와 그에 대한 해설을 Thompson·Goldin 1975, 4-6쪽에서 참조했다.
10 Jackson, *Doctors and Diseases in the Roman Empire*, 136쪽.
11 Webster, *The Roman Imperial Army*, 200쪽.
12 잭슨과 웹스터는 병원의 규모가 평균적으로 주둔 병사의 5%를 수용할 수 있다고 했다. Jackson, *Doctors and Diseases in the Roman Empire*, 136쪽. Webster, *The*

Roman Imperial Army, 201쪽. 반면, 레티프와 킬리어는 백인대의 경우 평균 3명 정도의 입원 규모이며, 군단 백인대의 규모에 따라서 이런 비율로 병원의 규모가 정해졌다고 한다. Retief and Cilliers, "The Evolution of Hospitals", 220쪽. 종합하면, 로마군의 병원은 주둔 병력의 3%-5% 정도를 수용할 수 있는 규모였을 것이다.

13 Webster, *The Roman Imperial Army*, 200-201쪽.
14 Webster, *The Roman Imperial Army*, 185쪽.
15 Webster, *The Roman Imperial Army*, 193-209쪽을 참조하라.
16 도판은 Webster, *The Roman Imperial Army*, 187쪽에서 참조했다
17 도판은 Liversidge, *Britain in the Roman Empire*, 330쪽에서 참조했다.
18 Liversidge, *Britain in the Roman Empire*, 331쪽.
19 Jackson, *Doctors and Diseases in the Roman Empire*, 134-135쪽.
20 Webster, *The Roman Imperial Army*, 200쪽.
21 Jackson, *Doctors and Diseases in the Roman Empire*, 134-135쪽.
22 Liversidge, *Britain in the Roman Empire*, 330-331쪽. 도판은 332쪽에서 참조했다.
23 도판은 Webster, *The Roman Imperial Army*, 219쪽, 그림 48에서 가져온 것이다.
24 Webster, *The Roman Imperial Army*, 149쪽. 아울러 226쪽도 참조하라.
25 도판은 Wilson, *Roman Remains in Britain*, 90쪽에서 참조했다.
26 Cushing, "Roman military hospitals", p. v.
27 하우스테드 로마군인병원에 대한 설명은 Wilson, *Roman Remains in Britain*, 291-294쪽에서 참조했다.
28 Southern, *The Roman Army*, 235-236쪽.
29 Cushing, "Organisation of patient care in the Roman military hospital", p. v.
30 Cushing, "Organisation of patient care in the Roman military hospital", p. v.
31 Webster, *The Roman Imperial Army*, 226쪽.
32 로마군의 군의관에 대해서는 Southern, *The Roman Army*, 233-234쪽에서 참조했다.
33 Jackson, *Doctors and Diseases in the Roman Empire*, 134쪽.
34 Southern, *The Roman Army*, 236쪽.

35   Southern, *The Roman Army*, 236쪽.
36   *De Medicina* 7.5.3-4.
37   *De Medicina* 7.26.21-24; 7.33.1-2.
38   Southern, *The Roman Army*, 236-237쪽.
39   최자영,「헬레니즘 시대 의술에서 보이는 이질적 경향」, 17쪽.
40   Jackson, *Doctors and Diseases in the Roman Empire*, 137쪽.
41   Southern, *The Roman Army*, 237쪽. Jackson, *Doctors and Diseases in the Roman Empire*, 136쪽.
42   Woodhead, "The State Health Service in Ancient Greece", 237쪽.
43   Hands, *Charities and Social aid*, 141쪽.
44   Harig, "Zum Promblem 'Krankenhaus' in der Antike", 193-195쪽.
45   Columella, Rust. XI.1.18. Retief and Cilliers, "The Evolution of Hospitals", 221쪽 각주 2번에서 재인용.
46   Liversidge, *Britain in the Roman Empire*, 331쪽.
47   Retief and Cilliers, "The Evolution of Hospitals", 221쪽.
48   Theodor Meyer-Steineg, *Kranken-Anstalten im griechisch Römischen Altertum*, in *Jenaer medizin-historische Beiträge*, 3, Jena: G. Fischer, 1912, 7-18쪽. Miller, *The Birth of the Hospital in the Byzantine Empire*, 41-42쪽에서 재인용.
49   Miller, *The Birth of the Hospital in the Byzantine Empire*, 42-44쪽.

제3장 기독교적 병원의 정신사적 탄생 배경

1   Frisch, *Jewish Philanthropy*, 4-5쪽.
2   Frisch, *Jewish Philanthropy*, 6-7쪽.
3   Frisch, *Jewish Philanthropy*, 25-30.
4   *La Bible, L'ancien Testament* II, 1731-1732쪽.
5   *La Bible, L'ancien Testament* II, 1576-1577쪽.
6   *La Bible, L'ancien Testament* II, 1820쪽.

7 회당과 회당을 중심으로 한 율법주의에 대해서는 Bultmann, *Primitive Christianity*, 59-71쪽을 참조하라. Frisch, *Jewish Philanthropy*, 31-40쪽.
8 Frisch, *Jewish Philanthropy*, 37쪽.
9 Frisch, *Jewish Philanthropy*, 38쪽.
10 Frisch, *Jewish Philanthropy*, 144쪽.
11 히에로니무스(Hieronimus), 『편지』(*Epistula*), 77,3. *Corpus Scriptorum Ecclesiasticorum Latinorum*, vol. 55, S. EUSEBII HIERONYMI (Wien, 1912), 37-49쪽(해당 본문은 38-40쪽). 영어 번역은 인터넷 웹사이트 http://www.zeitun-eg.org/ecfidx.htm에서 참조 가능.
12 Frisch, *Jewish Philanthropy*, 148쪽.
13 Frisch, *Jewish Philanthropy*, 150-155쪽.
14 Cohen, *Jewish Community of Medieval Egypt*, 198-242쪽.
15 Garrison, *Redemptive Almsgiving*.
16 Garrison, *Redemptive Almsgiving*, 38-50쪽.
17 Garrison, *Redemptive Almsgiving*, 52-55쪽.
18 잠언 LXX 15.27 = MT 16.6, LXX 20.28 = MT 20.28.
19 *La Bible, L'ancien Testament* II, 1591쪽.
20 *La Bible, L'ancien Testament* II, 1719쪽.
21 Garrison, *Redemptive Almsgiving*, 56쪽에서 재인용.
22 Garrison, *Redemptive Almsgiving*, 57쪽에서 재인용.
23 Veyne, *Le pain et le cirque*, 185-791쪽.
24 남성현, 「초기 비잔틴 제국과 기독교의 빈민을 위한 협력 모델 연구」, 9쪽에서 간략하게 설명한 바 있다.
25 Veyne, *Le pain et le cirque*, 209-211쪽.
26 Veyne, *Le pain et le cirque*, 211쪽.
27 A.S.F. Gow and D.L. Page, *The Greek Anthology : Hellenistic Epigrams*, Cambridge, 1967, vol. 2, 29-30쪽. Veyne, *Le pain et le cirque*, 211쪽에서 재인용.
28 Veyne, *Le pain et le cirque*, 212쪽.
29 Veyne, *Le pain et le cirque*, 213쪽.
30 Veyne, *Le pain et le cirque*, 214-215쪽.

31 1mine는 100드라크마이다.
32 Démosthène, *Sur la couronne*, 114. Veyne, *Le pain et le cirque*, 214-215쪽에서 재인용.
33 아리스토텔레스, 『정치학』, VI.7.4-7.
34 Aristotle, *Politique*, tome 2, livres V-VI, texte et traduction par Jean Aubonnet (Paris: Les Belles Lettres), 1973. 285-286쪽 각주 7번.
35 남성현, 『고대 기독교 예술사』, 365쪽.
36 이하의 내용은 Veyne, *Le pain et le cirque*, 241-242쪽에서 참고한 것이다.
37 남성현, 『고대 기독교 예술사』, 365쪽.
38 제사용 기금에 대해서는 *Le pain et le cirque*, 243쪽을 참조했다.
39 기독교 시대의 성자 숭배에 대해서는 남성현, 『고대 기독교 예술사』, 357-382쪽을 참조하라.
40 Veyne, *Le pain et le cirque*, 218-228쪽.
41 Veyne, *Le pain et le cirque*, 381쪽.
42 Veyne, *Le pain et le cirque*, 421쪽.
43 Veyne, *Le pain et le cirque*, 399쪽.
44 Veyne, *Le pain et le cirque*, 386쪽.
45 원로원 금고(aerarium)에 대해서는 남성현, 『콘스탄티누스 가문의 기독교적 입법정책(313-361년)』, 85-86쪽을 참조하라.
46 Veyne, *Le pain et le cirque*, 385쪽.
47 Veyne, *Le pain et le cirque*, 382쪽.
48 Veyne, *Le pain et le cirque*, 387-389쪽.
49 Veyne, *Le pain et le cirque*, 391-392쪽.
50 Veyne, *Le pain et le cirque*, 395쪽.
51 Veyne, *Le pain et le cirque*, 397쪽.
52 Veyne, *Le pain et le cirque*, 405쪽.
53 Veyne, *Le pain et le cirque*, 486쪽.
54 옥타비아누스의 성공에 대해서는 Veyne, *Le pain et le cirque*, 402-404쪽을 참조했다.
55 Plutarque, *Brutus* 22. Veyne, *Le pain et le cirque*, 404쪽에서 재인용.

56　Suétone, *César* 83. Veyne, *Le pain et le cirque*, 504쪽 각주 100에서 재인용.

57　Veyne, *Le pain et le cirque*, 409쪽.

58　Veyne, *Le pain et le cirque*, 414-415쪽.

59　Veyne, *Le pain et le cirque*, 431쪽.

60　Veyne, *Le pain et le cirque*, 434쪽.

61　Veyne, *Le pain et le cirque*, 418쪽.

62　Veyne, *Le pain et le cirque*, 419쪽.

63　Veyne, *Le pain et le cirque*, 490쪽.

64　Veyne, *Le pain et le cirque*, 488쪽.

65　Hands, *Charities and Social Aid*, 35쪽.

66　남성현,「초기 비잔틴 제국과 기독교의 빈민을 위한 협력 모델 연구」, 10쪽.

67　남성현,「초기 비잔틴 제국과 기독교의 빈민을 위한 협력 모델 연구」, 8쪽에서 이미 이런 견해를 개진한 바 있다.

68　Garrison, *Redemptive Almsgiving*, 60-75쪽.

69　『디다케』, 4.6.

70　하르낙은 기독교 자선 일반과 예배와의 연관성에 대해서 폭넓게 서술한 바 있다. Harnack, *Mission et expansion du christianisme*, 223-228쪽을 참조하라.

71　아리스티데스(Aristides),『변증』(Apologia), XV.7. SC 470에 프랑스어로 번역된 아리스티데스의『변증』의 사본은 시리아어로 됐다.

72　Garrison, *Redemptive Almsgiving*, 77-94쪽.

73　『클레멘스 2서(書)』, 16.1-3.

74　키프리아누스(Cyprianus),『선한 행위와 자선에 대해서』(De Opere et Eleemosynis), 1.

75　키프리아누스,『선한 행위와 자선에 대해서』, 2.

76　자선으로 세례 후의 죄가 사해진다는 키프리아누스의 견해에 대해서는 키프리아누스,『선한 행위와 자선에 대해서』, 166-168쪽에 미셸 프와리에(Michel Poirier)가 정리해 놓은 내용과 아울러 조병하,「Cyprianus의 '가난한 자들을 위한 선행과 자선'에 대한 교훈 연구」를 참조하라.

77　이은혜,「부와 부자에 대한 초대 교부들의 이해: 연속성과 불연속성」, 161-162쪽.

78　Harnack, *Mission et expansion du christianisme*, 230-231쪽을 참조하라.

79 폴리카르푸스(Polycarpus), 『빌립보 교회에 보내는 편지』, VI.1.
80 『사도전승』(Didascalia), IV.1.1.
81 에우세비오스(Eusebios), 『교회사』(Historia Ecclesiastica), VI.43.
82 『사도전승』, III.4.1-2.
83 율리아누스 황제가 기독교 세력의 약화와 로마 전통 종교의 부흥을 위해 펼친 정책에 대해서는 서원모, 「율리아누스 황제의 종교 정책 연구」와 최혜영, 「율리아누스 황제의 이교주의」를 참조하라.
84 소조메노스, 『교회사』, 5.16. *Histoire Ecclésiastique*, Livres V-VI, texte grec de l'Edition de J. Bidez – G.C. Hansen(GCS), introduction et annotation par Guy Sabbah, traduction par A.-J. Festugière et B. Grillet, *Sources Chrétiennes* 495 (Paris: Les Editions du CERF, 2005), 173-175쪽. 율리아누스 황제의 이 서신은 피터 브라운, 『고대 후기 로마 제국의 가난과 리더십』, 17-18쪽에 보다 간략한 형태로 제시돼 있다.
85 오랫동안 네메시스(Nemesis)와 동일시돼 온 신이다. 쓸데없는 말에 대해 벌을 주는 신으로 알려져 있다. Sozomène, *Histoire Ecclésiastique*, Livres V-VI, *Sources Chrétiennes* 495, 172쪽 각주 1.
86 Harnack, *Mission et expansion du christianisme*, 233쪽.
87 Harnack, *Mission et expansion du christianisme*, 234-236쪽. 1-3세기의 광산형(metallum) 혹은 광산 노역형(opus metalli)은 종신형이었으나 대개 10년 동안의 강제노동 후에 석방됐다고 한다. 하지만, 대부분의 광부는 자유민으로 신분이 세습됐다. 광산 노역형에 처한 자는 사슬에 결박돼 강제 노역을 했으며, 광산형에 처한 자는 이와 달리 사슬로 결박되지는 않았다. 이외에 두 형벌 사이의 실제적인 차이는 없었다. 이 형벌을 선고받은 자는 불에 달군 쇠로 얼굴에 낙인이 찍혔으며 노예처럼 취급됐고, 머리카락의 절반을 제거했다. 광산형 혹은 광산 노역형은 사형 다음으로 엄중한 처벌이었다. 남성현, 『콘스탄티누스 가문의 기독교적 입법정책(313-361년)』, 19-21쪽.
88 에우세비오스, 『교회사』, IV.23.10.
89 Harnack, *Mission et expansion du christianisme*, 235쪽 각주 4번.
90 클레멘스(Clemens), 『고린도 교회에 보낸 첫 번째 편지』, 55.2.
91 아리스티데스, 『변증』, XV.7.

92 Lucianus, *De Morte Peregrini* 12-13.
93 Harnack, *Mission et expansion du christianisme*, 235-236쪽, 각주 1번.
94 바실리우스(Basilios), 『편지』(*Epistula*), LXX(로마의 감독 다마수스에게 보낸 편지).
95 호노라투스(Honoratus), 『힐라리우스의 생애』(*Vita Hilarii*), 11. 남성현, 「4-5세기 기독교 성인전에 나타난 '가난한' '자선 사업가'(euergetes)」, 321-322쪽을 참조하라.
96 포시디우스(Possidius), 『아우구스티누스의 생애』(*Vita Augustini*), 24.15.
97 아리스티데스, 『변증』, XV.7.
98 락탄티우스, 『하나님의 경세』, VI.12.
99 『폴리카르푸스의 순교』, 18.
100 남성현, 『고대 기독교 예술사』, 25쪽.
101 유스티누스(Justinus), 『변증』(*Apologia*), I.67.6-7.
102 에우세비오스, 『교회사』, IV.23.10.
103 키프리아누스, 『편지』, 62.

제4장 수도주의 영성과 자본의 이동

1 『파코미오스의 생애(그리스어)』, 28. 파코미오스 수도원의 간호 병동에 대해서는 남성현, 『기독교 초기 수도원 운동사』, 33쪽을 참조했다.
2 히에로니무스, 『파코미우스 규칙』, 서문.
3 『파코미오스의 생애(그리스어)』, 64. 『파코미오스의 생애(콥트어)』, 61.
4 『파코미오스의 생애(그리스어)』, 115.
5 『사막교부들의 금언집』, 3.9; 3.38.
6 Gribomont, *Saint Basile*, 97쪽. 4세기 중반 빈민 구제 사업의 선구자들에 대해서는 남성현, 「바실리우스(Basilius)의 공주수도원」, 148-149쪽에서 참조했다.
7 에피파니우스, 『판아리온』, 75.
8 에우스타티오스의 행적에 대한 간략한 정보는 피터 브라운, 『고대 후기 로마 제국의 가난과 리더십』, 80-85쪽을 참조하라.
9 바실리우스, 『수도규칙서』.

10   '주는 것'과 '포기하는 것'의 차이에 대해서는 남성현, 「가난한 자선 사업가」(euergetes), 306-307쪽에서 참조한 것이다.
11   Veyne, *Le pain et le cirque*, 62쪽. "Or si l'on durcit les choses, on estimera que l'ascèse n'a rien de commun avec la philanthrope. Celui qui donne ses biens aux pauvres pour fuir le monde se soucie moins de secourir son prochain que de se débarraser de ses biens pour son salut."
12   아타나시오스, 『안토니오스의 생애』, 2.
13   아타나시오스, 『안토니오스의 생애』, 12-13. 나현기, 「안토니오스의 수도원적 청빈 이해」, 71-72쪽 참조.
14   남성현, 「가난한 자선 사업가」(euergetes), 326-328쪽.
15   남성현, 「가난한 자선 사업가」(euergetes), 324-326쪽에 관련된 여러 일화가 소개됐다.
16   『사막교부들의 금언집』, 6.21.
17   『멜라니아의 생애』, 38. 이 일화는 남성현, 「가난한 자선 사업가」(euergetes), 326쪽에 소개한 내용을 그대로 옮긴 것이다.
18   필자는 '가난한 선행가'의 개념에 대해서 연구한바 있다. 이하에 나오는 '가난한 선행가'의 내용은 몇 군데를 제외하고는 전체적으로 남성현, 「가난한 자선 사업가(euergetes)」를 참조해 문자적으로 재인용한 것임을 밝히며, 별도의 인용부호는 달지 않겠다. 피터 브라운, 『고대 후기 로마 제국의 가난과 리더십』, 61-150쪽에 설명된 4-6세기 교회 지도자들의 선행(euergesia)도 참조하라.
19   사막 수도자들이 기부를 거절한 것은 '돈을 사랑하는 마귀'와 '허영의 마귀'에게 지지 않기 위함이었다. 이에 대해서는 남성현, 「가난한 자선 사업가(euergetes)」, 326-328쪽을 참조하라.
20   『사막교부들의 금언집』, 14.25.
21   피터 브라운, 『고대 후기 로마 제국의 가난과 리더십』, 151쪽.
22   피터 브라운은 『고대 후기 로마 제국의 가난과 리더십』에서 4-6세기 교회의 대표자들이 가난한 자들의 보호자로 활동하고 그런 이미지로 자신들을 부각시킴으로써 로마제국의 지도적 계층으로 자리매김 됐다고 서술한다.
23   바실리오스, 『편지』, 223. 카이사레아의 바실리오스의 삶과 작품에 대해서는 남성현, 『기독교 초기 수도원 운동사』, 117-169쪽을 참조하라.

24 그레고리오스, 『바실리오스를 위한 조사(弔辭)』, 43. 하성수의 연구 「부와 가난에 대한 바실리우스의 이해」도 참조하라.
25 『고대 후기 로마 제국의 가난과 리더십』, 85-88쪽 참조.
26 피터 브라운, 『고대 후기 로마 제국의 가난과 리더십』, 172쪽에서 재인용.
27 요안네스의 복음적 가난의 이상과 그의 리더십의 관계에 대해서는 이은혜, 「수도자-감독 지도력(Monk-Bishop Leadership)의 발전: 크리소스토모스를 중심으로」를 참조하라.
28 김유준, 「카이사레이아의 감독 바실레이오스의 경제사상에 관한 연구」와 「암브로시우스의 경제 사상」, 이은혜, 「요한 크리소스토무스의 설교」와 「부와 부자에 대한 초대 교부들의 이해: 연속성과 불연속성」, 하성수, 「부와 가난에 대한 바실리우스의 이해」와 「부와 가난에 대한 크리소스토무스의 가르침」, 최지혜 · 정지웅, 「요하네스 크리소스토모스의 '부자와 나사로' 설교」 등을 참조하라. 구제를 영혼의 치료제로 보는 관점에 대해서는 배정훈, 「존 크리소스톰의 구제와 영혼 치유」가 가장 중요하며, 이 외에도 다양한 연구를 참조할 수 있다. Kwon, "John Chrysostom's Teachings on Wealth and Almsgiving," 291쪽. 하성수, 「부와 가난에 대한 크리소스토무스의 가르침」, 159-162쪽.
29 플라톤 철학의 영혼의 삼분법이 기독교 영성신학의 지평으로 흡수된 예에 대해서는 남성현, 「플라톤의 영혼의 삼분법과 에바그리오스의 영성신학」을 보라.
30 에바그리오스, 『실천학』(Praktikos). 이에 대한 연구는 남성현, 「폰투스의 에바그리오스의 영성테라피」를 보라. 에바그리오스의 영적 치료가 중세에 끼친 영향에 대해서는 Bloomfield, *The Seven Deadly Sins. An introduction to the history of a religious concept with a special reference of Medieval English literature*를 참조하라.
31 배정훈, 「존 크리소스톰의 구제와 영혼 치유」, 16-18쪽.
32 배정훈, 「존 크리소스톰의 구제와 영혼 치유」, 18-21쪽.
33 요안네스 크리소스토모스, 『마태복음 설교 89.4』 (배정훈, 「존 크리소스톰의 구제와 영혼 치유」, 19-20쪽에서 재인용).
34 배정훈, 「존 크리소스톰의 구제와 영혼 치유」, 21-23쪽.
35 에프렘, 『질책 3』, 449-463 (서원모, 「시리아 그리스도교의 가난 담론」, 204-205쪽에서 재인용).
36 에프렘, 『질책 4』, 487-494 ((서원모, 「시리아 그리스도교의 가난 담론」, 206쪽에서 재인용).

37 힐라리우스, 『호노라투스의 생애』, 21.
38 힐라리우스, 『호노라투스의 생애』, 20.3. 프랑스 남부의 수도주의는 이집트 사막 수도주의와는 달리 귀족들이 사유 재산을 유지한 채 수도적 삶을 사는 형태로 전개됐는데, 요안네스 카시아누스는 이런 수도주의의 관행을 바로잡고자 했으며, 호노라투스 역시 요안네스 카시아누스의 개혁적인 입장을 따른다. 나현기의 다음 세 가지 연구를 참고하라. 나현기, 「요안네스 카시아누스의 수도문헌에 나타난 5세기 초 갈리아 수도사 비판과 가난의 중요성」, 15-28쪽. 「요안네스 카시아누스의 이집트 수도원적 가난 이해의 중요성과 그 의미」, 124-132. 「요안네스 카시아누스의 수도 문헌에 나타난 인간, 부, 그리고 탐욕」, 239-240쪽.
39 이하 힐라리우스에 대한 내용은 남성현, 「가난한 자선 사업가」(*euergetes*), 315쪽 이하를 참조한 것이다.
40 호노라투스, 『아를르의 힐라리우스의 생애』, 6.
41 호노라투스, 『아를르의 힐라리우스의 생애』, 11.
42 호노라투스, 『아를르의 힐라리우스의 생애』, 11.
43 칼리니코스, 『히파티오스의 생애』, 18.1.
44 칼리니코스, 『히파티오스의 생애』, 53.6.
45 칼리니코스, 『히파티오스의 생애』, 31.4.
46 서원모, 「6세기 가자 수도원의 가난 담론」, 222-224쪽.
47 서원모, 「6세기 가자 수도원의 가난 담론」, 223쪽.
48 이 부분은 전체적으로 피터 브라운, 『고대 후기 로마 제국의 가난과 리더십』, 151-218쪽을 바탕으로 정리한 것이다.
49 아우구스티누스, 『신국론』, 19.23, 10.23. 남성현, 「아우구스티누스의 신국론(神國論, De Civitate Dei)」, 342-343쪽.
50 남성현, 「아우구스티누스의 신국론(神國論, De Civitate Dei)」, 331쪽.
51 아우구스티누스, 『삼위일체론』, 13.1-15.
52 아우구스티누스, 『삼위일체론』, 13.14.
53 아우구스티누스, 『삼위일체론』, 13.14.
54 아우구스티누스, 『삼위일체론』, 13.14.
55 피터 브라운, 『고대 후기 로마 제국의 가난과 리더십』, 192쪽.
56 피터 브라운, 『고대 후기 로마 제국의 가난과 리더십』, 185쪽.

57 닛사의 그레고리오스, *On the Beatitudes*, *Patrologia Graeca* 44.1201B (피터 브라운, 『고대 후기 로마 제국의 가난과 리더십』, 185쪽에서 재인용).

58 요안네스 크리소스토모스, 『로마서 6장 설교 15』 (피터 브라운, 『고대 후기 로마 제국의 가난과 리더십』, 189쪽에서 재인용).

59 안티오키아의 세베루스(Severus of Antioch), *Homeliae cathedrales* 28, *Patrologia Orientalis* 36.585-587 (피터 브라운, 『고대 후기 로마 제국의 가난과 리더십』, 215쪽에서 재인용).

60 피터 브라운, 『고대 후기 로마 제국의 가난과 리더십』, 216-217쪽.

61 피터 브라운의 문제작 『고대 후기 로마 제국의 가난과 리더십』 3장(151-218쪽)의 주제이기도 하다.

62 4세기 로마 달력의 변화는 제국의 기독교화가 빠른 속도로 진행됐음을 웅변한다. 서원모, 「교회력의 법제화를 통한 후기 로마 제국의 사회적 시간의 재조직에 대한 연구」와 황훈식, 「후기 로마 제국의 축제문화와 기독교」를 참조하라.

63 이 칙법의 라틴어 본문과 우리말 해석은 남성현, 『콘스탄티누스 가문의 기독교적 입법정책(313-361년)』, 249쪽을 참조했다. CTh = *Codex Theodosianus*.

64 이 문단 이하 530년 10월 10일에 공포된 신칙법 131과 551년 8월 23일에 공포된 칙법까지의 내용은 남성현, 『콘스탄티누스 가문의 기독교적 입법 정책(313-361년)』, 250-254쪽을 문자적으로 빌려온 것으로 별도의 인용 표시는 하지 않으며, 때로 Nam and Raschle, "La fonction de prélèvement public sur les biens fonciers des institutions ecclésiastiques"를 통해서 보충됐다.

65 락탄티우스가 전하는 소위 '밀라노 칙령'의 본문은 락탄티우스, 박해자들의 죽음 48장에 나온다. 에우세비오스가 전하는 밀라노 칙령도 락탄티우스의 본문과 유사하다(에우세비오스, 『교회사』, X.5.4-5). 밀라노 칙령은 프랑스의 교회 사가인 피에르 마라발(Pierre Maraval)이 편집한 콘스탄티누스의 편지와 연설에 연번 0번으로 편집됐다. Maraval, *Constantin, Lettres et discours*, 1-5쪽.

66 *concilium*(모임)이라는 용어는 *corpus*(공동체)로 대체할 수도 있으나, CTh XVI.2.4를 작성한 황실 법무총감이 *concilium*을 선택한 것은 *corpus pistorum*(제빵사 조합), *corpus suariorum*(양돈가 조합)에서 보는 것처럼 *corpus*라는 용어가 일반적으로 상인 조합을 지칭하는 데 사용됐기 때문일 것이다. 다른 한편, 313년의 소위 '밀라노 칙령'에서 *corpus*는 교회 공동체를 지칭하는 단어로 사용됐다. *collegium*은 별

다른 제약 없이 유산(遺産)을 소유할 수 있었지만, *corpus*는 특정 조건에서만 그러했다. Nam and Raschle, "La fonction de prélèvement public sur les biens fonciers des institutions ecclésiastiques," 139-140쪽과 각주 4-5번에서 참조.

67　Gaudemet, *L'Eglise dans l'Empire Romain*, 299-306쪽.

68　달마티아에서 나온 비문의 정보는 Gaudemet, *L'Eglise dans l'Empire Romain*, 301쪽 각주 1번을 참조하라.

69　Kaplan, *Les propriétés de la Couronne et de l'Eglise*, 37쪽. Nam and Raschle, "La fonction de prélèvement public sur les biens fonciers des institutions ecclésiastiques entre le IVe et le VIe siècle," 143쪽 참조.

70　530년 10월 10일의 칙법은 Kaplan, *Les propriétés de la Couronne et de l'Eglise*, 37쪽에 소개됐고, 545년 3월 18일에 공포된 신칙법 131은 72-75쪽, 551년 8월 23일의 칙법은 39-40쪽에 각각 소개됐다.

71　여기에 제시된 파피루스 관련 연구는 주로 남성현,「파피루스에 나타난 초기 비잔틴 시대」, 298-313쪽에서 문자적으로 인용한 것으로 별도의 인용 부호는 달지 않겠다.

72　A. G. Roos, ed., *Papyri Groninganae* (Amsterdam, 1933), 21-31쪽.

73　Roos, *Papyri Groninganae*, 21쪽.

74　이런 해석은 Wipszycka, *Les ressources*, 60쪽에 제시된 바를 따른 것이다. 파피루스 원문은 F. Preisigke, ed., *Griechische Papyrus der kaiserlichen Universitäts-Landesbibliothek zu Strassburg, I*, (Leipzig, 1912), 59-60쪽에 제시돼 있다. 여기에 제시된 해석은 윕스지스카의 해석과는 상이하다.

75　Jones, *The later Roman Empire*, 820쪽.

76　Grenfell, Hunt, Bell, ed., *The Oxyrhynchus Papyri*, vol. XVI, 120-126쪽.

77　*P. Cair. Masp.* III = Maspero, *Catalogue générale* III, 88-93쪽.

78　아르키만드리테스(Archimandrites)는 수도원장을 지칭한다.

79　그리스 본문에는 악센트가 전혀 표시돼 있지 않다.

80　Maspero, *Catalogue générale* III, pp. 91-92쪽.

81　『멜라니아의 생애』, 170-171쪽. Nam and Raschle, "La fonction de prélèvement public sur les biens fonciers des institutions ecclésiastiques," 142쪽 각주 13번 참조.

82　Nam and Raschle, "La fonction de prélèvement public sur les biens fonciers des in-

stitutions ecclésiastiques," 141-142쪽.
83 포시디우스, 『아우구스티누스의 생애』, 24.
84 금화 1솔리두스(solidus)는 대개 4.3g 내외이므로, 100솔리디는 대략 430g에 해당한다.
85 Nam and Raschle, "La fonction de prélèvement public sur les biens fonciers des institutions ecclésiastiques," 144쪽.
86 *The Oxyrnchus Papyri* XVI, 114-116쪽.
87 Clackson, *Coptic and Greek texts*, 59-60쪽.
88 Clackson, *Coptic and Greek texts*, 18-19쪽.
89 C. Wessely, ed., *Griechische Papyrusurkunden kleineren Formats, Studien zur Palaeographie und Papyruskunde*, III (Leipzig, 1904). no. 881.
90 이하 관련 내용은 Nam and Raschle, "La fonction de prélèvement public sur les biens fonciers des institutions ecclésiastiques," 142-143쪽 각주 14번의 내용을 정리한 것이다.
91 *P. Freer a-b* = J. Gascou et L. Maccoull, 『Le cadastre d'Aphroditô : P. Freera-b』, *Travaux et Mémoires* 10, 1987, 103-158쪽. 이 문단의 내용은 Nam and Raschle, "La fonction de prélèvement public sur les biens fonciers des institutions ecclésiastiques," 144-145쪽을 바탕으로 한 것이다.
92 이하 이 문단의 파피루스 자료는 Nam, "Traces Historiques des Onze Monastères fondés par Pachôme", 193-195쪽과 Nam, *Les cénobitismes primitifs de Pachôme et de Basile de Césarée*, 446-447쪽을 참조했다.
93 이 문단의 파피루스 자료는 Nam, "Traces Historiques des Onze Monastères fondés par Pachôme", 194쪽과 Nam, *Les cénobitismes primitifs de Pachôme et de Basile de Césarée*, 447쪽을 참조했다.
94 Gascou et Maccoull, 『Le cadastre d'Aphroditô : P.Freera-b』, 118쪽.
95 14개의 병원 목록은 6장 224-226쪽에 소개했으며, 남성현, 「초기 비잔틴 제국과 기독교의 빈민을 위한 협력 모델 연구」, 23-24쪽에도 제시됐다.

제5장 "내가 병들었을 때에 너희가 돌보았고"(마 25:36): 4-5세기 구빈병원과 호스텔병원의 탄생

1   밀러는 4-15세기까지 존재했던 보육원의 목록을 개략적인 연대와 함께 밝혀 놨고, 콘스탄텔로스는 같은 시기의 병원에 대해 방대하고 세밀한 연구를 진행했다. Miller, *The Orphans of Byzantium*, 301-305쪽. Constantelos, *Byzantine Philanthropy and social Welfare*.
2   남성현, 「기독교적 빈민 보호 시설의 발전과 병원의 탄생」, 198-199쪽.
3   Ferngren, Medicine and Religion, 89-92쪽. 4세기의 토지 소유의 편중과 이로 인한 가난의 문제에 대해서는 김유준, 「암브로시우스의 경제 사상」, 41-48쪽과 김유준, 「카이사레이아의 감독 바실레이오스의 경제사상에 관한 연구」, 한국교회사학회지 30 (2011), 11-16쪽을 참조하라.
4   Miller, *The Birth of the Hospital in the Byzantine Empire*, 76-85쪽. 이어지는 호스텔병원에 관한 서술 전체는 남성현, 「기독교적 빈민 보호 시설의 발전과 병원의 탄생」, 199-205쪽을 거의 문자적으로 인용했으며, 별도의 재인용 표시는 달지 않겠다.
5   Miller, *The Birth of the Hospital in the Byzantine Empire*, 77쪽.
6   필로스토르기오스, 『교회사』, 3.14-20 (Amidon, 2007, 52-56쪽).
7   기독교는 초기부터 영혼과 몸을 함께 치료하는 종교였다. 기적에 의한 병의 치유 혹은 '의사 예수'(Christus Medicus)의 주제는 고대 기독교 문학의 중심 주제 중 하나이다. Ferngren, "Early Christianity as a Religion of Healing," 14쪽을 보라.
8   필로스토르기오스, 『교회사』, 3.17 (Amidon, 2007, 55-56쪽, n. 61).
9   "'Ο μακάριος Λεόντιος ὁ ἐπίσκοπος Ἀντιοχείας τῆς Συρίας, | ἐπιμελούμενος δὲ καὶ τῶν ξενοδοχείων ὑπερ τῆς τῶν ξένων θεραπείας"(*Chronicon Paschale*, PG 92. col. 721 C). *Patrologia Graeca*는 약어 PG로 표기한다.
10 Devreesse, *La Patriarcat d'Antioche depuis la paix de l'Eglise jusqu'à la conquête arabe*, 111쪽, n.11에서 모자이크에 표현된 건물이 레온티오스가 세운 호스텔이라고 주장한다. 이 주장은 별다른 이의 없이 수용되고 있다. Mayer and Allen, *John Chrysostome*, 47쪽. Miller, *The Birth of the Hospital in the Byzantine Empire*, 77쪽.

11 그레고리오스(닛사의), 『에우노미오스 반박』, 1.6.42 (Winling, 2008, 143-145쪽).

12 밀러는 이렇게 쓰고 있다. "Additional evidence does indeed support the hypothesis that Aetios was among the first to practice medicine in the poorhouses of the Christian church at Antioch" (Miller, *The Birth of the Hospital in the Byzantine Empire*, 77쪽).

13 358년 앙키라교회회의 때에 유사 본질파의 신조가 만들어진다. 교회회의 회람 편지에는 성부는 "성부와 유사한 본질의 원리가 된다(αἴτιον ὁμοίας αὐτοῦ οὐσίας)"는 표현이 들어 있다. 히펠, 『교회 회의의 역사』 I-2, 903-908쪽을 참조하라.

14 필로스토르기오스, 『교회사』, 3.16 (Amidon, 2007: 55쪽). 유사 본질파와 상이 본질파의 대립에 대해서는 히펠, 『교회 회의의 역사』 I-2, 886-899쪽 (ch. 77. Divisions entre les eusébiens, les anoméens et les semi-ariens)과 Maraval, *Le christianisme de Constantin à la conquête arabe*, 327-345쪽을 참조하라.

15 앙키라의 바실리오스가 남긴 유일한 논문 『동정성에 관하여』에는 의학적이며, 생리적인 설명이 가득하다(Basile d'Ancyre, *De la véritable intégrité dans la virginité*). 에우스타티오스에 대해서 가장 심도 깊은 연구를 남긴 인물은 장 그리보몽(Jean Gribomont)이다. 에우스타티오스에 대한 그의 여러 연구는 *Saint Basile, évangile et église : mélanges I-II*에 들어 있다.

16 Dagron, "Le monachisme à Constantinople jusqu'au concile de Chalcédoine (451)", 249-252쪽과 Dagron, Gilbert, *Naissance d'une capitale*, 437-442쪽과 510-511쪽, 그리고 남성현, 「바실리우스(Basilius)의 공주수도원」, 148쪽과 남성현, 「초기 비잔틴 제국과 기독교의 빈민을 위한 협력 모델 연구」, 24-25쪽에서도 간략하게 언급한 바 있다.

17 Sozomène, *Histoire Ecclésiastique*, 4.2.3 (Festugière et Grillet, 1996, 194-195쪽). 피터 브라운, 『고대 후기 로마 제국의 가난과 리더십』, 85.

18 Sozomène, *Histoire Ecclésiastique*, 4.20.2 (Festugière et Grillet, 1996, 292-293쪽). 마케도니오스가 마라토니오스를 니코메디아 교회의 감독으로 세운다는 내용은 역사적 사실이 아니다. Socrates, *Histoire Ecclésiastique*, 2.38 (Maraval, 2005, 190-191쪽).

19 밀러는 삼손병원의 설립자인 의사 삼손의 시신이 아리우스주의 순교자를 기념하는 성(聖) 모키오스(Mokios) 교회에 안장됐다는 사실을 바탕으로 이런 가설을

설득력 있게 제시했다. Miller, Miller, "The Sampson Hospital of Constantinople," 109-113쪽과 124쪽. 『삼손의 생애(*Vita Sampsonis* I)』에 따르면, 의사 삼손은 수도적 삶을 살기로 결심하고 자신의 진료소를 병원으로 개조했다고 한다. 『삼손의 생애』(*Vita Sampsonis*) I.9 (Halkin, 1977-1979, 12-14쪽). 하지만, 『삼손의 생애』 I은 7세기에 형성된 자료이고 연대기적인 측면에서 혼란스러운 정보를 섞어 놓아 역사와 전설을 제대로 구분하기 어렵다는 점에 주의해야 한다. 『삼손의 생애』 I에서는 삼손이 6세기 유스티니아누스 황제를 치료한 후에 병원을 설립하는 것으로 서술한다는 점도 부연해야 할 것이다. 『삼손의 생애』 I.5-8 (Halkin, 1977-1979, 10-12쪽). 이런 면에서 『삼손의 생애』 I은 역사 기록이 아니라 전형적인 위인전(hagiography)에 해당한다.

20 에우스타티오스에 대해서는 Gribomont, "Eustathe de Sébastée," 925쪽과 Salaville, "Eustathe de Sébastée et Eustathiens," 1565-1574단을 참조하라.

21 Epiphanios, *Panarion* (*Adversus Haereses*), 75.1 (PG 42, col. 504 B-C).

22 Gascou, *Un codex fiscal Hermopolite* (*P. Sorb. II 69*), 78쪽, n. 162. 비잔틴 세계의 나병원에 관한 가장 포괄적인 연구는 다음을 참조하라. Miller and Nesbitt, *Walking Corpses: Leprosy in Byzantium and the Medieval West*.

23 프로코피오스, 『건물』, 1.9.11-13 (Dewing, 1971, 78-79쪽). 6세기에 세바스테의 호스텔병원은 폐허로 변해 있었으나 유스티니아누스 황제에 의해 복구된다.

24 마케도니오스는 360년 콘스탄티노플교회회의에서 정죄되고 감독좌에서 물러나 유배된 이후 다시는 그 자리에 복귀하지 못하며, 에우스타티오스와 함께 370년대에 성령을 피조물로 간주하는 성령 훼방론자들(pneumatomachi)로 정죄된다. 이 때문에 이들에 대한 기록도 역사 속에서 함께 묻혀버렸다.

25 372년 카이사레아에 설립된 구빈병원에 관한 내용 전체는 남성현, 「기독교적 빈민 보호 시설의 발전과 병원의 탄생」, 205-215쪽에서 거의 문자적으로 옮겨 온 것이며, 별도의 재인용 부호는 달지 않겠다.

26 Miller, *The Birth of the Hospital in the Byzantine Empire*, 85-88쪽. 필자는 카이사레아의 빈민 구호 시설을 남성현, 「바실리우스(Basilius)의 공주수도원」, 155-156쪽과 남성현, 「초기 비잔틴 제국과 기독교의 빈민을 위한 협력 모델 연구」에서 간략하게 설명한 바 있다. 다소 부정확한 점은 본 연구에서 수정됨과 동시에 보다 철저하게 다뤄졌다. 바실리오스는 스승 에우스타티오스의 영향 아래에서 카

이사레아에 유사한 기관을 세운다. 하지만, 에우스타티오스는 370년대에 교리적 이단인 성령 훼방론자가 됐고 제자와의 관계를 거의 단절한다. 에우스타티오스의 이름과 그가 세운 호스텔병원이 당대 기독교 자료 속에 제대로 남아 있지 않은 것은 교리 논쟁이 인한 후폭풍 때문이다.

27 바실리오스(Basilios), 『편지』, 94.29-35 (Courtonne, 1957, 205-206쪽).
28 바실리오스, 『편지』, 94.35-40 (Courtonne, 1957, 206쪽).
29 바실리오스, 『편지』, 94.45-49 (Courtonne, 1957, 206쪽).
30 바실리오스, 『편지』, 94.58-67 (Courtonne, 1957, 206-207쪽).
31 그레고리오스(나지안주스의), 『바실리오스를 위한 조사(弔辭)』, 43.63.1-3 (Bernardi, 1992, 260-263쪽).
32 4-7세기 기독교적 병원에서 의학 연구나 의학 교육이 행해졌는가도 질문의 대상이 될 수 있지만 이런 활동을 증명해 주는 자료는 없다. "질병이 학문적으로 연구된다"는 표현은 의학 연구를 암시하지만, 수사적인 과장이 섞여 있는 것으로 보인다. 반면, 우리나라의 제중원의 경우 1885년 4월 10일 개원한 뒤 1886년 3월 29일 의학교를 개교한다. 여인석, 「제중원과 세브란스 의전의 기초의학 교육과 연구」, 44쪽. 제중원의 개원에도 불구하고 세브란스가 우리나라 최초의 근대식 병원으로 자리매김 됐다. 서영석, 「한국 최초의 근대식 병원 세브란스의 선교사적 의미」와 양현혜, 「세브란스 의료선교의 역사」를 참조하라.
33 그레고리오스, 『바실리오스를 위한 조사(弔辭)』, 43.63.8-45 (Bernardi, 1992, 262-265쪽).
34 소조메노스, 『교회사』, 6.34.9 (Festugière et Grillet, 2005, 432-433쪽). '바실레이아스'에 대한 자세한 분석은 Gain, *L'Eglise de Cappadoce*, 277-289쪽을 참조하라.
35 피르모스, 『편지』, 43.2 (Calvet-Sébasti et Gatier, 1988, 166쪽).
36 Ramsay, *The church and the Roman Empire*, 464쪽.
37 『대(大)수도규칙서』는 372년 이후 바실리오스가 세상을 떠나던 378년 사이에 기존의 작품을 증보해 출판한 것이다.
38 *The Asketikon of St Basil the Great*, 356쪽 (PG 31. col. 1184 B-C).
39 크리슬립은 바실레이아스를 분석하면서 구빈원, 보육원, 나병원, 병원, 호스텔 등의 기능이 상당히 분화돼 있는 것처럼 서술한다. Crislip, *From Monastery to Hospital*, 107-119쪽. 이런 기능의 분화는 5세기 중반 이후에 시작돼 6세기에 가

야 확인된다. 따라서 크리스립의 주장은 과장된 면이 있다. 어떤 자료도 바실레이아스가 분리되고 독립돼 운영되는 여러 빈민 보호 시설들의 집합체라고 보도하지 않는다.

40 바실리오스는 교회적 기관의 최고 책임자를 지칭하기 위해 프로에스토스(προεστώς)를 사용한다. 예를 들어, 바실리오스의 『대(大)수도규칙서』는 수도원의 영적이며, 행정적인 책임자인 수도원장을 'προεστώς'라고 지칭한다. Nam, *Les cénobitismes primitifs de Pachôme et de Basile de Césarée*, 238쪽, 266쪽, 272쪽. 따라서 호스텔병원의 프로에스토스는 '병원장'으로 번역하는 것이 타당할 것이다.

41 Gautier, "Le typikon du Christ Sauveur Pantocrator," 12쪽. 그리스어 원문은 Gautier, "Le typikon du Christ Sauveur Pantocrator," 61쪽, line 545.

42 90번 편지의 행간을 파악한다면, 간호원, 의사, 운반용 가축, 가축 모는 일꾼 등 호스텔병원의 운영을 위해 비용이 지출됐기 때문에 이를 속주 총독에게 고발할 자들이 있었다. 이런 맥락으로 미뤄보자면, 편지에서 언급되는 간호원들은 유급으로 일했을 것이다.

43 Silvas, *The Asketikon of St Basil the Great*, 430쪽 (PG 31. col. 1284 B).

44 이 견해는 Silvas, *The Asketikon of St Basil the Great*, 430쪽, n. 759에서 제시된 분석이다.

45 바실리오스, 『편지』, 150.1.17-18 (Courtonne, 1961, 72쪽).

46 바실리오스, 『편지』, 150.3.1-4 (Courtonne, 1961, 74쪽). 남성현, 「바실리우스(Basilius)의 4-5세기 공주수도원을 위한 편람(便覽)」, 148-149쪽에도 일부 소개됐다.

47 바실리오스, 『편지』, 150.3.6이하 (Courtonne, 1961, 74-75쪽).

48 이에 대해서는 10장의 내용을 참조하라.

49 호스텔을 규정하는 『티피콘』 원문은 Gautier, "Le typikon du Christ Sauveur Pantocrator," 108-109쪽 (line 1348-1355)에 제시됐다. 나병원은 110-112쪽에 언급됐다.

50 Constantelos, *Byzantine Philanthropy and social Welfare*, 155-156쪽.

51 세 가지 외에도 Gerocomeia, Orphanages 등을 추가했다. Constantelos, *Byzantine Philanthropy and social Welfare*, 152-276쪽.

52 Miller, 1984: 55-56쪽; 1985: 38-41쪽
53 Horden, "Medicine without Doctors and the Medieval European Hospital," 69쪽.
54 이 부분은 남성현,「기독교적 빈민 보호 시설의 발전과 병원의 탄생」, 215-217쪽의 내용을 문자적으로 인용하면서 보충했고 별도의 인용 부호는 표시하지 않겠다.
55 소조메노스,『교회사』, 4.20.2 (Festugière et Grillet, 1996, 292-293쪽). 소크라테스,『교회사』, II.38.
56 테오도레투스,『교회사』, 5.19.2-3 (Canivet, 2009, 414-415쪽). 저자인 테오도레토스는 5세기 중반의 교회 역사가이다.
57 피터 브라운,『고대 후기 로마 제국의 가난과 리더십』, 192-195쪽.
58 피터 브라운,『고대 후기 로마 제국의 가난과 리더십』, 194쪽.
59 팔라디오스,『요안네스 크리소스토모스의 생애에 대한 대화』, 12.105-6 (Malingrey, 1988, 240-241쪽).
60 요안네스 크리소스토모스의 설교에 대해서는 이은혜의 연구「요한 크리소스토모스의 설교」와 최지혜 · 정지웅의 연구「요하네스 크리소스토모스의 '부자와 나사로' 설교」를 참조하라.
61 팔라디오스,『요안네스 크리소스토모스의 생애에 대한 대화』, 5.130-3 (Malingrey, 1988, 123쪽).
62 팔라디오스,『요안네스 크리소스토모스의 생애에 대한 대화』, 5.133-9 (Malingrey, 1988, 123쪽).
63 팔라디오스,『요안네스 크리소스토모스의 생애에 대한 대화』, 12.76-13.120 (Malingrey, 1988, 237-271쪽).
64 이 부분은 남성현,「기독교적 빈민 보호 시설의 발전과 병원의 탄생」, 217-220쪽의 내용을 문자적으로 인용한 것이고 별도의 재인용 부호는 표시하지 않겠다.
65 팔라디오스,『라우소스 이야기』, 1 (Butler, 1967, 15쪽 9줄). 팔라디오스,『요안네스 크리소스토모스의 생애에 대한 대화』, 6.52 (Malingrey, 1988, 131쪽).
66 팔라디오스,『요안네스 크리소스토모스의 생애에 대한 대화』, 6.49 이하 (Malingrey, 1988, 131쪽 이하).
67 남성현,「영화 <아고라>(2009)에 관한 소고(小考)」를 참조하라.
68 CTh 16.2.42는 Rougé, 1992, 204-205쪽 참조. 이 법은 CJ 1.3.17.1과 동일하다.

이 법에는 알렉산드리아의 감독 키릴로스가 다른 지역으로 이동할 수 없다는 것도 명시됐다. 이 법은 '마지막 이교도 여인' 히파티아(Hypatia)를 파라발라니들이 416년에 살해한 사건을 배경으로 한다. Deakin, *Hypatia of Alexandria, Mathematician and Martyr*, 67-76쪽. Magnou-Nortier, 2002, 168-170쪽, 각주 139번. 영화 <아고라(Agora)>는 히파티아의 삶과 죽음을 주제로 한다. 히파티아의 살해 사건은 교회사가 소크라테스가 보도한다. 소크라테스, 『교회사』, VII.15 (Maraval, 2007, 58-61쪽).

69 "Parabalani, qui ad curanda debilium aegra corpora deputantur." Rougé, 1992, 208-209쪽.
70 Grégoire, "Sur le personnel hospitalier des églises," 284쪽.
71 Rougé, 1992, 208-209쪽, 각주 2번.
72 팔라디오스, 『라우소스 이야기』, 6 (Butler, 1967, 23쪽, 8-9줄). 팔라디오스는 390년에 이집트로 가서 수도적 삶에 헌신했고 399년 이집트를 떠난 이후 405-412년에 이집트에 유배된다. 그가 라우소스에게 헌정한 이집트 수도자들의 이야기인 『라우소스 이야기』는 418-419년경에 쓴 것인데, 알렉산드리아에 있던 마카리오스의 나병원을 390-412년 사이에 직접 방문했을 가능성이 있다.
73 팔라디오스, 『라우소스 이야기』, 6 (Butler, 1967, 24쪽, 9-14줄).
74 팔라디오스, 『요안네스 크리소스토모스의 생애에 대한 대화』, 17.101-19 (Malingrey, 1988, 341쪽).
75 키릴리오스, 『팔레스틴 수도자들의 생애 (테오도시우스의 생애)』, 3 (Price, 1991, 265쪽). 그리스어 원문은 Schwartz, 1939, 238족, 16줄.
76 이 내용은 남성현, 「기독교적 빈민 보호 시설의 발전과 병원의 탄생」, 220-222쪽을 보다 자세하게 확대한 것이다. 직접 인용하는 경우라도 별도의 인용 부호를 달지 않겠다.
77 파비올라는 파울라, 마르켈라 등과 함께 히에로니무스의 영향을 받았던 로마의 여성 수도주의를 대표하는 인물에 속한다. 이에 대해서는 마라발, 『제롬의 생애와 편지』, 46-55쪽과 133-142쪽, 그리고 채승희, 「4세기 초대교회 여성 수도원 창시자」, 8-14쪽 참조.
78 히에로니무스, 『편지』77.2-5.
79 남성현, 「로마법과 기독교: 간통 및 이혼에 관한 로마법 전통과 4-6세기 기독교

시대의 칙법 전통」을 참조하라.

80 파비올라가 로마에 도착한 뒤에 히에로니무스가 보낸 편지가 64번으로 분류됐다.

81 히에로니무스, 『편지』 77.6-9.

82 히에로니무스가 로마를 떠난 지 며칠 후 파울라도 예루살렘으로 가는 배에 오른다. 마라발, 『제롬의 생애와 편지』, 56-57쪽을 참조하라.

83 히에로니무스는 397년경 팜마키우스에게 보낸 편지에서 팜마키우스가 원로원 의원 중에서 처음으로 수도자가 됐음을 밝힌다. "귀족 항렬 중의 지도자로서 수도사가 된 모범을 처음으로 보여준 그대는 그대 자신을 자랑할 기회로 삼기보다 겸손의 기회로 삼아야 합니다." 히에로니무스, 『편지』 66.13.

84 히에로니무스와 팜마키우스의 관계에 대해서는 마라발, 『제롬의 생애와 편지』, 97쪽을 참조하라.

85 히에로니무스, 『편지』 66.11. '아브라함의 나무'는 마므레의 상수리 나무를 가리킨다. 아브라함은 마므레의 상수리 나무들이 있는 곳에서 세 천사를 영접한다(창 18.1-8). '아브라함의 나무'는 유대교 전통에서 호스텔을 은유한다. 히에로니무스는 유대교에서 이미 시작된 호스텔이 포르투스에도 생겨났다는 뜻에서 '아브라함의 나무에서 잔가지를 취해다가 심었다'고 쓰고 있다.

86 히에로니무스, 『편지』 66.5와 66.14

87 Frothingham, *The Monuments of Christian Rome*, 48-49쪽. https://ia802703.us.archive.org/22/items/monumentsofchris00frotuoft/monumentsofchris00frotuoft.pdf

88 도판은 Frothingham, *The Monuments of Christian Rome*, 49쪽에서 빌려온 것이다.

89 크리소스토모스 『설교』, 66 (Hom. in Matth). Uhlhorn, *Christian Charity in the Ancient Church*, 331쪽 참조.

90 Uhlhorn, *Christian Charity*, 328쪽 (Comp. the Acts of the Council, 11 Session, Hefele, ii. 471). 또한 칼케돈교회회의의 규정은 구빈병원과 호스텔병원이 동방 지역에 이미 일반적으로 퍼져있음을 암시한다(Cone. Chalcedon,c. 8). "At this very Council of Chalcedon (451), this institution appears, in a canon regulating the position of clergymen in houses for strangers or the poor, as one generally disseminated and regularly met with, at least in the East" (Uhlhorn, *Christian Charity*, 328쪽).

91　키릴로스, 『팔레스틴 수도자들의 생애-사바스의 생애』, 32.
92　소조메노스, 『교회사』, 3.16.
93　Tchalenko, *Villages antiques de la Syrie du Nord*, pl. 16. Thompson·Goldin, *The hospital, A ocial and architectural history*, 7쪽에서 참조.
94　*Hist. pers. Afr. prov.* 1.25-26. Lancon, "Attention au Malade et Téléologie de la maladie", 220쪽에서 재인용.
95　Constantelos, *Byzantine Philanthropy and social Welfare*, 185쪽 이하에 이런 병원들에 대한 자세한 설명이 제시돼 있다.
96　아래에 소개되는 '프사마티아 노인원'과 '유프라타 노인원'에 대한 내용은 Constantelos, *Byzantine Philanthropy and social Welfare*, 223쪽을 참고한 것이다.
97　『조티코스의 생애』, 11 (Aubineau, 1975, 81-83쪽).
98　CJ 1.3.34. 남성현, 「기독교적 빈민 보호 시설의 발전과 병원의 탄생」, 223쪽 참조.
99　CJ 1.3.34pr.
100　Miller, *The Orphans of Byzantium*, 177쪽 각주 2.
101　Miller, *The Orphans of Byzantium*, 61-62쪽.
102　Uhlhorn, *Christian Charity*, 328쪽.
103　Imbert, *Histoire des hôpitaux en France*, 15쪽.
104　Uhlhorn, *Christian Charity*, 331쪽.
105　"Privilegiis sane singulis quibuscumque sacrosanctis ecclesiis orthodoxae fidei, xenodochiis sive ptochiis tam generaliter quam specialiter attributis perpetuo reservandis, nullis eas earumque sacerdotes aut clericos cuiuslibet gradus aut monachos vel ptochos aut xenodochos orthodoxae fidei deputatos extraordinariis muneribus praecipimus praegravari. eas enim sarcinas oneris, quas plerisque personis diversa ratione remittimus, imponi beatissimis viris nostro saeculo inconveniens esse iudicamus." 남성현, 「기독교적 빈민 보호 시설의 발전과 병원의 탄생」, 222-223쪽 참조.
106　남성현, 「테오도시우스 법전 종교법 연구」, 118쪽과 남성현, 『콘스탄티누스 가문의 기독교적 입법정책(313-361년)』, 269쪽. 보다 상세한 설명은 Jones, *The Later Roman Empire 284-602*, 452쪽과 535-536쪽을 보라.
107　CTh 16.2.10의 본문과 주석은 남성현, 『콘스탄티누스 가문의 기독교적 입법정

책(313-361년)』, 267-272쪽을 참조하라.
108 CJ 1.3.34.pr.
109 CJ 1.3.34.1.
110 남성현, 『테오도시우스 법전 종교법 연구』, 108쪽.
111 남성현, 『테오도시우스 법전 종교법 연구』, 118-119쪽.

제6장 중세 비잔틴병원의 발전과 쇠퇴

1   이 부분의 내용은 남성현, 「기독교적 빈민 보호 시설의 발전과 병원의 탄생」, 223-228쪽의 내용을 보충하면서 재구성한 것이다. 기존 연구의 미진한 부분을 보충하면서 상당 부분을 문자적으로 빌려왔고 별도의 재인용 표시는 하지 않겠다.
2   아나스타시오스가 공포한 이 법은 그리스어로 보존돼 있는데, 연도가 불분명하다. 카플랑(Kaplan)은 이 법을 프랑스어로 옮기면서 중요한 여러 개념을 그리스어로 병기했다. Kaplan, *Les propriétés de la Couronne et de l'Eglise*, 29-30쪽.
3   "Illud, quod ex veteribus legibus licet obscure positis a quibusdam attemptabatur, ut donationes super piis causis factae, licet minus in actis intimatae sint, tamen valeant, certo et dilucido iure taxamus, ut in aliis quidem casibus vetera iura super intimandis donationibus intacta maneant: si quis vero donationes usque ad quingentos solidos in quibuscumque rebus fecerit vel in sanctam ecclesiam vel in xenodochium vel in nosocomium vel in orphanotrophium vel in ptochotrophium vel in ipsos pauperes vel in quamcumque civitatem, istae donationes etiam citra actorum confectionem convalescant: sin vero amplioris quantitatis donatio sit, excepta scilicet imperiali donatione, non aliter valeat, nisi actis intimata fuerit: nulli danda licentia quacumque alia causa quasi pietatis iure subnixa praeter eas, quas specialiter euimus, introducenda veterum scita super intimandis donationibus permutare."
4   Uhlhorn, *Christian Charity*, 329-330쪽.
5   콘스탄텔로스는 다음과 같이 쓴다. "Because xenon and nosocomeion are interchangeable terms, it is difficult to determine what a Byzantine writer meant when he

used these words. To be sure, a xenon was a house for the poor and for travelers, but it was a hospital as well." Constantelos, *Byzantine Philanthropy and social Welfare*, 186쪽.

6   CJ 1.3.41은 Kaplan, *Les propriétés de la Couronne et de l'Eglise*, 33-34쪽.
7   Gascou, *Un codex fiscal Hermopolite* (P. Sorb. II 69), 78쪽.
8   P. Sorb. II 69의 103 31에 동일한 보호 시설이 'νοξοκομεῖον'으로 불린다.
9   프로코피오스, 『건물』 1.9.
10   Constantelos, *Byzantine Philanthropy and social Welfare*, 276쪽.
11   『성(聖) 테오도시오스의 생애』, ch. 33. PG, 114, col 501A.
12   『선행가 성 요한의 생애』, 7 (Dawes and Baynes, 1977, 202-203쪽). 'λοχοκομεῖα'는 그리스어 원문은 Delehaye, "Une vie inédite de Saint Jean l'aumonier," 22쪽 line 23에 나타난다.
13   『요안네스 엘레몬의 생애』, 22쪽.
14   에페수스의 요안네스, 『교회사』, 3.2.14-15.
15   에페수스의 요안네스, 『교회사』, 3.2.15.
16   에페수스의 요안네스, 『교회사』, 3.2.16.
17   Prioreschi, *Byzantine and Islamic Medicine*, 112쪽 각주 242에서 prioreschi는 봉사자들(필리포노이 혹은 스푸다이오이)와 파라발라니를 유사한 것으로 간주한다.
18   Prioreschi, *Byzantine and Islamic Medicine*, 113-114쪽.
19   페수스의 요안네스, 『교회사』, 3.2.4-7.
20   Miller, "The Sampson Hospital of Constantinople", 118쪽에서 재인용.
21   팔라디오스, 『라우소스 이야기』, 7 (Butler, *The Lausiac History of Palladius*, 25쪽 line 20-24 ; 26쪽, line 3).
22   Constantelos, *Byzantine Philanthropy and social Welfare*, 191-195쪽. 콘스탄텔로스는 "It was both a home for poor and strangers and a hospital"이라고 하면서도 삼손병원을 여행객을 위한 호스텔로 분류했다.
23   이 부분의 내용은 남성현, 「초기 비잔틴 제국과 기독교의 빈민을 위한 협력 모델 연구」, 23-24쪽을 바탕으로 한 것으로 병원 목록과 그에 대한 약술은 문자 그대로 인용한다.
24   Jean Gascou, *Un codex fiscal Hermopolite* (P. Sorb. II 69) (The American Society of Papyrol-

ogists: 1994).

25 장기 임대차 계약(emphyteusis)에 대해서는 남성현, 『콘스탄티누스 가문의 기독교적 입법 정책(313-361년)』, 123-124쪽을 참조하라.

26 교회와 성직자의 특권에 대해서는 남성현, 『테오도시우스 법전 종교법 연구』, 106-111쪽과 176-184쪽을 참조하라.

27 이 부분의 내용은 남성현, 「초기 비잔틴 제국과 기독교의 빈민을 위한 협력 모델 연구」, 17-21쪽과 Nam and Raschle, "La fonction de prélèvement public sur les biens fonciers des institutions ecclésiastiques," 152-156쪽을 바탕으로 종합한 것으로 재인용 표시는 달지 않겠다.

28 Kaplan, *Les hommes et la terre à Byzance du VIe au XIe siècle*, 29-30쪽. 아나스타시오스가 공포한 이 법은 그리스어만으로 보존됐는데, 연도가 불분명하다. 카플랑(Kaplan)은 이 법을 프랑스어로 옮기면서 중요한 여러 개념을 그리스어로 병기했다.

29 NJ 7. 유스티니아누스는 장기 임대차 계약을 3세대로 제한했는데, 그 이유는 무한대의 장기 임대차 계약은 양도나 다름없다고 판단했기 때문이었다. 아울러 폐허가 된 건물의 경우 양도는 금지됐고, 단지 장기 임대차만이 가능했다.

30 이어지는 내용은 Nam and Raschle, "La fonction de prélèvement public sur les biens fonciers des institutions ecclésiastiques," 154-155쪽에서 참조했다.

31 이어지는 내용은 Nam and Raschle, "La fonction de prélèvement public sur les biens fonciers des institutions ecclésiastiques," 155-156쪽에서 참조했다.

32 스키토폴리스의 키릴로스, 『사바스의 생애』, 73 (Festugière, 1962, 107쪽).

33 이하 *P. Ital.* 2의 내용에 대해서는 Gascou, "Les Grands domaines, la cité et l'État en Égypte byzantine," 159쪽과 Nam and Raschle, "La fonction de prélèvement public sur les biens fonciers des institutions ecclésiastiques," 146-147쪽을 참조하라.

34 아그넬루스, 『라벤나교회의 감독들』, 85.

35 이 문단의 내용은 Nam and Raschle, "La fonction de prélèvement public sur les biens fonciers des institutions ecclésiastiques," 147-149쪽을 참조했다. 아그넬루스, 『라벤나교회의 감독들』, 111과 282. Gascou, "Les Grands domaines, la cité et l'État en Égypte byzantine," 160쪽. 시칠리아의 토지 관리자(rector)에 대해서는

Prigent, *La Sicile Byzantine (VIe – Xe siècle)*, 521-523쪽을 보라.

36 Prigent, *La Sicile Byzantine (VIe – Xe siècle)*, 348-380쪽과 518-524쪽. 프리장은 4-6세기 시칠리아에서 총 19개의 대토지(massa) 이름을 언급한다. Prigent, *La Sicile Byzantine (VIe – Xe siècle)*, 348-349쪽. fundus, 황실 사유 재산부(Res Privata), 장기 임대차 계약(emphyteusis) 등에 대해서는 남성현, 『콘스탄티누스 가문의 기독교적 입법 정책(313-361년)』, 85-86쪽과 123-124쪽을 참조하라.

37 이 칙법의 프랑스어 번역은 Kaplan, *Les hommes et la terre à Byzance*, 141-143쪽에서 참조하라.

38 Imbert, *Histoire des hôpitaux en France*, 17쪽.

39 Nam and Raschle, "La fonction de prélèvement public sur les biens fonciers des institutions ecclésiastiques," 149-150쪽. 조티코스의 보육원에 대해서는 다음 자료를 참조하라. Miller, *The Orphans of Byzantium*, 176-208. Mergiali-Falangas, "L'école Saint-Paul de l'Orphelinat à Constantinople," 237-246. Guilland, "Étude sur l'histoire administrative de l'Empire byzantin. L'orphanotrophe," 205-221쪽을 참조하라.

40 『조티코스의 생애』, 12. Aubineau, "Zoticos de Constantinople," 97-98쪽.

41 본서 4장 146-156쪽을 참조하라.

42 *P. Cair.* III 67312.

43 *BM EA* 75311.

44 Hardy, *The Large Estates of Byzantine Egypt*, 143쪽.

45 본서 4장 145-146쪽을 참조하라.

46 Dagron, "Le monachisme à Constantinople jusqu'au concile de Chalcédoine (451)"; Dagron, *Naissance d'une capitale*, 436-442쪽, 그리고 510-511쪽.

47 Miller, "The Sampson Hospital of Constantinople."

48 시메온 메타프라스토스, 『삼손의 생애』. 시메온 메타프라스토스는 7-8세기경에 『삼손의 생애』(BHG 1615)를 썼다. 프랑수와 알켕(François Halkin)은 시메온 메타프라스토스의 『삼손의 생애』의 그리스어 편집본을 출판했다.

49 Miller, "The Sampson Hospital of Constantinople," 108쪽.

50 프로코피오스, 『건물』, 1.2.13-17.

51 남성현, 「초기 비잔틴 제국과 기독교의 빈민을 위한 협력 모델 연구」, 227쪽.

52 노미스마타(nomismata)는 솔리두스(solidus)와 같은 단위이다.

52 Kaplan, *Les propriétés de la Couronne et de l'Eglise*, 62-63쪽. 유스티니아누스의 신칙법 59는 그리스어 본문만 전해져 내려온다. 카플랑(Kaplan)은 중요한 개념들을 그리스어로 표기하면서 이 칙법을 프랑스어로 번역했다. 번역문은 남성현, 「초기 비잔틴 제국과 기독교의 빈민을 위한 협력 모델 연구」, 227쪽에서 재인용했다.

53 현행 우리나라의 근로 기준법은 근로자의 퇴직 시나 사망 시에만 체불 임금에 대한 지연 이자를 인정하지만(근로 기준법 36조), 유스티니아누스는 장례 담당자들의 재직 중에 발생한 체불 임금에 대해 지연 이자를 지급할 것을 명령한다.

54 근로 기준법 36조와 37조. 사망 혹은 퇴직 시 지급 사유가 발생한 날로부터 14일 이내에 임금을 지불해야 하며, 그렇지 않을 경우 지연 이자를 지급해야 한다. 『소법전』(小法典), 2201-2202쪽.

55 Kaplan, *Les propriétés de la Couronne et de l'Eglise*, 72-75쪽.

56 Miller, "The Sampson Hospital of Constantinople," 114쪽.

57 Constantelos, *Byzantine Philanthropy and social Welfare*, 192쪽.

58 Miller, "The Sampson Hospital of Constantinople," 114-115쪽.

59 『성 아르테미오스의 기적』, 21장. 이 문단은 남성현, 「기독교적 빈민 보호 시설의 발전과 병원의 탄생」, 228쪽의 내용을 그대로 빌려온 것으로 재인용 부호는 달지 않겠다.

60 이어지는 내용은 남성현, 「기독교적 빈민 보호 시설의 발전과 병원의 탄생」, 228-229쪽의 내용을 거의 그대로 빌려온 것으로 재인용 부호는 달지 않겠다.

61 판토크라토르병원의 5개의 입원실(ὀρδινος)에 대해서는 Gautier, "Le typikon du Christ Sauveur Pantocrator," 9쪽에서 참조했다.

62 판토크라토르병원의 외래 진료실은 콘스탄티노플의 주민들을 위한 것으로 일반의 두 명과 외과의 두 명 외에도 간호원 네 명과 간호 보조원 네 명이 할당됐다. Gautier, "Le typikon du Christ Sauveur Pantocrator," 10쪽.

63 Miller, "The Sampson Hospital of Constantinople," 119쪽.

64 Miller, "The Sampson Hospital of Constantinople," 125-126쪽.

65 이어지는 내용은 Miller, "The Sampson Hospital of Constantinople," 127-130쪽에서 참조했다.

66 주상성인 여호수아, 『연대기』, 41-42. Risse, *Mending Bodies, Saving Souls*, 69-73 쪽도 참조하라.

67 에페수스의 요안네스, 『교회사』, 3.2.4 (90쪽)

68 프로코피오스, 『건물』, 5.6.

69 프로코피오스, 『건물』, 1.2.13-17.

70 최형근, 「5-6세기 가자 수도원운동과 환대」, 38쪽. 바르사누피오스와 요안네스, 『편지』, 570C와 595. 최형근 박사를 통해 자료를 제공받지 못했더라면, 세리도스의 호스텔병원에 대해서 정리할 수 없었을 것이다. 이에 최형근 박사에게 감사의 뜻을 전한다.

71 바르사누피오스와 요안네스, 『편지』, 313.

72 바르사누피오스와 요안네스, 『편지』, 548.

73 바르사누피오스와 요안네스, 『편지』, 334.

74 최형근, 「5-6세기 가자 수도원운동과 환대」, 38쪽, 각주 26.

75 바르사누피오스와 요안네스, 『편지』, 327.

76 Constantelos, *Byzantine Philanthropy and social Welfare*, 164쪽.

77 Constantelos, *Byzantine Philanthropy and social Welfare*, 170쪽.

78 Miller, "The Sampson Hospital of Constantinople," 119쪽.

79 Miller, "The Sampson Hospital of Constantinople," 127쪽.

80 Gautier, "Le typikon du Christ Sauveur Pantocrator", 8-26쪽을 보라. 이 외에도 다음 연구도 판토크라토르병원에 대해 설명한다. Androutsos·Karamanou·Matsaggas, "The hospital institutions of Byzantium and the hospital (Xenon) of Pantokrator monastery in Constantinople," 69-72쪽. Constantelos, *Byzantine Philanthropy and social Welfare*, 171-79쪽. Schreiber, *Gemeinschaften des Mittelalters*, 42-79쪽. Risse, *Mending Bodies, Saving Souls*, 125-130쪽.

81 『판토크라토르 티피콘』, 1065줄. Gautier, "Le typikon du Christ Sauveur Pantocrator", 92-93쪽.

82 Gautier, "Le typikon du Christ Sauveur Pantocrator", 9쪽. 도판 출처. Constantelos, *Byzantine Philanthropy and social Welfare*, 178쪽.

83 이 문단의 내용은 Gautier, "Le typikon du Christ Sauveur Pantocrator", 9-11쪽에서 참조한 것이다.

84　Gautier, "Le typikon du Christ Sauveur Pantocrator", 11쪽.
85　이어지는 세 문단의 내용은 Gautier, "Le typikon du Christ Sauveur Pantocrator", 11-12쪽에서 참조한 것이다.
86　Constantelos Poverty, Society, and Philanthropy in the Late Mediaeval Greek World, 121쪽.
87　이 문단과 이어지는 문단은 Gautier, "Le typikon du Christ Sauveur Pantocrator", 12쪽에서 참조했다.
88　이어지는 병원 인력의 보수에 대해서는 Gautier, "Le typikon du Christ Sauveur Pantocrator", 12-18쪽을 참조했다.
89　Gautier, "Le typikon du Christ Sauveur Pantocrator", 107쪽 (line 1307-1308).
90　식이요법에 대해서는 Gautier, "Le typikon du Christ Sauveur Pantocrator", 18-19쪽에서 참조한 것이다.
91　판토크라토르 수도원의 운영 비용에 대해서는 Gautier, "Le typikon du Christ Sauveur Pantocrator", 19-21쪽을 참조했다.
92　엘레우사 교회 도판 출처. Constantelos, Byzantine Philanthropy and social Welfare, 176쪽.
93　Gautier, "Le typikon du Christ Sauveur Pantocrator", 21쪽.
94　판토크라토르의 역대 수도원장에 대해서는 Gautier, "Le typikon du Christ Sauveur Pantocrator", 21-26쪽을 정리한 것이다.
95　본서 5장 180쪽을 참조하라.
96　『판토크라토르 티피콘』, 1348-1355줄. Gautier, "Le typikon du Christ Sauveur Pantocrator", 108-109쪽.
97　병원에 대해서는 『판토크라토르 티피콘』, 1390-1413줄과 Gautier, "Le typikon du Christ Sauveur Pantocrator", 112-113쪽과 108-109쪽을 참조했다.
98　남성현, 「아우구스티누스의 『신국론』에 나타난 세속 국가 허물기와 국가 치료의 비전」과 「국가는 강도떼인가 필요악인가-아우구스티누스의 <신국론>에 나타난 국가론」을 참조하라.
99　Constantelos Poverty, Society, and Philanthropy in the Late Mediaeval Greek World, 118쪽.
100　이 문단의 내용은 Constantelos Poverty, Society, and Philanthropy in the Late Medi-

aeval Greek World, 118-119쪽을 참조했다.
101 『립스 티피콘』, 20.50.
102 카스타몬의 호스텔에 대한 내용은 Constantelos Poverty, Society, and Philanthropy in the Late Mediaeval Greek World, 120쪽을 참조했다.

제7장 중세 프랑스병원의 탄생과 발전

1 이 문단과 이어지는 문단에서 오를레앙교회회의 규정은 히펠, 『교회 회의의 역사』, II-2, 1005-1015쪽에서 참조했고, 인용하는 경우 별도의 인용 부호는 달지 않겠다.
2 Imbert, *Histoire des hôpitaux en France*, 17쪽.
3 히펠, 『교회 회의의 역사』, II-2, 1012-1013쪽, 각주 7번.
4 Imbert, *Histoire des hôpitaux en France*, 16쪽.
5 히펠, 『교회 회의의 역사』, III-1, 179쪽.
6 히펠, 『교회 회의의 역사』, III-1, 186쪽.
7 히펠, 『교회 회의의 역사』, III-1, 206쪽.
8 히펠, 『교회 회의의 역사』, III-1, 206쪽.
9 히펠, 『교회 회의의 역사』, III-1, 210쪽.
10 히펠, 『교회 회의의 역사』, III-1, 210쪽.
11 히펠, 『교회 회의의 역사』, III-1, 210쪽.
12 히펠, 『교회 회의의 역사』, III-1, 210쪽.
13 히펠, 『교회 회의의 역사』, IV-1, 187쪽.
14 이어지는 내용은 Imbert, *Histoire des hôpitaux en France*, 18-20쪽에서 참고해 정리한 것이다.
15 이 문단과 이어지는 문단에 제시된 르망스 지역의 병원에 대해서는 Imbert, *Histoire des hôpitaux en France*, 22-23쪽을 참조해 정리했다.
16 Imbert, *Histoire des hôpitaux en France*, 22쪽.
17 Imbert, *Histoire des hôpitaux en France*, 24-26쪽.
18 Imbert, *Histoire des hôpitaux en France*, 24쪽.

19 히펠, 『교회 회의의 역사』, III-2, 1033쪽.
20 Imbert, *Histoire des hôpitaux en France*, 29쪽.
21 Imbert, *Histoire des hôpitaux en France*, 29쪽.
22 히펠, 『교회 회의의 역사』, IV-1, 9-18쪽.
23 히펠, 『교회 회의의 역사』, IV-1, 14쪽.
24 Imbert, *Histoire des hôpitaux en France*, 25쪽.
25 히펠, 『교회 회의의 역사』, IV-1, 14-17쪽.
26 히펠, 『교회 회의의 역사』, IV-1,
27 Imbert, *Histoire des hôpitaux en France*, 30쪽.
28 『플레리 수도원의 관습』, 195-196쪽.
29 『플레리 수도원의 관습』, 195-196쪽. "13 (De hospitali majorum) Deinde ordinatur in monasterio hospitalis majorum, id est, hospitum divitum ac potentum, vite per omnia laudabilis frater et sagacis ingenii vir, qui sollerti previdentia hospialitatis curam gerere sciat, ut omnia ordinatim largus paterfamilias necessaria prebeat hospitibus. Ad illius obedientiam quam dicunt portam ecclesiarum decimationis cujusque frcutus pendent … Edificia regalia atque cenacula ubi hospitantur ministeralium suorum studio amministrantur."
30 카리브디스는 포세이돈과 가이아의 딸로서 시칠리아 앞바다에서 일어나는 커다란 소용돌이를 가리킨다.
31 『플레리 수도원의 관습』, 194-199쪽. "14 (De hospitali pauperum) introitu vero monasterii juxta regulam hospitale pauperum ponitur, in quo lectisternia semper inveniuntur et focus ad calefaciendam aquam in lavationem pedum et ad recreandos miseros frigore obuncatos. Ad cujus ingressum frater spiritalis spiritalibus instructus moribus constituitur, qui hospitalis pauperum vocatur, non nutritus loci si fieri ratio permittit, sed magis conversus frater, qui pro Christo fortunam seculi nauci pendit et sancte spei lintre nauta peritus mundani vorticis caribdim declinavit, jamque stabilitatis sue anchoram in monasterium quiete fixit. Hoc autem idcirco, quia majoris compassionis atque hmuanitatis erga pauperes et peregrinos invenitur uti per semetipsum expertus rem quam loci nutritus, qui nichil sibi talium est conscius …"

Qui frequenter et pene totam diem regias easdem observans, ubi aliquem deprehenderit pauperem pulsare ostium aut stipem petere, letus ilico surgit et *Deo gratias* dicit. Simulque aperto ostio ac si Christo toto corpore devotus prosternitur atque in hospitium non solum secum ducit sed etiam trahit juxta quod in ewangelio legitur : <Et coegerunt illum>. Jam vero post lavationem pedum mensam ponit et queque bona fratribus assunt, larga pietate humilis minister offert. Est autem fixa atque inconvulsa consuetudo, quanquam in aliis inveniatur aliter locis, quod nequaquam pauperes et peregrini apud nos communibus servitorum reficiuntur victualibus, sed ipsis que de mensa fratrum colliguntur omni habundantia implentur.

Habet namque et ipse frater solatia in adjutorium sibi. Solet cottidie unacum confratribus et discipulis suis in refectorium post sessionem fratrum sportas maximas ad recolligendum panem inferre et conchas quas mallias vocant ad corradenda legumina vel cetera fratribus illata pulmenta. Et si quid omnino fratribus supererit, ad illum totum respicit pauperibus erogandum. Situlas ad colligendum vinum de singulis cuppis fratrum post egressionem illorum de refectorio cautus abducit. Neque enim tantum cervisia in Germania quantum habundat vinum in Gallia. Nam postquam pauperes in loco eodem uberius saturati existunt, vascula eorum omnia ad secum portanda vino implentur precipuo, ut ubicumque se ferant que sint monastice caritatis atque obedientie sentiant : benedictus per omnia Deus. Si vero opus habent vestium aut calciamentorum, statim adducit hospitalis camerarium, ut secundum numerum pauperum sciat quantum amministrare sufficiat. Si fortasse ailquis clericus vel pauper vel presbyter viator occurrerit, cum reverentia ad mensam ducitur abbatis, ita dumtaxat ut canonico interim amictus sit habitu, quem ipse secum non attulit, sed potius de camera fratrum consequitur. Tamen non ante sersum inducitur ad mensam sed post. Educitur autem peracta refectione ante versum."

32 『플레리 수도원의 관습』, 202-203쪽. "17. (De infirmorario) Ordinatur deinde in monasterio infirmorarius, frater per omnia spiritalis et quem pietas atque mansuetoduo condescensibilem et mitem reddit fraterne infirmitati. Non autem alia nisi sacerdotalis persona illa fungitur obedientia, quia necesse est ut infirmi fratres, etiamsi nullus inter eos litteratus habeatur, secundum regularem institutionem

divine synaxis cottidie horas auscultent. ac si sani in conventu existerent. Habent namque oratorium eidem infirmorie celle contiguum. ubi die noctuque lucerna ardere solet. Omnia divini officii paramenta sine errore ibi inveniuntur. Solent autem fratres idem infirmi semper singulas horas canonicas ibidem aut per se agere aut per magistrum et provisorem suum auscultare … Ceterum quos adeo invalitudinis vis subuncat ut nullatenus de stratu se levare valeant, superhabundat ibi caritas et compassio fratris illius qui et servitor est et preceptor, ut tamen in lecto habeant quod et ceteri in oratorio … Infirmis suis panem et vinum de refectorio fratrum adducit et queque fratribus assunt, certa sub mensura et numero illis subministrat."

33 Imbert, *Histoire des hôpitaux en France*, 15-16쪽.
34 Imbert, *Histoire des hôpitaux en France*, 26쪽.
35 히펠, 『교회 회의의 역사』, IV-1, 188쪽.
36 히펠, 『교회 회의의 역사』, IV-1, 188쪽.
37 히펠, 『교회 회의의 역사』, IV-1, 12쪽.
38 히펠, 『교회 회의의 역사』, IV-1, 64쪽.
39 CTh 16.2.6.
40 Imbert, *Histoire des hôpitaux en France*, 25쪽.
41 두 개의 도판은 각각 Thompson and Goldin, *The hospital, A social and architectural history*, 9쪽과 13쪽에서 참조했다.
42 성 갈렌수도원과 베네딕트 수도원의 호스텔 및 수도자들을 위한 의무 시설에 대해서는 Risse, *Mending Bodies, Saving Souls*, 87-99쪽을 참조하라.
43 이하 성 갈렌수도원에 대한 설명은 Thompson and Goldin, *The hospital, A social and architectural history*, 10-14쪽에서 참조한 것이다.
44 『베네딕트 규칙』, 36.
45 *Cluny 910-2010*, 28-9쪽과 370-3쪽. 10-12세기 클리니 수도원에 대해서는 Evans, *Monastic Life at Cluny* 910-1157과 Hunt, *Cluny under Saint Hugh, 1049-1109*를 참조하라.
46 도판은 Thompson and Goldin, *The hospital, A social and architectural history*, 16쪽을 참조했다.
47 이하 클리니 수도원에 대한 설명은 Thompson and Goldin, *The hospital, A social*

and architectural history, 15-8쪽을 참조했다.

48 Evans, *Monastic Life at Cluny* 910-1157, 94쪽.
49 Hunt, *Cluny under Saint Hugh, 1049-1109*, 65쪽.
50 Thompson and Goldin, *The hospital, A social and architectural history*, 17쪽.
51 도판은 Thompson and Goldin, *The hospital, A social and architectural history*, 17쪽에서 빌려온 것이다.
52 Hunt, *Cluny under Saint Hugh, 1049-1109*, 88쪽.
53 De Spiegeler, *Les Hôpitaux et L'assistance à Liège*, 35-49쪽에서는 '가난한 자들의 아버지'로서의 주교를 다루고 있고, 51-56쪽에서는 새롭게 부상하는 부르주와 계층의 기부를 다루고 있다.
54 Chiffoleau, "charité et assistance en Avignon," 81쪽.
55 『서방의 역사』(*Historia Occidentalis*), 생애와 작품에 대해서는 7-54쪽 참조.
56 『서방의 역사』(*Historia Occidentalis*), 174-181쪽.
57 자크 드 비트리는 병원과 나병원을 위한 몇 편의 설교를 남긴 바 있다(설교 39-41). 『서방의 역사』(*Historia Occidentalis*), 174쪽 각주 1.
58 1212-1213년 파리교회회의 III,9와 1214년 루앙(Rouen)교회회의 II,40은 건강한 사람들로 가득한 병원들에 대한 대책을 강구했다. 이 사람들은 종교적인 구도의 삶을 따르거나 환자들을 돌보기보다는 의식주를 해결하는 것에 더 많은 관심을 갖고 있었다.
59 아우구스티누스의 규칙의 본문과 주해는 Trapè, *La Règle de Saint Augustin commentée*, 57-91쪽을 참조하라.
60 Le Grand, *Hôtels-Dieu et Lèproseries*, 7-11쪽에 라틴어 본문이 제시됐다.
61 Le Grand, *Hôtels-Dieu et Lèproseries*, 12-15쪽에 중세 프랑스어의 본문이 제시됐다.
62 아래의 내용은 『서방의 역사』, 179-180쪽 각주를 바탕으로 정리한 것이다.
63 이 병원들에 대한 정보는 『서방의 역사』(*Historia Occidentalis*), 180-181쪽의 각주를 참조했다.
64 도판은 Imbert, *Histoire des hôpitaux en France*, 116쪽을 참조했다.
65 Le Grand, *Hôtels-Dieu et Lèproseries*, 43-53쪽.
66 Coyecque, *L'Hôtel-Dieu de Paris au Moyen Âge*.

67 몽디디에가 만든 『아미앙 병원 헌장』에 대해서는 Le Grand, *Hôtels-Dieu et Lèproseries*, 34-42쪽을 참조하라.
68 Le Grand, *Hôtels-Dieu et Lèproseries*, 194-199쪽에 『노용 나병원 헌장』의 라틴어 본문이 제시됐다.
69 이어지는 내용은 Imbert, *Histoire des hôpitaux en France*, 50-52쪽을 참조한 것이다.
70 De Spiegeler, *Les Hôpitaux et L'assistance à Liège*, 57쪽.
71 De Spiegeler, *Les Hôpitaux et L'assistance à Liège*, 57-88쪽.
72 Imbert, *Histoire des hôpitaux en France*, 36-39쪽.
73 Imbert, *Histoire des hôpitaux en France*, 40-42쪽.
74 도판은 Imbert, *Histoire des hôpitaux en France*, 41쪽에서 빌려온 것이다.
75 Le Grand, *Hôtels-Dieu et Lèproseries*, XXVI쪽.
76 Le Grand, *Hôtels-Dieu et Lèproseries*.
77 Le Grand, *Hôtels-Dieu et Lèproseries*, 224-230쪽.
78 Le Grand, *Hôtels-Dieu et Lèproseries*, XXVII쪽.
79 이어지는 내용은 Imbert, *Histoire des hôpitaux en France*, 45-47쪽에서 참조했다.
80 이하 끝까지 이어지는 내용은 Imbert, *Histoire des hôpitaux en France*, 126-133쪽에서 참조했다.

제8장 중세 순례자들의 병원: 예루살렘의 성요한병원

1 성 요한 기사단에 대해서는 Riley-Smith, *The Knights of St. John in Jerusalem*을 참조하라.
2 예루살렘 성요한병원의 기원은 Miller, "The knights of Saint John", 728쪽 이하를 참고했다.
3 Miller, "The knights of Saint John", 730쪽.
4 Hume, *Medical Work of the Knights Hospitallers of Saint John of Jerusalem*, 26쪽.
5 원문은 Le Grand, *Hôtels-Dieu et Lèproseries*, 7-11쪽에 제시됐다.

6	Hume, *Medical Work of the Knights Hospitallers of Saint John of Jerusalem*, 30-3쪽.
7	Delaville Le Roulx, "Les statuts de l'ordre de l'hôpital de Saint Jean de Jérusalem."
8	살후 3:12.
9	12-13세기 독립 병원들은 아우구스티누스의 규칙에 크게 영향 받았다. Le Grand, "Les Maisons-Dieu, leurs statuts au XIII siècle," 95-102쪽.
10	「아우구스티누스의 규칙」, IV.2-4와 IV.6. Trapè, *La Règle de Saint Augustin commentée*, 71-74쪽.
11	본서 7장 각주 43번을 보라.
12	Demurger, *Les Hospitaliers*, 164쪽.
13	아우구스티누스 규칙의 확산에 대해서는 서던, 『중세 교회사』, 259-269쪽을 보라.
14	위고 레벨이 만든 예루살렘 병원 헌장에 대한 내용은 Demurger, *Les Hospitaliers*, 167-168쪽을 참조한 것이다.
15	Léon Le Grand, "Les Maisons-Dieu, leurs statuts au XIII siècle," *Ruvue des questions historiques* 63 (1896), 103-104쪽.
16	관계되는 내용은 Demurger, *Les Hospitaliers*, 165쪽을 정리한 것이다.
17	이에 대해서는 Le Grand, "Les Maisons-Dieu, leurs statuts au XIII siècle," 104-110쪽 이하를 참조했다.
18	원문은 Le Grand, *Hôtels-Dieu et Lèproseries*, 12-5쪽에 제시됐다.
19	Hume, *Medical Work of the Knights Hospitallers of Saint John of Jerusalem*, 28쪽의 영어 번역은 '화장실에 오고 갈 때'(goint to and coming from the latrines)라고 됐다. 병원 헌장의 라틴어 본문은 "ad cameras secretas"라고 됐다.
20	Risse, *Mending Bodies, Saving Souls*, 147쪽.
21	아래에 인용된 뷔르츠부르그의 요한의 순례기는 Hume, *Medical Work of the Knights Hospitallers of Saint John of Jerusalem*, 14-5쪽에서 인용한 것이다.
22	Hume, *Medical Work of the Knights Hospitallers of Saint John of Jerusalem*, 16쪽.
23	Kedar, "A twelfth century description of the Jerusalem Hospital," 7-8쪽.
24	Hume, *Medical Work of the Knights Hospitallers of Saint John of Jerusalem*, 16-17쪽에서 재인용. 도판은 17쪽에서 참조했다.
25	Edgington, "The Hospital of St. John in Jerusalem," XXI.

26　Kedar, "A twelfth century description of the Jerusalem Hospital," 8쪽.
27　Kedar, "A twelfth century description of the Jerusalem Hospital," 10쪽. 도판은 Demurger, *Les Hospitaliers*, 34쪽에서 참조한 것이다.
28　Kedar, "A twelfth century description of the Jerusalem Hospital," 6-7쪽.
29　Kedar, "A twelfth century description of the Jerusalem Hospital," 6쪽.
30　이 문단은 Boswell, *The Kindness of Strangers*, 269-295쪽을 참조했다.
31　도판은 Boswell, *The Kindness of Strangers*, pl. 15를 빌려왔다.
32　도판은 Boswell, *The Kindness of Strangers*, pl. 16을 빌려왔다.
33　이하 세 문단에서 다룬 예루살렘병원수도단의 군사화에 대해서는 Demurger, *Les Hospitaliers*, 75-104쪽을 참조했다.
34　티로스의 기욤, 『예루살렘 역사』, 17.1 (185쪽). 티로스의 기욤이 쓴 『예루살렘 역사』에 대한 연구는 Edbury and Rowe, *William of Tyre, Historia of the Latin East*를 참조하라.
35　티로스의 기욤, 『예루살렘 역사』, 17.28 (229쪽)
36　이하 내용은 Demurger, *Les Hospitaliers*, 100쪽 이하에서 참조했다.
37　티로스의 기욤, 『예루살렘 역사』, 20.5 (350쪽)
38　Hume, *Medical Work of the Knights Hospitallers of Saint John of Jerusalem*, 15쪽.
39　Demurger, *Les Hospitaliers*, 142쪽.
40　『코스모소티라 수도원 티피콘』에 대해서는 Petit, "Typikon du monastère de la Kosmosoteira"를 참조하라.
41　Miller, "The knights of Saint John," 732-733쪽과 Demurger, *Les Hospitaliers*, 117-120쪽에 이런 점이 언급됐다.
42　김창성, 『사료로 읽는 서양사 2, 중세편』, 168-169쪽.
43　Touati, "La Terre sainte: un laboratoire hospitalier au Moyen Âge?" 169-211쪽.
44　7개의 병원에 대해서는 Demurger, *Les Hospitaliers*, 122-124쪽을 참조했다.
45　성 요한 병원 수도회에 양도된 병원에 대해서는 Demurger, *Les Hospitaliers*, 125-126쪽을 참조했다.
46　스페인 내의 토지 획득에 대해서는 Sire, "The Character of the Hospitaller Properties in Spain in the Middle Ages," 21-27쪽을 참조하라. 영국 내의 토지 획득에 대해서는 Gervers, "*Pro defensione Terre Sancte*," 3-20쪽을 참조하라.

47　Miller, "The Sampson Hospital of Constantinople," 255-272쪽.
48　아래의 내용은 Hume, *Medical Work of the Knights Hospitallers of Saint John of Jerusalem*, 18-24쪽을 참조했다.
49　Hume, *Medical Work of the Knights Hospitallers of Saint John of Jerusalem*, 18쪽.
50　Hume, *Medical Work of the Knights Hospitallers of Saint John of Jerusalem*, 17-18쪽.
51　아래의 내용은 다음 인터넷 자료를 참조했다.
　　https://fr.wikipedia.org/wiki/Ordre_de_Saint-Jean_de_J%C3%A9rusalem에서

제9장 중세 영국병원의 시작과 발전

1　Noll, "The Origin of the So-called Plan of St Gall," 191-240쪽.
2　Noll, "The Origin of the So-called Plan of St Gall," 199-202쪽.
3　Noll, "The Origin of the So-called Plan of St Gall," 202-207쪽.
4　Noll, "The Origin of the So-called Plan of St Gall," 209-238쪽.
5　D'Aronco, "The plan of St Gall and Anglo-Saxon England," 248-249쪽.
6　네 시기의 구분에 대한 내용은 Clay, *The Mediaeval Hospitals of England*, 1-14쪽에서 참조했다.
7　Clay, *The Mediaeval Hospitals of England*, 277-337쪽.
8　Carlin, "Medieval English hospitals," 22-24쪽.
9　Carlin, "Medieval English hospitals," 24쪽.
10　Clay, *The Mediaeval Hospitals of England*, 53쪽.
11　Clay, *The Mediaeval Hospitals of England*, 53쪽.
12　아래의 내용은 Clay, *The Mediaeval Hospitals of England*, 48-51쪽을 참조했다.
13　Clay, *The Mediaeval Hospitals of England*, 49-50쪽.
14　Clay, *The Mediaeval Hospitals of England*, 51쪽.
15　아래의 내용은 Clay, *The Mediaeval Hospitals of England*, 35-47쪽을 참조했다.
16　Clay, *The Mediaeval Hospitals of England*, 45쪽.
17　Carlin, "Medieval English hospitals," 23쪽.

18 이 문단의 내용은 Carlin, "Medieval English hospitals," 24쪽을 참조했다.
19 이어지는 내용은 Clay, *The Mediaeval Hospitals of England*, 15-30쪽을 참조했다. 도판은 다음 사이트에서 참조했다. https://commons.wikimedia.org
20 이어지는 내용은 Carlin, "Medieval English hospitals," 24-26쪽을 참조했다.
21 White, "Excavations at St Mary Spital" and Clay, *The Mediaeval Hospitals of England*, 15-30쪽.
22 성 레오나르드 병원에 대해서는 Carlin, "Medieval English hospitals," 26쪽을 참조했다.
23 Satchell, "History of the Rural Hospital in England," 237-256쪽.
24 Carlin, "Medieval English hospitals," 31쪽.
25 Egan, "English Medieval Hospials and Other Sites," 65-76쪽.
26 Carlin, "Medieval English hospitals," 30쪽.
27 Carlin, "Medieval English hospitals," 30쪽.
28 Carlin, "Medieval English hospitals," 30-31쪽.
29 이어지는 내용은 Horden, "Medicine without Doctors and the Medieval European Hospital," 134쪽에서 참조했다.
30 후나인의 구분에 대해서는 Horden, "Medicine without Doctors and the Medieval European Hospital," 134-135쪽을 참조했다.
31 에바그리오스 (폰투스의), 『실천학(Praktikos)』, 21장(132-133쪽).
32 에바그리오스 (폰투스의), 『실천학(Praktikos)』, 181쪽.
33 이하 이 문단의 내용 및 인용구는 Horden, "Medicine without Doctors and the Medieval European Hospital," 135-137쪽에서 참조했다.
34 S. D. Goitein, *A Mediterranean Society, Volume 5: The Individual* (Berdeley, CA, 1988), 56쪽. Horden, "Medicine without Doctors and the Medieval European Hospital," 135쪽에서 재인용.
35 Horden, "Medicine without Doctors and the Medieval European Hospital," 136쪽에서 재인용.
36 Horden, "Medicine without Doctors and the Medieval European Hospital," 137쪽에서 재인용.
37 Horden, "Medicine without Doctors and the Medieval European Hospital," 137쪽

에서 재인용.

38   NAM Jong Kuk, "Medieval European Medicine and Asian Spices," 319-320쪽.
39   이 인용구와 이하 내용은 주로 Horden, "Medicine without Doctors and the Medieval European Hospital," 142-143쪽에서 참조했다.
40   Prescott, *The English Medieval Hospital 1050-1640*, 5-72쪽.
41   Prescott, *The English Medieval Hospital 1050-1640*, 72-105쪽.
42   Rubin, "Development and change in English hospitals, 1100-1500," 48쪽.
43   만인왕립병원은 여성 병동 1개, 남성 병동 2개 등 3개의 병동으로 구성됐고, 행정과 원목(사제 2명, 부제 2명)을 포함해 52명의 인력이 고용됐다. 이 중 의사는 내과의 1명, 외과의 2명, 외과 보조의 2명, 약사 1명과 약사 보조사 3명, 4명의 남자 수간호자와 7명의 간호자, 1명의 여자 수간호자와 보조 간호자, 1명의 이발사-외과의 등이 있었다. Arrizabalaga, "Medical Theory and Surgical Practice," 95-98쪽.
44   Clay, *The Mediaeval Hospitals of England*, 212쪽.
45   이 문단과 이어지는 문단의 내용과 인용구는 Clay, *The Mediaeval Hospitals of England*, 212-217쪽에서 참조했다.
46   Clay, *The Mediaeval Hospitals of England*, 213쪽.
47   Clay, *The Mediaeval Hospitals of England*, 214쪽.
48   이어지는 내용은 Clay, *The Mediaeval Hospitals of England*, 216-217쪽을 참조했다.
49   캐논,『중세 교회사』, 228-231쪽을 참조하라.
50   이 문단은 Clay, *The Mediaeval Hospitals of England*, 217-225쪽에서 참조했다.
51   Clay, *The Mediaeval Hospitals of England*, 222-223쪽.
52   이 문단은 Clay, *The Mediaeval Hospitals of England*, 217쪽을 바탕으로 정리했다.
53   Clay, *The Mediaeval Hospitals of England*, 218쪽.
54   이어지는 내용은 Clay, *The Mediaeval Hospitals of England*, 223쪽을 바탕으로 했다.
55   병원의 폐쇄와 용도 변경은 Clay, *The Mediaeval Hospitals of England*, 226쪽에서 참조한 것이다.
56   스피츠,『종교개혁사』, 223-232쪽.

57 Clay, *The Mediaeval Hospitals of England*, 229쪽.

58 <Act for the Dissolution of the Lesser Monasteries>(소규모 수도원 해산법)의 서문은 다음과 같다. "FORASMUCH as manifest sin, vicious, carnal and abominable living is daily used and committed among the little and small abbeys, priories, and other religious houses of monks, canons, and nuns, where the congregation of such religious persons is under the number of twelve persons, whereby the governors of such religious houses, and their convent, spoil, destroy, consume, and utterly waste, as well their churches, monasteries, priories, principal houses, farms, granges, lands, tenements, and hereditaments, as the ornaments of their churches, and their goods and chattels, to the high displeasure of Almighty God, slander of good religion, and to the great infamy of the king's highness and the realm, if redress should not be had thereof. And albeit that many continual visitations hath been heretofore had, by the space of two hundred years and more, for an honest and charitable reformation of such unthrifty, carnal, and abominable living, yet nevertheless little or none amendment is hitherto had, but their vicious living shamelessly increases and augments, and by a cursed custom so rooted and infected, that a great multitude of the religious persons in such small houses do rather choose to rove abroad in apostasy, than to conform themselves to the observation of good religion; so that without such small houses be utterly suppressed, and the religious persons therein committed to great and honourable monasteries of religion in this realm, where they may be compelled to live religiously, for reformation of their lives, there can else be no redress nor reformation in that behalf." 참조한 사이트는 다음과 같다. https://en.wikipedia.org/wiki/Dissolution_of_the_Lesser_Monasteries_Act

59 https://en.wikipedia.org/wiki/Suppression_of_Religious_Houses_Act_1539에서 참조했다.

60 https://en.wikipedia.org/wiki/Dissolution_of_the_Monasteries에서 참조했다.

61 이어지는 내용은 Clay, *The Mediaeval Hospitals of England*, 232-235쪽을 참조하여 정리한 것이다. 도판은 다음 사이트를 참조했다. https://commons.wikimedia.org

62 이어지는 내용은 Clay, *The Mediaeval Hospitals of England*, 236-243쪽을 참

63 " ··· we have endeavoured ··· that henceforth there be comfort to the prisoners, shelter to the poor, visitation to the sick, food to the hungry, drink to the thirsty, clothes to the naked, and sepulture to the dead administered there ··· we determine to create, erect, found and establish a certain hospital." Clay, *The Mediaeval Hospitals of England*, 237쪽에서 인용.
64 도판은 다음 사이트를 참조했다. 출처: https://commons.wikimedia.org
65 Owen, *English Philanthropy 1660-1960*, 17쪽.

제10장 종교개혁과 그 이후 병원의 발전

1 이 문단과 이어지는 문단은 Riis, "Poor relief in sixteenth-century Denmark," 130쪽을 참조했다.
2 도미니코회 수도자 지오르다노 다 피사(Giordano da Pisa)의 설교. 김주한, 「가난과 가난한 자들에 대한 구호정책 -중세 후기 기독교 사회복지정책」, 81쪽에서 재인용.
3 탁발수도회의 형성에 대해서는 다음 자료를 참조하라. 김주한, 「가난과 가난한 자들에 대한 구호정책 -중세 후기 기독교 사회복지정책」, 79-80쪽. 캐논, 『중세 교회사』, 287쪽 이하. 서던, 『중세 교회사』, 293-322쪽. 프란체스코의 규칙은 심창섭·채천석 편저, 『원자료 중심의 중세 교회사』, 168-173쪽을 보라.
4 김주한, 「가난과 가난한 자들에 대한 구호정책 -중세 후기 기독교 사회복지정책」, 82쪽.
5 도판 35는 1853년 Schwerdgeburth 작품이다. 출처 File:Schwerdgeburth Luther Worms (1853).jpg.
6 마르틴 루터, 「독일 크리스찬 귀족에게 보내는 글」, 94쪽.
7 마르틴 루터, 「독일 크리스찬 귀족에게 보내는 글」, 114-116쪽.
8 이어지는 내용은 알트하우스, 『말틴 루터의 윤리』, 147-151쪽에서 참조했다. 루터의 노동관에 대해서는 김유준, 「마르틴 루터의 경제사상」, 90-94쪽을 참조하라.

9   『사막교부들의 금언집』, 125쪽(7장 1절). 이 이야기를 간략하게 소개하면 다음과 같다. 안토니오스가 사막에 홀로 머물 때에 태만에 빠지게 됐다. 그는 태만에서 빠져나오고자 하나님께 간절하게 기도 드렸다. 하나님께서는 그에게 환상으로 계시하셨다. 천사가 나타나 앉아서 줄을 꼬다가 일어나서 기도하고, 또다시 앉아서 줄을 꼬기를 반복하는 것이었다. 이처럼 모범을 보여준 뒤 천사는 기도와 손노동을 번갈아 행하면 구원받을 것이라고 말하고 홀연히 사라졌다. 이처럼 <사막교부들의 금언집>은 기도와 노동의 결합을 하나님의 계시로 생각하며, 안토니오스에게 소급되는 전통으로 여긴다.

10 바실리오스, 『수도규칙서』, 243-247쪽(대규칙 37장). 바실리오스는 대규칙 37장에서 "일하기 싫은 자는 먹지도 말라"(살후 3.10)는 말씀과 "쉬지 말고 기도하라"(살전 5.17)는 말씀을 조화롭게 연결시킨다.

11 베네딕트 규칙의 16-17장은 기도에 대해서 다루며, 48장은 노동에 대해서 다룬다. 베네딕트 수도원의 대명제는 흔히 'ora et labora'(기도하고 일하라)는 명제로 요약되는데, 이는 바실리오스 수도 규칙의 영향이다.

12 김주한, 「가난과 가난한 자들에 대한 구호정책 -중세 후기 기독교 사회복지정책」, 78-83쪽.

13 Grell·Cunningham, "The Reformation and change in welfare provision," 3쪽.

14 마르틴 루터, "독일 크리스찬 귀족에게 보내는 글," 115쪽.

15 이어지는 내용은 Grell·Cunningham, "The Reformation and change in welfare provision," 3-4쪽에서 참조했다.

16 이 분야의 대표적인 연구로 Karras, *Unmarriages, Women, Men, and Sexual Unions in the Middle Ages*를 참조하라.

17 Grell, "The Protestant imperative of Christian care," 51쪽.

18 Grell, "The Protestant imperative of Christian care," 47쪽에서 재인용.

19 이창곤, 『복지국가를 만든 사람들』, 98-100쪽.

20 이 문단과 이어지는 문단에서 다룬 종교개혁 이전의 시 의회와 인문주의자들의 역할에 대해서는 Grell, "The Protestant imperative of Christian care," 43-45쪽을 참조했다.

21 그렐의 입장은 Grell, "The Protestant imperative of Christian care," 45-47쪽의 내용을 참조했다.

22 부겐하겐의 보건 증진 정책은 Grell, "The Protestant imperative of Christian care" 을 기초로 했다.
23 이어지는 내용은 Grell, "The Protestant imperative of Christian care," 48쪽에서 참조했다.
24 김유준,「츠빙글리의 경제윤리에 관한 현대적 고찰」, 51쪽.
25 도판 36 출처. https://en.wikipedia.org/wiki/Johannes_Bugenhagen
26 Grell, "The Protestant imperative of Christian care," 52쪽.
27 Grell, "The Protestant imperative of Christian care," 53-55쪽.
28 마르틴 루터,「교회의 바벨론 포로됨」, 153-270쪽.
29 마르틴 루터,「교회의 바벨론 포로됨」, 170-183쪽.
30 마르틴 루터,「교회의 바벨론 포로됨」, 183-223쪽.
31 마르틴 루터,「교회의 바벨론 포로됨」, 234-57쪽.
32 마르틴 루터,「교회의 바벨론 포로됨」, 236쪽.
33 마르틴 루터,「교회의 바벨론 포로됨」, 254쪽.
34 마르틴 루터,「교회의 바벨론 포로됨」, 238-239쪽.
35 이하 제시돼 있는 인용구 및 부게하겐이 관여한 헌장의 내용은 Grell, "The Protestant imperative of Christian care," 54-55쪽에서 참조한 것이다.
36 캐논, 종교개혁사, 107쪽.
37 마르틴 루터, "교회의 바벨론 포로됨," 247쪽과 238-9쪽.
38 남성현,「기독교적 빈민 보호 시설의 발전과 병원의 탄생」, 227쪽. 본서의 6장 219쪽을 보라.
39 이하 조산 및 산파에 대한 설명은 Grell, "The Protestant imperative of Christian care," 55-57쪽에서 참조했다.
40 간호에 대해서는 Grell, "The Protestant imperative of Christian care," 57-58쪽의 내용을 참조했다.
41 역병 전용병원에 대해서는 Grell, "The Protestant imperative of Christian care," 58쪽을 참조했다.
42 천연두 전문병원에 대해서는 Grell, "The Protestant imperative of Christian care," 59쪽을 참조했다.
43 이 부분의 내용은 Riis, "Poor relief in sixteenth-century Denmark"에 기초한 것이다.

44 본 장의 각주 3번을 보라.
45 이어지는 내용은 Riis, "Poor relief in sixteenth-century Denmark," 131-132쪽을 참조했다.
46 이어지는 내용은 Riis, "Poor relief in sixteenth-century Denmark," 130-131쪽에서 참조했다.
47 덴마크의 종교개혁 약사에 대해서는 스피츠, 『종교개혁사』, 106-107쪽을 참조했다.
48 스피츠, 『종교개혁사』, 107쪽.
49 이하 내용은 Riis, "Poor relief in sixteenth-century Denmark," 133-134쪽을 참조했다.
50 이 문단은 Riis, "Poor relief in sixteenth-century Denmark," 134-135쪽을 바탕으로 한 것이다.
51 이하 내용은 Riis, "Poor relief in sixteenth-century Denmark," 135-138쪽을 바탕으로 정리한 것이다.
52 Riis, "Poor relief in sixteenth-century Denmark," 138쪽.
53 이 부분은 전체적으로 Kouri, "Health care and poor relief in Sweden and Finland"를 참고했음을 밝혀둔다.
54 이하 내용은 Kouri, "Health care and poor relief in Sweden and Finland," 167-168쪽을 바탕으로 한 것이다.
55 Kouri, "Health care and poor relief in Sweden and Finland," 168쪽.
56 이하 내용은 스피츠, 『종교개혁사』, 107-108쪽을 참조했다.
57 Kouri, "Health care and poor relief in Sweden and Finland," 170-4쪽.
58 이 문단의 내용은 Kouri, "Health care and poor relief in Sweden and Finland," 175-182쪽을 참조했다.
59 Kouri, "Health care and poor relief in Sweden and Finland," 182쪽.
60 이어지는 내용은 Kouri, "Health care and poor relief in Sweden and Finland," 182-184쪽을 참조했다.
61 이 문단과 그 이하에 제시된 1624년의 개혁 법안에 대해서는 Kouri, "Health care and poor relief in Sweden and Finland," 184-186쪽을 참조했다.
62 원석조, 『사회복지발달사』, 29-30쪽. 김종일, 『빈민법의 겉과 속』, 214쪽. 서울: 울력, 2006.

63 1642년 빈민 보호법과 1686년 교회헌장에 대해서는 Kouri, "Health care and poor relief in Sweden and Finland," 191-195쪽을 참조했다.
64 17세기 스웨덴과 핀란드의 의사에 대한 정보는 Kouri, "Health care and poor relief in Sweden and Finland," 196쪽을 참조했다.
65 Kouri, "Health care and poor relief in Sweden and Finland," 198쪽.
66 이 부분은 전체적으로 Jütte, "Poor relief in Hanseatic towns"의 내용을 참고한 것이다.
67 1529년 함부르크교회헌장의 내용은 Jütte, "Poor relief in Hanseatic towns," 110-111쪽을 참고했다.
68 이 소책자의 내용은 Jütte, "Poor relief in Hanseatic towns," 112쪽에 제시됐다.
69 이 보고서에 대한 내용도 Jütte, "Poor relief in Hanseatic towns," 112쪽에서 참고했다.
70 요한 헤르텔과 이하 내용에 대해서는 Jütte, "Poor relief in Hanseatic towns," 112-113쪽을 참조했다.
71 Jütte, "Poor relief in Hanseatic towns," 113-119쪽.
72 한자동맹 도시들의 빈민 지원에 대해서는 Jütte, "Poor relief in Hanseatic towns," 114-115쪽의 내용을 참조했다.
73 이어지는 내용은 Jütte, "Poor relief in Hanseatic towns," 115쪽을 바탕으로 했다.
74 안톤 하인스 및 '빈민 환자를 위한 기관'에 대해서는 Jütte, "Poor relief in Hanseatic towns," 115-116쪽을 참조했다.
75 빈곤층 일반을 대상으로 의료 서비스를 대폭 확대하는 함부르크의 정책에 대해서는 Jütte, "Poor relief in Hanseatic towns," 116-119쪽을 참조했다.
76 Jütte, "Poor relief in Hanseatic towns," 117쪽.
77 Jütte, "Poor relief in Hanseatic towns," 118쪽.
78 이 부분은 전체적으로 Jütte, "Poor relief in Hanseatic towns," 119-123쪽에 의존했다.
79 7세기 삼손병원에서 행했던 수술에 대해서는 남성현, 「기독교적 빈민 보호 시설의 발전과 병원의 탄생」, 228쪽을 참조하라. 판토크라토르 크세논(Pantokrator Xenon)의 의료 인력에 대해서는 같은 연구의 197쪽에 간략한 설명이 제시됐다.
80 쥐트는 17세기 후반에서 18세기 초반 브레멘에서 루터주의자들과 개혁주의자들 사이의 대립 때문에 빈민 보호의 행정과 중앙 집중화가 지연됐다고 설명했다.

81 뤼벡과 브레멘의 구빈원에 대한 설명은 Jütte, "Poor relief in Hanseatic towns," 120-121쪽을 참조했다.
82 이하 함부르그의 전염병 병원에 대한 설명은 Jütte, "Poor relief in Hanseatic towns," 122-123쪽을 참조하라.
83 미셀 푸코의 다음 책을 참조하라. 푸코, 『임상의학의 탄생』, 1장(29-55), 3-4장(79-117쪽)을 참조하라.
84 Pullan, "Catholics, Protestans, and the Poor," 448쪽.
85 이른 바 제3의 도성, 즉 지상에 있으면서도 영적인 하나님의 도성이다. 남성현, 「아우구스티누스의 신국론」, 337-338쪽, 349-350쪽, 특히 353쪽.
86 알트하우스, 『말틴 루터의 윤리』, 87-96쪽.
87 Pullan, "Catholics, Protestans, and the Poor," 452쪽.
88 작은 악으로 보다 큰 악을 제어한다는 아우구스티누스의 개념은 『신국론』 5권의 제국주의 국가론과 19권의 일반 국가론을 관통하는 핵심이다. 아우구스티누스, 『신국론』, V.12.1, V.13, XIX.12.2. 남성현, 「아우구스티누스의 『신국론』에 나타난 세속국가 허물기와 국가치료의 비전」, 17쪽. 남성현, 「국가는 강도떼인가 필요악인가-아우구스티누스의 <신국론>에 나타난 국가론」, 270쪽.
89 Pullan, "Catholics, Protestans, and the Poor," 453쪽.

결론

1 5장 173-174쪽을 참조하라.
2 5장 174쪽을 참조하라.
3 NHS에 대해서는 원석조, 『사회복지발달사』, 198-203쪽을 참조하라.
4 에바그리오스의 영적 치료에 대해서는 남성현, 「폰투스의 에바그리오스의 영성테라피」를 참조하라.
5 아우구스티누스의 사념론에 대해서는 남성현, 「4-5세기 니케아적 영성신학으로 살펴 본 아실 나운몽의 영성」, 78-79쪽을 보라.
6 5장 178쪽을 참조하라.

약어표 및 참고 도서

1차 자료

Butler, *The Lausiac History of Palladius* : Cuthbert Butler, *The Lausiac History of Palladius, A Critical Discussion Together with Notes on Early Egyptian Monachism*, Hildesheim: Georg Olms Verlagsbuchhandlung, 1967. 팔라디오스, 『라우소스 이야기』를 보라.

CJ = *Codex Justinianus*. 영어 번역은 *The Civil law in Seventeen volumes*, translated by S. P. Scott *vol.* 12-15 (New Jersey: The Lawbook Exchange, 1932). 라틴어 본문은 http://webu2.upmf-grenoble.fr/Haiti/Cours/Ak/Corpus/CJ9.htm에 제시됐다.

Codex Theodosianus → CTh를 보라.

CTh = *Codex Theodosianus*. 영어 번역은 Clyde Pharr, *The Theodosian Code* (New Jersey : The Lawbook Exchange, 2001). 라틴어 원문은 http://ancientrome.ru/ius/library/codex/theod/index.htm를 보라. 16권 종교법은 다음 두 권의 책을 참고했다. *Code Théodosien XVI, Les lois religieuses des empereurs romains de Constantin à Théodose II (312-438)*, vol. 1, texte latin par Th. Mommsen, traduction par Jean Rougé, *Sources Chrétiennes* 497 (Paris: Éditions du Cerf, 1992); *Le Code Théodosien, Livre XVI*, Introduction, notes et index par Elisabeth Magnou-Nortier, Préface de Michel Rouche (Paris: Éditions du Cerf, 2002).

Delehaye, "Une vie inédite de Saint Jean l'aumonier" → 『선행가 성(聖) 요한의 생애』을 보라.

NJ = 유스티니아누스의 신칙법(*Novellae Justinianae*). 영어 번역은 *The Civil law in Seven-*

teen volumes, translated by S. P. Scott *vol.* 16-17 (New Jersey: The Lawbook Exchange, 1932). 유스티니아누스의 신칙법의 라틴어 본문은 http://webu2.upmf-grenoble.fr/Haiti/Cours/Ak/Corpus/Novellae.htm을 참조하라.

그레고리오스(나지안주스의), 『바실리오스를 위한 조사(弔辭)』: Grégoire de Nazianze, *Discours Funèbres en l'honneur de son frère Césaire et de Basile de Césarée*, Paris, 1908.

그레고리오스(닛사의), 『에우노미오스 반박』: Grégoire de Nysse, *Contre Eunome*, texte grec de W. Jaeger ; introduction, traduction et notes par Raymond Winling, *SC* 521 et 524, Paris : Éditions du Cerf 2008.

락탄티우스(Lactantius), 『하나님의 경세(*Institutiones Divinae*)』: Lactantius, *Institutiones Divinae*, 영어 번역 사이트 http://www.ccel.org/ccel/schaff/anf07.toc.html

『립스 티피콘』 → Alice-Mary Talbot, "39. Lips: Typikon of Theodora Palaiologina for the Convent of Lips in Constantinople", in *Byzantine Monastic Foundation Documents: A Complete Translation of the Surviving Founders' Typika and Testaments*, edited by John Thomas and Angela Constantinides Hero with the assistance of Giles Constable, Dumbarton Oaks Stduies 35, vol. 1-5, 2001, 1265-1282. (http://www.doaks.org/resources/publications/doaks-online-publications/byzantine-monastic-foundation-documents/typ051.pdf)

마르틴 루터, 「독일 크리스챤 귀족에게 보내는 글」: 마르틴 루터, 『종교개혁 3대 논문』, 컨콜디아사, 1993, 22-152쪽.

마르틴 루터, 「교회의 바벨론 포로됨」: 마르틴 루터, 『종교개혁 3대 논문』, 컨콜디아사, 1993, 153-270쪽.

『멜라니아의 생애』: *Vie de Saint Mélanie*, texte grec, introduction, traduction et note par Denys Gorce, Paris, 1962.

바르사누피오스와 요안네스, 『편지』: Barsanuphius and John, *Letters*, Vol. 1-2, translated by John Chryssavgis, The Catholic University of America Press, 2006-2007.

바실리오스 (앙키라의), 『동정성에 관하여』: Basile d'Ancyre, *De la véritable intégrité dans la virginité*, traduction par C. Coudreau, introduction et notes par P. Miquel, Saint-Benoît: Abbaye Sainte-Croix, 1981.

바실리오스(Basilios), 『편지』: Basile de Césarée, *Lettres*, édition et traduction par Y. Courtonne, Paris, 1957 (*I*) 1961 (*II*), 1966 (*III*).

바실리오스, 『수도규칙서』: Basil the Great, *The Asketikon of St Basil the Great*, Oxford: Oxford University Press, 2005. 영어 번역은 Anna M. Silvas, *The Asketikon of St Basil the Great*, Oxford University Press, 2005.

『베네딕트 규칙』: *La Règle de Saint Benoît II (Ch. VIII-LXXIII)*, introduction, texte critique et traduction par A. de Vogüé et J. Neufville, *Sources Chrétiennes* 182, Paris: Les Editions du CERF, 1972.

『사도전승(*Didascalia*)』: *Les Constitutions Apostoliques*, introduction, texte critique et traduction par M. Metzger, *Sources Chrétiennes* 320; 329 ; 336, Paris: Les Editions du CERF, 1986.

『사막교부들의 금언집』:『사막교부들의 금언집』, 남성현 역, *Les apophtegmes des pères, collection systématique*, introduction, édition, traduction et notes par Jean-Claude Guy, Sources Chrétiennes 387(1993년), 474(2003년), 498(2005년), Edition du CERF, 서울: 두란노 아카데미, 2011.

『삼손의 생애』: François Halkin, "Saint Sampson: Le Xenodoque de Constantinople," *Rivista di Studi Bizantini e Neoellinici* 14-16 (1977-1979), pp. 6-17.

『서방의 역사』(*Historia Occidentalis*) : Jacques de Vitry, *Histoire occidentale*, traduction par Gaston Duchet-Suchaux, Introduction et notes par Jean Longère, Paris: Les Editions du CERF, 1977.

『성 아르테미오스의 기적』: *The Miracles of St. Artemios, a collection of miracle stories by an anonymous author of seventh century Byzantium*, [edited] by Virgil S. Crisafulli and John W. Nesbitt ; translated by Virgil S. Crisafulli, with an introduction by John W. Nesbitt and commentary by Virgil S. Crisafulli and John W. Nesbitt ; supplemented by a reprinted Greek text and an essay by John F. Haldon, New York : E.J. Brill, 1997.

『선행가 성(聖) 요한의 생애』: "Life of Saint John the Almsgiver," translated by E. Dawes and N. H. Baynes in *Three Byzantine Saints*, New York: St. Vladimir's Seminary Press, 1977, 199-262. 그리스어 원문은 H. Delehaye, "Une vie inédite de Saint Jean l'aumonier," *Analecta Bollandiana* XLV (1927), 5-74를 참조했다.

소조메노스(Sozomenos), 『교회사(*Historia Ecclesiastica*)』 : Sozomène, *Histoire Ecclésiastique*, Livres V-VI, texte grec de l'Edition de J. Bidez – G.C. Hansen(GCS), introduction et annotation par Guy Sabbah, traduction par A.-J. Festugière et B. Grillet, *Sources*

Chrétiennes 495, Paris: Les Editions du CERF, 2005.

소크라테스(Socrates), 『교회사(*Historia Ecclesiastica*)』: Socrates, *Histoire ecclésiastique* 1-6, édition par G. C. Hansen (GCS) et traduction par P. Périchon et P. Maraval, SC 477, 2004-2006.

소프로니오스(Sophronios), 『기적(*Thaumata*)』: Sophrone de Jérusalem, *Miracles des Saints Cyt et Jean* (BHG I 477-479), traduction commentée par Jean Gascou, Paris: De Boccard, 2006.

스트라보(Strabo), 『지리(Geographikon)』: *The Geography of Strabo*, with English translation by H. L. Jones, Cambridge: Harvard University Press, 1949-1954.

시메온 메타프라스토스, 『삼손의 생애』: François Halkin, ed. "Saint Sampson: Le xénodoque de Constantinople." *Rivista di studi bizantini e neoellenici* 14-16 (1977-1979), 6-17. 프랑스와 알켕은 7-8세기 경 시메온 메타프라스토스가 쓴 『삼손의 생애』 (BHG 1615)의 그리스어판을 편집해 출판했다.

스키토폴리스(Scythopolis)의 키릴로스(Cyrillos), 『사바스의 생애』: Festugière, A.J., *Les moines d'Orient*. III/2. *Les moines de Palestine. Cyrille de Scythopolis, Vie de Saint Sabas*. Paris: Cerf, 1962.

아그넬루스(Agnellus), 『라벤나교회의 감독들』(Liber Pontificalis Ecclesiae Ravennatis): Agnellus, *Liber Pontificalis Ecclesiae Ravennatis*, Edition of D. M. Deliyannis, *Corpus Christianorum, continuatio Mediaeualis* 199. Turnhout: Brepols, 2006.

아르노비우스, 『전통종교 반박』: Arnobius of Sicca, *Adversus Gentes*, Ante-Nicene Christian Library, Vol. 19, edited by A. Roberts and J. Donaldson, Edinburgh: T. & T. Clark, 1871.

아리스토텔레스, 『정치학』: Aristotle, *Politique*, tome 2, livres V-VI, texte et traduction par Jean Aubonnet, Paris: Les Belles Lettres, 1973.

아리스티데스, 『거룩한 이야기(*Hieroi Logoi*)』: Aelius Aristides, *Aelii Aristidis Smyrnaei quae supersunt omnia*, ed. by Bruno Keil. vol. II Orationes XVII-LIII, Berlin: Weidmann, 1898, pp. 376-467.

아리스티데스, 『변증(*Apologia*)』: Aristide, *Apologie*, introduction, texte critique et traduction par B. Pouderon et M.-J. Pierre avec la collaboration de B. Outtier et M. Guiorgadzé, *Sources Chrétiennes* 470, Paris: Les Editions du CERF, 2003.

아우구스티누스, 『삼위일체론(*De Trinitate*)』: 아우구스티누스, 『삼위일체론(*De Trini-*

tate)』, 김종흡 옮김, 크리스챤 다이제스트, 1993.

아우구스티누스, 『신국론(*Civitas Dei*)』 : Augustinus, *Civitas Dei*, 라틴어 원문 사이트 http:/www.thelatinlibrary.com/august.html
영어 번역 사이트 http:/www.ccel.org/ccel/schaff/npnf102.toc.html

『아우구스티누스의 생애(*Vita Augustini*)』 → 포시디우스(Possidius)를 보라.

아타나시오스(Athanasios), 『안토니오스의 생애(*Vita Antonii*)』 : *Vie d'Antoine*, texte grec, traduction et notes par G. J. M. Bartelink, *Sources Chrétiennes* 400, Paris: Les Editions du CERF, 1994.

에바그리오스 (폰투스의), 『실천학(Praktikos)』: 폰투스의 에바그리오스, 『실천학(Praktikos)』, 가브리엘 붕게 주석, 남성현 번역, 서울: 새물결 플러스, 2015.

에우세비오스(Eusebios), 『교회사(*Historia Ecclesiastica*)』 : Eusèbe de Césarée, *Histoire Ecclésiastique*, texte grec, traduction et notes par G. Bardy, *Sources Chrétiennes* 31; 41; 55, Paris: Les Editions du CERF, 20012; 1955; 1952.

에페수스의 요안네스, 『교회사』 : John of Ephesus, *The Ecclesiastical History*, translated from Syriac by R. Payne Smith, Oxford, 1860.

에피파니오스(Epiphanios), 『판아리온(*Panarion*)』 : Epiphanios, *Panarion (Adeversus Haereses)*, PG 42, col. 11-832; Epiphanius, *Panarion(sections 47-80 De fide)*, traduction par F. Williams, New York ; Köln: Leiden, 1994.

『요안네스 엘레몬의 생애』 : H. Delehaye, "Une vie inédite de Saint Jean l'aumonier," *Analecta Bollandiana*. Vol. XLV. Brussels, 1927.

유스티누스(Justinus), 『변증(*Apologia*)』 : Justin, *Apologie pour les chrétiens*, introduction, texte critique et traduction par Ch. Munier, *Sources Chrétiennes* 507, Paris: Les Editions du CERF, 2006.

율리아누스(Julianus), 『편지(*Lettres*)』 : Julien, *Lettres et fragments*, texte revu et traduit par J. Bidez, Paris: Collection des Universités de France, 1924.

주상성인 여호수아, 『연대기』 : Joshua the Stylite, *The Chronicle of Zuqnīn. Parts III and IV. A.D. 488-775*, translated from Syriac with notes and introduction by Amir Harrak, *Mediaeval sources in translation* 36, Toronto : Pontifical Institute of Mediaeval Studies, 1999.

『조티코스의 생애(*Vie de Zoticos de Constantinople*)』 : M. Aubineau, "Zoticos de Constantinople. Nourricier des pauvres et serviteur des lépreux," *Analecta Bollandiana* 93

(1975), 67-108.

칼리니코스(Callinicos), 『히파티오스의 생애』 : Callinicos, *Vie d'Hypatios*, Introduction, texte et traduction par G. J, M, Bartelink, Paris, 1971.

켈수스(Celsus), 『의학(*De Medicina*)』 : Celsus, *De Medicina*, with English translation by W. G. Spencer, Cambridge: Harvard University Press, 1948-1953.

『코스모티라 수도원 티피콘』 : Petit, "Typikon du monastère de la Kosmosoteira," Bulletin de l'Institut archéologique russe à Constantinople 13 (1908), 17-77.

클레멘스(Clemens), 『고린도 교회에 보낸 첫 번째 편지』 : Clément de Rome, *Epitre aux Corinthiens*, introduction, texte critique et traduction par Annie Jaubert, *Sources Chrétiennes* 167, Paris: Les Editions du CERF, 2000.

키릴로스, 『팔레스틴 수도자들의 생애』 : Cyril of Scythopolis, *Lives of the Monks of Palestine*, translated by R.M. Price ; with an introduction and notes by John Binns, Kalamazoo, Mich. : Cistercian Publications, 1990.

키프리아누스(Cyprianus), 『선한 행위와 자선에 대해서(*De Opere et Eleemosynis*)』 : Cyprien de Carthage, *La bienfaisance et les aumônes*, introduction, texte critique et traduction par Michel Poirier, *Sources Chrétiennes* 440, Paris: Les Editions du CERF, 1999.

테오도레투스(Theodoretus), 『교회사(*Historia Ecclesiastica*)』 : Théodoret de Cyr, *Histoire ecclésiastique, I-V*, texte grec de L. Parmentier et G.C. Hansen, avec annotation par J. Bouffartigue, introduction, Annick Martin, traduction, Pierre Canivet, revue et annotée par Jean Bouffartigue, *Sources Chrétiennes* 501; 530 (Paris: Les Editions du CERF, 2006-I,II; 2009-III,V).

티로스의 기욤, 『예루살렘 역사(*Historia Ierosolymitana*)』 : William of Tyre, *A History of Deeds Done Beyond the Sea*, translated and annotated by Emily Atwater Babcock and A. C. Krey, Vol. 1-2, New York: Moiningside Heights, Columbia University Press, 1943.

『파코미우스의 생애(그리스어)』 : *La Première Vie grecque de saint Pachôme*. Introduction critique et traduction par A.-J. Festugière, dans *Les Moines d'Orient*, t. IV/2, Paris, 1965.

『파코미우스의 생애(콥트어)』 : *Les Vies coptes de saint Pachôme et de ses premiers successeurs*, traduction d'une vingtaine Vies coptes de Pachôme par L. Th. Lefort,, *Bibliothèques du Muséon* 16, Louvain, 1943.

『판토크라토르 티피콘』 → 2차 연구 Gautier, "Le typikon du Christ Sauveur Pantocrator"를 보라(26-130쪽에 그리스어 원문과 프랑스어 번역이 제시됐다).

팔라디오스, 『요안네스 크리소스토모스의 생애에 대한 대화』: Palladios, *Dialogue sur la vie de Jean Chrysostome, Sources Chrétiennes* 341; 342, Paris: Les Editions du CERF, 1988.

팔라디오스, 『라우소스 이야기』: Pallade, *Histoire Lausique*, traduit par Nicolas Molinier, Abbaye de Bellefonatine, 1999. 그리스 원문은 Butler, *The Lausiac History of Palladius*을 보라.

포시디우스(Possidius), 『아우구스티누스의 생애(*Vita Augustini*)』: 포시디우스, 『아우구스티누스의 생애』, 이연학, 최원오 역주, 교부문헌총서 18. 왜관, 2008.

폴리카르푸스(Polycarpus), 『빌립보 교회에 보내는 편지』: Saint Polycarpe de Smyrne, *Lettre aux Philippiens*, introduction, texte critique et traduction par P. Th. Camelot, *Sources Chrétiennes* 10 bis., Paris: Les Editions du CERF, 1951.

『폴리카르푸스의 순교』: *Le martyre de Polycarpe*, introduction, texte critique et traduction par P. Th. Camelot, *Sources Chrétiennes* 10 bis., Paris: Les Editions du CERF, 1951.

프로코피우스(Procopius), 『건물』: Procopius, *Buildings*, with an English translation by H. B. Dewing, Collection: Loeb classical library, v. 7 Cambridge, Mass.: Harvard University Press Buildings, 1954.

『플레리 수도원의 관습』: *Le Coutumier de Fleury* (*Consuetudines Floriacenses Antiquiores*) par Anselme Davril, Lin Donnat et Gillette Labory, dans *L'Abbaye de Fleury en L'an mil, Sources D'Histoire Médiévale* 32, Paris: CNRS Editions, 145-356쪽.

피르모스, 『편지』: Firmus de Césarée, *Lettres*, édition et traduction par M.-A., Calvet-Sébasti et P.-L., Gatier, *SC* 350, 1988.

필로스토르기오스, 『교회사』: Philostorge, *Histoire ecclésiastique*, texte critique par J. Bidez (CGS) ; traduction, Édouard des Places, s.j. ; introduction, révision de la traduction, notes et index, Bruno Bleckmann, professeur d'histoire ancienne, Heinrich-Heine-Universität de Düsseldorf, Doris Meyer, ingénieur de recherche, CNRS UMR 7044, Strasbourg, Jean-Marc Prieur, professeur d'histoire de l'Église ancienne, Faculté de théologie protestante de Strasbourg, *SC* 564, Paris : Les Éditions du Cerf, 2013. 영어판은 Philostorgius, Church History, translated with an introduction and notes by Philip R. Amidon, Atlanta, GA : Society of Biblical Literature, 2007.

호노라투스(Honoratus, 마르세이유의), 『아를르의 힐라리우스의 생애』 : Honorat de Marseille, *La Vie d'Hilaire d'Arles*, Texte latin de Samuel Cavallin, introduction, traduction et notes par Paul-André Jacob, Paris, 1995.

호메로스(Homeros), 『일리아드(*Iliad*)』 : Homeros, *Iliad*, with English translation by A. T. Murray, Cambridge: Harvard University Press, 1999.

히에로니무스(제롬), 『파코미우스 규칙』 : *Pachomiana Latina*, version latine de Jérôme des oeuvres pachômiennes, édition par Boon, Louvain, 1932 ; traduction par P. Deseille, *L'esprit du monachisme pachômien*, SO 2, 1968, 11-120.

히에로니무스, 『편지(*Epistula*)』 : 히에로니무스, 『편지(epistula)』, *Corpus Scriptorum Ecclesiasticorum Latinorum*, vol. 55, S. EUSEBII HIERONYMI, Wien, 1912. 영어 번역은 다음 인터넷 웹사이트를 참조하라. http://www.ccel.org/ccel/schaff/npnf206.v.LXXVII.html http://www.zeitun-eg.org/ecfidx.html

히펠, 『교회 회의의 역사』 : Carl Joseph Hefele, *Histoire des conciles, d'après les documents originaux. Nouvelle traduction française corrigée et augmentée par H. Leclercq*, Hildesheim·New York: Georg Olms Verlag, 1973² (1908).

힐라리우스(Hilarius, 아를르의), 『호노라투스의 생애』 : Hilaire d'Arles, *Vie de Saint Honorat*, Paris, 1977.

La Bible, L'ancien Testament II : *La Bible, L'ancien Testament* II, Edition publiée sous la direction d'Edouard Dhorme de L'institut, Paris: Editions Gallimard, 1959.

파피루스 자료

Clackson, *Coptic and Greek texts* : S. J. Clackson, *Coptic and Greek texts relating to the Hermopolite Monastery of Apa Apollo*, London: Alden press, 2000.

P. Freer a-b : J. Gascou et L. Maccoull, 『Le cadastre d'Aphroditô : P.Freera-b』, *Travaux et Mémoires* 10, 1987, 103-158.

P. Cair. Masp. : J. Maspero, Catalogue générale des antiquités égyptiennes du Musée du

Caire III, Milan, 1973(réimpression de l'édition de 1916).

P. Gronin : A. G. Roos, ed., *Papyri Groninganae*, Amsterdam, 1933.

P. Lond V : *Greek Papyri in the British Museum*, édition par H. I. Bell, vol. V, London, 1917.

P. Oxy. XVI : B. P. Grenfell, A. S. Hunt, H. I. Bell, ed., *The Oxyrhynchus Papyri*, vol. XVI, London, 1924.

P. Sorb. II 69 : Jean Gascou, *Un codex fiscal Hermopolite* (*P. Sorb. II 69*), The American Society of Papyrologists: 1994.

P. Strasb. : F. Preisigke, ed., *Griechische Papyrus der kaiserlichen Universitäts-Landesbibliothek zu Strassburg, I*, Leipzig, 1912.

Stud. Pal. XX : C. Wessely, ed., *Catalogus Papyrorum Raineri, Series Graeca*, Paris I : *Textus graeci papyrorum, qui in libro "Papyrus Erzherzog Rainer ⊠ Führer durch die Ausslellung Wien 1894" descripti sunt, Studien zur Palaeographie und Papyruskunde*, XX, Lipsiae, 1921.

2차 연구

김유준, 「츠빙글리의 경제윤리에 관한 현대적 고찰」 : 김유준, 「츠빙글리의 경제윤리에 관한 현대적 고찰」, 『복음과 실천신학』 19 (2009), 38-62쪽.

_____, 「카이사레이아의 감독 바실레이오스의 경제사상에 관한 연구」 : 김유준, 「카이사레이아의 감독 바실레이오스의 경제사상에 관한 연구」, 『한국교회사학회지』 30 (2011), 7-34쪽.

_____, 「암브로시우스의 경제 사상」 : 김유준, 「암브로시우스의 경제 사상」, 『한국교회사학회지』 44 (2016), 37-65쪽.

_____, 「마르틴 루터의 경제사상」 : 김유준, 「마르틴 루터의 경제사상」, 『한국교회사학회지』 49 (2018), 81-116쪽.

김종일, 『빈민법의 겉과 속』 : 김종일, 『빈민법의 겉과 속, 근대 영국의 빈민 정책과 빈민의 삶』, 서울: 울력, 2006.

김주한, 「가난과 가난한 자들에 대한 구호정책 -중세 후기 기독교 사회복지정책」 : 김주한, 「가난과 가난한 자들에 대한 구호정책 -중세 후기 기독교 사회복지정책」, 『한국교회사학회지』 21집 (2007), 63-94쪽.

김호연, 「그리스의 의신(醫神) 아스클레피오스」: 김호연, 「'치료'의 인문학적 함의를 위한 시론 그리스의 의신(醫神), 아스클레피오스를 중심으로」, 『역사와 문화』 17집 (2009), 45-76쪽.

김창성, 『사료로 읽는 서양사 2, 중세편』: 김창성, 『사료로 읽는 서양사 2, 중세편』, 서울: 책과함께, 2014.

나현기, 「요안네스 카시아누스의 수도문헌에 나타난 5세기 초 갈리아 수도사 비판과 가난의 중요성」: 「요안네스 카시아누스의 수도문헌에 나타난 5세기 초 갈리아 수도사 비판과 가난의 중요성」, 『한국교회사학회지』 46 (2017), 7-37쪽.

_____, 「요안네스 카시아누스의 이집트 수도원적 가난 이해의 중요성과 그 의미」: 나현기, 「요안네스 카시아누스(Ioannes Cassianus, ca. 360-ca. 435)의 이집트 수도원적 가난(Monastic Poverty)이해의 중요성과 그 의미」, 『서양고대사연구』 50집 (2017), 111-141쪽.

_____, 「요안네스 카시아누스의 수도 문헌에 나타난 인간, 부, 그리고 탐욕」: 나현기, 「요안네스 카시아누스(Ioannes Cassianus, ca.360-ca.435)의 수도 문헌에 나타난 인간, 부(Divitia), 그리고 탐욕(Avaritia)」, 『신학사상』 182집 (2018), 223-256쪽.

_____, 「안토니오스의 수도원적 청빈 이해」: 나현기, 「안토니오스(Antonios of Egypt, ca. 251-ca.356)의 수도원적 청빈(Monastic Poverty) 이해」, 『신학사상』 185집 (2019), 51-79쪽.

남성현, 『기독교 초기 수도원 운동사』: 남성현, 『기독교 초기 수도원 운동사, 파코미우스와 바실리우스』, 서울: 도서출판 엠에드, 2006.

_____, 「바실리우스(Basilius)의 공주수도원」: 남성현, 「바실리우스(Basilius)의 공주수도원을 위한 편람(便覽)」, 『한국기독교신학논총』 53권 (2007), 141-167쪽.

_____, 『테오도시우스 법전 종교법 연구』: 남성현, 『5세기 로마 제국의 테오도시우스 법전 종교법 연구』, 서울: 엠-에드, 2007.

_____, 「가난한 자선 사업가(euergetes)」: 남성현, 「4-5세기 기독교 성인전에 나타난 '가난한' '자선 사업가'(euergetes)」, 『서양고대사연구』 25집 (2009), 273-324쪽.

_____, 「파피루스에 나타난 초기 비잔틴 시대」: 남성현, 「파피루스에 나타난 초기 비잔틴 시대 이집트 교회와 수도원의 수입구조」, 『서양고대사연구』 26집 (2010), 281-322쪽.

_____, 『고대 기독교 예술사』 : 남성현, 『고대 기독교 예술사』, 파주: 한국학술정보, 2011.

_____, 「로마법과 기독교: 간통 및 이혼에 관한 로마법 전통과 4-6세기 기독교 시대의 칙법 전통」, 『서양고대사연구』 29집 (2011), 195-260쪽.

_____, 「아우구스티누스의 신국론」 : 남성현, 「아우구스티누스의 신국론(神國論, De Civitate Dei)」, 『서양사론』 113호 (2012), 322-353 쪽.

_____, 『콘스탄티누스 가문의 기독교적 입법정책(313-361년)』 : 남성현, 『콘스탄티누스 가문의 기독교적 입법정책(313-361년), 콘스탄티누스 황제에서 콘스탄티우스 2세까지의 입법정책 연구』, 파주: 한국학술정보, 2013.

_____, 「초기 비잔틴 제국과 기독교의 빈민을 위한 협력 모델 연구」 : 남성현, 「초기 비잔틴 제국과 기독교의 빈민을 위한 협력 모델 연구」, 『서양사론』 118호 (2013), 5-32쪽.

_____, 「기독교적 빈민 보호 시설의 발전과 병원의 탄생」 : 남성현, 「초기 비잔틴 시대(4-7세기)의 기독교적 빈민 보호 시설의 발전과 병원의 탄생」, 『醫史學』 24-1 (2015), 195-239쪽.

_____, 「폰투스의 에바그리오스의 영성테라피」 : 남성현, 「폰투스의 에바그리오스의 영성테라피-실천학에 나타난 영혼의 삼분법을 중심으로」, 『서양고대사연구』 43권 (2015), 39-78쪽.

_____, 「영화 <아고라>(2009)에 관한 소고(小考)」 : 남성현, 「영화 <아고라>(2009)에 관한 소고(小考)」, 『서양고대사연구』 45 (2016), 249-284쪽.

_____, 「플라톤의 영혼의 삼분법과 에바그리오스의 영성신학」 : 남성현, 「플라톤의 영혼의 삼분법과 에바그리오스의 영성신학」 『장신논단』 48-2 (2016), 67-93쪽.

_____, 「아우구스티누스의 『신국론』에 나타난 세속국가 허무기와 국가치료의 비전」 : 남성현, 「아우구스티누스의 『신국론』에 나타난 세속국가 허무기와 국가치료의 비전」, 『서양역사와문화연구』 47 (2018), 1-38쪽.

_____, 「국가는 강도떼인가 필요악인가-아우구스티누스의 <신국론>에 나타난 국가론」 : 남성현, 「국가는 강도떼인가 필요악인가-아우구스티누스의 <신국론>에 나타난 국가론」, 『신학사상』 181 (2018), 257-287쪽.

_____, 「4-5세기 니케아적 영성신학으로 살펴 본 아실 나운몽의 영성」, 『세계 역사와 문화 연구』 50 (2019), 63-98쪽.

마라발, 『제롬의 생애와 편지』 : 피에르 마라발, 『제롬의 생애와 편지』, 남성현 역, 서

울: 엠-에드, 2008.
문영규·이낙운,「고대(古代) 병원 병동」: 문영규·이낙운,「병동의 역사적 변천에 관한 연구(1): 고대(古代) 병원 병동을 중심으로」,『의료·복지 건축』5-8 (1999), 71-78쪽.
박주홍,「고대 서양의학 체질론」: 박주홍,「고대 서양의학 체질론과 사상체질론의 형성과정 및 내용 비교연구」,『의사학』34(2009), 15-41쪽.
배정훈,「존 크리소스톰의 구제와 영혼 치유」: 배정훈,「존 크리소스톰의 구제와 영혼 치유에 대한 사상」,『한국교회사학회 제 139차 정기학술대회 자료집』(2018.12.15.), 6-27쪽. 이 논문의 원문 서지사항은 다음과 같다. Junghun Bae, "Almsgiving and the Therapy of the Soul in John Chrysostom's Homilies on Matthew", *Augustinianum* 58 (2018), 103-124.
서던,『중세 교회사』: R. W.. 서던,『중세 교회사』, 이길상 옮김, 고양: 크리스챤 다이제스트, 2002.
서영석,「한국 최초의 근대식 병원 세브란스의 선교사적 의의」: 서영석,「특집 : 한국 최초의 근대식 병원 세브란스의 선교사적 의의」,『한국교회사학회지』24 (2009), 9-47쪽.
서원모,「교회력의 법제화를 통한 후기 로마 제국의 사회적 시간의 재조직에 대한 연구」: 서원모,「교회력의 법제화를 통한 후기 로마 제국의 사회적 시간의 재조직에 대한 연구」,『한국교회사학회지』34 (2013, 77-114쪽. [재수록] 염창선 외 5인.『후기 로마 제국의 국가와 기독교』, 아산: 호서대학교출판부, 2015, 201-234쪽.
_____,「시리아 그리스도교의 가난 담론」: 서원모,「시리아 그리스도교의 가난 담론 에데사(주후 4세기 말~5세기)를 중심으로」,『장신논단』44 (2012), 199-227쪽.
_____,「율리아누스 황제의 종교 정책 연구」: 서원모,「율리아누스 황제의 종교 정책 연구」,『한국교회사학회지』40 (2015), 249-288쪽.
_____,「6세기 가자 수도원의 가난 담론」: 서원모,『한국기독교논총』82 (2012), 203-230쪽.
성영곤,「아스클레피오스 신전의술과 히포크라테스 의학」: 성영곤,「아스클레피오스 신전의술과 히포크라테스 의학」,『서양고대사연구』46 (2016), 95-136쪽.
『소법전(小法典)』:『2007년 소법전(小法典)』, 현암사, 2007.
스피츠,『종교개혁사』: 루이스 스피츠,『종교개혁사』, 서영일 옮김, Lewis W. Spitz, *The Reformation*, 서울: CLC, 1997.

신영전,「아스클레피오스의 지팡이와 헤르메스의 지팡이」: 신영전,「대한의사협회 휘장의 소사 : 아스클레피오스의 지팡이와 헤르메스의 지팡이」,『醫史學』16-1 (2007), 21-35쪽.

심창섭·채천석 편저,『원자료 중심의 중세 교회사』: 심창섭·채천석 편저,『원자료 중심의 중세 교회사』, 서울: 도서출판 솔로몬, 1998.

알트하우스,『말틴 루터의 윤리』: 파울 알트하우스(Paul Althaus),『말틴 루터의 윤리』, 이희숙 옮김, 서울: 컨콜디아사, 1989.

양현혜,「세브란스 의료선교의 역사」: 양현혜,「특집 : 한국 최초의 근대식 병원 세브란스의 선교사적 의의 : 세브란스 의료선교의 역사」,『한국교회사학회지』24 (2009), 49-89쪽.

여인석,「제중원과 세브란스 의전의 기초의학 교육과 연구」,『延世醫史學』12-1 (2009), 43-57쪽.

_____,「아스클레피오스 신앙과 초기 기독교의 관계에서 본 병원의 기원」: 여인석, 「아스클레피오스 신앙과 초기 기독교의 관계에서 본 병원의 기원」,『醫史學』 26-1 (2017), 3-27쪽.

원석조,『사회복지발달사』: 원석조,『사회복지발달사』, 고양: 공동체, 2008.

이은혜,「요한 크리소스토모스의 설교」: 이은혜,「요한 크리소스토모스의 설교에 나타난 수도주의와 '가난한 자를 사랑한 자'(Lover of the Poor)의 관계성에 대한 이해」,『한국교회사학회지』26 (2010), 201-231쪽.

_____,「수도자-감독 지도력(Monk-Bishop Leadership)의 발전: 크리소스토모스를 중심으로」: 이은혜,「고대 후기 교회지도력의 새로운 패러다임, 수도자-감독 지도력(Monk-Bishop Leadership)의 발전: 크리소스토모스를 중심으로」,『한국교회사학회지』28 (2011), 89-113쪽.

_____,「부와 부자에 대한 초대 교부들의 이해: 연속성과 불연속성」: 이은혜,「부와 부자에 대한 초대 교부들의 이해: 연속성과 불연속성」,『성경과신학』82 (2017), 151-178쪽.

이창곤,『복지국가를 만든 사람들』: 이창곤,『복지국가를 만든 사람들, 영국편』, 서울: 인간과복지, 2014.

조은정,「아스클레피오스 숭배와 치유의 도상」: 조은정,「아스클레피오스 숭배와 치유의 도상」,『美術史學報』37 (2011), 5-42쪽.

조병하,「Cyprianus의 '가난한 자들을 위한 선행과 자선'에 대한 교훈 연구」:『조병하,

「Cyprianus의 '가난한 자들을 위한 선행과 자선'에 대한 교훈 연구」, 한국교회사학회지 26 (2010), 171-199쪽.

캐논, 『중세 교회사』: William R. Canon, 『중세 교회사』, 서영일 옮김, 원제: *History of Christianity in the Middle Ages*, 서울: 기독교문서선교회, 1986.

스피츠, 『종교개혁사』: Lewis W. Spitz, 『종교개혁사』, 서영일 옮김, 원제: *The Reformation*, 서울: 기독교문서선교회, 1997.

푸코, 『임상의학의 탄생』: 미셸 푸코, 『임상의학의 탄생, 의학적 시선의 고고학』, 홍성민 옮김, 서울: 이매진, 2006.

피터 브라운, 『성인숭배』: 피터 브라운, 『성인숭배』, 정기문 옮김, 서울: 새물결, 2002.

_____, 『고대 후기 로마 제국의 가난과 리더십』: Peter Brown, 『고대 후기 로마 제국의 가난과 리더십』, 서원모 · 이은혜 옮김, 원제: *Poverty and Leadership in the Later Roman Empire*, 파주: 태학사, 2012.

하성수, 「부와 가난에 대한 바실리우스의 이해」: 하성수, 「부와 가난에 대한 바실리우스의 이해」, 『신학전망』 172 (2011), 58-84쪽.

_____, 「부와 가난에 대한 크리소스토무스의 가르침」: 하성수, 「부와 가난에 대한 크리소스토무스의 가르침」, 『신학전망』 200 (2018), 104-136쪽.

황훈식, 「후기 로마 제국의 축제문화와 기독교」: 황훈식, 「후기 로마 제국의 축제문화와 기독교-—암브로시우스 시대를 중점적으로」, 『신학과 선교』 55 (2019), 83-119쪽.

채승희, 「4세기 초대교회 여성 수도원 창시자」: 채승희, 「4세기 초대교회 여성 수도원 창시자」, 『신학과 목회』 40 (2013), 5-32쪽.

최자영, 「헬레니즘 시대 의술에서 보이는 이질적 경향」: 최자영, 「헬레니즘 시대 의술에서 보이는 이질적 경향, 다양성 대(對) 획일성, 시간적 지연(자연성) 대 신속성(효율성), 인술(仁術) 대 세속적 성공의 대립」, 『의사학』 17-1 (2008), 1-22쪽.

최지혜 · 정지웅, 「요하네스 크리소스토모스의 '부자와 나사로' 설교」: 최지혜 · 정지웅, 「요하네스 크리소스토모스의 '부자와 나사로' 설교 안에 나타난 가난과 부에 대한 고찰」, 『교회와 사회복지』 26 (2016), 51-77쪽.

최형근, 「5-6세기 가자 수도원운동과 환대」: 최형근, 「5-6세기 가자 수도원운동과 환대」, 『한국교회사학회 제 139차 정기학술대화 자료집』 (2018년 12월 15일), 32-44쪽.

최혜영, 「율리아누스 황제의 이교주의」: 최혜영, 「율리아누스 황제의 이교주의」, 『대구사학』41 (1991), 185-233쪽.

Aubineau, "Zoticos de Constantinople" : M. Aubineau, "Zoticos de Constantinople", *Analecta Bollandiana* 93 (1975), 67-108.

Androutsos·Karamanou·Matsaggas, "The hospital institutions of Byzantium and the hospital (Xenon) of Pantokrator monastery in Constantinople" : G. Androutsos, M. Karamanou and A. Matsaggas, "The hospital institutions of Byzantium and the hospital (Xenon) of Pantokrator monastery in Constantinople | Les institutions hospitalières de Byzance et l'hôpital (Xénon) du monastère du Christ Sauveur Pantocrator de Constantinople," *Presse Medicale* 41 (2012), 68-73.

Arrizabalaga, "Medical Theory and Surgical Practice" : Jon Arrizabalaga, "Medical Theory and Surgical Practice: Coping with the French Disease in Early Renaissance Portugal and Spain," in L. Abreu and S. Sheard (eds.) *Hospital Life, Theory and Practice from the Medieval to the Modern*, Oxford·Berlin: Peter Lang, 93-117.

Avalos, *Health Care and the Rise of Christianity* : Hector Avalos, *Health Care and the Rise of Christianity*, Washington, 1999.

Bloomfield, *The Seven Deadly Sins. An introduction to the history of a religious concept with a special reference of Medieval English literature* : Morton W. Bloomfield, *The Seven Deadly Sins. An introduction to the history of a religious concept with a special reference of Medieval English literature* (Michigan: Michigan State College Press, 1952).

Boswell, *The Kindness of Strangers* : John Boswell, *The Kindness of Strangers, The Abandonment of Children in Western Europe From Late Antiquity To The Renaissance*, New York : Pantheon Books, 1988.

Bowers (ed.), *Medieval Hospital And Medical Practice* : Barbara S. Bowers, ed. *Medieval Hospital And Medical Practice, Avista Studies in the History of Medieval Technology, Science and Art*, Vol. 3, Ashgate, 2007.

Bremmer, *Greek Religion and Culture* : Jan N. Bremmer, *Greek Religion and Culture*, the Bible and the Ancient Near East, Leiden ; Boston: Brill, 2008.

Bultmann, *Primitive Christianity* : R. Bultmann, *Primitive Christianity in its Contemporary Setting*, Translated by the Rev. R. H. Fuller, Cleveland and Nwe York : The World Publishing Company, 1956.

Carlin, "Medieval English hospitals" : M. Carlin, "Medieval English hospitals," In Granshaw·Porter (ed.), *The Hospital in History*, 21-40.

Chiffoleau, "charité et assistance en Avignon" : Chiffoleau, "charité et assistance en Avignon," dans *Assistance et charité*, Toulouse: Privat, 1978, 55-85.

Clay, *The Mediaeval Hospitals of England* : R. M. Clay, *The Mediaeval Hospitals of England*, New York, 1966(second edition).

Cluny 910-2010 : *Cluny 910-2010, Onze siècles de rayonnement*, Paris: Editions du patrimoine, 2010.

Cohen, *Jewish Community of Medieval Egypt* : Mark R. Cohen, *Poverty and Charity in the Jewish Community of Medieval Egypt*, Princeton University Press, 2005.

Constantelos, *Byzantine Philanthropy and social Welfare* : Demetrios J. Constantelos, *Byzantine Philanthropy and social Welfare*, Rutgers University Press, 1968.

Constantelos, *Poverty, Society, and Philanthropy in the Late Mediaeval Greek World* : Demetrios J. Constantelos, *Poverty, Society, and Philanthropy in the Late Mediaeval Greek World*, New York, 1992.

Coyecque, *L'Hôtel-Dieu de Paris au Moyen Âge* : E. Coyecque, *L'Hôtel-Dieu de Paris au Moyen Âge, Histoire et decuments*, 2 vols., Paris, 1889-1891.

Crislip, *From Monastery to Hospital* : Andrew T. Crislip, *From Monastery to Hospital: Christian Monasticism and the Transformation of Health Care in Late Antiquity*, University of Michigan Press, 2005.

Cushing, "Roman military hospitals" : Angela Cushing, "Roman military hospitals", *Collegian* 6(3), 1999, p. v.

Cushing, "Organisation of patient care in the Roman military hospital" : Angela Cushing, "Organisation of patient care in the Roman military hospital", *Collegian* 6(4), 1999, p. v.

Cushing, "The origin of the Roman Christian hospital" : Angela Cushing, "The origin of the Roman Christian hospital", *Collegian* 7(1), 2000, p. iv.

Dagron, "Le monachisme à Constantinople jusqu'au concile de Chalcédoine (451)" : Gilbert Dagron, "Les moines et la ville: Le monachisme à Constantinople jusqu'au concile de Chalcédoine (451)," *Travaux et Mémoires*, 4 (1970), 229-276.

Dagron, *Naissance d'une capitale* : Gilbert Dagron, *Naissance d'une capitale; Constantinople et ses institutions de 330 à 451*, Collection Bibliothèque byzantine, Études 7, Paris: Presses universitaires de France, 1974.

D'Aronco, "The plan of St Gall and Anglo-Saxon England" : Maria A. D'Aronco, "The Benetictine Rule and the Care of the Sick: The plan of St Gall and Anglo-Saxon England," In Bowers (ed.), Bowers (ed.), *Medieval Hospital And Medical Practice*, 235-252.

Deakin, *Hypatia of Alexandria, Mathematician and Martyr* : Deakin, Michael A., *Hypatia of Alexandria, Mathematician and Martyr*, (New York: Prometheus Books, 2007).

Defrasse et Lechat, *Epidaure, restauration et description des principaux monuments du sanctuaire d'Asclépios* : A. Defrasse et H. Lechat, *Epidaure, restauration et description des principaux monuments du sanctuaire d'Asclépios*, Paris, 1895.

Delaville Le Roulx, "Les statuts de l'ordre de l'hôpital de Saint Jean de Jérusalem" : Joseph Delaville Le Roulx, "Les statuts de l'ordre de l'hôpital de Saint Jean de Jérusalem." *Bibliothèque de l'école des chartes* 48 (1887), 341-356.

Delehaye, *Les Légendes Hagiographiques* : Hippolyte Delehaye, *Les Légendes Hagiographiques*, Bruxelles: Société des Bollandistes, 1955.

Demurger, *Les Hospitaliers* : Alain Demurger, *Les Hospitaliers, de Jérusalem à Rhodes 1050-1317*, Paris: Editions Tallandier, 2013.

Devreesse, Robert, *La Patriarcat d'Antioche depuis la paix de l'Eglise jusqu'à la conquête arabe*, (Paris: Librairie Lecoffre, 1945).

De Spiegeler, *Les Hôpitaux et L'assistance à Liège* : Pierre De Spiegeler, *Les Hôpitaux et L'assistance à Liège* (Xe-XVe siècles), *aspects intitutionnels et sociaux*, Paris: Société d'Edition Les Belles Lettres, 1987.

Edbury and Rowe, *William of Tyre, Historia of the Latin East* : Peter W. Edbury and John Gordon Rowe, *William of Tyre, Historia of the Latin East*, Cambridge University Press, 1988.

Edgington, "The Hospital of St. John in Jerusalem" : Susan B. Edgington, "The Hospital of St. John in Jerusalem," in *Medicine in Jerusalem Throughout the Age*, ed. Zohar Amar, Efraim Lev and Joshua Schwartz, Tel Aviv, 1999, ix-xxv.

Egan, "English Medieval Hospials and Other Sites" : Geoff Egan, "Material Culture of Care for the Sick: Some Excavated Evidence from English Medieval Hospitals and

Other Sites," In Bowers(ed.), *Medieval Hospital And Medical Practice*, 65-76.

Evans, *Monastic Life at Cluny* 910-1157 : Joan Evans, *Monastic Life at Cluny* 910-1157, Archon Books, 1968.

Ferngren, "Early Christianity as a Religion of Healing" : Gary B. Ferngren, "Early Christianity as a Religion of Healing." *Bulletin of the History of Medicine* 66 (1992), 1-15.

Ferngren, *Medicine and Religion* : Gary B. Ferngren, *Medicine and Religion, A Historical Introduction*, Baltimore: The Johns Hopkins Unicersity Press, 2014.

Frisch, *Jewish Philanthropy* : R. C. Frisch, *An Historical Survey Jewish Philanthropy*, New York : The Macmillan Company, 1924.

Foucault, *Naissance de la clinique* : Michel Foucault, *Naissance de la clinique*, PUF, 1963 (20152).

Frothingham, *The Monuments of Christian Rome* : Arthur L Frothingham, *The Monuments of Christian Rome, from Constantine to the Renaissance*, New York : Macmillan Co., 1908.

Gain, *L'Eglise de Cappadoce* : B. Gain, *L'Eglise de Cappadoce au IVe siècle d'après la correspondance de Basile de Césarée (330-379)*, *Orientalia Christiana Analecta* 225, Roma, 1985

Garrison, *Redemptive Almsgiving* : Roman Garrison, *Redemptive Almsgiving in Early Christianity*, Sheffield : JSOT Press, 1993.

Gascou, *Un codex fiscal Hermopolite (P. Sorb. II 69)* : *P. Sorb. II 69*를 보라.

_____, "Les Grands domaines, la cité et l'État en Égypte byzantine" : J. Gascou, "Les Grands domaines, la cité et l'État en Égypte byzantine," dans *Fiscalité et société en Égypte byzantine, Bilans de Recherche* 4. Paris: Association des amis du entre d'histoire et civilisation de Byzance, 2008, 125-213.

Gascou et Maccoull, 「Le cadastre d'Aphroditô : *P. Freera-b*」 : *P. Freera-b*를 보라.

Gaudemet, *L'Eglise dans l'Empire Romain* : Jean Gaudemet, *L'Eglise dans l'Empire Romain (IVe-Ve siècle)*, Collection Histoire du Droit et des Institutions de l'Eglise en Occident, Paris, 1958 (avec mise à jour 1989).

Gautier, "Le typikon du Christ Sauveur Pantocrator" : Paul Gautier, "Le typikon du Christ Sauveur Pantocrator", Revue des études byzantines 32 (1974), 1-145. 이 자료는 구글에서 다운로드가 가능하다. http://www.persee.fr/web/revues/home/prescript/article/rebyz_0766-5598_1974_num_32_1_1481

Gervers, "Pro defensione Terre Sancte" : Michael Gervers, "Pro defensione Terre Sancte. the Development and Exploitation of the Hospitaliers' Landed Estate in Essex," In *The Military Orders: Fighting for the Faith and Caring for the Sick*, ed. Malcom Barber, Aldershot, 1994, 3-20.

Granshaw·Porter (ed.) *The Hospital in History* : L. Granshaw and R. Porter, ed., *The Hospital in History*, London and New York, 1989.

Grégoire, "Sur le personnel hospitalier des églises" : Grégoire, H., "Sur le personnel hospitalier des églises," *Byzantion* 13 (1938), 283-285.

Grell, "The Protestant imperative of Christian care" : O. P. Grell, "The Protestant imperative of Christian care and neighbourly love," In Grell·Cunningham(ed.), *Health Care and Poor Relief in Protestant Europe 1500-1700*, 43-65.

Grell·Cunningham (ed.), *Health Care and Poor Relief in Protestant Europe 1500-1700* : O. P. Grell and A. Cunningham, ed., *Health Care and Poor Relief in Protestant Europe 1500-1700*, New York, 1997.

Grell·Cunningham, "The Reformation and change in welfare provision" : O. P. Grell and A. Cunningham, "The Reformation and change in welfare provision in early modern Northern Europe," In Grell·Cunningham (ed.), *Health Care and Poor Relief in Protestant Europe 1500-1700*, 1-42.

Gribomont, *Saint Basile* : Jean Gribomont, *Saint Basile, évangile et église : mélanges I-II*, présentation par Enzo Bianchi, 2 vol. Collection Spiritualité orientale, n. 36-37, Bégrolles-en-Mauges: Abbaye de Bellefontaine, 1984.

Gribomont, "Eustathe de Sébastée" : Gribomont, "Eustathe de Sébastée", *Dictionnaire encyclopédique du christianisme ancien*, Adaptation française sous la direction de F. Vial, 1990 (édition originale italienne sous la direction de A. Di Berardino, 1983), 925.

Guilland, "Étude sur l'histoire administrative de l'Empire byzantin. L'orphanotrophe" : Guilland, R., "Étude sur l'histoire administrative de l'Empire byzantin. L'orphanotrophe," *Revue des études byzantines* 23 (1965), 205-221.

Hands, *Charities and Social aid* : A. R. Hands, *Charities and Social aid in Greece and Rome*, Cornell University Press, 1968.

Harig, "Zum Promblem 'Krankenhaus' in der Antike" : Georg Harig, "Zum Promblem

'Krankenhaus' in der Antike", *Klio* 53, 1971, 179-195.

Harnack, *Mission et expansion du christianisme* : Adolf von Harnack, *Mission et expansion du christianisme dans les trois premiers siècles*, pour l'édition original : *Mission und Ausbreitung des Christentums in den drei ersten Jahrhunderten* (Leipzig, 1924), traduit de l'allemand par Jesoph Hoffmann, Préface par Michel Tardieu, Postface par Pierre Maraval, Paris, 2004.

Hefele, C. J., *Histoire des conciles*, Hildesheim-New York: Georg Olms Verlag, 1973.

Henderson·Horden·Pastore(ed.), *The impact of Hospitals, 300-2000* : J. Henderson, P. Horden and A. Pastore, ed., *The impact of Hospitals, 300-2000*, Oxford·New York : Peter Lang, 2007.

Horden, "Medicine without Doctors and the Medieval European Hospital" : Peregrine Horden, "A Non-natural Environment: Medicine without Doctors and the Medieval European Hospital," in Bowers(ed.), *Medieval Hospital And Medical Practice*, 133-145.

Hume, *Medical Work of the Knights Hospitallers of Saint John of Jerusalem* : Edgar Erskine Hume, *Medical Work of the Knights Hospitallers of Saint John of Jerusalem*, Baltimore : The Johns Hopkins Press, 1940.

Hunt, *Cluny under Saint Hugh, 1049-1109* : Noreen Hunt, *Cluny under Saint Hugh 1049-1109*, London : Edward Arnold, 1967.

Imbert, *Les hôpitaux en France* : Jean Imbert, *Les hôpitaux en France*, Collection de Que sais-Je ?, Paris : PUF, 1958.

Imbert, *Histoire des hôpitaux en France* : Jean Imbert, *Histoire des hôpitaux en France*, sous la direction de Jean Imbert, Toulouse : Editions Privat, 1982.

Imbert, *Les hôpitaux en droit canonique* : Jean Imbert, *Les hôpitaux en droit canonique (du décret de Gratien à la sécularisation de l'administration de Paris en 1505)*, Paris, 1947.

Jackson, *Doctors and Diseases in the Roman Empire* : Ralph Jackson, *Doctors and Diseases in the Roman Empire*, London: British Museum Publications, 1988.

Jones, *The Later Roman Empire 284-602* : Jones, A. H. M., *The Later Roman Empire 284-602*, Vol. I-II, Baltimore: The Johns Hopkins University Press, 1986.

Jütte, "Poor relief in Hanseatic towns" : R. Jütte, "Health care provision and poor relief in early modern Hanseatic towns: Hamburg, Bremen and Lübeck," In Grell·-

Cunningham(ed.), *Health Care and Poor Relief in Protestant Europe 1500-1700*, 108-128.

Kaplan, *Les propriétés de la Couronne et de l'Eglise* : Michel Kaplan, *Les propriétés de la Couronne et de l'Eglise dans l'empire byzantin (Ve-VIe siècles), Documents*, Paris: Publications de la Sorbonne, 1976.

Kaplan, *Les hommes et la terre à Byzance du VIe au XIe siècle* : M. Kaplan, *Les hommes et la terre à Byzance du VIe au XIe siècle, propriété et exploitation du sol*, Paris, 1992.

Karras, *Unmarriages, Women, Men, and Sexual Unions in the Middle Ages* : Ruth Mazo Karras, *Unmarriages, Women, Men, and Sexual Unions in the Middle Ages*, Philadelphia, University of Pennsylvania Press, 2012.

Kasas, "La médecine dans l'Ancienne Corinthe" : Savas Kasas, "La médecine dans l'Ancienne Corinthe", in *Importants Centres Médicaux de l'Antiquité, Epidaure et Corinthe, Quand la médecine était encore divine*, Athènes: Editions Kasas, 1979, 3-17.

Kedar, "A twelfth century description of the Jerusalem Hospital" : Benjamin Z. Kedar, "A twelfth century description of the Jerusalem Hospital", in *The Military Orders, Vol. 2 Welfare and Warfare*, ed., Helen Nicholson, Aldershot, 1998 : 3-26.

Kee, *Miracle in the Early Christian World* : Howard Clark Kee, *Miracle in the Early Christian World, A Study in Sociohistorical Method*, New Haven ; London: Yale University Press, 1983, 217-230.

Kouri, "Health care and poor relief in Sweden and Finland" : E. I. Kouri, "Health care and poor relief in Sweden and Finland: c. 1500-1700," In Grell·Cunningham(ed.), *Health Care and Poor Relief in Protestant Europe 1500-1700*, 167-203.

Kwon, "John Chrysostom's Teachings on Wealth and Almsgiving" : Junghoo Kwon, "John Chrysostom's Teachings on Wealth and Almsgiving", 「성경과 신학」 76 (2015), 275 - 298.

Lancon, "Attention au Malade et Téléologie de la maladie" : Bertrand Lancon, "Attention au Malade et Téléologie de la maladie", In *Les Pères de l'église face à la Science Médicale de leur Temps*, Sous la direction de Véronique Boudon-Millot et Bernard Pouderon, Théologie Historique 117, Paris: Beauchesne, 2005.

Le Grand, "Les Maisons-Dieu, leurs statuts au XIII siècle" : Léon Le Grand, "Les Maisons-Dieu, leurs statuts au XIII siècle," *Ruvue des questions historiques* 63 (1896),

95-134.

Le Grand, *Hôtels-Dieu et Léproseries* : Léon Le Grand, *Hôtels-Dieu et Léproseries, Recueil de textes du XIIe au XIVe siècle*, Paris, 1901.

Liversidge, *Britain in the Roman Empire* : Joan Liversidge, *Britain in the Roman Empire*, London: Routledge & Kegan Paul, 1968.

MacMullen, *Christianism et Paganisme du IVe au VIIIe siècle* : Ramsay MacMullen, *Christianism et Paganisme du IVe au VIIIe siècle*, traduit de l'anglais par F. Regnot, Les Belles Lettres, 2004.

Magnou-Nortier, 2002 → 1차 자료의 CTh를 참조하라.

Maraval, *Constantin, Lettres et discours* : Pierre Maraval, *Constantin, Lettres et Discours*, Paris: Les Belles Lettres, 2010.

Maraval, *Le christianisme de Constantin à la conquête arabe* : Pierre Maraval, *Le christianisme de Constantin à la conquête arabe*, Presses Universitaires de France, 1997.

Mayer and Allen, *John Chrysostome* : Wendy Mayer and Pauline Allen, *John Chrysostome*, London: Routledge, 2000.

Meier, *Ancient Incubation and Modern Psychotherapy* : C. A. Meier, *Ancient Incubation and Modern Psychotherapy*, Northwestern University Press, 1967.

Mergiali-Falangas, "L'école Saint-Paul de l'Orphelinat à Constantinople" : S. Mergiali-Falangas, "L'école Saint-Paul de l'Orphelinat à Constantinople : bref aperçu sur son statut et son histoire." *Revue des études byzantines* 49 (1991), 237-246.

Miller, "The knights of Saint John" : Timothy S. Miller, "The knights of Saint John and the Hospitallers of the Latin west," *Speculum* (Medieval Academy of America) 53 (1978) : 709-733.

Miller, "The Sampson Hospital of Constantinople" : Timothy S. Miller, "The Sampson Hospital of Constantinople." *Byzantinische Forschungen* 15 (1990), 101-135.

Miller, *The Birth of the Hospital in the Byzantine Empire* : Timothy S. Miller, *The Birth of the Hospital in the Byzantine Empire*, Supplement to the Bulletin of the History of Medicine 10, Baltimore and London, 1985.

Miller, *The Orphans of Byzantium* : Timothy S. Miller, *The Orphans of Byzantium: Child Welfare in the Christian Empire*, Washington, 2003.

Miller and Nesbitt, *Walking Corpses: Leprosy in Byzantium and the Medieval West* : Miller,

Timothy S. and Nesbitt, John W., *Walking Corpses: Leprosy in Byzantium and the Medieval West*, Ithaca: Cornell University Press, 2014.

Mitchell-Boyask, *Plague and the Athenian Imagination* : Robin Mitchell-Boyask, *Plague and the Athenian Imagination, Drama, History, and the cult of Asclepios*, Cambridge ; New York: Cambridge University Press, 2008.

Mitropoulou, *The Worship fo Asklepios and Hygieia in Arkadia* : Elpida Mitropoulou, *The Worship fo Asklepios and Hygieia in Arkadia*, Athens: Georgiades, 2001.

Nam, *Les cénobitismes primitifs de Pachôme et de Basile de Césarée* : Sung-Hyun Nam, *Les cénobitismes primitifs de Pachôme et de Basile de Césarée*, thèse présentée à la faculté de théologie protestante de Strasbourg en 2004.

Nam, "Traces Historiques des Onze Monastères fondés par Pachôme": Sung-Hyun Nam, "Traces Historiques des Onze Monastères fondés par Pachôme, Père du Coenobium, un essai de synthèse des sources variées," *Korea Journal of Christian Studies* vol. 51(2007), 177-202.

Nam and Raschle, "La fonction de prélèvement public sur les biens fonciers des institutions ecclésiastiques" : Sung-Hyun Nam and Christian Raschle, "La fonction de prélèvement public sur les biens fonciers des institutions ecclésiastiques entre le IVe et le VIe siècle," *Korea Presbyterian Journal of Theology* 49-3 (2017), 137-164.

NAM Jong Kuk, "Medieval European Medicine and Asian Spices" : NAM Jong Kuk, "Medieval European Medicine and Asian Spices," *Korean Journal of Medical History* 23-2 (2014), 319-342.

Neugebauer, *Asklepios, ein Beitrag zur Kritik Römischer Statuenkopien* : Karl Anton Neugebauer, *Asklepios, ein Beitrag zur Kritik Römischer Statuenkopien*, Berlin: Walter de Gruyter & Co., 1921.

Noll, "The Origin of the So-called Plan of St Gall" : Günter Noll, "The Origin of the So-called Plan of St Gal,l" *Journal of Medieval History* 8 (1982), 191-240.

Owen, *English Philanthropy 1660-1960* : David Owen, *English Philanthropy 1660-1960*, London: Oxford Univeristy Press, 1965.

Prescott, *The English Medieval Hospital 1050-1640* : Elizabeth Prescott, *The English Medieval Hospital 1050-1640*, Wiltshire: Seaby, 1992.

Prigent, *La Sicile Byzantine (VIe - Xe siècle)* : Vivien Prigent, *La Sicile Byzantine (VIe - Xe siè-*

cle). Thèse de doctorat sous la direction de Jean-Claude Cheynet, soutenue en 2006 à Paris 4.

Prioreschi, *Byzantine and Islamic Medicine* : Plinio Prioreschi, *A History of Medicine, vol. IV - Byzantine and Islamic Medicine*, Omaha: Horatius Press, 2001.

Pseudo-Codinos, *Patria* : Pseudo George Codinos, *Scriptores Originum Constantinopolitanarum*, ed. Theodore Preger, Leipzig, 1901-1907.

Pullan, "Catholics, Protestans, and the Poor" : Brian S. Pullan, "Catholics, Protestans, and the Poor in Early Modern Europe," *Journal of Interdisciplinary History* 35 (2005), 441-456.

Ramsay, *The church and the Roman Empire* : W. Ramsay, *The church and the Roman Empire*, London, 1894.

Retief and Cilliers, "The Evolution of Hospitals" : F. P. Retief and L. Cilliers, "The Evolution of Hospitals from Antiquity to the Renaissance", *Acta Theologica Supplementum* 7, 26(2), 2006, 213-232.

Riley-Smith, *The Knights of St. John in Jerusalem* : Jonathan Riley-Smith, *The Knights of St. John in Jerusalem and Cyprus c. 1050-1310*, Edinburgh: MacMillan St Martin's Press, 1967.

Riis, "Poor relief in sixteenth-century Denmark" : Thomas Riis, "Poor relief and health care provision in sixteenth-century Denmark,", In Grell·Cunningham(ed.), *Health Care and Poor Relief in Protestant Europe 1500-1700*, 129-146.

Risse, *Mending Bodies, Saving Souls* : Guenter B. Risse, *Mending Bodies, Saving Souls, A History of Hospitals*, Oxford·New York: Oxford University Press, 1999.

Rosen, *Madness In Society* : George Rosen, *Madness in Society: Chapters in the Historical Sociology of Mental Illness*, Chicago: The University of Chicago Press, 1969.

Rougé, 1992 → 1차 자료의 CTh 참조.

Rubin, "Development and change in English hospitals, 1100-1500" : M. Rubin, "Development and change in English hospitals, 1100-1500," In Granshaw·Porter(ed.), *The Hospital in History*, 41-60.

Satchell, "History of the Rural Hospital in England" : M. Satchell, "Towards a Landscape History of the Rural Hospital in England, 1100-1300," In Henderson·Horden·Pastore(ed.) 2007, 237-256.

Salaville, "Eustathe de Sébastée et Eustathiens" : S. Salaville, "Eustathe de Sébastée et Eustathiens", *Dictionnaire de la Théologie catholique*, col.1565-1574.

Schreiber, *Gemeinschaften des Mittelalters* : Georg Schreiber, *Gemeinschaften des Mittelalters*, Recht und Verfassung, Kult und Frömmigkeit, Regensberg: Münster, 1948.

Sire, "The Character of the Hospitaller Properties in Spain in the Middle Ages" : H. J. A. Sire, "The Character of the Hospitaller Properties in Spain in the Middle Ages," In *The Military Orders: Fighting for the Faith and Caring for the Sick*, ed. Malcom Barber, Aldershot, 1994, 21-27.

Silvas, *The Asketikon of St Basil the Great* → 바실리오스, 『수도규칙서』를 보라.

Southern, *The Roman Army* : Pat Southern, *The Roman Army, A Social and Institutional History*, Santa Barbara ; Oxford : ABC-Clio, 2006.

Staccioli, *Ancient Rome. Monuments* : E. E. R. Staccioli, *Ancient Rome. Monuments past and present*, Rome: La Zincografica Fiorentina, 1988.

Struckmann, "Asclépios à Epiduare" : Reinhard Struckmann, "Asclépios à Epiduare," in *Importants Centres Médicaux de l'Antiquité, Epidaure et Corinthe, Quand la médecine était encore divine*, Athènes: Editions Kasas, 1979, 19-36.

Talbot, "Lips: Typikon of Theodora Palaiologina" : 1차 자료의 『립스 티피콘』을 참조하라.

Tchalenko, *Villages antiques de la Syrie du Nord* : Georges Tchalenko, *Villages antiques de la Syrie du Nord*, Institut francais d'archeologie de Beyrouth, B.A.H. tome L, Paris, Geuthner, 1953-1958.

Thompson·Goldin, *The hospital, A social and architectural history* : John D. Thompson and Grace Goldin, *The hospital: A social and architectural history*, New Haven: Yale University Press, 1975.

Touati, "La Terre sainte: un laboratoire hospitalier au Moyen Âge?" : François-Olivier Touati, "La Terre sainte: un laboratoire hospitalier au Moyen Âge?" In Neithard Bulst, Karl-Heinz Spiess (eds.), *Sozialgeschichte Mittelalterlicher Hospitäler*, Constance, Konstanzer Arbeitskreis für mittelalterliche Geschichte, 2007, 169-211.

Trapè, *La Règle de Saint Augustin commentée* : Agostino Trapè, *La Règle de Saint Augustin commentée, Vie Monastique* 29, Bégrolles-en-Mauges: Abbaye de Bellefontaine, 1986.

Uhlhorn, *Christian Charity in the Ancient Church* : G. Uhlhorn, *Christian Charity in the Ancient Church*, tr. from German, New York, 1883. Microsoft Internet Archives: https://archive.org/details/christiancharity00uhlhiala

Van Der Horst, *Aelius Aristides and the New Testament* : P. W. Van Der Horst, *Aelius Aristides and the New Testament*, Leiden: E. J. Brill, 1980.

Veyne, *Le pain et le cirque* : Paul Veyne, *Le pain et le cirque, Sociologie historique d'un pluralisme politique*, Paris, 1976.

Webster, *The Roman Imperial Army* : Graham Webster, *The Roman Imperial Army of the First and Second Centuries A. D.*, Totowa: Barnes & Noble Books, 1985.

White, "Excavations at St Mary Spital" : William White, "Excavations at St Mary Spital : Burial of the 'Sick Poore' of Medieval London, the Evidence of Illness and Hospital Treatment," In Bowers(ed.), *Medieval Hospital And Medical Practice*, 59-64.

Wilson, *Roman Remains in Britain* : R. J. A. Wilson, *A Guide to the Roman Remains in Britain*, London: Constable, 1975.

Wipszycka, *Les ressources* : E. Wipszycka, *Les ressources et les activités économiques des églises en Egypte*, Bruxelles, 1972.

Woodhead, "The State Health Service in Ancient Greece" : A. G. Woodhead, "The State Health Service in Ancient Greece", *Cambridge Historical Journal* 10(3), 1952, 235-253.

색인

1. 성경 색인

구약

출 22:20-23　74
출 23:11　74
민 21:4-9　31
신 14:1　74
신 15:7-11　74
신 16:14-15　74
왕하 18:4　31
욥 34:28　74
욥 36:6　74
잠 10:2　79
잠 11:4　79
잠 17:5　74
잠 21:3　80
사 58:6-7　74
단 4:27　80
암 2:6-8　73
암 3:15　73
암 8:5-6　73
암 8:7　73
미 3:1-3　74
말 2:10　73

신약

마 6:24　157
마 13:44　140
마 16:26　463
마 19:21　102, 103, 190, 195
마 19:23-24　102
마 25:35-40　102, 103
마 25:36　163
마 25:40　132, 137, 140, 161
막 10:23　102
눅 6:20　103
눅 6:24　103
눅 18:24-25　102
요 3:14　31
행 10:4　103
롬 4:11　414
고후 8:9　136
살후 3:10　403, 404
엡 4:28　103
빌 2:6-7　134
히 11:22　162
약 1:27　105
약 2:14-17　103
요일 2:16　460

2. 고유 명사(인명, 지명, 건물명 등) 색인

ㄱ

고프리 초오서(Geoffrey Chaucer)　386
골딩턴의 토마스(Thomas of Goldington)　392
구스타부스 아돌푸스(Gustavus Adolphus)　430
구스타브 바사(Gustav Vasa)　426
귄터 놀(Günter Noll)　372
그레고리오스(나지안주스의)　51, 451
그레고리오스(닛사의)　136
그렐(O. P. Grell)　411, 412, 413, 417

ㄴ

네우스(Neuss)　58, 67
노베지움(Novaesium)　58

ㄷ

다그롱(G. Dagron)　167, 235
다프네(Daphne)　117, 165, 166
들라빌 르 룰(J. Delaville Le Roulx)　324, 339
디오니시오스　109, 112

ㄹ

라벤나　144, 157, 230
레겐스부르그　410, 412
레몽 뒤 퓌(Raymond du Puy)　324
레온티오스　117, 165, 166, 168, 225
로마　11, 26, 31, 39, 43, 50, 55, 61, 78, 81, 92, 93, 98, 104, 110, 115, 141, 163, 189, 194, 204, 207, 213, 223, 226, 229, 260, 272, 299, 354, 361, 390, 394, 449
로저 드 몰렝(Roger de Molins)　337, 339, 346, 363
루터　18, 378, 402, 404, 405, 408, 412, 415, 430, 458
루피누스(Rufinus)　89, 90
르망스(Le Mans)　272

ㅁ
마라토니오스　117, 120, 123, 167, 182, 183, 235
마르틴 루터　137, 178, 401, 403, 406, 409, 411, 413, 420, 434, 438, 449, 457, 459
마리아 다롱코(Maria D'Aronco)　373
마우루스(Maurus)　231
마카리오스(Makarios)　188, 217, 259
마케도니오스　118, 120, 123, 166, 169, 183, 235
멜라니아　123, 152, 157
밀러(T. S. Miller)　13, 165, 166, 181, 205, 235, 240

ㅂ
바르사누피오스　246
바실레이아스(Basileias)　11, 90, 100, 174, 180, 199, 247, 261, 270
바실리오스　11, 51, 90, 100, 166, 171, 173, 185, 270, 322, 333, 362
발레투디나리아(valetudinaria)　56, 69, 164
베들레헴　189, 194
베테라(Vetera)　58, 61
비텐베르크　412, 418
빈도닛사(Vindonissa, Windisch)　57, 60, 65

ㅅ
샤를르마뉴　273, 415
성 바돌로매오 병원　39
세베루스(안티오키아의)　138
소조메노스　106, 167, 174, 182, 199, 200
소프로니오스(Sophronios)　51, 221

ㅇ
아나스타시오스 1세　214, 227
아르노비우스(Arnobius)　30
아리스토텔레스　87
아리스티데스(Aelius Aristides)　25, 43
아리스티데스(Aristides, 호교가)　103
아바톤(abaton)　36
아스클레피오스 성소(Asclepieion)　23, 32
아스클레피오스(Asclepios)　24
아에티오스　165
아우구스티누스(Augustinus)(히포의)　29, 110, 277, 314, 333, 337, 448, 449, 456
아프로디토(Aphroditô)　158

아피온(Apion) 153
안토니오스 54, 403, 455
알렉산드리아 16, 104, 186, 217, 219, 417
에데사 200, 244
에바그리오스 384, 460
에우스타티오스 11, 167, 217, 262
에프렘 128, 200
에피다우로스(Epidauros) 24, 30, 34
예루살렘 16, 17, 51, 76, 196, 200, 229, 245, 301, 320, 324, 334, 368
요안네스 콤네노스 249, 252, 254, 256, 261, 262
요안네스 크리소스토모스 184, 200
요안네스(가자의)
요하네스 부겐하겐(Johannes Bugenhagen) 412
유스티누스(변증가)
유스티니아누스 168, 209, 213, 214, 227, 245
율리아누스(황제) 106, 112
인추틸(Inchtuthil) 59, 65, 68

ㅈ
자크 드 비트리(Jacques de Vitry) 295
장 엥베르(Jean Imbert) 267
제라르(Gerard) 323
조티코스 204, 217, 233, 247
쥐트(R. Jütte) 435, 439, 445

ㅋ
카르눈툼(Carnumtum, Vienna) 56
카스파르 보그트(Caspar Voght) 444
카알 공작(Duke Karl) 429
칼린(M. Carlin) 382, 383
캔터베리 372, 375, 379, 397
켈수스(Aulus Cornelius Celsus) 66
코넌트(K. J. Conant) 291
코스메(Cosme)와 다미아노스(Damianos) 53
콘스탄텔로스(D. J. Constantelos) 180
콘스탄티노플 16, 31, 53, 166, 182, 200, 217, 235, 236, 248, 260, 294, 301
콘스탄티누스 15, 203

클레이(R. M. Clay) 373
키르(Cyr)와 요안네스(Ioannes) 51, 221
키프리아누스 82, 104, 113

ㅌ
타벤네시스(Tabennesis) 116
테오도시우스 32, 182, 207
토마스 베켓(Thomas Becket) 374, 385
토마스 소른턴(Thomas Thorneton) 383
투르마닌(Turmanin) 202
트스민(Tsmine) 158

ㅍ
파비올라(Fabiola) 78, 189
파우사니아스(Pausanias) 35
파코미오스 362
판토크라토르병원(xenon) 176, 184, 237, 249, 263, 351
팜마키우스 195
펜도크(Fendoch) 61
포르투스(Portus) 195
폴 고티에(P. Gautier) 250
폴 벤(Paul Veyne) 84
풀란(B. Pullan) 448
프로코피오스 168, 217, 236, 245
프보우(Phboou) 117
플라비오스 아브라암 146
플라비오스 푸시 147, 149
플라킬라 182

ㅎ

하우스테드(Houseteads) 62
헤라클리데스 177
호노라투스 110, 274
호든(P. Horden) 181, 384
후나인 이븐 이샤크(Hunayn ibn Ishaq) 384
히에로니무스 78, 190, 197, 199, 277
히파티오스 131, 133
히펠(C. J. Hefele) 268, 274
힐라리우스(아를르의) 110

3. 주제별 색인

가난 217, 335, 404, 438
  구걸 178, 268, 316, 347, 374, 375, 400, 420, 445
  빈민 16, 71, 83, 163, 169, 185, 274, 447
  빈민(환자) 명부 440, 444
  예방 437, 443, 458
  질병 19, 24, 28, 43, 55, 64, 170, 187, 206, 211, 218, 242, 287, 306, 314, 379,
      419, 429, 435, 447, 452, 459, 463
  포로 110, 228, 232, 267, 344, 413

간호 16, 23, 64, 176, 181, 190, 316, 336, 361, 368, 413, 417, 427
  간호사(간호원) 57, 187, 247, 264, 387
  돌봄(care) 18, 23, 39, 54, 72, 100, 163, 170, 211, 218, 246, 282, 319, 336, 350,
      378, 384, 417, 428, 445, 448
  보조원(hypourgos) 250, 252
  파라발라니(parabalani) 221
  환대사(hospitales) 297
  치료 5, 24, 31, 39, 55, 66, 163, 204, 241, 289, 316, 334, 387, 398, 416, 439, 463

공동 기금(Common Chest) 18, 417, 435

공로(공적) 18, 50, 407, 448, 458

교회헌장 412, 413, 429, 433
  뤼벡(Lübeck)헌장 415
  브라운슈바이크(Braunschweig)헌장 415
  하델른(Hadeln)헌장 415
  함부르그교회헌장 416, 419, 435

교회회의 266, 273, 282
  마콩(Mâcon)교회회의 268
  엑스라샤펠(Aix-la-Chapelle)교회회의 274
  오를레앙교회회의
  투르교회회의 268
  파비아(Pavia)교회회의 270
그리스도 15, 31, 51, 71

기도 25, 35, 37, 103, 241, 319, 400, 403, 408, 426
   기도처(chapel) 387

기부(leitourgia) 88, 93

『기적』(*Thaumata*) 51, 221

『기적 이야기』 243

꿈 33, 50, 240
   성소 14, 26, 32, 40, 55, 83, 221, 257, 282, 374

노동 256, 363, 375, 402, 403, 431, 432, 435, 445
   작업장(workshop) 431
   노역소 431, 445

독일과 북유럽 병원 19
   나병원 17, 180, 188, 203, 217, 225, 233, 247, 255, 260, 295, 304, 313, 376, 422
   성령수도회병원(The Holy Spirit Hospital) 423
   성 안나구빈원 446
   의료원 429, 434, 446
   자선실 429, 434
   전염병병원 445, 448
   함부르그구빈원 444
   함부르그성령병원 447

『동방의 역사』 295

로마군 56, 64, 93, 115, 116
   로마군단병원 57, 59
   군사 의학 65, 66
   로마군인병원 14, 55, 56, 65, 67, 83

수도원 규칙 17
   바실리오스 규칙 333, 334, 363
   베네딕트 규칙 288, 289, 290, 333, 334, 337, 363, 373, 404
   아우구스티누스 규칙 333, 335
   환대(hospitalitas) 297, 323
   수도 참사회. → '티피콘'(판토크라토르 티피콘 등)과 '병원 헌장'(예루살렘 성요한병원 헌장 등)을 참조하라. 335

『멜라니아의 생애』 123

매춘 217, 450

몽중 환상(incubation) 23

밀라노 칙령 143, 208

법 15, 29, 153, 187, 216, 273, 274, 283, 325, 331, 374, 395, 402, 425, 430
『교회법령집』(De Institutione Canonicorum) 276
누렘베르그 빈민 보호법 408
덴마크 교회법(1542) 424
『동정녀 법령집』(De Institutione Santimonialium) 276, 277
법규(capitula) 274, 278, 283
법령 276, 389, 421, 427, 428, 430
빈민 보호법(빈민 구제법, 빈자 보호법) 274, 408, 432
수도원 해산법 18, 395
수장령(首長令) 394
신칙법 205, 228, 236, 238
유스티니아누스 칙법전(CJ) 141, 209, 210
테오도시우스 칙법전(CTh) : 141-143, 187, 207, 214
신칙법: 145, 205, 227, 237-240

벤시라(Ben Sira)서(書) 74

병 44, 51, 102, 106, 113, 163, 184, 190, 211, 245, 266, 281, 295, 318, 328, 338, 347, 352, 362, 389, 397, 401, 418, 435, 451, 460
병동 19, 58, 116, 253, 351, 387, 427
병실 58, 62, 176, 318, 350, 381, 419
전염병 26, 29, 117, 294, 319, 354, 392, 393, 419, 429, 436, 440, 447

병원(nosokomeion/nosocomium) 17, 214, 215
비잔틴병원 181, 244, 248, 263, 304, 322, 360, 374, 408
구빈병원(ptochotrophium) 16, 169-181, 207, 214
구빈원 17, 78, 118, 145, 167, 180, 232, 239, 286, 305, 376, 420, 436, 443, 456
나병원(leprocomeion/leprosarium) 17, 180, 188, 203, 217, 225, 233, 247, 255, 260, 295, 304, 313, 376, 422
나병 304, 314, 376, 380, 422, 432
나환자 173, 179, 304, 315

노소코미움(nosokomium) 189, 194
노소코메이온 184, 199, 249
노인원(gerontokomeion/gerontocomia) 203
노인병원 17, 203, 216
보육원(orphanotropheion/orphanotrophium) 203, 205
봉사관(diakoniai) 17, 219
봉사자들(diakonetes) 125
영아원(brephotrophia) 216
조산원 17, 219, 417
진료소(iatreion) 70, 181
호스텔병원(xenodocheion / xenodochium) 16, 163, 195, 197, 207, 215
크세노도코스 236, 243
크세노도케이온 163, 175, 179, 189, 199, 245, 262
크세노도키움 323

자선 18, 72, 81, 96, 100, 108, 114, 120, 131, 149, 190, 196, 276, 295, 316, 347, 399, 400, 422, 431, 448, 454
    구속적 자선 79, 82, 103, 104
    나그네 74, 102, 107, 112, 163, 200, 274, 374

중세 비잔틴병원 213, 223, 441
    립스(Lips) 병원 264
    삼손병원 17, 167, 222, 235, 261, 294, 367, 445
    판토크라토르병원(Pantocrator xenon) <판토크라토르병원(판토크라토르 크세논, (Pantocrator xenon) - 원본> 176, 184, 237, 249, 263, 351

중세 영국병원 371, 382, 384, 388, 433
    구빈원 17, 78, 118, 145, 167, 180, 232, 286, 305, 376, 420, 436, 456
    나병원 17, 180, 188, 203, 217, 233, 247, 255, 295, 304, 313, 376, 422
    성 레오나르드(St Leonard)병원 376, 381, 396
    성 바돌로매(St. Bartholomew)병원 39
    성 요한병원(St. John's Hospital) 379
    여관(inn) 375
    하나님의 집(Maison de Dieu) 389
    호스텔 16, 38, 55, 76, 83, 100, 108, 115, 163, 222, 232, 255, 266, 286, 294, 321, 334, 360, 372, 374, 380, 426, 445

중세 프랑스병원(Hôtels-Dieu) 270
  나병원 17, 180, 188, 203, 217, 233, 247, 255, 295, 304, 313, 376, 422
  아미앙 나병원 307, 314
  병원 헌장 302, 307, 336, 353, 363
  예루살렘 성 요한병원 16, 321, 335, 346, 357
  파리병원 302, 317

병원장 175, 176, 238, 244, 247, 276, 319, 368, 383, 390
  행정 57, 148, 158, 418

병원 헌장 → '티피콘'을 보라. 302, 307, 336, 353, 363

부유 17, 38, 43, 73, 86, 130, 136, 157, 191, 200, 209, 218, 275, 278, 286, 292, 303, 314, 368, 380, 389, 402, 454

부동산 16, 73, 144, 149, 209, 226, 234, 248, 258, 303, 390, 422
  상속 15, 85, 100, 146, 151, 159, 226, 304, 424

부활의교회 229

사혈 264, 289, 294, 320

상이 본질 166, 169

수술 17, 46, 241, 261, 294, 316, 383, 385, 447, 461
  탈장 수술 251, 254
  소작 46, 67, 241
  외과 수술 33, 242, 383

순교 기념당 50

순례 42, 86, 202, 374, 375

『서방의 역사』(Historia Occidentalis) 295

선물(donatium) 96

선행(euergesia) 91
  선행가(euergetes) 15, 97, 100, 130

성육신 15, 134, 139, 160, 182, 212, 339, 364, 365, 454

세금 91, 158, 210, 223, 237

세례 19, 52, 104, 339, 413
  유아 세례 413

수도원 11, 15, 20, 89, 116, 123, 146, 154, 164, 174, 180, 198, 207, 214, 228, 248, 257, 273, 283, 290, 313, 322, 353, 360, 373, 394, 395, 401, 420, 426, 457
  링스테드(Ringsted)수도원 420
  바실리오스수도원 170
  병원수도원 17, 334, 338, 360, 366, 393
  병원수도회 17, 335, 337, 366, 370
  갈렌수도원 284, 288, 290, 320, 371
  성 요한병원수도단 320, 368
  성 요한병원수도원 17, 363, 366,
  수도주의 13, 127, 141, 160, 300, 404
  클리니수도원 290
  파코미오스수도원 11, 116, 120, 362
  탁발수도회 18, 402, 422, 424, 455
  테오도시우스 칙법전(CTh) 141, 210
  판토크라토르수도원 180, 249, 256, 262, 361
  플레리(Fleury)수도원 278
  프란체스코회 401, 427

수도자 17, 115, 122, 124, 148, 167, 176, 183, 192, 196, 222, 247, 259, 273, 285, 322, 361, 372, 387, 456

『**신국론**』 29, 448

신성로마제국 213, 273, 291, 305

『**실천학**』(*Praktikos*) 127

『**아르테미오스(Artemios)의 기적**』 252

『**안토니오스의 생애**』 121

약 30, 41, 66, 177, 246, 441
  약사 253, 255
  약제사(제약사) 318

약학 교수(didaskalos) 253
약초 28, 58, 67, 275, 289, 294, 320, 372, 433

양도 16, 142, 159, 227, 366, 392, 422
'양도나 판매 불가의 원칙'(prohibito alienandi) 227

영성 20, 120, 157, 160, 211, 295, 304, 315, 334, 365, 453
영성신학 455, 460
영적 질병 15, 127, 460
탐욕 15, 43, 73, 128, 178, 314, 392, 449, 454, 456
화(분노) 127

오락 93, 95

유대교 14, 72, 76, 79, 100, 115, 353

유사 본질 166, 167

유언 89, 142, 232, 305

의사 17, 24, 51, 61, 78, 127, 165, 235, 250, 270, 284, 294, 305, 318, 340, 346, 361, 380, 419
공익 의사 69, 164
내과 의사 66
보조 의사 251
안과 의사 440
외과 의사 66, 241, 251, 319
영혼의 의사 127, 385, 455

『의학』(De Medicina) 66

인문주의 409, 410

임대료 150, 159, 223, 234, 303
장기 임대차 계약 159, 225, 231

임상 의학 459

입원 58, 177, 219, 237, 264, 316, 351, 378, 390, 419, 424, 442

장례 50, 111, 148, 236, 264, 336, 349, 446

조산 374, 413, 417

종교개혁 18, 178, 261, 375, 387, 395, 400, 407, 412, 420, 426, 437, 453

중정(中庭) 33, 58

증여 15, 85, 89, 145, 152, 157, 230, 248, 303, 383

탈무드 77, 81

토빗(Tobit) 75

토지 16, 150, 157, 204, 225, 246, 264, 293, 358, 392

특혜 209, 228

파피루스 11, 68, 146, 153, 156, 216, 223

판아리온 167

티피콘 185, 264, 363
  『립스 티피콘』 264
  병원 헌장 302, 307, 336, 353, 363
  『판토크라토르 티피콘』 237, 249, 260, 360
  『아미앙 나병원 헌장』 307, 313,
  『예루살렘 성 요한병원 헌장』 324, 339, 346
  『코스모소티라(Kosmosotira) 수도원 티피콘』 360

프랑크 왕국 213, 285, 294, 304, 320
  메로빙거 왕조 17, 266, 272
  카롤링거 왕조 17, 273, 282, 294, 371

한자동맹(Hanseatic League) 435

호스텔 16, 38, 55, 76, 83, 100, 108, 115, 163, 222, 232, 236, 255, 266, 286, 294, 321, 334, 360, 372, 374, 380, 426, 445

황실 사유 재산부(Res Privata) 231

회당 72, 76, 82, 100, 115, 164, 299

히브리 영성 72-82, 100-101

70인역(LXX) 79, 103, 339